大清一統志

第二十五册

廣東

目録

廣東全圖……一六三四三
廣東統部表……一六三四六
大清一統志卷四百四十　廣東統部……一六三五三
廣州府圖……一六四〇一
廣州府表……一六四〇四
大清一統志卷四百四十一　廣州府一……一六四一〇
大清一統志卷四百四十二　廣州府二……一六四五四
大清一統志卷四百四十三　廣州府三……一六五〇三
韶州府圖……一六五三三
韶州府表……一六五三六
大清一統志卷四百四十四　韶州府……一六五三九
惠州府圖……一六六〇一
惠州府表……一六六〇四

大清一統志卷四百四十五　惠州府……一六六〇八
潮州府圖……一六六七一
潮州府表……一六六七四
大清一統志卷四百四十六　潮州府……一六六七八
肇慶府圖……一六七四五
肇慶府表……一六七四八
大清一統志卷四百四十七　肇慶府一……一六七六二
大清一統志卷四百四十八　肇慶府二……一六八〇六
高州府圖……一六八五七
高州府表……一六八六〇
大清一統志卷四百四十九　高州府……一六八六七
廉州府圖……一六九一三
廉州府表……一六九一六
大清一統志卷四百五十　廉州府……一六九二三
雷州府圖……一六九六一
雷州府表……一六九六四

大清一統志卷四百五十一　雷州府……一六九六六
瓊州府圖……一六九九七
瓊州府表……一七〇〇〇
大清一統志卷四百五十二　瓊州府一……一七〇〇八
大清一統志卷四百五十三　瓊州府二……一七〇四一
南雄直隸州圖……一七〇七七
南雄直隸州表……一七〇八〇
大清一統志卷四百五十四　南雄直隸州……一七〇八一
連州直隸州圖……一七一〇九
連州直隸州表……一七一一二
大清一統志卷四百五十五　連州直隸州……一七一一四
嘉應直隸州圖……一七一三九
嘉應直隸州表……一七一四二
大清一統志卷四百五十六　嘉應直隸州……一七一四四
羅定直隸州圖……一七一八三
羅定直隸州表……一七一八六

大清一統志卷四百五十七　羅定直隸州……一七一九〇
佛岡直隸廳圖……一七二一三
佛岡直隸廳表……一七二一六
大清一統志卷四百五十八　佛岡直隸廳……一七二一七
連山直隸廳圖……一七二三三
連山直隸廳表……一七二三六
大清一統志卷四百五十九　連山直隸廳……一七二三七

廣東全圖

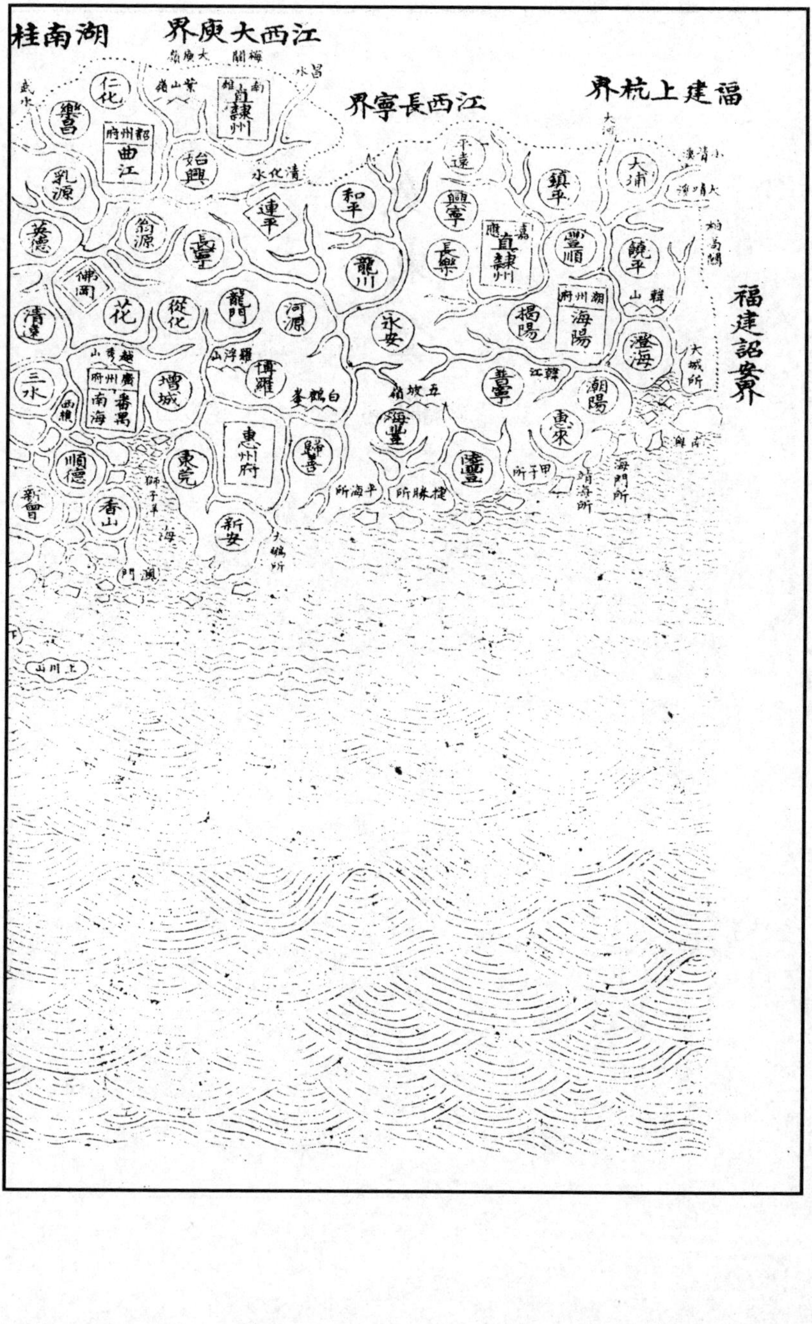

湖南桂
江西大庾界
江西長寧界
福建上杭界
福建詔安界
仁化
樂昌
韶州府
曲江
南雄直隸州
始興
乳源
英德
翁源
長寧
連平
和平
龍川
平遠
興寧
長樂
嘉應直隸州
鎮平
大埔
豐順
饒平
潮州府
海陽
揭陽
澄海
佛岡
清遠
花
從化
龍門
河源
永安
三水
廣州府
南海
番禺
增城
博羅
惠州府
歸善
海豐
陸豐
普寧
惠來
潮陽
東莞
順德
新會
香山
新安

陽界
廣西賀縣界
連山
連州直隸州
陽山
廣寧
開建
封川
四會
肇慶府高要
德慶
西寧
東安
高明
羅定直隸州
新興
鶴山
開平
信宜
陽春
恩平
新寧
陽江
廣西蒼梧界
廣西宣化界
靈山
欽
越南界
廉州府合浦
石城
化
遂溪
高州府茂名
吳川
電白
北津山
獨石
限門
雷州府海康
徐聞
瓊州府瓊山
澄邁
臨高
定安
文昌
會同
儋
昌化
樂會
萬
感恩
陵水
崖

廣東統部表

兩漢	秦置南海郡。漢初爲南越國。元鼎六年定越地，置南海、蒼梧、合浦、珠崖、儋耳等郡，屬交阯部。始元五年省儋耳郡。初元三年省珠崖郡。後漢末徙交州治南海郡。
三國	吴黄武五年分交州置廣州，尋罷。永安七年復置，領南海、蒼梧、高涼、高興等郡。其合浦、珠崖等郡屬交州。甘露元年分桂陽南部爲始興郡，別屬荆州。
晉	廣州領南海、始興、蒼梧、高涼、高興五郡。東晉增置東官、晉康、新寧、永平、新安、義安、新會等郡。
宋	仍爲廣州，增置越州，分屬湘州。
齊梁陳	齊屬廣、越、湘三州。梁增置衡、成、合、建、東揚諸州。
隋	開皇十年置廣、循二州。大業三年改爲南海、龍川、義安、高涼、信安、永熙、蒼梧、合浦、珠崖、寧越、熙平等郡。
唐	武德四年改郡爲州。天寶元年復改州爲郡。乾元元年又改郡爲州。初置嶺南道。咸通三年分爲嶺南東道。
五代	劉巖建國，號南漢。
宋	分屬廣南東、西二路。
元	至元十五年置海北廣東道肅政廉訪司，屬江西行省。三十年又置海北海南道肅政廉訪司，屬湖廣行省。
明	廣東布政使司洪武初置廣東行省。九年改置。

廣州府	韶州府
南海郡 秦置郡。漢初爲南越國。元鼎六年復置郡。後漢末移交州治此。	桂陽郡地。後漢置始興都尉。
廣州南海郡 吴黄武中置州。	始興郡 吴甘露元年置。
廣州南海郡	始興郡
廣州南海郡	廣興郡 泰豫元年更名。
廣州南海郡	始興郡 齊復名。梁兼置東衡州。
南海郡 開皇初廢郡。仁壽初改番州。大業初復曰南海郡，屬揚州。	開皇九年廢郡，改東衡州爲韶州。十一年廢入廣州。十二年移廣州來治，後還治南海。大業三年屬南海郡。
廣州南海郡 武德初復置州。天寶初復曰南海郡。至德元載置嶺南節度。乾元元年復曰廣州。咸通三年分爲嶺南東道。乾寧二年改清海軍。	韶州始興郡 武德四年置番州，尋改東衡州。貞觀初復爲韶州。天寶初改郡。乾元元年仍爲州，屬嶺南道。
興王府 南漢建郡改府。	韶州 屬南漢。
廣州南海郡清海軍 復名，爲廣南東路治。大觀初升帥府。祥興初升翔龍府。	韶州始興郡 屬廣南東路。
廣州路 至元十五年改路，爲海北廣東道肅政廉訪司治，屬江西行省。	韶州路 至元十五年改路，屬廣東道。
廣州府 洪武元年改府，爲布政司治。	韶州府 洪武元年改府，屬廣東布政司。

續表

惠州府	潮州府	肇慶府
南海郡地。	南海郡地。	蒼梧郡地，兼有南海、合浦二郡地。
		吴分屬廣、交二州。
東官郡地。	義安郡 義熙九年置。	
	義安郡	永初二年改屬南海郡。
東官郡 齊移治懷安。梁改置梁化郡。	義安郡 梁置東揚州，後改瀛州。陳廢。	高要郡 梁大同中置，陳因之。
龍川郡 初廢郡，置循州。大業初改。	義安郡 開皇十年廢郡，十一年置潮州。大業初復爲郡。	信安郡 開皇九年廢郡，置端州。大業二年改。
循州海豐郡 武德五年復曰循州。天寶元年改海豐郡。乾元元年仍爲州，屬嶺南道。	潮州潮陽郡 武德四年復置潮州。天寶元年改潮陽郡。乾元元年仍爲州，屬嶺南東道。	端州高要郡 武德四年復爲端州。天寶元年改高要郡。乾元元年仍爲州，屬嶺南東道。
禎州 南漢徙循州治龍川，改置禎州。	潮州 屬南漢。	端州 屬南漢。
惠州博羅郡 天禧五年改州名。宣和二年改郡，屬廣南東路。	潮州潮陽郡 屬廣南東路。	肇慶府高要郡興慶軍 初仍曰端州高要郡，屬廣南東路。元符中置節度使。重和初升府。
惠州路 至元十六年改路，屬海北廣東道。	潮州路 至元十六年改路，屬廣東道。	肇慶路 至元十六年改路，屬廣東道。
惠州府 洪武元年改府，屬廣東布政司。	潮州府 洪武二年改府，屬廣東布政司。	肇慶府 洪武元年復府，屬廣東布政司。

續表

高州府	廉州府
合浦郡地。	合浦郡初治徐聞，後漢移治。
吴高涼、高興二郡地。	合浦郡吴黄武七年更名珠官郡。孫亮時復故。
	合浦郡
	合浦郡泰始七年置越州。
梁爲高州地。	合浦郡齊移郡治徐聞。梁仍移郡及越州來治。
高涼、永熙二郡地。	合浦郡初廢郡。大業初改越州曰禄州，尋復郡。
潘州南潘郡武德四年置南宕州。貞觀八年改潘州。天寶初改南潘郡。乾元元年復爲州，屬嶺南道。	廉州合浦郡武德四年復置越州。貞觀八年改爲廉州。天寶元年改合浦郡。乾元元年復爲州，屬嶺南道。
潘州屬南漢。	廉州屬南漢。
開寶五年省入高州。	廉州合浦郡太平興國八年廢州，置太平軍。咸平初復故，屬廣南西路。
高州路至元十七年改高州路。大德八年移治，屬海北海南道。	廉州路至元十七年改路，屬海北海南道。
高州府洪武元年改府，屬廣東布政司。	廉州府洪武二年改府，尋降爲州。十四年復爲府，屬廣東布政司。

雷州府	瓊州府
合浦郡 元鼎六年置，後漢徙。	珠崖郡 元鼎六年置。初元三年廢爲合浦郡地。
	珠崖郡 吴赤烏五年復置。
	省入合浦。
合浦郡 齊還治。梁普通四年置合州。太清初曰南合州。	
初復曰合州。大業初廢。	珠崖郡 大業六年復置。
雷州海康郡 武德四年復置南合州。貞觀初曰東合州，八年改名雷州。天寶元年改海康郡。乾元元年復爲州，屬嶺南道。	崖州珠崖郡 武德五年置州。天寶初改珠崖郡。乾元元年復爲州，屬嶺南道。
雷州 屬南漢。	崖州 屬南漢。
雷州海康郡 屬廣南西路。	瓊州瓊山郡靖海軍 開寶五年廢崖州，移瓊州治此，改郡名，屬廣南西路。政和初置節度使。
雷州路 至元十五年改路爲海北海南道治。	乾寧軍民安撫司 初曰瓊州。天曆二年改司，屬海北海南道。
雷州府 洪武元年改府，屬廣東布政司。	瓊州府 洪武元年改府，二年降州，三年仍升府，屬廣東布政司。

續表

南雄直隸州	連州直隸州	嘉應直隸州
豫章郡地。		揭陽縣地。
吴始興郡地。		
		海陽縣地。
	陽山郡 梁置。	程鄉縣 齊置，屬義安郡。
	熙平郡 開皇十年廢郡，置連州。大業初改郡。	程鄉縣 開皇十年省，尋復置。
	連州連山郡 武德四年復爲州。天寶元年改連山郡。乾元元年復爲州，屬嶺南道。	程鄉縣 屬潮州。
雄州 南漢乾和四年置。	連州 初屬楚，後屬南漢。	敬州程鄉縣 南漢乾和三年置州。
南雄州保昌郡 開寶四年改州名，屬廣南東路。宣和二年改郡。	連州連山郡 屬廣南東路。	梅州義安郡程鄉縣 開寶四年改州名，屬廣南東路。宣和二年改郡。
南雄路 至元十五年升路，屬廣東道。	連州 至元十七年升路。十九年仍爲州，屬廣東道。	梅州程鄉縣 初曰梅州路，尋改州，屬廣東道。
南雄府 洪武元年改府，屬廣東布政司。	連州 洪武二年廢入連山縣，十四年復置，屬廣州府。	程鄉縣 洪武二年州廢，縣屬潮州府。

續表

羅定直隸州	佛岡直隸廳	連山直隸廳
蒼梧郡端谿縣地。		桂陽縣地。
晉康郡地		
廣熙郡齊置。梁改置平原郡，兼置瀧州。		梁置廣德縣。
永熙郡初廢郡。大業初改瀧州，置永熙郡。		連山縣開皇十年改名廣澤。仁壽初又改屬熙平郡。
瀧州開陽郡武德四年廢永熙郡，復置瀧州，屬嶺南道。天寶元年改開陽郡。乾元元年復爲州。		連山縣屬連州。
瀧州屬南漢。		連山縣
開寶六年廢。		連山縣紹興六年廢，後復置，仍屬連州。
瀧水縣屬德慶路。大德八年移治。		連山縣
羅定州初屬德慶州。萬曆四年改置，直隸廣東布政司。	廣州、韶州二府交界，地名大埔坪。	連山縣洪武二年屬韶州府。三年省。十四年復置，屬連州。

大清一統志卷四百四十

廣東統部

在京師西南七千五百七十里。東西距二千五百里，南北距一千八十里。東至福建漳州府詔安縣界一千里，西至廣西南寧府宣化縣界一千五百里，南至大海三百里，北至湖南郴州桂陽縣界七百八十里。東南至大海二百八十里，西南至崖州大海二千四百里，東北至江西贛州府長寧縣界八百里，西北至廣西平樂府賀縣界七百三十里。

分野

天文牛、女、翼、軫分野，星紀、鶉尾之次。史記天官書：牽牛、婺女，揚州。翼、軫，荆州。唐書天文志：翼、軫，鶉尾也。初張十五度，中翼十二度，終軫九度，得長沙、武陵，逾南紀，盡鬱林、合浦之地。斗、牽牛，星紀也。初南斗九度，中南斗二十四度，終女四度，得蒼梧、南海，逾嶺表，自韶、廣以西，珠崖以東，爲星紀之分。唐書地理志：嶺南道廣、康、端、封、梧、藤、羅、雷、崖以東爲星紀分，桂、柳、鬱林、富、昭、蒙、龔、繡、容、白、廉而西爲鶉尾分〔一〕。按今廣、韶以西，瓊、崖以東爲牛、女分野，連州及欽、廉以東爲翼、軫分野。

建置沿革

禹貢荆、揚二州之南裔。周爲藩服。通曆：武王滅殷，乃正九服徹法，以南海地在東南揚州之裔，定爲藩服。

戰國時爲百越，亦曰揚越。史記吴起傳：吴起相楚，南平百越。又南越傳：秦并天下，略定揚越。張晏曰：「揚州之南越也。」按：「越」字史記作「越」，漢書作「粤」，音義並同。今從史記。秦時號陸梁地。始皇三十三年，取其地置南海郡。史記秦始皇本紀：三十三年，發諸嘗逋亡人、贅壻、賈人略取陸梁地，爲桂林、象郡、南海，以適遣戍。正義：「嶺南之人，多處山陸，其性强梁，故曰陸梁。」漢初爲南越國。元鼎六年，平其地，置南海、蒼梧、合浦、珠崖、儋耳等郡。漢書武帝紀：元鼎六年，定越地，以爲南海、蒼梧、鬱林、合浦、交阯、九真、日南、珠崖、儋耳郡。按地理志，珠崖、儋耳二郡置在元封元年。今廣東地得漢南海、蒼梧、合浦、珠崖、儋耳五郡，餘屬廣西、安南。元封五年，屬交阯部刺史。始元五年省儋耳郡。初元三年省珠崖郡。後漢建安中，徙交州治南海郡。王範交廣春秋：交州治羸陾縣。元封五年，徙治蒼梧廣信縣。建安十五年，治番禺縣。宋書州郡志：漢武帝開百越，交阯刺史治龍編。獻帝建安八年，改曰交州，治蒼梧廣信縣。十六年徙治南海番禺。及分爲廣州治番禺，交州還治龍編。按：二書紀年不同，水經注又作「建安二十二年遷州番禺」，未知孰是。三國吴黄武五年，分交州置廣州，尋罷廣州，併屬交州。永安七年，復分置廣州。按：吴黄武中，廣州領南海、蒼梧、鬱林、高涼四郡，其合浦郡别屬交州。赤烏中，復置高興、珠崖二郡，亦屬交州。永安後，廣州領南海、高涼、高興等郡。甘露元年，析桂陽南部置始興郡，别屬荆州。晉太康中平吴，仍爲廣州及荆、湘、交三州地。晉書地理志：廣州，太康中平吴，以荆州始安、始興、臨賀三郡來屬，統南海、始興、蒼梧、高涼、高興等共十郡。武帝後省高興郡。永嘉元年，又以臨賀、始興、始安三郡爲湘州。成帝分南海立東官郡，以始興三郡還屬荆州。穆帝分蒼梧立晉康、新寧、永平三郡。太和中置新安郡。安帝分東官立義安郡。恭帝分南海立新會郡。按：晉時合浦郡仍屬交州，其珠崖郡省入合浦。南北朝宋初亦爲廣州。泰始七年，分交、廣二部置越州。宋書州郡志：廣州領南海、蒼梧、晉康、新寧、高涼、新會、東官、義安等郡。元嘉九年，分立宋康郡，十三年立綏化郡，十八年立宋熙郡，皆屬廣州。泰始七年，分立越州，領隴蘇、臨漳、合浦、宋壽等郡〔二〕，其合浦郡仍屬交州。齊因之。齊書州郡志：廣州領南海、東官、義安、新寧、蒼梧、高涼、晉康、新會、廣熙、宋康、宋隆、綏建、樂昌、齊康等郡。越州領臨漳、合浦、龍蘇、高興等郡。梁天監六年，分湘、廣二州置衡州。普通四年，分置成州、合州、建州，五年分置東揚州，自後州郡滋多。隋書地理志：梁大通中，割合浦立高州。又有東衡、東瀛、新、瀧、崖、安、羅等州，皆梁置。陳因之。隋開皇十年，平陳，置廣、循二州總管府。領洭、岡、潮、高、羅、端、新、瀧、建、封、越、合、崖、欽、連等州。二十年廢洭州。仁壽元年，改廣州爲番州。大業初府廢，三年改諸州爲南海、龍川、義安、高涼、信安、永熙、蒼梧、合浦、珠崖、寧越、熙平等郡。隋書地理志：諸郡皆屬揚州，惟熙平郡屬荆州。元和志：大業六年置臨振郡。隋志不載。隋末陷於蕭銑。唐武德四年，復改諸郡爲州，置廣州總管府。貞觀元年，置嶺南道。唐書地理志：嶺南道領廣、韶、循、潮、康、瀧、端、新、封、潘、春、勤、羅、辯、高、恩、雷、崖、瓊、振、儋、萬、安、欽、連、竇、廉、陸等州。天寶元年，又改諸州爲郡。至德元載，置嶺南節度使。乾元元年，復改諸郡爲州。咸通三年，分爲嶺南東道。乾寧二年，賜號清海軍節度。唐書方鎮表：至德元載，升五府經略討擊使爲嶺南節度使，領廣、韶、循、潮、康、瀧、端、新、封、春、勤、羅、潘、高、恩、雷、崖、瓊、振、儋、萬安、藤二十二州，治廣州。乾元元年，置韶、連、郴三州都團練使，治韶州。元和元年，嶺南節度復領潘、辯二州。咸通三年，分嶺南節度爲東、西道，改嶺南節度爲嶺南東道節度。乾寧二年，賜嶺南東道節度號清海軍節度。五代爲南漢。寰宇記：十國春秋劉龑建國，改廣州爲興王府，析韶州置英、雄二州，析循州置禎州，析潮州置敬州，餘仍唐舊。宋置廣南東路，又分屬廣南西路。宋史地理志：廣南東路治廣州，領肇慶一府，韶、循、潮、連、梅、南雄、英、賀、封、新、康、南恩、惠十三州。其化、高、欽、廉、雷、瓊六州，南寧、萬安、吉陽三軍，屬廣南西路。元至元十五年，置廣東道宣慰司，及海北廣東道肅政廉訪司，治廣州路。隸江西行中書省。十七年又分置海北海南道宣慰司，三十年又置海北海南道肅政廉訪司，俱治雷州路。隸湖廣行中書省，分領諸路。元史地理志：廣東道宣慰司，海北廣東道肅政廉訪司，領廣、韶、惠、南雄、潮、德慶、肇慶七路，及英德、梅、南恩、封、新、桂陽、連、循八州。海北海南道宣慰司、肅政廉訪司，領雷、化、高、欽、廉五路，乾寧、南寧、萬安、吉陽四軍。明洪武初改諸路爲府，置廣東行省參政。九年改置廣東等處承宣布政使司，統十府、廣州、韶州、南雄、惠州、潮州、肇慶、高州、廉州、雷州、瓊州。一州。羅定。

本朝因之爲廣東省。雍正五年，升連州爲直隸州。十一年升程鄉縣爲嘉應直隸州。嘉慶十一年，降南雄府爲直隸州，升嘉應州爲府。十六年，復升南雄州爲府，降嘉應府爲直隸州，置佛岡直隸廳。十七年，仍降南雄府爲直隸州。二十一年置連山直隸廳。共領府九、州四、廳二：

廣州府、韶州府、惠州府、潮州府、肇慶府、高州府、廉州府、雷州府、瓊州府，南雄直隸州、連州直隸州、嘉應直隸州、羅定直隸州，佛岡直隸廳、連山直隸廳。

形勢

東引甌越，惠、潮二府，與福建之汀、漳山谿相錯。南濱大海，省治南去大洋僅三百里。自潮州府之東南，與福建之漳州洋接，廉州府欽州之西南，與交阯洋接，東西相距二千四百餘里，而瓊州四面孤懸，以海爲境。西距安南，欽、廉以西，與安南分界，而欽州又當海道之衝。北據五嶺，在省治北境。史記：秦有五嶺之戍。水經注：五嶺者，天地以隔内外，最東曰大庾，第二曰騎田，第三曰都龐，第四曰萌渚，最西曰越城。今大庾在南雄州北，騎田、都龐在韶州府及連州北湖南之境，餘二嶺屬廣西。内鎮蠻蜑，蠻有數種，曰猺、獞、黎、岐，皆盤互窟穴於山谷中。在廣州府屬者百五十四山，在韶州府屬者六山，在肇慶府屬者五百四十二山，在高州府屬者二百四十二山，在廉州府屬者二十六山，在瓊州府屬者千二百山。而惠州之山猺，潮州之畲猺，皆巖棲谷飲，延亘數百里。又寰宇記：新會縣有蜑户，生江海，居於舟船，隨潮往來，捕魚爲業。又有盧亭户在海島上，乘舟捕魚，海族爲業。外控諸番。唐韓愈送鄭尚書序：海外雜國，若躭浮羅〔三〕、流求、毛人、夷、亶之州，林邑、扶南、真臘、于陀利之屬，東南際天地以萬數，或時候風潮朝貢，蠻中賈人，舶交海中。其名山，則有黄嶺、在東莞縣。唐十道志：嶺南第一名山。靈洲、在南海縣。唐十道志：嶺南道名山之一。羅浮。在增城、博羅二縣界。廣袤五百里，高三千六百丈，峰巒四百三十有二，嶺十五，洞壑七十有二，谿澗瀑布之屬九百八十有九。其大川，則有西江、在省治南，即漢之牂牁江，亦名鬱水。以泿水入焉，又名泿水。自廣西入肇慶府封川縣會賀江，又東過肇慶府至三水縣西南會北江，又東南過廣州府城南會東江入海。又瀧水，源出西寧縣南界，東北流經羅定州，至德慶州南入西江，亦曰南江。北江、在省治北，即古溱、武、湞、洭諸水。自湖南臨武東南流至曲江縣，亦曰北江，與始興水合，有始興大江之名。又過英德與洭水合，又南過清遠，至三水入西江。東江、在省治東。自江西贛州府安遠縣，流入惠州府龍川縣，爲龍江。又西南經河源縣、博羅縣，又西南入廣州府東莞、增城二縣，至府之南境，會西、北江入海，謂之三江。海。海環廣東南界，濱海諸郡分三路，東路惠、潮，西路高、雷、廉，而廣州居中。其重險，則有梅關。在省治北，南雄州北六十里大庾嶺上。

文職官

兩廣總督。舊駐肇慶府，乾隆十一年移駐廣州府，轄廣東、廣西二省。

巡撫。駐廣州府。

提督學政。舊有廣韶、肇高兩學政，乾隆十六年裁併爲一。

粵海關監督，駐廣州府。庫大使。粵盈。

布政使，經歷，照磨，庫大使。廣豐。

按察使，經歷，司獄。舊有知事、照磨兩缺，均乾隆二十八年裁。

鹽運使，運同。駐潮州府。舊有運判，乾隆七年裁。經歷，知事，駐潮州。庫大使，廣盈。批驗所大使，駐西匯關。乾隆五十年，由東匯關移駐，其東匯關事改歸廣糧通判兼管。監課大使十二員。白石、博茂、大洲、招收、淡水、東界、電茂、墩白、小靖、石橋、茂暉、隆井，共十二場。舊有海矬場一員，嘉慶二十年裁。

分巡糧儲道。駐廣州府，轄廣州並佛岡廳。舊有倉大使，乾隆三十年裁。

分巡南韶連兵備道。駐韶州府。

分巡惠潮嘉兵備道。駐惠州府。

分巡肇羅道。駐肇慶府。

分巡高廉兵備道，駐高州府。庫大使。廣濟，乾隆三十年設。

分巡雷瓊兵備道，駐瓊州府。庫大使。廣裕，乾隆三十年設。

廣州府知府，理事同知，駐廣州府。佛山同知，駐佛山。海防同知，駐前山寨，乾隆八年設。糧捕通判，駐新城。永寧通判，駐沙茭坑頭村，乾隆四十六年設。府學教授，訓導，經歷，司獄。知縣十四員，南海、番禺、順德、東莞、從化、龍門、增城、新會、香山、三水、新寧、清遠、新安、花。縣丞九員，南海駐十三行，番禺駐南村，順德駐容奇鄉，東莞駐石龍，新會駐江門，香山駐澳門，三水駐西南鎮，新寧駐那骨堡，新安駐大鵬。縣學教諭十四員，訓導十四員，主簿三員。舊設二員，南海駐九江堡，增城駐沙貝村。嘉慶二十二年，增新寧一員，駐廣海寨。巡檢三十七員，南海縣屬神安、金利、黃鼎、江浦、三江、五斗，番禺縣屬沙灣、鹿步、慕德里、茭塘，順德縣屬紫泥、江村、都寧、馬寧，東莞縣屬缺口鎮、京山、中堂，從化縣屬流溪，龍門縣屬廟子角，增城縣屬茅田，新會縣屬沙村、牛肚灣、潮連，香山縣屬小黃圃、香山、黃梁都、淇澳，三水縣屬胥江、三水，新寧縣屬上川，清遠縣屬浛江、濱江、迴岐，新安縣屬官富、福永，花縣屬獅嶺、水西。舊有新寧縣屬廣海寨一員，嘉慶二十二年裁。典史十四員，河泊所官二員。南海、番禺。舊有五仙、西南、安遠驛丞三員，乾隆七年裁。

韶州府知府，舊有理猺通判，乾隆四十六年裁。府學教授，訓導，經歷，司獄。舊有通濟倉大使，乾隆三十年裁。知縣六員，曲江、樂昌、仁化、乳源、翁源、英德。縣丞一員，曲江。縣學教諭六員，訓導六員，巡檢十員，曲江縣屬平圃、濛瀼，樂昌縣屬九峯、羅家渡，仁化縣屬扶溪，乳源縣屬武陽，翁源縣屬桂山、磜下鄉，英德縣屬象岡、洸口。典史六員。舊有芙蓉、湞陽驛丞二員，乾隆七年裁。

惠州府知府，海防同知。駐碣石衛。舊有通判，嘉慶十六年裁。府學教授，訓導，經歷，司獄。舊有受納倉大使，乾隆三十年裁。知州，連平。州學學正，吏目，巡檢二員。長吉里、忠信里。知縣九員，歸善、博羅、長寧、永安、海豐、陸豐、龍川、河源、和平。縣丞二員，舊設歸善一員。乾隆二十一年增海豐一員，駐汕尾。縣學教諭八員，歸善、博羅、長寧、永安、海豐、龍川、河源、和平。訓導八員，歸善、博羅、長寧、永安、陸豐、龍川、河源、和平。巡檢十九員，歸善縣屬碧甲、内外、平政、平山、平海，博羅縣屬善政里、石灣、蘇州，長寧縣屬炸坪，永安縣屬寬仁里、馴雉里，海豐縣屬鵞埠嶺，陸豐縣屬黃沙坑、河田、甲子，龍川縣屬通衢、十一都、老龍，河源縣屬藍口。典史九員。

潮州府知府，海防同知，駐南澳。同知，駐黃岡。通判，駐庵埠鎮。府學教授，訓導，經歷，司獄。舊有永豐倉大使，乾隆二十七年裁。税課司大使，嘉慶二十四年裁。知縣九員，海陽、潮陽、揭陽、饒平、惠來、大埔、澄海、普寧、豐順。縣丞三員，舊設二員，海陽駐庵埠鎮，潮陽駐本城。嘉慶十二年，增揭陽一員，駐棉湖寨。縣學教諭八員，海陽、潮陽、揭陽、饒平、惠來、大埔、澄海、普寧。訓導九員，巡檢十七員，舊設南澳廳屬南澳，海陽縣屬浮洋，潮陽縣屬招寧、門闢、吉安，揭陽縣屬湖口、北寨，饒平縣屬黃岡，惠來縣屬神泉、葵潭，大埔縣屬三河、大產，澄海縣屬鮀浦、樟林鎮，普寧縣屬雲落逕，豐順縣屬湯坑十六員。嘉慶十二年，移揭陽縣屬之湖口司駐河婆。二十四年，移饒平縣屬之黃岡司駐柘林，移大埔縣屬之大產司駐白堠，增豐順縣留隍司一員。典史九員。

肇慶府知府，通判，府學教授，訓導，經歷。舊有豐濟倉大使，乾隆三十年裁。司獄，嘉慶十七年裁。知州，德慶。州學學正，訓導，吏目，巡檢。悦城。知縣十二員，高要、四會、新興、陽春、陽江、高明、恩平、廣寧、開平、鶴山、封川、開建。縣丞二員，高要，舊駐縣城，嘉慶二十一年移駐金利墟。陽江駐雙魚所。縣學教諭九員，高要、四會、新興、陽春、陽江、高明、廣寧、封川、開建。訓導十二員，巡檢十四員，高要縣屬横查、禄步，四會縣屬南津，新興縣屬立將，陽春縣屬古良、黃泥灣，陽江縣屬太平、海陵，高明縣屬三洲，開平縣屬沙岡、松柏，鶴山縣屬藥逕、雙橋，封川縣屬文德。典史十二員。

高州府知府，通判，駐梅菉。府學教授，訓導，經歷，司獄。舊有永安倉大使，乾隆三十年裁。知州，化。州學學正，訓導，吏目，巡檢。梁家沙。知縣五員，茂名、電白、信宜、吳川、石城。舊有茂名縣丞一員，乾隆二十一年裁。縣學教諭五員，訓導五員，巡檢六員，茂名縣屬平山、赤水，電白縣屬沙瑯，信宜縣屬懷鄉，吳川縣屬硇洲，石城縣屬凌祿。典史五員。

廉州府知府，同知，駐龍門。府學教授，訓導，經歷，司獄。知州，欽。州判，駐東興街。州學學正，訓導，吏目，巡檢五員。防城、如昔、沿海、長墩、那陳。知縣二員，合浦、靈山。縣丞一員，合浦，駐永安所。縣學教諭二員，訓導二員，巡檢五員。合浦縣屬高仰、珠場、永平，靈山縣屬西鄉、林墟。典史二員。

雷州府知府，同知，駐海安。府學教授，訓導，經歷。舊有司獄，乾隆五十一年裁。知縣三員，海康、遂溪、徐聞。縣丞，遂溪，駐楊柑墟，嘉慶十五年設。縣學教諭三員，訓導三員，巡檢四員。海康縣屬清道鎮，遂溪縣屬湛川，徐聞縣屬寧海東場。典史三員。

瓊州府知府，同知，駐崖州。府學教授，訓導，經歷。舊有廣豐倉大使，乾隆三十年裁。知州三員，儋、萬、崖。州學學正三員，訓導二員，儋州、萬州。舊有崖州一員，乾隆七年裁。吏目三員，巡檢四員。儋州屬薄沙，萬州屬龍滾，崖州屬樂安汛、永寧。知縣十員，瓊山、澄邁、定安、文昌、會同、樂會、臨高、昌化、陵水、感恩。縣丞一員，瓊山，駐海口所。縣學教諭十員，訓導七員，瓊山、澄邁、定安、文昌、會同、樂會、臨高。舊有昌化、陵水、感恩三員，乾隆七年裁。

巡檢七員，瓊山縣屬水尾，澄邁縣屬澄邁，定安縣屬太平汛，文昌縣屬鋪前、青藍頭，臨高縣屬和舍，陵水縣屬寶停汛。典史十員。

南雄直隸州知州，舊爲南雄府，嘉慶十一年降直隸州，十六年復升府，十七年仍爲直隸州。州同，嘉慶十一年裁通判設。州學學正，嘉慶十一年裁府學教授設。訓導，吏目，嘉慶十一年裁府經歷設。舊有司獄，是年裁。巡檢三員。紅梅、百順、平田。知縣，始興。舊有保昌一員，嘉慶十一年裁。縣學教諭，訓導，巡檢，清化逕。典史。

連州直隸州知州，州判，舊駐塔脚，嘉慶二十一年移駐星子墟。州學學正，訓導，吏目，巡檢。朱岡。知縣，陽山。舊有連山縣，嘉慶二十一年升爲廳。縣學教諭，訓導，巡檢二員，舊設淇潭堡一員，嘉慶二十一年，增七罜司一員。典史。

嘉應直隸州知州，嘉慶十一年升府，十六年仍爲直隸州。州同，駐松口堡。州學學正，訓導，吏目，巡檢二員。太平鄉、豐順鄉。知縣四員，興寧、長樂、平遠、鎮平。舊有程鄉一員，嘉慶十六年裁。縣學教諭二員，興寧、長樂。訓導四員，巡檢五員，興寧縣屬十三都、水口，長樂縣屬十二都，平遠縣屬壩頭，鎮平縣屬羅岡。典史四員。

羅定直隸州知州，州判，駐羅鏡。州學學正，訓導，吏目，巡檢。晉康鄉。知縣二員，東安、西寧。縣學教諭二員，訓導二員，巡檢二員，東安縣屬西山，西寧縣屬夜護。典史二員。

佛岡直隸廳同知，嘉慶十六年設。司獄。嘉慶十六年設。

連山直隸廳同知，舊爲連山縣，屬連州，嘉慶二十一年升爲廳，以三江口之理猺同知移駐於此。廳學教諭，嘉慶二十一年，改縣學教諭設。訓導，嘉慶二十一年，改縣學訓導設。司獄，嘉慶二十一年，裁連山縣星子巡檢設。巡檢。宜善。

武職官

廣州將軍，駐廣州府。左、右翼副都統二員，協領八員，佐領十六員，乾隆二十一年設，舊有參領八員，是年裁。防禦三十二員，舊設四十員，乾隆二十一年裁八員。驍騎校三十二員，舊設四十員，乾隆二十一年裁八員。筆帖式二員。舊設三員，乾隆二十一年裁一員。水師營協領，乾隆十年設。佐領二員，乾隆十年設。防禦二員，乾隆十年設。驍騎校六員。乾隆十年設，舊有將軍標左、右、前、後四營，設副將一員，遊擊三員，都司一員，守備三員，千總八員，把總十六員，均駐廣州府，乾隆三十三年裁。

督標，中、左、右、前、後五營。副將，中軍，舊駐肇慶府，乾隆五十五年移駐廣州府。參將四員，左、右、前、後營，均駐肇慶府。都司，中營，駐肇慶府。守備四員，千總八員，舊設十員，乾隆四十七年裁一員，嘉慶十年裁一員。把總十九員，舊設二十員，乾隆五十二年裁一員。經制外委二十三員，額外外委二十二員。

督標水師營參將，駐肇慶府。守備，千總二員，把總四員，經制外委六員。

撫標，左、右二營。參將，中軍兼左營，駐廣州府。遊擊，右營，駐廣州府。守備二員，千總三員。舊設四員，嘉慶十四年裁一員。把總七員，舊設八員，乾隆四十七年裁一員。經制外委八員，額外外委八員。

水師提督，駐香山縣虎門寨，嘉慶十五年設，並設參將以下官，中、左、右、前、後五營。參將，中軍兼中營，駐虎門寨。遊擊三員，左營駐新安縣，右營駐虎門寨，後營駐增城縣新塘。都司，前營駐東莞縣，舊爲東莞水師營都司，嘉慶十五年改隸。守備四員，中、左、右營駐本營，後營防蘇涌汛。千總十一員，一駐本營，十分防鎮遠、新造、蓮花逕、大虎山、横檔月臺、雞公石、英村、石龍、新塘、深井尾各汛。把總十八員，一駐本營，十七分防大涌口、大汾、閘西山、凰涌頭、沙角、南頭、茅洲墩、屯門、深圳、獅子塔、蕉門、鐵岡、魚步、大墩、墩頭、東礮臺、到塭各汛。嘉慶十五年設十七員，二十四年增一員。經制外委三十員，額外外委九員。

陸路提督，駐惠州府，中、左、右、前、後五營。參將，中軍兼中營，駐惠州府。遊擊三員，右營駐河源縣，前營駐歸善縣花園圍，後營駐東莞縣石龍鎮。舊有左營遊擊，駐惠州府，乾隆四十七年裁，以守備管左營事。守備五員，中、左、後營駐本營，右、前營分防歸善、龍川二汛。千總九員，五駐本營，四分防羅溪、河田、河源、老龍各汛。舊設十員，乾隆五十二年裁一員。把總十七員，七駐本營，十分防早白田、東角、藍田、遞運、竹岡、渡田河、羅經壩、梁家村、菉蘭、禮村各汛。舊設二十員，乾隆四十七年裁一員，嘉慶十一年裁一員，二十一年裁一員。經制外委二十八員，額外外委二十員。

陽江鎮總兵官，駐陽江縣，嘉慶十五年裁左翼鎮設，並裁春江協電白營，設遊擊、都司以下官，左、右二營。遊擊，中軍兼左營駐陽江縣。都司，右營駐電白縣。守備一員，駐本營。千總五員，一駐本營，四分防雙魚所、北津、山後、興平各汛。把總十員，一駐本營，九分防那龍、太平、石覺、海陵澳、北額舊礮臺、大澳、興安、蓮頭、三橋各汛。經制外委十三員，額外外委八員。

瓊州鎮總兵官，駐瓊州府，舊爲雷瓊鎮，嘉慶十六年改今名，左、右二營。遊擊，中軍兼左營駐瓊州府。都司，右營駐瓊州府。守備二員，駐本營。千總四員，分防定安、文昌、太平、澄邁各汛。把總八員，二駐本營，六分防定安、文昌、太平、澄邁、會同、水尾各汛。經制外委十二員，額外外委九員。

碣石鎮總兵官，駐陸豐縣碣石衛，中、左、右三營。遊擊二員，中軍兼中營駐碣石衛，左營駐甲子所。都司，右營駐捷勝所。守備三員，中營駐本營，左、右營分防參將府、墩下寨二汛。千總六員，一駐本營，五分防淺澳、陸豐、湖東港、海豐、鮜門各汛。把總十二員，一駐本營，十一分防湖東西臺、金廂石、白沙湖、西甘澳、圭湖墩、參將府、五雲崗、鶿埠、長沙、汕尾、遮浪各汛。經制外委十八員，額外外委一員。

南澳鎮總兵官，駐南澳，兼轄福建、廣東交界地方。左、右二營，左營遊擊、守備各一員，千總二員，把總四員，經制外委九員，額外外委二員，駐福建詔安縣界。詳載福建統部武職官門。遊擊，右營駐南澳。守備，駐本營。千總二員，分防隆澳、浮磚二汛。把總四員，分防深澳、臘嶼、長山尾、西山各汛。經制外委九員，額外外委二員。

以上陽江等四鎮均聽兩廣總督、水師提督節制，其瓊州一鎮兼聽陸路提督節制，南澳一鎮兼聽福建水師提督節制。

南韶連鎮總兵官。駐韶州府，嘉慶十五年裁右翼鎮設，並設遊擊以下官，中、左、右三營。遊擊，中軍兼中營，駐韶州府，嘉慶十五年兼設左營遊擊，駐韶州府，二十一年裁，以守備管左營事。都司，右營駐韶州府。守備三員，左營駐本營，中、右營，分防青崗、乳源二汛。千總五員，二駐本營，三分防樂昌、連家山、乳源各汛。把總十員，分防白水土、仁化、梅花、龍眼崗、翁源、太平、西坑口、大燒山、英德、青崗各汛。經制外委十五員，額外外委十五員。

潮州鎮總兵官，駐潮州府，中、左、右三營。遊擊三員，中軍兼中營駐潮州府，左營駐嘉應州，右營駐揭陽縣。守備三員，駐本營。千總六員，二駐本營，四分防湯坑、嘉應、揭陽、河婆各汛。把總十二員，三駐本營，九分防貴人村、筲箕坪、洞脚、畲坑、言嶺關、北礮臺、青嶼、普寧、龍根磜各汛。經制外委十八員，額外外委十員。

高州鎮總兵官，駐高州府，舊爲高廉羅鎮，嘉慶十五年改今名，左、右二營。遊擊，中軍兼左營駐高州府。都司，右營駐高州府。守備，左營駐本營，舊設左、右營二員，乾隆四十七年裁右營一員。千總四員，二駐本營，二分防信宜、梅菉二汛。把總八員，分防分界、平山、小營嶺、莊崗、那菉、平棉、林坑、南路塘各汛。經制外委十二員，額外外委四員。

以上南韶連等三鎮均聽廣州將軍、兩廣總督、陸路提督節制。

順德協副將，駐順德縣，左、右二營，舊隸左翼鎮，嘉慶十五年改隸。都司二員，左營駐順德縣，右營駐三水縣蘆包口。守備二員，左營防甘竹汛，右營駐本營。千總四員，分防崑岡、罟草土城、瀾石西南各汛。把總八員，一駐本營，七分防九江沙口、容奇頭、三槽、西關、鷹嘴沙、仙管、蘆包各汛。經制外委十三員。

香山協副將，駐香山縣，左、右二營，舊隸左翼鎮，嘉慶十五年改隸。都司二員，左營、右營，均駐香山縣。守備二員，駐本營。千總四員，一駐本營，三分防雍陌、白鯉沙、新園各汛。把總七員，分防平頂山、磨刀角、吉大、大托山、虎跳門、小隱、象角各汛。經制外委十四員。

新會營參將，駐新會縣，左、右二營，舊隸左翼鎮，嘉慶十五年改隸。守備二員，左營駐新會縣，右營駐新寧縣。千總四員，分防江門、鶴山、崖門、七村各汛。把總八員，一駐本營，七分防開平、古勞、瓦窯、金剛、外海嘴、南坑、虎臀各汛。經制外委十三員，額外外委一員。

大鵬營參將，駐新安縣大鵬所，舊隸陸路提督，嘉慶十五年改隸。守備，駐本營。千總二員，分防紅香爐、大嶼山二汛。把總四員，一駐本營，三分防鹽田、沱濘、九龍各汛。經制外委七員。

以上順德等二協、新會等二營均隸水師提督管轄。舊有英清營，守備、千總、把總各一員，隸水師提督管轄，嘉慶二十一年裁。

惠州城守協副將，駐惠州府，左、右二營。都司，左營駐惠州府，舊有右營都司，駐歸善縣，嘉慶十年裁，以守備管右營事。守備二員，左營防長寧縣，右營駐本營。千總二員，一駐本營，一防博羅縣，舊設四員，嘉慶十年裁二員。把總七員，分防石坑、水東陂、凹下、老虎坳、歸善、平山、盤沿各汛，舊設八員，嘉慶十年裁一員。經制外委十員，額外外委八員。

廣州城守協副將，駐廣州府新城，左、右二營。都司二員，左營駐新城，右營駐佛山，舊設一員，乾隆三十三年增一員。守備二員，分防九江、老城二汛，舊設一員，乾隆三十三年增一員。千總四員，分防石亭巷、西關、小東門、彩陽塘各汛，舊設三員，乾隆三十三年增一員。把總八員，分防老城、李村、隆慶、官窯、東關、大歷、員井、白沙塘各汛，舊設四員，乾隆三十三年增四員。經制外委十二員，額外外委十四員。

肇慶協副將，駐肇慶府，左、右二營。都司，駐開建縣。守備二員，左營駐開建縣，右營駐德慶州。千總四員，三駐本營，一防封川汛。把總八員，一駐本營，七分防新橋、文德廟、江口、埇北、悅城、高明、新興各汛。經制外委十二員，額外外委六員。

增城營參將，駐增城縣，左、右二營。守備二員，左營駐龍門縣，右營駐從化縣。千總四員，分防派潭、廟子角、米步、花縣各汛。把總四員，三駐本營，一防曹眉汛。經制外委八員，額外外委八員。

永靖營遊擊，駐番禺縣石碁村，乾隆四十七年設，並設守備以下官。守備，防南村汛。千總二員，一駐本營，一防市橋汛。乾隆四十七年設一員，五十年增一員。把總四員，一駐本營，三分防鍾村、南村、茭塘各汛。乾隆四十七年設二員，五十年增二員。經制外委七員，額外外委四員。

前山營遊擊，駐香山縣前山寨，嘉慶十四年設，並設守備以下官。守備，駐本營。千總，駐本營。把總，防關閘汛。經制外委二員，額外外委四員。

永安營都司，駐永安縣，嘉慶十年設，並設守備以下官。守備，防鐵籠嶂汛。千總二員，一駐本營，一防九禾市汛。把總，防義容汛。經制外委五員，額外外委三員。

和平營都司，駐和平縣。千總，防連平州汛。把總二員，一駐本營，一防岑岡汛。經制外委三員，額外外委二員。

四會營都司，駐四會縣。千總，防廣寧縣汛。把總，經制外委二員，額外外委二員。

那扶營都司，駐新寧縣，舊隸左翼鎮，嘉慶十年改隸。千總，防恩平縣汛。把總，防陡門汛。經制外委二員，額外外委三員。

陽春營守備，駐陽春縣，嘉慶十五年設，並設千總以下官，隸高州鎮，十八年改隸。千總，駐本營。把總二員，分防那日、鴦公二汛。經制外委三員，額外外委二員。

三水營守備，駐三水縣，舊設都司，嘉慶十四年改設。把總二員，分防蘆苞、西南二汛。經制外委一員，額外外委三員。

以上惠州等三協、增城等九營均隸陸路提督管轄。

廣海營遊擊，駐新寧縣廣海寨。守備，駐本營。千總二員，分防長沙、大澳二汛。把總四員，分防烽火角、横山、上川、下川各汛。經制外委六員，額外外委二員。

吴川營都司，駐吴川縣，嘉慶十三年設，隸高廉羅鎮，十五年改隸。守備，駐本營。千總，駐本營。把總五員，分防東礮臺、西礮臺、麻斜、田頭、大陂各汛。經制外委四員，額外外委二員。

硇洲營都司，駐吴川縣硇洲，舊隸高廉羅鎮，嘉慶十五年改隸。千總，防淡水汛。把總三員，分防津前、南港、北港各汛，舊設二員，乾隆五十九年增一員。經制外委五員。

東山營守備，駐遂溪縣東山墟，嘉慶十五年設，並設千總以下官。千總，防極角汛。把總二員，分防朋塘、逯遐二汛。經制外委二員。

以上廣海等四營均隸陽江鎮管轄。

海口協副將，駐瓊山縣海口所，嘉慶十五年設，並設都司以下官，左、右二營。都司，左營駐海口所。守備，右營駐海口所。千總二員，分防東大礮臺、西大礮臺二汛。把總四員，分防鋪前港、清瀾港、東水港、馬裊港各汛。經制外委九員，額外外委六員。

龍門協副將，駐欽州龍門城，舊隸高廉羅鎮，嘉慶十五年改隸左、右二營。都司二員，左營、右營，均駐龍門城。守備二員，分防東興、永安二汛。千總四員，一駐本營，三分防牙山、東興、三汊口各汛。把總八員，二駐本營，六分防三口浪、石龜嶺、北崙、烏雷、大觀港、白龍城各汛。經制外委十四員。

崖州營參將，駐崖州。守備，駐本營。千總三員，一駐本營，二分防大蜑、太平二汛。把總四員，二防三亞，二分防望樓、感恩二汛。經制外委七員，額外外委四員。

儋州營遊擊，駐儋州。守備，駐本營。千總二員，分防臨高、昌化二汛。把總四員，一駐本營，三分防薄沙、新英、石牌各汛。經制外委六員，額外外委三員。

萬州營遊擊，駐萬州。守備，駐本營。千總二員，一駐本營，一防陵水汛。把總四員，分防西門塘、樂會、桐棲港、寶停各汛。經制外委六員，額外外委四員。

海安營遊擊，駐徐聞縣海安所。守備，駐本營。千總二員，一駐本營，一防流沙汛。把總四員，分防博漲、海安港、樂民、錦囊各汛。經制外委六員，額外外委二員。

以上海口等二協、崖州等四營均隸瓊州鎮管轄。

平海營參將，駐歸善縣平海所，舊隸陸路提督，嘉慶十五年改隸。守備，防稔山汛。千總二員，分防大星、稔山二汛。把總四員，一駐本營，三分防大星、斗頭卡、吉頭港各汛。經制外委七員。

以上平海營隸碣石鎮管轄。

澄海協副將，駐澄海縣左、右二營。都司，駐澄海縣。守備二員，分防蓬洲所、樟林寨二汛。千總四員，分防鷗汀背、沙汕頭、南洋、大萊蕪各汛。把總八員，二駐本營，六分防外沙、蓬洲、放雞山、東湖、樟林、烏塗尾各汛。經制外委十員，額外外委二員。

海門營參將，駐潮陽縣海門所。守備，防惠來縣靖海所。千總二員，一駐本營，一防靖海所汛。把總六員，分防錢澳、南礮臺、牌角、靖海港、赤澳、神泉各汛。經制外委七員，額外外委一員。

達濠營守備，駐潮陽縣達濠城。千總，駐本營。把總二員，一駐本營，一防廣澳汛。經制外委二員，額外外委一員。

以上澄海協、海門等二營均隸南澳鎮管轄。

三江口協副將，駐連州三江口，左、右二營。都司，左營駐三江口。守備二員，左營駐本營，右營防虎叉汛。千總三員，分防鐵坑、斑瓦、大東領各汛，舊設四員，嘉慶十七年裁一員。把總六員，二駐本營，四分防馬槽屯、三江洞、上臺、佘高各汛，舊設八員，嘉慶二十一年裁一員，二十四年裁一員。經制外委十三員，額外外委七員。

南雄協副將，駐南雄州。都司，駐南雄州。守備，駐始興縣。千總二員，一駐本營，一防司前汛。把總四員，一駐本營，三分防南大坊、百順、江口各汛。經制外委六員，額外外委四員。

連陽營遊擊，駐連州。守備，駐本營。千總二員，分防連山、高灘二汛。把總四員，一駐本營，三分防陽山、星子、水口各汛。經制外委五員，額外外委二員。

清遠營遊擊，駐清遠縣，嘉慶二十一年設，並設守備以下官。守備二員，一駐本營，一防浸潭汛。千總二員，分防江口、浸潭二汛。把總四員，一駐本營，三分防官莊、大燕、石坎各汛。經制外委六員，額外外委二員。

佛岡營千總，駐佛岡廳，嘉慶十七年設，並設把總以下官。把總，經制外委二員，額外外委一員。

以上三江等二協、連陽等三營均隸南韶連鎮管轄。

黃岡協副將，駐饒平縣黃岡城，左、右二營。都司，左營駐黃岡城。守備，右營防大城所汛，舊有左營守備，嘉慶二十一年裁。千總四員，一駐本營，三分防柘林寨、井洲、大城所各汛。把總八員，一駐本營，七分防雞母澳、赤坑、孚山、九溪橋、黄山坑、官山、西虎仔嶼各汛。經制外委九員，額外外委六員。

饒平營遊擊，駐饒平縣。守備，防大埔汛。千總二員，一駐本營，一防三河城汛。把總四員，分防洋較浦、内浮山、大埔、蒲田各汛。經制外委四員，額外外委三員。

潮陽營遊擊，駐潮陽縣。守備，駐本營。千總二員，一駐本營，一防石井汛。把總四員，分防麒麟埔、和平、寒婆徑、陂溝各汛。經制外委六員，額外外委三員。

惠來營遊擊，駐惠來縣，舊隸碣石鎮，嘉慶十五年改隸。守備，防隆江汛。千總二員，一駐本營，一防靖海汛。把總四員，分防神泉、雲落、黄沙庵、七壤寨各汛。經制外委六員，額外外委二員。

潮州城守營都司，駐潮州府。千總二員，一駐本營，一防豐順汛，舊有守備，嘉慶十四年裁。把總四員，一駐本營，三分防留隍、大凹頭、庵埠各汛。經制外委四員，額外外委三員。

平鎮營都司，駐平遠縣，舊設遊擊，嘉慶十四年改設。千總二員，分防五指石、分水均二汛，舊有守備一員，嘉慶十四年裁。把總四員，一駐本營，三分防大信、新村、山子背各汛。經制外委四員，額外外委三員。

興寧營都司，駐興寧縣，舊隸陸路提督，嘉慶十五年改隸。千總，防長樂汛。把總二員，分防水口、成功二汛。經制外委二員，額外外委三員。

綏猺營把總，駐連山廳，舊爲理猺營，隸三江口協標，嘉慶二十二年改營名，並改隸。經制外委一員，額外外委三員。

以上黄岡協、饒平等七營均隸潮州鎮管轄。

羅定協副將，駐羅定州，左、右二營。都司二員，中軍駐羅定州，右營駐新興縣獨榕山。守備二員，左營駐東安縣，右營防西寧汛。千總三員，一駐本營，二防石窩、懷鄉二汛。把總六員，分防六疊、白石、林峒、連灘、河頭、黄泥灣各汛。經制外委十員，額外外委四員。

雷州營參將，駐雷州府，左、右二營，舊隸雷瓊鎮，嘉慶十六年改隸。守備二員，左營駐雷州府，右營駐遂溪縣白沙塘。千總四員，一駐本營，三分防錦囊所、遂溪、通明礮臺各汛。把總八員，二駐本營，六分防海康所、博賒、流沙、雙溪、海頭、府城各汛。經制外委七員，額外外委六員。

欽州營參將，駐欽州。守備，駐本營。千總二員，一駐本營，一防三十六村汛。把總四員，分防那暮、馬尾、小董、大寺各汛。經制外委四員，額外外委二員。

廉州營遊擊，駐廉州府。守備，駐本營。千總二員，分防大觀港、靈山二汛。把總三員，一駐本營，二分防公館、清湖二汛。經制外委六員，額外外委二員。

化石營都司，駐石城縣。千總，防化州汛。把總二員，一駐本營，一防暗鋪汛。經制外委三員，額外外委二員。

徐聞營守備，駐徐聞縣，舊隸雷瓊鎮，嘉慶十五年改隸。千總，防東場汛。把總，防英利汛。經制外委一員，額外外委二員。

以上羅定協、雷州等五營均隸高州鎮管轄。

户口

康熙五十二年，原額人丁一百一十五萬三千九百九十一，乾隆三十七年停編丁。今滋生男婦大小共二千一百一十九萬七千七百四十一名口，又屯民男婦三十六萬四百九十八名口。

田賦

田地山塘共三十三萬八千六百七十八頃九十八畝一分三釐三毫，額徵地丁正、雜等銀一百零二萬六千三百八十七兩二錢零五釐，遇閏加徵銀二萬五千五百一十三兩六錢八分三釐，米二十五萬五千二百七十七石零九升六合八勺，屯田共五千四百二十三頃四十七畝三分四釐五毫二絲，米九萬二千九百七十一石一斗五升九合九勺。

税課

粤海關，額徵正税銀四萬兩，銅觔水脚銀三千五百六十四兩，盈餘銀八十五萬五千五百兩。

太平關，額徵正税銀四萬六千八百二十九兩，銅觔水脚銀五千八百四十六兩一錢七分五釐，盈餘銀七萬五千五百兩。兩廣正引漁引，共八十一萬四千五百一十道，額徵鹽課銀六十一萬二千六百二十四兩二錢一分一釐有奇。

名宦

三國　吴

步騭。淮陰人。建安十五年徙交州刺史。劉表所置蒼梧太守吴巨陰懷異心，外附内逆，騭誘斬之，威聲大震。交阯太守士燮率兄弟東附供命，南土之賓自此始。

吕岱。海陵人。延康元年，代步騭爲交州刺史。鬱林賊攻圍郡縣，討破之。桂陽湞陽賊王金合衆於南海界上，岱生縛金送都。安遠將軍士徽拒命，岱又斬送其首，遣從事南宣國威，徼外諸王各遣使奉貢。黄龍三年，以南土清定召還。岱初在州，歷年不餉家，妻子饑乏，權聞之歎息，加賜錢米布絹，歲有常限。

陸敬宗。吴人。赤烏十一年，爲交州刺史、安南校尉，以恩信招納高涼渠帥黄吴等支黨三千餘家，復討蒼梧建陵賊破之，流民歸附，海隅肅清。南海歲有暴風瘴氣之害，自敬宗至州，風氣絶息，商旅平行，民無疾疫。州治臨海，海流多鹹，敬宗畜水，田獲豐稔。在州十餘年，屏絶寶玩，以廉潔著。

晉

滕修。西鄂人。仕吴爲廣州刺史，甚有威惠，進使持節、都督、鎮南將軍、廣州牧。入晉爲安南將軍，廣州牧、都督如故。在南積年，爲邊夷所附。

陶侃。潯陽人。建興三年，爲廣州刺史、平越中郎將，討平王機、杜弘等亂，以功封柴桑侯。在州無事，輒朝運百甓於齋外，暮運於齋内，人問其故，答曰：「吾方致力中原，過爾優逸，恐不堪事。」其勵志勤力皆此類。

滕含。修之孫，授平南將軍、廣州刺史，在任積年，甚有威惠。

吴隱之。鄄城人。介立有清操。廣州包帶山海，珍異所出，前後刺史皆多黷貨。朝廷欲革嶺南之弊，隆安中以隱之爲龍驤將軍、廣州刺史。在州清操逾厲，常食不過菜及乾魚，幃帳器服皆付外庫。詔嘉之，進號前將軍，賜錢五十萬、穀千斛。

王鎮之。臨沂人。義熙中使持節、都督交廣二州諸軍事、廣州刺史。宋武帝謂人曰：「鎮之少著清績，必將繼美吴隱之，嶺南之弊，非此不康也。」在州蕭然無所營，去官之日，不異始至。

南北朝　宋

張裕。吴人。宋初使持節、都督廣交二州諸軍事、廣州刺史，綏靖百越，嶺外安之。

陸徽。吴人。元嘉十五年，使持節、交廣二州、廣州刺史，清名亞王鎮之，爲士民所愛詠。

宗慤。南陽人。元嘉中伐林邑克之，珍寶不可勝計，慤秋毫無取。三十年伐逆有功，使持節、平越中郎將、廣州刺史。誅何亮，以定一方之亂。

梁

蕭勵。南蘭陵人。武帝時，爲廣州刺史，不營私蓄。去郡之日，吏人悲泣，數百里舟乘填塞，各齎糧以送，勵人爲納受，隨以錢帛與之。

陳

沈恪。武康人。宣帝時，除平越中郎將、都督、廣州刺史。前刺史歐陽紇亂後，所在殘毀，恪綏懷安輯，被以恩惠，嶺表賴之。

隋

韋洸。杜陵人。高祖時，以江州總管進圖嶺南，至廣州説陳湞州都督王猛下之。嶺表皆定，綏集二十四州，拜廣州總管。歲餘，番禺夷王仲宣聚衆爲亂，洸勒兵拒之，中流矢卒。

唐

宋慶禮。永平人。武后時，爲嶺南採訪使。時崖振五州首領更相掠，民苦於兵，使者至輒苦瘴癘莫敢往。慶禮身到其境，諭首領大誼，皆釋仇相親，州土以安，罷卒戍五千人。

李琨。太宗孫。聖曆中爲嶺南招慰使，安輯反獠，甚得其宜。

宋璟。南和人。爲廣州都督，教民陶瓦築堵，自是鮮火患。恩州苗帥作亂，諭以恩信，種落大安。召拜刑部尚書，廣人爲立遺愛頌。璟上言：「臣治績不足紀，廣人以臣當國，故爲溢辭，宜釐正之，請自臣始。」詔許之。自廣州入朝〔四〕，帝遣内侍楊思勗驛迓之，竟不交一言，思勗訴之，帝益嗟重焉。

李尚隱。萬年人。開元中遷廣州都督、五府經略使。及還，人或裒金以贈〔五〕，尚隱曰：「吾自性分不可易，非畏人知也。」

柳澤。解人。開元中，以殿中侍御史監嶺南道。時市舶使、右威衛中郎將周慶立雕製詭物以進，澤上書言慶立作奇器淫巧，摇蕩上心，禁典不赦。書奏，帝稱善。

李勉。京兆人。代宗時拜嶺南節度使。番禺賊負險爲亂，殘十餘州，勉遣將討斬之，五嶺平。西南夷舶歲至纔四五，勉廉潔不暴征，明年至者四百餘柁。居官久，未嘗裝飾器用車服。後召歸，至石門，盡搜家人所蓄犀珍投江中。部人叩闕，請立碑頌德。

李復。京兆人。德宗時轉嶺南節度使。時安南經略使卒，其佐李元度、胡懷義等阻兵脅州縣，肆爲姦贓。復至，誘懷義杖死，流元度，南裔肅然。教民作陶瓦，鐫諭蠻獠，收瓊州置都督府，以綏定其人。

杜佑。萬年人。德宗時爲嶺南節度使，開大衢，疏析廛閈，以息火災。朱崖黎氏三世保險不賓，佑討平之。

徐申。萬年人。憲宗初爲嶺南節度使。前使死，吏盜印署府職百餘員，畏事泄，謀作亂。申覺，殺之，挂誤一不問。遠俗以攻劫相矜，申禁切無復犯。外番歲以珠、瑇瑁、香、文犀浮海至，申於常貢外未嘗賸索，商賈饒盈。

楊於陵。弘農人。元和初爲嶺南節度使，辟韋詞、李翺等在幕，咨訪得失，教民陶瓦，易蒲屋以絶火患。監軍許遂振者，悍戾貪肆，憚於陵不敢撓以私，則爲飛語聞京師。詔罷歸。遂振領留事，笞吏剔抉其贓，吏呼曰：「楊公尚拒他方賄遺，肯私官錢耶？」宰相裴垍爲帝別白之，乃授吏部侍郎，遂振終得罪。

孔戣。曲阜人。憲宗時拜嶺南節度使。既至，免屬州逋負十八萬緡、米八萬斛、黄金税歲八百兩。先是，屬刺史俸不時給，皆取部中自衣食，戣乃倍其俸，約不得爲貪暴。南方掠人爲奴婢，戣峻爲之禁。士之斥南不得歸，與有罪之後百餘族，皆收録其才，而廩其無告者，女子爲嫁遣之。番舶泊步有下碇税，始至有閱貨宴，所餉犀琲，下及僕隸，戣禁絶無所求索。舊制，海商死者，官籍其貲，滿三月無妻子詣府則没入。戣以海道歲一往復，苟有驗者不爲限。容、桂二管請合兵討洞蠻，戣固言不可，帝不聽，兵死者不可勝計。獨戣不邀一旦功，交、廣晏然大治。

李憲。臨潭人。太和初由江西觀察使遷嶺南節度使。以吏能顯，善治律令，性明恕，詳正大獄，活無罪者數百人。

盧鈞。藍田人。文宗時擢嶺南節度使。海道商舶始至，異時帥府争賤售其珍，鈞一無所取。番獠與華人錯居相婚嫁，多占田營第舍，吏或撓之，則相挺爲亂。鈞下令禁之，闔部無敢犯。貞元後流放衣冠，其子姓窮弱不能自還者，爲營棺槥還葬，有疾喪則給醫藥殯殮，以俸廩資助孤稚，凡數百家。南方服其德，不懲而化。

韋正貫。萬年人。宣宗時擢嶺南節度使。南海舶賈始至，大帥必取象犀明珠，上珍而售以下直，正貫獨無所取。土俗右鬼，正貫毁淫祠，教民無妄祈。會海水溢，人争咎之，正貫登城沃酒以誓曰：「不當神意，長吏任其咎，無逮下民。」俄而水去，民乃信之。

韋宙。萬年人。宣宗時遷嶺南節度使。南詔陷交阯，撫兵積備，以才幹聞。

蕭倣。南蘭陵人。宣宗時拜嶺南節度使。南方珍賄叢夥，不以入門。家人病，取槁梅於厨以和劑，倣知，趣市還之。

鄭從讜。滎陽人。咸通中爲嶺南東道節度使。先是林邑蠻内侵，召天下兵進援，會龐勛亂，不復遣，而北兵寡弱。從讜募土豪，署其酋右職，爲約束，使相捍禦，交、廣晏然。

劉崇龜。滑州胙人。爲清海軍節度使。有大賈約妓女夜集，而他盜殺女遺刀去，吏捕賈。崇龜廉知其冤，方大饗軍，悉集宰人，日入，陰以遺刀易一雜置之。詰朝，羣宰即庖取刀，一人不去，曰此非我刀，乃某人刀也。因得其主名，往視其人則亡矣。崇龜取他囚殺之，聲言賈也。亡宰歸，捕詰具伏。其精明類此。

李知柔。京兆人。昭宗時爲清海軍節度使，在鎮廉潔，爲宗室冠。姻舊或干以財，率不答，但寫茘支圖與之。

宋

潘美。大名人。開寶三年征嶺南，以美爲行營諸軍都部署，進拔韶州，長驅至廣州，擒劉鋹送京師，即日命知廣州兼市舶使。五年兼嶺南道轉運使。土豪周思瓊聚衆負海爲亂，美討平之，嶺表遂安。

尹崇珂。大名人。開寶中征嶺南，以崇珂爲行營馬步軍副都部署〔六〕，克廣州，擒劉鋹，即日詔與潘美同知廣州兼市舶轉運等使。未幾，樂範、鄧存忠等據五州之地以叛，崇珂討之，數月盡平其黨。

王明。成安人。開寶中爲嶺南轉運副使，偏歷部内，視民疾苦，舊無名科歛，悉條奏除之，嶺表遂安。

曹光實。百丈人。開寶中平交、廣，羣盜未息，以光實爲嶺南諸州都巡檢使。既至，捕逐羣盜，海隅以安。

賈黄中。南皮人。開寶中嶺南平，以黄中爲採訪使。廉直平恕，遠人便之，還奏利害數十事，皆稱旨。

邊珝。鄭人。太宗時充廣南轉運使。初至，適桂州守張頌卒，稾葬城外。舊制不許以族行，僕人乃分匿其家財，珝召官吏悉追取之，送其柩歸濰州原籍。

周渭。恭城人。太平興國二年，爲廣南諸州轉運副使。奏去劉鋹時税算之繁者，重定田賦，興學校。屬有事交阯，渭先移書諭朝廷威信，黎桓懼，即遣使入貢。就加監察御史。

許仲宣。青州人。太平興國中，爲廣南轉運使。會征交州，其地炎瘴，士卒死者十二三。大將孫全興等失律，仲宣因奏罷其兵，不待報，即以兵分屯諸州，開庫賞賜，草檄書以諭交州，交州即送款内附，遣使修貢。仲宣復上章待罪，帝嘉之。

楊允恭。綿竹人。太平興國中，爲廣連都巡檢使。以海鹽盜入嶺北，民犯者衆，請建大庾縣爲軍，官鬻鹽市之，詔建爲南安軍，自是冒禁者少。賊有葉氏者，衆五百餘往來海上，允恭集水軍襲斬之。賊寇每遇風濤，遯止洲島間，允恭領衆涉海，捕之殆盡。又抵漳、泉賊所止處，盡奪先所劫男女還其家，詔書嘉獎。

謝德權。福州人。咸平二年，宜州溪蠻叛，命陳堯叟往經度之，德權預行，以單騎入蠻境，諭以朝旨，衆咸聽命。堯叟以聞，加閤門祇候，廣、韶、英、雄、連、賀六州都巡檢使。

曹利用。寧晉人。真宗時，劉永規知宜州，馭下殘酷，軍校乘衆怨，殺永規叛，嶺南騷動。以利用爲廣南安撫使，遂斬賊首以狗，嶺南平。

薛顔。萬泉人。真宗時宜州陳進反，命勾當廣南東西路轉運司事，賊平，遷金部員外郎。

黄震。浦城人。真宗時爲廣東轉運使。廣南歲進異花數千本，至都下，枯死者十八九，道路苦其煩擾，震奏罷之。

袁抗。南昌人。提點廣南東路刑獄。時浙東叛卒鄂鄰抄閩越，轉南海，與廣州兵逆戰海中。值大風，有告鄰溺死者，抗獨曰：「是日風勢趨占城，鄰未必死。」後果得鄰於占城。

張昷之。清河人。仁宗時，徙廣南東路轉運使。先是，夷人有犯，其酋長得自治，多慘酷，昷之始請一以漢法從事。

周湛。穰人。仁宗時，提點廣南東路刑獄。初，江湖民略良人鬻嶺外爲奴婢。湛至，設方略搜捕，又聽其自陳，得男女二千六百人，給飲食還其家。

孫沔。會稽人。皇祐中儂智高反，沔入見曰：「賊勢方張，官軍朝夕當有敗奏。」明日聞蔣偕死，帝論執政曰：「南事誠如沔所料。」以沔爲湖南、江西安撫使，加廣南東西路安撫使。沔憂賊渡嶺而北，乃檄湖南北曰：「大兵且至，宜繕治營壘，多其宴犒。」賊疑，不敢北侵。會狄青與智高戰，智高敗走，青還，沔留治後事。

張忠。開封人。儂智高反，爲廣東兵馬鈐轄，領英州團練使，素驍勇。智高圍廣州，不介騎而前，會先鋒遇賊奔，忠手拉賊帥二人，馬陷淖不能奮，遂中標鎗死。

王罕。華陽人。爲廣東轉運使。儂智高入寇，罕行部在潮，廣州守仲簡自圍中遣書邀罕，遂還惠州。罕發里民補壯丁得六百人，又令邑尉增弓手三千，染庫帛爲旗，割牛革爲盾，斷苦竹數千，銛其末，使操爲兵，悉出公私戎器，檄告屬城倣而行之。數日衆大振，乃簡卒三千，方舟建旗，伐鼓作樂，順流而下。將至廣，悉衆登岸，斬木爲鹿角，積高數仞，營於南門。智高見已嚴備，不敢犯，罕徐開門而入，智高遂解去。

元絳。錢塘人。儂智高叛，嶺南宿軍邕州，而歲漕不足。絳以直集賢院爲廣東轉運使，建瀕江水砦數十，以待逋寇。繕治十五處〔七〕，樓堞器械皆備，軍食有餘。

范師道。長洲人。仁宗時爲廣南東路轉運使。舊補攝官皆委吏胥，無先後遠近之差，師道爲置籍次第之。

蔡抗。宋城人。仁宗末爲廣東轉運使。岑水銅冶廢，官給虛券爲市，久不償，人無所取資，衆因私鑄，抗盡給之，人得值以止。番禺歲運鹽英、韶，道遠多侵竊雜惡。抗命十舸爲一運，擇攝官主之，歲終會其殿最，增十五萬緡。時弟挺提舉虔州監，自大庾嶺下南至廣，驛路荒遠，室廬稀疏，往來無所庇。抗乃相與謀，課民植松夾道，以休行者。

榮諲。任城人。仁宗末爲廣東轉運使。廣有版步古河，路絶險，林箐瘴毒。諲開湞陽峽，至洸口古徑，作棧道七十間，抵清遠，趨廣州，遂爲坦途。

王靖。莘人。爲廣南轉運使。熙寧初，廣人訛言交阯且至，老幼入保。事聞，中外以爲憂。神宗曰：「王靖在彼可無患。」即拜太常少卿、直昭文館、知廣州。

周敦頤。營道人。熙寧初，爲廣東轉運判官，提點刑獄，以洗冤澤物爲己任。行部不憚勞苦，雖瘴癘險遠，亦緩視徐按。以疾求知南康軍。

曾開。河南人。建炎初，爲廣東經略安撫使，奉詔駐湖陽，招捕虔寇，訖事乃之鎮，居二年，羣盜盡平。

張致遠。沙縣人。高宗時，爲廣東轉運判官，招撫劇盜曾袞等，賊衆悉平。

季陵。龍泉人。紹興中，以徽猷閣待制帥廣。先是，惠州有狂男子聚衆數千，僭號作亂。陵入境，誘其徒曾袞，令以功贖罪，不旬日擒之。

龔茂良。興化軍人。孝宗時，除廣東提刑，就知信州。即番山之址建學，又置番禺南海縣學。既成釋奠，行鄉飲酒禮以落之。城東舊有廣惠庵，中原衣冠没于南者葬之，歲久廢，茂良訪故地，凡暴露皆掩葬無遺。

林光朝。莆田人。孝宗時，爲廣東提刑。茶寇自荆湘剽江西，薄嶺南，其鋒鋭甚。光朝自將郡兵，檄統制路海、鈐轄黄進分控要害。會有詔徙光朝轉運副使，光朝謂賊勢方張，留屯不去，督二將遮擊，連敗之。賊遁去，加直寶謨閣。

楊萬里。吉水人。孝宗時，提舉廣東常平茶鹽。盜犯南粤，帥師往平之。孝宗稱之曰：「仁者之勇。」就除提點刑獄。請於潮、惠二州築外砦，潮以鎮賊之巢，惠以扼賊之路。俄以憂去。

廖德明。南劍人。孝宗時，提舉廣東刑獄，彈劾不避權要。歲當薦士，朝貴多以書託之，德明悉不啓封還之。有鄉人爲主簿，德明聞其能，薦之。主簿置酒，假富人觴豆甚盛，德明怒，追還薦章。盜陷桂陽，迫韶，韶人懼，德明遣將馳擊，親督戰破之。

劉爚。建陽人。孝宗時提舉廣東常平，令守臣歲以一半易新，春支冬償，存其半以備緩急。逋欠亭户錢十萬、轉運使五萬，惀以公使公用二庫贏錢補之。

崔與之。廣州人。端平初授廣東經略安撫使，兼知廣州。先是，廣州戍卒相率倡亂，與之家居，肩輿登城，曉以逆順，其徒皆釋甲，而首謀數人懼事定受禍，遂相率遁入古端州。至是與之聞命，即家治事，屬提刑彭鉉討捕，潛移默運，人無知者。俄而新調諸軍畢集，賊戰敗，請降，桀黠不悛者戮之，其餘分隸諸州。

楊大異。醴陵人。理宗時，提點廣東刑獄兼常平。時常平司逋負山積，械繫追索，姦蠹百出。大異與之約，悉縱遣之，負者如期畢輸，吏無所容其姦。

唐璘。古田人。理宗時，爲廣東經略安撫使。梅州寇作，璘示以威信，寇尋息。江淮旱，議下廣右和糴，璘言公家赤立，糴本無所辦，終恐日取於民，撥本召糴，重朝廷憂。尋乞致仕，召還。

胡穎。湘潭人。理宗時，爲廣東經略安撫使。潮州僧寺有大蛇，能驚動人，前後仕於潮者，皆信奉之。前守未嘗詣，已而旱，州人咸咎守。後守不得已詣焉，蛇乃蜿蜒而出，守大驚得疾，旋卒。穎至，檄潮州令僧舁蛇至，殺之，毀其寺。

劉應龍。高安人。景定時南海寇作，朝廷患之，命以顯謨閣待制知廣州，兼經略安撫使。寇聞其至，遁去，應龍勦逐之，南海大治。

冷應澂。分寧人。景定中，提舉廣東常平兼轉運使。劾守令貪横不法十餘人，列郡肅然。最聞，就陞直寶章閣、知廣州，主管廣南東路經略安撫司公事〔八〕、馬步軍都總管，領漕、庾如故。五司叢劇，應澂分時理務，不擾不勌。聞襄、樊受圍，日繕器械，裕財粟，以備倉猝，後卒賴其用。屢平大寇，未嘗輕殺，笞杖以降，亦加審慎。至其臨事輒斷，雖勢要不爲撓奪。

趙逢龍。鄞人。理宗時，提舉廣東常平。每至官，有司例設供帳，悉命撤去。日具蔬飯，坐公署，事至即決遣。爲政務寬恕，民不忍欺。自常奉外一介不取，民賦有逋負，悉爲代輸。尤究心荒政，以羨餘爲平糴本。

洪天錫。晉江人。理宗時，爲廣東轉運判官。決疑獄，劾貪吏，治財賦，皆有法。

元

哈喇布哈。回鶻人。世祖時，爲廣東都轉運鹽使，兼領諸番市舶。時盜梗鹽法，陳良臣煽東莞、香山、惠州負販之徒爲亂，江西行省命討捕之。先驅斬渠魁，躬抵賊巢，招誘餘黨復業，仍條言鹽法之不便者，悉除其害。按察使托歡爲姦利，奏罷之。羣盜歐南喜僭王號，衆號十萬，因圖上山川形勢及攻取之策，遂與都元帥固爾班哈雅等分兵搤之。未幾，右丞唆都督兵征占城、交阯，屬護餉道，北至東莞、博羅二界中，遇劇賊歐鍾等横絶石灣，其鋒甚鋭。哈喇布哈身先士卒，且戰且行，矢竭馬創，徒步格鬭，殺數十人，勇氣益厲。以衆寡不敵爲所執，賊欲奉之爲主，不屈，遂遇害於中心岡。「哈喇布哈」舊作「合剌普華」，「托歡」舊作「脱歡」，「固爾班哈雅」舊作「課兒伯海牙」，今並譯正。

羅璧。鎮江人。大德三年除廣東道宣慰使，都元帥。山海獠夷不沾王化，負固反側，乃誘諸洞蠻酋長，假以官位，曉以禍福，由是咸率衆以歸。

卜天璋。洛陽人。皇慶時，以饒州路總管陞廣東廉訪使。先是，豪民瀕海堰，專商舶以射利，參政以賂置不問。天璋至，發卒決去之。嶺南素無冰，至是始有冰，人謂其政化所致云。

范梈。清江人。擢海北海南道廉訪使司照磨，巡歷遐陬，不憚風波瘴癘，所至興學教民，雪理冤滯甚衆。

明

周禎。江寧人。洪武九年，出爲廣東行省參政。時省治初開，正官多缺，吏治鮮勸懲。香山丞沖敬，興縣治，招流移，以勞卒官，禎爲文祭之。因奏上郡邑良吏雷州同知余騏孫、惠州知府萬迪、乳源知縣張安仁、清流知縣李鐸、揭陽縣丞許德等，聞者皆感奮。

楊卓。泰和人。洪武五年，爲廣東行省員外郎。有田家婦獨行山中，遇雨，伐木卒欲亂之，婦不從，遂殺婦。婦家得尸，訴參政，拷同役者二十人皆引服。吏抱具獄請署，卓列二十人庭下，熟視久之，指兩卒曰：「殺人者汝也。」兩卒大驚服罪，參政曰：「員外何以知之？」卓曰：「卒二十人，必善惡異，二十人遇一婦，亂且不能，况殺之乎？」參政曰然，遂釋十八人。

王綱。餘姚人。洪武中，潮民弗靖，除廣東參議，督兵餉。綱時年七十餘，以書訣家人，攜子彦達行。單舸諭降諸亂民，還抵增城，遇海寇曹真劫之爲帥，綱不從，遂遇害。彦達年十六，罵賊求死，賊欲并殺之。其酋曰：「父忠子孝，殺之不祥。」令綴羊革裹父尸而出。

花茂。巢縣人。洪武中，爲廣州左衛指揮僉事，屢立戰功，遷都指揮同知，數勦諸猺賊。上言廣東南邊大海，姦宄出没，蜑户附居海島，飄忽不常，難於訊詰。籍以爲兵，庶便約束。又請設沿海依山廣海、碣石、神電等二十四衛，築城浚池，收集隱料，仍於山海要害立堡屯軍，以備不虞。皆報可。進都指揮使。後卒，子英亦以軍功爲廣東都指揮使，有聲永樂中。

王溥。桂林人。洪武末，爲廣東參政，以廉名。其弟自家來省，屬吏與同舟，贈以布袍，溥命還之，曰一衣雖微，不可不慎，此汙行辱身之漸也。先是，糧運由海道多漂没，溥身至庾嶺，相度形勢，命有司鑿石填塹，修治橋梁，教民車運，民甚便之。

梁觀。當塗人。永樂中，爲廣東僉事，剛介廉平。有盗聚潮州山中，衛將欲勦之，觀曰此貧民耳，馳檄諭之，皆解散。潮人德之，比殁，爲肖像祀之於昌黎祠。

朱鑑。晉江人。永樂中，以御史巡按廣東。奉命録囚，多所平反，招撫逋叛甚衆。

熊概。豐城人。永樂中，爲廣東按察使。明敏剛決，獄無冤滯。

吴揚。新淦人。宣德中，擢廣東布政使。勸農桑，興學校，凡所設施，皆有次第。

彭遠。南昌人。正統中，擢廣東布政使。勤慎寬和，政績甚著。有親死久不葬者，限以葬期，民悉從化。

楊信民。浙江新昌人。正統中，擢廣東左參議，清操絶俗。景帝監國，廣東賊黄蕭養圍廣州急，以信民巡撫其地，士民聞之，歡呼相慶。至則發倉廩賑恤，民始有更生望。益厲甲兵，激勸將士，招降解散，賊勢漸衰，乃使使持檄諭以恩信。蕭養曰：「得楊公一言，死不憾。」剋期請見，信民單車詣之，賊黨争羅拜，有泣下者。會暴卒，軍民聚哭，賊聞之，亦曰：「楊公死，吾屬無噍類矣。」未幾董興帥兵平賊，所過多殺掠，民仰天號曰：「楊公若在，豈使吾曹至是。」成化中賜謚恭惠，命有司歲時祭之。

陳員韜。臨海人。正統末擢廣東右參政。值黄蕭養亂後，拊循備至，得士民心。

王翺。鹽山人。景泰三年，潯、梧猺亂，于謙請特遣一大臣督軍務，乃命翺以左都御史往。兩廣有總督自翺始。翺至鎮，將吏讋服，推誠撫諭，猺人嚮化。

項忠。嘉興人。景泰中由郎中遷廣東副使。按行高州，諜告賊擄男女數百剽村落。忠戒諸將曰：「賊無擄家理，勿妄殺。」已訊所獲俘，果良民被掠者，盡釋之。從征瀧水猺有功，增俸一秩。

朱英。桂陽人。景泰中爲廣東右參議。撫凋瘵，招流亡，立均徭法，十歲一更，民稱便。天順初兩廣賊熾，諸將多濫殺冒功。參將范信誣民爲賊，任意屠戮，英請巡撫葉盛檄信班師，一方始靖。又破平潮州賊羅劉寧等〔九〕。在廣十年，政績甚著。成化十一年，以右副都御史總督兩廣。自韓雍大征以來，將帥喜邀功，利俘掠，名爲「鵰勦」。英至，鎮以安静，約飭將士，毋得妄請用師，招撫猺、獞効順者，定爲編户，給復三年。自是諸蠻歸附日衆。

劉煒。慈谿人。天順初爲廣東參政，分守惠、潮二府。潮有巨寇，招之不從，煒會兵進勦，誅其魁。改莅南韶，會大軍征兩廣，以勞瘁卒官。

葉盛。崑山人。天順二年，以右僉都御史巡撫兩廣。瀧水猺肆掠，督諸將生擒之。尋與總兵官顏彪屢破賊砦八百所。疏請廣東鹽商計鹽多寡入粟餉邊，公私咸利。

夏壎。天台人。天順初擢廣東按察使。時用師歲久，役民守城，壎至悉遣之。成化初奏：「猺、獞弗靖，由有司撫字乖方，賊因得誘良民爲徒黨，進則驅之使前，退則殺以抒憤。害常在我，利常在彼。請慎選監司守令，撫綏遺民，彼被脅之衆，自聞風來歸。」帝深納其言。

毛吉。餘姚人。天順五年，擢廣東僉事，分巡惠、潮二府。痛抑豪右，民大悦。程鄉賊楊輝等爲亂，擊斬其黨，生擒輝。進副使，移巡高、雷、廉三府。時民遭賊蹂躪，數百里無人煙，諸將悉閉城自守。吉不勝憤，以平賊爲己任。成化元年二月，新會告急。吉合軍至大磴破賊，乘勝追至雲岫山。復戰，軍潰，賊持槍趨吉，吉且罵且戰，手劍一人斷其臂，力絀遂被害。贈按察使，追謚忠襄。

張瑄。江浦人。天順中擢廣東右布政使。廣西賊莫文章等越境陷連山，瑄擊斬之。又破陽江賊周公轉、新興賊鄧李保等。按行所部，督建預備倉六十二，修陂塘圩岸四千六百，增築廣州、新會諸城垣二十二。民德瑄，惟恐其去。既轉左，會滿九載，軍民乞留，仍復故任，久之始還。

韓雍。長洲人。成化元年，廣西猺、獞流剽廣東，殘破郡縣，以雍爲左僉都御史，贊理軍務，分兵五道並進，先後破賊三百二十四砦，生擒賊魁，餘黨悉平。遷左副都御史，提督兩廣軍務。雍以兩廣地大事殷，請東西分設兩巡撫，而雍專理軍事。尋以憂歸。盜復起，僉事陶魯言兩廣地勢錯互，不可離析，乞仍命大臣總督便，乃罷兩巡撫，起雍右都御史，總督如故。蠻民素懾雍威，寇盜寢息。中官黄沁憾雍抑己，與廣西布政使何宜等共搆，竟致仕去。兩廣人念雍功，爲立祠祀焉。

陶魯。鬱林人。成化二年，由廣州同知擢爲僉事，專治新會、陽江、陽春、瀧水、新興諸縣兵，屢破劇賊廖婆保、黄公漢等。

以兩廣寇盜不息，奏請建設制府於梧州，遂爲永制。秩滿，進副使，九載課最，進湖廣按察使，治兵兩廣如故。鬱林陸川賊黃公定等爲亂，大破之。弘治四年，以平德慶猺，進湖廣右布政使。魯言身居兩廣，而官以湖廣爲名，於事體非便，乃改湖廣左布政使，兼廣東按察副使，領嶺南道事，人稱之爲三廣公。十一年卒。魯善撫士，多智計，謀定後戰，所向克捷。歷官四十五年，大小數十戰，凡斬馘二萬一千四百有奇，奪還被掠及撫安復業者十三萬七千有奇。然不專尚武，每平賊，率置縣建學以興教化，兩廣人倚之如長城。

孔鏞。長洲人。成化五年，以高州知府，擢按察副使，分巡高、雷二府。招劇賊梁定、侯大六、鄧辛酉等，處之內地，分田與耕，遂爲官備他盜。廣西賊犯信宜、岑溪，皆擊敗之。治績聞，賜誥命旌異。

歐磐。滁人。成化中擢廣東都指揮僉事，屢勦寇有功，遷廣西右參將。

彭韶。莆田人。成化十四年，爲廣東左布政使。時中官奉使紛遝，鎮守則顧恒，市舶則韋眷，珠池則黃福，皆以進奉爲名，民不勝擾，韶先後論奏。梁方弟德，以錦衣鎮撫歸，采禽鳥花木進獻，爲害尤酷。韶抗疏極諫，方怒搆之帝，調貴州，士民號泣追送。

陳選。臨海人，員韜子。成化中歷廣東左、右布政使。鎮守中官擾民，選嚴條約力禁之。肇慶大水，具狀不待報，輒發粟以賑。有詔減省貢獻，而市舶中官韋眷奏乞均徭户六十人添辦方物〔一〇〕。選持詔書争，帝命與其半。番人馬力麻詭稱使臣入貢，眷利其厚賄，將許之。選立逐之去，眷積憾，卒爲所搆被徵，至南昌病卒。

秦紘。單人。弘治初，以右副都御史總制兩廣軍務。奏言中官、武將總鎮兩廣者，率縱私人擾商賈，賊殺不辜，交通土官爲奸利，請嚴禁絶。廣、潮、南、韶多盜，當設社學，編保甲，教誨而要束之，俾絶盜源。帝悉從其請。恩州知州岑欽逐田州知府岑溥，與泗城知州分據其地。紘入田州逐走欽，還溥於府，亂遂定。遣將討黎賊陵水，猺賊德慶，皆平。以劾總兵官安遠侯柳景貪暴，爲景誣訐被逮，軍民號泣追送。

周南。縉雲人。弘治初巡按廣東，劾總兵官柳景，風紀肅然。正德九年，以右都御史總督兩廣軍務，有聲於時。

劉大夏。華容人。弘治二年，遷廣東右布政使。田州、泗城不靖，大夏往諭，遂順命。後山賊起，承檄討之，令獲賊必生致，驗實乃坐，得生者過半。十三年即家起右都御史，總制兩廣軍務，敕使及門，攜二僮遂行，廣人故思大夏，鼓舞交慶。大夏爲清吏治，捐供億，禁内外鎮守官私役軍士。法嚴令具，盜賊衰止。

瞿俊。常熟人。弘治四年，爲廣東按察副使。黎人時出寇掠，俊戒約羣吏修軍政，遂讋服不敢出。嘗暮至瓊州官舍，從吏白内有怪，夜半光如匹練，起庭樹上，俊伐其樹，怪遂絶。

周孟中。廬陵人。弘治中爲廣東左布政使。中官採珠者歲僉大户解納，輒肆朘削。孟中曰：「我在敢復爾耶？」即移牒詰之，中官氣懾而止。民間嫁娶後期、喪葬不舉者皆有禁，風俗爲變。

吴廷舉。梧州人。弘治中擢廣東僉事。從潘蕃討平南海、清遠諸盜。正德初歷副使，發總鎮中官潘忠二十罪〔一〕，忠亦訐廷舉他事，逮繫詔獄，戍雁門。後爲廣東右布政使，亦有平賊功。

熊繡。道州人。正德元年，以右都御史總督兩廣。盡裁幕府供億，秋毫無所取，劉瑾深嫉之，乃召掌南京都察院事。

張嵿。蕭山人。嘉靖初以右都御史總督兩廣軍務。明號令，繕甲兵，簡武勇，與總兵官朱麒討廣西上思州賊黄鏐，擒之。又破平廣東新寧、恩平賊蔡猛三、嚴阮等，爲嶺南戰功第一。

魏校。崑山人。嘉靖初爲廣東提學副使，黜異端，盡毁諸佛寺。曹溪有大鑒衣鉢，取而焚之，曰無使惑後人。

梁材。南京金吾右衛人。嘉靖四年，爲廣東左布政使。時俗尚侈靡，材獨布衣糲食，用節儉先僚佐。同官林富家市肉多，材召其家人誡約之，富怒詬而出，材治簿書自如，富慚謝。吏民輸課，令自操權衡，吏不得預。時天下布政，稱極廉者二人，材與姚鏌也。

姚鏌。慈谿人。嘉靖五年，以右都御史提督兩廣軍務兼巡撫。田州土官岑猛謀不軌，鏌令都指揮沈希儀等統兵八萬，分道討平之，遂請改設流官，陳善後七事，制可。會猛黨盧蘇、王受等復叛，而鏌以奪霍韜、方獻夫所占田還之民，爲所排，竟罷去。

徐問。武進人。嘉靖初爲廣東左布政使。中使採珠不中程，巡按御史憂之，將責諸商。問争曰：「民採珠有禁，若爾，不趣商爲盜耶？」乃止。

陶諧。會稽人。嘉靖中以兵部右侍郎總督兩廣軍務。降海寇許折桂，討平陽春賊趙林花與德慶賊鳳二全等。瓊山沙灣洞賊黎佛二等爲亂，諧復勦之，戰功甚著。時張璁用事，諧不屑附麗，功多不録，人咸爲諧不平，諧自若也。

張岳。惠安人。嘉靖中以右副都御史總督兩廣軍務兼巡撫。盡汰督府供億，檄文武將吏，非召不得至軍門。討破封川獞蘇公樂等，平廣西馬平諸縣猺賊。連山賊李金與賀縣賊倪仲亮等出没衡、永、郴、桂，積三十年不能平，岳大合兵討之，賊渠授首。莅鎮四年，視民如子，邊防吏治，綜覈無遺，部内巨寇，以次削平。

周延。吉水人。嘉靖中爲廣東參政，撫安南，征黎寇，皆有功。三遷廣東左布政使。

商大節。鍾祥人。嘉靖中爲廣東僉事。撫綏猺、獞，遣其子弟習禮學宫，期年而蠻俗變。海南黎叛，督檄分哨淩水，搗其巢，俘斬千餘人。增秩，賜金帛。

項喬。永嘉人。嘉靖中爲廣東左參政。撫定大羅猺、狁，翦博羅、羅浮逋寇數百人。按部至韶州卒，吏民哀悼，若喪所親。

俞大猷。晉江人。嘉靖中爲廣東都司。安南叛臣范子儀入寇，大猷擊破之，窮追至海東雲屯，檄其國王斬子儀函首來獻。瓊州諸黎反，升大猷參將進勦，斬獲甚衆，餘乞降，大猷單騎入峒，與定要約，海南遂安。饒平賊張璉數陷城邑〔一二〕，積年不平，詔大猷爲南、贛參將，合閩、廣兵討之。大猷潛師搗其巢，誘璉戰執之。擢副總兵，協守南、贛、汀、漳、惠、潮諸郡。乘勝征程鄉盜，平之。由南贛總兵改鎮廣東。時倭寇與潮州大盜吴平相犄角，諸峒應之，剽掠惠、潮間。大猷至，圍倭鄒塘，一日夜剋三巢，大破之於海豐。移師至潮，吴平懼，乞降，尋逸去。大猷坐奪職，尋以勦擒河源賊李亞元還職。改鎮廣西，討平海賊曾一本。大猷爲將廉潔，馭下有恩，先後任粤中，數平巨寇，建大功，威名震於南服。

潘季馴。烏程人。嘉靖中巡按廣東，行均平里甲法，廣人大便。臨代去，疏請飭後至者守其法，帝從之。

萬士和。宜興人。嘉靖中遷廣東左布政使。司政故專治於左，士和曰：「朝廷設二使如左右手，非有軒輊。」乃約右使分日治事。廣民萬里輸課京師，其費不貲，士和稍徵道里費，使吏領之，民稱便。

王鈁。奉化人。嘉靖中以兵部右侍郎提督兩廣軍務。討平肇慶山賊馮天恩等，置廣寧縣，設戍兵控要害，一方遂安。後倭寇自閩犯揭陽，禦却之。復討瀧水、陽春劇賊，擒其魁，餘黨悉解。

吴桂芳。新建人。嘉靖末以兵部右侍郎提督兩廣軍務兼巡撫。時羣盜河源李亞元、程鄉葉丹樓連歲爲患，潮州舊倭屯據鄒塘，而新倭寇福建者，復流入境。桂芳以次討平，降賊王西橋、吴平已撫復叛，皆撲滅之。

郭應聘。莆田人。嘉靖末轉廣東參政。從提督吴桂芳平李亞元，别擊賊首張韶南、黄仕良等，遷廣西按察使。萬曆十一年，以右都御史總督兩廣軍務，餽遺一無所受。

李佑。貴州清平人。嘉靖末以右僉都御史巡撫廣東。屢平海寇林道乾、山寇張韶南等。時初設巡撫，百務新創，佑綜理周密，規模遂定。

熊桴。江夏人。隆慶初以右僉都御史巡撫廣東。撫循士民，發金賑貸，罷魚鹽逋課，檄州縣行保甲，造戰艘百有六十，區畫周悉。海寇曾一本犯福建，會兵擊敗之，已復大發兵，偕總督劉燾等討擒一本，餘黨悉平。

張元勳。浙江太平人。隆慶時惠、廣、韶三郡土寇劫掠郡縣，以元勳爲總兵官，勒軍進勦，賊皆授首。肇慶諸峒，復有三巢十寨十三村，皆積年巨寇，勢甚張。元勳與總督殷正茂計，令諸將鵰勦，亦得敘功。諸路争奮，破大小巢七百餘，撫定餘黨，不數月，巨寇皆靖。已而倭陷銅鼓石、雙魚城〔一三〕，元勳大破之。萬曆五年，以大征羅旁功，進都督，世廕錦衣千户。元勳在鎮大小百十戰，威鎮嶺南，與廣西李錫並稱良將。

李材。豐城人。隆慶中爲廣東僉事。羅旁賊猖獗，材襲破之周高山，設屯以守。賊有三巢，分兵三道進討，燬其巢，募人田之。後以破倭功進副使。

凌雲翼。太倉州人。萬曆初以兵部左侍郎提督兩廣軍務。羅旁在德慶州上、下江界，東西兩山間，延袤七百里。成化中，韓雍經略西山頗安輯，惟山東猺阻深箐，剽掠時發。雲翼乃大集兵，令總兵官張元勳、李錫將之。四閱月，克巢五百六十，招降四萬二千八百餘人，鄰境猺、獞皆懼求撫，雲翼奏設官戍之。乃改瀧水縣爲羅定州，設監司、參將，積患頓悉。

吴文華。連江人。萬曆中以兵部右侍郎總督兩廣軍務，巡撫廣東。岑岡賊李珍、江月照負險拒命，垂三十餘年，前巡撫吴百朋欲討不果，至是益毒虐，文華討平之。

王鳴鶴。淮安衛人。萬曆中爲廣東總兵官。崖州黎人羅活、抱宥二峒爲亂，督臣勦撫失宜，總兵參將皆戰殁，羣黎蜂起。鳴鶴親督諸將，分七道直抵其巢。抱宥破，羅活焚營遁，進勦平之，招撫一十六峒而還，爲建城置戍，一方遂安。

梅之焕。麻城人。萬曆中以副使分巡惠、潮。所部多滯囚，應時決遣，擿發姦宄，强宗無所縱舍。豪民沈烈女於水，擒得，就其所扑殺之。海寇袁進掠潮州，之焕嚴兵扼海道，招散其黨。進窘，夜遁去。

洪雲蒸。攸縣人。崇禎五年，爲廣東副使。討平九連山餘賊，遷廣西右參政，復調廣東。總督熊文燦遣撫海盜劉香，香留之不遣還。八年，鄭芝龍合廣東兵進擊香，香脅雲蒸出止兵。雲蒸大呼曰：「我矢死報國，急擊勿失。」遂遇害，香亦覆滅。

方震孺。壽州人。崇禎中爲嶺西參議。有裨將據廉州叛，單騎諭降之。

陳鵬。崇禎間官廣東參將。技勇絶倫，居官廉，待士卒有恩。連平猺賊作亂，從總兵施王政進勦。鵬奮勇先登，一鼓破馬箭巢，焚其積聚殆盡。賊乞撫不允，孤軍深入，遂戰死。

本朝

佟養甲。佟佳氏，漢軍正藍旗人。順治二年，擢兩廣總督。時朱聿鐭僭號，養甲同提督李成棟進勦，擒聿鐭及朱肅眔等。又平高、雷、廉三府，降朱由棪及總兵官李志璉〔一四〕，誅陳邦彦等，兩粵略定。五年歲大飢，人相食，養甲設法賑卹通糴，存活甚衆。李成棟叛，養甲死之，贈太子少保銜。

李率泰。漢軍正藍旗人。順治十年，爲兩廣總督，與靖南將軍擊破李定國於新會，遂復高、雷。先是，新會被圍食盡，守者將殺城中婦女。率泰力言於平藩，釋者千人，民立祠祀焉。

王國光。漢軍正紅旗人。順治十三年，總督兩廣。廉明果斷。時土寇充斥，國光力行保甲，嚴連坐之法，萑苻寖止。康熙三年，海盜蘇利復叛，據潮郡，加鎮海大將軍銜，往討平之。兵不血刃，粵賴以安。

李棲鳳。漢軍鑲紅旗人。順治六年，以僉都御史撫粵。勦撫並用，動合機宜，尋陞總督。在粵十二年，杜請託，絶饋遺，省刑薄斂，勞來安集。粵人思之，卒祀名宦。

董應魁。奉天鑲黃旗人。順治十八年，巡撫廣東。值靖藩移鎮閩省，督行糧甚急。應魁曰：「吾不忍諉罪於下，請身任其咎。」遂左降，部民立祠以祀。

蓋一鵾。本姓孫，富平人。順治五年，爲水師總兵。十一年，李定國圍新會，戰歿於陣。

林嗣環。晉江人。順治七年爲雷瓊道。先是，海賊羅成基踞民田，民代輸税。及賊平，田入官，税仍在民，嗣環清出之。瓊向有派役例，嗣環令均其役。

鄔象鼎。仁和人。順治七年，爲羅定兵備道。十年六月死吴子聖之難。

趙廷標。錢塘人。順治三年，以諸生從軍，歷官廣肇南韶道。兩廣八排諸盜聞廷標至，立解。連州寇起，鎮臣以剿捕方略委之廷標，寇即就撫。粤中分巡使者舊有柴薪錢，悉屏不受。卒祀名宦。

馮俠。慈谿人。順治進士。六年，李成棟叛，俠以副使巡視海道，會同大帥統師平南、韶等郡，旋平廣州。未幾范承恩據城叛，俠遣人恫喝之，並發礮雜以鼓聲，承恩遂潰，廣州復安。卒祀名宦。

施起元。福清人。順治進士。隨平藩入粤。七年，授廣東參議道。時惠州新復，哀鴻未集，起元勞來安集，力行十二事，境内以安。辛卯攝學政，所拔悉當。卒祀名宦。

吴嵩仞。真定人。順治進士。十五年，授廣東分巡驛傳道。甫下車，督戰艦，籌兵餉，修隄防，葺學校。花山盜魁王興負固，率師掃除之。及攝鹺政，釐剔錮弊，商民兩便。卒祀名宦。

吴興祚。漢軍正紅旗人。康熙二十一年，總督兩粤。部署廢藩緑旗官兵分左右翼，左鎮廣，右鎮韶。制軍坐鎮上游，控禦全粤。逆藩尚之信遺孽擅鹽鐵重利，悉釐剔之。時錢法壅滯，設局鼓鑄，錢布流通。卒於官，粤人德之。

郭世隆。漢軍鑲紅旗人。康熙三十年，總督兩廣，革無名征額三十餘萬。海島叢奸劫奪，世隆密防要口，督造戰艦，出洋搜逐，擒斬五六百人，降二千餘人，海警遂息。

石琳。漢軍正白旗人。康熙三十二年，總督兩廣。粤東告飢，解俸給粥，存活甚衆。瀧江羚羊峽暴水潰堤，琳朝服立堤上，刑馬沈玉禱于江，躬負薪塞堤，水遂退。嘗決黎讞於瓊南，殲渠魁，釋株連，民用大安。猺人肆擾，窟穴在萬山中，琳提師深入，悉平之。兩粤之民，肖貌以祀。

王來任。奉天正黄旗人。康熙四年，巡撫廣東。時粤屢經寇盜，軍民未安。來任至，撫集流亡，諮詢疾苦，復陳六大害，力請禁革，平反積案，囹圄一空。

劉秉權。漢軍正紅旗人。康熙七年，巡撫廣東。招徠安插男婦十六萬有奇，墾田二萬五千餘頃。甲寅秋，潮鎮劉進忠叛，親赴潮城與都統、提鎮籌畫軍機，積勞病卒。

朱宏祚。高唐州人。康熙二十七年，巡撫廣東。題減衛所屯田税額，並免高、瓊二郡逋糧十餘萬。惠、潮多劇盜，捕得悉投諸江，盜遂息。

楊宗仁。漢軍正白旗人。康熙五十八年，巡撫廣東。攜十數人赴任，除貪蠹，嚴保甲，卹貧民，興學校，粤人深感之。

李士正。奉天人。康熙二十年，巡撫粤東。時藩焰方息，民間田廬店舍多爲三旗馬步閒丁所據。士正量地畫界，還給於民，布寛大之政二十四條，兵民便之。並於海疆扼要處，分汛設戍。勦捕花山、沙潭諸盜，奏請立縣，今花縣所自始也。卒祀名宦。

彭鵬。莆田人。康熙四十年，撫粤東。勤敏視事，劾墨吏無少徇者。時仲坑開採，聚衆幾二十萬，鵬驅散之，惠、潮陰受其福。歲旱，跣足禱雨，甘霖立應。卒祠名宦。

陳肇昌。江夏人。順治進士。康熙十七年，督學廣東。值兵燹，士多流亡，肇昌加意招來，秉公甄拔，所至申明條約，士習以淳。雍正三年祀名宦。

李坤。鎮平人。以總兵調征廣西。與吴三桂戰梧州，敗之。次日復大戰，馬蹶陣亡，謚忠烈。又副將王承業、林廷熺、守備羅文舉、翟永昌、林文璘等，俱死吴三桂之難。

王忠孝。遼東人。康熙十九年，署左翼鎮總兵。死吴三桂之難，贈都督同知銜。

朱鴻祚。陝西人。康熙十六年，守東莞石龍鎮。征海寇力戰死，都司蕭萬奇、高有功、黄勝並死之。

張仲德。奉天人。康熙十七年，官廣東布政使。革弊政，禁刁風。時值南、韶二郡盜起，仲德運籌有方，上不虧賦，下不病民。卒祀名宦。

江起龍。徽州人。爲水師副將。康熙五年，出洋捕盜，舟覆死，累著靈異。雍正九年，賜號英佑驍騎將軍之神。

黃相。龍溪人。爲兩廣督標副將。康熙十三年，檄討高明、瓏泔賊，死之。

文天壽。安塞人。康熙十五年，爲左翼鎮標中軍游擊，領兵守江門。賊孫楷宗誘以叛，天壽叱曰：「背主不忠，吾錚錚丈夫，豈鼠輩可脅哉！」遂被殺，沉屍海中。

程大畢。孝感人。康熙五十二年，授兩廣鹽法道，定引七釐三之例，凡鹺政積弊悉釐剔之。公餘觀風造士，所拔皆知名。五十七年還里，攀轅遮道，夜始得行。卒祀名宦。

白璧琛。漢軍正白旗人。康熙五十一年，擢廣南韶道，墨吏望風引遁。江灣向爲奸藪，琛攻滅之。西山猺相鬬，單騎歷險諭降之。歲旱，禱雨輒應，轉荒爲豐。

莽吉圖。滿洲鑲白旗人。康熙十三年，以副都統守肇慶。尚之信叛，僞將馬雄圍肇急，吉圖潰圍走江右請援。賊躡之，轉戰二千餘里，踰三月，始達信豐。屢破賊將，捷書至，加佩鎮南大將軍印，平兩粵。十六年七月，吴三桂僞將馬寶、胡國柱等寇韶州，吉圖急馳入州，增築土城於北，賊晝夜力攻不得入。吉圖先遣軍駐白土村，衛餉道，飛檄促江寧將軍額楚赴援。援至，適與賊遇，賊殊死鬬，吉圖出城中兵夾擊之。賊遁去，韶城獲全。

陳大受。祁陽人。雍正進士。乾隆十五年，總督兩廣。時海康、遂溪、海陽等處隄壞於風雨，疏請令民自修，民甚便之。卒謚文肅，祀賢良祠。

班第。博爾特氏，蒙古鑲黃旗人。乾隆十八年，任兩廣總督，緝獲增城、東莞奸民王亮臣等，寘之法。創製水車，分發廉州所屬州縣各鄉，引水甚易，廉民至今便之。後死烏蘭庫圖勒之難〔一五〕。祀昭忠祠，謚義烈。

王安國。高郵人。雍正進士第二。十二年督學廣東，令諸生重廉恥，長氣節。乾隆五年，巡撫粵東，奏裁冗缺，計最察吏，不苟舉劾。向例江西撥廣東漕糧十萬石，度灘越嶺，挽運維艱，請改撥湖南，官民稱便。卒謚文肅。

潘思榘。陽湖人。雍正進士。官廣東布政使，卓著政績，吏民便之。卒謚敏惠，祀賢良祠。

阿里袞。鈕祜祿氏，滿洲鑲黄旗人。乾隆十六年，授兩廣總督。東莞縣民莫信豐等同逆首王亮臣糾黨謀不軌，事覺，阿里袞馳赴增城，搜捕逆匪二百七十餘人，置之法，師旅無驚，居民安堵。

德保。索綽絡氏，滿洲正白旗人。乾隆進士。三十四年巡撫廣東，奬勵人才，嚴課書院。三十六年兼署兩廣總督，修軍械，肅吏治，省巡船，粤民咸懷其惠。卒謚文莊。

李湖。江西南昌人。乾隆四十五年，任廣東巡撫。粤東素多盜，而番禺之沙灣、茭塘地近大洋，尤稱盜藪。湖莅任，即會同總督巴延三嚴密訪緝，擒誅盜首二百餘人，復條奏安輯章程，以重防禦，海濱獲安堵焉。卒謚恭慤，祀賢良祠。

朱珪。大興人。乾隆進士。五十八年，巡撫廣東。嘉慶元年總督兩廣，清操亮節，人皆仰之。後官户部尚書，值廣東布政使奏升濱海沙地賦，珪駮曰：「與民計微利，大非政體。」卒謚文正。

校勘記

〔一〕桂柳鬱林富昭蒙龔繡容白廉而西爲鶉尾分　「而西」，原脱，據新唐書卷四三上地理志補。按，上文言廣、康等以東爲星紀之分，此自當言以西，故二字不可少，蓋漏脱。

〔二〕領隴蘇臨漳合浦宋壽等郡　「隴蘇」，乾隆志卷三八八廣東省建置沿革（下同卷簡稱乾隆志）及南齊書州郡志作「龍蘇」，宋書卷三八州郡志作「㦌蘇」。

〔三〕若躭浮羅　「浮」，原脱，據韓愈集卷二一送鄭尚書序補。

〔四〕自廣州入朝　「廣」，原作「廉」，據新唐書卷一二四宋璟傳改。

〔五〕人或裒金以贈　「裒」，乾隆志同，新唐書卷一三〇李尚隱傳作「袖」。按，下文言「非畏人知也」，則作「袖」是。「袖」或作「褎」，「裒」與之形近而誤。

〔六〕以崇珂爲行營馬步軍副都部署　「部」，原脱，乾隆志同，據雍正廣東通志卷三九名宦補。

〔七〕繕治十五處　「處」，乾隆志同，宋史卷三四三元絳傳作「城」。

〔八〕主管廣南東路經略安撫司公事　「司」，原作「使」，乾隆志同，據宋史卷四一六冷應澂傳改。

〔九〕又破平潮州賊羅劉寧等　「羅劉寧」，原作「羅劉安」，據乾隆志及明史卷一七八朱英傳改。按，本志避清宣宗諱改字。

〔一〇〕而市舶中官韋眷奏乞均徭户六十人添辦方物　「徭」，原作「猺」，據乾隆志及明史卷一六一陳選傳改。

〔一一〕發總鎮中官潘忠二十罪　「潘忠」，原作「潘中」，據乾隆志及明史卷二〇一吴廷舉傳改。按，下文「忠」字不誤。

〔一二〕饒平賊張璉數陷城邑　「璉」，原作「連」，據乾隆志及明史卷二一二俞大猷傳改。下文同改。按，本志避乾隆太子永璉諱改字。

〔一三〕已而倭陷銅鼓石雙魚城　「銅鼓石」，原作「銅鼓口」，乾隆志同，據明史卷二一二張元勳傳及明神宗實録卷二三萬曆二年十二月條改。

〔一四〕降朱由捸及總兵官李志璉　「璉」，原作「連」，據乾隆志及清順治朝實録順治四年六月條改。按，本志避永璉諱改字。

〔一五〕後死烏蘭庫圖勒之難　「烏」原作「爲」，「勒」原脱，據本志卷五一六新疆統部名宦班第傳改、補。

廣州府圖

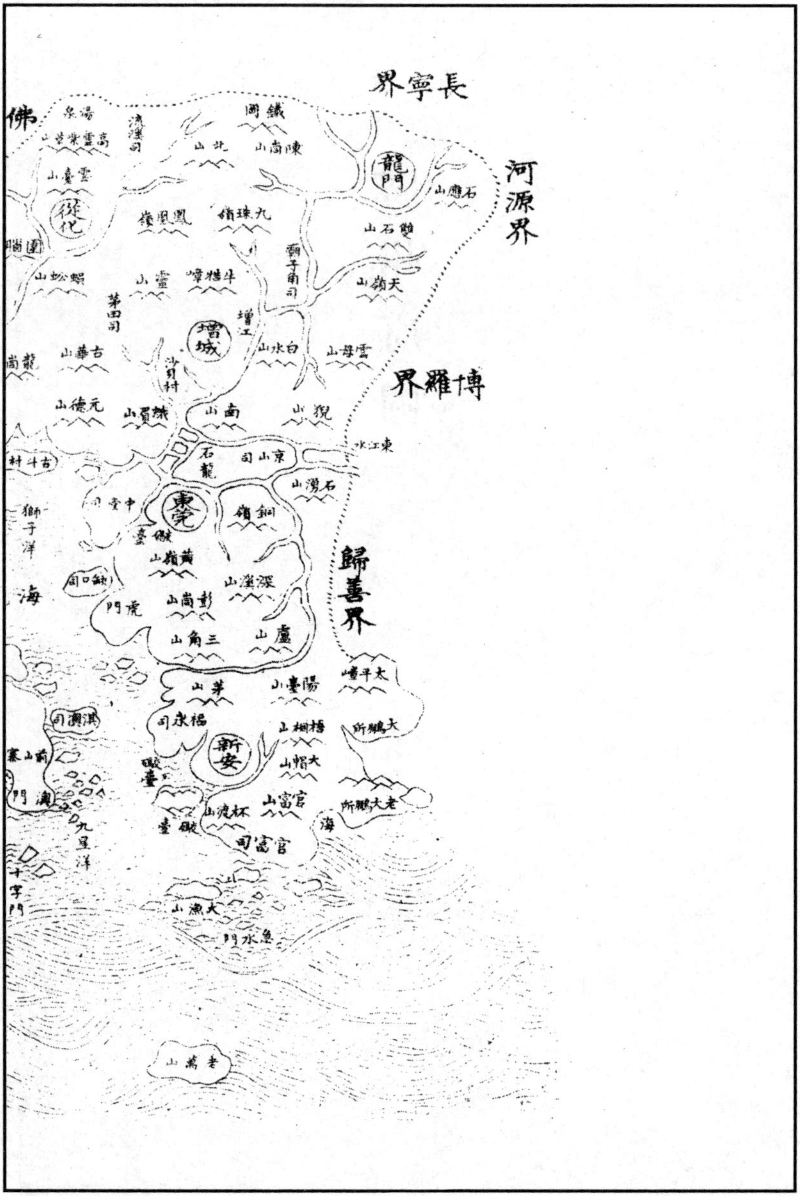
長寧界
河源界
博羅界
歸善界
龍門
從化
增城
東莞
新安
湯泉
鐵岡
北山
雲臺山
九珠嶺
鳳凰嶺
雙石山
天嶺山
增江
古華山
白水山
雲母山
沙貝村
元德山
南山
東江水
古斗村
石龍
京山司
石湧山
中堂
銅嶺
獅子洋
黃嶺山
深灣山
缺口司
海
虎門
彭崗山
三角山
盧山
太平墟
陽臺山
茅山
福永司
大鵬所
大帽山
澳門
官富山
老大鵬所
九星洋
官富司
十字門
大漁山
急水門
老萬山

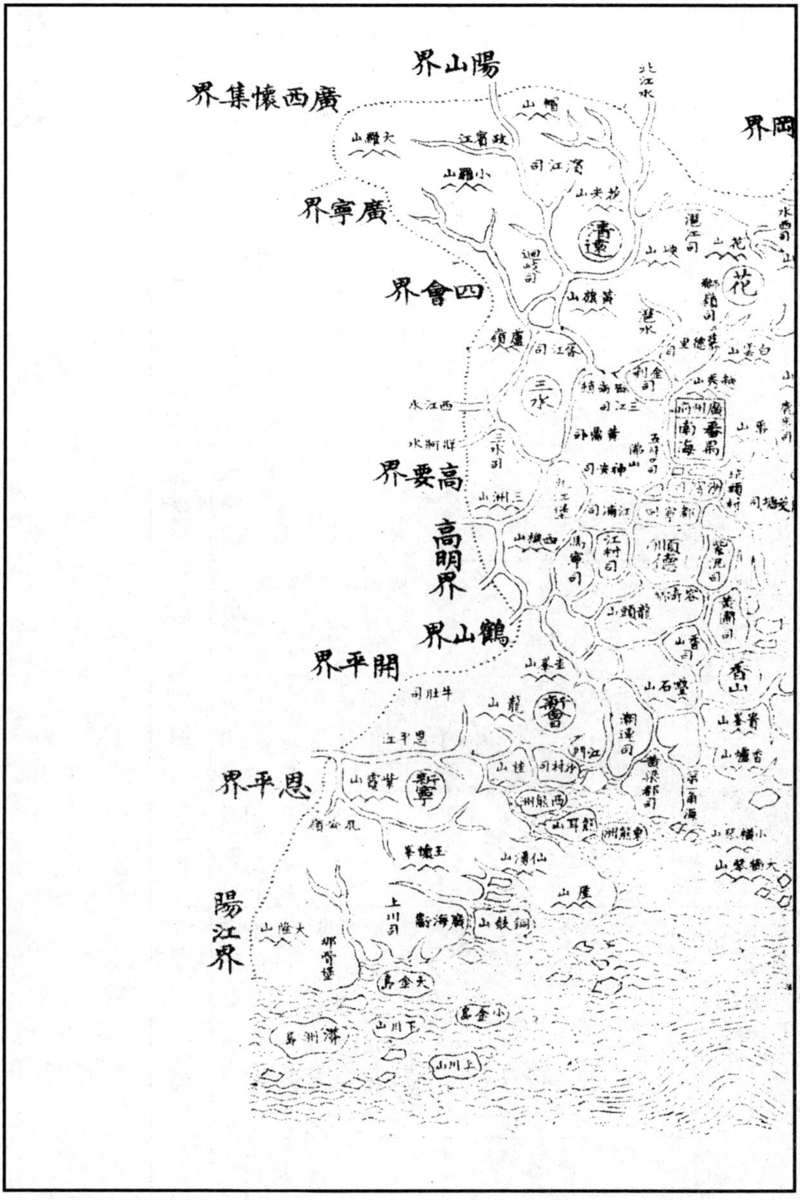
陽山界
廣西懷集界
廣寧界
四會界
高要界
高明界
鶴山界
開平界
恩平界
陽江界
清遠
花
三水
廣州府
番禺
南海
順德
香山
新會
新寧

廣州府表

	廣州府	南海縣
兩漢	南海郡秦置郡。漢初爲南越國。元鼎六年復置郡。後漢末移交州治此。	番禺縣秦置，郡治。
三國	廣州南海郡吴黄武中置州。	番禺縣
晉	廣州南海郡	番禺縣
宋	廣州南海郡	番禺縣
齊梁陳	廣州南海郡	番禺縣
隋	南海郡開皇初廢郡。仁壽初改番州。大業初復曰南海郡，屬揚州。	南海縣開皇十年改置，郡治。
唐	廣州南海郡武德初復置州。天寶初復曰南海郡。至德元載置嶺南節度。乾元元年復曰廣州。咸通三年分爲嶺南東道。乾寧二年改清海軍。	南海縣州治。
五代	興王府南漢建都，改府。	南漢析置咸寧、常康二縣，爲興王府治。
宋	廣州南海郡清海軍復名，爲廣南東路治。大觀初升帥府。祥興初升翔龍府。	南海縣開寶六年省咸寧、常康，仍置。
元	廣州路至元十五年改路，爲海北廣東道肅政廉訪司治，屬江西行省。	南海縣路治。
明	廣州府洪武初改府，爲布政司治。	南海縣府治。

續表

番禺縣	順德縣	東莞縣	從化縣
番禺縣地。	番禺縣地。	博羅縣地。	番禺縣地。
懷化縣 安帝置，屬南海郡。		東晉爲寶安縣地。	
懷化縣 熙安縣 文帝置，屬南海郡。			
懷化縣 梁廢。 熙安縣 梁廢。			
南海縣地。	南海縣地。		
番禺縣 長安三年置，屬廣州。		東莞縣地。	
番禺縣 屬興王府。			
番禺縣 開寶五年省入南海。皇祐三年復置。		東莞縣 開寶六年移置，仍屬廣州。	
番禺縣 路治。		東莞縣 屬廣州路。	
番禺縣 府治。	順德縣 景泰三年析置，屬廣州府。	東莞縣 屬廣州府。	從化縣 弘治二年置，屬廣州府。

續表

龍門縣	增城縣	新會縣
番禺縣地。後漢爲增城縣地。	增城縣 後漢析番禺縣置，屬南海郡。	四會縣地。
	增城縣	
	增城縣	盆允縣 元熙二年置，屬南海郡。
	增城縣 綏寧縣 文帝置，屬南海郡。	新會郡 永初元年置，治盆允。元嘉二十七年移治宋元。 盆允縣 初爲郡治，後郡徙，仍屬。
	增城縣 梁移東官郡來治。 綏寧縣 梁廢。	新會郡 復治盆允。 盆允縣 郡治。
	增城縣 開皇十年郡廢，仍屬南海郡。	新會縣 廢郡爲縣，置封州。開皇十一年改允州，又改岡州。大業初州廢，屬南海郡。 盆允縣 省。
	增城縣 屬廣州。	新會縣 武德四年復置岡州。貞觀十三年州廢，是年復置。開元二十三年州廢，屬廣州。
	增城縣 屬興王府。	新會縣 屬興王府。
	增城縣 屬廣州。	新會縣 屬廣州。
	增城縣 屬廣州路。	新會縣 屬廣州路。
龍門縣 弘治六年析置，屬廣州府。	增城縣 屬廣州府。	新會縣 屬廣州府。

續表

	香山縣	三水縣
	番禺縣地。	番禺、四會二縣地。
平夷縣 吳置，屬南海郡。		
新夷縣 太康初更名。	東官郡地。	
新夷縣 改屬新會郡。 宋元縣 元嘉九年置宋安縣，二十七年更名，移新會郡治此。 封樂縣 元嘉中置，屬新會郡。		
新夷縣 廢。 封樂縣		
開皇十年省。 大業初省。		
新夷縣 武德初復置。 武德初復置。貞觀後省。	東莞縣地。	南海、高要二縣地。
新夷縣		
開寶五年省，六年復置。熙寧五年省。	香山縣 初置香山場。紹興三十二年置縣，屬廣州。	
	香山縣 屬廣州路。	
	香山縣 屬廣州府。	三水縣 嘉靖五年置，屬廣州府。

續表

新寧縣	清遠縣	新安縣
南海、蒼梧二郡界。	中宿縣屬南海郡。	博羅縣地。
	中宿縣屬始興郡。	
	中宿縣	東官郡咸和六年置。
新會郡地。	中宿縣	東官郡
	清遠郡梁置，兼置威正、廉平、恩洽、浮護四縣。 中宿縣梁屬清遠郡。	齊徙治懷安縣。梁徙治增城縣。
新會縣地。	清遠縣開皇十年廢郡，併四縣置，屬南海郡。 廢。 政賓縣開皇中置，屬南海郡。	
	清遠縣屬廣州。 武德六年省。	
	清遠縣屬興王府。	
	清遠縣屬廣州。	
	清遠縣屬廣州路。	
新寧縣弘治十一年置，屬廣州府。	清遠縣屬廣州府。	

續表

	花縣
	番禺縣地。
寶安縣郡治。	
寶安縣	
寶安縣屬東官郡。	
寶安縣屬南海郡。	南海縣地。
東莞縣至德二載更名，屬廣州。	
東莞縣	
開寶五年廢入增城，後爲東莞縣地。	南海、番禺二縣地。
新安縣洪武中置東莞守禦千户所，屬南海衛。萬曆元年改置縣，屬廣州府。	

大清一統志卷四百四十一

廣州府一

廣東省治。東西距四百二十里，南北距五百二十二里。東至惠州府博羅縣界二百二十里，西至肇慶府高要縣界二百里，南至海三百一十二里，北至佛岡廳界二百十里。東南至海四百里，西南至肇慶府陽江縣界五百四十里，東北至佛岡廳界二百四十八里，西北至連山廳界七百八十里。自府治至京師八千一百八十五里。

分野

天文牛、女分野，星紀之次。

建置沿革

禹貢揚州南境。春秋、戰國爲百越地。漢書地理志注：自交趾至會稽七八千里，百越雜處，各有種姓。秦始皇三十三年，置南海郡。漢初爲南越國。元鼎六年，復置南海郡。元封五年，屬交州。後漢末，移交州來治。後漢書郡國志注：交州，建安十五年治番禺縣，詔書以州邊遠，使持節并七郡。三國吴黄武五年，改置廣州。晋曰廣州南海郡，宋、齊以後皆因之。隋開皇九年郡廢，仁壽元年改爲番州。大業三年，復曰南海郡，屬揚州。唐武德四年，復曰廣州，置總管府。舊唐書地理志：七年改大都督府。貞觀七年，改中都督府。天寶元年，復曰南海郡。至德元載，置嶺南節度。乾元元年，復曰廣州。咸通三年，分爲嶺南東道。乾寧二年，改清海軍節度。五代爲南漢國都，改興王府。宋復曰廣州中都督府南海郡清海軍節度，爲廣南東路治。輿地紀勝：景德二年，清海軍領廣南東路兵馬鈐轄。大觀元年，升爲帥府。祥興元年，升翔龍府。元至元十五年，改爲廣州路，兼置海北廣東道肅政廉訪司，屬江西行中書省。明洪武元年，改廣州府，爲廣東布政使司治。

本朝因之，屬廣東省，領縣十四。

南海縣。附郭。東西距一百一十二里，南北距一百二里。東至番禺縣界二里，西至三水縣界一百十里，南至順德縣界五十里，北至花縣界五十二里。東南至番禺縣界二里，西南至新會縣界一百五十里，東北至番禺縣界三里，西北至三水縣界一百二十里。秦置番禺縣，爲南海郡治。漢及晋以後皆因之。隋開皇十年，改置南海縣，仍爲南海郡治。唐爲廣州治。南漢析置咸寧、長康二縣。宋開寶六年，省二縣，仍置南海。元爲廣州路治。明爲廣州府治，本朝因之。

番禺縣。附郭。東西距一百四里，南北距一百五十八里。東至增城縣界一百二里，西至南海縣界二里，南至香山縣界一百里，北至花縣界五十八里。東南至東莞縣界八十里，西南至南海縣界二十里，東北至從化縣界一百四十里，西北至南海縣界五十里。秦、漢以後，爲番禺縣地。隋爲南海縣地。唐長安三年，置番禺縣，屬廣州。宋開寶五年，省入南海。皇祐三年復置。元爲廣州路治。明爲廣州府治，本朝因之。

順德縣。在府西南一百里。東西距九十五里，南北距一百五十里。東至番禺縣界四十五里，西至新會縣界五十里，南至香山縣界五十里，北至南海縣界一百里。東南至香山縣界九十里，西南至新會縣界六十里，東北至番禺縣界七十里，西北至南海縣界一百里。秦、漢爲番禺縣地。隋以後爲南海縣地。明景泰三年，析置順德縣，屬廣州府，本朝因之。

東莞縣。在府東南一百八十里。東西距二百五十里，南北距一百二十里。東至惠州府歸善縣界一百五十里，西至香山縣界一百里，南至新安縣界六十里，北至增城縣界六十里。東南至新安縣界一百二十里，西南至香山縣界一百里，東北至惠州府博羅縣界六十里，西北至番禺縣界一百里。漢南海郡博羅縣地。東晉爲東官郡寶安縣地。唐爲東莞縣地。宋開寶六年，移置東莞縣於今治，屬廣州。元屬廣州路。明屬廣州府，本朝因之。

從化縣。在府北一百三十里。東西距一百一十里，南北距一百六十里。東至增城縣界六十里，西至清遠、花縣兩夾界五十里，南至番禺、增城兩縣夾界四十里，北至佛岡廳界一百二十里。東南至增城縣界六十里，西南至番禺縣界六十里，東北至龍門縣界一百里，西北至清遠縣、佛岡廳夾界八十里。漢番禺縣地。明弘治二年析置從化縣，屬廣州府，本朝因之。

龍門縣。在府東北二百一十里。東西距二百里，南北距二百里。東至惠州府河源縣界九十里，西至從化縣界一百一十里，南至增城縣界一百里，北至惠州府長寧縣界一百里。東南至惠州府博羅縣界六十里，西南至增城縣界一百里，東北至河源縣界八十里，西北至從化縣界一百一十里。漢番禺縣地。後漢以後爲增城縣地。明弘治六年，析置龍門縣，屬廣州府，本朝因之。

增城縣。在府東一百六十二里。東西距一百三十里，南北距一百四十里。東至龍門縣、惠州府博羅縣夾界七十里，西至番禺縣界六十里，南至東莞縣界六十里，北至龍門、從化兩縣夾界八十里。東南至東莞、博羅兩縣夾界六十里，西南至番禺縣界一百三十里，東北至龍門、從化兩縣夾界九十里，西北至從化縣界七十里。漢番禺縣地。後漢分置增城縣，屬南海郡。梁移東官郡來治。隋初郡廢，仍屬南海郡。唐屬廣州。五代、宋因之。元屬廣州路。明屬廣州府，本朝因之。

新會縣。在府西南二百三十里。東西距一百二十里，南北距一百九十里。東至香山縣界八十里，西至肇慶府鶴山縣界四十里，南至香山縣界一百十里，北至南海縣界八十里。東南至香山縣界一百五十里，西南至新寧縣界一百二十五里，東北至順德縣界一百五十里，西北至鶴山縣界五十里。漢南海郡四會縣地。三國吴分置平夷縣。晉太康元年，改曰新夷，屬南海郡。東晉元熙二年，分置盆允縣。劉宋永初元年，置新會郡，以盆允縣爲治。隋平陳，廢郡爲新會縣，置封州。開皇十一年，改曰允州，又改爲岡州。大業初，州廢，屬南海郡。唐武德四年，復置岡州。貞觀十三年，州廢，其年復置。開元二十三年，州廢，還屬廣州。五代、宋因之。元屬廣州路。明屬廣州府，本朝因之。

香山縣。在府南二百二十里。東西距二百里，南北距二百一十二里。東至新安縣界一百里，西至新會縣界一百里，南至海岸九十二里，北至番禺縣界一百二十里。東南至新安縣界一百四十里，西南至新寧縣界一百八十里，東北至東莞縣界一百十里，西北至順德縣界三十五里。漢番禺縣地。晉以後爲東官郡地。唐爲東莞縣地。宋紹興二十二年，分置香山縣，屬廣州。元屬廣州路。明屬廣州府，本朝因之。

三水縣。在府西北一百七十里。東西距九十里，南北距一百六十里。東至南海縣界六十里，西至肇慶府高要縣界三十里，南至南海縣界七十里，北至清遠縣界九十里。東南至南海縣界五十里，西南至肇慶府高明縣界五十里，東北至花縣界六十里，西北至肇慶府四會縣界五十里。漢南海郡之番禺、四會二縣地。唐、宋以後爲廣州之南海、肇慶之高要二縣地。明嘉靖五年，分置三水縣，屬廣州府，本朝因之。

新寧縣。在府西南三百六十里。東西距八十里，南北距一百三十里。東至新會縣界四十里，西至肇慶府開平縣界四十里，南至海岸九十里，北至肇慶府開平縣界四十里。東南至新會縣界七十里，西南至陽江縣界一百五十里，東北至新會縣界八十里，西北至開平縣界六十里。漢南海、蒼梧二郡之界。劉宋以後爲新會郡地。隋以後爲新會縣地。明弘治十一年，析置新寧縣，屬廣州府。本朝因之。

清遠縣。在府北三百四十里。東西距二百二十里，南北距三百十里。東至從化縣界一百五十里，西至肇慶府四會縣界七十里，南至三水縣界一百十里，北至連州陽山縣界二百里。東南至花縣界七十里，西南至四會縣界一百二十里，東北至佛岡廳界六十五里，西北至肇慶府廣寧縣界一百六十里。漢置中宿縣，屬南海郡。三國吴改屬始興郡。晉以後因之。梁武帝分置清遠郡。隋平陳，廢郡爲清遠縣，屬南海郡。唐屬廣州。五代、宋因之。元屬廣州路。明屬廣州府，本朝因之。

新安縣。在府東南二百六十里。東西距一百里，南北距一百里。東至惠州府歸善縣界八十里，西至香山縣界二十里，南至海岸四十里，北至東莞縣界六十里。東南至歸善縣界一百五十里，西南至香山縣界二十里，東北至東莞縣界九十里，西北至東莞縣界六十里。漢南海郡博羅縣地。晉咸和六年，分南海置東官郡，兼置寶安縣爲郡治。宋因之。齊移郡治，縣仍屬焉。隋屬南海郡。唐屬廣州，至德二載改曰東莞。五代因之。宋開寶五年，廢入增城，尋復爲東莞縣地。明洪武十四年，置東莞守禦千户所，屬南海衛。萬曆元年，改置新安縣，屬廣州府。本朝康熙六年省。八年復置，仍屬廣州府。

花縣。在府北九十里。東西距一百三十九里，南北距一百一里。東至從化縣界六十六里，西至三水、清遠二縣夾界七十三里，南至番禺縣界三十二里，北至清遠縣界六十九里。東南至番禺縣界四十里，西南至南海縣界五十里，東北至從化縣界七十里，西北至清遠縣界八十里。漢番禺縣地。隋南海縣地。宋以後爲番禺、南海二縣地。本朝康熙二十四年，析置花縣，屬廣州府。

形勢

負山帶海，博敞渺目，高則桑土，下則沃衍。水經注。濱際海隅，委輸交部。南齊書州郡志。地總百越，山連五嶺。劉知幾史通。連山隔其陰，鉅海敵其陽。韓愈送竇平從事序。限八蠻於外服，通七郡以來王。裴麗澤南海廟碑。左跨荆揚五嶺之重阻，表以靈洲、黄嶺之山；右瞰牂牁、溟渤之洪波，帶以桂、鬱、湞、肄之川。黄佐粤會賦。

風俗

揚粵之地，少陰多陽，其人疏理，鳥獸希毛，其性能暑。漢書鼂錯傳。民户不多，俚獠猥雜，南齊書州郡志。尚淫祀，多瘴毒。宋史地理志。婚禮用檳榔以當委禽，喪禮盛肴饌以待送客。元史地理志。位於離，故恒燠，瀕於海，故多風。陽德之盛，鍾爲人文，蜚英騰茂，甲於他州。圖經。

城池

廣州府城。舊有三城，明洪武中合爲一。周二十一里三十二步，門八，池周二千三百五十六丈五尺。嘉靖間，增建新城，長一千一百二十四丈，前臨珠江。本朝順治四年，建東西翼城，各長二十餘丈。康熙九年修，乾隆八年、十二年、十六年，嘉慶五年、十二年重修。南海、番禺兩縣附郭。

順德縣城。周六百五十五丈，門四，東、南、北引碧鑑海爲池，西跨金榜山。明景泰間土築，隆慶中甃石。本朝康熙五十三年修，雍正十三年重修。

東莞縣城。周一千二百九十九丈，門四。明洪武中建。本朝雍正三年修，池周一千三百五十丈。乾隆三年、八年，嘉慶二十一年重修。

從化縣城。周五百八十丈，門四。明弘治中，因舊址甃以甎石。本朝康熙二十八年修，池廣一丈六尺。

龍門縣城。周四百九十二丈，門四。明弘治九年建。本朝康熙間修，南、西、北三面枕大溪，東面無水。

增城縣城。周八百餘丈，門四。明成化五年，因元舊址甃石，池周圍同城。本朝康熙間修，乾隆十二年重修。

新會縣城。周一千六百六十八丈，門四。明洪武十七年因元舊址甃石。天順六年建子城，周一千六百八十八丈，外濬重池，周一千一百二十五丈。本朝順治四年，内外城增高三丈，乾隆十六年修。

香山縣城。周六百三十丈，門四。明洪武間，因舊址拓建。東南池周五百四十七丈，北有長塘，廣八十九丈，西枕武山。本朝嘉慶七年修四門、城樓。

三水縣城。周六百七十五丈，門四。明嘉靖六年建。本朝康熙間修，乾隆三年、嘉慶四年重修。

新寧縣城。周五百三十丈，門三。明正德中建。池周五百五十丈。本朝順治九年修，康熙九年、雍正十年、乾隆五年重修。

清遠縣城。周九百八丈。明成化二年建。南近大河，東、西池各一千四百六十丈。本朝康熙十一年修。

新安縣城。周五百七十八丈，門四。明洪武二十七年建。池長五百九十二丈。本朝康熙十年修，四十三年、嘉慶二十二年重修。

花縣城。周四百四十丈，門四。東、西、北三面負山，南面有池。本朝康熙二十四年建，乾隆五十二年修。

學校

廣州府學。在府治南。宋紹聖三年建。本朝順治十三年修，康熙十年、雍正六年、乾隆二十一年、五十八年重修。入學額數三十六名，外額進東莞客童二名，新安客童二名。

南海縣學。在府城西高桂坊，元至元三十年由縣東遷建。本朝順治七年修，康熙二十二年、乾隆二年、嘉慶二十一年重修。入學額數二十名。

番禺縣學。在府城東。明洪武三年建。本朝順治十二年修，康熙二十三年、乾隆十二年、二十三年重修。入學額數二十名。

順德縣學。在縣治東南。明景泰三年建。本朝康熙十一年修，雍正元年，乾隆八年重修。入學額數二十名。

東莞縣學。在縣東城外。宋淳熙十三年建。本朝康熙十九年修，雍正七年重修。入學額數二十名。

從化縣學。在縣治左。明弘治中建。本朝康熙四年修，十二年重修。入學額數八名。

龍門縣學。在縣治西。明弘治九年建。本朝康熙五年修。入學額數八名。

增城縣學。在縣治西北鶴子峯下。明洪武三年，由城西遷建。本朝順治十二年修，康熙二年、四十八年、乾隆八年重修。

新會縣學。在縣治東北宣化坊。宋慶曆間建，後燬。明洪武三年復建。本朝順治十三年修，康熙十年、二十年、雍正七年、乾隆四年、五十二年重修。入學額數十八名。

入學額數十五名。

香山縣學。在縣城東一里蓮峯之麓。宋紹興二十六年建。本朝康熙十年修，五十一年、雍正三年重修。入學額數二十名。

三水縣學。在縣治西鳳凰岡。明嘉靖六年建。本朝康熙二十四年修，乾隆五年重修。入學額數十五名。

新寧縣學。在縣治東。明弘治中建。本朝順治十八年修，康熙二十四年重修。入學額數十二名，外額進客童二名。

清遠縣學。在縣城南鳳凰臺後，即舊縣治故址。宋淳祐間，初建於縣治西南，元、明以來屢遷。本朝乾隆二十年，由北門外遷建。入學額數八名。

新安縣學。在縣城東門外。明萬曆初建，二十三年改建城南，崇禎十五年遷復舊址。本朝康熙十年修，乾隆四十七年、四十九年重修。入學額數八名。

花縣學。在縣治東。康熙二十五年建。乾隆元年修，嘉慶二十五年重修。入學額數七名。

越秀書院。在府城南門内鹽司街。康熙四十九年建。

越華書院。在府城内布政司後街。乾隆二十年建。

羊城書院。在府城南龍藏街。原名嶺南義學。康熙二十二年與附近之穗城書院同建。嘉慶八年改爲羊石書院，二十五年省穗城書院併入之，改今名。

西湖書院。在府城西湖街。原名南海義學。雍正元年建，嘉慶八年改今名。

禺山書院。在府城大東門内。原名番禺義學。雍正八年建，嘉慶八年改今名。

文瀾書院。在府城太平門外繡衣坊。嘉慶十五年建。

濂溪書院。舊在府城藥洲。明正統二年建。祀宋提刑周敦頤。本朝康熙二十六年改建於新城，並祀明王守仁、陳獻章。

蓮峯書院。在府城豐安寺左。康熙五十七年建。

番山書院。在府城清水濠。康熙二十二年建。

田心書院。在佛山鎮。康熙十二年建。

鳳山書院。在順德縣城西。乾隆二十三年由鳳凰山麓遷建。
梯雲書院。在順德縣城内。乾隆十四年建。
西淋書院。在順德縣城内。乾隆十五年建。
葛堡書院。在順德縣葛岸堡。乾隆十四年建。
靖康書院。在東莞縣城内。康熙中建。
寶安書院。在東莞縣南聚秀坊。康熙五十九年由南門德生橋遷建。
龍溪書院。在東莞縣石龍鎮。乾隆四年建。
興賢書院。在從化縣城内。康熙四十五年建。
韶山書院。在從化縣治左。乾隆中建。
石岐書院。在從化縣城内。乾隆二十年建。
翠峯書院。在從化縣東五十里韶峒山。明嘉靖中建。
星岡書院。在龍門縣城東門外。原爲義學。嘉慶二十四年重建，改名。
以文書院。在增城縣西。康熙十七年建。
鳳池書院。在增城縣西北。乾隆十七年建。
甘泉書院。在增城縣甘泉都沙貝村。乾隆十九年建。
雙鳳書院。在增城縣楊梅都高埔村。乾隆十八年建。

岡州書院。在新會縣大新街。乾隆二十七年建。
景賢書院。在新會縣江門鹽倉街。舊名江門義學。乾隆二十二年改今名。
古岡書院。在新會縣金紫街。元至正中建。明廢。本朝嘉慶十八年重建。
豐山書院。在香山縣城内。康熙三十一年建。
龍山書院。在香山縣龍眼都。乾隆二十二年建。
欖山書院。在香山縣小欖藍田坊。乾隆五年建。
鼇山書院。在香山縣大黄圃鄉。乾隆十六年建。
旗山書院。在香山縣黄梁都斗門墟。乾隆十八年建。
桂山書院。在香山縣平嵐鄉。乾隆二十一年建。
東山書院。在香山縣雍陌鄉。乾隆二十一年建。
鳳山書院。在香山縣前山寨城。乾隆二十二年建。
鳳池書院。在香山縣翠微鄉。乾隆二十二年建。
金山書院。在香山縣下栅墟。乾隆二十二年建。
雲衢書院。在香山縣南萌墟。嘉慶十三年建。
安山書院。有二。一在香山縣黄角鄉，嘉慶二十一年建。一在香山縣春花園，嘉慶二十三年建。
正學書院。在三水縣學宫右。康熙五十四年建。

鳳岡書院。在三水縣城内。明崇禎間建。
王侯書院。在新寧縣城西王侯祠旁。雍正十七年建。
安陽書院。在新寧縣城西門外。乾隆三十五年建。
瑞峯書院。在清遠縣城北隅松岡。乾隆二十一年由學宫左遷建。
湞江書院。在清遠縣廣濟倉右。雍正六年由舊縣署前遷建。
花峯書院。在花縣城東。康熙二十四年建。
汾江義學。在佛山鎮廣德里。乾隆八年建。
鳴皐義學。在增城縣治西北。康熙四十五年建。
瑞山義學。在增城縣金牛都。康熙四十九年建。
丹山義學。在增城縣雲母都。康熙四十四年建。
三鄉義學。在增城縣下都碧江涌口。康熙五十六年建。
臘圃義學。在增城縣崇賢都。雍正九年建。
金紫義學。在新會縣城内金紫街。雍正十一年建。
紫水義學。在新會縣城内花園巷。嘉慶十九年建。
正董義學。在香山縣南門内。乾隆二年建。
介石義學。在三水縣學宫左。康熙二十三年建。

鳳城義學。在清遠縣城内。乾隆二十年建。古鎮社學。在香山縣古鎮鄉。乾隆五十一年建。按：舊志載雲谷書院，在府城西南西樵山上，明嘉靖中建。泰泉書院，在府城北棲霞山，明嘉靖中建。羊額書院，在順德縣羊額堡，宋淳熙中建。崇正書院，在龍門縣城内，本朝康熙中建。增江書院，在增城縣治北，康熙二十五年建。菊坡書院，在增城縣南鳳凰山麓。蓮花書院，在增城縣南鄉嶺。獨岡書院，在增城縣西南甘泉洞。蜚英書院，在新寧縣城南。今並廢，謹附記。

户口

原額人丁三十八萬五千六百四十九，今滋生男婦大小共五百七十九萬九千二百六十一名口，又屯民男婦共七萬九千二百四十名口。

田賦

田地山塘共一十萬六千二百三十一頃七十畝四分有奇，額徵地丁正、雜銀三十萬二百九十一兩四錢三釐，遇閏加徵銀七千五百一兩一錢一分六釐，米八萬四千二百八石八斗五升九合八勺。屯田共二千二十七頃三十畝七分有奇，額徵屯丁銀九兩一錢二釐，米二萬六千一百三十二石四斗四升九合七勺。

山川

陂山。在南海縣城内西南隅。高三四丈，其陽有穗石洞，相傳五羊仙人持穀穗至此化爲石，因名。

三山。在南海縣南二十八里，臨江，三峯並起，高三十餘丈。舊有三山寨，明初廖永忠擒邵宗愚於此。今爲桂華堡。

西淋山。在南海縣西南三十里，接順德縣界。其嶺爲鳳坑，其木多橘柤。又西二十里有山純石，曰鴉山。南有碧玉池，長百丈。

秀羅山。在南海縣西南三十六里。山阜奇秀，木多松羅。又西南五里曰牛鼻山。又十里曰獅雲山，下有金紫堡。

王借山。在南海縣西南六十里，近佛山鎮，與紫洞相望，山産石如劍戟然。

西樵山。在南海縣西南一百二十里，高聳千仞，周四十里，勢若游龍。有七十二峯，聯屬内向，若蓮花然。峯巒迴合，千態萬狀，若雲谷莊、雙魚陂、寶鴨池，尤爲奇絶。其入處曰翳門，明方獻夫砌石磴千級，行人便之。山半地平，有居民十三村。唐詩人曹松移植顧渚茶於此，居人遂以茶爲生。

海目山。在南海縣西南一百四十里九江海中，兩峯並立，其形如目，麓多奇石。

三洲山。在南海縣西南一百七十里，一名黄岡，聳拔千仞，周一百餘里，峯巒數十。西連高明，東南接新會，與西樵皆爲縣之鎮山。其峯之奇者，爲石閣、獅子、將軍。又有竹子嶺，直走二十餘里，狀如蜈蚣，亦名蜈蚣嶺。

浮丘山。在南海縣西一里，相傳爲浮丘道人得道之地。

雙女山。在南海縣西十五里，一名鳳山。宋史：開寶四年，潘美等伐南漢，渡瀧頭之險，至馬徑，屯雙女山，劉鋹出降。即此。又縣西二十五里有金利山。

黄麖山。在南海縣西五十里，東南有二巖，後有石室通明，可容數十人。又西三里有龍鬱山。

旗峯山。在南海縣西五十五里，山半有泉不竭。

石門山。在南海縣西北。史記南越列傳：元鼎六年，樓船將軍將精卒陷尋陿，破石門。索隱引廣州記云：在番禺縣西北二十里〔二〕，因呂嘉拒漢，積石江中爲門，故名。元史周全傳：全從大軍征廣東，以游騎巡廣中，過靈星海石門，敵勢甚張，全奮戈殺敵，乘勝奪其旗鼓。輿地紀勝：兩山對峙，横截巨浸，據南北往來之衝，屹若門闕。通志：在縣西北三十里。

肅連山。在南海縣西北四十五里，連大象山，中有石洞。

靈洲山。唐書地理志：南海縣有靈洲山，在鬱水中。寰宇記引南越志云：肅連山西十二里有靈洲焉，其山平原彌望，層野極目。通志：在縣西北六十五里，一名靈峯山，俗名小金山，上有妙高臺，鬱水經其下。

番山。在番禺縣城東南。山海經：桂林八樹在賁禺。注：賁禺即番禺。後漢書地理志：番禺縣以有番山、禺山得名。元和志：番山在縣東南三里，禺山在縣西南一里，尉佗葬於此。寰宇記：番禺山在南海縣東二十五步。又曰：番山在縣北一里。輿地紀勝引番禺雜記云：番山在南，禺山在北。明黄佐番禺二山小記：番山在番禺邑東南一里，峯巒圓秀，北一里曰禺山，二山相連如城。南漢時，劉龑鑿平之，積石爲朝元洞，後改曰清虚洞。

礪山。在番禺縣東南八十里，屹峙海旁，高二百餘丈，連亘四十餘峯，爲虎門捍山。一名獅石山，以東有石壁峻削，狀如獅子，故名。本朝康熙三年，建甎城墩臺於其上。

萬松山。在番禺縣南十里，土阜平坦，其旁即盧循故城。

抱旗山。在番禺縣南四十里，爲府城案山，江水環繞，上有古烽堠。其南爲南山峽，屹立江濱。東二里有文筆峯，高削千仞，本名大夫山，俗訛爲大烏岡。

越秀山。在番禺縣北，城跨其上，聳拔二十餘丈。上有越王臺故趾，唐韓愈詩「樂奏武王臺」是也，一名越王山。明永樂初指揮使花英於山巔起觀音閣，山半建半山亭，俗呼爲觀音山。

席帽山。在番禺縣北里許，下爲蘭湖。

馬鞍山。在番禺縣北。水經注引裴淵廣州記云：城北有尉佗墓，墓後有大岡，謂之馬鞍山。秦時占氣者言南方有天子氣，始皇發民鑿破此岡，地中出血，今鑿處猶存。舊志：在縣北五里，自北而南，有鳳凰、鴻鵠二嶺，自北而東，有松柏、麒麟、望州諸嶺。

白雲山。在番禺縣北十五里，上有九龍泉，流爲大、小水簾洞。其北有鶴舒臺，臺北有飛霞洞，瀑布飛流。又北一里爲虎頭巖，巖麓有寶象峯，前有虎跑泉。又折而西南五里曰棲霞山，六朝時有僧景泰住此，一名景泰雲峯。山下有泰霞洞，泰泉水出焉。又一里曰玉虹洞，洞之南曰聚龍洞，折而西曰御書閣，以有宋高宗御書故名。

大橋山。在番禺縣北十八里，下臨大澗，山形如巨象垂鼻飲澗中，亦名象坑。

亂石山。在番禺縣東北二十里，唐杜審言詩：「漲海積稽天，羣山高業地。」相傳稱亂石，圖典失其事。懸危悉可驚，大小都不類。上聳忽如飛，下臨仍欲墜。」舊志：高險與白雲山相連，亦名白雲後洞，一名紫雲洞。又東北二十里曰真武山，其南七阜布列，曰七星岡。

博大山。在番禺縣東北四十里，下有銅鼎溪，今堙。其東有昭陵山，南漢陵寢在焉。

龍峒山。在番禺縣東北五十里，俗呼龍眼洞，一曰大羅嶺。又有嶤山，嶤然而高，在龍峒之東。

神步山。在順德縣東南四里，臨碧鑑海。明萬曆中，知縣倪尚忠自縣城東南築路，直抵山麓，紆迴十里，名曰青雲路。

太平山。在順德縣東南八里，與神步山隔碧鑑海，南北對峙。上有烽堠，可望香山、東莞。

雁塔山。在順德縣東南十五里。又南半里爲容山，少西爲奇山，又縣南十三里有金釵山，在容、奇二山之西。

華蓋山。在順德縣南半里。又有安東山、迎暉山、登俊山、錦巖山，在縣東北，皆高十餘丈。五山環列，纍纍如五星，總名五峯山。

翠竹山。在順德縣南十六里，上多產竹。

黄榜山。在順德縣西南九里，其北爲金斗山，皆西臨金斗海，有斥堠。

龍頭山。在順德縣西南三十里，蜿蜒最秀。西爲馬登山，南爲象山，亦曰龍馬山，上有堠，下有馬鼻巖。明鄒智嘗鼓枻遊此，至今人稱爲泊鄒崖。

鼇峯山。在順德縣西南四十里，有石壁。西爲石龍岡，有白蓮池。東曰火號岡，臨馬寧海，有堠。

鎮山。在順德縣西南五十里。其西南有二山對峙，東曰蓬，西曰壺，通名曰蓬壺山。

星槎山。在順德縣西南六十里，自新會天河渡草鞋洲來，有二山，西曰星，東曰槎，通名曰星槎山。

順風山。在順德縣西南七十里，蜿蜒而東，象山、蓮花、定山皆其左支也。右支則上園、陰羅二山，路通香山瀝海。

鳳山。在順德縣西。前曰金榜山，城跨其上。

永安山。在順德縣西二十四里。其東爲官山，臨金斗海。

象山。在順德縣西六十里。其南爲仰船岡，西臨仰船洋。

大金山。在順德縣西七十里，象山之北。東曰獅子嶺，臨獅嶺海。又西有石壁山，一名金犂壁，在鬱水中，西挹大鴈，南盡海門，北望海目，爲一邑之勝。

天湖山。在順德縣西少北七十餘里，上有湖，渟泓數畝，故名。東曰鳳凰山，下有漱玉泉，西有紫金峯。又西有鐵爐岡，北曰北華山。

都寧山〔二〕。在順德縣北三十里。下有龍巖，又東南曰珠岡，又南有桃洞。

鉢盂山。在東莞縣城内南隅，井泉清洌，有奇石。又道家山，在城内西南隅，相傳昔有鳳凰來集，因名鳳凰岡。

神山。在東莞縣東二十里。其陽爲鼓鎮峽，下有龍潭，潭旁有二石鼓鎮之，故名。水濱有許公石巖，絶險。

石湧山。在東莞縣東四十里，水中石如湧出，因名。居民多種香木於其上。

深溪山。在東莞縣東南四十里，有瀑布飛流，南下十里，匯爲龍潭。

黄嶺山。在東莞縣南。唐十道志：嶺南名山之一。縣志：在縣南三十五里，縣治朝山也。峯巒秀拔，狀如卓筆，迤邐而西，作展旗狀，俗名黄旗嶺。下有泉出石罅，味甘美。宋紹興間，邑宰張勳築亭甃石，扁曰廉泉。

彭峒山。在東莞縣南四十里。有水簾，飛瀑如珠。

三角山。在東莞縣南五十里，接新安縣界。九峯峻聳，如蓮花，俗名蓮花峯，頂上有池不竭。

石鼓山。在東莞縣西南二十里，上有石如鼓故名。山側爲城子岡，平曠如城，舊設千户所於此。

大嶺山。在東莞縣西南三十四里，高五百丈，奇突聳峭，下視羣山。瀑水泉出其陽，紫霞泉出其陰。

飛鵞山。在東莞縣西南四十里，流水環繞，狀如飛鵞。

武山。在東莞縣西南海中，南當大洋，每潮汐消長，高低可辨。輿地紀勝：余靖嘗候潮於此。

秀山。在東莞縣西南海中，接新安縣界。宋史：景炎二年，元將劉深以舟師攻帝於淺灣。張世傑奉帝退保秀山。明統志謂之虎頭山，在縣西南五十里海中，有大虎、小虎二山，俗號虎頭門。外夷入貢及出使外夷者皆道此。

金牛山。輿地紀勝：在東莞縣西二里，山勢岧嶤，下瞰海水。有亭在絶頂，路皆攀援而上，名曰「海月奇觀」。

石鼓樓山。在從化縣東三里。其石層疊，有石穴大如屋，溪水匯注，衝擊有聲，因名。又名鵞形嶺。

韶峒山。在從化縣東五十里，亦名王任嶺。下有帶水，在大石坂中。

水亭山。在從化縣東五十里，有石徑可上。其嶺有楊溪洞，廣十餘丈，有石長數十丈，夐出如船，下覆洞穴，有藤生焉，又名水藤山。

中心山。在從化縣東五十里。前有鼇頭嶺，中有流泉，三級下注，下有曲水。

雙鳳山。在從化縣東南四十里，接增城縣界。雙峯崛起，周百里，亦名大、小鷓鴣山。又青幽山，在縣東南六十里，亦接增城界。

武臺山。在從化縣西南四十里，兩峯對峙。

蜈蚣山。在從化縣西南四十里，有三十餘節，形如百足。其麓有鐵場坑，相傳舊嘗煮鐵於此。

風門山。在從化縣西三里，舊名楓梅嶺。其陽有觀音巖、月嶺，其陰有劉仙巖、黄石洞。

圍腦山。在從化縣西十里。下有仰天池。又西爲將軍山，三峯屹立。

龍潭山。在從化縣西北三十里。下有龍湫，繞出三四里許，皆石澗清流，分流至縣後，溉田數百頃。

百丈帶山。在從化縣西北四十里。有泉自山巔飛下，分爲兩道，望之如帶，下匯爲深潭，溢出淺處，爲流杯池。

雲臺山。在從化縣北三十里。山巔平衍如臺，常有雲氣覆之，旁有洞穴，可容三百餘人。

高雲紫草山。在從化縣北七十里。甚高峻，望之光如赭霞。

北山。在從化縣東北五十五里，接龍門縣界。周一百里，三峯峻拔，上入雲漢。山巔有瀑布，下注龍潭。山半迤北有蘭和峒，延袤數十里，登者窮日之力而後至。

五指山。在從化縣東北百里。五峯相連如指，周百餘里，東通龍門，北通佛岡。

蝴蝶雙山。在龍門縣東十二里。高七十丈，望之林巒對峙，翩翩若舞。

石應山。在龍門縣東二十五里。枕河之涯，外實中虚，舟楫往來，語笑相應，故名。

雙石山。在龍門縣南三十里。二石屹立，山石可燒灰，糞田甚沃。有仙人洞，高五十丈，周七里，有石牀、石竈、石臼、石井，泉從井出，大旱不竭。

天嶺山。在龍門縣南六十里。高千仞，爲一邑之望。一名指天嶺。

東澗山。在龍門縣南一百里。層崖疊巘，多禽獸，草木皆珍異。

陳峒山。在龍門縣西六十里。其脈自庾嶺而來，勢若卓旗。

虎獅山。在龍門縣西北五十里。形若虎獅對踞，上有飛泉，瀉入蛟穴，有路名虎獅徑。

藍糞山。在龍門縣西北一百里。周三十里，有水東西分流，東連鐵岡、高明諸水源。

鳳凰山。有三。一在龍門縣北五里，俗名丫髻山，又名幼女峯，雙巒並峙。一在增城縣城内南隅。輿地紀勝：本名春岡，宋熙寧七年有鳳凰來集，因名。縣志：其東北曰龜峯，一名登高峯，爲縣後主山，稍西曰鶴峯，爲學宫主山。一在香山縣東南百里，廣四十里，西爲金竹園、白域石諸峯，南有尖峯、石牛二嶺，又有風門凹、銀涌角，皆有烽堠，下爲雞拍村，舊有銀礦。

桂峯山。在龍門縣北七十里。山多桂樹，花時香聞十餘里。

石馬山。在龍門縣北八十里。縣境諸山，此爲最高，石磴森列，旁有五石，名童子讀書石。相近有白牛巖，高數十丈，俱白石，望之如堆雪，其北有上建峒。

捲龍山。在龍門縣東北八里，與鳳凰山對峙。山形陡峭，極頂平曠。又東北二里有八字山，其土細潤，可爲瓦器。又東北有鐵坑山。

白水山。在增城縣東二十里，高二百丈，周二十里。山巔有瀑布如練，故名。元和志：泉山在縣西三十二里，上多漆樹。寰宇記引廣州記云：縣有白水山，蓋即泉山，後人傳寫訛合「白水」二字爲一也。按元和志，山在縣西，今縣已徙五十里，則應在縣東。明統志云「在城西四十里」者誤。

羅浮山。隋書地理志：增城縣有羅浮山。寰宇記引南越志云：增城縣東有羅浮山，浮水出焉，是爲浮山，與羅山並體，故曰羅浮。非羽化莫有登其極者，嶮尖之峯四百四十有二，同歸於羅山。上則三峯爭聳，各五六千仞，其穴溟然，莫測其極。北通句曲之山，即茅君内傳所云第七洞，名朱明耀真之天。璿房瑶室七十有二，崀嶨穹窿，自然雲搆。泉源之府九百八十有三，飛泉引鏡，懸波委緑，窮幽極響，百籟虚鳴。又裴淵廣州記云：羅、浮二山隱天，惟石樓一路可登。縣志：在縣東五十里，接惠州府博羅縣界。

雲母山。寰宇記：在增城縣東七十里，出雲母石。續南越志云「唐天后朝，增城縣有何氏女，服雲母粉，得道於羅浮山，因所出名之」。蓋即羅浮之支壠也。

猊山。元和志：在增城縣東南二十三里。多婆娑羅竹，圍三四尺，至堅，里人取以爲弓。

南山。在增城縣南二里，濱江。下有巨石，是爲釣臺。其西隔江對峙者曰豸嶺，亦曰寨嶺。稍南爲流防山，防水出焉。又新安縣南七里亦有南山，爲縣朝山，有觀音泉。其西南濱海，曰赤灣。

蛾眉山。在增城縣西南七十里，一名南樵山，又名南鄉嶺。高近千仞，周百里，山秀而長，層巒疊嶂，前瞰大江，下有烏石岡，高三十餘丈，狀若覆鐘，其形若墨。

古華山。在增城縣西六十里，形如垂蓮。又西十里有古散山，其山布散不屬，蓊鬱盤旋，爲縣右輔。綏福水出焉，南流可通舟楫。

元德山。在增城縣西南一百里，與番禺縣接界。多奇巖怪石，大木叢林，上有土丘，廣百丈，高數十仞，名曰仙人大座。

石龍山。在增城縣北七十里，枕長溪。山形若龍，怪石千尺。相近有澄溪山，澄溪水出焉。

靈山。在增城縣北少西八十里，接從化縣界。周百里，體勢極高，而頂上寬平。南有石巖，石積水出焉，灌田千畝。

馬山。在新會縣東門外，下瞰文溪。明洪武中，鑿山東北爲城塹。

龍護山。在新會縣東三十里。山形四面旋繞，下有龍湫。

熊耳山。在新會縣南。寰宇記：有東熊洲、西熊洲，俱在縣南二十七里，海心有孤山相對湧出。舊志：在縣南二十里，凡四，曰鼠熊，曰馬鞍熊，曰東熊，曰長熊，皆在海中。

譚波羅山。寰宇記：在新會縣南六十里，昔有外國人居此。「譚波羅」者，蓋番語也。又莫山，在縣南八十里，出鸚鵡。又壁雙山，在縣南七十里。

仙湧山。在新會縣南六十里，地名羅坑。本無山，一夕風雷震怒，湧出數峯，因名。輿地紀勝云「在縣西北六十里」者誤。

厓山。寰宇記：在新會縣南八十里，臨大海。宋史：祥興初，帝昺立於碙州，張世傑以厓州爲天險，可扼以自固，乃奉帝移駐於此。未幾元將張宏範來攻，宋軍潰，陸秀夫負帝昺沈於海，宋遂亡。通志：厓山延袤八十餘里，高四十餘丈，與湯瓶嘴對峙，如兩扉然，亦曰厓門山。宋紹興中置寨，以控扼烏豬大洋之險。

桂山。寰宇記：在新會縣西南三十四里，産翡翠孔雀。縣志：有天臺山，在縣西南三十五里。

石徑山。在新會縣西南五十里。有石巖如屋，容數十人，前有筍山。又潯陽山，在縣西南六十里。

古兜山。在新會縣西南八十里，最高峻，東與厓山相峙，西與新寧縣百峯山相連，有峯曰湯瓶嘴。

鳴山。在新會縣西。右曰象山，石角嶙峋，下瞰江水，一名金斗山。

龍山。輿地紀勝：在新會縣西二里，山有龍窟，東西相望，近百步。東山數穴，窅不可窺，以石投之，隱然不絶。西山則玲瓏下屬，表裏洞開，總於窟者九，舊傳爲神龍出入地。又有雷電山，在縣西三里，五峯環拱，下有九井。又西一里曰大雲山，蓋皆龍山之分名也。

石船山。在新會縣西三十里。上有大白石，可十丈，狀如船。又有學堂山，與石船相對，石徑千尋，下瞰無際。

將軍山。在新會縣西三十五里，自潮陽都燕子尖山，迤邐向龍水都，與雙門逕山相接，高大盤踞。山南突起數峯，曰馬尾，曰小岡，曰石碑，東盡於海。

黄雲山。輿地紀勝：在新會縣北一里，本名貴峯。唐一行僧來遊，有雲自出，色如金，因建寺，名曰黄雲。

圭峯山。在新會縣北二里。一名玉臺山，上多松竹，瀑泉出焉。又北山，亦在縣北二里。輿地紀勝云山頂有塘，四時花果不種而生，古號爲聖池。

綠屏山。在新會縣北十里。周八十餘里，環繞縣後如屏幛，一名綠護屏，鳥道險絶，山頂平曠。

蓬萊山。在新會縣北三十里，與綠屏相望。宏峻幽勝，俗呼雙梅嶺。又北十里有石螺岡。

仁山。在香山縣城内。縣志：城内舊有七阜環列，謂之七星峯。北曰仁山，縣治建焉。又北曰慶壽山，東南曰豐山，西曰武山，縣城跨其上。外有盈山、鳳山、文山，已平於築城時。

大北山。在香山縣東一里，平遠連亘，東界牛起灣，西曰蓮峯。元末，宣羌托囉克台守其上，一名舊寨山。「宣羌托囉克台」舊作「宣羌朵囉歹」，今改正。

烟筒山。在香山縣東五十里。上有石巖，清泉出焉。又東十里曰四巖山，北臨海，東有豐阜湖，海水所匯。

雲梯山。在香山縣東七十里，高七十丈，廣百丈。

長江山。在香山縣東南三十里，宫花水出焉。北合神涌，南有相合山，東爲紫馬嶺，有天池。

大圜山。在香山縣東南四十里，神涌之東。三峯並峙海上，亦名三洲山。

烏巖山。在香山縣東南七十里，東北抵雲梯，西北抵相合，西界香爐，北爲千秋嶺、紅旗峒諸山，迤邐赴海，巖崖幽暗，人跡罕到。宋末，鄧光薦避亂居此。

稜角山。在香山縣東南八十里，南面海，四峯峻峭，下有龍井、懸瀑。又有五眼井，冬煖夏涼。

葫蘆山。在香山縣東南八十三里，西近香爐。石壁峭立如門，東北曰東嶺，北接烏巖，西南曰西嶺，有瀑布南注。

五桂山。在香山縣東南八十五里，俗名五鬼山。巖壑瀑布，與羅浮爭勝。山左有大小花園，産異花甚多，其陽産神仙茶。

大芒山。在香山縣東南九十里。西有羅鼓岡，下有冷池。

望門山。在香山縣東南一百十里。起自北嶺，延袤二十里至海門，突起羣岫，隔九星大洋，内包鄉都，外泊舟艦，漁樵紛集。其九星洲山，九峯分峙。有水甘美，曰天塘水，海船往來所汲。

濠鏡澳山。在香山縣東南一百二十里，突出海中。明初番舶往來，泊無定所，率擇濱海地之灣環者爲澳。若新寧則有廣海望峒，東莞則有虎頭門、屯門、鷄棲，香山則有浪白、濠鏡、十字門，皆置守澳官。嘉靖末，諸澳盡廢，唯濠鏡爲泊藪。萬曆初，因於澳口設關，關外劃爲諸番住所，今遷棄。

東林山。在香山縣南一里。舊名筆架山，三峯屹立。又老安山，在縣西南半里，爲縣水口衝要。

湖洲山。在香山縣南二十里。一名文筆山，孤峭臨海。相接者曰灣月山，一名鹿鳴嶺，羣峯森立，爲縣之案。

壽星塘山。在香山縣南二十里。其陰有塘水，方數畝，梅花水出焉。其陽爲六十陂、大嶺，石溪、瀑布出焉，潴爲大龍潭。

貴峯山。在香山縣南四十里。本名大尖山，高三百丈，爲縣治前案。東有野牛徑，南有小尖峯、箬葉嶺。

北臺山。在香山縣南四十里，東接貴峯。又南二十里曰南臺山，兩山相對。

香爐山。在香山縣南六十里。峯崖幽峻，東界白銀水，南接嶺山，有瀑布出焉。按：寰宇記云「東莞縣有香山，在縣南，隔海三百里，地多神仙花卉」，疑即此山，縣以此名。

金星山。在香山縣南一百里。二峯相峙，隱若雙龍，中有小嶼如珠。

橫琴山。在香山縣南二百里海中。二山相連，東曰小橫琴，西曰大橫琴，路最幽峻。元末爲海寇王一所據，明洪武二十八年平之，詔虛其地。下有井澳，亦名仙女澳。宋史瀛國公記：景炎二年，帝舟入海，至仙女澳，風颶舟敗幾溺。又馬南寶起兵井澳，即此。

高城山。在香山縣西南六十里。層巒疊岫，周迴如城郭。

黄楊山。在香山縣西南七十里。幽深峻極，其陽有烽堠。又十里曰荔枝山，多荔枝。

三竈山。在香山縣西南二百里海中。林木葱翠，中有三石如竈，故名。元末，海寇劉進據焉，明洪武初平之。有田三百餘頃，皆極膏腴，後奸民復通番爲亂。二十六年，指揮花茂殲其魁，悉遷其餘黨，禁民不得耕種。其東爲烏沙海，成化中番船自烏沙海侵擾，因歲令官軍駐守。其西爲浪白澳。

象角山。在香山縣西十里。西北臨海上有小石室，俗呼佛子屋。其南有石門山。

疊石山。在香山縣西十餘里，石門之西。石角嶙峋，爲縣右障。

石岐山。在香山縣西北一里，遥與蓮峯相對。土燥多石。又縣北一里有插笏山，一名獺窟山，瀕海。

小欖山。在香山縣西北七十里小欖村。又名鳳山，峯巒秀峙。其西有大欖山，在大欖村，又名飛駝山，山勢蜿蜒。左爲落霞峯，下有開元、梅花諸泉。

浮虚山。在香山縣北七十里海中。隨波上下，若浮虚然，因名。山海經「南海有浮石之山」，疑即此。宋鄧光薦浮虚山記略：番禺以南，海浩無際，島嶼洲潭，不可勝紀。未至香山半程許，曰浮虚山。山虎踞而鳳翥，鐘懸而磬折，蒼然煙波之上，四望無不通。方空澄雨霽，一覽千里，來航去舶，櫂歌相聞。及微風鼓浪，噴薄冥迷，咫尺若不可到。

古鎮山。在香山縣北八十里，西接新會縣界。又北有百富山，在梅洲村。

東洲山。在香山縣東北七十里，突入海中，潮汐湍激，舟不可渡。又北曰壺頭山，與東莞接界。

雲秀山。在三水縣東五里，一名象岡。又東二里爲石頂峯，有古烟墩，爲縣治水口。

崑都山。在三水縣東南三里，上有斥堠，即古三水鎮。

金洲山。在三水縣南四十里，西江中流，水中突起，周二百餘丈，高五十餘丈。舊名金洲岡，又名金鐘岡。下有婆角灘，東南岸爲溪陵岡。

龍坡山。在三水縣北三十五里。一名花山。其東爲大望山，又東有九十九岡，皆在蘆包水北。

大潭山。在三水縣北四十里。石壁數仞，飛瀑如練，下注二潭，左曰龍湫，右曰天生塘，方廣二畝許，居民引以灌溉。

金帽山。在三水縣東北一里。舊名金帽嶺，俗呼爲城隍嶺。全體皆石。上有連珠峯，爲縣鎮山，下有石塘。

文徑山。在新寧縣東八里。四面環峙。又縣東三十里有石鼓山，上有石，擊之作鼓聲。

百峯山。在新寧縣東四十里，與新會之鼓兜山相接。峯巒百計，蠻獠所出没也。下有板潭。

銅鼓山。在新寧縣東南一百里。層巒疊嶂，俯瞰大洋，風濤觸石，聲如銅鼓。下爲銅鼓海。

甘蔗山。在新寧縣南八十里，高五百五十丈，南臨廣海，西接大隆山。上有草，味如甘蔗，故名。

上川山。在新寧縣南。寰宇記：新會縣南海中有穿洲，襟帶甚遠。又曰：上川洲、下川洲俱在縣南二百六十里大海中，其洲帶山，灣浦極廣。明統志：上川山、下川山，俱在新會縣西南一百四十里海中。二山皆產香蠟、竹藤之屬，而上川爲優。居民以貫海爲業。洪武四年，海寇鍾福泉等挾倭船寇下川，官兵追討，至陽江平之。於是徙二山居民入内地，山遂荒廢。弘治中，割屬新寧。縣志：在縣南一百五十里，相近有大金、小金二島。又西爲下川山，又西有漭洲島，皆在海中。

大隆山。在新寧縣西南一百二十里。高六百丈，周二十里，徑路深阻，中有猺寨。

紫霞山。在新寧縣西七里，下臨紫霞海，一名西華山。又西二里有丫髻山，山有奇石，石上有小池不竭。

三台山。在新寧縣北一里，三峯聳秀，爲縣主山。西爲寶鴨山。

斗山。在新寧縣北三十里。孤峯圓潔如斗，居民環繞，名爲斗洞。

石人山。在新寧縣東北三里。山巔有石，卓立如人。又名石化山，中有猺寨。

潯洋山。在新寧縣東北四十里。峯巒高聳，俯瞰潯江。左曰仙女峯，上有石室，下有石壁數丈，瀑布緣壁而下，光濺如珠。

峽山。在清遠縣東。一名觀亭山。水經注：溱水又西南經中宿縣，會一里水，其處隘，名爲觀峽，連山交枕，絶岸壁竦，時水洊至，鼓怒沸騰。元和志：觀亭山，一名觀峽，一名中宿峽，在縣東三十五里，縣昔取峽爲名。寰宇記引譚子和海嶠志云：二月、五月、八月，有潮上三禺峽，逐浪返五羊，一宿而至，故曰中宿峽。輿地紀勝：峽山在縣東三十里，崇山峻峙，如擘太華，中通江流。廣慶寺居峽山之中，有殿甚古，梁武時物也。舊傳黄帝二庶子善音律，南採阮俞之竹，爲黄鐘之管，隱於此山。祠在東廡，有金芝之巖，在山北頂上。唐開元中，得靈芝於此。舊志：峽山在城東北三十里，兩山對峙，長十里許。茅君内傳以爲第十九福地，右有和光洞，一名歸猿洞。

黄旗山。在清遠縣南三十里。形如屏障，與鳳嶺對峙。又馬頭山，在縣南六十里。

迴岐山。在清遠縣西南八十里。逶迤環抱，迴顧縣治。

威整山。在清遠縣西南一百里。其形森聳，望之儼然，故名。

秦山。在清遠縣西。輿地紀勝：秦水源出清遠縣秦山。縣志謂之秦源山，在縣西二十五里，溱水出焉。俗呼爲秦王山。

大羅山。在清遠縣西北一百四十里。相連者曰小羅山，脈皆自陽山來，西接廣寧，路通懷集，猺、獞雜居其間。

花尖山。在清遠縣北十六里。奇峯峻拔，上多花木。

帽山。在清遠縣北六十里。形圓如帽，有兩峯，俗曰大帽、小帽。

黄木山。在新安縣東三十里。一名筆架山，三峯秀矗。左有蟾蜍石，鄉人於此禱祀。

梧桐山。在新安縣東六十里。有大小二山，延亘六十里，多梧桐異草。頂有天池，深不可測，山腰有鹽田徑，大石結砌，亘十餘里，名曰亭子步，下有赤水洞。其北有白面石巖，深廣如廈，外有甘泉。

大帽山。在新安縣東南二十里。脈自梧桐山來，延袤百里，旁附羣山，皆其分支。

官富山。在新安縣東南七十里。又東十里有馬鞍山，脈皆出自大帽，屏蔽東洋。

九頓山。在新安縣東南一百里。從山麓而上，連頓九阜，至頂則平曠，自縣至大鵬所必由之路。相近有葵涌山，多生水葵。

大鵬山。在新安縣東南一百二十里。山脈自羅浮來，狀如鵬舉，一名七娘山。其前又有老大鵬山，在海中。又東有陶娘山，去縣一百三十里，接歸善縣界。抱拱如城，内容艨艟數十艘，今壘石塞之。

杯渡山。在新安縣南。輿地紀勝：世傳有杯渡禪師渡海來居。東莞舊志：山在縣南二百八十里，即屯門山也。枕近大海，遠望黄木灣正相對。唐韓愈詩：「乘潮簸扶胥，近岸指一髮。屯門雖云高，上映波浪没。」即此。南漢大寶十二年，封爲瑞應山。今有瑞應巖、虎跑井。縣志：在縣南二十里，相距四十步。又有靈渡山，勢絶高峻，與杯渡山相等。

挂角山。在新安縣南三十里。兩峯尖起如角，曰大挂、小挂。一名牛潭山。

大奚山。在新安縣南。一名大漁山。輿地紀勝：在東莞縣海中，有三十六嶼，居民以魚鹽爲生。慶元三年，提舉徐安國捕鹽海濱，鹵民相集拒捕。知廣州錢之望討平之，因墟其地，差水軍三百人往戍，宋季始罷。舊志：大奚山，在新安縣南百餘里，周二百餘里，爲急水、佛堂二門之障。又有老萬山，在大奚西南大洋中。其周廣過於大奚，林木森鬱。明初有姓萬者居此，故名。

梅蔚山。在新安縣西南一百里。林木叢生，前護縣治，後障東洋。宋景炎二年，帝南狩至此，有石殿遺址。

大鐘山。在新安縣西北四十里。其南爲鳳凰巖，巨石嵯峨，廣數丈，洞徹若堂室。相傳昔有鳳凰棲其內。

茅山。在新安縣西北五十里。兩峯峭拔，曰大茅、小茅。

陽臺山。在新安縣東北三十里。横亘五十里，山頂平衍，形若几案。有龍潭，下有烏石巖。其南支有董公嶺，去縣十里。

柑坑山。在新安縣東北四十里。高百丈，延亘四十里，多産赤竹，猺人居之。又太平嶂，在縣東北六十里，與柑坑山夾水相望，接東莞縣界。

寶山。在新安縣東北。元和志：在東莞縣東北五十里。輿地紀勝：舊以山有寶，置場烹銀，名石甕場，今山中銀滓猶存。舊志：在縣東北八十餘里。

盧山。在新安縣東北。一名百花林。寰宇記引裴淵廣州記云：東莞縣有盧山，其側有楊、梅、山桃，只得於山中飽食，不得取下，取則輒迷路。舊志：在縣東北八十餘里，其山絶險，形如虎頭。上有潭，潭旁僅通綫路。山内有田可耕，常爲寇盜所據。昔於山前置寨，今廢。

參里山。在新安縣東北。寰宇記：在寶安縣東北九十里。南越志云寶安縣東有參里，縣人黄舒者以孝聞，故改其里曰參里。舊東莞志：山在縣東南水路二百里。

羊凹山。在新安縣東北九十里，接東莞縣界。有仙歌巖，口甚小而腹空洞，可容數百人。

丫髻山。在花縣西南三十二里獅嶺司西。上有雩壇，旱禱輒應。

瑞雲山。在花縣西南四十里。下有隆興古寺，旁有潭曰鐘潭。

獅子山。在花縣西南五十里。

中洞山。在花縣西南六十五里。

獨秀山。在花縣西五十里。卓峙平疇，嶄然聳翠。

花山。在花縣北。重巒疊障，亘數百里，東接從化，北通清遠。本朝置縣，因以爲名。

金鵞嶺。在番禺縣東北四十里。一名飛雁嶺。山勢峻險，中藏羣峯，下枕茭塘。

銅嶺。在東莞縣東十五里。宋末，邑人熊飛結集義勇，與元將姚文虎力戰於此。

鳳凰嶺。在從化縣東四十里。其陰有金井泉。又東十里曰猿啼嶺，嶺多猿狖。又東曰九珠嶺，九峯相連，左右多青石，下有大甕、小甕二潭。

豸角嶺。在從化縣南五里。兩溪匯流其下，爲縣水口。又縣南三十里爲獅子嶺，上有石堂巖，相近有西嶺，多赤石，可爲柱礎，上有池不竭。

東嶺。在從化縣北六十里。其山四圍旋繞，僅一石徑可通人行，謂之木鵞徑。高峯密林，上蔽天日，凡半日許，乃得平處，自此入爲流溪之地。又縣北一百里有插花嶺，岧嶤卓出，俯視羣山。

油柑嶺。在龍門縣南二十里。高八十丈，延亘十餘里，增城往來要路。

望雲嶺。在龍門縣南三十里。上多草木，西林水經其下。

石鼓嶺。在龍門縣南六十里。秀拔參天，山腰有石鼓，踐之有聲，亦名仙女石。

聖礤嶺。在龍門縣南八十里。上多喬木，中有石礤，流水九曲，注爲飛泉百十丈，下有深潭。

天柱嶺。在龍門縣南一百里。相近有岑曙嶺，中有栖雲、會仙二洞，飛泉可以流觴。

焦石嶺。在增城縣東五里。高三百丈，盤踞十餘里，多崇巖怪石。又三里有飛泉洞，水從石罅中出，縈迴百折。又七里有鳳凰岡。又十里有歐陽嶺，接羅浮山麓。

大墩嶺。在增城縣西南八十里。下有甘泉洞。

龍蟠嶺。在新會縣北五十里。

金紫嶺。在香山縣東北十里。天霽則雲霞輝映，色若金紫，上有石泉。

橫石嶺。在三水縣西南五里。其南爲將軍嶺，有巨石出泉入江。

盧嶺。在三水縣西北四十里，鴨浦水南，接四會縣界。又羅傘嶺，在縣北華山之西，頂上廣平，登之可盼白雲、羅浮、飛來諸峯，有瀑布飛流不絕。

孔公嶺。在新寧縣西二十里。

標幡嶺。在清遠縣東。輿地紀勝：在峽山南頂上。唐大曆間，哥舒晃叛廣州，遣將討之，夢神人謂曰：「見幡即回。」及賊平回師，果見挂二幡禺山頂，乃知山神之助。

王子嶺。在清遠縣東南四十里。一名雲騰嶺。兩峯並聳，頂有石池。

龍躍嶺。在新安縣東南五十里。又十里有雙魚嶺，二山相對臨水。

唐帽嶺。舊名紗帽嶺，在花縣東南一里。

石巖塘嶺。在花縣西南一里。

象嶺。在花縣西十五里，其形如象，大小不一。

百丈嶺。在花縣北四里許。山石嶙峋，其高千仞，爲縣治屏扆。

蓮花峯。輿地紀勝：在東莞縣東北四里。

金紫峯。在增城縣西南八十里。多奇花異卉。

鵰鴞峯。在增城縣西北七十里，接從化縣界。一峯高百餘丈，一峯高九十餘丈，名大、小鵰鴞，又名雙鳳山，白泡水出焉。

玉懷峯。在新寧縣南二十里。下有温泉。

潯岡。在南海縣西二十九里。數十峯相連，形如巨屏。

赤石岡。在番禺縣東南十五里。高十餘丈，上有浮圖，俗名赤岡塔。南越志云：其色若丹，占氣者謂其下有金，扶南國人欲以金鬱市之，刺史韋明謂南州之鎮，不許。

冠岡。在番禺縣東南四十里。一名烟管岡，高百餘丈。又東有相對岡，兩岡對峙，大江中流。又海心岡，在縣東南茭塘，屹立海中，相距十餘丈，有一小岡並峙，人稱爲南亭、北亭。

罭旗岡。在番禺縣東南八十里波羅廟東，下臨波羅江，高可五六丈，全體皆石。

白鹿岡。在番禺縣南三十五里。一名青螺嶂，高五百丈。下爲沙灣水。

天井岡。寰宇記：在番禺縣北四里。南越志云：岡下有越王井，深百餘尺，云是越佗所鑿。諸井鹽鹵，惟此獨甘。昔有人誤墮酒杯於此井，遂流出石門。古詩云：「石門通越井。」今則井塞，猶有井形。其下有廟甚靈，土人謂之北廟。輿地紀勝引郡國志云：縣有歌舞岡，尉佗三月三日登高處。又越王井，在越岡半，劉漢呼爲玉龍泉。縣志：越秀山折而西北爲歌舞岡，一名越井岡，井九竅，亦名九眼井。

螺岡。在從化縣南五十里，臨溪。山如螺形，隔溪即李石岐驛。

七星岡。在龍門縣城内。七岡珠聯不斷，大小纍纍如七星。

鐵岡。在龍門縣西北七十里，接從化縣界，人跡罕到。明嘉靖後，嘗開鐵冶，致不軌嘯聚。本朝順治十八年復然，因永禁。其北有高明峒。

望州岡。在增城縣西南七十里。叢薩横亘，官道出其左。

龍鳳岡。在三水縣城内。縣治即龍岡，縣學即鳳岡也。

魁岡。在三水縣東南一里。形如圓珠，舊名黿岡。下有鹿洞水，出縣東六里鹿洞中，流經岡下入江。

白塔岡。在三水縣西南一里。

連珠岡。在新寧縣東南。三山連峙，纍如貫珠。一在城内。

覽岡。在清遠縣北二十里。

海月巖。在東莞縣西南五十里亭頭海濱，有石井不竭。

仙石巖。在龍門縣東十五里。一名神仙巖，怪石嵯峩。下有空洞，隙光透入，石磴天成，可坐百人。旁通一孔，可容一人。相近有屏風石，屹立平原，爲一方屏障。又縣東三十里有和尚巖，有石庵可容五十人。

景星巖。在增城縣北五十里平野中。孤石挺起，峯秀入雲，連石相接，無異棟宇。

烏石巖。在花縣西南六十五里。望之如墨，外實中虚，巔有仙人壙。

蓼溪嶂。在龍門縣南三十里。高百仞，周三十里，上爲招賢峯。有卧鹿池方二丈，冬夏不竭。又縣南百里有仙歌嶂，高百丈，周十二里。

牛牿嶂。在增城縣北八十里。高聳千丈，周數十里，爲縣治後屏。

大路峽。在三水縣西南十里。兩山相峙，江流其中，爲府西扞門。稍上有鼉魚灘，漲潦甚急，舟行戒焉。

臨漢峽。在清遠縣西北五十里。兩崖壁立，延袤九十里。

穗石洞。在南海縣仙山陽。相傳石爲仙人乘羊所化。裴淵廣州記：戰國高固相楚時，有五仙人乘五羊，各持穀穗，一莖六出，遺穗於州人，騰空而去，羊化爲石，至今猶存。

平陵洞。在龍門縣東九十里，接博羅、河源、長寧諸縣界。

黃金洞。在新安縣西三都。多黃石。其北爲藥勒村，有湯泉。

盤古洞。在花縣東北萬山中。林木陰翳。

燕石。在增城縣西南六十里驛道旁。高丈餘，方五百步，其下空洞可坐數十人，亦名石室。

茂平石。輿地紀勝：在增城縣東北七里，水從石山來，湍流入渠，奔注潭中。渠生九節菖蒲，有葛仙溪、石磩。

海。府境南瀕海，自惠州府歸善縣，西至新安縣，又西北至東莞縣西南六十里，名三門海。中有三洲，海潮自東南來，至此分爲三道，因名。又西至番禺縣東南。元和志：廣州東八十里有村，號曰古斗，自此出海，浩淼無際。又西南至香山縣南九十里，又西少南至新會縣南百里，曰厓門海。縣志：兩山高峙，其口如門，外達烏豬大洋。又西至新寧縣。舊志：新寧縣西南二百里，爲寨門海，番舶往來之衝，迤東至下川山南，曰大牌海。又東至上川山右，曰小金門海，諸夷入貢，遇逆風則從此進。又至上川山左，曰大金門海，迤北爲銅鼓海，又東北即厓門海。海道考：廣州舶船往諸番者，出虎頭門，始入大洋，分東西二路，東洋差近，西洋差遠。宋於中路置巡海水師營壘，今爲東莞縣南頭城。海防考：海環廣南界濱海諸郡，而廣州居其中。其備屯門、鷄棲、佛堂門、冷水角、老萬山、虎頭門等澳，而南頭城在虎門之東，尤爲省會門户。又西則峽門、望門、大小横琴山、零丁洋、仙女澳、九竈山、九星洋諸處，而浪白澳在香山澳之南，爲番船等候接濟之所。又西爲厓門、寨門海、萬斛山、硇州諸處，而望峒澳在厓門之西，爲番舶停留避風之所。此海濱戍守之地也。明黄佐南海圖經云：從廣城東道八十里出古斗村南，又東南二百里抵東莞南海衛，又南六十里出虎頭門，又南一百五十里抵南頭城下海，可抵甌越。西道七十里出上弓灣，見西海壖，又西南二百里抵新會縣，出城八十里爲厓門，又南七十里，廣海衛扼其要衝。南海居東南委輸之極，爲萬水所宗，故出虎頭、甲子二門，則東西二洋，隨舶所之，東可以至倭國，西可以通西蕃。此海中往來之道也。

熊海。在新會縣南二十餘里，東通江門，西通青瞻洋，南阻厓山。

鱓鱝瀝海。在香山縣西九十里，自新會縣江門分流南出，又南入海。

浮虛海。在香山縣北七十里，亦曰横江。自新會縣江門分流東出，經大黄圃、小黄圃曰倒流海。又東南經浮虛山曰浮虛海，又東曰分流海，至東洲門入大海。又有石岐海，在縣西北，上流自港口接分流海，南流爲第一角海，抵大洋。又象角頭海，在縣西二十里，西接潯湟瀝，北連大欖，東南通第一角海。

西江。古鬱水也，自肇慶府高要縣流入，徑三水縣南，又南徑南海縣西南，又南徑新會縣西南，又南入海。舊志：鬱水西支，自南海九江堡，南流至順德縣仰船岡下，爲仰船海，東分爲獅嶺海。又南至福岸堡西，曰三瀝沙，分爲三支，西支入新會江門海，又東合熊海，又南入厓門海，又自江門分支，東出爲小梁海，又東爲天門海，又東爲横江，又東入香山海，中支爲渡江海，南入香山海，東支過福岸爲福海，又東南過馬寧爲馬寧海，又東爲木頭海，又東至昌教合横流海。其獅嶺海，自仰船岡南，分爲第七滘。又東北過獅子嶺，上接三漕，下通錦鯉，爲三合海。其第七滘，東南過光華爲沙背海，又南至昌教爲洪濛海，合横流海，自光華分支，東出爲九曲海。又東合錦鯉海，自獅子嶺北分支，西北出經龍山者曰龍江，入西樵海。其鬱水東支，自南海縣西樵流入，經葛岸爲河彭海。又東南至黄連分二支，其南支爲三漕海，東南至逢簡爲錦鯉海。又南過昌教爲横流海，西通木頭海，東則青步海，入香山海。又自黄連南，東出爲鱭魚海，南過江村爲北茤海。又南爲金斗海，又東南爲北潮海，東入香山海。又鱭魚海自江村分支，東過倫教分爲二，東曰桂畔海，經順德縣東太平山外，西曰碧鑑海，轉而南爲鐵船海，環順德縣南出神步、太平之間，會於老鴉岡，爲三江瀝，又東南入香山海。其黄連北支，東過都粘南爲疊石海，又東入香山海。又西樵東一支，至平步分爲二，南支過鷺洲北爲庚流海，東過都粘爲魚塘海，南入疊石海、庚流海，别至鷺洲南爲鈎沙海，通三漕海。平步北支東流又分爲三，南支入庚流海，中支至甘溪又分爲二，其南會魚塘海，其北入番禺海，北支至甘溪北又分爲二，其南會龍津，其北繞西淋山，由五斗口至廣州爲龍灣海。凡粤東之俗，水道寛大者，類稱爲海云。

牂牁江。亦鬱水東支。自三水縣南，流經南海縣東，入番禺縣界，又東南入海。史記南越尉佗傳：元鼎五年，使馳義侯因巴蜀罪人發夜郎兵下牂牁江，咸會番禺。正義曰：江出南徼外，東通四會，至番禺入海。水經注：泿水至番禺縣西分爲二，其一即鬱川，東别逕番禺。漢書所謂浮牂牁同會番禺，蓋乘斯水而入越也。南漢縣志：鬱水環城西南而東注，其城西十里爲金利江，又西十里曰白石江，又西十里曰魯岡江，又西十六里曰流潮江，皆西江一水而異名者也。又自三水分流，東南爲黄鼎大江，其西爲西江，又分爲官洲江，又西南二里爲鹽步江，又南二里曰清石江，皆出西淋北。至縣西南二十里曰大通港，通城南江，又自西淋折而西十里曰三山江，又西南十里至魁岡堡曰瀾石江，又五里至佛山曰分水頭江，皆東出五斗口，至虎頭門入海。番禺縣志：牂牁江，一名珠江，即西北二江下流也。東過瀝滘堡北，謂之東衝，又東合蜆江，至縣東南八十里南海廟前，與東江會，亦謂之三江口。又南六十里，至虎頭門入海。

東江。即古泿水，一名龍江，在番禺縣東南八十里。自惠州府博羅縣西流，經東莞、增城二縣界，入番禺縣，至縣東南之江頭，與西北二江合，是爲波羅江。水經注：泿水枝津衍注，自番禺東，歷增城縣南，又至博羅。寰宇記引廣州山水記云有白路水、石庚水、胥水，三水上源出龍川，流經增城入海，即此。

增江。通典：增城縣有增江。寰宇記：有塘江水源出流坑山，闊一百二十九丈。縣志：在城東一里，源出龍門縣鐵岡、高明二峒。經白沙南下，入縣界三江口，合楊梅、澄溪二水，經縣東，抱城而南，穿南山豸嶺之口，折而南，至新溪分二派。一支西折，流二十里曰散塘洲。又三四里經石灘，派分而東，南繞碧江村，曰碧江。又南至黄浦，入東江。一支自新溪東南下，曰牛潭水，又東南繞紅花地出口，入東江。

北江。即古洭、溱、湞諸水匯流也。自韶州府英德縣合流入清遠縣，又南流入三水縣西南，入西江。三水縣志：北江自清遠迴岐流入，亦名胥江，受鴨浦水。又南分支爲蘆包水，稍南爲南津水口。又南歷欖江、棉水，過河清灘，至縣西南合西江。

恩平江。一名蜆江水，又名長沙河，在新寧縣北四十里。自肇慶府開平縣流入，與新會縣接界。新會縣志：在縣西南六十里，自開平縣蜆岡沿長沙而東，受曹幕、梁金諸水，經潯陽，至牛肚灣，匯於厓門，汪洋百餘里，其涯有青膽石，亦曰青膽洋。

政賓江。在清遠縣西北六十里，源出大羅山，流經臨漢峽，又南入湞。

泥涌河。在新寧縣東南，源出百峯山，西南至廣海衛烽火角入海。

紫霞河。一名紫霞海，在新寧縣西。源出百峯山，順流爲龍頭河、南門河，與肇慶府開平縣之長沙河合。府志：紫霞海在新寧縣西七里，又十七里曰那平海，又西北二十里曰法竹海。又有白廟河，亦在縣西，接源龍頭河。

沙河。在新安縣北，源出陽臺山，西流三十餘里入海。

沙灣水。在番禺縣西南五十里，由牂牁江分流，自南海五斗口流入，東經沙灣司南，又東經浮練山、礪山南，合波羅江入海。又一支自縣西南分流，曰白蜆江，東流逕萬松山南，至東衝入大江。

鳳水。輿地紀勝：在番禺縣東北八十里，從高流下，巨石衝激，如鳳舞之狀，故名。

到涌水。在東莞縣東南。縣志有癸水，源出縣北一里壬峯，南流匯縣東衆水，出德生橋，横過縣治前，謂之縣港。又有西支水，源自道家山來合之，迤邐經德安橋而西入海。方言呼港曰涌，即古所謂到港也。

曲江水。在從化縣東南五里。有三源，一出中心山，一出縣東五十里之概洞合流，又一出龍門縣之藍糞山，流五十里至白茫潭，又五十里與上二水合，又十餘里至豸角嶺入流溪。水皆清淺，不通舟楫。又有石榴花帶水，在縣東北四十里，源出石榴山下，山多野石榴，花時夾水相映，故名。

黎塘水。在從化縣西三里風門山下。有二源，一出縣西北新開峒，流經龍潭，一出小坑，俱三十里會於石磕。又五里至風門山下，又南繞豸角嶺下，入流溪。

西林水。在龍門縣西，一名九林水。源出鐵岡，東南流至縣西四十里，與土湖水合。又東至縣西五里鷓鴣石，與高明水合。又東南至圜頭，與白沙水合。又南至渴頭，與路溪水合。又南至蓼湖，與墨湖水合。又南至高湖，與西溪水合。又南至長灘，與高沙水合。又南至香溪，與藍瀶水合。又南至犂壁，與鼇溪水合。又西南至龍虎灘，與永清水合，入增城縣界，即增江之上源也。又高明水，在縣西北七十里，源出從化縣界流溪山。白沙水，在縣東五里，源出虎獅山。路溪水，在縣東北，源出鐵坑山。墨湖水，在縣南三十里，源出陳峒。高沙水，在縣南六十里，源出甕泉。藍瀶水，在縣南七十里，源出黄沙峒。鼇溪水，在縣東南百里，源出博羅縣界。永清水，在縣南百里，源出藍糞山。俱流入西林水。

廟潭水。在增城縣北。源出靈山，東流至三江口入江。又九曲水，在縣東北二十五里，源出欖溪。百花林水，在縣治西，源出縣西北境。綏福水，在縣西，源出綏福都何徑諸山。俱流入江。

紫水。在新會縣西五里。源出龍山下，過分水岡，出妙宗橋，入熊海。縣志：水本清，宋皇祐間忽變爲紫者旬日，故名。

宫花水。在香山縣東三十里。源出長江山，北流合神涌入海。

梅花水。在香山縣南五十里。源出壽星塘，合烏巖、香爐、白銀等水，西爲横坑水，入北臺海。又白銀水，在縣東南八十里，西北合梅花水。

大潮水。在三水縣東，源出縣東北大潮竇，西南流至魯村竇，入西江。

蘆包水。在三水縣北四十里，源自湞水，順流入胥江，内分一小河，流爲蘆包水，春溢冬涸。

鴨浦水。在三水縣北四十六里，一名鴨埠水，源出四會縣萬山中。夏冷冬温，東南流入北江，曰鴨浦水口。又綏江支流，亦自四會流入，至縣西北入西江，曰南津水口。

半塘水。在新寧縣南四十里。源出縣西北馮村坑，南流入海，水大而深險。府志：一名半塘海，又南四十五里曰亞州海，又南四十里曰矬洞海，又南八十五里即大牌海。

洭水。在清遠縣東。自韶州府英德縣，合溱、湞二水，流入縣界，又西南入三水縣，合北江。漢書地理志：中宿縣有洭浦官。水經注：溱水西南，經中宿縣，會一里水，又西南經中宿南，又南注於鬱。輿地紀勝：真水在縣東七十里，流經縣前，至上海村，與四會縣分界。清遠縣志：湞水，宋時謂之真水。在縣東南五里，流經觀峽，又西南流至縣西南八十里，有黄巢磯，相傳黄巢嘗覆舟於此。按：洭、溱、湞雖本三水，然至英德縣已皆合流，故三名皆可通稱，其實即一水也。

滙水。在清遠縣東南。源出觀音山，西流至滙江口入湞。又黄峒水，在縣北，源出小羅山。連水，在縣東南四十里，源出王子嶺。俱流入湞。

燕水。在清遠縣南五十里。源出番禺縣黄山，北流徑縣南，又西流入湞。又秦水，在縣西，源出縣界秦山下，南流四十里，入官湖，合真江。

廉水。一名山塘水，在清遠縣西四十里。源出重山趾，西流入湞。輿地紀勝：水側有人姓廉居此，因名。又有飛水，在縣西三十五里，源出大岐峽，南流入湞。又沙河水，在縣北後岡村，西流與飛水合。

巴由水。在花縣西南五十里，自三水縣蘆包水口流入，至巴由都，與横潭水合。又南至石門入西江。横潭水，在縣西南三十五里，源出縣南正經諸溪，西南流徑獅嶺司南，入巴由水。

沈夜湖。寰宇記引南越志云：番禺縣北有三湖，一曰沈夜，二曰蕁湖，三曰芝蘭。父老云，沈夜者，本層山連岫，吕嘉之末，一夕而沈，故名。縣志：三湖今惟有芝蘭在席帽山下，餘皆堙。

女湖。輿地紀勝：在東莞縣東一百餘里，湖中多支機石，故名。又雙女湖，在縣東南七十里。

湯湖。在新會縣西南一百十里，長溪中流一帶，其熱如湯，上下之流皆冷。

天井湖。在香山縣東南。自南山竹澗瀉出，深二丈許，旱禱輒應。

甘溪。通志：番禺縣有菖蒲澗。寰宇記：菖蒲澗，一名甘溪。南越志云交州刺史陸允之所開也。每旦輒傾州連汲，以充日用。咸平中，有姚成甫遇一丈夫謂曰：「此澗菖蒲，安期生所餌，可以忘老。」輿地紀勝：甘溪在廣州東北五里。番禺雜記云：晉陸使君以海水味鹹，導甘溪以給民。唐會昌中，節度使盧公復加疏導，南漢鑿山取泉以廣之，名甘泉，引入苑中，有泛杯渠、濯足亭。又有東溪在州東，即甘溪下流，夾流皆刺桐，旁有坦途，郡人踏青之地。又有越溪，在州東北三里，自州東北流下。又東與東溪合，入於海。通志：蒲澗在縣東北聚龍岡北六里，東有滴水巖，廉泉出焉，匯爲流杯池。沿澗曲折而南，爲行文溪，流入金鐘塘，注於粤秀山麓。其左爲菊湖，其右爲越溪，東北與東溪會，注於江。

白管溪。在番禺縣東北。寰宇記引廣州記云：有白管溪當川中沸涌，如猛火煎油聲。縣志：去縣三十里，即龍昭堡溪水也，平川中湧出，周圍丈餘。

流溪。在從化縣東。縣志：源出五指山，南流數十里爲黄龍�。又五十里曰驚灘，水中有石，多觸行舟。又六十里曰草石徑，兩岸怪石相距，水激怒流。又四十里經縣前，又二百里乃至省城。

沙溪。在從化縣南五十里。源出青幽山，西流五十里，經太平塲，入流溪。

文溪。在新會縣東。源出圭峯諸山，自北關入城，出東關，達於熊海。
石溪。在香山縣東一百五十里，源出鳳凰山。
牛潭。元和志：在增城縣東北二十里。寰宇記：其潭深洞無極，北岸有石周三丈許，嘗有漁人，見金牛自水而出，盤於石上。
鑼鼓潭。在新會縣西南五十里，水石衝激，聲如鑼鼓。
西南潭。在三水縣東十八里，江水所匯也。商船多泊於此。其南有老沙洲，一名動星洲。
雷潭。在新寧縣西一里。
金鎖潭。在清遠縣東三十里。相傳秦時崑崙貢犀牛，帶金鎖走入潭中，因名。
鐘潭。在新安縣隆興寺傍。古傳廢寺佛像委潭内，其鐘飛入覆之，土人善水者，往往見其鐘紐，欲决水取之，輒遇風雨而止。
七娘灘。在新安縣東北七都。石蹲水中如列星，石罅僅容一舟，水勢衝激，舟行過此甚危，蓋即歸善銀瓶山水也。
西澳。一名南濠，在南海縣城内。宋景德中，經略使高紳所開。城中舊有六脈渠，皆匯流於此。嘉定三年，陳峴又於東西雁翅城濠口，築兩閘，以防溢涸。紹定中，方大琮甃爲重閘，以通舟楫。明初展築城垣於濠南，改甃水閘，廣僅六尺許，皆用鐵石爲柱，以阻内外，不復通舟。又東澳，一名清水濠，在舊子城東，穴城而達於海。又東濠，在府城東，明洪武三年開。西濠在城西，洪武初因舊址修浚。時東南二濠，與西濠分流入江。嘉靖五年，引東南二濠皆匯於西濠，至城西入江。
拾翠洲。在南海縣西南三十里，古有津亭。唐陸龜蒙詩「候吏多來拾翠洲」是也。明建華節亭於此。
藥洲。在番禺縣城内之九曜坊，南漢劉龔所鑿，長百餘丈，中有九曜石。宋初爲西園，建亭臺其上，爲遊覽之所。
琵琶洲。輿地紀勝：在番禺縣東，以形似名。通志：在縣東南三十二里江中，閩、浙舟楫皆泊於此，人烟繁盛。

荔枝洲。在番禺縣東。寰宇記引南越志云：東有荔枝洲，洲上荔枝，冬夏不凋。輿地紀勝：在縣東四十五里，周五十里，劉氏創昌華苑於其上。五代史南漢乾和二年，遣洪昌祀襄帝陵於海曲，至昌華宮，即此。又有浮練洲，在縣東海中有白沙，望之如練，因名。

燠洲。在番禺縣南八十里海中。上有蒸鬱之氣，故名。

別情洲。寰宇記：在增城縣東南江水之中，四面懸絶，古老相傳於此洲上敘別，故名。縣志：在縣南二十里，增江下流，今名雁塔洲。

方壺洲。在增城縣南新淺塘中。碧水縈洄，荔枝蓊鬱，四時雲霞掩映，宛若仙境。其上舊名新村，爲黎榮祖所闢。

平洲。在新安縣東下沙村前洋海中，長二三里。

珊瑚洲。在新安縣南。寰宇記：在東莞縣南五百里，昔有人於海中捕魚得珊瑚，故名。輿地紀勝：在縣南五十里。

龍穴洲。在新安縣西北。輿地紀勝：在東莞縣南大海中，有龍出没其間，春波澄霽，嘗有蜃氣結爲樓觀、城堞、人物、車馬之狀。舊志：在縣西北四十里三門海中。又有合蘭洲，與龍穴對峙，兩洲相比，多生蘭草，故名。

曲水池。在增城縣東隔江五里，巖竇湧泉，流於盤石，旋環九曲，可以泛觴。

熱池。在香山縣東南九十里，水沸如湯，蝦蠏投之輒熟。

貪泉。在南海縣西北。晋書：元興初，吴隱之爲廣州刺史，未至二十里，地名石門，有水曰貪泉，相傳飲其水者，易廉潔之性。隱之酌飲而賦詩曰：「試使夷、齊飲，終當不易心。」元和志：石門水，一名貪泉，出縣西三十里平地。又寰宇記：有沈香浦，在縣西北二十里石門之内。昔吴隱之罷郡，見其妻篋中有沈香一斤，投之水，後人因謂之沈香浦，亦曰投香浦。

學士泉。在番禺縣北七里。明天順中，學士黄練謫廣州，品其水爲嶺南第一，因名。

温泉。有二，俱在龍門縣界。一在縣南六十里，一在縣西十里。

甕泉。在龍門縣南四十里，有石如甕者七，大者徑二丈，小者徑一丈，上有泉水，自石面湧出，以入於甕，而潛流爲溪，其性甚激。

湯泉。在增城縣白水山佛迹巖東。唐庚記：佛迹院中有二泉，其東湯泉，其西雪泉也。二泉相去數武，而東泉熱甚，殆不可觸指，以西泉解之，然後調適可浴。又從化、清遠二縣俱有湯泉。

四井。唐書地理志：南海縣，山峻水深，民不井汲。都督劉巨麟始鑿井四。縣志：今城内有日井、月井、乾明井，疑即其故址也。

鮑姑井。在番禺縣北越秀山之西。明統志：相傳晉鮑靚女葛洪妻所汲處。

神仙井。在新會城西十餘里兩大山側，澗水流疊石間，匯爲池，大小不一，皆有高下層次，中生天然石椀，巖左隙中一水，直注椀内，夏寒冬煖。椀傍有掌跡二，幘跡二，相傳仙人白玉蟾過此，踞地飲水，頭幘手按，入石成痕不滅。

校勘記

〔一〕在番禺縣西北二十里　乾隆志卷三三九廣州府山川（下簡稱乾隆志）同，今通行本史記卷一一三南越列傳「破石門」下索隱引廣州記云在番禺縣北二十里，與此不同。

〔二〕都寧山　「寧」，原作「安」，據乾隆志及雍正廣東通志卷一〇山川志改。按，本志避清宣宗諱改字。

大清一統志卷四百四十二

廣州府二

古蹟

番禺故城。今南海縣治，秦置。史記：秦二世時，南海尉任囂欲起兵，會病，召龍川令趙佗謂曰：「番禺負山險阻，可以爲國。」遂使佗行尉事。漢初，佗遂稱王。漢書地理志：南海郡治番禺縣，尉佗都。水經注：浪水東别逕番禺。山海經謂之賁禺。建安中，吴遣步隲爲交州，到南海，見土地形勢，觀尉佗舊治處，曰：「斯誠海島膏腴之地，宜爲都。」二十二年，遷州番禺，築立城郭，綏和百越，遂用安集。隋書地理志：開皇十年，改番禺爲南海，唐仍爲廣州治。元和志：州城步隲所築，有番禺城，在今縣西南二里。寰宇記引續南越志云：舊説有五仙人騎五色羊，執六穗秬而至，至今人呼爲五羊城。其城周十里，尉佗築，步隲修之，晚爲黄巢所焚。通志：府城自唐末焚燬。天祐末，節度使劉隱以南城尚隘，鑿平禺山以益之。宋慶曆四年，經略使魏瓘增築子城，周五里。熙寧三年，經略使吕居簡得郡治東古城遺址築之，是爲東城，西與子城東門相接，合子城爲一。四年，經略使方滋修三城以禦寇。嘉定三年，經略使陳峴以城南闤闠稠密，無所捍蔽，乃增築兩翅，以衛居民，謂之雁翅城。端平二年，經略使彭鉉重修。元至元十五年，毁天下城隍，惟廣州子城及翅城獨得不毁。

增城故城。在增城縣東北。元和志：縣西南至廣州一百八十里，本漢番禺縣地。後漢於此置增城縣。九域志：縣在州東一百二十里。通志：漢故縣在今縣東北五十里。唐末移於今縣東北十里九岡村，後又移今治。

盆允故城。在新會縣北。劉宋時置，爲新會太守治。宋書州郡志「新會郡，永初元年治盆允縣」是也。隋書地理志：新會縣舊置新會郡，平陳後郡廢，併盆允等縣入焉，置封州。開皇十二年，改曰允州，後又改曰岡州。大業初州廢，屬南海郡。舊唐書地理志：武德四年，復置岡州。天寶初改曰義寧郡。乾元初復曰岡州，治新會縣。舊治盆允城，貞觀十三年改置於今治。元和志：新會縣本漢四會縣地。隋開皇十年置，東北至廣州三百里。寰宇記：新會縣東北至廣州水路二百三十里，無陸路。開元二十三年廢岡州，遂移縣於廢州城，前臨大海，後枕羣山。即今治也。縣志：盆允故城，在今縣北二十里，又有義寧坊，在縣東三十步，蓋以故義寧郡得名。

東莞故城。在新安縣東。宋書州郡志：東官郡故司鹽都尉，晉咸和六年置，治寶安縣。元和志：本漢博羅縣地。晉置寶安縣，屬東莞郡。隋開皇十年郡廢，屬廣州。唐至德二載，改曰東莞，取舊郡名也。九域志：開寶五年，省入增城。六年復置，有東莞鹽場，蓋改置縣於北境，而以故址置場。明洪武中，復分東莞，置東莞守禦千户所，築城在縣南之十都海濱，一名南頭城。舊東莞志：東莞故郡，即東莞場，又有故縣在場之北城子岡，坡勢如城，即今東莞千户所。萬曆元年，始於東莞所置縣曰新安。縣志：城子岡，在今縣東門外。

從化故城。在花縣西南。漢番禺縣地。明弘治元年，番禺蠻賊譚觀福、張洪祐作亂，副使陶魯討平之。二年，有司奏請置縣於番禺縣楊武都横潭村，賜名曰從化，領二都三十里。五年，十八山寇姚觀祖等復嘯聚，陶魯復討平之。議以横潭僻在一隅，與盜區相遠，不能控制，乃徙從化縣治於流溪馬場，而廢其故地爲獅嶺巡司，仍歸番禺。萬曆間設蘇峝、白泥兩營，防鎮其地。本朝康熙二十二年，巡撫李士禎疏言廣省番禺、南海、三水、清遠、英德、從化等縣，錯壤交界之所，延亘五百餘里，有花山去府不滿百里，山之西、北、南三面又爲官民商賈孔道，須設縣治。二十四年，給事中王又旦又疏言之。詔可。因分番禺之烏泥、紫泥、擢桂、李溪陂、何嶺五堡，南海之桃子、華寧〔一〕、蘇山、駱四堡，置縣治於平嶺之陽，是爲花縣。

咸寧廢縣。在南海縣西北。寰宇記：南漢時，析南海縣爲常康、咸寧二縣及永豐、重合二場。開寶六年，皆併入南海。按：廣州記云「二縣皆梁貞明四年置」者，誤。

熙安廢縣。在番禺縣東。宋文帝置，屬南海郡。宋書符瑞志「元嘉四年，甘露降南海熙安」，即此。齊因之，後廢。

懷化廢縣。在番禺縣東南。晉安帝置，屬南海郡。宋、齊因之，後廢。水經注云「鬱川東南至懷化縣入海」是也。

綏寧廢縣。在增城縣西南。宋書州郡志：南海郡，領綏寧縣，文帝立。齊因之，後廢。縣志：今爲綏寧鄉，在縣西南四十里。

新夷廢縣。在新會縣西。三國吴置平夷縣，屬南海郡。晉太康元年，改曰新夷。宋改屬新會郡。隋開皇十年，廢入義寧。唐初復置。宋開寶五年，廢入新會，六年復置。熙寧元年省爲鎮，入新州新興縣。元祐元年復爲縣。紹聖元年復省爲鎮。後復爲縣，隸廣州，南渡後廢。縣志：廢縣在今縣西十五里。

封樂廢縣。在新會縣西北。宋書州郡志：元嘉十二年，以盆允、新夷二縣界歸化民立封樂縣，屬新會郡。隋大業初，併入新會。唐武德四年，復析新會置封平、封樂二縣。貞觀後廢。

宋元廢縣。在新會縣境。宋書州郡志：元嘉九年，割南海、新會、新寧三郡界上新民立宋安、新熙、永昌、始成、招集五縣。二十七年改宋安曰宋元，爲新會郡治。齊以後廢。

中宿廢縣。在清遠縣西北。漢置，屬南海郡。三國吴改屬始興郡。水經注：溱水經中宿縣南，孫晧分四會之北鄉立。疑漢末嘗廢入四會，吴復置也。元和志：清遠縣南至廣州一百四十里，本漢中宿縣地。梁武帝於此置清遠郡，中宿縣屬之。隋開皇十年，廢郡置清遠縣。蓋是時始廢中宿，改置清遠。寰宇記：縣在州西北，水路二百三十里。縣志：清遠故城，在社稷壇前，居民藉此爲衛。中宿故城，在縣西北六十里池水鄉。

政賓廢縣。在清遠縣西北。隋書地理志〔二〕：南海郡領政賓縣。唐書地理志：武德六年，省入清遠。縣志：今縣西北池水鄉有政賓江，尚以故縣爲名。或曰即故中宿縣改置也。

威正廢縣。在清遠縣西北。隋書地理志：清遠郡舊領威正、廉平、恩洽、浮護四縣，平陳並廢。縣志有威整山，在縣西南，故威正縣蓋在其側。

陸賈城。元和志：在南海縣西十四里。賈之來也，佗不即前，賈故爲城以待之。

盧循城。在番禺縣南。元和志：城在縣南六里。循既爲宋高祖所破，聚其餘黨，還至番禺。高祖又遣孫季高、沈田子力戰，大破之。輿地紀勝：盧循城，在州南岸，狀如方壺。縣志：南漢時以爲倉廩，人呼劉王廩。循子孫留居之，爲盧亭蜑户。

龍潭城。在順德縣西五十里。元末，土酋盧實善據此，與何真角立，築土城以自固，延袤千有餘丈。明正統末，黄蕭養復據此稱王。亦名千人聚。

五婆城。在清遠縣東北横石司側。縣志：相傳有五節婦共築，故名。

上龍門鎮。在龍門縣城北，本增城縣地。舊置長沙巡司，明洪武四年改置上龍門巡司。弘治九年，割增城之西林、平康、金牛三都十一里置縣，以龍門鎮爲名。初議治獅嶺之埔，以其地四面多山，乃改建於七星岡，即今治也。

香山鎮。在香山縣境，本東莞縣地。九域志：東莞縣有香山崖銀場是也。輿地紀勝：在廣州東南四百里。元豐五年，運判徐九思請建香山爲縣不果，止設寨官一員。紹興二十二年，東莞姚孝資復請置縣，時進士陳天覺復奏，允割東莞置縣。又以番禺、南海、新會之地益之，治文順鄉之釜冲，布鐵沙於地以築城，因號曰鐵城。

三水鎮。在三水縣東南。九域志：高要縣有三水鎮。縣志：明嘉靖五年，割南海之三江、西南、胥江三都，高要之小洲、鎮南、平田、五頂、清塘、龍池、長岐、利瓊、白上、白下十都，置縣治於白塔村之龍鳳岡，取古三水鎮爲名。舊志：西江爲一水，北江爲一水，合流而達省城爲一水，故名三水。

大良堡。今順德縣治，本南海縣地。明正統十四年，潘村賊黄蕭養作亂，自稱東陽王。景泰元年討平之，以地遠民悍，分南海之忠義、光華、儒林、季華四都，益以新會之華萼都地，置縣治於大良堡，即今治也。

德行都。即新寧縣治。縣志：本新會縣地。元末，諸猺負固，屢征不服。明弘治十一年，始討平之。巡撫鄧廷瓚奏言新會西南等都負山阻海，因割德行、文章、平康、矬洞、海晏、潮居等六都地，置縣治於德行都之上坑葫，取晉、宋故郡爲名。

媚川都。在新安縣南。輿地紀勝：東莞縣有媚川都，南漢置。凡隸三千人，入海採珠。開寶元年，詔廢之。

忠義鄉。在順德縣西北四十五里。明初，廖永忠兵至廣州，鄉人關敏導其兵以攻土酋盧實善。實善知之，攻敏，滅其家。永忠奏聞，名其鄉曰忠義，構亭表之。

白沙村。在新會縣東，近江門。明陳獻章居此以爲號。

鄧公壝。在順德縣南二十五里。宋末廬陵鄧光薦避地入廣，卜居於此。

南漢廢宫。在南海縣子城中。五代史南漢世家：劉氏有南宫、大明、昌華、甘泉、玩華、秀華、玉清、太微諸宫，凡數百，不可勝記，今盡湮廢。

宋行宫。有四。一在新會縣南水崖，宋末張世傑奉帝昺至此，遣人入山伐木造行宫及軍屋三千餘間，宫後爲慈元殿，奉楊太后，尋燬。一在香山縣南沙埇村，本侍郎馬南寶家，端宗駐蹕於此。舊傳端宗自閩入廣，行宫三十餘所，此其一也。一在新安縣梅蔚山。一在新安縣官富場。

禁鐘樓。一名嶺南第一樓，在南海縣坡山五仙祠前，明洪武七年建。

斗南樓。在南海縣子城上。宋建中靖國中，經略朱師復建。

海山樓。在南海縣東門外，樓下即市舶亭。宋嘉祐時，經略魏瑻建〔三〕。

鑒空閣。在南海縣城上。宋蘇軾詩：「明月本自明，無心孰爲鏡。挂空如水鑑，寫此山河影。」

衆妙堂。在南海縣元妙觀内。宋蘇軾有衆妙堂記。

十賢堂。在南海縣城内。輿地紀勝：元祐中，經略張頡取前代賢牧滕修、吴隱之、王綝、宋璟、盧奂、李尚隱、李勉、孔戣、盧鈞、蕭倣凡十人祀之。其東南又有八賢堂，淳熙中，經略周自强取賢牧潘美、向敏中、余靖、魏瓘、邵曄、陳世卿、陳從易、張頡立祠。

朝亭。在南海縣西十里𠜱船澳。宋書泰始四年，劉思道攻廣州，刺史羊希遣兵禦之於朝亭，即此。後爲西候津亭，明時爲送迎之所。成化中都御史韓雍扁曰華節，或以此爲即朝臺者，誤。

浴日亭。在番禺縣東南。輿地紀勝：在扶胥鎮南海王廟之右。小丘屹立，亭冠其嶺，前瞰大海，茫然無際。通志：在南海神廟前，鷄鳴見日，若淩倒景。明平章廖永忠易名拱日。

菊坡亭。在增城縣鳳凰山。宋理宗御書「菊坡」二大字以賜崔與之，因搆此亭。明萬曆間修。本朝順治中重建，康熙四十年復建。

石屏臺。在南海縣治西。宋蔣之奇建。下有池百餘步，池中列石，其狀若屏。輿地紀勝：即南漢時玉液池也。

越王臺。在番禺縣北。輿地紀勝：在州北悟性寺。唐庚記云：臺北據山，南臨小溪，横浦、牂牁之水輻輳於其下。通志：在越秀山上。

朝臺。在番禺縣東北。水經注：尉佗因岡作臺，北面朝漢，圓基千步，直峭百丈，頂上三畝，複道迴環，逶迤曲折，朔望升拜，名曰朝臺。前後刺史郡守遷除新至，未嘗不乘車振履，于焉逍遥。元和志：在縣東北二十里，尉佗初遇陸賈處。

覽秀臺。在東莞縣治南道家山東麓。

越華館。在南海縣西。寰宇記：朝臺西三十里即圓岡，尉佗傍江構越華館以送陸賈。

楊子宅。在番禺縣南下渡頭村。漢議郎楊孚故宅，嘗植河南五鬣松於宅畔。許渾詩「河畔雪飛楊子宅」，即此。

孫蕡書屋。在順德縣西北八十里。

劉王花塢。在南海縣西。輿地紀勝：即劉氏華林園，又名西御苑，在郡西六里，名泮塘，有桃梅菱蓮之屬。府志：劉氏又有芳華園、芳春園，皆在城北。又望春園，在城南二里許。今已盡爲民居，惟花塢故址僅存。

花田。在南海縣西十里三角市。平田彌望，皆種素馨。相傳南漢宮人多葬此，一名白田。九域志：番禺縣有白田鎮。

關隘

太平關。在南海縣西太平橋北。明置。

清水濠關。在番禺縣東清水濠口。明置。

東關。在從化縣東二里。又南關，在縣南二里。

龍溪關。在新會縣東花亭橋。

濠鏡澳關。在香山縣東南濠鏡山北三里。明萬曆二年建，設閘官守之，以防澳夷。

五斗口巡司。在南海縣南平洲堡。明景泰三年置。嘉靖八年移治磨刀石〔四〕，又移佛山鎮，尋又改治平洲，曰平洲巡司。本朝順治七年，仍改爲五斗口巡司。

神安巡司。在南海縣西南鹽步堡，本名秘沖寨〔五〕。明洪武三年置。

江浦巡司。在南海縣西南龍江堡寨邊村。明洪武三年置。

黄鼎巡司。在南海縣西黄鼎村。明洪武三年置。

三江巡司。在南海縣西側水村。明洪武三年置。

金利巡司。在南海縣西北十五里桃子堡。明洪武三年置。

鹿步巡司。在番禺縣東鹿步堡石門莊，當惠州孔道。明洪武三年置。

茭塘巡司。在番禺縣東南四十里塘頭村。明洪武三年置。

沙灣巡司。在番禺縣南市橋鄉。明洪武三年置，駐縣南白沙堡，本朝康熙三年移駐。

慕德里巡司。在番禺縣西北河嶺堡。明洪武三年置。

紫泥巡司。在順德縣東南四十里紫泥堡。明洪武三年置。

馬寧巡司。在順德縣西南六十五里馬寧村。明洪武三年置。

江村巡司。在順德縣西三十八里江村堡。明洪武三年置。

都寧巡司。在順德縣北四十里都占堡。明洪武三年置。初治西淋堡，後移此。舊志：縣北二十五里爲都寧砦。宋祥興末，有南海人蘇由義自崖山歸，奉趙氏後名旦者都於所居之西山，逾月旦卒，由義葬之山北。

缺口巡司。在東莞縣西南四十里缺口村。明洪武四年置。

中堂巡司。在東莞縣西十五里麻涌村。明洪武三年置。

京山巡司。在東莞縣東北三十里京山村。明洪武三年置於茶園砦，二十九年移駐〔六〕。
流溪巡司。在從化縣北五十里蓮塘村。明洪武三年置於石潭村，本朝順治中移駐。
廟子角巡司。在龍門縣西南。乾隆十九年置。
茅田巡司。在增城縣西北六十里。明洪武四年置。
潮連巡司。在新會縣東潮連村。明洪武二年置〔七〕。
沙村巡司。在新會縣南長沙村。明洪武三年置。
牛肚灣巡司。在新會縣西八十里遵名都。明洪武二年置〔八〕。
淇澳巡司。在香山縣東南淇澳堡。乾隆三十四年置。
黄梁都巡司。在香山縣西南黄梁村。雍正十年置。
香山巡司。在香山縣西北七十里小欖村。明洪武二年置大欖巡司，在大欖村，後徙置改名。本朝康熙元年裁，尋復置。
小黄圃巡司。在香山縣北一百里小黄圃村。明弘治九年置。本朝康熙元年裁，尋復。
三水巡司。在三水縣南隔江三水口。明洪武二年置〔九〕。
胥江巡司。在三水縣北五十里胥江街。明洪武初置。
上川鹽巡司。在新寧縣南。本朝嘉慶二十二年，裁海矬場大使改置。
滘江巡司。在清遠縣東一百五十里。明洪武二年置〔一〇〕。
迴岐巡司。在清遠縣西南三十里太平市。明洪武初置。

濱江巡司。在清遠縣西北四十里沙河。明洪武二年，置於政賓江。本朝嘉慶二十一年移駐。
官富巡司。在新安縣東南八十里古官富場。明洪武三年置。宋史景炎二年帝舟次於官富場，即此。
福永巡司。在新安縣西北三十里福永村。明洪武三年，置固戍寨巡司，三十年，移駐改名。
獅嶺巡司。在花縣西南横潭街。明洪武三年置。
水西巡司。在花縣東北水西鄉，其地半屬從化，半屬清遠。明崇禎末設守備於此，尋廢。本朝康熙二十五年置縣，併設巡司。
佛山鎮。在南海縣西南四十里，當入府孔道，爲縣大鎮。佛山同知及都司駐此。
扶胥鎮。在番禺縣東南三江口。九域志：縣有瑞石、平石、獵德、大水、石田、白石、扶胥七鎮。
西南鎮。在三水縣東十里，南瀕大江，商賈凑集。明置巡司於此。本朝順治十四年裁，嘉慶十七年移縣丞駐此。
良岡鎮。在三水縣西南將軍嶺下。明嘉靖四十一年築土城。
廣州衛。在東莞縣城内，有前、後、左、右四衛，俱明洪武中建。本朝康熙四年裁左、後二衛，九年復設。
南海衛。在東莞縣治南。明洪武十四年建。
廣海衛。在新寧南一百四十里，本新會縣地。明洪武二十七年建，弘治中改屬新寧。本朝康熙二十三年置營，設遊擊防守，乾隆元年設巡檢，嘉慶二十二年改置主簿。
清遠衛。在清遠縣治東。明洪武二十二年建。
東莞所。在東莞縣治南。明洪武二十七年建，隸南海衛。本朝康熙四年裁，九年復設。

增城所。在增城縣治南。明洪武二十七年建。

新會所。在新會縣治東。明洪武十七年建。本朝康熙四年裁，九年復設。

大鵬所。在新安縣東一百二十里大鵬嶺南。明洪武二十七年置，南面大海，東至海岸一里。縣志：城周三百二十五丈六尺，門三，環以濠。本朝順治十三年設守備駐防。康熙四年裁所，九年復設。雍正三年，增設參將。乾隆八年，復設縣丞駐此。

獅子營。在番禺縣東南礪山石子頭前。本朝康熙三年築城置墩。

磨刀海營。在順德縣西北五十里，北通南海西淋，上游即莊步，爲江水之衝。明嘉靖初置。又黄涌頭營，在縣西北七十里，據縣上游，當諸海之衝，南扼三漕，東控疊石。

企石營。在東莞縣東六十里。明初置。又有樟木頭、石頭潭二營，皆山谷扼塞處。

那扶營。在新寧縣西南一百二十里，爲肇慶府恩平縣交界地方。本朝康熙元年設都司防守。

石龍汛。在東莞縣東北二十六里，爲惠、潮往來衝要之地。本朝康熙三十二年設遊擊防守，乾隆十九年移縣丞駐此。

江門汛。在新會縣東十六里。本朝乾隆十九年移縣丞駐此。

虎門寨。在東莞縣西南五十里，水寨也。明初置，後廢。萬曆十六年復。本朝設副將防守。嘉慶十五年改設提督。又武山寨，在縣南武山，與虎門相應援。白沙砦，在縣西南三十五里白沙村，近三門海。

龍門寨。在龍門縣東。明初置巡司。弘治中建縣，徙司治於縣東黄沙坳，分立水西、晶溪等十八寨於縣境。本朝改諸寨爲堡，總立龍門寨以統之。

前山寨。在香山縣東南一百三十里濱海要地。本朝康熙三年築土城。乾隆八年，置海防同知駐此。嘉慶十四年並設遊擊防守。

石鼓寨。在新寧縣東三十里石鼓山上。又石人寨，在縣東北石人山上。皆猺寨。

南頭寨。在新安縣東南海口，爲一府門户，本屯門鎮故址。唐書地理志：廣州有屯門鎮。天寶二年，海賊吴令光作亂，廣州都督劉巨鱗以屯門鎮兵討平之，即此。宋時亦置營壘曰屯門寨。明洪武三年併入固戍寨，後改爲南頭寨，設參將鎮守。

九江堡。在南海縣西南一百十里。本朝康熙二十三年設守備防守。乾隆五十一年增設主簿駐此。

逢簡堡。在順德縣西四十四里，東濱錦鯉海。本朝設兵駐防，有上、下橋市集，商賈輻輳。

那骨堡。在新寧縣西南。本朝乾隆二十一年設縣丞，三十一年移駐大澳。

石基村。在番禺縣東南九十里。本朝乾隆四十七年設永靖營，置遊擊防守。

坑頭村。在番禺縣東南沙灣、茭塘適中地方。本朝乾隆四十七年設永寧通判駐防於此。

新塘沙貝村。在增城縣西南。本朝乾隆十九年設主簿駐此。

望厦村。在香山縣東南一百四十六里澳門地方，夷人聚居，爲海洋扼要之區。本朝乾隆八年移縣丞駐此。

容奇鄉。在順德縣南十七里。本朝雍正十一年移縣丞駐此。

鐵場。在番禺縣界。九域志：縣有銀爐、鐵場。又清遠縣有静定鐵場。

銀場。在東莞、清遠二縣界。九域志：東莞縣有桂角、香山崖二銀場，清遠縣有大富銀場。

錫場。九域志：新會縣有千歲錫場，清遠縣有錢糾鉛場。

靖康鹽場。在東莞縣西南。九域志：縣有靖康、大寧、東莞三鹽場。縣志：靖康場，在縣西南六十里。

香山鹽場。在香山縣東南一百里香山寨北。縣志：地名濠潭，明洪武初建，今省。

海宴鹽場。在新寧縣南。九域志：新會縣有海宴、博勞、懷寧、都斛、矬洞、金斗六鹽場。新寧縣志：海宴場，在今縣西南。矬洞場，在縣南。餘廢。

東莞鹽場。在新安縣東。縣志：東莞場，舊在縣南門外，即晉初司鹽都尉治也，今移城東。舊設大使一員，乾隆五十六年裁。

歸德鹽場。在新安縣西北。九域志：東莞縣有海南、黄田、歸德三鹽柵。縣志：歸德場，舊在縣西北三十里福永司之北臣上村，今寄治縣西北四十里周家村。黄田場在福永司之南。海南場在大奚山，今廢。

五羊驛。在番禺縣南三里官渡頭。明洪武二年設。本朝乾隆二十年裁。

西南驛。在三水縣南門外西偏，舊設驛丞。本朝乾隆六年裁。

安遠驛。在清遠縣治西。明洪武五年置。本朝乾隆六年裁〔一〕。又官莊馬驛，在縣東南九十里。迴岐水驛，在縣西南。横口磯水馬驛在縣東北。皆明初置，今並裁。

津梁

果橋。在南海縣南濠，一名拱橋。宋景德年建。明洪武初，設鐵石閘，始不通舟。又花橋，在城内，東、西、北三渠合流經其下，亦宋景德間建。

太平橋。在南海縣太平門外。明嘉靖五年建。

通濟橋。在南海縣西南佛山堡，長一百二十丈。明天啓五年建。

彩虹橋。一名長橋，在南海縣西北五里，接縣北流花橋水入江。

萬里橋。在番禺縣城内舊貢院前。明嘉靖間建。

垂虹橋。在番禺縣城南。

大塘橋。在番禺縣東横沙堡。

永豐橋。在順德縣南容奇堡。宋建。

伏波橋。在順德縣西南碧鑑海。明成化二十一年創，嘉靖四年始成，長二十二丈。本朝康熙間修。

巨濟橋。在順德縣西逢簡堡。宋李仁修於此建五石橋〔一二〕，今止存其二，上曰巨濟，下曰明遠。

老女橋。在順德縣西北八十里。宋嘉定中吴貞女建。用石爲址，凡五空，每空駕潮石五，石皆長二丈二尺，方二尺。

德生橋。在東莞縣南門外，宋放生之地。本木橋，舊名澤物，後改寶安。紹興間易以石，改名。

德安橋。在東莞縣税課局西，横跨縣港。本名通濟，後廢，元復置改名。民多於橋上爲市，號曰市橋。

普安橋。在東莞縣西，正當驛路。巨石跨海，爲橋門九，海水入港内九十餘灣。宋縣令李巖築隄四千一百二十丈，名鹹潮隄。

思相橋。在增城縣南寨嶺下。宋崔與之建。鄉人思之，故名。舊名相思，今更名。

沙滘橋。在增城縣西南三十里，往來孔道。本朝康熙三年建。

義濟橋。在新會縣治東新城内。明嘉靖間建。
知政橋。在新會縣東南城外務前。明正德十一年建。又通濟橋，在縣西南東亭驛右。皆横跨縣江。
龍溪橋。在新會縣西二里。
南亭橋。在香山縣治南。縣治東、西又有東亭、西亭二橋。
普濟橋。在香山縣東三十里宫花村。宋嘉定四年建。
天妃橋。在香山縣東南濠潭村。元建。
沙橋。在香山縣東南三十里，嶺間阪道十二，自上視下，其深不測。
天王橋。在香山縣南。相傳宋端宗駐蹕沙涌，曾過此橋，因名。

隄堰

福隆隄。在東莞縣東七十里。宋時東江夏潦爲患。元祐二年，縣令李巖築隄，自京山至司馬頭，延袤萬餘丈，護田九千八百頃。
高豐隄。在三水縣東二十里，周八千六百三十丈，竇通大江。
平田隄。在三水縣南二十里，捍田二百八十餘頃。北有大路竇，南有永安竇。
鹽步塘。在南海縣西。又西北有鋪前塘、階邊塘、沙口塘、荔枝園塘、舊黄鼎塘，達三水縣界。本朝康熙二年設。

白水塘。在從化縣北三十里。宋鑿，廣六十餘畝。又漁江塘，在縣西二十五里。明洪武中鑿，廣四十餘畝。又楊州寨塘，在縣東五十里。明正德間鑿，廣八十餘畝。

胥江塘。在三水縣北四十五里，北去清遠縣界碑二十五里。迤南八里爲街頭塘，又南八里爲蘆包塘，又南八里爲上蘭州塘，又南二十里爲小洞窩塘，折而東十里爲小蘊岡塘，又東二十里爲沙頭塘，又十五里至南海縣黄鼎塘。

江浦司屬基圍。在南海縣西南，共二十五圍：桑園、大栅、西園、東園、大良、東圍、琴沙、官洲、大槎、東村、蚌岡、仁亨、沙利、碧岸、巾子、青草、仙蹤、東洲、中塘、阮村、蜆殼、渡滘、趙涌、北海上坦、北海下坦。雍正五年築，後屢決屢修。嘉慶二十五年，建石基九千餘丈，是年秋告成。

坡亭水基圍。在新會縣北，溉田二百二十三頃。又麥邨基圍，溉田二百十頃。

新生雙竇。在三水縣南五十三里，東通大江，接南海縣。

陵墓

宋

永福陵。在新會縣南厓山。舊志：張世傑葬端宗於此。

疑陵。在香山縣南五十里壽星塘。相傳馬南寶葬宋端宗於此。又端宗太后楊氏葬梅花坡上，或曰即縣南梅花水側。

按：宋史及通鑑皆作楊太后赴水死，張世傑營葬倉卒，故至今莫辨其地。即香山之梅花水坡上、饒平南墳〔一三〕，亦皆云楊太后陵，而終無確證。要以新會之厓山爲近是。廣東新語亦云在厓山海濱。

秦

任囂墓。元和志：在南海縣西北二里。通志：在縣西北光孝寺前官道東四十餘步，前有廟。至宋時，廟與墓已不復存。

漢

趙佗墓。在番禺縣北。水經注引裴淵廣州記曰：城北有尉佗墓，墓後有馬鞍岡。又王氏交廣春秋曰：佗之葬也，因山爲墳，其壠塋奢大，多積珍玩。吴時遣使發掘其墓，求索棺柩，鑿山破石，費日損力，卒無所獲。寰宇記引南越志云：佗墓自雞籠以北至此山，連岡屬嶺。吴黄武五年，使從事吕瑜訪鑿佗墓，自天井至此山，卒不能得。元和志：在縣東北八里。又言佗葬在禺山，蓋與此山連接耳。

吕嘉墓。在番禺縣東北。輿地紀勝：在州東北二十三里。

羅威墓。府志：漢孝子羅威墓，在番禺縣東北黄波堡羅屋山上。又有漢布山令孝子唐頌墓。南齊時刺史范雲俱曾遣祭焉。

唐

王博武墓。在番禺縣南沙埇口。博武，許州人。會昌中，奉母至廣州，母溺死，博武亦自投於水。節度使盧貞收葬之，表之曰「孝子墓」。

五代　南漢

劉王墓。在番禺縣東。輿地紀勝：劉王墓在郡東北二十里，漫山皆荔枝樹，龜趺石獸，歷歷俱存。昔有發其墓者，内皆鐵錮之。又南海、新會皆有劉氏墓。

宋

曾鞏墓。在番禺縣沙灣青蘿嶂下。

李昴英墓。在番禺縣南沙灣。

吴貞女墓。在順德縣西北龍江堡。

熊飛墓。在東莞縣東十五里銅嶺下。

崔與之墓。在增城縣西六十里古華山。

馬持國墓。在新會縣西門外道姑井上。子希驥墓，在縣東井根。

張世傑墓。在香山縣西南七十里，黄陽山南赤坎岡。

伍隆起墓。在新寧縣東文徑山，亦名香頭墳。帝昺時，隆起起義，爲其下所殺，持首降元。陸秀夫收遺骸，以香木刻首葬於此。

明

龐尚鵬墓。在南海縣西沙坑清水岡。

黄觀英墓。在番禺縣游魚岡。

王興墓。在番禺縣南南箕村。縣志：明桂王時興爲虎賁將軍。本朝平粵，興堅守文村，踰年力盡，闔室自焚死，當時葬之於此。

黎貫墓。在番禺縣北鴻鵠嶺。子民表墓，在從化縣鳳凰岡。

黄佐墓。在番禺縣北棲霞山。

陶魯墓。在番禺縣東北龍井岡，賜葬。

劉英墓。在順德縣北都寧堡〔一四〕。英薊州人，世襲錦衣衛百户。永樂十九年，奉命來廣，至南海魚塘口遇賊，發矢連斃二賊，矢盡被傷而卒。事聞，命收葬。弘治中，知縣吴廷舉爲建忠勇祠。

陳璉墓〔一五〕。在東莞縣南三十里竹溪。

湛若水墓。在增城縣西南七十里天蠶嶺，賜葬。

陳獻章墓。在新會縣皁帽峯。

陳節母墓。獻章母也。在新會縣東白沙村後，於墓前建孝思堂，吴與弼有記。

蕭烈婦墓。在新會縣西雷電山。

莊節婦墓。海康縣吴金童妻。原在新會縣西吴村里，弘治中遷葬於雷電山，與蕭烈婦墓相並，謂之雙節。

雙烈墓。在新安縣西石鼓墩。明嘉靖十一年，有游、梁二氏，皆以拒賊死，葬此。

祠廟

昭忠祠。在省城西湖街，有「敕建昭忠祠」扁額。嘉慶八年建。

二孝子祠。在南海縣城西二里，祀漢孝子羅威、唐頌。

韓公祠。在南海縣西南西樵山，祀明都御史韓雍。

吴隱之祠。在南海縣西北石門山。

楊僉都祠。在番禺縣城内城隍廟東。明僉都御史楊信民卒於廣，廣人德之，請於朝，立祠祀焉。

大忠祠。在番禺縣文明門外東南隅舊山川壇右。明嘉靖間御史吴麟建，祀宋信國公文天祥、丞相陸秀夫、越國公張世傑。又新會縣亦有大忠祠，明成化中僉事陶魯建。

菊坡祠。在番禺縣東北蒲澗。宋端平二年建，祀崔與之。又增城縣鳳凰山陽亦有崔清獻祠。

白沙祠。在新會縣學宫左。明正德中建，祀陳獻章。

三廣公祠。在新會縣西門外，祀明陶魯。

風神廟。在南海縣東門外。本朝雍正十二年敕建。

虞翻廟。在南海縣西北二里。

南越王廟。在南海縣北，祀漢南越王趙佗。

南海神廟。在番禺縣東南。隋書禮儀志：開皇十四年詔立南海神祠。唐韓愈南海神廟碑：海於天地間爲物最鉅，自三代聖王莫不祀事。考於傳記，南海神次最貴，在北東西三神、河伯之上，號爲祝融。天寶中，册尊爲廣利王，因其故廟易而新之。在今廣州治東南海道八十里，扶胥之口，黄木之灣。常以立夏氣至，命廣州刺史行事祠下。事訖，驛聞。嶺海見聞記：廟在波羅江上，宋至和元年，加王冕九旒，章服儀物稱是。通志：廟創自隋世，歷代加封王號。至明洪武三年，始定稱爲南海之神。廟有波羅樹最古，大可數十圍，俗名波羅廟。大門内有宋太祖、明太祖御碑。本朝康熙四十二年，御書「萬里波澄」四字，四十四年重修。雍正三年，封南海昭明龍王之神，又南立華表爲望洋之所，每歲二月上壬日致祭，省牲祭品，禮加隆焉。嘉慶五年賜「靈濯朝宗」扁額。

靖海神廟。在番禺縣虎門山畔。本朝嘉慶十五年建，敕加「佑民溥惠」封號，賜「福佑環瀛」扁額，每歲春秋致祭。

關敏廟。在順德縣西北黄連堡。元末土酋角起爲亂，敏集義勇戰死。明洪武初，贈兵馬司副指揮，建祠祀之。

全節廟。在新會縣南崖山上，祀宋楊太后。明弘治中，劉大夏即慈元殿故址建，名慈元廟，僉事徐紘奏賜今額。

寺觀

浄慧寺。在南海縣城内西偏。梁大同初建，曰寶莊嚴寺。南漢爲長壽寺。宋端拱中改今名。

華林寺。在南海縣西南一里。梁普通七年建。

光孝寺。在南海縣西北一里。通志：南粤王弟建德故宅。三國吴時騎都尉虞翻謫居南海，構宅於此，多植蘋婆訶子樹，名曰虞苑。晉隆和中，僧曇賓始創爲王園寺。劉宋永初間，陀羅三藏浮海至此，指訶子樹曰：「此西番訶梨勒果之林，宜曰訶林。」遂創戒壇。梁天監元年，智藥三藏自西竺國持菩提一株，植於壇前。唐儀鳳元年，六祖慧能祝髮樹下，因論風幡，建風幡堂。宋太祖初，改爲乾明禪院。高宗紹興間，改爲報恩廣孝寺，後易爲光孝寺。

大通寺。在番禺縣東南大通滘。南漢劉晟時名寶光寺。宋政和六年改今名。

蒲澗寺。在番禺縣白雲山麓。宋淳化元年建。

隆福寺。在順德縣北水堡西岸。宋咸淳元年建。明洪武二十四年修，嘉靖三十五年重修。

化樂寺。在順德縣平步堡。宋嘉熙四年建。

資福寺。在東莞縣治西南。南漢邵廷琄建。四圍以四井爲界，寺南有鎮象塔，塔旁有再生柏。通志：南漢時有羣象害稼，官捕殺之。邵廷琄聚象骨建石塔以鎮焉。縣志：柏爲祖堂禪師所植，師去柏枯，師回復榮，因名。宋蘇軾有廣州資福寺羅漢閣記。

萬壽寺。在增城縣鳳凰山東，舊名法空寺。宋嘉熙間建。

無量寺。在香山縣治東。宋紹興二年建。

東林寺。在清遠縣東。唐顯德二年建。

海光寺。在新安縣南門外。相傳南漢時有鐵佛在海中夜有光，因建寺奉之。

元妙觀。在南海縣城西隅。宋建。內有衆妙堂，蘇軾作記。

五仙觀。在南海縣西。宋張勵五仙觀記：南海郡城以五羊得名，所從來遠。參考南粤嶺表記諸録並圖經所載，初有五仙人皆手持穀穗，一莖六出，乘五羊而至，羊各異色如五方，仙遺穗而去，羊留化爲石，廣人因即其地爲祠。

羅漢院。在南海縣秀羅山。宋余靖有廣州羅漢院記。

名宦

三國 吴

鍾離牧。會稽山陰人。赤烏五年爲南海太守。高凉賊破略百姓，牧越界撲討，旬日降服。又揭陽賊衆數千人，牧遣使慰譬，皆改爲良民。恩威部伍，智勇分明，加以操行清純，有古人風。

南北朝 宋

陸展。吴郡人。元嘉中爲增城令，歷南海太守。務持體要，不爲苛細，士民安之。

梁

王僧孺。東海郯人。天監初，爲南海太守。外國舶物高凉生口歲數至，皆外國賈人以通貨易，舊時州郡就市回而即賣，其利數倍，歷政以爲常。儒孺歎曰：「昔人爲蜀郡長吏，終身無蜀物，吾欲遺子孫者不在越裝。」並無所取，視事二歲，聲績有聞。

周文育。陽羨人。大同中，除南海令。勸課百姓，彈壓盜賊，士民賴之。

隋

劉權。彭城豐人。爲南海太守，有異政。大業末，盜賊羣起攻郡，豪帥多願推權爲首，權盡力固守以拒之。子世徹，亦密遣人勸舉兵，權召集僚佐，斬其使，守之以死，終無異圖。

唐

盧奐。滑州人。天寶初，爲南海太守。南海兼水陸都會，物産瓌怪，前守皆以贓敗。奐至，汙吏斂手，中人之市舶者，亦不敢干其法，遠俗爲安。

宋

向敏中。開封人。太宗時知廣州。是州兼掌市舶，前守多涉譏議。敏中至荆南，預市藥物以往，在任絶無所須，以清廉聞。

李惟清。下邑人。淳化中知廣州。太宗聞其廉平，詔奬之。

凌策。宣州涇人。淳化中，以策有幹名，命知廣州。廣、英路自吉河趨板步二百里，盛夏瘴起，行旅死者十八九。策請由英州大源洞伐山開道，直抵曲江，民以爲便。

張鑑。涿州人。咸平初出知廣州。居二年，民條其政績，上請刻石。

楊覃。杭州人。大中祥符中知廣州。勤於吏治，以幹濟稱。南海有番舶之利，前後牧守或致謗議，惟覃以廉著，遠人懷之。

邵曄。桂陽人。大中祥符四年，知廣州。州城瀕海，每番舶至岸，常苦颶風。曄鑿内濠通舟，颶不能害。

陳世卿。南劍人。邵曄知廣州得疾，真宗命世卿代之。郡有計口買鹽之制，人多不便，世卿至即奏除之。

馬亮。合肥人。真宗時，知廣州。時宜州陳進初平，而澄海兵從進反者家屬二百餘人，法當配隸，亮悉置不問。鹽户妻子以逋課質於富室者，悉取以還其家。海船久不至，使招來之，明年至者倍其初，珍貨大集，朝廷遣使賜宴以勞之。

陳從易。晉江人。真宗時知廣州。以清德聞，遠俗安靖。

任中師。曹州濟陰人。真宗時知廣州。視事之明日，吏白故事當謁諸祠廟，而廨有淫祠，中師即撤去之。

孔勗。曲阜人。真宗時通判廣州，以清潔聞。及被召，酋夷争持寶貨以獻，悉慰遣之。

狄棐。長沙人。天聖中知廣州。代還，不以海南物自隨，人稱其廉。

吕居簡。河南人。慶曆中知廣州。陶甓甃城，人以爲便。

蕭注。新喻人。皇祐初攝番禺令。儂智高圍州數月，方舟數百攻城，勢甚危。注自圍中出，募海濱壯士二千人，乘大舶集上流，因風縱火，焚賊舟，破其衆。自是每戰以勝，歸。蔣偕上其功〔一六〕，擢禮賓副使、廣南駐泊都監。

李兑。臨潁人。仁宗時知廣州。南人謂自劉氏納土後，獨兑尤著清節。

魏瓘。歙人。仁宗時知廣州。築州城環五里，疏東江門，鑿東西澚爲水閘，以時啓閉。後儂智高寇廣東西，獨廣州城堅守不能下。

盧士宏。新鄭人。仁宗時知廣州。或傳安南舟數百泊海中，將爲寇，嶺徼驚摇。士宏灼其非，是日從賓客宴遊爲樂，民賴以安。

劉夔。建州崇安人。仁宗時知廣州，有廉名。

劉湜。彭城人。仁宗時知廣州。儂智高初平，湜練士兵，葺器械，作鐵鎖斷江路。有盗據山，招之不下，湜知山民資之食，即徙民絶餉，盗困蹙乞降，民乃安。

程師孟。吴人。仁宗時知廣州。大修學校，日引諸生講解，負笈來者甚衆。在廣六年，威愛並行。初州城爲儂寇所燬，方伯踵至，皆言土疏惡不可築。師孟作西城廣十二里，及交趾陷邕管，聞廣守備固，不敢來。時師孟已召還，朝廷念前功，擢爲給事中、集賢殿修撰。

蘇緘。晉江人。仁宗時調廣州南海主簿。州領番舶，每商至，則擇官閲實其資。商皆豪家大姓，習以客禮見主者。緘以選往，商樊氏輒升階就席，緘詰而杖之。樊訴於州，州召責緘。緘曰：「主簿雖卑，邑官也。商雖富，部民也。邑官杖部民，有何不可？」州不能詰。

張田。澶淵人。熙寧初知廣州。廣舊無外郭，民悉野處，田始築東城環七里，賦功五十萬，旬日而成。初役人相驚以白虎夜出，田迹知其僞，召戒邏者曰：「今夕有白衣人出入林間者，謹捕之。」如言而獲。田有女弟聘馬軍帥王凱，欲售珠犀於廣，田曰：「南海富諸物，但身爲市舶使，不欲自污耳。」作欽賢堂，繪古昔清刺史像，日夕師拜之。

周諝。尤溪人。熙寧間知新會縣。時青苗諸法方急，郡縣望風。諝獨不奉行，且上書政府，力陳其弊，因求歸田里。

蔣之奇。宜興人。元祐中知廣州。妖人岑深聚黨二千人，謀取新興，略番禺，包踞嶺表，其勢張甚。之奇討擒之。南海饒寶貨，吏多貪聲，之奇取前世牧守有清節者，繪其像，建十賢堂祀之，以變其習。

陶節夫。鄱陽人。哲宗時爲廣州録事參軍。楊元寇暴山谷間，捕繫獄，屢越以逸，且不承爲盜。既累年，節夫詰以數語，元即吐服。將適市，與諸囚訣曰：「陶公長者，雖死無憾。」

李巖。臨安人。元祐初知東莞縣。有東江隄，夏潦暴漲，瀕江之田多罹害。巖築長隄捍之，復築鹽潮隄十有二，以禦海潮，至今賴之。

王渙之。衢州常山人。崇寧中知廣州。番客殺奴，市舶使據舊例，止送其長杖笞。渙之不可，論如法。

陳槖。餘姚人。紹興間知廣州。自兵興後廣東盜賊無寧歲，十年九易牧守。槖盡革弊政，以恩先之，留鎮三年，民夷悅服。

林勳。賀州人。爲廣州教授。建炎三年，獻本政書十三篇，朱子甚愛其書。

胡銓。廬陵人。高宗時以忤秦檜謫監廣州鹽倉。

葉顒〔一七〕。仙遊人。紹興中爲南海主簿，攝尉。盜發，州檄巡尉同捕，巡檢獲盜十餘人，歸其勞於顒。顒曰：「掠美，欺君，倖賞，三者皆罪，不忍爲也。」帥曾開大喜之。

方信孺。興化軍人。寧宗時爲番禺尉。盜刦海賈，信孺捕之。盜方沙聚分鹵獲，惶駭欲趨舟，信孺已使人負盜舟去矣，乃悉縛盜，不失一人。

洪天錫。晉江人。寶慶中授廣州司法。長吏盛氣待僚屬，天錫糾正爲多。

曾逢龍。寧都人。咸淳末爲新會令。以節槩自許，政務化民，有古循良風。

明

道同。河間人。洪武中知番禺縣。時永嘉侯朱亮祖出鎮，所爲多不法，豪民衛卒怙勢横行。同數與争事，積迕被誣。太祖遣使誅同，會同奏至，急命赦之，同已死。邑人爲建祠祀之。

彭豫。泰和人。洪武中爲香山縣丞。邑在海島間，地僻俗嚚，爲政者多以猛，豫獨以寬，久而民皆化服。常延集生徒，親爲講授，誘掖不倦。

陶魯。鬱林人。景泰中，以廕除新會丞。時年弱冠，從知縣王重受學，晨侍講授畢，然後出視事。已代重攝縣，吏事精敏，吏民敬其威信。滿秩當遷，會猺寇入犯，民詣府乞留。天順七年，就擢本縣令。設守破賊，以功進廣州同知，仍知縣事。

高瑶。閩縣人。成化中知番禺縣，多異政。市舶中官韋眷私造巨舟通番，瑶發其事，没其貲鉅萬。眷憾甚，誣奏於朝，被逮，士民泣送者塞道。

丁積。寧都人。成化中知新會縣。師事邑人陳憲章，爲政一以風化爲本。良家子不事生産者，聚之廡下，使誦小學，親爲解説。毁淫祠，定禮制，均徭役，抑權豪，士民戴之。歲大旱，築壇於圭峯頂，昕夕壇下八日，雨大降。由是得疾，遂卒，士民相聚哭於途。

吴廷舉。梧州人。弘治初知順德縣。總督屠滽屬修中貴先祠〔一八〕，廷舉不可。市舶中官出銀市葛，意責其贈遺，廷舉即市二葛與之，曰：「不可，則請還銀。」中官怒，持銀去。御史汪宗器亦惡之。會廷舉毁淫祠二百五十所，改葺學宫、書院。宗器欲坐以侵盜，下獄按問，終無所得，乃慚而止。

鄒守愚。莆田人。嘉靖時爲廣州知府。不私一錢，辨誣獄，釋滯囚至數百人。新會人激於徵逋，聚海舶爲變，監司招之不應，曰：「必鄒府君來。」守愚單騎往諭，遂就撫。

胡友信。德清人。隆慶中知順德縣。邑多盜，友信爲立四應社，一鄉有警，三鄉鼓而援之，自是盜息。其始慮民輕法，涖之以嚴，後令行禁止，更爲寛大，或旬日不撻一人。縣故土城，屢遭寇毁，友信改築石城，日臨畚鍤間。以勞卒官，民立祠祀之。

董應舉。福州人。萬曆時爲廣州府學教授，以古學倡諸生，製學宫祭器，教學習射，諸廢具興。稅璫李鳳欲得學旁壖地，上官議予之，應舉争之不得，將投劾，諸生固請，事獲止。

本朝

汪永瑞。徽州人。順治時知廣州府。革弊釐奸，政平訟理。卒於任，粤人哀思之。

楊交泰。江南人。順治七年知番禺縣。時粤中甫定，大役浩繁，軍需雜派。交泰多方措置，不忍苦民。涖任三載，以廉潔著。

田家修。鳳陽人。順治時知從化縣。時兵燹之後，家修力爲撫綏，安集流亡，勸令開墾，輕刑減訟，殘黎以安。

孫繩。臨淄人。順治中知從化縣。下車詢問疾苦，上十事，當事嘉其議。花山、盤古諸盜流劫近郊，請兵勦之，降其渠魁七人，黨三百餘人。販給石樯、漢田諸村，流亡日返。以治行薦去。

劉象震。霍丘人。順治七年知新會縣。時盜陳德貴作亂，象震請兵擒滅之。歲饑，行糜粥食民，婦孺不能來者，計口給米，多所存活。十一年春，擢西安同知，已辦裝，值西逆犯城，遂協力守禦。八月圍解乃去。

張令憲。無錫人。順治中知香山縣。因俗爲理，不事更張。壬辰秋饑，土寇梁子直陷城〔一九〕，令憲父子不屈死之，贈太僕寺卿。

沈蘭。德清人。順治時知香山縣。時兵荒後，貧富交困，蘭加意撫循，嚴汰供應差費，禁戢悍兵市易，流棍土豪，一時斂跡，士民始有生意。

蘇嵋。汲縣人。順治進士。八年，任三水縣。邑當衝，車馬絡繹，嵋力紓之，修黌宫，興義塾，催科不擾，人甚德之。康熙六十一年，祀名宦。

李君柱。黄岡人。順治七年，知新安縣。潔己愛民，嚴戢營兵之暴。城守王守祖虐民，争之不得，君柱移署城外，竟棄官去，上官廉得其實，乃糾王去之。

馬以懋。乾州人。順治中知新安縣。時經兵燹，田地荒蕪，民苦賦累，以懋爲之區别虚實，邑以無擾。

婁君玉。京衛人。爲番禺縣茭塘巡司。康熙二年，沙灣賊周玉、李榮因遷海作亂，事平，上官令開報賊黨姓名。君玉屬鄉民曰：「此身可戮，此民必不可枉。」力爲分别，一人不使株連，賴以保全者無算。

陳璠。京衛人。康熙十九年，爲順德鎮中營遊擊。海寇謝昌犯境，璠率舟師力戰死。守備馮俊、千總岑嗣恪、王起龍、黄德貴赴援，均死之。

徐勍。鄞縣人。康熙進士。二十九年，授順德令。禁雜派，免浮糧，絶苞苴，清保甲，涖任四年，始終勿渝。雍正三年，祀名宦。

楊燀。漢陽人。順治進士。康熙二年，授龍門令。革濫徵，修廢墜，年飢設糜粥食民，山寇肆虐，率兵親勦，民賴以安。卒祀名宦。

王授位。漢軍正黄旗人。康熙四十三年，授龍門令。建義學，練鄉兵。值山發蟄水，壞民居，授位飢者食之，死者殮之。卒祀名宦。

黄日炌。慈谿人。康熙中知增城縣。未至，賊數千遮道不許進，日炌單騎直前，諭利害，遂散去。增故盜窟，尋皆自悔改行焉。常罷供億，省刑蠲耗，悉心益民，令行禁止，胥吏不敢爲惡。邑常有虎患，日炌誓於神，患遂寢。後有爲虎所噬者，皆盜賊也，其事尤奇。

龍之繩。公安人。康熙三年，知新會縣。時再定邊界，人民流離，之繩入境，值餘禾棲畝，即請聽民刈穫，窮黎少蘇。比視事，唯務休息，常勸訟者曰：「吾與爾等生長干戈，幸存性命，百念俱當灰冷，何暇復競强弱。」偶以催科笞一里甲，退即榜門自責，人皆感泣。

顧嗣協。長洲人。康熙四十六年，由貢生出宰新會。因俗成化，薄賦輕徭，清夙弊，勤聽訟，至誠披示，民以不欺。卒祀名宦。

姚啓聖。會稽舉人。康熙三年，知香山縣。海盜出没不常，啓聖率士卒親勦。值再遷西北諸鄉界，民挈妻孥號於路，督遷之。弁猶恣掠，聖挾刃前曰：「是皆吾赤子也，顛連至此，尚忍然耶？」弁感之，悉還所掠。暇則循行阡陌，勸課農桑。去官日，士民涕泣奔送。卒祀名宦。

樊翰。桐柏人。康熙中知三水縣。甘澹泊，勤撫字，嘗曰：「正供外悉民脂膏，何敢剥民自奉也？」每課士必告曰：「先立品，毋僕僕謁上官。」遇邑有水災，力請捐租，民咸感之，入祠祀焉。

史藻。華州人。乾隆進士。五十六年，知東莞縣。嚴禁嚇索械鬭囂風，一時豪猾斂迹。六十年，重攝邑篆，清釐海邊沙坦。嘉慶二年，卒於肇慶知府任，士民號泣，往奠者不絶於道。

袁名器。興寧舉人。乾隆三十三年，知新會縣。勤於民事，有訟者立爲判斷，不半載舊案一清，一時戴若神明，愛如父母。嘗值大風覆獄牆，囚犯無一逃逸。解任日，民懇切攀留，哭聲載道。

侯學詩。江寧人。乾隆四十六年，以進士授三水縣。性廉慎，勤案牘，絶苞苴，撫恤黎庶，時有召、杜之稱。卒後民思其德，立祠祀之。

李大根。榆次人。乾隆進士。四十五年，知新安縣。勞心撫字，待士以禮，值歲飢，糜粥以賑，民賴存活者甚衆。

人物

晉

洗勁〔二〇〕。南海人。世爲部曲，至勁讀書勵節，爲廣州中兵參軍。海寇盧循攻廣州，帥兵出戰，城陷被執，循欲釋用之，叱賊而死。義熙中贈始興太守、曲江縣侯，謚忠義。

王範。南海人。讀書有識鑒，常搜羅百粤典故，爲書名曰交廣春秋，文獻賴之以存。

黄恭。字義仲，南海人。教授生徒，不就徵辟。補廣州大中正，蒐緝王氏交廣春秋，補其遺漏，意重倫紀，多所發明，後復廣爲十三州記。

唐

黄舒。寶安人。性至孝，里人慕之，比於曾參，名所居爲參里。

宋

馮元。字道宗，南海人。幼從崔頤正、孫奭受五經大義。與樂安孫質、吴陸參、譙夏侯圭羣居講學，號「四友」。大中祥符中登進士第。累官崇文院檢討，兼國子監直講。真宗試進士殿中，召元講易。元進説曰：「天地爲泰者，以天地之氣交也。君道主尊，臣道主卑，惟上下相與，則可以輔相天地，財成萬物。」帝悦，詔與内朝。仁宗時判國子監，士議悦服。後官至户部侍郎，卒謚章靖。

丁璉〔二二〕。字玉甫，番禺人。元豐進士，由司户歷遷朝議郎。元祐六年夏人侵靈州，廷議討之。璉謂：「夏敢跋扈，效契丹耳；能先制契丹，則膽落矣。」忤宰執意，出爲桂林教授。後至朝散大夫，致仕卒。蔣之奇嘗歎其學之精博。

崔與之。字正子，增城人。紹興進士，授潯州司法參軍，歷升金部員外郎。時諸郎多養資望不治事，惟與之鉅細躬決，猾胥不敢爲姦。金人遷汴，朝議慮其進迫，特進直寶謨閣，令安撫淮東。比至，因滁阻山，創五砦，集義兵守之，選練士卒，教以陣法。金人入境，宰相三遺書令議和，與之曰：「彼勢方張，而遽議和，必遭屈辱。今山砦相望，麥穀盡刈，野無可掠，諸軍并力，敵能久駐耶？」金人卒深入，無功而去。擢秘書監，權工部侍郎，歷官焕章閣待制，知成都兼安撫使，即家拜命，定摧鋒軍之亂。尋徵爲參知政事，踰年拜右丞相，兼樞密使，皆力辭。乃訪以政事得失，人才用舍，與之極言君子小人消長之機，亟稱真德秀、洪咨夔、魏了翁之賢，勸帝求直言，遠近習，語甚切至。嘉熙三年，以觀文殿大學士致仕。卒，贈少師，謚清獻。與之歷任四十七年，未嘗一玷彈墨，論者謂其屹然大臣風節，與張九齡齊軌云。

梁百揆。字宗盛，番禺人。嘉定進士，初授從事郎，歷奉議大夫，職非言路，而直諫有聲。退隱禺山，闢異端，學者稱端懿先生。

李昴英。字俊明，番禺人。寶慶進士。歷官不畏强禦，史嵩之、賈似道、丁大全等俱爲所劾。理宗嘗謂其南人無黨。官至龍圖閣待制、吏部侍郎。歸隱文溪，卒謚忠簡。

郭閶。字開先，番禺人。淳祐進士，擢監察御史。論廣州置買銀場以鹽科配，曁征榷諸弊，罷之。既没，廣人以配享崔清獻。

黄俊。南海人。德祐中，元兵陷臨安，廣東經略遣李性道等拒之。後從征至石門，力戰援絶，不屈死之。

熊飛。東莞人。景炎初，元軍入廣州，飛倡義勤王，出奇計斬其將姚文虎，盡殲其軍。又以兵應制置使趙溍復韶州。元軍度梅嶺，飛與新會令曾逢龍禦之，逢龍戰死，飛退保韶州，守將劉自立以城降，飛巷戰死。

許之鑑。東莞人。與熊飛同起義兵，飛死，走從文天祥於汀州，力戰五坡嶺，被執不屈死。

石文光。增城人。景炎二年，元兵下廣，二王航海，文光從陳宜中借兵占城，察其無還意，遂率所部兵回廣。時盜蜂起，民賴其捍禦之功。既没，立廟，號爲石神。

馬南寶。香山人。景炎二年，端宗航海過邑，獻粟供軍，拜權工部侍郎。廣州陷，諸將募兵以行，南寶慷慨激烈，酌酒勵之。宋亡，悲憤不食。後聞帝昺猶在占城，乃與黎德、梁起莘起兵迎駕。起莘萌二心奔還，德反攻之，戰敗，南寶被執死之。

元

陳韶孫。番禺人。父瀏以罪流肇州。韶孫年十歲，不忍父遠謫，號泣從之，跋涉萬里，過遼陽，平章達春見而憫之，曰：「天子寬仁，罰不及嗣，吾返汝故鄉。」韶孫曰：「既不能以身代父，當死生以之，歸非所願也。」及瀏死，韶孫哀慟，見者皆爲泣下。韶孫還鄉里，乃旌異之。「達春」舊作「搭出」，今譯改。

明

王佐。字彦舉，先河東人，占籍南海。與孫蕡齊名。何真使掌書記，參其謀議，佐勸真招致文學之士，一時嶺南人文號爲極盛。洪武六年官給事中。

李德。字仲修，番禺人。好學工詩文。洪武中歷官漢陽、義寧教諭。晚好洛閩之學，謂誠意爲古聖傳心之要。嶺南人稱聖學，必首推之。

孫蕡。字仲衍，順德人。性警敏，於書無所不窺，詩文援筆立就。洪武初官翰林典籍，爲宋濂、樂韶鳳、詹同輩所稱。與修洪武正韻，所著有通鑑前編綱目、孝經集善、理學訓蒙、西庵集、和陶集，多散佚不傳。番禺趙純稱其究極天人性命之理，爲一時儒宗云。

唐豫。順德人。父奎，洪武中舉經明行修，爲增城教諭，遭寇不屈死。豫痛父非命，作蓼莪亭，絶意仕進。與同邑周祖生、周祖念、劉子羽、劉子高、何淮，號「六逸」。皆德行醇謹，衣冠嚴偉，爲人所欽。子璧，亦有文行，動遵禮法，事母孝，縉紳欲薦之，以母老辭。

何真。字邦佐，東莞人。元末大亂，真起兵據廣東，安輯軍民，一方賴之。後以其地歸明太祖，封東莞伯。

黎光。東莞人。以御史出巡蘇州。民罹水災乏食，請於朝得賑貸，全活甚衆。巡鳳陽，陳時政極剴切，太祖嘉之。擢刑部侍郎，執法不阿。

陳敬。增城人。洪武中以賢良舉，授禮部郎中，左遷雲南曲靖府幕官，尋署劍川州事。值鄰寇竊發，來攻州城，敬親率壯士禦之，以衆寡不敵，力戰而死。

周新。南海人。永樂中爲御史，剛介多彈劾，貴近畏之，號爲「冷面寒鐵」。巡按福建及畿輔，風紀大振。超擢浙江按察使，聲績益著。爲奸人所誣，逮至御前，新抗辯，成祖怒，立棄市，後深悔之。

陳諤。字克忠，番禺人。永樂中由鄉舉爲刑科給事中。性剛介，聲如洪鐘，彈劾不避權貴。成祖器之，呼爲「大聲秀才」。歷官順天府尹。

陳璉〔一二〕。東莞人。由進士知滁州。宣德中以有學行，由四川按察使召爲通政使〔一三〕，掌國子監事，終禮部左侍郎。博學工文，操履誠篤，嶺南奉爲師表。

羅亨信。字用實，東莞人。由進士授工科給事中。英宗立，擢右僉都御史，練兵平涼，復巡撫宣府、大同。土木變作，有議棄宣府城者，亨信杖劍坐城下，令曰：「敢出城者斬。」人心始定。後以守邊功進左副都御史。

盧祥。字仲和，東莞人。正統進士，歷吏科給事中。好議論，識大體，雅以風節自持。同官中獨與林總善，凡有獻納，多協成之，故名稱亦相埒。天順時屢遷僉都御史，巡撫延綏，留心邊務，數上封事，多合機宜。

陳獻章。字公甫，新會人。性至孝，偶出外，母有念，輒心動馳歸。正統間，吴與弼倡道臨川，從之遊，歸築陽春臺，静坐其中，不越閾者數年。其學貴自得，而後傳之以典籍，教人但令端坐澄心，於静中養出端倪。布政司彭韶、總督都御史朱英，先後論薦，特授翰林檢討，令歸終養。學者稱白沙先生。萬曆中從祀文廟，追謚文恭。

張詡。字廷實，南海人。力行好古，莆田彭韶見其詩，美之曰：「嶺海孤鳳也。」受業陳獻章，登成化進士，請告歸，無仕進意。有司趣之赴部，授户部主事，再遭親喪，遂隱居不出。御史賈鎧等先後疏薦，不起。即其家拜南京通政司參議，辭不赴。

李孔修。南海人。受業陳獻章。好讀書，尤善周易。家貧，糲食不給，不肯投合於時。嘗著朱子深衣，入夜不違，二十年不入城市。學者稱子長先生。

陳庸。字秉常，南海人。舉成化間鄉試。師事陳獻章。羅倫、莊昶，望重一時，少所許可，遇庸輒心服。授荆門同知，到官五日，棄歸，足不履城郭。病革，沐浴更衣，設師像再拜而卒。

彭誼。字景宜，東莞人。正統中鄉舉，歷官右僉都御史，提督紫荆諸關。成化四年以右副都御史巡撫遼東。誼好古博學，通曆律、占象、水利、兵法之屬。平居謙厚簡默，臨事毅然能斷。鎮遼八年，軍令振肅。年未老，四疏告歸，家居四十餘年卒。

林光。字緝熙，東莞人。好學博綜經史，得吴澄論學諸書，大感悟。舉成化元年鄉試。遇陳獻章於京師，與語大悦，從歸江西，爲弟子。已而築室欖山，往來叩擊者十餘年。除平湖教諭，勉學者探本窮源，反身修行，一時士習丕變。上敦風化、養廉恥疏，言甚懇切。以古道正學薦，擢國子監博士，尋擢襄陽府左長史。

倫文敘。字伯疇，南海人。弘治己未會試、殿試皆第一，授修撰，進諭德。孝友好學，德器粹然，館閣共推之。子以諒，鄉試第一，成進士，歷南京通政、參議。以訓，正德十二年會試第一，官南京國子監祭酒。以詵，進士，官南京兵部郎中。海内傳爲盛事。

梁景行。字宗烈，順德人。弘治時由舉人爲崇明知縣。歲饑，請粟賑之，存活數萬人。除鎮江府同知。相國楊廷和假子殺人論死，楊一清時寓鎮江，爲請減一等罪，不聽。官終壽府長史。

梁焯。字曰孚，南海人。正德進士，爲禮部主事。偕同官諫南巡，杖闕下。佛郎機使臣入貢，至四夷館不跪，焯執而杖之。土魯番使臣寫亦虎仙等由江彬見帝，帝顧之厚，以是卑侮朝官，焯獨約之以法。官終職方員外郎。

張泰。字叔亨，順德人。成化進士，除沙縣知縣，擢御史。諫萬貴妃干政，廷杖幾斃。督京畿學校，巡按雲南，俱有聲。勘事甘肅，劾鎮守太監傅德、巡撫馮續等罪，請逮治。又言甘州膏腴地悉爲中官武臣所據，城北草湖舊資戍卒牧馬，今亦被占，請悉歸之軍，且推行於延、寧二鎮，詔皆從之。再遷大理少卿，清理薊州屯牧，復民侵地九百二十餘頃。正德初，官南京右都御史。劉瑾專權，惡其不附己，令以南京户部尚書致仕。

梁儲。字叔厚，順德人。成化戊戌會試第一，選庶吉士，授編修。正德時累擢吏部尚書、華蓋殿大學士。時多營建，輒偕同官切諫，又請早建儲貳，不報。秦藩請益封夔倖，儲承命草敕，以危詞動帝，事竟寢。宸濠反，與蔣冕扈從南征，數危言苦諫。世宗即位，被劾乞歸。卒，贈太師，謚文康。

王縝。字文哲，東莞人。弘治進士，由庶吉士改兵科給事中。劾三邊總制王越，巨猾老奸，不可玷節鉞。復列時政十四事。正德中以副都御史巡撫蘇、松，上疏請育宗室子以定根本，罷新增内官以省供億，召還建言被黜諸臣以廣言路，不報。終南京户部尚書。

容師偃。香山人。正德中負父避寇，被執。將灼其父，師偃泣請代，父得釋，而師偃竟焚死，年二十一。

鄺清隱。新寧人。正德間，温邊、白石羣盜起，兵備遣清隱等九人同往招撫。賊抗命，清隱等仗義聲罪，遂皆被難，兵備旌爲九節云。

方獻夫。字叔賢，南海人。弘治進士，正德中爲吏部員外郎。謝病歸，讀書西樵山中者十年。嘉靖初還朝，以議大禮稱旨。累官吏部尚書、武英殿大學士。卒，贈太保，謚文襄。獻夫雖緣議禮驟貴，然視張璁、桂萼性寬平，遇事亦間有執持，不盡與附。桂萼反陳珧獄，請逮問官，以獻夫言多免逮。思恩、田州亂，獻夫請專任王守仁而罷鎮守中官。思、田既平，王守仁議築城建邑，萼痛詆之，獻夫力陳守仁功狀，城乃得築。史稱其立身本末與所言是非固兩不相掩云。

霍韜。字渭先，南海人。正德甲戌會試第一。嘉靖初除職方主事，歷官南京禮部尚書。禁喪家宴飲，毀淫祠，散僧尼，置社學，表忠節。雖以議禮驟貴，居官頗有所建樹，時論爲優。卒，贈太子太保，謚文敏。

張祐。字天祐，南海人。襲世職爲廣州衛指揮使。正德中累立戰功，擢副總兵，鎮守廣西，敗臨桂、灌陽諸猺，破古田賊。

嘉靖時以王守仁薦鎮思、田，屢破劇賊。祐馭軍有方，不營私産。性好書，每載以隨，暇即延儒生講論焉。

梁有譽。字公實，南海人。嘉靖進士，授刑部主事。與李攀龍、徐中行、王世貞、宗臣、吴國倫、謝榛等結爲詩社，號「七子」。嚴嵩柄國，其子世蕃欲延納之，有譽恥爲所狎，遂謝病歸。所著有比部集。弟有貞，綿州守，亦能詩。

王漸逵。字用儀，番禺人。正德進士，除刑部主事。以母老請歸，杜門讀書，卜居蘿峰山，樹藝自給。嘉靖中起原官，上疏指切大臣，當事惡之，奪官歸。穆宗時贈光禄少卿。

張潔。字景川，順德人。正德進士，歷禮部主事，監督會同館。會尚書王瓊欲假遣使土魯番，爲都御史彭澤罪，嗾番人在館者暴澤過惡，誘潔署牒，且曰事成當有顯擢。潔力拒，卒不署。進員外郎。嘉靖三年，伏闕争大禮，受杖被創死，追贈太僕寺少卿。

鍾善經。字理夫，順德人。正德進士，由興化推官，擢爲御史。屢諫武宗北巡。嘉靖初，給事中劉最以劾中官崔文謫外，善經等抗疏論救，且劾文，不納。遂告歸侍養。親殁，廬墓三年，不御酒肉，衰服未嘗去身。

劉士奇。字邦正，順德人。正德進士，授刑部主事。錦衣千户陶淳枉法殺人，言官請逮治，不聽。士奇再請，竟正其罪。遷員外。嘉靖初議禮，與諸臣伏闕哭諫，杖幾死。出守梧州，超拜陝西參政，平七山寇，擢江西按察使，遷山東右布政，未幾乞歸。

歐大任。字楨伯，順德人。讀書纘言，確有元本。嘉靖時以貢生歷官國子博士，終南京工部郎中。王世貞品爲廣五子之一。有虞部集行世。

祁敕。字惟允，東莞人。正德進士，授刑部主事。嘉靖初伏闕争大禮，廷杖。歷郎中，善決疑獄。官終饒州知府。

黎貫。字一卿，從化人。正德進士，由庶吉士授御史。嘉靖初請復起居注之制，從之。帝欲於承天立興獻帝廟，貫疏争之，不聽。既張孚敬議改學宫制，損籩豆佾舞之數，貫率同官力争，褫爲民，以壽終於家。

黎民表。字惟敬，從化人。少從黃佐學詩，復學書於文徵明，得其家法。由鄉舉官司務，執政知其能文，用爲制敕房中書。始王世貞主文盟，進退天下士，有「續五子」之目，民表其一也。其詩文曰瑶石山人稿、北游稿。弟民懷亦善詩，有清居集。

湛若水。字元明，增城人。少從陳獻章遊。弘治末登進士，由庶吉士授編修。母喪，廬墓三年，授徒講學，從者日盛。嘉靖初歷南京吏部右侍郎，進所撰格物通一百卷。八年召爲禮部右侍郎，改南京兵部尚書，條奏兵民便宜十事，皆報可。又禁火葬，毁淫祠，躬巡畎畝，勸民農桑。以其暇與門人講學，四方賢士多出其門，學者稱爲甘泉先生。卒年九十五，贈太子太保，謚文簡。

黃佐。字才伯，香山人。嘉靖進士，選庶吉士，授編修。歷廣西僉事，累擢少詹事。與内閣夏言論河套事不合，尋罷歸。佐學以程、朱爲宗。抵家，日與諸生論道，學者因其自號，稱泰泉先生。及卒，穆宗詔贈禮部右侍郎，謚文裕。

岑用賓。字允穆，順德人。嘉靖進士，歷南京户科給事中，考選軍政。偕同官劾英國公張溶、豐城侯李儒、遂安伯陳鏸，三人皆罷去。隆慶中大計，又劾尚書黃光昇、錢邦彦等。及大學士高拱殃民悮國，爲衆所忌，出爲紹興知府。高拱再相，挾前憾，謫宜州縣丞，卒。

鄧師孟。新安人。隆慶時父被海寇掠執，師孟詣賊舟，懇以身代。寇釋父，將别曰：「有諸弟，勿念兒也。」遂沈海死。

何維柏。字喬仲，南海人。嘉靖進士，由庶吉士授御史。因陳修省，請罷沙河行宫、金山功德寺工作，并請撤安南問罪之師，帝頗嘉納。既疏劾大學士嚴嵩奸貪，下詔獄，廷杖除名。隆慶時復官，累遷左副都御史。萬曆初歷吏部左右侍郎，陳振飭百官八事，極論鬻官之害。張居正遭父喪，詔吏部慰留，維柏持不可，出爲南京禮部尚書，尋罷歸。卒謚端恪。

龐尚鵬。字少南，南海人。嘉靖進士，由知縣入爲御史。偕給事中羅嘉賓出覈南京、浙江軍餉，并勘胡宗憲失律狀，盡發宗憲貪淫，及趙文華、阮鶚輩侵盗罪。歷按河南、浙江，所至搏擊豪强，吏民震慴。隆慶時擢僉都御史，出理屯鹽，躬歷九邊，講求利弊，凡所建置，不爲勢豪所奪。尋落職歸里。萬曆初，起撫福建，進左都御史，忤張居正罷歸。天啓中卒，謚惠敏。

歐陽暉。字伯曦，從化人。萬曆舉人，知臨賀縣，擢南京刑部主事，改調香河，再調南京錦衣衛知事，以忤魏璫繫詔獄，杖讁放歸。尋聞同繫知府劉鐸致法，辭家抵飛來峽，赴水死。

黃公輔。新會人。萬曆進士。初知浦城縣，薄斂省刑，民甚德之。擢南京山西道御史，疏劾魏忠賢，削職歸。璫敗，起湖廣參政，駐長沙。賊犯城，設伏擒斬千餘，復擊藍臨賊於寶慶，殲其渠魁。會推都御史，以病辭歸。起太僕寺卿，轉左通政、刑部侍郎、兵部尚書，皆不拜。

陳子壯。字集生，南海人。萬曆進士，授編修。天啓中，以忤魏忠賢奪職。崇禎中，歷官吏部右侍郎，又以議宗室除名。永明王稱號，授東閣大學士。大兵入廣州，子壯起兵九江村，戰敗死之。本朝乾隆四十一年，賜謚忠穆。

韓上桂。字孟都，南海人。萬曆中舉於鄉。少諳兵法，倭人躪朝鮮，上書請以奇兵出海道，不報。妖賊亂山東，願以儒生往覘形勢，亦不用。官永平通判，時關内屯兵十萬，飛芻輓粟，積有勞伐。上桂天才超軼，與人宴飲，探題次韻援筆立就，時目爲嶺南才士之最。明亡殉節。本朝乾隆四十一年，賜謚烈愍。

霍子衡。字覺商，南海人。舉萬曆鄉試。崇禎中，歷官袁州知府，解職歸。已而復從唐王於廣州，授太僕卿。大兵克廣州，謂三子曰：「臨難毋苟免。」三子齊聲曰：「惟大人命。」子衡因大書「忠孝節烈之家」六字，懸之中堂，朝服北向拜，赴井而死。妾莫氏，子應蘭及妻梁氏，一女，應荃及妻徐氏，應芷及妻區氏，俱從死。本朝乾隆四十一年，賜謚烈愍。

劉士斗。字瞻甫，南海人。崇禎進士，授成都推官，署府篆。綢繆撫緝，憂勤備至。甲申八月，闖賊破成都，士斗駡賊遇害。妻張氏，偕其幼子及闔門二十餘人皆死之。本朝乾隆四十一年，賜謚節愍。

鄺露。南海人。幼穎異，博通經史及莊、𩡷、古文辭，不沾沾舉子業。詩法漢、魏、盛唐之音。書法絶妙。徧遊燕、齊、吴、楚間，所至莫不延譽。晚耽琴操，詩益工。庚寅城破，死之。

唐夢鯤。字化卿，番禺人。舉萬曆鄉試。崇禎末歷寶雞知縣。甫入境而潼關失守，三秦相繼陷歿。夢鯤知彈丸不能獨完，一日晨起，慷慨謂僕曰：「我力竭矣，惟一死以盡吾職。」悲憤痛哭，縊於官署。事聞，贈光禄少卿。本朝乾隆四十一年，賜謚節愍。

鄺曰廣。字居節，番禺人。崇禎進士，授襄陽府推官。值流賊攻城，曰廣身先登陴，爲流矢所中而死。妻譚氏、妾李氏及二女俱死之。城陷，凡家人在署者皆被害。本朝乾隆四十一年，賜謚烈愍。

黎遂球。字美周，番禺人。博學工文章，舉鄉試。唐王稱號，督廣州兵赴援贛州。城破，與弟遂琪並死之。本朝乾隆四十一年，賜謚節愍。

黎宏業。字孟擴，順德人。天啓舉人，知和州。崇禎八年，張獻忠率賊黨攻城，宏業誓衆效死。城破，巷戰敗績，母李氏、妻楊氏及妾與子女皆自經死。宏業引佩刀自刺，不殞，復慷慨裹創曰：「等死耳，喋血上馬，摧鋒而死。」本朝乾隆四十一年，賜謚節愍。

陳邦彦。字令斌，順德人。少慷慨，喜大節。走南都，上政要十三策，不用。舉崇禎末鄉試。廣州、肇慶俱破，邦彦起兵高明，約陳子壯共攻廣州，敗還。已而清遠指揮白常燦來迎〔二四〕，遂入城固守，城破不屈死。本朝乾隆四十一年，賜謚忠烈。

袁崇焕。字元素，東莞人。萬曆進士。慷慨有膽智。初爲邵武知縣，以薦授職方主事，升按察僉事，監山海關外軍。創議守寧遠，善撫將士，皆樂爲盡力，樞輔孫承宗深倚重焉。尋擢右僉都御史，巡撫遼東。崇禎元年，以兵部尚書督師薊、遼。二年，我大兵越薊州而西，崇焕引兵入援都城，朝士誣其通和議，將爲城下之盟，縛下詔獄，磔於市。籍其家，無餘貲，天下冤之。本朝嘉慶元年，予祀賢良祠。

陳象明。字麗南，東莞人。崇禎進士，歷官按察副使，分巡上湖南道，所至以清操聞。桂王時，廣東地盡失，象明調土兵東下，至梧州榕樹潭，遇大兵，戰敗不屈死。本朝乾隆四十一年，賜謚節愍。

張家玉。字元子，東莞人。崇禎進士。大兵至廣東，家玉聚衆入東莞，戰敗走西鄉。其祖母陳氏、母黎氏、妻彭氏、妹石寶俱死之。家玉自投於水。本朝乾隆四十一年，賜謚節愍。

鍾鼎臣。字彝公，新會人。崇禎進士，歷嘉興知府。大兵至浙，鼎臣與紳士沈輝辰等朝服北面，再拜自經死。本朝乾隆四十一年，賜謚節愍。

廖翰標。龍門人。天啓舉人。知新城縣，廉介自守，解組歸，不持一物。丙戌，大兵入城，以二幼子託其叔耀龍，自縊而死。妻陳氏，年二十四，矢志撫孤，人謂夫忠妻節云。

本朝

梁佩蘭。字藥亭，南海人。順治十四年，領鄉薦第一。戊辰擢會魁，改翰林庶吉士。假還，遊名山，與諸文人詠歌風雅，作述宏富，世多傳誦。

陳恭尹。字元孝，順德人。父邦彥死義。恭尹博學工詩，與梁佩蘭爲嶺南詩人大家，時名士多宗師之。

李作楫。東莞人。順治進士，授溧陽令。胥吏不敢干以私，歲荒設賑活民。去官日，民籲院司請留。尋補九江同知，土寇爲民害，親抵賊穴，縛渠盜以歸。升鶴慶知府，值地震，開倉借賑，災黎皆得復業。卒祀鄉賢。

莫士秀。字彦升，東莞人。性至孝，祖母病篤，祝天願以身代，病果愈。母卒，哀毁骨立，臨葬傷足，流血不止，半日始甦，謂二子曰：「葬事畢，吾將從母地下。」大慟而絶。

譚六經。龍門人。積學篤行。順治四年，山寇破城，殺典史汪熊，六經罵賊死之。

戴覺。龍門諸生。性至孝。順治四年，賊破城，擄其父欲殺之。覺跪泣求釋，願以身代。賊憐之，乃械其父，覺又乞代，賊乃兩釋之。

廖觀。龍門人。順治進士。深究性理之學，闡發陳獻章宗旨，四方來學者甚衆。事親以孝聞，樂行善事，周急賑饑。卒祀鄉賢。

姚嵊。增城人。順治間，山賊恣掠，父憙被擄，嵊奔賊叩頭出血，請以身代。乃囚嵊釋憙，令以金贖，金至得歸。後賊餘黨復流劫各鄉，邑令議撫之。賊曰：「必得孝子姚嵊來乃降。」嵊遂招降徐其等四十六人，分插各鄉開墾，邑賴以安。

林宜逢。新會諸生。順治甲午，與母同居圍城中，有悍卒欲烹其母，宜逢求以身代，許之。及解衣見其瘦，將置之，其黨不從。宜逢妻陳氏曰：「子代母，妻豈不可代夫乎？」遂就烹。時人稱曰「孝子義婦之門」。

葉夢稷。新會人。少孤事母孝。順治丁酉舉賢書，戀母不赴公車。崇尚正學，曠懷安遇。卒祀鄉賢。

繆志和。香山人。順治貢生。事父母以孝聞。值年荒，收養棄孩。母病，籲天願以身代。已有疾，必强起行坐，恐貽母憂也。以母老不仕，年七十孺慕彌篤。卒祀鄉賢。

勞翀。南海貢生。性孝友，邃理學。康熙壬戌，授廣寧教諭。會海寇内擾，翀作書詳諭，招其子弟，投戈講藝，悍氣遂醇。歸家時，邑有水災，傾橐以賑，全活三百餘家。卒祀鄉賢。

張權。順德人。康熙武舉。任恩平守備。癸巳冬，賊周廣生等焚劫城南，權領兵出敵，被礮死。祀忠孝祠。

羅良會。順德人。嘗以母病市藥回，遇賊將殺之。良會請進藥而後就死，賊釋之。謝昌之亂，良會負父而逃，賊追及，欲並殺之。良會出腰金以贖，賊嫌其少，請活父而殺子，賊感其孝，乃俱免焉。

馮天載。增城諸生。少孤，性至孝。母卒，廬墓五年。每疾風暴雨，必繞墓悲號，聞者酸楚。初，母在時，日走數十里市肉以供。母歿，終身不肉食。卒因哀泣過多，致枯雙目。

黄騰五。新會人。事父及繼母至孝。兄騰三爲舟子所戕，騰五廉得賊所，孤身往殺之，竟復其讐。時族人黄隆光亦以孝友聞。

韋元懿。香山人。康熙五年，海賊襲翠微村，元懿招衆擊之，遇於老鴉口，吼聲如雷，復以頭觸賊胸仆地，賊衆驚潰。次年庵山被寇，率衆赴敵，賊聞其勇，遮道擊之，遂遇害。鄉人感其義，祀於西社。同縣楊必名，遇賊脅降，不屈死。

鄭九琨。香山人。前山寨把總。康熙中，海寇鍾吉生劫翠微村，擄男婦而出，九琨忿曰：「爲朝廷守土，縱賊横行，何以生爲？」率親丁十一人擊賊，中火鎗。九琨揮衆退，猶挺立作擊殺狀，賊不敢近，良久乃仆地死。

湯命夔。新寧人。康熙舉人。年十四父殁，哀毁骨立。任新貴令，革陋規四十條，民情歡戴。旋里教授生徒，儼同寒素。卒祀鄉賢。

黄士龍。花縣人。康熙舉人。孝友篤學。花邑先隸番禺，從化界多寇盜，有貧而被掠者，士龍出金贖之。倡議陳請建城，官從之。仕蒼溪令，簡賦恤民，興學造士。卒於官，槖無長物。祀鄉賢。

何良浤。順德庠生。繼母患癰，良浤口吮之，虔禱於神，母遂愈。友兩弟，嫡庶無異。疊遭歲歉，捐賑不吝，人稱孝義。同邑有薛洞翔、歐象壯者，並以孝聞，乾隆中旌。

馮雅玉。增城人。幼孤，性至孝。母殁廬墓三年。遇颶風拔木幾盡，獨其母墓無恙，人以爲至孝所感。乾隆三年旌。

陸兆泰。三水人。性至孝，得父母歡。親病，衣不解帶，居喪哀毁倍至，殯葬盡禮，結廬墓側，宗族稱之。乾隆四年旌。

劉斌全。花縣人。官把總。乾隆五十二年，從征臺灣陣亡。嘉慶八年，祀昭忠祠。

謝朝陞。番禺人。官外委。嘉慶元年，從征川匪，陣亡於白巖山。同邑何振剛，官平樂營都司。嘉慶四年，陣亡於雲臺山。八年，俱祀昭忠祠。

吴振亮。番禺人。官都司。嘉慶七年，隨征川匪陣亡。同邑黄遇龍，以把總隨營勦匪於湖北，亦以是年陣亡。八年，俱祀昭忠祠。

楊貴。順德人。新塘營外委。嘉慶三年，隨征教匪，力戰陣亡。祀昭忠祠。同時張永成，三水人，以都司隨征，亦死是役。世襲雲騎尉。

李自明。新會人。官連陽營守備。嘉慶四年，與同邑順德協千總張耀、新會營把總鄧國祥、順德營把總陳士英，隨征川匪，並力戰陣亡。俱祀昭忠祠。

何定鼇。香山人。乾隆武舉。嘉慶十四年，洋匪入内河滋擾，奮激投效，擊賊被戕。予雲騎尉世職。

程尚德。清遠人。官千總。嘉慶三年，隨征蜀寇，陣亡於雲臺山。祀昭忠祠。

流寓

南北朝　陳

袁敬。陽夏人。魏克江陵，敬流寓嶺表。高祖受禪，敬在廣州依歐陽頠。頠卒，其子紇有異志，敬累諫不改。紇敗，朝廷義之，徵爲通直散騎常侍。

唐

賈直言。河朔人。父道，代宗時坐事賜鴆。直言紿其父曰：「當謝四方神祇。」輒取鴆代飲，毒潰足而出。帝憐之，減父死，俱流嶺南。直言由是跛躄。後劉悟辟署義成府，悟有過必争。悟死，子從諫不發喪，表求襲位。直言仰天哭曰：「爾父提十二州地，歸朝廷爲功臣。郎今日乃欲反耶？」從諫拜曰：「惟大夫教之。」直言乃自攝留後，軍中遂安。太和九年卒，贈工部尚書。

宋

何時。撫州樂安人。宋末削髮爲僧，竄迹嶺南，賣卜自給。變姓名，自號堅白道人。

明

鄒智。合州人。以直言責授石城主簿。與陳獻章爲忘年友。往來順德，知縣吴廷舉建樓居之。

校勘記

〔一〕華寧　原作「華安」，據乾隆志卷三四〇廣州府古蹟（下同卷簡稱乾隆志）及雍正廣東通志卷一八坊都志改。按，本志避清宣宗諱改字。

〔二〕隋書地理志　「理」，原作「里」，據乾隆志改。

〔三〕經略魏琰建　「琰」，原作「炎」，據乾隆志及雍正廣東通志卷五三古蹟志改。按，本志避清仁宗諱改字。

〔四〕嘉靖八年移治磨刀石　「磨刀石」，乾隆志及讀史方輿紀要卷一〇一廣東同，明史卷四五地理志作「磨刀口」。

〔五〕本名秘沖寨　「秘沖寨」，乾隆志作「秘神寨」，讀史方輿紀要卷一〇一廣東及雍正廣東通志卷一七公署志作「泌沖寨」。

〔六〕二十九年移駐　「二十九年」，原作「三十九年」，據乾隆志改。按，洪武年號僅有三十一年，此言「三十九年」顯誤。讀史方輿紀要作「十九年」。

〔七〕明洪武二年置　「二年」，乾隆志作「三年」。

〔八〕明洪武二年置　「二年」，乾隆志作「三年」。

〔九〕明洪武二年置　「二年」，乾隆志作「三年」。

〔一〇〕明洪武二年置　「二年」，乾隆志作「三年」。

〔一一〕本朝乾隆六年裁　「六年」，乾隆志作「七年」。

〔一二〕宋李仁修於此建五石橋　「李仁修」，乾隆志作「李士修」，康熙順德縣志卷之一地里橋梁作「李仕修」，云「南雄人，官浙省參政，寓居逢簡」。疑「仁」當作「仕」。

〔一三〕即香山之梅花水坡上饒平南墳　乾隆志同。按，雍正廣東通志卷五五塋墓志楊太后陵條云「宋后疑陵，一在香山梅花水坡上，一在饒平南澳墳頭岡」，此「南墳」當有脱誤。

〔一四〕在順德縣北都寧堡　「寧」，原作「安」，據乾隆志改。按，本志蓋避清宣宗諱改字。

〔一五〕陳璉墓　「璉」，原作「連」，據乾隆志及雍正廣東通志卷五五塋墓志改。按，本志避乾隆太子永璉諱改字。

〔一六〕蔣偕上其功　「蔣偕」，原作「蔣楷」，乾隆志同，據宋史卷三三四蕭注傳及雍正廣東通志卷三九名宦改。按，蔣偕字齊賢，華州人，任廣南西路鈐轄，上揭廣東通志名宦亦有傳。

〔一七〕葉顒　「顒」，原作「容」，據乾隆志及宋史卷三八四葉顒傳改。下文同改。按，本志避清仁宗諱改字。

〔一八〕總督屠滽屬修中貴先祠　「屠滽」，原作「屠庸」，據乾隆志及雍正廣東通志卷四〇名宦改。按，屠滽字朝宗，鄞縣人，弘治元年任兩廣總督。上揭廣東通志卷二七職官志有記。

〔一九〕土寇梁子直陷城　「子」，原作「於」，據乾隆志及雍正廣東通志卷四二名宦志、香山縣鄉土志卷二政績張令憲傳改。蓋「子」訛作「于」，又轉寫爲「於」也。

〔二〇〕冼勁　「冼」，乾隆志同，雍正廣東通志卷三八名宦志作「洗」。按，鄭樵通志卷二六氏族略第二有洗氏，注云：「又音綫。晉忠義傳有冼勁，南海人。」

〔二一〕丁璉　「璉」，原作「連」，據乾隆志及雍正廣東通志卷四四人物志改。按，本志避乾隆太子永璉諱改字。

〔二二〕陳璉　「璉」，原作「連」，乾隆志作「蓮」，據雍正廣東通志卷四五人物志改。按，陳璉字廷器，號琴軒，有琴軒集、歸田稿傳世。

〔二三〕由四川按察使召爲通政使　「四川」，原作「四州」，據乾隆志及雍正廣東通志卷四五人物志改。

〔二四〕已而清遠指揮白常燦來迎　「揮」原作「輝」，「燦」原作「璨」，並據明史卷二七八陳邦彥傳及小腆紀傳卷四順治四年八月條改。

大清一統志卷四百四十三

廣州府三

列女

南北朝　宋

陳南妻戴氏。南海熙安人。南爲軍士，早夭。戴矢志守節，孝事舅姑。有求聘者告其軍主，戴知事不得已，遂自縊死。元嘉中，刺史陸徽爲立貞節坊。

唐

七歲女子。南海人。武后時其兄進至京，后命賦别兄詩，即曰：「别路雲初起，離亭葉正飛。所嗟人異雁，不作一行歸。」

宋

李昌期妻何氏。東莞人。夫早逝，何守志，足不踰閾。舅姑有疾，禱天求代，尋愈。咸淳十年，縣令爲立孝婦坊。

劉元妻周氏〔一〕。南海人。宋季爲强賊所逼，投蘭石海死。後七日，屍浮倚於石，衣裾整然，遂於其地建祠。

李頤妻陳氏。東莞人。生子佳而頤死，矢志教子。宋少帝自閩入廣，陳氏遣子佳應詔勤王，與之訣曰：「汝宜竭忠，勿以老人爲念。」佳既行，陳氏趨至黄木灣，赴水死。佳至厓山，得潮州教授。還家，哀母不見，乃築望親臺於烏沙之陽。陳璉撰精衛詞吊之〔二〕。

元

譚仲悦女。新會人。年十七。至正二年，土寇作亂，被執，投潭水死。越八日，父得其屍，面目如生。明洪武三年，建祠於潭側，扁曰「丫髻廟」。

陳以安妻趙氏。新會人。至正十二年寇亂，夫爲賊所殺，氏被執，以箭自刺而死。

蕭積善妻何氏。新會人。至正十七年，賊首殺其夫，意在何氏，遣賊衆環其居，必刦致之。何氏度不免，白父母飲賊衆於堂，紿伴者曰：「吾埋金釵井旁石下，往取爲飾。」伴者信之，遂投井死。

明

王受祖妻萬氏。南海人。洪武初，蘇友輕作亂，萬氏爲官軍所獲，獻於南海衛指揮盧諸，諸愛其色，欲納之。氏哭罵不絶，死於南門外。

梁紀慶妻關氏〔三〕。南海人。夫墮崖死，關矢志養姑。比姑卒，貧不能葬，因併夫柩焚之。薪既熾，奮身躍入焰中死。

岑甲妻林氏。番禺人。甲爲富民佃，富民見林悦之，賂其舅姑與夫，將脅之。林度不免，自縊死。

曹世興妻謝氏。番禺人。夫卒，自刭以殉。

周氏女。番禺人。許字屈敏忠。甫定聘而敏忠卒，女欲奔喪，父不許。未幾，密議以敏忠弟續婚。及親迎，女私以縗服衷白衣，搴帷而出，則宛然奔喪婦也。遂大哭曰：「吾此來固欲與吾夫同穴，豈可爲亂倫事。」父知不可奪，聽其守節終身。

馬時安妻湯氏。新會人。正統間，爲賊所掠。湯駡賊被殺。時張寅妻蘇氏，亦駡賊赴水死。又有龐氏、李氏，俱自縊死。

林興妻蘇氏。香山人。正統己巳，黄蕭養攻城，四境奔潰。興時爲指揮，統屬軍於外，孤城危在旦夕。蘇率兵被甲，緣城拒守，親冒矢石，城賴以安。

蕭思敬女。新會人。年十八。景泰初，黄蕭養既平，水軍討鄉民之從亂者，見女有色執之，脅以利刃，誓死不受辱，被殺。

熊睿妻伍氏。增城人。正德間，爲賊所掠，逼之使行。伍坐地哭駡不動，賊怒殺之。同邑曹子英女，年十七，匿竹林間，爲賊所獲，觸竹而死。

陳雍妻顧氏。增城人。夫卒，遺腹生子。母令改嫁，顧變色曰：「吾忍以孤兒呼他人父乎？」搶地幾死。母知不可奪，乃止。正德間，盜劫其鄉，戒其黨曰：「此節婦鄉也，毋驚犯。」同邑黎日虞妻湛氏早寡，遺孤周歲。母勸其再適，湛抱孤泣曰：「兒不死，以有此子耳。」及孤又殤，遂自縊死。又陳如金妻劉氏，夫亡，父母欲奪其志，不食死。

姚以詵妻李氏。順德人。以詵卒，氏將身殉，家人防視甚謹。一夕整妝潛出飛鳳橋下，投水死。

梁氏女。東莞人，蜆蛹村民之女。嘉靖壬辰，賊許折桂掠其村，女時年十七，奮駡投水死。又海南栅村王氏女三人，嘉靖癸丑，爲劇賊何亞八所掠，俱不受辱，聯袂投水。

葉其瑞妻王氏。東莞人。夫操舟爲生，歲大祲，計無所出，私鬻王於博羅。券成，泣語王故，且示之金。王知無反理，佯謂夫曰：「得此亦足自活。」遂登舟。及至寶潭，忽躍入潭中。舟人遑遽，走報其瑞。其瑞從上流號哭奔赴，尸躍出，去所没處逆流已數十步，若相迎者，人皆異之。

方愫一妻張氏。東莞人。夫死於寇，張聞，取遺衣招魂，作藁以葬。謂家人曰：「我死必葬諸藁衣之側。」遂自縊死。又同邑梁夢昌妻張氏，夫卒，值虞期，晨起結束自縊。

歐陽勔妻黎氏。從化人。嘉靖癸亥，賊李亞元掠境。黎攜幼子走避，遇賊被執，紿賊曰：「吾從若，請免吾子。」即囑其子逸去，乃出金釧請贖，賊不許。厲聲詬賊，爲所殺。同時又有歐陽騰妻蕭氏，亦以駡賊遇害。

李伯亨妻許氏。新會人。嘉靖間，古兜盜發，許被掠，一子在抱。盜逼以行，許奮駡不屈。盜怒，先殺其子，駡益厲，遂殺之。同邑易鶴妻馮氏、易天準妻劉氏、戴彰緒妻林氏、楊泮妻伍氏、李某妻莫氏及方曰載女、林東老女，俱以不受賊辱，駡賊赴水死。又陳興伯女，年十六。嘉靖甲寅，爲海寇所掠，誓不受辱，乘間投水死。越數日，其父尋至石鴵海，得其屍，狀貌如生。

王道夫妻譚氏。三水人。嘉靖間，爲山賊所掠，渡江中流，紿賊渴甚，乞釋縛就飲。賊許之，投水而死。又黎輔妻梁氏早寡，事姑孝。賊掠其鄉，奮身救姑，爲賊所殺。

蔡氏女。新寧人。嘉靖初，年十六。從父避亂何村，爲賊所掠。縛至窯頭，蔡抗聲大駡，以首觸石流血，賊怒殺之。

利仁妻陳氏。新安人。嘉靖間，與仁弟叔彝妻廖氏，同爲賊所掠，不屈死之。又有梁氏、游氏二女，及方時登妻鄭氏、方時爵妻鄭氏，俱以駡賊被害。

黎彭齡妻陳氏。番禺人。生子方璐而夫死，陳撫孤守節。尋聞從兄子壯死難，遂匿方璐於眢井，自赴水死。又同縣彭烈女，本良家子，貧鬻爲富家婢，已許字某僕矣。主瞰其美，欲私之。女堅不可，主遂數撻僕背流血，復逐之以絶其意。女知不免，自扼吭死。事聞，令罪其主，使治葬北郭，樹華表。萬曆中，勒石旌其墓。

梁夢陽妻李氏。順德人。年二十而夫卒，欲從死。以家貧舅姑在堂，身有遺娠而止。越月生子，矢志養翁姑，紡績以給。翁殁，典衣殮葬，姑喪亦如之。御史葛徵奇題旌建坊。

梁宏道妻胡氏。龍門人。早寡，其父强令改嫁，服毒自盡。同邑譚經濟妻徐氏、劉耀妻葉氏，俱以夫亡絶粒死。

劉氏女。香山人。萬曆間，海賊劫其鄉，家人奔潰，女力梯其母踰牆脱避。復還，欲襁負其幼妹，爲賊所執，擁之登舟，女乘間赴水死。

黄鶴仙妻盧氏。番禺人。明末城破，爲亂軍所脅，盧大罵曰：「吾命婦豈受辱乎？」遂投水死。同邑郭景相妻黄氏、屈一鳴妻黄氏、黎士奇妻樊氏、李應春母樊氏、樊良佐妻周氏及女媳十餘人，皆以被難不屈死。又何大化妻陳氏，年二十，爲賊所執，堅不受辱，投烈火死。

李夔妻張氏。順德人。崇禎末，爲盜掠至大陂徑，不屈被殺。同邑梁公韶妻陳氏，少寡守志，賊劫其鄉，赴江死。

林公燮妻張氏。東莞人。明末城破，張氏抱兒赴水死。越四日尸浮，兒猶在抱，見者傷之。同時有盧上錫妻張氏，以頭觸石死。

陳喬宇妻梁氏。增城人。崇禎中，流賊掠縣，梁被執不屈，奪賊刀自刎。同邑陳戴妻曾氏及聶氏女，俱引刀自刎死。黄燦陽妻張氏及黄一祁三女、黄森然二妹，俱墜樓死。黄無隅妻馮氏、黄華石妻賴氏，爲賊所逼，不從遇害。

吴元明女。新安人。崇禎末，劉香入寇，隨母避亂，爲賊所得。女以石擊賊，遂爲所殺。同邑林氏女，爲葉麗明家婢。賊縛其主，將殺以祭旗，林奔投賊營，泣請身代。賊殺之，主竟得釋。

本朝

盧健吾妻李氏。南海人。夫亡守節，時年二十二。順治七年，年百歲，沐浴隱几，無疾而終。

方齋姑。南海人。明少保方獻夫元孫女，與寡嫂某氏同居。順治七年，兩藩入粤，屯兵北郊。齋姑恐遭掠，與嫂同赴水死。

樊應元女。番禺人。順治三年，花山賊亂，女被掠，駡賊而死。五年，李成棟發兵勦村，郝載霞妻何氏同二女自焚。同時馮當世妻何氏，家於沙灣，值遷界之役，有兵狎之，義不受辱，抱二女自沈於海。

梁仕昌妻黄氏。番禺人。順治七年，廣州城破，恐遭掠，投井死。同時參將張某妾王桂卿、羅士賢妻鍾氏、王家泰妻張氏、林氏女，天濠街婦人，逸其夫姓，均因城破自盡。又梁氏婦，因夫被害，視殮畢，自刎以殉。十年，海寇掠境，劉若纘妻李氏，被執不屈死。同時闞氏，逸其夫名，亦死於是難。又許氏三女，長智聰，次智隆，許和宗女，次智積，許明宗女，值寇掠潭山，三女懼辱，同投一井，里人憐而合葬之。

劉氏女。番禺人。受聘於黎氏，未嫁夫卒。父母欲奪其節，自經死。

何子攸聘妻劉氏。順德人。未嫁夫亡，守節。順治十六年旌。

黄緝熙聘妻梁氏。順德人。未嫁夫亡，守節。順治十四年，海賊掠境，拒賊被害。同縣胡贊鼇妻嚴氏，夫亡守節，遭黄圍寇亂，被掠死之。

鍾諧玉妻林氏。東莞人。夫亡守節，養姑教子。順治間旌。同邑趙儒妻鍾氏，夫亡守節，順治十八年旌。

黄虞彦妻范氏。東莞人。順治三年，山寇破城，范與虞彦訣，揮之去，解囊中金授之，驅二女同投井中。其後虞彦被俘，竟以金贖得免。又同縣蕭子居妻林氏，夫婦被難，爲兵所執。林紿兵釋其夫還取金，夫去已遠，遂觸刃死。

曾昇妻李氏。從化人。順治三年，花山賊掠境，李攜子女走避，被執，以頭觸石死。

何弼生妻廖氏。龍門人。順治初，爲山賊所掠，與其女士敬及何元正妻王氏、何鴻羽妾陳氏、廖通元女、何岸子妹，俱義不受辱，死之。又廖閏奇妻劉氏，順治十八年，賊破杜潭，與其女弟相對自刎。

張思敏妻周氏。新會人。夫亡守節，養姑教子。順治十三年旌。

利應昌女。新會人。順治三年，遇寇逼之，紿賊引至井旁，猝躍以入。

馮亞斗妻潘氏。新會人。順治十一年，李定國圍城急，城中兵殺人以食。潘偕亞斗碎户爲薪，舉火自焚。同時梁學慊女，以身代父。林應雛妻莫氏、林宜逢妻陳氏，以身代姑。吴孟禩妻譚氏、吴師讓妻黄氏、夏月賓妻關氏，以身代夫，均死之。魯赫妻徐氏，夫婦同被執，徐願以身代，徐俟夫去遠，罵賊而死。妾李氏，亦以不受辱死。又李氏、莫氏，亡其夫名，李代夫死。莫早寡，爲兵所脅，觸牆而死。古嘉賢妻勞氏，與其姒任氏及二女，勞氏女正娘，湯世耀聘妻黄金繡，楊春魁妻胡氏，古周平妻李氏、女靈娘，陳基砥妻許氏，黄日耀季女，尹振明女，黄圭瓚妻黎氏同幼女英姬，李仲珍妻何氏，周三可女，陳念其女與其母黄氏，張耀思妻徐氏，潘時益妻李氏，張光初妻區氏，余孚先妻潘氏，張某妻馮氏，楊苑秋妻伍氏，俱以懼辱捐軀。王聲桂妻歐陽氏、魯氏二女、吴細權妻林氏、許康策妻陳氏，俱以罵賊被害。

容士望母麥氏。新會人。時亂兵肆掠，麥登樓自縊，未絶，兵解繯，驅至蟠步江，猝投水中。鄉人立祠祀之，號麥仙娘廟。又二馮氏者，張雲際之母與妻，遭賊劫，俱投井捐軀。

黄肇揚妻麥氏。香山人。順治十年，爲亂兵所掠，乘間投水。同時繆志皐妻楊氏，遭梁賊之變，懼爲所污，偕子婦唐氏，俱投水死。

方氏女。香山人，名秀貞。許字李棐龍。順治十二年，海寇竊發，母女皆爲所執。女紿賊令母歸辦贖，度母行已遠，即躍入海中。其後又有盧尚雍妻鄭氏、陳昌昆妻梁氏，俱遭海寇之難，不從遇害。

何月客妾譚氏。香山人，僑寓順德。月客爲把總，以戰亡，輿尸歸，譚投水以殉。

蕭欽相妻毛氏。香山人。順治九年，賊梁子直犯城，毛與其小姑許字繆昆卿者，恐爲賊污，同時自沈於池。同邑楊思誠妾夏氏、李鳳侶妻高氏、王簡生妻程氏，俱以不受賊辱，投井。蕭子讓妻胡氏、李公憲妻郭氏、麥君覎妻李氏、何嘉會妻袁氏，俱以夫亡殉節。烈女劉氏，許字楊貫六，未嫁夫亡，葬柩經其門，遂投繯，獲救。後聞有求婚者，復自經。又楊氏女，許字鄭式徽，夫歿訃聞，即嘔血誓死。父母知不可奪，乃歸鄭，仍不食死。

金有庫妻白氏。南海人。夫亡守節。康熙六年旌。同邑尚之忠妻孔氏、李天佑妻馬氏、舒尚夢妻殷氏、姪婦姚氏、徐尚友妻蘇氏、陳廷璣妻羅氏、莫自强妻佟氏、蔡長泰妻賴氏、劉德明妻張氏、潘于俊妻倫氏、潘啓相妻蘇氏、葉光龍妻黎氏、邱紹金妻劉氏、羅作謀妻何氏、陳宗行妻何氏、何松兆妻劉氏、何體甡妻杜氏、張萃雄妻梁氏、蒙帷彦妻李氏、黄耀型妻梁氏、徐翰選妻梁氏、盧崇修妻龐氏、潘恪賢妻馮氏、冼皐客妻黄氏、麥宏泰妻徐氏、龐宇璧妻招氏、麥宣馥妻黄氏、陳瑜文妻冼氏、馬遠妻陳氏、梁鼎妻姚氏、陳在思妻楊氏、吴貫之妻謝氏、麥齊性妻馮氏、甘作甫妻何氏、何德麟妻高氏、羅子恒妻林氏、潘憲忠妻彭氏、何相魯妻林氏、何光弼妻梁氏、張全仁妻周氏、區起敬妻李氏、方士成妻吴氏、梁俊客妻陸氏、何騰兆妻梁氏、李貞子妻關氏、張廷連妻區氏、許海涵妻龐氏、何昌文妻陳氏、曹槐三妻盧氏、郭顯妻黎氏、杜文韜妻陳氏、羅國裕妻何氏、羅淑最妻黎氏。烈婦馮夢蓮妻霍氏、王命召妻滕氏。貞女鄧吉生聘妻譚氏、葉勤成聘妻盧氏、黄志麟聘妻梁氏、關福階聘妻易氏、陳師臣聘妻莫氏、李飛鴻聘妻區氏、曾翔遠聘妻黎氏、李遇榮聘妻潘氏。烈女黄望吕聘妻鄧氏。均康熙年間旌。

林烈女。南海人，名秀姑。康熙十年，賊劫其鄉，逼之就道。秀姑堅不肯行，賊縛而鞭之，斫其項，棄於路。夜有虎銜復其家，顏色如生。同時林某女蘭妹，甫及笄，與秀姑同被掠，不屈死之。其父殮屍歸，與秀姑合葬，題碣曰「林氏二貞烈墓」。又程氏，逸其夫名，亦以駡賊被害。

潘通儒妻梁氏。南海人。康熙十九年，爲山賊所劫，大駡不屈，賊怒剖腹而去。其小姑曰娓娘，亦投井死。同邑梁佐卿妻關氏，早寡守節。康熙二年，爲賊所掠，駡賊受害。朱協蓮妻盧氏，海賊掠其家，盧被執，捐軀。其妾周氏、李氏，婢張氏，并三女，俱被害。

林必登妻左氏。南海人。歸四月而夫卒，誓以死殉，母姑咸止之。俟葬畢，即寢室自經。同邑冼澤翹妻梁氏、陳謙士妻彭氏、林元隆妻鄺氏，俱以夫亡殉節。

王純臣妻趙氏。番禺人。夫亡守節，康熙五十九年旌。同邑馮達兆聘妻歐氏、黄德憲聘妻吴氏，均康熙年間旌。

潘二姑。父公調，山陰人。寓番禺，業鹽筴。二姑年十四，許字袁氏子。袁初利公調貲，後知其貧，欲悔婚，搆穢語榜其門。二姑夜投井損軀明其志，鄉人醵金立祠，並亭其井。

梁林健妻馮氏。順德人。夫亡守節。康熙三十八年旌。同邑梁材慶妻鄭氏，梁友廷妻何氏，蕭英俊妻張氏，鄧雍讓妻譚氏，盧宗信聘妻黎氏，胡宣徽聘妻陳氏，葉國祐聘妻梁氏，楊觀杲聘妻周氏，麥譽舟聘妻佘氏，麥可興聘妻朱氏，周作輔聘妻鄭氏，蘇惟簡聘妻李氏，均康熙年間旌。

李氏六貞女。順德人。生員李朝宗女曰簡姑，敬甫女曰潔姑，文甫女曰琔姑、玠姑，雲生女曰寅姑，雪生女曰璿姑。從堂姊妹，居亦比廬。康熙十五年，年皆及笄，時逆周入寇，有欲掠以獻者，六女知不免，連臂赴池中。次日六屍浮出，面色如生。康熙二十三年旌。

梁伯仁妻黎氏。順德人。早寡守節。康熙三年，鄉爲賊擾，黎出避，賊迫之，抱石自沈死。同邑梁氏女阿蘭、阿喜，墜樓而死，阿蟾、阿明及梁錫蓮妻蘇氏，俱以駡賊被害。時又有陳宋謙女，賊入境，與弟走避至壘石，海賊逼之，麾其弟去，自投於水。

劉三姑。順德人。劉始暘女，許字蔡氏子。康熙四年，新會賊劉寶掠境，女被追，抱石自投於江。五年，吴三桂入寇，蘇秩妻張氏、妾霍氏，俱以不受賊污，捐軀投水。八年，山賊焚劫，盧伯芳女，因母龐氏傷於礮，抱哭不去，遂俱焚。同時張懿滿女，以救父被害。葉之炳妻黄氏，以夫死殉難。十七年，海寇肆掠，鄭德璽妻周氏、辛相臣妻鄭氏、陳沛若聘妻何氏、唐貴裕女、曹焕斌女、曹齋彬女，俱以懼辱捐軀。梁彦旬妻馮氏、梁彦倫妻李氏、區仞正妻何氏、蔡毓先女慶娘，俱以拒賊被害。

黄兼蒨妻蘇氏。順德人。同邑胡紳其妻何氏、左島文妻張氏、黎宁標妻陳氏，均夫亡殉節。

徐輪美妻張氏。東莞人。夫亡守節，康熙三十七年旌。同邑祁能裕妻袁氏、盧其漸妻謝氏、李耀紘妻翟氏、張天然妻何氏、尹宏祖妻李氏、丁光祺妻尹氏、鍾韶妻濮氏、翟元岱妻趙氏、蔡玫妻羅氏、趙奕爵妻李氏、庾瑚妻黎氏、周祥慶妻袁氏、尹衍梧妻徐氏、尹廷榮妻陳氏、李青紘妻姚氏、庾叶文妻林氏、梁嘉鈁妻張氏、尹漸進妻羅氏、鄧繼章妻濮氏、祁禹績妻尹氏，烈婦袁裔相妻黎氏，貞女陳翹進聘妻麥氏、羅烈祖聘妻李氏，均康熙年間旌。

温氏女。東莞人。許字葉氏。康熙初，海寇掠境，執其母，女懼辱，自投於水。賊義之，歸其母。同時黎氏女八娘，及笄未字，賊美其色，驅之行。女罵賊被害。十九年，海賊復掠，黎式妻曹氏、黎昂妻周氏、盧掄上妻尹氏、林張敘妻陳氏、何天祺妻黎氏、周子顯妻黎氏、何衷文女，俱以拒賊被害。又殷奕垣妻廖氏，夫亡殉節。

謝亦昇女。東莞人。康熙二十年，海寇掠其村，驅之行，以白刃逼之，即引頸就刃未殊，復墜樓死。同邑馮宜園妻張氏，爲賊所執，投水死。王汝梅妻陳氏，寇殺其姑，與其子瑞櫟、女英娘，均赴井以殉。徐乾修妻周氏，名鳳珍，少寡。盜寇其鄉，恐受辱，赴石塘死。周阿興聘妻林氏，未嫁夫卒，父母議改婚梁姓。林知之，泣而歸周，事姑至孝。逾年父卒，梁姓以悔婚訟官，林捐軀明志。又柳氏，許字蘇華昇，夫亡殉節。陳氏嫁劉姓，失其夫名，家貧爲人織席，其人以金挑之，遽自經。

張朝玉妻李氏。從化人。夫亡守節。康熙三十五年旌。同邑李有連妻鄧氏、歐陽飛遠妻鄧氏，均康熙年間旌。

湛粹繼妻馮氏。增城人。夫亡守節。康熙三十七年旌。同邑謝卓君妻陳氏，康熙四十五年旌。

李象觀妻簡氏。新會人。夫亡守節。康熙四十年旌。同邑林輝嗣妻黃氏、李遠立妻歐陽氏、莫奕昌聘妻屈氏，均康熙年間旌。

鍾世恩女。新會人。康熙十五年，馬雄入寇，女被掠死之。同時勞君衍女，名勝娘，逃賊捐軀。伍瑞昇妻陳氏，拒賊遇害，暴尸旬日不壞。十九年，海賊擾境，陳用亨妻伍氏，同夫逃亂，伍不能行，賊追及之，嚼舌以血噴賊，遂遇害。陳鍾崙妻黃氏，爲賊所掠，乘間躍入海中。林子昭女，與其弟偕避寇樓上，賊焚樓，女念姊弟俱死，父嗣將絶，乃約弟於背，覆身墜地，裂腦而死，卒全其弟。過之者咸指爲孝烈樓。又趙貴御妻楊氏，貴御他出，有强暴迫之，楊引刀斷喉死。

陳瑞昇女。新會人，名阿蘭。幼受聘馮氏，父母以馮落魄悔婚，女泣諫不從，改字之。及婚期，引刀自裁。又謝廷玉女，幼許婚某家，後廷玉死，其叔悔婚，欲別字之，女即閉門自經。

張耀高妻何氏。新會人。歲祲，與夫依於外家，每忍饑飯其夫。夫病疫，人遠避之，何侍藥不離側。及夫卒，遂自縊。母救之甦，不復飲食，是夜投江死。同邑翁萬可妻張氏，夫死於兵，張求尸不得，遂殉節。林子暄妻陳氏，夫亡殯畢，即投繯死。許越翹妻宋氏，夫早卒無子，屬纊日，宋囓一指訣曰：「妾未即死，以嗣子未定故，泉下相見，請俟三年。」後服釋定嗣畢，乃嚴粧拜木主，入室自縊。家人救甦，終不食而卒。

鄭一岳妻穆氏。香山人。夫亡守節。康熙四十七年旌。同邑麥景仞妻羅氏、毛建周妻繆氏，均康熙年間旌。

黃聲叔妻何氏。三水人。夫亡守節。康熙三十八年旌。同邑何裕斯聘妻盧氏、湯始明聘妻陸氏、何殿升聘妻龐氏、陸懋德聘妻蘇氏，均康熙年間旌。

胡占泰妻周氏。三水人。康熙中，遭兵掠，投水。同邑劉亞長妻黃氏，遇强暴捐軀。李朝逵聘妻陸氏，未嫁夫亡守貞。

父母欲奪其節，捐軀明志。

歐瑛女。名蒂祐，清遠人。許字禤氏子。康熙元年，爲賊所掠，不辱遇害。

盧烈婦。清遠人。夫操舟載客，有宦家子窺其色，以勢撻其夫，復擠於清遠江中。婦號哭不能救，遂自刎死。

鄧兆光妻何氏。新安人。夫亡守節。康熙四十五年旌。同邑廖露其聘妻游氏、萬子復聘妻陶氏，均康熙年間旌。

陸卜上妻區氏。南海人。夫亡守節。雍正二年旌。同邑黎文朝妻潘氏，梁敬天妻陸氏，梁同仁妻李氏，黎君選妻潘氏，麥宏遜妻馮氏，李朝元妻麥氏，杜賢英妻梁氏，陳仲才妻招氏，陳崇佳妻林氏，譚揆忠妻麥氏，陳宜齋妻張氏，麥齊顯妻簡氏，趙君憲妻王氏，黄扶先妻陳氏，馮曈妻霍氏，梁仲桂妻孔氏，林應禧妻勞氏，李錫騶妻方氏，陳宗政妻羅氏，郭德惠妻梁氏，陳隆恩妻龔氏，陳華社妻李氏，鄒遠平妻陳氏，陳榮社妻蘇氏，麥宗翹妻譚氏，甘子茂妻潘氏，林秉仁妻羅氏，潘宇猷妻唐氏，邵池道妻簡氏，馮鼎昌妻練氏，徐達偉妻龐氏，廖航位妻譚氏，潘元生妻莫氏，莫位五妻梁氏，葉起浦妻陳氏，馬協妻勞氏，馬藎斯妻何氏，陳玉聖妻王氏，黄翰榮妻梁氏，陳德先妻陸氏，莫義長妻郭氏，羅國洵妻何氏，譚恭侯妻劉氏，霍廷橋妻鄺氏，何後然妻簡氏，梁位五妻鄧氏，羅兼三妻馮氏，黄錫庸妻潘氏，甘飛塵妻李氏，甘祖朋妻杜氏，霍寅法妻李氏，李伯培妻沈氏，關朝臨妻吴氏，陳晉甫妻李氏，黄元俊妻李氏，游達九妻羅氏，甘嗣英妻高氏，崔維祚妻李氏，李君臨妻梁氏，梁萬芝妻謝氏，陳秉淵妻江氏，張俊妻譚氏，黄廷輔妻陳氏，顔建謀妻吴氏，黄文錫妻霍氏，李象芳妻陳氏，梁遇隆妻甘氏，邱作連妻洗氏，羅雲生妻徐氏，顔建智妻黄氏，龐介臣妻潘氏，陳聖訪妻霍氏，馮士瑛妻謝氏，鄧潤妻馮氏，陸廷佐妻陳氏，羅聞韶妻郭氏，葉公玉妻羅氏，葉捷聘妻張氏，陳聖起妻龔氏，何君璧妻梁氏，羅尹宰妻葉氏，廖起倫妻白氏，黄日新妻廖氏，方邦俊妻胡氏，陳文瑞妻莊氏，陳孝長妻劉氏，蕭恒標妻張氏，潘爵英妻梁氏，潘晉公妻陳氏，葉伯宣妻鄧氏，黎作玉妻鄺氏，梁宏章妻何氏，李弼卿妻張氏，林士行妻孔氏，崔作郎妻程氏，馮天輔妻李氏，貞女崔雲平聘妻馮氏、葉公鐸聘妻何氏、周演正聘妻林氏、周長曉聘妻區氏、崔善凝聘妻梁氏、仇逸芝聘妻趙氏、邵雲昭聘妻簡氏、邵聞道聘妻陳氏、鄺調元聘妻曾氏、李嘉齊聘妻羅氏、李啓裔聘妻陸氏、林斯萬聘妻勞氏，烈女林氏，均雍正年間旌。

劉文達妻黎氏。番禺人。夫亡守節。雍正二年旌。同邑鍾喬祉妻陳氏，何信安妻郭氏，李德遠妻崔氏，何寵拔妻李氏，陳羽長妻孔氏，高維節妻謝氏，黎漢公妻曾氏，戴玉侯妻李氏、媳謝氏，崔廷平妻謝氏，何遇五妻謝氏，何瓊賓妻謝氏，謝錫章妻何氏，黎靖如妻蘇氏，凌長源妻何氏，黄大賓妻屈氏，李簡書妻陶氏，陳士璘妻蔣氏，張法禹妻蔡氏，秦明馨妻簡氏，黄授之妻凌氏，蘇宏益妻李氏，謝其旋妻李氏，何得樞妻梁氏，鄺飛鵬妻洗氏，王澍妻戴氏，簡躍龍妻何氏，王章之妻李氏，張公客妻蘇氏，崔殿璋妻孔氏，崔鍾乾妻衛氏，屈大壽妻何氏，簡爾連妻李氏，馮元妻黎氏，宋釗妻曾氏，劉和禮妻李氏，吴正卿妻杜氏，吴獻妻蔡氏，何某妻郭氏，黄如見妻屈氏，烈婦韓罕言妻何氏，貞女陳錫蒲聘妻曾氏、謝紹則聘妻高氏、簡英禄聘妻馮氏、梁倫聘妻黎氏、陳賚始聘妻褚氏、張邱白聘妻李氏，均雍正年間旌。

李輔臣妻曹氏。順德人。夫亡守節。雍正二年旌。同邑麥長啓妻霍氏，李商連妻譚氏，陳而枚妻龐氏，蘇文廣妻陳氏，梁台伯妻李氏，勞鸞君妻辛氏，張宏毅妻黄氏，梁永勷妻張氏，胡爲翰妻陳氏，梁成階妻黄氏，蘇雲卿妻凌氏，梁啓謙妻麥氏，馮以臯妻董氏，胡勷彦妻陳氏，梁家弼妻張氏，陳憲修妻薛氏，嚴繩矩妻陳氏，羅國御妻唐氏，胡應恒妻吕氏，黄德光妻吴氏，何公益妻麥氏，陳文標妻黄氏，何卷頌妻陳氏，楊文明妻胡氏，何翎妻羅氏，關子玠妻歐氏，馮信才妻梁氏，楊漣斯妻羅氏，王識定妻胡氏，區用梁妻胡氏，貞女廖紹熙聘妻麥氏、黄鴻熙聘妻關氏、吴尊良聘妻伍氏、李興佳聘妻林氏、游秩仙聘妻吴氏、何夢鼒聘妻胡氏、何連翰聘妻游氏、黎惠後聘妻何氏、游元侯聘妻潘氏、盧蒂綽聘妻周氏、李時楊聘妻黄氏、羅徵裁聘妻何氏、馮亞定聘妻梁氏、劉就予聘妻麥氏、馮廷儀聘妻楊氏、楊景運聘妻梁氏、廖作昇聘妻鄧氏、盧亞四聘妻潘氏，烈女何昺聘妻譚氏、何瑞謙聘妻胡氏，均雍正年間旌。

陳如松妻李氏。順德人。與同邑張澤泗妻黎氏，均夫亡殉節。

蔡麟瑞妻張氏。東莞人，夫亡守節。雍正三年旌。同邑祁觀慶妻李氏、子孫衍妻張氏，劉藩是妻尹氏，鍾穎濱妻黄氏，張夢麒妻祁氏，陳名世妻許氏，鄧奕振妻張氏，何而韜妻陳氏，何肆史妻黎氏，劉惪妻翟氏，方宣文妻張氏，蔡彬妻黎氏，祁奕聞妻張氏，鍾元會妻何氏，袁輝祖妻李氏，李宏達妻劉氏，張國萃妻陳氏，劉芳屏妻尹氏，劉祖五妻李氏，黎宜亮妻張氏，李繼白妻陳氏，袁式昆妻李氏，周静軒妻張氏，翟翼翔妻陳氏，鍾星象妻梁氏，王佐元妻陳氏，尹周上妻封氏，陳淇妻温氏，劉士興妻黎氏，方鐙妻王氏，貞女封祖傳聘妻尹氏，均雍正年間旌。

譚亦瑶妻葉氏。從化人。夫亡守節。雍正四年旌。

盧汝玢妻劉氏。增城人。夫亡守節。雍正十年旌。同邑熊璧客妻姚氏、湛帝長妻莫氏，均雍正年間旌。

何雲年妻尹氏。新會人。夫亡守節。雍正四年旌。同邑劉上美妻李氏、何川望妻鄺氏、張俊妻譚氏、鄧熙參妻潘氏、李調叔妻容氏、陳廣惠妻馮氏、馮天輔妻李氏、羅世贊妻吴氏，貞女李林芳聘妻黎氏、歐陽翼藩聘妻李氏、李輝盈聘妻陳氏，均雍正年間旌。

梁慶蕃女。新會人。名羅生。康熙十五年馬雄入寇，女年十七，與從母譚氏被執，驅登舟，至中流自投於水。同邑李遇熙聘妻梁氏，亦以被掠不辱，投水捐軀。並雍正三年旌。

胡宣猷女。新會人。許字陳維心。同邑吕紹全女名愛，許字陳奇昌，均未嫁，夫亡殉節。

李職名妻何氏。香山人。夫亡守節。雍正三年旌。同邑梁敬存妻黄氏，李孟義妻劉氏，楊文耿妻梁氏，繆敬妻譚氏，梁泰滋妻羅氏，何維傑妻羅氏，鄭紀常妻梁氏，黄傑卿妻蔡氏，霍文育妻楊氏，劉上正妻鄭氏，楊欽子妻藍氏，鄭衡嶷妻汪氏，繆時發妻鄭氏，高冀善妻黄氏，黄燦卿妻唐氏，譚廷謀妻繆氏，黄時舉妻何氏，方東炳妻高氏，何一賢妻曹氏，何晉生妻鄭氏，何紹衮妻李氏，梁定海妻唐氏，貞女毛憲周聘妻李氏，均雍正年間旌。

胡烈女。香山人。許字黄成康。及笄而成康卒，女欲奔喪，父母止之，遂自經，距黄死僅三日。

梁采苹妻蘇氏。三水人。夫亡守節。雍正三年旌。同邑林文新妻陳氏，梁爲鶚妻陳氏，麥瑞芝妻何氏，蘇佐斌妻張氏，蘇雅文妻區氏，梁帝華妻徐氏，梁純諏妻區氏，冼佐大妻温氏，阮能長妻陳氏，林先讓妻區氏，阮畢正妻鄧氏，舒繼貞妻麥氏，劉象賢妻周氏，陳禧旦妻陸氏，貞女陸涵遇聘妻何氏，均雍正年間旌。

李冠鐸妻黃氏。新寧人。夫亡守節。雍正九年旌。同邑雷尚春妻黃氏、雷允鰲妻伍氏、李兆麟妻甄氏、伍世厚妻羅氏、伍德見妻趙氏，均雍正年間旌。

黃成煥妻劉氏。清遠人。夫亡守節。雍正三年旌。同邑黃裳妻孔氏、何章秀妻朱氏，均雍正年間旌。

鄧儒妻廖氏。新安人。夫亡守節。雍正四年旌。同邑廖湛君妻鄧氏、鄧光客妻龍氏、鄧文英妻譚氏、何元燦妻鄧氏、鄧信侯妻何氏，貞女萬中道聘妻廖氏、曾能超聘妻陳氏、陳殿選聘妻曾氏，均雍正年間旌。

梁秩侯妻馮氏。南海人。夫亡守節。乾隆元年旌。同邑李漪長妻徐氏，吳祖嘉妻勞氏，李奕公妻潘氏，李元宸妻張氏，區則謨繼妻高氏，廖子健妻陳氏，麥卓銓妻高氏，姚祚妻陳氏，黃公棐妻洪氏，譚會生妻陸氏，黃宸宣妻馮氏，黃朝長妻龐氏，鍾尚禮妻鄺氏，吳天燕妻鍾氏，鍾簡良妻孔氏，鍾建先妻曹氏，陳繼實妻顔氏，鄭廷英妻王氏，林贊公妻陳氏，盧俊長妻崔氏，梁存萬妻潘氏，黃天寵妻陳氏，林文燦妻孔氏，黃省夫妻梁氏，黃顯夫妻邵氏，劉沛子妻何氏，何裕永妻葉氏，王德倫妻麥氏，何開之妻潘氏，林朝雄妻譚氏，黎敏雄妻張氏，李皆賢妻梁氏，梁文光妻莫氏，區大志妻趙氏，李侶平妻麥氏，李近仁妻黃氏，李天全妻陳氏，吳民超妻劉氏，廖燕蕃妻陳氏，蔡太朝妻勞氏，薛昇侯妻陸氏，薛子耀妻黃氏，區超文妻蘇氏，龐勵斯妻陳氏，譚彤士妻朱氏，洗元璧妻陳氏，陳鼎千妻劉氏，洗若人妻張氏，黃家瑶妻何氏，左方岳妻高氏，葉瑛球妻彭氏，左廣有妻霍氏，黎朝楨妻劉氏，范殿元妻周氏，羅國元妻何氏，游燦長妻黃氏，蕭益謙妻翟氏，麥殿鼇妻梁氏，梁文教妻楊氏，高聘九妻黃氏，崔運珍妻何氏，霍能瞻妻陳氏，馮仕贊妻黃氏，潘純一妻鄧氏，陳理垣妻梁氏，羅淑公妻譚氏，黃殿書妻林氏，龐見龍妻霍氏，馮作屏妻李氏，梁振綱妻何氏，陳瑞妻李氏，陳大綸妻鮑氏，吳憲明妻梁氏，盧依中妻劉氏，楊儒聰妻張氏，張作鼇妻梁氏，江以萬妻招氏，招毓都妻吕氏，簡彦侯妻甘氏，鄧拓先妻招氏，楊天慧妻徐氏，區偉衡妻蕭氏，崔咸一妻關氏，招建豪妻陳氏，蘇君德妻區氏，梁與平妻李氏，勞元恭妻黃氏，王元堪妻譚氏，何魯卿妻陸氏，陸允泗妻簡氏，麥齊瞻妻黃氏，薛尚拔妻張氏，勞民禄妻簡氏，鄧德耀妻杜氏，劉嘉南妻陳氏，李非碱妻羅氏，黄仞展妻羅氏，彭應登妻林氏，梁炳之妻蘇氏，李楚輝妻陸氏，劉鐫昌妻徐氏，曹起龍妻劉氏，方與章妻馮氏，區相臣妻馮氏，關美儼妻馮氏，梁維德妻温氏，梁廷彩妻潘氏，馮元康妻潘氏，方東伯妻胡氏，謝端侯妻羅氏，梁英湛妻潘氏，陳惠芳妻杜氏，梁湛斯妻羅氏，羅風會妻潘氏，羅乃鼇妻梁氏，羅敦元妻李氏，盧遐昌妻龐氏，朱裔曾妾何氏，馮名業妻霍氏，何佳士妻梁氏，張綸客妻游氏，何萬瞻妻馬氏，李天貴妻楊氏，徐彦能妻陸氏，陳岐千妻胡氏，方熙伯妻梁氏，黄伯觀妻李氏，黄周玉妻何氏，羅其發妻梁氏，蘇翰伯妻張氏，何夢蘭妻鄧氏，邱卓南妻陳氏，梁炎妻潘氏，區振廷妻鄧氏，陳方平妻梁氏，黄伯維妻高氏，黄叔滋妻麥氏，龐達士妻何氏，梁熙皥妻倫氏，梁琦玉妻羅氏，邱廷珍妻黄氏，姚雲昭妻邱氏，黄祥梅妻鄧氏，廖壽臣妻麥氏，嚴嘉行妻霍氏，何長先妻陳氏，陳省惠妻梁氏，梁玉環妻李氏，陳輔侯妻楊氏，龐裔泰妻招氏，林必彰妻李氏，羅宣輝妻馬氏，關倫章妻岑氏，梁禹玉妻吴氏，龔文燦妻黄氏，關殿揚妻李氏，潘宸廣妻何氏，周譽臯妻梁氏，張昱漢妻黄氏，林雲士妻梁氏，曹章新妻林氏，黎子興妻梁氏，何彩尚妻黄氏，戴恒發妻蔡氏，唐雲客妻白氏，潘作倖妻何氏，余鎮妻何氏，黄叔滿妻甘氏，黄元泰妻嚴氏，杜乾昇妻陳氏，吴其秀妻潘氏，杜舉韜妻鄧氏，杜廷芳妻陳氏，梁南邦妻張氏，關鼎子妻馮氏，方漢長妻徐氏，陳大年妻關氏，陳伯昌妻馮氏，張子御妻龐氏，陳作聘妻張氏，羅淑行妻杜氏，麥德長妻潘氏，黄同光妻鄧氏，潘廣雍妻何氏，梁乃烈妻陳氏，陳顯榮妻王氏，顧元柏妻彭氏，陳作斯妻蘇氏，馮吉永妻簡氏，吴端玉妻孔氏，吴宏初妻陳氏，陸文鼇妻張氏，謝玉章妻譚氏，陸言蒼妻霍氏，李作上妻梁氏，霍鼎來妻李氏，招錦文妻龐氏，霍敏剛妻潘氏，蘇元芳妻李氏，潘仲南妻陳氏，羅長夫妻馮氏，黄張翰妻龐氏，龐贊台妻劉氏，馮尚卿妻陳氏，馮作卿妻徐氏，霍作獻妻林氏，冼熺妻區氏，楊作尚妻劉氏，黄泳妻李氏，麥宣諾妻陸氏，潘遂千妻鄧氏，朱彩英妻盧氏，鄒奕珍妻謝氏，曾德仁妻鄒氏，金步雲妻徐氏，林文雄妻鄭氏，王仰卿妻何氏，王楚珍妻葉氏，何澤昭妻杜氏，何藹昌妻曾氏，梁震川妻楊氏，龐堯妻何氏，吴君義妻黄氏，何榮昌妻李氏，區卜彦妻羅氏，馮佩芝妻李氏，李士階妻潘氏，潘相一妻黄氏，杜最賢妻黄氏，李齊寬妻劉氏，李振遠妻陳氏，葉敬一妻陳氏，馮世澤妻陸氏，曹賢傑妻李氏，麥榮登妻何氏，吴華玉妻邱氏，吴宗儀妻楊氏，易稱瑜妻歐陽氏，汪堯仙妻閔氏，何洪冕妻梁氏，阮德平妻陳氏，蘇萬榮妻鄧氏，方迪思妻陳氏，方适思妻陳氏，羅肇略妻關氏，何廷彰妻梁氏，黎三連妻張氏，陳昌言妻梁氏，梁萬遠妻陳氏，蔡統經妻李氏，黄浩公妻黎氏，黄叔靈妻陳氏，吴炎光妻陳氏，陳瓚五妻何氏，梁昌振妻黄氏，麥錫芳妻佘氏，何建開妻曾氏，霍瑜妻潘氏，陳濬簡妻鄧氏，龐錫剛妻陳氏，李沾榮妻馬氏，崔春成妻廖氏，曾拔芳妻招氏，黎宗昌妻高氏，高睿進妻陳氏，羅仿山妻潘氏，麥榮光妻陳氏，霍樹妻黃氏，蔡拱妻梁氏，蔡中和妻甘氏，劉成玉妻胡氏，盧光裔妻陳氏，謝文龍妻鎖氏，史玉崑妻李氏，張霖妻宋氏，趙興祖妻楊氏，梅興妻薛氏，耿之明妻汪氏，宋保妻劉氏，沈起潮妻李氏，楊乾妻岳氏，吴連芳妻崔氏，站住妻關氏，烈婦馮應兆妻游氏、郭以文妻劉氏、陳景和妻黃氏，貞女麥章斐聘妻霍氏、梁榮紳聘妻黃氏、黃家瑛聘妻羅氏、方式大聘妻陳氏、林喬長聘妻黃氏、顏定魁聘妻馮氏、黃存生聘妻洗氏、盧東俊聘妻曾氏、李鳳攜聘妻黃氏、黎廷望聘妻林氏、湯簡臣聘妻黃氏、羅遐美聘妻龐氏、何萬貴聘妻楊氏、周文豪聘妻黎氏、何廷昌聘妻黃氏、郭大偉聘妻陳氏、周有光聘妻宋氏、馮福貴聘妻黃氏、陳奕文聘妻梁氏、潘秋進聘妻黎氏、羅其應聘妻陳氏、劉華祐聘妻諸氏、邱禮槺聘妻麥氏，烈女吴繼微聘妻汪氏，均乾隆年間旌。

衛士許妻梁氏。番禺人。夫亡守節。乾隆元年旌。同邑蘇崙起妻何氏，鍾元炎妻鄭氏，李瀚長妻屈氏，陳俊行妻袁氏，李崇遇妻韓氏，倫作長妻鄔氏，鍾洪善妻陸氏，劉式傑妻何氏，林麗玉妻陳氏，謝錫塘妻吴氏，胡覲章妻陸氏，王清遠妻顧氏，甘國文妻羅氏，劉雲沛妻林氏，徐綬妻劉氏，區徵遠妻杜氏，鍾彩之妻陸氏，梁起皐妻陳氏，何彩芝妻陳氏，何果聚妻麥氏，陳適齊妻黃氏，羅權生妻秦氏，崔政可妻淩氏，梁子瑞妻周氏，衛英儒妻方氏，衛松宇妻高氏，陳泉長妻林氏，林光復妻陳氏，衛祖酆妻梁氏，林益師妻馮氏，邱文彬妻蒙氏，吴長君妻李氏，陳潤生妻李氏，鄧夢颺妻謝氏，李薛知妻何氏，高炳元妻駱氏，曾文雄妻馮氏，黃旦妻鄔氏，高殿章妻陸氏，陳顯三妻馮氏，簡放梅妻周氏，李鵬先妻屈氏，唐尊五妻袁氏，樊性恭妻蘇氏，曾汝爲妻陳氏，李邦豪妻邵氏，簡捷郎妻黃氏，周秉鈞妻江氏，黃宜采妻謝氏，湯燕天妻馬氏，岑存顯妻蘇氏，曹子來妻黃氏，李信禄妻何氏，何天一妻梁氏，林輅妻張氏，劉苑聲妻游氏，曹麟萬妻勞氏，林閣書妻黎氏，黎文相妻潘氏，黎海妻梁氏，黃允楫妻梁氏，劉俊兼妻何氏，林尚喜妻周氏，林之妍妻樊氏，謝采石妻吴氏，方奇鳳妻陳氏，謝雲遠妻李氏，何玉章妻陳氏，何仲禄妻孔氏，馮叶佳妻伍氏，蔡名焻妻佘氏，尹連繼妻梁氏、妾姚氏，尹湛妻蔡氏，陳瑞予妻羅氏，陳兆熊妻熊氏，陳岳東妻蔡氏，林簡臣妻張氏，黎彦旬妻張氏，黎啓泰妻吴氏，申佩元妻李氏，江磊方妻李氏，林天路妻陳氏，何叔翺妻蘇氏，吴桂成妻何氏，徐洪旭妻李氏，倪逸圍妻黄氏，謝學文妻黎氏，張元妻黄氏，何公述妻謝氏，何廷滚妻高氏，崔申浩妻李氏，梁占平妻陳氏，崔申琳妻劉氏，陳梓妻殷氏，鄧雲錦妻蔡氏，烈婦梁給妻何氏、龐喜集妻馬氏、曾宜彭妻陳氏、郭仁瑞妻洪氏、周賢江妻鍾氏、區賢勇妻李氏、潘歲集妻李氏，貞女孔肇安聘妻簡氏、蘇採鼇聘妻何氏、秦廷梓聘妻徐氏、孔衍紀聘妻簡氏、林成緒聘妻歐氏、衛應公聘妻李氏、韓彦昌聘妻李氏、何庸昭聘妻李氏、高緝五聘妻何氏、韓科士聘妻梁氏、李運祥聘妻陳氏、簡聯德聘妻曾氏、梁仁彦聘妻羅氏、馮昭廷聘妻黄氏、何文獻聘妻季氏，烈女胡亞伍，均乾隆年間旌。

陳際楚妻陸氏，順德人。夫亡守節。乾隆二年旌。同邑楊約其妻何氏，潘修容妻張氏，何瑞雲妻馬氏，黄夢麟妻某氏，何振聲繼妻杜氏，楊卓卿妻胡氏，羅履尚妻馮氏、媳何氏，江翰斯妻盧氏，梁長蔭妻張氏，何允孚妻周氏，陳爾會妻鄭氏，歐允韜妻羅氏，何淡虚妻周氏，何濟貞妻黄氏，佘聚軒妻陳氏，吴勤卿妻羅氏，李紹唐妻鄭氏，胡環妻梁氏，曾李秩妻周氏，方潔璋妻趙氏，胡永賢妻張氏，辛楚淑妻勞氏，何標榜妻麥氏，梁乾友妻勞氏，李昌禄妻韓氏，邵康衛妻龍氏，歐信人妻李氏，蘇正萬妻周氏，何兆遐妻王氏，歐嘉熾妻羅氏，何仲瑜妻盧氏，羅士遴妻吴氏，劉作賓妻潘氏，鄧超琨妻何氏，黄君翔妻麥氏，梁庶彰妻陸氏，胡涘妻劉氏，麥祖成妻何氏，羅俊明妻嚴氏，胡謨拔妻陳氏，廖國漢妻盧氏，龍文博妻潘氏，陳際盛妻羅氏，羅子睿妻潘氏，葉嗣君妻岑氏，梁學源妾李氏，梁彦聖妻崔氏，唐體斯妻陸氏，魯卞章妻胡氏，楊振千妻胡氏，雷賢勤妻冼氏，梁宗迎妻區氏，黎偉慶妻陳氏，魯士長妻胡氏，梁汝高妻黎氏，魯燦章妻陳氏，老瑞琚妾葉氏，梁子潮妻何氏，何怡斯妻盧氏，何上棟妻嚴氏，李重參妻陳氏，潘紹衣妻張氏，梁雩五妻歐氏，李台蕃妻何氏，何勤可妻梁氏，羅壽亭妻何氏，潘子喜妻吕氏，蘇應秋妻伍氏，陳宗一妻李氏，張贊可妻辛氏，劉艷光妻黎氏，胡憙正妻岑氏，陳務政妻羅氏，陳懋卓妻梁氏，劉子嚴妻蕭氏，朱知三妻蘇氏，鄭世廣妻麥氏，袁心永妻蘇氏，楊仁忠妻辛氏，張修憲妻蔡氏，羅履若妻譚氏，張泰盈妻蔡氏，杜九牧妻陳氏，李公儒妻周氏，杜九連妻勞氏，康邦裔妻羅氏，廖維樂妻黄氏，尹元芝妻廖氏，張价臣妻梁氏，何英贊妻關氏，李捷妻馮氏，何又三妻梁氏，關廷尚妻何氏，吴鳳翔妻崔氏，蔡岳成妻黄氏，陳我典妻林氏，梁敦全妻潘氏，梁耀妻關氏，蔡嗣君妻鄧氏，胡雲澗妻羅氏，蕭上華妻梅氏，歐陽幹一妻羅氏，歐陽履元妻馮氏，盧朝贊妻左氏，胡撝者妻陳氏，黎榮琦妻陳氏，蘇其進妻李氏，尹卓漢妻張氏，張化度妻劉氏，胡迴容妻談氏，伍樂子妻林氏，胡君化妻李氏，梁廷相妻蘇氏，歐陽廷選妻羅氏，黄經如妻譚氏，何華翰妻龍氏，歐陽飛雲妻容氏，胡斐然妻何氏，伍務誠妻譚氏，蔡佳平妻馮氏，黎江甫妾張氏，潘象賢妻盧氏，張右文妻陳氏，温啓孳妻葉氏，温賢重妻黎氏，楊昭宇妻李氏，李周臣妻尹氏，李介眉妻康氏，關韶穀妻陳氏，何昌卿妻杜氏，李瀚澤妻馮氏，烈婦區健維妻鄭氏，姚景華妻鄭氏，陳彬才妻楊氏，陳祐開妻蘇氏，何華静妻潘氏，梁添稼妻潘氏，吴泰客妻麥氏，岑立敬妻周氏，貞女蘇某聘妻李氏，吴性文聘妻羅氏，張文光聘妻何氏，甘明仲聘妻阮氏，陳凌翰聘妻楊氏，梁宏熙聘妻黎氏，鄧仲德聘妻李氏，朱日彌聘妻李氏，周恒仲聘妻梁氏，鄧達容聘妻蘇氏，何卜五聘妻陳氏，黄扶輪聘妻林氏，胡朝昇聘妻張氏，何熙衿聘妻廖氏，陳文友聘妻梁氏，盧永昌聘妻馮氏，梁明偉聘妻鄭氏，胡德純聘妻梁氏，馮此臣聘妻麥氏，馮元爵聘妻倫氏，王大猷聘妻梁氏，盧世炳聘妻胡氏，鄭克摯聘妻周氏，張爵仁聘妻李氏，葉昌龍聘妻陳氏，袁德恭聘妻梁氏，林方賢聘妻陳氏，吕顯宗聘妻林氏，黄光鉽聘妻何氏，蘇滋培聘妻鄧氏，何賢卓聘妻潘氏，蘇德棉聘妻胡氏，關科照聘妻陳氏，陳前聚聘妻羅氏，左如光聘妻康氏，李復如聘妻羅氏，楊大成聘妻胡氏，楊大五聘妻羅氏，吴源流聘妻鄧氏，麥大訓聘妻李氏，勞絜斯聘妻梁氏，徐司發聘妻何氏，烈女何顯元女，伍盛大女麗珠，均乾隆年間旌。

黄守憙聘妻李氏。順德人。與同邑陳應秋聘妻李氏，均未嫁夫亡。父母欲别字，捐軀明志。

何友佩繼妻陳氏。東莞人。夫亡守節。乾隆元年旌。同邑張聯馨妻黄氏，張祚禧妻方氏，李梅友妻葉氏，簡良松妻陳氏，李彩尚妻蔡氏，祁事五妻李氏，鄧交兩妻陳氏，葉玉士妻杜氏，陳其祥妻張氏，李良受妻鄭氏，李春盛妻麥氏，葉佩玉妻謝氏，李櫻其妻簡氏，温昌賓繼妻李氏，祁條遠妻李氏，李作楨妻何氏，李時若妻鄧氏，蘇諦遠妻鍾氏，陳元誂妻尹氏，衛津初妻翟氏，徐宗昇妻方氏，陳國英繼妻李氏，鍾長伯妻葉氏，盧貞木妻何氏，袁挺江妻陳氏，庾聖英妻李氏，何有佩妻程氏，李繼泌妻彭氏，陳燦臣妻王氏，葉條遠妻李氏，余月士妻鍾氏，陳策妻黎氏，陳殿陞妻徐氏，祁能裕妻袁氏，鄭祥聲妻王氏，李潤香妻陳氏，何泰參妻陳氏，李英幹妻鍾氏，陳上達妻蔡氏，鄭南樹妻祁氏，梁友超妻封氏，封上達妻謝氏，何安匯妻房氏，羅潛略妻李氏，朱仲妻方氏，陳瑞新妻彭氏，劉惠儔妻謝氏，陳憲唐妻方氏，劉瑞伯妻馬氏，文鳴瑜妻李氏，張留餘妻黎氏，李振子妻劉氏，李兆斌妻葉氏，翟洪祜妻鄧氏，張維章妻梁氏，張鶚立妻簡氏，朱灼然妻李氏，陳駿英妻姚氏，張昭遠妻方氏，王暄妻黎氏，劉杰妻王氏，余又新妻王氏，馮泮妻譚氏，莫同光妻余氏，尹廷綱妻方氏，王仁士妻黃氏，李培廣妻楊氏，劉建君妻胡氏，方逢灼妻王氏，陳光文妻黃氏，張道焯妻王氏，余萼侶妻李氏，王非石妻吴氏，劉日斯妻陳氏，劉逢泰妻陳氏，袁閱五妻周氏，袁容士妻張氏，陳王望妻方氏，盧石瀾妻王氏，鄧良友妻鍾氏，王公遜妻鄭氏，尹屏方妻方氏，方永良妻陳氏，李慎長妻許氏，陳上交妻王氏，莫宜振妻袁氏，黃文吉妻陳氏，馬魁俊妻鄧氏，陳瑞興妻張氏，張天樂妻袁氏，何廷璟妻陳氏，羅焕章妻吴氏，鄧肇儀妻余氏，陳昇長妻王氏，李焕斯妻陳氏，梁淑穎妻祁氏，盧廷翰妻王氏，陳澤遠妻葉氏，鄧秋萼妻盧氏，林尚宗妻黎氏，張昌潤妻房氏，周即學妻廖氏，陳學高妻黎氏，方朝鼎妻王氏，盧景賢妻詹氏，劉士龍妻陳氏，劉葉茂妻尹氏，王英翹妻梁氏，劉卜臣妻李氏，劉公意妻姚氏，陳維念妻鄭氏，李金潤妻陳氏，朱式享妻黃氏，羅公達妻黎氏，陳恒兆妻袁氏，劉錫侯妻袁氏，何法孔妻陳氏，陳詔稷妻王氏，陳次文妻何氏，陳祖思妻鄭氏，陳文英妻王氏，鄭夢憲妻張氏，莫自谷妻湛氏，鄧宙公妻王氏，鍾元炎妻鄭氏，温尚震妻黎氏，王秋見妻詹氏，陳廷獻妻王氏，黎節動妻何氏，鄧又遜妻陳氏，霍廷仲妻秦氏，張祚漸妻李氏，李儒光妻姚氏，李映榴妻尹氏，鄭亮如妻莫氏，黎國幹妻何氏，鄧履上妻王氏，王英璘妻鄧氏，王登庸妻陳氏，羅超若妻李氏，謝文若妻鍾氏，陳湛上妻鄭氏，袁賦君妻楊氏，王冀一妻李氏，趙聯玉妻羅氏，謝元静妻黃氏，陳桐彦妻黃氏，鍾萬石妻謝氏，張贊士妻尹氏，陳國輝妻彭氏，陳壯祖妻方氏，梁迴漢妻吴氏，謝天瑞妻何氏，鍾楚木妻余氏，謝金鼎妻劉氏，張平長妻何氏，周昌麟妻張氏，李衮斯妻王氏，方殷聘妻陳氏，張日信妻馬氏，黎博之妻袁氏，翟文蓮妻李氏，李錦英妻黃氏，樊興俊妻陳氏，吴公大妻陳氏，陳協三妻黃氏，張方軾妻鄧氏，張濟妻唐氏，朱挺儔妻陳氏，李伯友妻袁氏，鍾嘉寵妻謝氏，李象賢妻陳氏，謝文思妻朱氏，陳仲孫妻羅氏，李宗沆妻翟氏，陳文熜妻黃氏，袁上達妻楊氏，袁瑞周妻王氏，翟文蘭妻方氏，黎挺連妻陳氏，許景昭妻王氏，李旭筠妻陳氏，王霖浩妻陳氏，簡企宣妻李氏，袁衍漢妻張氏，何裔燦妻李氏，李應元妻林氏，曾上連妻尹氏，李錫侯妻張氏，王焕宇妻張氏，吴安泗妻袁氏，王世燦妻周氏，劉兆鸞妻黃氏，李國柱妻翟氏，陳仲王妻葉氏，黃元俊妻鍾氏，李文煒妾楊氏，黃之琇妻袁氏，尹岳四妻甯氏，黎曉日妻林氏，劉昌基妻尹氏，方怡吉妻尹氏，王西長妻劉氏，王監昆妻鄭氏，尹慰禰妻黃氏，伍貴懋妻鍾氏，鄧佩蒼妻王氏，謝美卓妻羅氏，黎仁長妻尹氏，陳爾穀妻尹氏，尹崧妾盧氏，陳林若妾蘇氏，陳簡士妾周氏，陳捷新妻劉氏，李慶如妻盧氏，鄭可臣妻梁氏，鄭約金妻尹氏，黎惠宣妻吳氏，陳安妻盧氏，黎常卿妻丁氏，何士和妻吳氏，沈啓方妻陳氏，羅正宗妻方氏，尹駉妻鍾氏，羅正矩妻尹氏，霍金鈿妻陳氏，羅全德妻葉氏，張宇侃妻黎氏，黃易乾妻歐氏，張映台妻王氏，莫上聰妻伍氏，羅集思妻李氏，黃廣善妻鄧氏，尹元升妻王氏，錢楚奇妻朱氏，何萼卿妻黃氏，李季美妻陳氏，鄒文連妻林氏，王汝璧妻張氏，盧珍士妻陳氏，陳祖耕妻姚氏，丁勳上妻陳氏，蔡培妻劉氏，李潤武繼妻張氏，何乾鉅妻翟氏，盧乾長妻陳氏，徐文瑞妻何氏，李肅威繼妻黎氏，袁嘉文妻趙氏，陳金宣妻潘氏，王坦謙妻吳氏，朱述卿妻袁氏，馮雲上妻黎氏，陳台友妻譚氏，鄭二昭妻陳氏，李錫爵妻林氏，劉奕啓妻王氏，徐元鼇繼妻蔡氏，陳渭大妻張氏，張士鉉妻尹氏，張輝璧妻馮氏，譚文葉妻林氏，王安宇妻陳氏，陳理昭妻方氏，鍾紹元妻李氏，尹亮公妻黎氏，袁尚貴妻陳氏，陳廷允妻王氏，黃明遠妻李氏，李應祥妻黃氏，陳元森妻沈氏，袁庸尚妻盧氏，李崇喆妻周氏，李呼萬妻陳氏，陳配參妻樊氏，黎清賜妻庚氏，劉淮妻祁氏，譚英士妻蘇氏，李璿武妻劉氏，徐建長妻朱氏，鍾還夏妻朱氏，蘇汝侯妻楊氏，張聯攀妻衛氏，譚履中妻陳氏，謝尚友妻蔡氏，錢聖式繼妻方氏，黎秀生妻李氏，張作良妻黎氏，李煥文妻黃氏，劉憲紀妻張氏，鍾朝友妻朱氏，梁梓上妻朱氏，梁挺上妻陳氏，張巨千妻衛氏，王隆妻盧氏，植由已妻張氏，李德著妻劉氏，何雋平妻彭氏，李彦六妻黃氏，李廷友妻梁氏，陳昌仁妻朱氏，蔡登泰妻張氏，李德仁妻陳氏，黎西顯妻梁氏，葉又章妻黎氏，葉朝友妻黎氏，許自佑妻張氏，蔡傅彦妻曾氏，何昌華妻阮氏，尹次大妻黃氏，鍾公述妻黃氏，李朝科妻袁氏，黎鴻正妻徐氏，尹良彦妻盧氏，何奇鼎妻張氏，何行極妻陳氏，張文遐妻彭氏，劉參尚妻邱氏，林必得妻李氏，謝子晉妻尹氏，李暎區妻陳氏，袁敬昭妻葉氏，黃廷梅妻王氏，姚次能妻酈氏，鄧蕃斯妻鄭氏，張昌妻林氏，袁承衍妻唐氏，李鄴奇妻盧氏，鍾荷千妻駱氏，姚三錫妻彭氏，鍾功尚妻陳氏，張銓貴妻祁氏，王奕光妻易氏，謝光映妻梁氏，梁耀生妻尹氏，方國璽妻陳氏，方德彩妻劉氏，何曰震妻張氏，陳錫祚妻袁氏，尹煥若妻韓氏，王學天妻袁氏，尹佩琮妻丁氏，尹仲聲妻陳氏，尹懷璧妻方氏，李尚鑰妻羅氏，張掌衡妻黎氏，張會士妻何氏，祁彩章妻尹氏，何印波妻周氏，張竟芳妻葉氏，梁鳴鸞妻張氏，鄧逢三妻李氏，莫兼善妻蕭氏，梁虞友妻陳氏，林錫邕妻孫氏，王若恒妻蕭氏，馮能方妻余氏，張之炯妻徐氏，李世耀妻盧氏，庾廷芳妻黎氏，烈婦何友佩妻羅氏、李祥育孀嫂陳氏、蔡茂三妻鄧氏、黃廷貴妻陳氏、詹進儔子婦封氏、何博文妻李氏，貞女鍾桂毓聘妻袁氏、陳元英聘妻葉氏、麥尚琬聘妻黃氏、錢夢陽聘妻羅氏、李昆俊聘妻柳氏、萬大枚聘妻陳氏、王平一聘妻萬氏、袁朝召聘妻王氏、蔡華尚聘妻李氏、劉開泰聘妻趙氏、莫敏耀聘妻文氏、何乾極聘妻張氏、鄧保民聘妻林氏、陳輔國聘妻鍾氏、楊畹聘妻謝氏、王汝勵聘妻陳氏、鄺寰洲聘妻劉氏、何售一聘妻鄭氏、謝國寶聘妻羅氏、陳宏學聘妻李氏、張叶秀聘妻萬氏、姚天宏聘妻茹氏，烈女吳昌遠女五妹、陳儀錫女亞蟬、李全新女亞四、霍丕勳聘妻黎氏、鄭長福聘妻盧阿賡、葉沃若聘妻李氏、王宏著婢秋香，均乾隆年間旌。

廖佩紳妻吳氏。東莞人。夫亡殉節。

譚拜資妻歐陽氏。從化人。守正捐軀。乾隆二十四年旌。

何成創妻黃氏。龍門人。守正捐軀。乾隆三十六年旌。同邑林應裕聘妻李氏，五十八年旌。

趙彝周妻黃氏。增城人。夫亡守節。乾隆元年旌。同邑鄭存善妻廖氏、吳日吉妻霍氏、黃德州妻陳氏、黃作一妻吳氏、張品松妻鄭氏、温命臣妻姚氏、陳衍基妻鄺氏，烈婦盧永振妻單氏、劉佳木妻莫氏、周學濂妻何氏、毛守文妻馮氏，烈女吳恪甫女、陳其昌女阿由，均乾隆年間旌。

胡張來妻關氏。增城人。夫亡殉節。

謝子阮妻譚氏。新會人。夫亡守節。乾隆二年旌。同邑黃忠照妻呂氏，鄧定昇妻聶氏，李衍泗妻盧氏，黃河清妻趙氏，馬士元妻李氏，馮祚洪妻呂氏，何濤妻霍氏，梁上昇妻黃氏，何澤沐妻譚氏，梁浩雲妻潘氏，甘熙宜妻易氏，陳宏衍妻黎氏，何瀚妻屈氏，鍾自青妻林氏，黃攀桂妻張氏，蘇揖汝妾陳氏，黃朝拱妻呂氏，陳紹宗妻鍾氏，陳上桂妻莫氏，區亮聖繼妻余氏，鍾煒餘妻陳氏，陳積芳妻黎氏，陳駒芳妻聶氏，陳思賢妻盧氏，阮遇雲妻劉氏，阮耀祖妻林氏，盧和欽妻鄧氏，許培妻何氏，何廷輔妻蘇氏，莫燮元繼妻譚氏，蘇楨妻陳氏，蘇熿妻譚氏，陳毓韜妻吴氏，林剛任妻吕氏，廖奕翰妻張氏，馬箕裘妻陳氏，葉永愷妻李氏，梁臯九妻陸氏，李上玲妻陳氏，鄺廷揖妻張氏，劉宏聽妻吕氏，陳廷燦妻唐氏，陳廷彩妻甘氏，李文拱妻黄氏，陳洛之妾梁氏，譚茂林妻張氏，謝道浤妻譚氏，何文炯妻李氏，譚惠臣妻關氏，盧學曾妻陳氏，區統會妻黎氏，蘇九韶妻林氏，林彩侯妻黎氏，王元敏妻鍾氏，馬貽焕妻李氏，何鎧英妻劉氏，李國翰妻黎氏，楊集孚妻黄氏，楊集楨妻李氏，楊苑贊妻陳氏，趙公予妻張氏，劉敷德妻歐陽氏，何天佐妻陳氏，葉永成妻張氏，葉興貴妻鄒氏，吕瓚妻陳氏，林集侯妻容氏，陶維英妻劉氏，黄光祐妻余氏，何珍妻張氏，謝沅妻譚氏，唐堯曰妻曾氏，徐翰章妻容氏，梁駿光妻陳氏，李立盛妻尹氏，李積瑚妻湯氏，陳殿偉妻吕氏，張揚邦妻區氏，莫文泗妻李氏，張柱瑄妻李氏，盧和鼎妻李氏，張連妻夏氏，許芳榮妻葉氏，陳元茂妻鄧氏，黄振今妻李氏，潘儉和妻李氏，李修眷妻何氏，張世籍妻蘇氏，梁經詩妻譚氏，陳如玉妻聶氏，陳如月妻聶氏，阮秩章妻譚氏，梁上承妻葉氏，烈婦陳廷樞妻伍氏、尹以智妻馬氏，貞女譚俊卓聘妻黄氏、譚章國聘妻伍氏、何相騰聘妻李氏、何質之聘妻張氏，烈女陳熙定女暨世錦二女，均乾隆年間旌。

蔡景五妻李氏，香山人。夫亡守節。乾隆二年旌。同邑袁以貞妻容氏，張文伯妻李氏，李侯錫妻麥氏，蕭金榮妻何氏，李全五妻羅氏，梁林五妻周氏，何微含妻鄭氏，孫兆祥妻潘氏，梁和彩妻黎氏，郭在公妻方氏，劉文傑妻高氏，徐超漢妻劉氏，程振舉妻鄭氏，全雲生妻梁氏，鄭卜甫繼妻楊氏，繆川任妻何氏，許覺菁妻阮氏，陳景勝妻林氏，李振庸妻鄧氏，楊敷文妻鄭氏，麥大悦妻李氏，黄儒光妻劉氏，李國州妻何氏，毛倚日妻高氏，鄭善容妻何氏，龐殿紀妻邱氏，麥周文妻李氏，蕭俊客妻方氏，龐儒妻李氏，劉始焜妻高氏，何大陞妻高氏，何起蛟妻李氏，湯郁蘭妻梁氏，鄭侯捷妻黄氏，麥斐成妻何氏，嚴炳臣妻程氏，麥周舉妻李氏，何楚眷妻李氏，麥華典妻何氏，陳衍基妻鄺氏，林聚伍妻劉氏，烈婦周澤和妻黄氏、楊衛添子婦鄧氏，貞女李作梅聘妻曹氏、葉天燦聘妻徐氏、鄭佐之聘妻馬氏，烈女黎阿鑽，均乾隆年間旌。

鄧與參妻陸氏。三水人。夫亡守節。乾隆二年旌。同邑范純禧妻黎氏，林士隆妻潘氏，林緯妻區氏，郭學聰妻梁氏，陸海似妻區氏，郭杰英妻鄧氏，梁爾瞻妻徐氏，陸瞻璪妻周氏，梁采璣妻歐陽氏，梁爲龍妻張氏，林宗焕妻陳氏，林維宗妻潘氏，歐陽蟾妻郭氏，鄧鳴容妻陳氏，李迴凡妻馮氏，陳殿輝妻陸氏，郭俊侯妻鄧氏，蘇定理妻鄧氏，鄧其景妻梁氏，李紹廣妻馮氏，鄧子卿妻徐氏，陸盈仰妻甘氏，陸蘭生妻區氏，陸邦文妻潘氏，李允彝妻鄧氏，劉國賢妻陸氏，陳尚信妻陸氏，董侯就妻何氏，董侯樂妻周氏，梁方傳妻林氏，范瑞晟妻駱氏，陸子英妻區氏，梁采雍妻黄氏，梁承用妻張氏，陸秋江妻王氏，董侯權妻袁氏，區佀滙妻蘇氏，郭運顯妻陸氏，董濟今妻李氏，陳世安妻謝氏，蘇佐宸妻林氏，陸榮杍妻周氏，烈婦吴上賢妻賴氏、麥聯茂母賴氏，貞女郭觀英聘妻梁氏、陸應吉聘妻黄氏、李宗鵬聘妻何氏、梁廷彦聘妻謝氏、郭以敬聘妻陳氏、陸登聖聘妻趙氏、周惟瞻聘妻郭氏，均乾隆年間旌。

雷德亢妻張氏。新寧人。夫亡守節。乾隆元年旌。同邑温俊雲妻何氏，伍上英妻林氏，趙季質妻譚氏，伍嘉準妻雷氏，梅元述妻伍氏，馮祚颺妻李氏，馬成武妻胡氏，伍德裔妻李氏，馮習斌妻蕭氏，朱開濂妻趙氏，張樹廷妻鄭氏，陳開逢妻趙氏，雷德資妻甄氏，雷本珍妻鄧氏，高宏思妻林氏，李道用妻甄氏，關應宣妻王氏，陳汝翼妻趙氏，鄺馥妻陳氏，趙同建妻李氏，李文邁妻馮氏，梅瑞熹妻陳氏，李長臧妻伍氏，雷天長妻李氏，烈婦鄧亞長妻黄氏、梅耀妻陳氏，貞女伍鳴岐聘妻趙氏，均乾隆年間旌。

温德象妻朱氏。清遠人。子以尚妻徐氏，均夫亡守節。乾隆八年旌。同邑黄琛妻曹氏，烈婦梁勝章妻温氏，烈女曾永隆聘妻李氏，均乾隆年間旌。

温起茂妻梁氏。新安人。夫亡守節。乾隆三年旌。同邑樊擴振妻曾氏，賴經斐妻鄧氏，陳聖惠妻曾氏，鄭元猷妻鄧氏，黄夢桃妻葉氏，吴國琇妻李氏，文翔千妻鄭氏，鍾卓孟妻文氏，鄧策妻麥氏，陳迪祥妻葉氏，鄧衍其妻黄氏，陳必捷妻葉氏，藍芝五妻鄭氏，文和廷妻陳氏，文迭光妻麥氏，鄧昌又妻吴氏，曾平容妻葉氏，麥舜遜妻冼氏，羅祐傳妻陳氏，冼名遠妻陳氏，曾京弼妻陳氏，鄧允眷妻何氏，鄭經天妻鄧氏，葉金友妻鄭氏，葉有玉妻鄭氏，鄭夢瑜妻關氏，文毓秀妻陳氏，鄭之位妻黄氏，方俊侯妻張氏，鄭漸登妻林氏，尹埰妻侯氏，林世任妻尹氏，鄭喬叔妻姜氏，王廷彦妻劉氏，鄧恒圖妻文氏，吴應簡妻黄氏，文玥妻黄氏，陳荷義妻黄氏，庾傳鳳妻葉氏，陳積厚妻莊氏，廖叶姬妻鄧氏，何彩文妻鄧氏，王汝智妻劉氏，龍雲現妻鄭氏，蔡廷拔妻黄氏，潘君儀妻梁氏，陳兆熊妻蔡氏，鄧遇郮妻廖氏，文曰孚妻杜氏，廖世炳妻鄧氏，鄭奕蕃妻鄺氏，鄭儒成妻吴氏，吴廷煒妻鄧氏，侯震妻鄧氏，烈婦胡得勝妻楊氏，貞女陳廷耀聘妻楊氏、文諦聘妻曾氏、黄可成聘妻鄭氏、文捷選聘妻黄氏、陳成恪聘妻鄧氏、黄天玉聘妻鄭氏、鄧位育聘妻鄭氏、鄭履剛聘妻鄧氏、鄭祥發聘妻鄧氏、文南碩聘妻曾氏、陳步鼇聘妻麥氏，烈女趙登穩女癸長，均乾隆年間旌。

駱克稠妻林氏。花縣人。夫亡守節。乾隆三年旌。又同邑畢漢章妻湯氏、羅如傑妻盧氏、邱萃侯妻黄氏、任宜長妻湯氏、湯虞伯妻畢氏、邱俊傑妻鄒氏、曾文波妻陳氏，均乾隆年間旌。

梁端妻何氏。南海人。夫亡守節。嘉慶元年旌。同邑何佐堅妻黎氏、余程客妻陳氏、梁西亭妻何氏、梁崇位妻黎氏、劉樂然妻簡氏、邱公錦妻羅氏、林鐘妻馮氏、麥超岐妻高氏、羅挺文妻葉氏、何景聰妻麥氏、潘湛維妻區氏、羅成德妻林氏、顔洪鈞妻李氏、麥丙高妻潘氏、倪廷綸妾朱氏、張仕南妻李氏、闞啓妻羅氏、高廷楠妻劉氏、董文端妻任氏、楊廷清妻于氏、王電妻楊氏、朱有光妻范氏、馬文禄妻高氏、趙王妻朱氏、于子昇妻李氏、何貴圖妻李氏、張仕南妻李氏、門廷元妻張氏、朱松齡妻陶氏、李名魁妻張氏、常安妻萬氏、裴朝宣妻趙氏、董釗妻高氏、姚朝君妻徐氏、鄺殿君妻葉氏、勞秀谷妻鄧氏、勞鼎彝妻方氏、毛文彬妻周氏、梁叶貞妻鍾氏、施耀輝妻吴氏、游耀光妻陳氏、張有賓妻陳氏、陳曰昌妻蔡氏、張傳亮妻黄氏、姚富妻韓氏、鄭廣耀妻彭氏、黄仕堅妻蘇氏、吴應瑞妻楊氏、樊瑞齡妻劉氏、孫福生妻耿氏、吴秉衡妻楊氏、張炳珍妻曹氏、梁佩章妻羅氏、鄺紉蘭妻陳氏、鄺亮昭妻劉氏、潘炎妻郭氏、陳淇潤妻黄氏、陳輔軒妻胡氏、勞國重妻梁氏、勞超泰妻徐氏、黄炳都妻劉氏、杜琦珅妻陳氏、譚天敘繼妻馮氏、黄醇妻馮氏、羅以謙妻邱氏、董萬貞妻鄧氏、董萬祥妻梁氏、黄泗英妻曾氏、曹士文妻陳氏、梁羽長妻潘氏、梁震長妻陸氏、梁昭長妻黎氏、方思謨妻徐氏、馮瀚京妻邱氏、劉宜泰妻馮氏、張垣有妻王氏、何英儒妻潘氏、郭誠賓妻黄氏、黄漢照妻胡氏、周善與妻黄氏、羅奕衍妻陸氏、黄三成妻衛氏、陳善英妻孔氏、黄弼祥妻鄧氏、朱名揚妻潘氏、邵啓平妻闞氏，烈婦周葉算妻龔氏、謝亞齊妻馮氏、蔡琳媳馮氏，貞女何統緒聘妻張氏、馮國安聘妻鄧氏、徐以文聘妻楊氏、黄義元聘妻陳氏、區輔相聘妻曾氏、陳琪潤聘妻黄氏，烈女李岳昆女李氏，均嘉慶年間旌。又廣州駐防官兵六十三妻倪氏、五十五妻周氏、和全保妻吴氏、得興妻高氏、花沙布妻何氏、孝順阿妻何氏、蘇明阿妻于氏、托雲妻李氏、得存妻徐氏、蘇爾芳妻富查氏、伊明阿妻金氏、台漢妻查氏、台里保妻吴氏、舒敏妻伊爾根覺羅氏、噶爾兵阿妻馬佳氏，八十五妻于氏，海蒙阿妻劉氏，孝順阿妻烏蘇氏，塔住妻何氏，均以節孝於嘉慶年間旌。謹附記。

章家驤妻鄭氏。番禺人。夫亡守節。嘉慶二年旌。同邑簡麗東妻李氏，高明松妻衛氏，陳輝瑚妻何氏，羅彥章妻康氏，韓允錫妻區氏，黎進賢妻何氏，莊士燮妻蔡氏，凌芳妻蘇氏，黎俊登妻孔氏，陳敏圖妻何氏，吳翼舒妻薛氏，柳廷榮妻王氏，劉長慶妻胡氏，何道回妻謝氏，高兼仁妻鄺氏，吳啓文妻沈氏，陶元弼妻沈氏，黃達存妻盧氏，沈國能妻陳氏，車簡妻劉氏，魯文祥妻倪氏，倪琮妾李氏，倪鳳疆妻李氏，王章錫妻何氏，何朔妻羅氏，王旭亭妻梁氏，朱學正妻洪氏，朱國材妻凌氏，劉静齋妾何氏，崔西聘妻鄧氏，何詢妻衛氏，馮文灼妻高氏，朱壽先妻周氏，馮珍倫妻何氏，區昌秀妻雷氏，屈成羣妻李氏，林踰常妻衛氏，尹焕文妻鄺氏，烈婦洪某妻張氏，貞女屈占聰聘妻陳氏、車曜聘妻黄氏、盧鼎聘妻張氏、屈慶璿聘妻鄭氏、凌鳳璋聘妻馮氏、王茂均聘妻簡氏，烈女馮祖發聘妻史氏，均嘉慶年間旌。

陳友榮妻羅氏。順德人。夫亡守節。嘉慶七年旌。同邑黄玉霞妻梁氏，周裕後妻林氏，陳燕鼇妻曾氏，張振豪妻葉氏，蔡超士妻何氏，葉士榮妻馬氏，羅依仁繼妻陳氏，子婦龍氏，周有登妻陸氏，蔡静夫妻葉氏，吳樂德妻鄭氏，孔鷹揚妻吳氏，胡誕先妻嚴氏，蘇麟千妻梁氏，何沃陽妻梁氏，胡文科妻盧氏，麥秉朝妻林氏，劉體妻梁氏，胡昌雄妻何氏，麥曉堂妻梁氏，何養叢繼妻李氏，蘇匯中妻高氏，佘臣良妻羅氏，簡兆昌妻蔡氏，烈婦張端顯妾羅氏、何景南妻梁氏、周龔氏、梁才先，貞女伍文光聘妻林氏、何元理聘妻吳氏、盧豫堂聘妻李氏、蕭紀官聘妻鄧氏，烈女李厚昌女亞姆、梁漸可，均嘉慶年間旌。

鄧世錫妻葉氏。東莞人。夫亡守節。嘉慶元年旌。同邑孫餘慶妻王氏，葉則剛妻簡氏，庾樹勳妻李氏，梁展能妻賴氏，曹德勝妻謝氏，羅如棟妻陳氏，彭濟常妻姚氏，余朝瑞妻戴氏，莫爵一妻陳氏，黄悦賓妻林氏，李衡軒妻陳氏，陳叶驥妻劉氏，蘇雲錦妻尹氏，黎朝恩妻翟氏，張焕儔妻葉氏，葉遇霖妻張氏，陳聖傳妻何氏，鄭廷美妻萬氏，祁國柱妻張氏，子永焆妻莊氏，游掄魁妻劉氏，陳慶雲妻鄭氏，王肇遠妻李氏，李應杓妻林氏，柳東亮妻周氏，葉占秋妻張氏，陳梅軒妻鄭氏，翟茂禧妻尹氏，鄧瑩焕妻陳氏，丁柱妻尹氏，張焜妻鄔氏，姚大球妻吳氏，袁翊軒妻王氏，張鑟妻王氏，梁扳大妻周氏，鍾孚上妻羅氏，葉榮長妻陳氏，烈婦尹鄺氏，貞女杜煥明聘妻賴氏、何居義聘妻羅氏、莫賢佑聘妻蕭氏、陳馥秋聘妻鄭氏，孝女梁經翰女寓哥，均嘉慶年間旌。

洪欣才妻張氏。龍門人。守正捐軀。嘉慶十五年旌。

劉士祥妻盧氏。增城人。夫亡守節。嘉慶二十五年旌。同邑宋桂香妻潘氏、劉天錫妻陳氏、姚裕堂妻單氏、陳繞輝妻王氏、劉富波妻王氏、陳士元妻黎氏，貞女徐聖畿聘妻鍾氏，均嘉慶年間旌。

黄顯章妻張氏。新會人。夫亡守節。嘉慶四年旌。同邑陳君德妻屈氏，黄傳祖妻何氏，陳鋭賢妻李氏，梁業球妻鄧氏，陳徵發妻張氏，區師靖妻聶氏，莫天與妻陳氏，聶大中妾林氏，莫錫公妻蘇氏，伍會鍊妻許氏，甄偉章妻吕氏，李仰蘭妻馮氏，顧顯元妻梁氏，鄭上達妻周氏，聶魁首妻伍氏，黎仕進妻鍾氏，莫茂妻李氏，李朝綱妻盧氏，鍾植森妻李氏，張寬堂妻李氏，梁崇禮妻黄氏，林作賢妻李氏，梁道高妻林氏，黄如玉妻屈氏，李嶠英妻吕氏，陳芳興妻盧氏，陳爲則妻佘氏，鍾懋仁妻何氏，盧正從妻莫氏，曾尚行妻李氏，關言荃妻屈氏，黄忠極妻吴氏，李德行妻陳氏，貞女盧芳迴聘妻區氏、何朝泰聘妻李氏、何惠貞聘妻黎氏、莫勝培聘妻張氏、張耀啓聘妻盧氏、陳家琴聘妻李氏，烈女陳瑞蓮，與從妹和姑，均嘉慶年間旌。

何城保妻麥氏。香山人。夫亡守節。嘉慶元年旌。同邑何張輝妻李氏，何長仁妻麥氏，何景清妻李氏，譚立元妻卓氏，鄭必禄妾梁氏，張意昌妻曾氏，嚴學聘妻程氏，林昌球妻譚氏，黄敏詩妻鄭氏，黄沃楷妻吕氏，何士瓊妻楊氏，唐明中妻何氏，陳乃章妻黄氏，楊鳳齡妻劉氏，陳大鵬妻鄭氏，陳獻廷妻李氏，劉和文妻鄭氏，劉載觀妻鄭氏，鄭起鵬妻黄氏，劉天保妻何氏，高祺妻鄭氏，黄駿五妻方氏，李儀厚妻程氏，黄爾賢妻林氏，盧啓經妻黄氏，左邦麟妻梁氏，蘇熙和妻黄氏，梁文炘妻蔣氏，李嘉元妻梁氏，王援南妻韓氏，梁廷佐妻何氏，李陞妻何氏，徐朝賢妻李氏，劉邦翰妻蕭氏，鄭一鵬妻劉氏，李升元妻林氏，麥貞潤妻何氏，鄭兼祥妻莫氏，鄭受禄妻佘氏，鄭希道妻梁氏，何禄妻李氏，李宜陞妻何氏，梁添漢妻陳氏，楊輝比妻劉氏，李向燊妻鄭氏，何國琬妻鄭氏，陳夢鼇妻劉氏，烈婦何任良妻黄氏、何燦甫妻鄭氏，貞女李觀佳聘妻何氏、李科北聘妻胡氏、陳映垣聘妻黄氏、李學元聘妻黎氏、鄭植堂聘妻黄氏，烈女何瑞祥聘妻麥氏，均嘉慶年間旌。

陳俊成妻黄氏。三水人。子德昌妻李氏，均夫亡守節。嘉慶七年旌。同邑鄧良瑞妻陳氏、陳邦大妾馬氏、陳亮南妻鄧氏、陳彦妻李氏、陳爾梅妻鄧氏、陳始華妻潘氏、周元槐妻鄧氏、鄧輔權妻陸氏、鄧秀儒妻陳氏、鄧發儒妻馮氏，烈婦鄧某妻梁氏，貞女梁掌儒聘妻周氏、張明焕聘妻陳氏、鄧宗澤聘妻陳氏、陳銘聘妻鄧氏、鄧自新聘妻陸氏，均嘉慶年間旌。

趙定富妻陳氏。新寧人。夫亡守節。嘉慶九年旌。同邑鄺興循妻黄氏，烈婦黄啓昆妻譚氏，烈女朱昌芊女阿卯、薛阿華聘妻馮氏，均嘉慶年間旌。

伍會貞妻彭氏。新寧人。夫亡食貧守節。其子阿生未娶而殤，聘妻雷氏亦來守節，擇嗣以撫，事姑四十八年。姑卒，雷語子孫曰：「姑既終，吾當不久人世矣。」逾年亦卒。嘉慶二十一年同旌。建坊曰「姑節婦貞」。

練日妹妻趙氏。清遠人。守正捐軀。嘉慶十八年旌。同邑烈女吴奇玉女辛妹、黄氏女阿招，均嘉慶年間旌。

葉明禮妻陳氏。新安人。夫亡守節。嘉慶四年旌。同邑曾耀斗妻文氏、陳式文妻鄭氏，貞女歐陽敦忠聘妻李氏，烈女戴亞嬌，均嘉慶年間旌。

楊福集妻鄺氏。花縣人。夫亡守節。嘉慶二十五年旌。

仙釋

周

浮丘公。南海人。周靈王時，偕王子晉入嵩山，後適羅浮得道。

唐

何仙姑。增城人，何泰女。生而紫氣繞室，項有六毫，住雲母溪，夢異人授服餌雲母法，遂得輕身。往來山嶺，其行如飛。唐天后遣使召見，中路不知所之。

軒轅集。東莞人。爲羅浮山道士，年數百歲，顏色不老。坐暗室，目光長數丈。嘗著太霞十二篇。武宗召問長生術，對曰：「絶聲色，薄滋味，哀樂一致，德施無偏，自然與天地合德，日月齊明。堯、舜、禹、湯之所以致上壽者，此也。」乃復還山。

土產

銀。唐書地理志：廣州南海郡，土貢銀。明統志：番禺、清遠、東莞出。

鐵。明統志：番禺、清遠各山出。

錫。明統志：新會縣出。

布。元和志：廣州貢絲布、竹布、蕉布。

鹽。唐書地理志：東莞、新會有鹽。

簟。唐書地理志：廣州土貢，又貢竹席。

香。元和志：廣州貢沈香、甲煎香、占臘香。唐書地理志：廣州土貢詹糖香。

藥。元和志：廣州貢鍾乳、石斛、蚺蛇膽。唐書地理志：廣州土貢鼊甲。宋史地理志：廣州貢肉荳蔻、丁香、零陵香、補骨脂、舶上茴香、没藥、没石子。

五色藤。寰宇記：廣州産。

荔枝。東觀漢記：南海舊獻荔枝，奔馳險阻爲患，孝和時，唐羌上書言狀，遂罷。元和志：廣州貢。

餘甘子。元和志：廣州貢。

鼊皮。唐書地理志：廣州土貢。

水馬。宋史地理志：廣州貢。

魚。元統志：廣州有赤魚、鰽魚、鱘龍魚、鳳尾魚、短頭魚、馬交魚之屬，名品甚多。

鵁鶄。南越志：增城縣多鵁鶄。水經注：鵁鶄，山雞也。光彩鮮明，五色眩耀，利距善鬬，以家雞鬬之則可擒也。

校勘記

〔一〕劉元妻周氏　「劉元」，乾隆志卷三四〇廣州府列女（下同卷簡稱乾隆志）作「劉先」。

〔二〕陳璉撰精衛詞吊之　「璉」，原作「連」，據乾隆志改。按，本志避乾隆太子永璉諱改字。

〔三〕梁紀慶妻關氏　乾隆志作「梁紀善妻周氏」。

韶州府圖

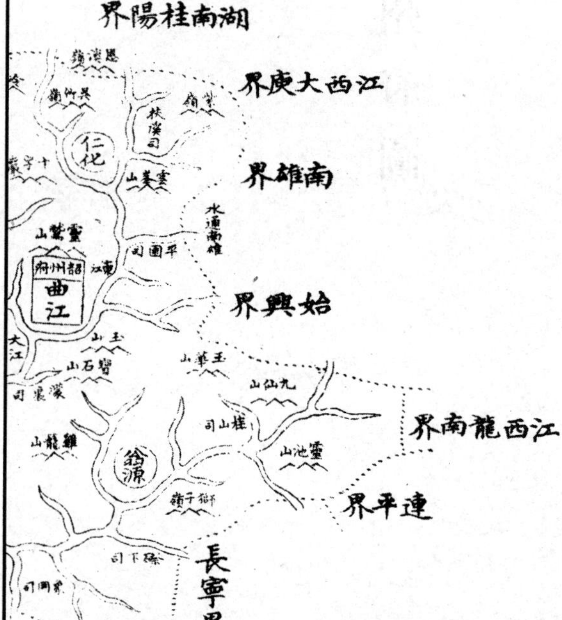
湖南桂陽界
江西大庾界
南雄界
始興界
江西龍南界
連平界
長寧界
佛岡界
仁化
韶州府
曲江
翁源

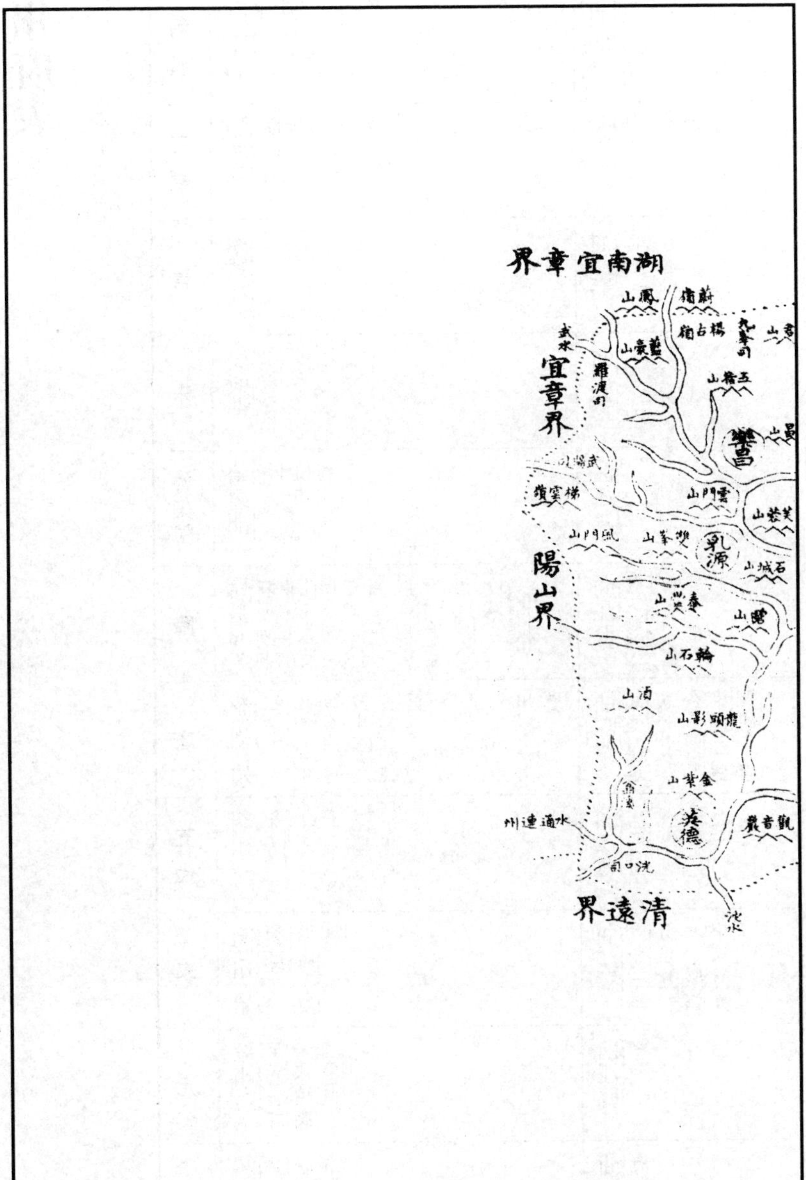
湖南宜章界
宜章界
樂昌
乳源
陽山界
英德
觀音巖
水通連州
清遠界

韶州府表

	韶州府	曲江縣
兩漢	桂陽郡地。後漢置始興都尉。	曲江縣屬桂陽郡。
三國	始興郡吴甘露元年置。	曲江縣郡治。
晉	始興郡	曲江縣
宋	廣興郡泰豫元年更名。	曲江縣
齊梁陳	始興郡齊復名。梁兼置東衡州。	曲江縣
隋	開皇九年廢郡，改東衡州爲韶州。十一年廢入廣州，十二年移廣州來治。後還治南海。大業三年屬南海郡。	曲江縣屬南海郡。
唐	韶州始興郡武德四年置番州，尋改東衡州。貞觀初復爲韶州。天寶初改郡。乾元元年仍爲州，屬嶺南道。	曲江縣武德四年復爲州治，分置臨瀧、梁化二縣。貞觀八年省入。
五代	韶州屬南漢。	曲江縣州治。
宋	韶州始興郡屬廣南東路。	曲江縣宣和三年分置建福縣，屬韶州。南渡復省。
元	韶州路至元十五年改路，屬廣東道。	曲江縣路治。
明	韶州府洪武初改府，屬廣東布政司。	曲江縣府治。

續表

樂昌縣	仁化縣	乳源縣	翁源縣
曲江縣地。	曲江縣地。	曲江縣地。	湞陽縣地。
梁置梁化縣，又分置平石縣。	仁化縣 齊置，屬始興郡。梁廢。		翁源縣 梁末置。陳移清遠郡治此。
樂昌縣 開皇十二年省平石縣。十八年更名，屬南海郡。		曲江、樂昌二縣地。	翁源縣 開皇十年郡廢，屬南海郡。
樂昌縣 屬韶州。	仁化縣 垂拱四年復置，屬韶州。		翁源縣 初屬洭州，改屬韶州。
樂昌縣	仁化縣		翁源縣
樂昌縣	仁化縣 開寶五年省入樂昌。咸平三年復置，仍屬韶州。	乳源縣 乾道二年置，屬韶州。	翁源縣
樂昌縣 屬韶州路。	仁化縣 屬韶州路。	乳源縣 屬韶州路。	翁源縣 初廢。大德五年復置，屬英德州。
樂昌縣 屬韶州府。	仁化縣 屬韶州府。	乳源縣 屬韶州府。	翁源縣 洪武二年屬韶州府。

續表

英德縣		
	湞陽縣 屬桂陽郡。	含洭縣 屬桂陽郡。
	湞陽縣 屬始興郡。	含洭縣 屬始興郡。
	湞陽縣	含洭縣
	貞陽縣 泰始三年改縣名。	含洭縣
	湞陽縣 梁復名，屬東衡州。	含洭縣 梁天監六年置衡州。
	貞陽縣 開皇十年又改名。十六年省入曲江，尋復置，屬洭州，後屬南海郡。	含洭縣 初改洭州。開皇二十年州廢，屬南海郡。
	湞陽縣 初屬洭州。貞觀元年復名湞陽，屬廣州。	含洭縣 武德五年復置洭州。貞觀初廢，屬廣州。
英州 南漢乾和五年置。	湞陽縣 英州治。	含洭縣
英德府 湞陽郡 屬廣南東路。宣和二年改郡。慶元元年升府。	真陽縣 乾興元年改名。慶元元年爲英德府治。	含洸縣 改名，屬英州。
英德州 至元十五年改英德路，二十三年降州。大德五年復爲路。至大初又降州，屬廣東道。	省。	省。
英德縣 洪武二年降縣，屬韶州府。		

大清一統志卷四百四十四

韶州府

在廣東省治北少東一千里。東西距六百里，南北距五百三十五里。東至南雄州始興縣界一百五十里，西至連州陽山縣界四百五十里，南至佛岡廳界三百一十五里，北至湖南郴州桂陽縣界三百二十里。東南至惠州府連平州並長寧縣夾界三百三十里，西南至清遠縣界四百五十里，東北至始興縣界一百六十里，西北至湖南郴州宜章縣界三百七十里。自府治至京師七千三百三十五里。

分野

天文牛、女分野，星紀之次。按：漢書地理志桂陽郡屬荆州，爲翼、軫分野。元和志以韶州即桂陽之曲江縣，故清類分野之書斷從翼、軫，但曲江本越故地，武帝元鼎六年平越之後，始内屬桂陽，其先則與含洭、湞陽同隸南海郡，屬交州。班固以爲越地牽牛、婺女之分野者是也。明統志既斷從牛、女，而又以韶爲荆州之域，誤矣。

建置沿革

禹貢揚州之域。按：輿地紀勝引圖經以爲荆州之域，蓋因曾屬桂陽郡而誤，今從寰宇記。春秋屬越，戰國屬楚，秦爲南海郡地。漢初屬南越。武帝平南越，屬桂陽郡。後漢置始興都尉。元和志：今州即都尉所部。三國吴甘露元年，始分桂陽南部置始興郡，治曲江。晉因之。宋太豫元年，改曰廣興郡。齊復曰始興郡。梁承聖中於郡置東衡州。按：陳書歐陽頠傳，元帝以始興郡爲東衡州，頠爲刺史，時有衡州治含洭，故謂此爲東衡。隋開皇九年，平陳，郡廢，改東衡州曰韶州。按：元和志取州北韶石爲名，而隋志不載置韶州事，又以東衡州注入始興縣下，恐誤。十一年，州廢入廣州。十二年，移廣州來治。元和志：開皇十二年，自南海縣移廣州理曲江之廢韶州城，即今州理是也。按：隋書開皇十一年，番禺夷王仲宣引兵圍廣州，州之移治蓋以此。開皇末，廣州還治南海。大業初，屬南海郡。元和志：仁壽元年，改廣州爲番州。大業二年，又於今始興故鎮移番州治南海縣，今廣州理是也。按：隋志廣州總管移向南海，在開皇末，與元和志不同。唐武德四年，置番州。唐書新、舊志及元和志皆同。而輿地紀勝引韶州廳壁記，武德二年已有番州刺史鄧文進。尋改曰東衡州。貞觀元年，復曰韶州。天寶初，復曰始興郡。乾元初，復曰韶州，屬嶺南道。五代屬南漢。宋亦曰韶州始興郡，屬廣南東路。元至元十五年，置韶州路總管府，屬廣東道。明洪武元年，改韶州府，屬廣東布政使司。

本朝因之，屬廣東省，領縣六。

曲江縣。附郭。東西距二百一十里，南北距一百九十里。東至南雄州始興縣界一百五十里，西至乳源縣界六十里，南至英德縣界一百一十里，北至仁化縣界八十里。東南至翁源縣界七十里，西南至英德縣界一百二十里，東北至始興縣界一百六十里，西北至樂昌縣界四十里。漢置曲江縣，屬桂陽郡。後漢因之。三國吴爲始興郡治。晉及宋、齊以後因之。隋屬南海郡，唐、五代、宋俱爲韶州治。元爲韶州路治。明爲韶州府治，本朝因之。

樂昌縣。在府西北八十里。東西距一百八十五里，南北距一百九十里。東至仁化縣界六十里，西至乳源縣界一百二十五里，南至乳源縣界六十里，北至湖南桂陽縣界一百三十里。東南至曲江縣界四十里，西南至乳源縣界四十里，東北至仁化縣界七十里，西北至湖南宜章縣界一百五十里。漢曲江縣地。梁天監七年析置梁化縣，屬始興郡。十七年又分梁化縣置平石縣。隋開皇十八年改曰樂昌，屬南海郡。唐、五代、宋俱屬韶州。元屬韶州路。明屬韶州府，本朝因之。

仁化縣。在府東北一百里。東西距一百五十里，南北距一百四十里。東至南雄州界九十里，西至樂昌縣界六十里，南至曲江縣界二十里，北至湖南桂陽縣界一百二十里。東南至曲江縣界五十里，西南至曲江縣界六十里，東北至江西大庾縣界一百三十里，西北至湖南桂陽縣界六十里。漢曲江縣地。南齊置仁化縣，屬始興郡，後省。唐垂拱四年復置仁化縣，屬韶州。五代因之。宋開寶五年省入樂昌。咸平三年復置，仍屬韶州。元屬韶州路。明屬韶州府，本朝因之。

乳源縣。在府西少南九十里。東西距一百七十里，南北距一百五十里。東至曲江縣界三十里，西至連州陽山縣界一百四十里，南至英德縣界一百二十五里，北至樂昌縣界二十五里。東南至曲江縣界五十里，西南至陽山縣界二百九十里，東北至樂昌縣界一百二十里，西北至湖南宜章縣界二百八十里。漢曲江縣地。隋、唐爲曲江、樂昌二縣地。宋乾道二年分置乳源縣，屬韶州。元屬韶州路。明屬韶州府，本朝因之。

翁源縣。在府東南一百八十里。東西距一百五十三里，南北距一百二十五里。東至惠州府連平州界一百五十里，西至英德縣界三里，南至英德縣界三十里，北至曲江縣、南雄州始興縣夾界九十五里。東南至惠州府長寧縣界一百五十里，西南至英德縣界五里，東北至江西龍南縣界二百五十里，西北至曲江縣界一百十里。漢桂陽郡湞陽縣地。梁承聖末分置翁源縣，屬清遠郡。隋平陳，郡廢，屬南海郡。唐武德五年屬湞州。貞觀元年改屬韶州。五代、宋因之。元初廢，大德五年復置，改屬英德州。明洪武初屬韶州府。本朝嘉慶十六年改屬南雄府，十七年仍屬韶州府。

英德縣。在府西南二百二十里。東西距三百八十五里，南北距二百二十五里。東至翁源縣界一百三十五里，西至連州陽山縣界二百五十里，南至廣州府清遠縣界一百十五里，北至曲江、乳源兩縣夾界一百十里。東南至惠州府長寧縣並佛岡廳夾界一百三十里，西南至清遠縣界一百十五里，東北至翁源縣界一百二十里，西北至乳源縣界一百八十里。漢置湞陽、含洭二縣，屬桂陽郡。後漢因之。三國吴改屬始興郡。晉及宋、齊因之。梁天監六年，於含洭縣置衡州。隋平陳，改曰洭州。開皇二十年州廢，屬南海郡。唐武德五年復置洭州。貞觀元年州廢，仍屬廣州。五代南漢乾和五年，於湞陽縣置英州。宋初因之，屬廣南東路。宣和二年改湞陽郡，慶元元年升英德府。元至元十五年置英德路，二十三年降爲州，大德五年復爲路，至大初又降爲州，省湞陽、含洭二縣入之，屬廣東道。明洪武初降州爲縣，改屬韶州府，本朝因之。

形勢

控扼五嶺，韶爲交衝，脣齒江、湘，咽喉交、廣。宋余靖修州衙記。地高氣清。唐皇甫湜朝陽樓記。樂石奇怪而甲出，曹溪甘爽而泌湧，八泉會而同沼，二流合爲曲江。宋許申張曲江祠堂記。

風俗

其民短力弱材，不能勤作，故呰窳媮生而無積聚。圖經。士多愿慤，少浮華，可與進於道。朱子濂溪祠堂記。惟簡質是安，市井貿易，自日用飲食外，珍奇之貨不售。宋州郡志。

城池

韶州府城。周九里三十步，門五，東、南池長六百丈，東、北池長四百四丈，西臨武水，北倚筆峯山。南漢時建。本朝康熙十六年修，北門添築子城。乾隆十年、嘉慶十三年重修。曲江縣附郭。

樂昌縣城。周三百六十丈，門四，南臨武水，東濱禄溪。明洪武二年建。本朝順治十六年修，雍正七年重修。

仁化縣城。周二百八十丈，門四，東臨河，西、南、北有池，共二百八十五丈。明成化四年建。本朝康熙二十三年修。

乳源縣城。周一百八十三丈有奇，門二，南臨河，東、西、北有池，長七十五丈。明洪武元年建。本朝康熙二年修，二十五年重修。

翁源縣城。周四百六十七丈，門三，池廣二丈。明天順六年建。本朝順治十年修，康熙十三年、乾隆二十一年重修。

英德縣城。周三百四十八丈，門四，西、北池一百丈，東、南臨江，無池。明天順五年建。本朝順治十八年修，乾隆二十九年重修。

學校

韶州府學。在府治南。宋至和二年建。明萬曆間重建。本朝康熙十二年修。雍正五年重修。入學額數二十一名。

曲江縣學。在縣治西。宋紹興初建於城東隅。明弘治、隆慶間屢遷，萬曆八年遷今所。本朝順治十六年修，康熙十年、二十二年重修。入學額數十五名。

樂昌縣學。在縣東門外南灣。明萬曆八年由東城外遷建。本朝康熙五十四年修。入學額數八名。

仁化縣學。在縣治西。宋嘉定三年建，後改建於縣治東，淳祐元年復舊所。本朝順治八年修，康熙二十年重修。入學額數八名。

乳源縣學。在縣東門外吴塘。宋乾道三年建，本朝順治十八年遷於登雲坊。康熙四十九年復建舊所，六十年修。入學額數八名。

翁源縣學。在縣治東。明洪武間，由縣北高嶺下遷建。本朝康熙十年修，雍正五年重修。入學額數八名。

英德縣學。在縣城内通遠街。明萬曆中由湞陽驛遷建。本朝乾隆二十八年遷於大慶山，嘉慶十九年復建舊所。入學額數十五名。

韶陽書院。在府城内。乾隆元年建。

濂溪書院。在府城北一里筆峯南麓，原名相江書院，在府學東。宋乾道中建，祀提刑周敦頤。淳祐中改建今所。明正德五年易今名。本朝康熙十年重建。

昌山書院。在樂昌縣北門外。康熙六年建。

雲門書院。在乳源縣城東門外。嘉慶五年建。

城東書院。在乳源縣。康熙二十四年建。

會英書院。在英德縣通遠街。明嘉靖間建。本朝嘉慶十九年重建。
文瀾書院。在英德縣滄光街。康熙四十七年建。
文昌書院。在英德縣治西。康熙三十三年建。
近聖書院。在英德縣城内。康熙三十七年，因湞江書院舊址建，改今名。
甘棠書院。在英德縣西門外。順治十七年建。
八泉義學。在曲江縣城内。乾隆五年建。
仁化義學。在仁化縣城内。雍正七年建。按：舊志載曲江書院，在曲江縣城内，康熙四十三年建。翠峯書院，在曲江縣西北五里，明嘉靖中建。龜峯書院，在樂昌縣南一里，明嘉靖中建。仁陽書院，在仁化縣城内，本朝乾隆十年建。乳源書院，在乳源縣城内，乾隆五年建。仰止書院，在乳源縣東半里，明嘉靖三年建，祀唐韓愈、宋周子。涵暉谷書院，在英德縣南南山下，宋景德初建。今並廢，謹附記。

户口

原額人丁八萬六千五百八十四，今滋生男婦大小共一百二萬一千四百八十二名口，又屯民男婦共六千七百二十名口。

田賦

田地山塘共一萬六千九百八十三頃十八畝二分有奇，額徵地丁正、雜銀七萬六百九十二兩九錢三分九釐，遇閏加徵銀二千一百七十四兩五分四釐，米一萬二千六百二十二石一斗二升九勺，屯田共一百五十三頃七十九畝一分有奇，額徵屯米二千二百一十二石六斗四升七合三勺。

山川

錢石山。在曲江縣東。寰宇記引湘川記：其狀四方，有若臺，巨石三面壁立〔二〕，上有碎石如錢，故名。明統志：在縣東八十里。

玉山。隋書地理志：曲江縣有玉山。元和志：在縣東南十里。始興記：郡東有玉山，草木滋茂，泉石澄澈。

蓮花山。在曲江縣南。宋史開寶三年，潘美伐南漢，劉鋹使其將李承渥列象爲陣，拒美於蓮花峯下，即此。輿地紀勝：山以形得名，爲州治對山。明統志：在縣南五里。

寶石山。在曲江縣南。輿地紀勝：在縣南十五里，一名伏虎山。圖經：寶石山多伏虎。相傳唐時有人徙其一石去，至夜虎銜其石復回舊處。鄉人神之，立廟其上。

虎榜山。在曲江縣南四十五里，一名迴龍山。西南臨江，有石高十餘丈，闊五十丈，形如張榜，中有小洞，可容二百餘人。

南華山。在曲江縣南六十里，溪水迴環，峯巒奇秀，産茶與椒。上爲象嶺，唐儀鳳初，僧盧能傳法於此，亦名儀鳳山。

髻山。在曲江縣南九十里，延袤一百餘里，山路險塞。本朝康熙二十二年建營於此。

芙蓉山。在曲江縣西五里。始興記：郡西南有芙蓉岡，高若玉山，鄰枕郊郭，可四十餘里。荆州記：芙蓉岡半有石室伏穴，自西山潛通江東岸。漢末，道士康容得仙於此。

銀山。隋書地理志：曲江縣有銀山。元和志：在縣西二十二里。

招隱山。在曲江縣西四十里。宋新州盧居士隱此，耿南仲書「招隱」二字於石，因名。又西十里有鳳凰山，脈接桂山。

桂山。有二。一在曲江縣西四十里，亦名桂源山。寰宇記：山多菌桂。通志：山上有温泉，四時沸湧，其下桂水出焉。一在樂昌縣北三里，爲縣主山，舊多桂樹，因名。山頂有寨，亦名寨山，其下有塘，俗呼桂塘寨。

靈鷲山。在曲江縣北。水經注：本名虎羣山，亦名虎市山，以多虎暴故也。晉義熙中沙門釋僧律葺宇巖阿，猛虎遠跡，因改曰靈鷲山。元和志：在縣北六里。九域志：山似天竺靈鷲，因名。

石頭山。在曲江縣北十三里，高三十餘丈。舊志：上有巨石特起，俗名雞冠石，石上有洞，一竅通天，亦名貂嬋嶺。

林源山。在曲江縣北。一名臨沅山，亦名洹山。後漢書郡國志：縣北有臨沅山。水經注：林水出曲江縣東北洹山。舊志：在縣北七十里。

大峒山。在曲江縣東北。宋余靖遊大峒山序：自州治水行七十里，得月華山，捨舟道樵徑，又十五里乃至大峒。其山磅礴聳峭，秀倚天際，絶頂之上，千里在目，澗聲泠泠，清入毛骨。舊志：在縣東北八十里。

浮嶽山。在曲江縣東北五溪水中。水經注：邸水出浮嶽山，山躡一處，則百餘步動，若在水也。按：水經注邸水在利水之上，此山應在韶石之東始興縣界。方輿勝覽在洲東北五里，明統志在府東北二十里，皆誤。

昌山。在樂昌縣東。寰宇記引拾遺志云：山有石平廣數十步，上多竹木交映，每至佳節，爲士庶嬉遊之所，時呼爲樂石，因取爲縣名。縣志：在縣東三里，有二石山相連，上下大小如「昌」字，其下産石，疏理有聲，可爲懸磬。

七星山。在樂昌縣東九里，狀如七星。又一里有將軍山，五峯聳立，如介冑之士。

覽山。在樂昌縣東三十里，臨江東岸，四面壁立，登之可以眺遠。

龜山。在樂昌縣南半里，環抱縣治，横截武水，爲一邑闗鍵。又象山，在縣南一里許。

鳳樓山。在樂昌縣南六十里，形如樓臺。

藍豪山。在樂昌縣西北。水經注：山廣圓五百里，悉曲江縣界，岸壁峻阻，巖嶺干天，交柯雲蔚，霾天晦景，謂之瀧中。元和志：藍豪山，在縣西北一百九十里。省志：在縣西北六十里，三瀧之水經焉。舊志又有鳳山，在縣西北一百十里，其上尖秀，形如翠鳳，與楊古嶺、蔚嶺皆藍豪之支阜也。

五指山。在樂昌縣北五里桂山之後，聳秀特立。又十里爲周山，一名寶山，又名白石嶺。唐沈佺期有自樂昌泝流至白石嶺下詩。

沿溪山。在樂昌縣北五十里，路險，人跡稀至。下有澗水，回合成溪。其北爲九峯山，延亘二十里，上列九峯，路通桂陽、宜章，西連楊古嶺，下有巡司。

泠君山。在樂昌縣東北，一名靈君山。水經注：泠水東出泠君山。晉太元十八年，崩千餘丈，於是懸澗瀑挂，傾流注壑，頽波所入，灌於瀧水。輿地紀勝：靈君山在縣東北四十五里，山下有靈君神，因名。山頂有池，周四十步，深五尺。省志：在縣東北三十里，下有湯泉。

駱駝山。在仁化縣東一里，高二十丈，下臨深潭，盤遶縣治。

雲峯山。在仁化縣東五里，平地崛起，高一百八十丈，周十里。又東四十餘里有筆架山。

涼繖山。在仁化縣南十里，圓如張蓋，與錦石巖相對。又南六里有半山，峭壁危立。

丹霞山。在仁化縣南十七里，高一百二十丈，周二十餘里，重巖絶巘，踞錦巖之巔。又觀音山，在縣南四十里潼口，下有巨石，高二十丈，背江面山，謂之觀音石。

白星山。九域志：仁化縣有白星山。明統志：在縣西南五十里，相傳唐武德中，有星墜山頂，光如曳練，故名。

五臺山。在仁化縣西三十里，上有巖，深廣四丈許。

鵬風山。在仁化縣西四十里。相傳有巨鳥止此，故名。山畔一泉湧出，溉田千畝，名龍王坑。舊有石龍大小二寨，爲一方保障。

廉石山。在仁化縣北二十里，縣之主山也。山有石井，其泉清冽。又石罅中有槍杆，相傳黄巢過此所投者，至今不朽。

金錢銀瓶山。在仁化縣東北七十里，兩山對峙，爲長江水口。

斗山。在乳源縣東二里，形如北斗。

石龍山。在乳源縣東十五里，石筍森列，峙立如城，亦名石城山，又名横石砦。

碧山。在乳源縣東南二十五里，多産乳石。

文秀山。在乳源縣南五里，三峯尖秀，爲縣案山。其下有蜈蚣寨。

泰豐山。在乳源縣西南十五里，連亘數百里，今名大東山。其西爲中子峯，峯上有九仙巖，小溪出此。

雙峯山。在乳源縣西一里，兩峯對峙，高百餘仞，周數十里。

風門山。在乳源縣西十五里，兩山夾立，中通一徑，風從中出，故名。

雲門山。在乳源縣北十三里，前接金仙障，連樂昌縣界。又北二里爲秀頂山，三峯連峙。

青雲山。在翁源縣東一百里，一名須彌山，連亘百餘里，高聳秀拔，上接翁山，下帶羅江。

靈池山。在翁源縣東一百二十里，一名翁山。寰宇記：山有石人，或藏或現，鬚眉皓白，酷肖老翁，人居此原，皆享壽考，因名翁山，翁水出焉。明統志：山頂有石池，池中有泉八，曰涌泉、香泉、甘泉、温泉、震泉、龍泉、乳泉、玉泉，乃翁溪之源。曲江祠堂記云：八泉會而同沼，即指此。

利山。寰宇記：翁源縣有利山，一名甲子山。縣志：在縣東一百二十里，又東十里有鐵山。

紙山。在翁源縣東南八十里，產竹可造紙。

烏石山。在翁源縣西二里，其頂盤環，爲縣右障〔二〕。

太平山。在翁源縣西北二十里，山石嵯峨，亦名太平石。

羊徑山。在翁源縣西北五十里，兩崖對峙，岑水中流，石徑二十餘里峻險曲折，不亞羊腸。明弘治間，鑿石爲坦道，半道有石門扼塞，可以拒守。舊志：嶺南每深山窮谷中通一路，則謂之徑，縣境萬山環合，以徑名者甚衆，而羊徑最著。

雞籠山。在翁源縣西北六十餘里，接連狗耳嶺，爲入郡孔道。山石對峙，如筍插天，萬樹盤嵐，一崖坦潤。

寶山。在翁源縣北二十五里，高千仞，周百餘里。石山之巔復戴一石，其下有池，環繞左右。東巖出泉，深不可測，多蓮藕，舊産銅礬。或曰岑水源出於此。

水源山。在翁源縣北三十里，秀麗聳拔，下有龍潭。又北十里有挂竹山，多薇蕨，居民採以爲粉。

華蓋山。在翁源縣北四十里，一名浄源山。絶頂有泉曰躭石，其西有帽峯寨。

玉華山。在翁源縣東北八十里，旁有池塘，廣四十畝。中有玉華徑，多芄蘭，一名蘭徑。山陽爲羅江溪。

九仙山。在翁源縣東北一百十里，周三十里。頂有天池，九石環列，俗稱九仙壇。相近有青龍山，南連利山，絶頂有高蓋峯。

桂丫山。在翁源縣東北一百五十里，路通始興、龍南二縣。又東北二十里有展旗山，周四十里，以形似名。

湞石山。在英德縣東。水經注：湞陽縣東有湞石山，廣圓三十里，挺崿大江之北，盤阯長川之際。其陽有石室，漁叟所憩，行者必於石室前泛舟而濟。縣志有英山，在縣東三十里，産奇石，蓋即古湞石山也。

觀音山。在英德縣東南九十里，接從化縣界。高峯卓絶，林木陰翳，中有紫竹，下有龍潭，瀑布飛空，名白水�。蓋即洭水所出之茗茶山也。又三十里有獨王山，一名天馬山，亦接從化縣界。

南山。在英德縣南。輿地紀勝謂之南巖，在州南二里，前枕真水，其背爲鳴絃峯。相傳虞舜南巡，撫琴於此，因名。峯下爲涵暉谷，谷中有飛霞嶺、晞陽島、淩烟嶂、夢弼巖、風穴、潛靈、棲雲、桃花三洞，山之陽爲蓮花峯。

臯石山。在英德縣南十五里，一名湞陽峽。始興記：梁、鮮二水口下流有湞陽峽，長二十餘里，山嶺紆鬱，叢流曲勃。水經注：溱水西南歷臯口、太尉二山之間，是曰湞陽峽。兩岸傑秀，壁立虧天，昔嘗鑿石架閣，令兩岸相接。元和志：湞陽峽，一名臯石山，在縣南二十五里，岸壁千仞，猿狖所不能遊。輿地紀勝有團山，即真陽峽。又有牯牛石，在縣南十九里真陽峽中。真水爲峽山所束，兩石相抄，水勢湍急，名抄子灘。其下又有磯石横截，爲行舟之害。宋嘉祐六年，轉運使榮諲開峽至洸口，作棧道七十餘間。至明嘉靖四年，壘石修復舊棧，水陸便之。

周峒山。在英德縣南一百餘里。本朝初，有土賊據此，順治十年討平之。

太尉山。在英德縣西南二十二里，湞水之西。相傳漢鄧彪嘗至此，召還爲太尉，因名。又西數里爲鷲水巖，景象幽絶。

西山。在英德縣西五里。又西二十五里爲藍岡山，有水，居民資以灌溉。

白鹿山。在英德縣西。始興記：含涯縣有白虎城，城南有白鹿岡。咸康中，郡人張魴爲縣，有善政，白鹿來遊，故城及岡，並取名焉。元和志：白鹿山，在含洭縣東南三十里。縣志：在縣西六十里。又有鶴子山，在含洸司對江。

石梯山。在英德縣西一百二十里。又西三十里有獅子山，接陽山縣界。

堯山。在英德縣西北。水經注：陶水東出堯山，山盤紆數百里，有赭巖迭起，冠以青林，與雲霞亂采。山上有白石英，山下有平林，有大堂基，耆舊云堯行宫所。元和志：堯山在含洭縣北四十里。寰宇記：在縣東北四十五里，四面有瀑布泉，傾瀉萬丈。

五山。在英德縣西北。其間有雁止嶺，取雁飛不過嶺爲名。

湞山。在英德縣西北四十里，湞水所出，縣之主山也。秦末，趙佗築萬人城於此。

大慶山。在英德縣北，即古英州治。西有流杯池。舊志：龍山在縣北半里，大慶山在縣北二里，蓋即一山而異名也。

金紫山。在英德縣北十里，石山聳拔，支脈左出，即今縣治。中出爲大慶山，其右則連亘數十峯，自西北抵於南山。

龍頭影山。在英德縣北六十里江東岸，山勢雄特，石多玲瓏，南臨清溪。

輪石山。在英德縣北一百十里，一名彈子磯，壁立江滸，崖半有竅，廣圓數尺。

目嶺。寰宇記：曲江縣有目嶺水，巖間有石穴，如人眼極大，瞳子白黑分明，故名。明統志：在縣東一百十里。省志：今無水。

白鶴嶺。在樂昌縣南三十里。

泐溪嶺。在樂昌縣西北。宋余靖有泐溪石室記。輿地紀勝：仙人石室，在縣西五里，石高三十餘丈，室外藤蘿交連，登之者攀援而入，有石床石臼，仙經七十二福地之一。縣志：俗名西石巖，有飛來石，相傳飛自武當，上刻真武贊八句，字古異，不能盡識。

楊古嶺。在樂昌縣西北八十里，路通宜章，爲入粤要路。又十里爲蔚嶺，高出雲漢，周約三十里，亦通宜章，上有甘泉。

銅鑼嶺。在樂昌縣北三十里，北接九峯山。

吴竹嶺。在仁化縣西北三十里。下有溪曰吴溪。又三十里有黄嶺，登之可見韶石，有水曰斯溪。

康溪嶺。在仁化縣北六十里，康溪水出焉。又北十里曰青雲峯，爲康溪後山，高聳霄漢，四山環拱，一水縈迴。

恩溪嶺。在仁化縣北一百二十里，接湖南桂陽縣界。前爲蓮花嶺，其下爲恩溪，其左又有羅帶水環流，相連爲馬嶺，亦名馬鬃髮嶺。

紫嶺。在仁化縣東北五十里，嶺上常浮紫氣，故名。扶溪水合流於此。

臘嶺。在乳源縣西南七里，壁立峭拔，夏月常寒。又名支嶺，以其爲郴州騎田嶺之支壠也。

梯雲嶺。在乳源縣西北五十里，高百餘仞，升躡如梯，俗呼「梯上梯下」，路接梅花峒，通宜章縣。

闗春嶺。在乳源縣西北一百七十里，俗名官村嶺，東通管埠，北通宜章，左有梅花峒。

豐岡嶺。在乳源縣北三里，一名鍾乳嶺，爲縣主山。北有鍾乳巖，産鍾乳充貢，明成化初督臣韓雍奏革。山腰有巖，巖穴中有水，南流入河。

獅子嶺。在翁源縣東南二十里，山骨嶙峋，形如獅子，爲東南要道，舊名猿藤徑。宋提刑楊萬里討惠、潮賊，嘗經此，有詩曰：「徑仄無平地，林開忽見天。」下産白土，居民置窑燒爲器具，稱不苦窳。

大臘嶺。在翁源縣南七里，與獅子嶺相接。山氣高寒，盛暑如臘。又有小臘嶺，在縣東北八里，形如大臘，爲縣主山。

九曲嶺。在翁源縣北三十里，盤旋九曲，路通始興。又北四十里有狗耳嶺，接曲江縣界。兩峯對峙，中通行路。迤北爲鉛山，産鉛。

蒲嶺。在英德縣東三十里，絶高峻，延袤二十餘里，西連英山，東通翁源。

熊耳嶺。在英德縣西。輿地紀勝：在含洸縣東四十里，兩峯嵯峨，狀若熊耳。又有浮雲嶺，在含洸縣西四十餘里，大嶺盤鬱二十餘里，峯巒屹立。

茬嶺。在英德縣西北一百二十里，礦徒入山淘錫必由之路。後漢志：湞陽縣有茬嶺山，即此。

觀州嶺。在英德縣東北五里，盤礴蜿蜒，登之可以下觀一州。又有羊嶺，在縣北百里，隆水所出。

帽子峯。在曲江縣北一里，團圞如帽，爲州治主山。明成化九年，知府蘇韡改曰筆峯。

皇岡。在曲江縣北。宋方信孺記：韶之西北有山，連亘如屏障，是爲皇岡。虞帝祠奠其麓，有泉出自東崖，甚甘而潔。命匠刻石，名之曰虞泉。府志：皇岡在縣北三里。

塔岡。在樂昌縣南四里，岡頂舊有浮屠，故名。其麓有泉。

鳳凰岡。在樂昌縣西北二里。

龜岡。在英德縣東。輿地紀勝：在州東八里，平地突起，爲郡印山。又有天子岡，在州東十五里，峻極侵雲，寧宗自英王入位，蓋兆於此。

蛾眉岡。在英德縣西。輿地紀勝：含洸縣南有蛾眉岡，高三百餘丈，東西望如蛾眉。又石蓮岡，在含洸縣西十五里，有石如蓮花。又傘頂岡，高七百餘丈，以形似名。

書堂巖。在曲江縣東南。方輿勝覽：在城東十五里，巖洞劃然，泉清石潔，爲張九齡讀書之所。舊志：有元結題石。又仁化縣南十里亦有讀書巖，壁立千仞，巖竇隱現，無路可攀。宋余靖嘗讀書於此。舟中遥望，隱若書案。

十字巖。在樂昌縣東四里，巖内横穿，形若十字，其上直透日光，居民嘗依此避兵。

禪龕巖。在仁化縣南十里。輿地紀勝：禪龕石高三十五丈，下臨大江，旁有石室。

青雲巖。在仁化縣南十五里，高峯絶頂，四山環拱。

錦石巖。在仁化縣南十七里，與丹霞山相連。輿地紀勝：有三巖，分上、中、下，其徑彎環，直上千餘級，夾道杉松，高凌霄漢。宋鄧嘉猷遊錦石記：其巖石紋四時改易，五色俱備，巖前江水周迴區曲，名曰錦江。

石爪巖。在乳源縣東七里。又東三里有國公巖，爲邑人遊賞之地。

白石巖。在翁源縣東南七十里，一名白面石，山勢高峻，爲諸山冠，周七十里許。石室光朗處，可容千人，秉燭窮入，深逾數里，石上流泉，味極香冽。

梅巖。在翁源縣北三十里，内極深廣，以宋進士梅鼎臣讀書其中，得名。

觀音巖。在英德縣東三十五里，石峯壁立，下跨重淵，有小洞，深入數十步，復沿崖而出，有觀音石像。

潮水巖。在英德縣東一百里，泉出石竇，與海潮相應。

金龍巖。在英德縣南七里，石門如滿月，内可坐百人。

通天巖。在英德縣西十里，一名九龍巖。輿地紀勝：横岡峻嶺，其中石乳，聳峙千萬狀，有大竅通明，闊六七丈，仰望天日煥然。

香鑪峽。在英德縣西南四十里，下通清遠峽。

紫微洞。在曲江縣西南十里。方輿勝覽：紹興間，朱新仲自詞垣謫居曲江，遇父老指示，始得此洞，容數百人。

紫簫洞。在樂昌縣北十五里，深闊二丈，舊産紫竹，可爲簫管，故名。又北五里有白雲洞，秀麗峭拔。

馬洞。在翁源縣東三里，水繞山環。相傳越王之子白馬王煉丹於此，鄉民祠之，因曰馬洞，壇址尚存。又縣西十五里有龍眼洞，山路險絶。

鴉鵲洞。在翁源縣東北一百二十里，接始興縣界。

碧落洞。在英德縣南十五里，下通溪流，懸石如霓旌羽蓋狀。旁有小洞，曰雲華，深不可測。

黎洞坑。在英德縣西南七十里，多出竹木。其旁爲鐵溪。

鍾乳穴。在英德縣北四十五里，有乳水融結成石。又有龍穴，在縣北五十里。

韶石。在曲江縣北。水經注：利水南流經韶石下，其高百仞，廣圓五里，兩石對峙，小大略均，似雙闕，名曰韶石。古老言昔有二仙分而憩之，自爾年豐，彌歷一紀。寰宇記：韶州科斗、勞水間有韶石，昔舜南遊，登石奏韶樂，因名。縣志：在城東北六十里。

靈石。在曲江縣東北。水經注：利水南經靈石下，一名逃石，高三十丈，廣圓五百丈。耆舊傳言石本在桂陽臨武縣，因夜迅雷之變，忽然遷此，彼人來見歎曰：「石乃逃來。」因名逃石。以其有靈運徙，又曰靈石。其傑處臨江壁立，霞駁有若繢焉，水石驚漱，傳響不絕。按：元和志有牢石，在曲江縣東六十里，高七十丈，周迴二十一里，色備五采，狀若樓觀，上多零羊，蓋即逃石。以「逃」、「牢」聲近而相訛也。

潼夾石。在仁化縣南六十里，二石對峙，潼水經其中。

屯軍石。在仁化縣西南二十里，平地突起，簇簇如林，又名石林。

三峯石。在乳源縣東三十里，聯絡鼎峙，高數十丈，連亘曲江界，其下溪流湍激爲紫瀧。

當石。在乳源縣東南二十五里，水流兩山間，中有石高出丈餘，横截十餘丈，舟楫往來甚險。

真石。在英德縣北。輿地紀勝：在州北二十八里，東枕真水。又有崑崙石，在縣北大慶山前，高一百五十丈，亦枕真水。

始興大江。即古溱水，一名肄水，源出湖南衡州臨武縣，經郴州宜章縣，流入乳源縣西北，又經英德縣東，又西南入廣州府清遠縣界。漢書地理志：溱水東南至湞陽入洭，行七百里。水經注：溱水導源臨武縣西南，北流與武谿合。山海經曰：武谿水南入重山，悉曲江縣界，謂之瀧中。瀧水南逕曲江縣東，號北瀧水，水左即東谿口，亦名東江，又名始興水。東江又西注於北江，謂之東江口，溱水自此有始興大江之名。南逕湞陽縣西，又西南歷湞陽峽，出峽則湞水注之，又西南洭水入焉。又西南至中宿縣。

按：水經以溱水爲經流，尋源既遠，又合武谿、東江諸水，故謂之始興大江，以别於東江。後人混溱於湞，即以始興水爲湞水，乃併東江而混之，且謂湞、武二水抱城迴曲，因名曲江。無論道元以曲爲山岡之名，非江流迴曲之謂，即以水道考之，溱水自北而南合武水，先逕曲江縣東，然後南逕湞陽縣西，又西南歷湞陽峽，而後湞水注之，安得曲江縣遂有湞、武抱城之説？元和志於湞陽縣云溱水一名始興大江，北自韶州曲江縣界流入。是溱由曲江而及湞陽，與湞水爲二，與水經合。乃於曲江縣又云湞水在縣東一里，漢征南越下湞水，即此。則語屬牽合，殆以溱水本在縣東而訛也。又寰宇記云湞水源從虔州信豐縣分流，西合大庾嶺銀岡水，入湞陽縣界，至韶州，合始興、樂昌水入海。通志則以出信豐者爲昌水，又謂湞水源出庾嶺，殆皆因水經注東谿、連谿源出南康，既混始興大江於東江，遂混東江爲湞水，而發源亦混矣。明統志謂曲江至英德縣又名始興江。通志又謂溱水源出清遠縣之溱源山。按英德本湞陽縣地，而清遠即漢之中宿縣，又在英德下流，紛紜謬戾，今一依漢書注及水經語正之。

東江。一名始興水，一名湘江，以晉置湘州故也。在曲江縣東。荆州記：始興郡有東江，發源南康大庾嶠下，南流西轉，與北江合。水經注：曲江縣東旁瀧谿，谿水左即東谿口也。水出江州南康縣界石閣山，西流而與連水合，連水南流注於東谿，東谿一名東江，又名始興水，又西邪階水注之，又西逕始興縣南，又西入曲江縣，邸水注之，又西與利水合，利水南注東江，東江又西注於北江，謂之東江口。按：曲江縣所以名江及溱水有始興大江之名者，本以東江入縣合流之故。江源出今南安府之南康縣，而與大庾嶺之連水合流，自寰宇記以湞水出虔州之信豐，東合大庾嶺銀岡水，流自韶州，於是東江之迹晦，而湞水併奪溱水之名。今依水經注另爲標出。

利水。水經注：利水出曲江縣之韶石北山，南注東江。舊志：潼、錦二溪之下流也。潼溪源出潼嶺，流經仁化縣西。錦石溪有二源，一出崇義縣仙人嶺，一出太平山，合流四十里，受扶溪水，又西南至仁化縣南，爲會溱水，又南過錦石巖與潼溪水合，曰潼口。南流至曲江縣，入於始興江。按：通志謂利水即修仁水，今考元和志謂修仁水出始興縣東嶠山，與利水所出不同，通志混而爲一，誤。

邸水。在曲江縣東南。齊書五行志：永明二年，曲江縣山崩，壅底溪水成陂。即此。水經注：邸水出浮巖山，南流注於東江。

岑水。一名膽礬水，又名銅水，在曲江縣南七十里。源出翁源縣羊徑山，分二派，一西流經縣南入武水，一南流入江鎮水。

曲江縣志：其水出生熟膽礬，能浸生鐵成銅。宋時置岑水銅場。翁源縣志：水極腥惡，兩旁石色皆赭，不生魚鱉禾稼。在縣西北三十里。

雙下水。在曲江縣西五十里，兩澗合流成溪，東南流五十里入溱水。

桂水。在曲江縣西北四十里，源出桂山，東南入武水。

林水。在曲江縣北七十里，西流入武水。水經注：林水出縣東北洹山，西流入瀧水。

雲水。在曲江縣北，西北流入武水。水經注：雲水出縣北湯泉，泉源沸湧，浩氣雲浮，以腥物投之，俄頃即熟。其中時有細赤魚遊之，不爲灼也。西北合瀧水。按：水經注瀧水自合林水，又合雲水，後人併雲、林二水爲一者誤。

武谿水。古名虎溪，又名北瀧水，唐改爲武溪，又名武陽溪，在曲江縣東北。自湖南衡州府臨武縣西，經郴州宜章縣，流入乳源縣西北，又東經樂昌縣西，又東南流入曲江縣界合東江，又西入英德縣。水經注：武溪水出臨武縣西北桐柏山，東南流，右合溱水，亂流東南，武水又南入重山，謂之瀧水，又南出峽，謂之瀧口，又南合泠水，左合林水，又南歷靈鷲山，又南逕曲江縣東，號曰北瀧水，水左即東溪口也。李紳詩注：南人謂水爲瀧，自郴南至韶北有八瀧，皆急險不可入。南中輕舟迅疾，可入此水者，名曰瀧船，善游者爲瀧夫。輿地紀勝：有三瀧水，源出湖廣莽山，與樂昌分界，曰新瀧、垂瀧、腰瀧。明統志：三瀧在樂昌縣西六十里。樂昌縣志：三瀧以韓愈所經，亦曰韓瀧。後以險處頗多，又增三名，曰崩瀧、金瀧、白茫瀧，謂之六瀧。又東南下岐門灘，峻急如瞿塘，下經樂昌縣南，入曲江界。元至正初，始鑿新瀧西路。明正德中鑿東路。嘉靖間，知府苻錫沿江開鑿，疊石爲徑，以便行人。乳源縣志：武陽溪在縣西北二百二十里，自宜章縣白沙司東南入縣界，徑石村，又東過武陽司，南合七姑灘水，又左合潨溪，又東過管埠，入樂昌縣界。按：輿地紀勝謂三瀧源出湖廣莽山，通志又謂武水源出湖廣郴州之武崗，皆與水經不合。又按：後漢桂陽太守周昕開六瀧，是六瀧之名已古。樂昌志「三瀧以韓愈所經名韓瀧，後增三名」云云，亦似與舊說不合，姑存之。

泠水。一名靈溪，在樂昌縣東。水經注：泠水東出泠君山，懸澗瀑挂，傾流注壑，頹波所入，灌於瀧水。縣志：靈溪源出靈君山，西南流四十里入瀧，有渡在縣東三十里。

五渡水。一名夫溪，又曰扶溪，在仁化縣東北百里。源出南安府珠子山，西南流合錦石溪。按：五渡水，元和志謂在始興縣東北，九域志謂在仁化縣。今考縣東北界之水惟有錦、扶二溪，而扶溪源出南安，與東嶠山尤近，蓋即五渡水也。

洲頭水。一名大溪，在乳源縣南。源出梯雲山下，東流逕瀧尾，至縣城南，又東流八十里至曲江縣虎榜山水口入江。又縣東三十里有紫瀧水，縣西二十里有渣溪，源出潺山。又有小溪，源出泰豐山，俱入於大溪。

七姑灘水。在乳源縣西北二百里。有二源，一出宜章縣長寧鄉莽山，一出縣境之遼水村，至漂源堡合流，過平山入武陽水。又石高水、瀫溪水，俱出宜章縣界，流經縣界，入武陽溪。

巖前水。在翁源縣東二里。源出縣東北老虎巖，南流合周村水，繞大臘嶺，西出馬蹄塞，入横石水。又縣西二里有雪溪水，源出縣東北小臘嶺下詹公坑，西南流入横石水。

崑山水。在翁源縣東三十里。源出青雲山之陽，西流合周陂水，又西經九牛鋪入羅江水。

翁水。在翁源縣東，西流入溱水。元和志：翁水出縣東北一百四十里。寰宇記：翁水出靈池山。

龍仙水。在翁源縣東九十七里。源出青雲山下，西流至龍仙峽，又西入南浦水。

周陂水。在翁源縣東南八十餘里。源出陳磜諸鋪，北流入崑山水。

湞水。在翁源縣南。發源惠州府龍川縣，經連平州流入至縣南，又東流經英德縣東南，入溱水。漢書地理志注：應劭曰：湞水出南海龍川，西入溱。水經注：湞水出湞陽峽，左則湞水注之，水出南海龍川縣西，經湞陽縣南，右注溱水。通志：有龍川水，源出河源縣界，西流入翁源。連平縣志：有銀梅鋪水，入縣界，經英村、鍾南曰南浦水，又西南與龍仙水合，曰三合水，又西與貴塘芙蓉水合，又西南至利陂鋪，曰羅江水，南折爲小瀧，二十里至唐縣治，與攬陂水合，又西南至九龍，與周陂水合，又西南至縣西南五里瀧口，與横石水合，又西入英德縣界，蓋即古湞水也。按：道元之説實本應劭，而通志謂龍川水出河源縣界者，河源即漢龍川地也。連平州地，在漢亦屬龍川，銀梅水西流入江，其爲湞水無疑。自元和志有湞水在曲江縣東一里之説，輿地紀勝有溱水亦名湞水，避仁宗嫌名，改曰真水之説，而湞與溱始混。寰宇記又有「湞水源從虔州信豐縣分流，西合大庾嶺銀岡水，入湞陽縣界，至韶州」之説，而湞與東江又混。考元和志所據，漢書征南越出豫章下湞水語，不知龍川本與豫章郡接界，出虔州而至龍川，則下湞水矣。寰宇記所謂湞水源出信豐者，乃誤因水經注文。道元云東谿水出始興東江州南康縣界石閣山，晉之南康縣則唐、宋之信豐縣也。道元又云西流與連水合，水出南康縣涼熱山、連谿山，即大庾嶺，則寰宇記所謂西合大庾銀岡水者也。不知出信豐者，乃是東谿，亦名東江，亦曰始興水，而與龍川之湞水無與。若韶州湞水經行之道，則斷從翁源始。後人既知此爲古湞水，仍牽於元和、寰宇之説，不得已加「南」字以別之，誤矣。

横石水。在翁源縣西三里。源出曲江縣界，曰油溪，南流經大坪曰漁溪，又南至江鎮，曰江鎮水，又南流至龍口，入羅江水。

新塘水。在翁源縣西北二十里。源出華蓋山躭石泉，西南流繞太平山，又西入江鎮水。

攬陂水。在翁源縣東北三十五里。源出鴉鵲峒，南流入羅江水。

羅江水。在翁源縣東北七十五里。南折爲小瀧，合於湞水。

將軍徑水。在翁源縣東北一百十里。源出九仙山下，一名流田峽水，南流至芙蓉東，合貴塘上莊水，又西合茶園水，又南流出龍仙峽，至南塘入三合水。

隆水。在英德縣東一百二十里。源出羊嶺下，東南流與湞水合。

沱水。在英德縣東南九十七里。源出茗茶山，北流入翁水。省志：瀧頭水，源出觀音山，至獅子口合流。即此。

瀧頭水。在英德縣南十五里。源出翁山，經象岡至此，與瀧水合，瀧水即溱水也。其地險隘，兩山夾峙，水多激石。宋史：潘美伐南漢，克英州，次瀧頭。即此。

麻江水。在英德縣西。源出縣西二十五里，南流入湞水。

陶水。一名桃溪，在英德縣西四十里。水經注：陶水東出堯山，西經含洭縣北，右注洭水。輿地紀勝：有桃水在含洸縣東五里，源出縣東北崇山下，合洸水。又有五溪，在含洸縣北二十里，源出堯山，流會桃溪。又有長湖，在縣東二里，源亦出堯山，南流入縣郭内。

洭水。一名湟水，一名洸水，即洭匯水也。在英德縣西北四十二里，自連州陽山縣界，西南流入溱水。漢書地理志：含洭縣，洭水所出。水經注：洭水自陽山縣東南，過含洭縣，左合翁水，又東南左合陶水，又經含洭縣西，又南出洭浦關爲桂水，右合溱水，謂之洭口。山海經謂之湟水。徐廣曰：「湟水一名洭水，出桂陽，通四會。」亦曰灌水，桂水其别名也。

風水。在英德縣北一百里。源出重嶺下，南流入湞水。

滄湖。在樂昌縣東南十里。元和志：周迴三十五里，南通瀧水。

梨溪。在曲江縣東七十里。源出縣界東坑嶺，以岸多棠梨，故名。又有零溪，亦在縣東七十里，源出縣界清化嶺。皆西流合溱水。

曹溪。在曲江縣東南五十里。源出縣界狗耳嶺，西流三十里合溱水。以土人曹叔良捨宅爲寺，故名。又潭溪，在縣南四十里，源出寶石山，南流入曹溪。

宣溪。在曲江縣南八十里。源出羅坑，東流六十里與溱水合。唐韓愈詩「韶州南去接宣溪」，即此。

滎溪。在樂昌縣南三十里。源出乳源縣界嶺中，東流徑石山，匯而爲潭，至滎村入武水。

泐溪。在樂昌縣西北。源出泐溪嶺，西流入武水。又有禄溪，分泐溪水東南流，經縣城東，至縣南入武水，北通官陂。

盧溪。即古黄泠水也，在樂昌縣西北一百五十里。自宜章縣流入縣境，入武水。水經注：黄泠谿水，出郴縣黄泠山，西南流合武溪水。寰宇記：盧水合武水處甚險，名曰新瀧，有太守周昕廟，即始開此瀧者。按：武水自此南入藍豪山，始有瀧中之名。

平石溪。在樂昌縣北。源出縣東將軍嶺，西流經九峯山北，至腰瀧入武水。

琅溪。在英德縣南十五里。源出縣西大布山前，南入湞水。

羅溪。在英德縣西北。輿地紀勝：在含洸縣西四十六里，源出縣西北重山下，南流十五里入洸水。又有鳳溪、桂溪，皆源出五山，入於羅溪。又有江泉，在含洸西五十里，北流入洸水。

翁溪。在英德縣西北。水經注：翁水出東北利山湖，湖水廣圓五里，潔逾凡水。西南流注於湦，謂之翁水口。口已下東岸有聖鼓枝，即陽山之鼓枝也，横在川側，雖衝波所激，未嘗移動，百鳥翔鳴，莫有萃者。輿地紀勝：翁溪在含洸縣西四十里，源出浮雲嶺，南流入洸水。又有監溪，在含洸縣西二十里。

皇潭。在曲江縣北皇岡下。西流二里合武水。寰宇記：潭側有舜祠，昔爲舜遊之處。

鼓面潭。在樂昌縣西五里。深二十餘丈，闊半之，潭邊有石如鼓。

青龍潭。在仁化縣東六十里山谷中，其深莫測。

流杯池。在英德縣西北五里，山泉兩道，合流石壁間，盤迴曲折，可以流觴。

大湧泉。在曲江縣東南二十里，湧出石罅中，西流十里入溱水。宋余靖作湧泉亭。

卓錫泉。在曲江縣東南曹溪，六祖浣衣卓錫所在。宋蘇轍有銘。

湯泉。有四：一在曲江縣東南五十里，每霜雪時，泉氣上蒸，能熟生物；一在樂昌縣東北三十里泠君山下；一在乳源縣西二里；一在翁源縣東北桂塘山。按：舊注「一在樂昌縣北周山下」句誤。蓋泠君山即靈君山，在縣東北，前注「東北三十里，下有湯泉」云云可據。此云「周山下」，則是湯泉有五，而不止四矣。謹附記。

虞泉。在曲江縣北三里。

燕子泉。在翁源縣治右，春出秋伏，故名。

甋石泉。在翁源縣北三十里華蓋山，高峯絶頂，巨石如屏，有泉自石中湧出。宋余靖磨崖記之。

玉泉井。在曲江縣西芙蓉山上，泓澄如玉。

古蹟

曲江故城。在今曲江縣西。漢置，屬桂陽郡。三國吴於縣置始興郡。晉元興三年，徐道覆陷始興。義熙七年，孟懷玉克始興，道覆伏誅。水經注：曲江縣東傍瀧溪。元和志：江流迴曲，因以爲名。唐書：武德初，鄧文進爲本州刺史，移州於水西。蓋自晉末徐道覆移治水東，至是復還故治也。輿地紀勝：古州城在今州西一里，即鄧文進所移。府志：五代梁乾化初，録事李光册又移治中洲，在武水之東，溱水之西，即今治也。

仁化故城。在今仁化縣北。蕭齊置，後廢。唐復置。宋開寶五年，廢入樂昌。咸平三年復置，乃改建於光澤鄉，即今治也。元和志：縣南至韶州陸路一百十里。府志：唐時縣址，在今縣北三里走馬坪。

乳源故城。在今乳源縣西。宋史地理志：韶州乳源縣，乾道二年析曲江之崇信、樂昌依化鄉〔三〕，於洲頭津置。輿地紀勝：在州西百里。縣志：宋分曲江之乳源、崇信二鄉十二里，樂昌之新興鄉三里，置縣治於花村頭津口，地名虞塘，在今縣西七里。元至正十二年，爲郴寇所陷。明洪武元年，知縣張安仁遷於洲頭津，即今治。

翁源故城。在今翁源縣東六十里。元和志：縣西北至韶州二百八十里，本漢湞陽縣地。梁承聖末，蕭勃分安陽立，因縣界翁水之源爲名。貞元元年，刺史徐申移於今理。寰宇記：英州東北至翁源縣一百四十里。縣志：縣治凡五徙。梁時故址在今縣東北六十里横江頭嶺下，今猶稱曰南門坪。宋淳化中遷下窖，在今縣北五十里，址湮。景祐五年，遷曲江縣界濛瀼驛，在今縣西北九十五里。建炎三年，又還細草岡，在今縣東南四十里，址湮。元時縣治江鎮，在今縣西北三十里，俗稱舊縣場。明初縣治長安鄉，即今治也。

湞陽故城。在英德縣東。漢置，屬桂陽郡。三國吴改屬始興郡。劉宋泰始三年，改「湞」曰「貞」。梁復曰湞陽。元和志：湞陽縣南至廣州四百二十五里，本漢舊縣，在湞水之陽，因名。隋開皇十年，改爲貞陽。十六年，廢入曲江，尋復置。唐貞觀元年，復曰湞陽。寰宇記：南漢乾和五年，於縣置英州。九域志：乾興元年，改曰真陽。縣志：古英州城，五代南漢置，在今城北一里大慶山，宋還今治。

含洭故城。在英德縣西。漢置，屬桂陽郡。三國吴改屬始興郡。梁天監六年，分湘、廣置衡州。隋書地理志：含洭縣，梁置衡州陽山郡。平陳，郡廢，改州曰洭州。二十年，州廢，縣屬南海郡。唐書地理志：含洭縣，武德五年置洭州。貞觀元年州廢，縣屬廣州。元和志：縣東南至州五百里，本漢舊縣，以縣界洭水爲名。其漢時故城，在今縣東四里。九域志：含洸縣，即漢含洭縣。開寶六年，改屬英州，在州西七十五里，有含洸鎮，蓋即故縣也。元省入英德州。明初置含洸巡司。正德初修築故城，爲縣西保障。

建福廢縣。在曲江縣東南。宋史地理志：韶州始興郡建福縣，宣和三年，以岑水場析曲江、翁源地置，南渡後省。

按：輿地紀勝岑水場出産銀銅，慶曆七年置。會要云崇寧元年升岑水爲建福縣，撥曲江之廉平、建福二鄉，翁源之太平鄉隸焉，不知廢於何時。又按：翁源縣志云建福廢縣在縣西北四十八里，地名岑水場。考九域志，岑水本屬曲江，其地應在曲江縣界。

臨瀧廢縣。在曲江縣南。舊唐書地理志：武德四年置番州，領臨瀧縣。貞觀八年，併入曲江。

梁化廢縣。在樂昌縣東。元和志：本漢曲江縣地。梁武帝分置梁化縣，屬始興郡。隋開皇十年，改屬廣州。十八年改樂昌縣。唐武德中改屬韶州。輿地紀勝：在州北八十里，廢城在縣西南二里，周五里，即任囂所築。縣志：梁時故址，在今縣東郭。隋遷於趙佗所築古城，在今縣西南隔河二里，上抵瀧口，今呼爲城頭。元至正十二年，爲郴寇所焚。明洪武初，知縣索彦勝遷治於城南都，即今治。

平石廢縣。在樂昌縣西北。隋書地理志：梁分梁化置平石縣。隋開皇十二年省。縣志：今縣西郭有平石村，又縣西北有平石溪，皆以故縣得名。

故郡城。在曲江縣南。元和志：王城，一名故郡城，在曲江縣南六里，地勢險固。晉義熙初，盧循克廣州，循將徐道覆移始興郡據此城。輿地紀勝：在州南官灘下十里，地名古城是也。宋武討盧循，遣沈田子伏軍於此，連築一城其旁，今呼爲將軍壘。

任囂城。在樂昌縣西南。水經注：瀧口西岸有任將軍城，南海都尉任囂所築也。囂死，尉佗自龍川徙居之。元和志：任囂故城，在縣南五里。

趙佗城。在仁化縣北九十里城口村。輿地紀勝：昔尉佗據粤，以五嶺爲界，乃築此城以定粤境。

萬人城。在英德縣東。元和志：尉佗爲城於湞山上，名曰萬人城。

五婆城。在英德縣北彈子磯下。縣志：唐末有五女築此以禦黄巢。

永通監。在曲江縣西。宋置。九域志：縣有永通錢監。輿地紀勝：在州水西一里。慶曆八年，三司上言，本州天興場銅大發，請置監鑄錢，詔以爲永通監。縣志：即水西故城，今猶號曰監前。

風度樓。在府治南。唐張九齡爲相，明皇重之，每用人，必曰：「風度得如九齡乎？」郡人因取以名樓。

朝陽樓。在曲江縣東城堞上。唐建，皇甫湜有記。

韶陽樓。在曲江縣南，臨江。唐建，許渾有詩。元末圮。

煙雨樓。在英德縣治東。千巖萬壑，羅列遠近，極登眺之勝。

金鑑堂。在府治内，取張九齡所上金鑑録爲名。

清淑堂。在府治内。宋王安石侍其父益守韶時，讀書於此。

思古堂。在舊府治南。宋郡守狄咸建。蘇軾書扁，左右有燕譽、魚樂二亭。

政寶堂。在府治西。中有宋蘇軾、黄庭堅石刻。

邵謁書堂。在翁源縣東四十里江水中。江中有石，高九十丈，周五里，謁建堂於上，爲讀書之所。

相江亭。在曲江縣東一里。宋建，爲餞送之所。又曲江亭，在通津門外，亦宋建。

整冠亭。在曲江縣北帽子峯。宋淳熙時建。郡守梁世安記云：左瞰真水，右俯武溪，萬山悉在目前。亭名蓋取韓愈詩「上賓虞舜整冠裾」之句。

韶亭。在曲江縣東北韶石之東。宋建，余靖有記。又有望韶亭，在縣東八十里。宋范端臣有記。又東二十里有盡善亭，蘇軾嘗登此望韶石賦詩。

寒翠亭。在英德縣南涵暉谷、晞陽島之北。又衆樂亭，在涵暉谷外，下臨澄江。宋郡守方信孺建〔四〕。

三灣亭。在英德縣北六十里清溪。輿地紀勝：岑水、曲江合流至此而泆，水有三灣，環山而瀦，澄澈可鑒。宋元祐間，廣帥蔣之奇建亭於此。

薰風亭。在英德縣鳴弦峯下。宋李修有記。

九成臺。舊名聞韶臺，在府治北城上。宋郡守狄咸建。府志：宋建中靖國元年，蘇軾與蘇伯固北歸，狄守延飲臺上，伯固謂舜南巡奏樂於此臺，宜名九成。軾即席爲銘，自書刻石臺上。後以元祐黨事，碑毁臺圮。

逍遥臺。在曲江縣南五里武水東。隋刺史薛道衡建。唐張九齡有陪王司馬登薛公逍遥臺序。

澄光臺。在英德縣南涵暉谷。

張九齡宅。在曲江縣東。寰宇記：在州西二里。宋陶穀清異録：張曲江里第之側有古柏，嘗因狂風發其一根，解作器具，花紋甚奇。人以公之手筆冠世，目之曰「文章樹」。宋史楊大異傳：大異提點廣東刑獄，訪張九齡故宅，建曲江書院以祀之。輿地紀勝：在曲江縣東六十里平圃驛畔，今廟宇乃其宅基。

王導宅。在曲江縣西。輿地紀勝：在水西，今爲光運寺。

侯安都宅。在曲江縣西北。輿地紀勝：在豐樂鄉大圃里桂山之下。明統志：今爲司空廟。

梅鼎臣宅。在翁源縣西北三十里江鎮，今猶曰梅村。

余靖西園。在曲江縣城内。

關隘

風門關。在乳源縣西十五里風門山下。

小梅關。在乳源縣西北三十里，地名馬頭洒。

洭浦關。在英德縣西南。水經：洭水南出洭浦關爲桂水。元和志：洭浦故關在縣西南四十五里，山谷深阻，實禁防之要地。

臺嶺隘。在曲江縣南六十里。又馬渡隘、黄村隘，皆在縣西六十里。大嶺隘，在縣東北五十里。

黄土嶺隘。在樂昌縣東三十里，接仁化縣界。明初置高勝巡司防守，萬曆中裁。又企岡嶺隘，在縣東南五十里。九牛嶺隘，在縣南二十里。金岡嶺隘，在縣西南五里。皆路通乳源。

赤石徑隘。在仁化縣西四十里平山都。又七里徑隘，在縣西北七十里石塘都，路通樂昌。

城口隘。在仁化縣北九十里康溪都，路通桂陽。

長江隘。在仁化縣東北九十里扶溪都，界連江西、湖南，山川盤結，黎民稠集。舊有墟曰維賢坊，宋、元間鄉民貿易其間，明初以山寇亂始廢，至今猶稱曰墟裏。北有高岡，聳峙圍堡，社學在焉。又縣東北有風門凹隘。

分水凹隘。在乳源縣西南一百二十里，接英德縣界，有隘長。又深莊隘，在縣東南。平址隘、沿山隘，皆在縣南。月坪隘、木角隘、大嶺隘、硃石隘，皆在縣西南。

平頭隘。在乳源縣西南一百四十里梅花洞。又高車嶺隘、黄金峒隘，皆在縣西北。縣志又有火燒隘，在縣西北；青石隘，在縣東北。

甲子磜隘。在翁源縣西北二十里。又江鎮隘，在縣西北四十里。九曲隘，在縣北三十里，路通始興。

赤竹箆茅隘。在翁源縣東北一百四十里，接連平州界。又佛子凹隘，在縣東南一百二十里，接長寧縣界。桂丫山隘，在縣東北一百五十里，接始興縣界。南北嶺隘，在縣東北一百八十里，接江西龍南縣界。通志：縣境又有東瓜嶺、道姑巖二隘。

攬坑隘。在英德縣東甘棠都。明初有兵戍守。

濛瀼巡司。在曲江縣南八十里白沙堡。明洪武十六年置。

平圃巡司。在曲江縣東北六十里上道堡。明洪武十六年置。

羅家渡巡司。在樂昌縣西北一百二十里塘口隘。明洪武二十八年置。又西北四十里舊有黄圃巡司，明初置，防守象牙山隘。本朝順治十四年裁。

九峯巡司。在樂昌縣北八十里銅鑼坪隘。元置，明洪武初裁，二十八年復置。路通湖南桂陽，四山壁立，稱爲險要。

扶溪巡司。在仁化縣東北五十里紫嶺，接江西大庾縣界。明洪武七年置。又縣北八十里水西村舊有恩村巡司，亦洪武七年置。後移城口村，尋廢。

武陽巡司。在乳源縣西北一百六十里武陽渡。明嘉靖八年置。

磜下鄉巡司。在翁源縣東南。本朝雍正十年置。

桂山巡司。在翁源縣東北一百二十里南浦都。明初置於茶園鋪。嘉靖八年移駐。

象岡巡司。在英德縣東一百里。明洪武中置。

洸口巡司。在英德縣西南五十里大江之北，湞水之東。明初置。據大小羅山陳、黎二峒之衝。又縣西舊有含洸巡司，明正德九年置，本朝順治十五年併入洸口。

三華鎮。在翁源縣東北三十里。縣志：明嘉靖末山賊張廷光等倡亂，隆慶六年討平之，因請置鎮築城。今圮。

清溪鎮。在英德縣北。九域志：縣有清溪、洸口、回口、板步四鎮。縣志：清溪鎮在城北七十里，有巡司。明洪武二年置。成化中築甎城，周一百五十丈。今圮。

韶州所。在府治東南。明洪武初建。

白土營。在曲江縣南五十里虎榜山東。又濛瀼營在縣南八十里。縣志：明初水營八，曰中堂、蘇渡、亂石、魚梁、磨刀，皆在縣東；白芒、蓑衣、黃茅，皆在縣南。崇禎八年，又增九營，曰九曲、麻坑、羊瀨、古廟、灣頭，皆在縣東；河西尾、車前、白土、界灘，皆在縣南。分上下兩江戍守。

厚塘營。在仁化縣東四十里。又東有盤山營，東北有平安營，皆在扶溪都。縣北七十里有水西營，在康溪都。

白花營。在乳源縣西北一百八十里瓦窯峒。

猺田營。在英德縣東象岡都。又朱峒營，在縣南大陂都。燕石營，在縣西清泉都。又縣西南有黎峒營、大廟營，皆明正德中置。塘角營、黃寨大塘營，皆明嘉靖中置。

跌牛石營。在英德縣西二十里。通志：明初設金阜口、虎尾徑、魚梁埠、燕石、麻埠、丹竹徑六處戍兵。嘉靖三十四年，議以跌牛石爲適中地，因置營於此，增設官兵，倚爲重地。

虎尾徑營。在英德縣西北五十里。清遠西山猺民出沒，道每經此。明初設戍兵，嘉靖中置營。

高橋營。在英德縣北彈子磯上，接曲江縣界。迤南有龍頭影營、高坡營、朗孤營、江灣營、萊洲營，皆在縣北江東岸。石尾渡營、老地灣營、饅頭營、波羅坑營、老虎山營、連州營、黄土坑營、蝨蟲營、香鑪腳營、樟木峒營，皆在縣西南江東南岸。均防江要地。

雞冠寨。在曲江縣北十里。又古羊寨，在縣東五十里。上窯寨，在縣西北三里。老龍寨，在縣北三十里。

天德寨。在乳源縣東十五里。一名石門寨，周迴砌石如城。元至正中郴寇陷城，義士鄧可賢率鄉民固守於此。又蜈蚣寨，在縣南半里文秀山下，石圍俱存。

麻沙寨。在翁源縣東南五十里，一名横石寨。

蓮塘寨。在英德縣西四十里。

繁華堡。在仁化縣東五十里。又石塘堡，在縣西四十里。高岡堡，在縣東北七十里。

東山徑。在翁源縣東十里。石壁險峻。明嘉靖中知府符錫命鄉人開鑿〔五〕，往來便之。又象獅徑，在縣東一百里，路通連平州。茶藤徑，一名青山徑，在縣南十里，長七十三里，路通龍門縣。祥符徑，俗名鵝公崍，在縣西北四十里，路通英德縣。大坪徑，在縣西北五十里，長二十里，路通曲江縣。陂子徑，在縣北三十里，長三十里。鐵寨徑，在縣東北四十里，長十五里。桂花徑，在縣東北一百里，長五里。皆路通始興縣。

芙蓉驛。在曲江縣南。宋景祐中建湞陽館，在湘江門外。明洪武中改置芙蓉驛，弘治中遷於津頭廟下。本朝順治十二年又遷於此，有驛丞。今裁。

湞陽驛。在英德縣西南何公橋東。宋置芙蓉驛，在縣南二里，明初移置於此，改今名。舊有驛丞，今裁。又清溪驛，在縣北清溪鎮，本朝順治十三年併入湞陽。

清平市。在曲江縣北筆峯山下。明嘉靖中置。

管埠市。在乳源縣西北一百五十里武陽鎮東，水陸通郴、桂，商民雜居，市井繁盛。

龍溪公館。在乳源縣西北四十里。又三十里至均豐，又三十餘里至白牛坪，又四十里至梅花洞，又十五里至武陽司，皆有公館。又十五里入宜章縣界。皆明萬曆三十六年巡按李應魁置。

津梁

東河浮橋。在曲江縣東門外。宋慶元中建。又西河浮橋，在縣西門外。宋天聖中建。

嘉泰橋。在曲江縣西桂水上，以宋嘉泰中建，故名。

緑溪橋。在樂昌縣東，南宋進士鄧純建。又惠政橋，在縣東，明洪武初知縣索彦勝建。

斗門橋。在乳源縣東三里。又平田橋，在縣東十里。

鎖青橋。在翁源縣東街。

湞峽橋。在英德縣西南，舊有十七座。明知府符錫開峽路，疊石爲之，後爲暴水衝壞。本朝康熙元年重建，下至清遠，上至湞陽，增爲五十三座。

何公橋。在英德縣西壽英坊，跨滑溪。宋郡守何智甫建，蘇軾有詩，一名政和橋。

隄堰

東河隄。在府城東。明嘉靖十八年符錫通判韶州，見東水爲患，衝隄決障，倡議營修，築隄二百三十有五丈，而水患以息，士民便之。

西河隄。在府城西，逼邇武溪，每歲盛夏，潢潦泛漲，衝激隄岸，剥及二百餘丈，城幾頽毁。明成化十四年，郡守王賓計令出民欺隱田糧者，捐貲宥罪，得贖鍰二千餘金，以堅築之，毫不擾民，民受其賜。

龍塘都陂。在曲江縣南。縣志：龍塘，濛瀼對過山中〔六〕，源出高圳，塘深且廣，其田數十頃，水有毒，沾足即爛，食其田禾，不一二年輒死，今號蠱毒，悉皆荒蕪。水多魚，亦不敢食。

官陂。在樂昌縣東北三十里，有水自西坑山峽中來，南流通禄溪，灌田百餘頃。

陵墓

南北朝　陳

侯安都墓。在曲江縣西北。冢廟記：在城西四十里桂山下。

隋

麥鐵杖墓。在曲江縣東北韶石之北。

唐

張九齡墓。輿地紀勝：在曲江縣北二十五里羅源村，徐浩撰碑。縣志又有九齡祖墓，在河西黄田嶺，去城半里。

鄧文進墓。在樂昌縣東長徑，即其故居。

南漢

劉鋹墓。輿地紀勝：在曲江縣北獅子岡。省志：在越王山。

宋

余靖墓。在曲江縣北四十里韶石山，歐陽修撰碑。

明

鄧顒墓〔七〕。在樂昌縣西戴上坪。

陳璘墓。在翁源縣東。

祠廟

余襄公祠。在府治東南。宋治平中建，祀余靖。

昭忠祠。在府城南門外武英山。本朝嘉慶八年建。

張文獻公祠。在曲江縣城南，祀唐張九齡。玄宗幸蜀，遣使至韶弔祭，因立祠於州東故第，鑄鐵像祀焉。郭祥正詩：「當年致主陳金鏡，後世空祠見鐵胎。」縣志：曲江祠始建在武水西，宋天禧間遷今所。

四賢祠。在曲江縣城南張文獻公祠之東。本朝康熙七年，郡守馬元建，祀周濂溪，以王守仁、陳獻章、湛若水配之，有碑銘。

忠義祠。在乳源縣西二里，祀元義士鄧可賢。

虞舜廟。在曲江縣北七里皇岡，後改爲翠華亭，今遷城東舊王府。唐謝楚虞帝廟碣：曲江虞帝廟，故老言舜奏樂於邑東盤石上，故石號韶，而州以韶名。

鄧使君廟。在樂昌縣城西一里。又縣東北舊學左亦有廟。皆祀唐刺史鄧文進。

周府君廟。在樂昌縣西北。寰宇記：新瀧有太守周昕廟，即始開此瀧者。縣志：在縣西北一百二十里三瀧上流西岸。

峽山廟。在英德縣南二十里。明統志：廟藏先秦犧尊，制作奇古。宋宣和間往來者以勢取去，舟出峽，遭風濤，懼甚，乃還之。

寨將夫人廟。輿地紀勝：在英德縣西十三里麻寨岡。唐末，黄巢破西衡州，有銀城鄉虞夫人率兄弟及鄉兵禦之，遇賊戰亡。鄉人即麻寨岡立廟祀之，號寨將夫人。舊志：又名冥助廟。

堯舜二帝廟。在英德縣西北。輿地紀勝：在含洸縣北二十五里。又有禹廟，在含洸縣東一里。

寺觀

大鑒寺。在府治南興賢坊，宋紹定間建。

南華寺。在曲江縣南六十里。輿地紀勝：梁天監元年，天竺國僧智藥建。後爲六祖演法道場。唐萬歲通天初，則天皇后錫賚宣詔。元和間，賜塔曰靈照之塔，其寺爲嶺外禪林之冠。府志：唐開、寶間，賜寺名南華。唐柳宗元有曹溪第六祖大鑒禪師碑。按：指月録曹溪寶林，堂宇湫隘，六祖謁里人陳亞仙捨宅廣之，即此寺也。

光運寺。在曲江縣西，隋建。俗稱五祖寺，然非黄梅五祖也。宋余靖有光運寺重建證真照寂大師塔碑記。

延祥寺。在曲江縣西。縣志：初在湘江門内。宋時殿宇壯麗，經樓有五百羅漢像，極精巧。朱翌舍人嘗寓此。後以寺基增建王府，遷於縣治西，即朱舍人園亭故址。

臨瀧寺。在樂昌縣北，宋紹聖四年建。今名衆善寺。

臨江寺。在仁化縣北五十里，梁大通間建。又縣西五十里有大雲寺，唐咸通初建。縣北七十里有厚山寺，宋淳熙間建。

雙峯寺。在乳源縣西雙峯山。又合龍寺，在縣西三十里，宋建。

雲門寺。在乳源縣北雲門山，五代時文偃禪師建。南漢賜名大覺寺。

寶慶寺。在翁源縣東八里，宋寶曆間建。寶慶間重修，因名。

聖壽寺。在英德縣東，舊名果業寺，梁建。

善化院。在曲江縣北。

躭石院。在翁源縣北三十里，宋余靖有記。

名宦

漢

衛颯。河南修武人。爲桂陽守。先是，含洭、湞陽、曲江諸縣去郡遠者或千里，吏事往來，輒發民撥掉，名曰傳役，百姓苦之。颯乃鑿山通道五百餘里，列亭置驛，於是役省勞息，流移復還，境内大治。在郡十年，清素如一日。

周昕。下邳人。爲桂陽太守，開昌樂六瀧。熹平三年，曲江長區祉與邑人龔臺、郭蒼等建碑瀧上，勒銘紀勳，立廟尸祝。寰宇記：瀧上有太守周昕廟。

三國　吴

羊衜。南陽人。初爲桂陽太守，甘露元年，分桂陽南部置始興郡，改始興太守。益研政術，南嶠率服。

晉

尹虞。長沙人。永嘉初爲始興太守，治民弭盜，張弛有法。

王導。琅邪人。懷帝時爲始興内史，寬宏博大，吏民安之。

鄧騫。長沙人。爲始興太守，恩威並著。

張裕。吴人。義熙中，爲始興相，經盧循寇後，裕創立城廨，弔死撫傷，收集離散，户口漸復。

南北朝　宋

徐豁。姑幕人。元嘉初，爲始興太守。文帝聞其政績，下詔嘉之曰：「嶺南荒弊，郡境尤甚，豁拯邺有方，濟厥飢饉，雖古良守，蔑以尚焉。宜褒賚以旌清績。」

孫奉伯。莒人。明帝時爲始興太守，治重禮教。泰始五年，太子納妃，中外臣僚各獻方物，奉伯獨獻琴書，不肯虐民取媚。

齊

范雲。舞陰人。永元初，爲始興内史。郡界得亡奴婢，例付部曲賣銀輸官。雲先聽百姓認之，百日無主，始依判送臺。又相承後堂有雜工作，雲悉省還役。並爲帝所賞。郡多豪猾寇盜，前内史皆以兵刃自衛。雲入境，撫以恩德，罷亭候，商賈露宿，郡中稱爲神明。

梁

劉覽。彭城人。高祖時，爲始興内史，有清節。

蕭介。蘭陵人。大同中，爲始興太守，宣布威德，境内肅清。

何遠。東海郯人。高祖時，爲始興内史。好開塗巷，葺牆垣，民居市里，城隍廐庫，所過若營家焉。田秩俸錢，並無所取。歲暮，擇民尤窮者，充其租調，以此爲常。

唐

韋迢。京兆人。大曆間，遷韶州刺史，治尚清静，民懷其惠。

徐申。京兆人。建中中，爲韶州刺史。韶自兵興四十年，刺史以縣爲治署，而令丞雜處民間。申按公田之廢者，募人假牛犂開墾，以所收半畀之，歲入凡三萬斛。諸工計所傭受粟有差，乃徙治故州。未幾，邑閈如初。創驛候，作大市，器用皆具。始來韶，户止七千，比六年，增倍。

韓會。南陽人。以起居舍人，貶韶州刺史。多善政，卒於官。

周君巢。太原人。元和初，爲韶州刺史。治以廉静爲主，而才幹頗裕，能勤於政，韶人戴之。

于琮。高陵人。咸通時，貶韶州刺史。治尚清簡，甚得民和。

宋

許申。潮陽人。天禧初，知韶州。愛民勤政，令驛程夾道植松榕數萬，遂成茂林，行旅便之。

陳宗慶。天聖初，知韶州。修東、西二江浮橋，復造水車，引水入城，以防火患，百姓賴焉。

王益。臨川人。天聖八年，知韶州。韶俗男女少別，益廉姦淫傷化者，一切窮治之，風俗以變。有屯兵五百人，因代不至，欲謀爲變。益捕首謀五人，立斷流之，衆乃帖然。

常九思。河内人。仁宗時，知韶州。歲例課丁夫剌船南海，餽鹽數千萬石，民力重困。九思至，斥占名之卒代役，民始息肩。

唐介。江陵人。仁宗時以劾宰相文彦博貶春州别駕，改英州。盡心政務，州人愛之。

蘇緘。晉江人。仁宗時，知英州。儂智高圍廣，緘曰：「廣吾都府，城危不救，非義也。」募士數千，夜行赴難。廣人黄師宓爲賊謀主，緘擒斬其父。羣不逞並緣爲盜，復捕殺六十餘人，招其挂誤者六千八百人，使復業。賊勢沮，將解去，緘分兵扼其歸路。賊乃渡江，由連、賀而西，緘與賊戰，摧傷甚衆，盡得其所掠物。仁宗喜，换爲供備庫副使，遣中使賜朝衣、金帶。

胡衍。泰和人。慶曆中，爲英州湞陽令。嶺南相沿，民即無田，亦輸丁米。衍爲言部使者，奏免其虚税，民甚德之。

陸起。新淦人。慶曆中，宰湞陽。里巫以銀甕貯二蛇，誘民祠禱。起收蛇斬之，正其姦。累官員外郎。曾鞏作政難篇美之。

劉恕。高安人。王安石與之有舊，欲引置三司條例。恕不肯附新法，遂出知翁源縣，居官卓然有聲。

米芾。吴人。補含洸尉。郡中佳山水，品題殆徧，而公事不廢。

蘇邁。眉山人，軾之長子。軾謫惠州，邁求知仁化縣。文章政事，綽有父風。

楊萬里。吉水人。孝宗時，爲本道常平使者，復持憲節。適臨汀有警〔八〕，勢連梅、潮，即日以羽檄召兵。歷翁源陂子徑，抵循、梅，風飡露宿，力戰擒賊，孝宗稱爲仁者之勇。

鄒非熊。宜黄人。淳熙間，授樂昌尉。修渠溉田，民蒙其利。遷令曲江，多理冤獄，累擢廣東提刑。

曾造。南豐人。淳熙中，知乳源縣。籍官田及民廢業，幾四百畝，入爲學産。創立黌宫，立職長，嚴課試，士風翕然。調樂昌縣，遷學於城東，復籍官田以供諸生，於是樂昌文教方軌中州，士人祀於學宫。

徐天麟。臨江人。開禧中，權英德府，興學明教，有惠政。

方信孺。興化軍人。嘉定初，知韶州。時赤水峒賊踰嶺入寇，信孺遣義士秦綱禦之，斬其渠魁，尋復募兵欲擣賊巢，會朝議招降，乃止。

熊飛。東莞人。德祐二年，守潮、惠二州。聞趙溍至，即以兵應之，遂復韶州。元兵圍韶，飛率兵巷戰，兵敗，赴水死。

曾逢龍。寧都人。景炎初，以趙溍薦判韶州，將兵禦元，斬叛將李性道。吕師夔統大軍至，逢龍拒戰於南雄，師潰，乃正衣冠自縊死。

元

買住。蒙古人。爲韶州同知，以廉介聞。至正十二年，郴寇攻韶州急，前後兩戰，大敗之。復樂昌、乳源，又力疾出勦，戰死。

張鳳儀。蒙古人。爲韶州經歷，與同知買住禦寇，被執不屈死。子萬里，敗賊，復仁化縣，獲賊首，剖肝生食之。事聞，補父官。至正二十二年，陳友諒遣將圍韶，城破，罵賊被殺。

李鼎。湖南人。家於樂昌。鄉人剽掠，州同知買住欲屠之，鼎勸止，乃以鼎爲護民巡檢。尋以功升乳源主簿，知縣事。及寇攻乳源，鼎出禦，賊望見曰：「是救我輩屠戮者。」解甲去。

明

索彦勝。燕山人。洪武二年，任樂昌知縣。時無城郭，百姓散處，乃築城濬池，均賦役，招流移，民始復業。

張安仁。九江人。洪武初，爲乳源知縣。以興學建城功，行省參政周禎奏請旌賚。

王詢。永豐人。永樂中，韶州推官。中官鄭和奉使海外，横捕韶民三人伴送，家人贖以金，不許。詢至舟，徑挾以歸。

湛禮。錢塘人。正統間，知韶州府。奏免歲貢黄藤。嘗遣吏督税樂昌，多求索，令械繫以來，禮嘉奬之。甲乙争田，禮斷歸乙，甲訴於藩司，司知其僞，拘甲付府，第慰遣去，約五日來辨，其寬厚類如此。

杜宥。江陰人。天順中，知英德縣。時鄰境多寇，遣死士焚其營，賊始驚潰。

劉信。鳳陽人。成化中，知乳源縣。政簡刑清。性至孝，母卒，一慟而絶。貧無子，士民葬之東城。

保睿。南通州人。弘治中，知曲江縣。鋤姦恤苦，清介自持。

顧節。嘉興人。弘治中，知翁源縣。修城興學，不科斂而用足。歲飢請賑，生活甚多。邑之羊徑山，峯高路隘，每多伏莽，節治爲坦途，行旅便之。

李增。龍溪人。正德中，知樂昌縣。東西山猺嘯聚，增訓兵緝捕，所向皆克。後流賊千餘攻城，開門迎敵，敗走之。時有湖兵，指良爲賊，增白於兵備王大用釋之，皆感泣。

黄天賜。南安人。正德中，知英德縣。中官遣使取英石，天賜曰：「無用之物，何必勞民？」卒却之。

李渭。思南人。嘉靖末，知韶州府。先是民苦役，多爲盜。渭集僚屬諭曰：「欲民無盜，君輩當先弭盜心，否則是身爲盜幟也。」聞者凛然。治最當遷，民相率乞留，詔進一官留任。

符錫。新喻人。嘉靖初，通判韶州。毁淫祠，興社學，勦平九連山賊李英等，改徵銀發驛，以絶驛傳科擾，至今便之。

唐必治。平樂人。隆慶中，爲乳源縣丞。嘗自言不愛官，不愛錢，不愛生。翁源大征，奉檄督勦，殞於陣，邑人立祠祀之。

胡尚仁。全州人。萬曆中，知英德縣。奉例清丈，按圖親臨，至今税畝秩然。

嚴遵試。賀縣人。萬曆中，知英德縣。讞訟平允，贖鍰悉令薙藥草根以代，服毒輕生之風遂息。時税璫横行，含洭之津梁，蕘山之錫礦，羣姦因此嘯聚。遵試嚴治姦宄，戍配之，因議補其税，編入條鞭，民得不擾。

王孫蘭。無錫人。崇禎中，歷官廣東副使，分巡駐韶州。有平猺賊功。張獻忠由長沙、衡州來犯，乞援於督撫不應，歎曰：「事不可爲矣，吾盍先死。」遂自縊。

潘復敏。新昌人。崇禎時，知曲江縣。視事未久，即修城積粟，爲戰守計，人或迂之。後楚寇自樂昌薄韶，竭力捍禦，城賴以完。

本朝

李楝。蘄水人。順治中，知樂昌縣。廉介自持，賑恤窮困，置義倉，建書院，士民戴之。

蔡嘉復。西安人。順治四年，知仁化縣。時兵燹後，人民離散，嘉復開誠招撫，百姓聞風而歸。在任一年卒，子鍾台奔喪亦卒。士民哀之，葬水南塔下。

郭宏纘。漳浦人。順治四年，知乳源縣。山賊謀攻乳源，纘詗知，預上方略。及賊至，纘陽坐城樓痛飲，賊易之。無何援兵至，出賊不意，徑渡河擊之，賊衆披靡，俘斬甚夥。

劉世豸。雄縣人。康熙二年，守韶州。在任七年，圜扉生草，捐修學舍，創建書院，以憂去。郡人思之，二十一年祀名宦。

李煦。奉天籍昌邑人。康熙十七年，知韶州府。招集流亡，修復學校，力行教化，弊絶風清。改任時，民爲立遺愛祠於湘江門外。

苟金薇。合州舉人。性孝友，潛心理學。康熙三十七年，宰曲江。愛民如子，培養士林，邑人立祠尸祝。

熊惟祺。孝感人。康熙七年，知仁化縣。鹽引遞年報商折納，士民挈家逃竄，村市爲墟。惟祺設法招商承折，除報充之害。又捐金建學宫，振興士類，四民樂業。

徐應仕。籍未詳。康熙中，署翁源縣。時王碧山賊寇城，應仕率兵登制勝樓，親冒矢石，挽弩射賊，多應弦斃，城獲全。

田從典。陽城人。康熙進士。三十四年，任英德令。朔望宣讀上諭，集耆老子弟，諄諄告誡，修葺學宫，建近聖齋，捐俸買田，以爲課誦之費。邑當衝道，賦役不均，從典革去陋規，俾無偏累。邑中連岡複嶂，不逞之徒盜採銅鉛，兼胠篋探丸，從典嚴緝之，盜源以清。旱魃爲災，率士庶虔禱，甘霖立沛。丙子、丁丑洊飢，民多仳傐，設賑平糶，流民德之。

人物

漢

何丹。字伯張，湞陽人。鴻嘉初，舉茂才，爲含洭長，累遷中大夫。以忤王莽，出爲松滋令。慈祥豈弟，卒於官。

晉

張魴。字叔魚，曲江人。太寧初，舉孝廉。咸康中，爲含洭令。惠政流洽，關津夜行無驚，白鹿羣遊，民因以名其邑城與城南之山。徵爲尚書郎。

南北朝　梁

張偲。曲江人。侯景寇京師，陳高祖率兵赴援，偲率千餘人從之。破蔡路養，殺李遷仕，及與景戰於石頭，皆有功，授江州刺史。

陳

侯安都。字成師，曲江人。高祖爲始興太守，入援臺城，安都募驍勇從之。以平侯景功，封富川縣子。襲王僧辯，破徐嗣徽。及拒齊師於姑熟，累戰皆捷，進曲江郡公。尋都督南豫州兼刺史，討余孝勱及王琳將曹慶、常衆愛等，悉平之。文帝即位，晉司空，威名甚重，羣臣無出其右。留異據東陽，復奉詔東討，躬自接戰，大敗之。異脱身奔晉陽，安都收其人馬甲仗，振旅而歸。以功加侍中大將軍，累增食邑五千户。

唐

鄧文進。曲江人。武德中，爲本州刺史。蕭銑攻樂昌，文進堅守，累立戰功。歿贈鷹揚上衛將軍，廟食樂昌。

張九齡。字子壽，曲江人。七歲知屬文。張説謫嶺南，一見厚遇之。景龍元年，擢進士，授校書郎。歷官秘書少監，集賢院學士，擢工部侍郎，知制誥。尋居母喪，有紫芝、白鳩之異。開元中，徵拜同平章事、中書令，封始興伯。時天長節，百僚多獻珍異，惟九齡進千秋金鑑録，具陳前古廢興之道。帝賞異之。會范陽節度使張守珪以斬可突干功，帝欲徵爲侍中。九齡曰：「宰相惟賢是授，安可以賞功？」遂止。李林甫奏對稱旨，帝欲相之。九齡曰：「恐異日爲社稷憂。」帝不聽。林甫既相，引牛仙客爲尚書，預政事。九齡持不可，帝不悦。以尚書右丞相罷政事，卒，謚文獻。九齡文學冠一時，謇謇有大臣節，天下稱曲江公而不名。武惠妃謀陷太子英，九齡力持之。安禄山討奚、契丹敗，帝欲曲宥。九齡曰：「禄山喪師，不可不誅，且弗誅，必爲後患。」帝卒不聽。及遷蜀，思其先見，爲流涕，遣使祭之，厚恤其家。弟九皋、九章皆有名於世。子拯，居父喪，有節行，爲伊闕令。禄山陷河、洛，終不受僞職。賊平，擢太子贊善大夫。

張仲方。曲江人，九皋孫。貞元進士，補秘書省正字。歷官鄭州刺史。敬宗即位，徵爲諫議大夫。會詔淮南節度使王播造競渡船三十艘，費用甚鉅，仲方論諍堅苦，帝爲減三之二。鄠令崔發以辱黄門繫獄，逢赦不見宥。仲方曰：「恩被天下，流昆蟲，而不行御前乎？」發由是得不死。累加光禄大夫、上柱國，封曲江縣伯。卒贈禮部尚書，謚曰成。

劉軻〔九〕。字希仁，曲江人。童年嗜學，著書甚多。後登進士第，歷官史館。馬植稱其文爲韓愈流亞，薦之朝。累遷侍御史。

邵謁。翁源人。少爲縣吏，令有客，目使掮牀者三。瞪視曰：「吏豈掮牀者耶？」令怒撾之，掉臂出，截髮懸縣門去。築室羅江水石中。博通經史百家，工詩，尤長古樂府。有司舉之，隸太學。明王佐得其集於秘閣，梓傳之。

五代　南漢

薛崇譽。曲江人。仕南漢，累官至開府儀同三司、僉書點檢司事。宋太祖遣師克廣州，崇譽義不降，被執死之。

宋

李訪。曲江人。善事父母，居喪廬墓，有白鳥集廬之祥。事聞，仁宗詔旌其門。

王式。字用之，曲江人。唐宰相珪之後。初珪子敬直貶嶺南，子孫遂家焉。式耿介自立，以孝行稱。天聖初，登進士。累官大理寺丞，知梅州。子陶，博學有俊才，亦登進士。官至京東提刑，所至著績。

余靖。字安道，曲江人。天聖進士，累遷集賢校理。會范仲淹貶饒州，靖言仲淹以刺大臣得重譴，臣恐鉗天下口。疏入，落職監筠州酒税。尋起爲太常博士，進修起居注，擢知制誥。時元昊既降，朝廷方擬册封，而遼人以兵臨西境，請毋與和，當爲中國討賊。朝議難之。靖言遼人不可輕信，即遣靖假諫議大夫，往見遼主於九十九泉，辨論如流，卒屈其議。朝廷遂封元昊，邊陲晏如。儂智高反邕州，乘勝掠九郡，乃以靖爲秘書監、知桂州，經略廣東西路。同狄青、孫沔討賊於歸仁，敗之。智高遁入海島，邕州平，晉工部侍郎，鎮撫嶺海。復遣人入特磨道，擒智高母、子、弟三人，械至闕下，斬之。詔加集賢院學士。徙知潭州，尋改青州。皇祐五年，交阯蠻寇邕州，殺五巡檢，拜靖廣西體量安撫使。靖至，移檄交阯，召其用事臣費嘉祐責之，嘉祐歸致首惡五人，斬欽州境上。尋以尚書右丞知廣州，首奏罷番舶税務。英宗即位，拜工部尚書。卒，贈刑部尚書，謚曰襄。

譚必。字子思，樂昌人。甫六歲，日誦萬言。慶曆中進士，調邕州推官。交阯破邕，必死之。累贈太子太傅。明景泰中，追謚忠愍。

李渤。字子文，樂昌人。以學行稱，登嘉祐進士。官至朝奉郎，知白州。弟巖，嘉祐中以上書召見崇政殿，特賜同進士出身，官至朝奉郎，知象州。

梅鼎臣。翁源人。天聖二年進士，官至殿中丞。直諫有聲。子佐，天聖五年進士，知藤州。操履清白，爲時所稱。

鄧弼亮。乳源人。祖戩，天聖進士，官至殿中丞。父堂，皇祐進士，官至郡守。弼亮登元祐進士，爲新興令。力行教化，不尚刑罰，當時稱之。

侯晉升。字德昭，曲江人。元豐進士，爲程鄉令。與蘇軾善，嘗著新論，利害炳然，文亦温麗，軾極稱之。後知南恩州，期年而卒。

劉暐。翁源人。博學洽聞。熙寧中進士，歷官中外有聲。崇寧初，置廣南東路提舉學事司，歲察師儒優劣、諸生勤惰，命暐充之。其教士子，立課程，稽實行，崇信讓，雖鄉曲一無所私。

成倬。翁源人。年二十餘始讀書，通晤經術，尤深易數。熙寧間，王安石薦爲閤門祗候。終西京左藏庫使。

石汝礪。英德人。精通五經，尤深於易。嘗進所著易解、易圖於朝，爲王安石所抑。蘇軾謫惠州，與論易理，竟日不忍别。又以琴準樂律，著碧落子琴斷，鄭樵稱之。

鄭敦義。字尚仁，英德人。以鄉薦歷潮陽令。哲宗朝，諫止市牛革。徽宗即位，復上書陳時政，詔進一階。

李南仲。英德人。性敏慧，日誦數千言。十歲舉神童，授從仕郎，省親歸。讀書羅浮，著羅浮賦。提舉儒學韓謹、劉暐皆重其學行。人呼其讀書處曰李秀巖云。

蕭雅。樂昌人。徽宗朝，與弟雄及維同擢高第。雅以承事郎判廣州，雄以奉議郎守桂陽，維以宣教郎宰吉水，皆有政聲，時稱爲三蕭。

鄧孝廉。字清臣，曲江人。建炎進士，爲韶州教授，擢通判邕州，攝郡事。歲饑，發廩賑之，不足，繼以俸金，全活甚衆。尋遷德慶知府。

胡彦忠。曲江人。性孝友，五世同居。慶元中，經幹吴豐以狀聞，詔旌其門。

鄭玠。字太玉，英德人。嘉熙中對策極言天下事，正言李昴英亟稱之。淳祐中釋褐，知博羅縣。廉清自持，政成人和，部使者薦之，擢爲太府丞。

元

鄧可賢。乳源人。至正中，郴寇陷乳源。可賢率民置砦，矢死守，諭衆曰：「忠孝大節，生死常事。」因遣子一源趨韶，上方略於同知買住，遂率兵破賊。賊復悉衆來攻，凡兩月，糧盡。可賢奮身出戰，被執，子弟七人俱死之。砦民四百家，無一降者。

明

李時秀。字廷實，英德人。洪武中舉於鄉。永樂朝爲御史，劾藩王不法，貶交阯縣吏，中途召還，擢山東按察副使。

鄭子誠。字本明，乳源人。洪熙間舉賢良，官御史。正統元年，奉敕巡視西邊，又巡宣、大，奏築土木城，以防不虞。不報，引疾歸。

黄裳。曲江人。正統進士，授監察御史。法司會審疑獄，俄頃辨析，多得其情。都御史陳鎰雅重之。嘗按兩浙鹽法，及蘇、常諸郡，所至有惠政。己巳扈從北征，歿於土木，詔恤其家。

鄧顒。樂昌人。正統進士。奉使楚藩，却其金。後爲永豐知縣。閩寇犯境，顒伏兵大破之，寇復悉衆至，力戰被害。事聞，贈光禄少卿，謚忠毅。

白瑩。字潤禧，樂昌人。正統進士，官户科給事中。嘗奏土木陣亡諸臣子弟，宜徵入國學讀書，請賜勳臣鄧文進、死節臣譚必、鄧顒謚，疏罷樂昌河泊所，及減桑絲、紅船額稅，諫垣重之。

鄧瑗。樂昌人。顒長子。景泰中鄉舉，歷官湖廣僉事，有清操。湖廣與貴州接壤，徵發煩劇，民甚苦之。瑗不奉檄，遂致仕歸。

蒙景澄。仁化人。母喪廬墓，晝歸省父，夜宿廬。及父卒，景澄年八十，復廬墓以終。

龔鎮和。樂昌人。正德間，從知縣李增督兵禦寇，調勦華林砦，搗其巢。復解乳源之圍，戰死。撫按命勒碑，題其墓曰「義勇」。

陳璘。翁源人。嘉靖末，潮州賊張璉作亂〔一〇〕，璘獻策軍門，領兵平翁源、乳源、英德、河源諸賊。大征羅旁，開建一州二縣。援朝鮮，戰錦山，勳績甚著。萬曆中，以湖廣總兵官征播州，奪楊應龍户，生擒酋子。累官左都督，特進光禄大夫。卒，贈太子太傅。

范漢。字印泉，英德人。萬曆中，流賊行劫，漢兄弟率兵追賊，至野猪灣，殺百餘人，奪回被擄男女數百，以援兵不至，與弟潮皆戰死。南韶兵備劉穩旌之。

李能一。英德人。崇禎四年，流賊掠境，能一與賊力鬭，斬八九人。賊以搶刺之，即奪其槍，復斃二賊。被執，逼令跪，厲聲罵賊，不屈而死。

鄧葵。樂昌人。顒之裔孫。崇禎四年，流賊破城，葵身護縣令林開馥，罵賊而死。

本朝

歐士擢。樂昌人。性至孝。明末，流寇掠樂昌，士擢負七旬母避難，歷盡險阻，旬日乃止。順治五年饑，發己粟存活甚衆，死不能殮者，施棺槨，聽民自取，邑人至今思之。

胡甲桂。翁源人。順治十六年，父獻忠爲賊所掠。甲桂時年十三，涕泣辭母，乞食行抵長寧縣，叩賊營痛哭，求以身代，釋父歸辦贖，賊從之。迄冬，大兵進勦，賊竟殺甲桂。又仁化縣孝子蒙化鵬，雍正九年旌。

李晨。英德人。乾隆己酉拔貢，四川候補州判，署墊江縣丞。嘉慶三年，教匪擾蜀，晨領鄉勇禦於高灘。賊猝至，被執不屈死。事聞，入祀昭忠祠。

張英。翁源人。官南雄協把總。嘉慶三年，隨征川匪，陣殁於雲臺山。八年，祀昭忠祠。

流寓

宋

鄭俠。福清人。神宗時，吕惠卿執政，俠上疏論列，坐訕謗，編管英州。既至，得僧屋將壓者居之。英人無貧賤富貴皆加敬，争遣子弟從學，爲築室以遷。哲宗立，始得歸。元符七年，再竄於英。徽宗立，赦還。

孔平仲。新喻人。紹聖中，以黨籍謫惠州别駕，安置英州。

劉安世。大名人。以元祐黨，章惇尤惡之，安置英州。

家愿。眉山人。徽宗時，以曾入黨籍，謫監英州酒税。

朱翌。安慶人。紹興中，官中書，秦檜惡其不附己，謫韶州十四年。名山勝地，皆翌所題詠，時稱爲「詩豪」。

洪皓。番陽人。紹興中，使金歸。秦檜忌之，安置英州，居九年，始復朝奉郎。

吕祖儉。婺州人。寧宗時，因上書訴趙汝愚之忠，送韶州安置。在謫所，讀書窮理，賣藥自給。

龔茂良。興化軍人。淳熙中，疏恢復六事，謝廓然劾之，遂責降，安置英州，父子卒於貶所。

列女

唐

虞氏。英德人。唐末，黄巢破西衡州，其夫爲寨將，戰殁。虞氏躬擐甲胄，率昆弟及鄉兵迎戰，賊敗北，虞氏亦死之。鄉人爲立廟以祀。

宋

吴琪妻譚氏。湞陽人。紹興中，英州盗起，被執，盗欲妻之。譚怒駡曰：「良家女豈偶賊耶！」遂被害。

龔自立妻張氏。樂昌人。嘉定三年，郴寇入境，夫妻襁負二稚竄匿，爲賊所獲。張與夫訣曰：「妾死無憾，二子幸善撫之。」中道紿賊曰：「吾渴欲就飲，可暫解縛。」遂投江死。郡守方信孺建祠祀之〔一一〕。

元

吴貞秀。湞陽人。年及笄，許嫁未適。至正十二年，郴寇陷城，貞秀被執，義不受辱，投井而死。

明

劉細奴妻伍氏。曲江人。永樂中，偕夫往翁源傭工。一日夫汲水，被虎噬去，伍氏徒手逐之，曳其夫足。虎棄其夫，轉噬伍氏，夫妻俱死。

鄧朝觀妻李氏。曲江人。嘉靖三十二年，羅山賊至，氏年二十二，並其兒被掠。賊欲污之，驅至樹下，紿賊曰：「勿怖吾兒，需解縛，乃從汝。」乘間負其兒投水死。明日屍浮，負兒自若。

蒙士彦妻趙氏。仁化人。嘉靖中，與其姑譚氏俱爲賊執，賊欲殺其姑，趙抱姑，願以身代，賊併殺之。

黄思位妻羅氏。英德人。年二十，生子方襁褓。崇禎初，賊至被執，至塘邊，駡賊赴水死。賊義之，爲置孤於地而去。

張子厚妻廖氏。樂昌人。崇禎末，流寇破城被執，抗駡不屈死。

吴驤之妻劉氏。仁化人。崇禎末，爲亂兵所掠，扶之上馬。劉知不免，乃從容騎坐以釋其疑，行至赤石徑，見路旁有大塘，遂投塘而死。

本朝

易氏女。名閨超，乳源人。年十八未字。順治四年，叛兵羅士璧刦掠城市，父肇文被執，閨超自縊。又順治八年，曹寇掠楊家圍，圍破，楊婦陳氏，亦自縊死。

李三近妾孫氏。樂昌人。順治八年，曹寇破城，與女紅姑俱被掠，母女罵賊，同時遇害。

李光亨妻張氏。翁源人。與妾劉氏俱擄於賊，義不受辱，投懸崖以死。同邑林萬妻沈氏，有殊色，賊掠之，亦大罵不屈死。

朱元泰妻招氏。曲江人。早寡，奉翁姑孝，撫繼子慈。康熙四十七年旌。

鄺宏毅妻張氏。樂昌人。宏毅病亟，張以死訣，及葬畢，遂自盡。同邑張日晃妻蘇氏，夫卒，慟哭七日，不食而死。

張紱妻蕭氏。樂昌人。年二十一守節，養舅姑，撫孤子，越七十餘年。同邑張紘妻蕭氏，守節五十五年。均康熙年間旌。

莫蔡元妻李氏。曲江人。夫亡守節。雍正七年旌。同邑許學賢妻袁氏，烈婦周彬妻楊氏、譚夢韶妻鄭氏，均雍正年間旌。

李霞妻鄧氏。樂昌人。夫亡守節。雍正四年旌。同邑李樹崧妻羅氏、蘇著妻駱氏、薛謙六妻駱氏，均雍正年間旌。

黎人質妻葉氏。仁化人。夫亡守節。同邑譚康國妻蒙氏，均雍正六年旌。

賴大爲妻許氏。翁源人。夫亡守節。同邑趙熙元妻劉氏、妾許氏，均雍正十三年旌。

鄧朝輔妻莫氏。曲江人。夫亡守節。乾隆三十九年旌。同邑烈婦李經書妻曾氏、張文魁妻華氏，烈女侯瑞安女，均乾隆年間旌。

李一韓妻鄧氏。樂昌人。夫亡守節。乾隆十年旌。同邑鄧求達妻陸氏、蕭公耀妻熊氏，烈婦傅井滿妻陳氏，烈女沈廷現女仙妹，均乾隆年間旌。

劉德中妻盧氏。仁化人。夫亡守節。乾隆十八年旌。同邑烈婦劉文達妻葉氏、陳謙瑞妻楊氏，均乾隆年間旌。

羅開養妻邱氏。乳源人。守正捐軀。乾隆十九年旌。

張麗纓妻胡氏。翁源人。夫亡守節。乾隆二十九年旌。同邑甘發棠妻熊氏、何汝貞妻羅氏、朱典集妻劉氏、張四妹妻吴氏，烈婦林耇七妻江氏、羅輔成妻朱氏，烈女張氏女首齡，均乾隆年間旌。

張文載妻何氏。英德人。夫亡守節。乾隆二年旌。同邑吴鋭妻鍾氏、鄭源龍妻范氏、蕭茂妻黄氏、陳爾驥妻劉氏、陳履亨妻張氏，烈婦龍士達妻鄧氏、林大猷妻吴氏、巫友聰妻江氏、范永祥妻張氏、李緝易妻范氏、朱昌文妻姚氏，烈女吴天崇女細嬌、莫廷昌妹大滿姐，均乾隆年間旌。

譚志仁妻鄧氏。曲江人。夫亡守節。嘉慶六年旌。同邑李成斐妻陳氏，二十五年旌。

張長娣。樂昌人。及笄未字，守正捐軀。嘉慶九年旌。

楊發孫妻吴氏。仁化人。夫亡守節。嘉慶十三年旌。

李秀姬。乳源人。守正捐軀。嘉慶二十二年旌。

劉雲鵬妻張氏。翁源人。夫亡守節。嘉慶四年旌。同邑羅金聲妻李氏、許魁道妻戴氏、林作材妻李氏、鄒亮疇妻涂氏、沈子浩妻李氏、張某妻戴氏、戴某妻楊氏，烈婦華某妻林氏，均嘉慶年間旌。

楊照妻李氏。英德人。夫亡守節。嘉慶二十二年旌。同邑烈婦林氏、陸某妻吴氏，均嘉慶年間旌。

仙釋

唐

慧能。姓盧氏，其先范陽人。父官新州，生能。得法於黄梅五祖，傳其衣鉢。在廣州法性寺披度受戒，乃歸曹溪。元和十年，詔謚大鑒禪師，塔曰靈照之塔。柳宗元有曹溪第六祖賜謚碑文。

五代 南漢

文偃。嘉興人，張氏子。參睦州悟入，再見雪峯，密授宗印，遂出嶺偏謁諸方，後住雲門光泰寺，乾和七年示寂。宋乾德元年，秀華宫使特進李託監修韶州諸寺院，啓塔，顔貌如生。封慈雲匡正宏明禪師，天下目爲雲門宗。

范嵩。大陂人。年二十二歲，貧不識字。因牛特水最險，嵩日修路，遇二人舁之過水，以一丸與嵩吞之，遂解悟，能吟詩。後入羅浮，不知所終。

明

憨山。全椒人。蔡姓。年十二，祝髮於金陵古長干寺。長入五臺山，後遠遁東海之牢山。神宗再徵不應，賜帑金，固辭。使者强之，因以賑飢者，使持籍還報。尋住曹溪演法。一日浴罷，焚香危坐而逝。先是，有採珠開礦使入粤，殊驛騷。過曹溪，憨山徐與言利害，由是珠罷採，礦額令有司歲解。粤人誦其德。

行朧。姓劉氏。少爲諸生，録科冠軍。好讀貞復、白沙集。明季祝髮，依朝宗和尚。本朝順治初欲度嶺往寶華，未果。駐錫青蓮庵。坐化留偈云：「處處皆爲般若場，山山自有白雲莊。丈夫各解翻身去，豈肯甘心負臭囊。」

土産

銀。元和志：曲江縣有銀山，出銀。九域志：曲江、翁源、樂昌、真陽、含洭皆有銀場。

銅。九域志：曲江、真陽二縣有銅場。輿地紀勝：始饒之張潛，博通方伎，得變鐵爲銅之法，使其子甲詣闕獻之。朝廷行之鉛山及潮之興利、韶之涔水、潭之永興，皆其法也。

鐵。九域志：仁化縣有鐵場。

鉛。九域志：翁源、樂昌、仁化三縣有鉛場。

布。元和志：韶州貢麻布、竹布。九域志：英州貢紵布。明統志：翁源出紵霜布。

蘭桂。元和志：韶州貢。

甲香。水馬。蚺蛇。鮫魚皮。寰宇記：俱韶州産。

鍾乳。元和志：韶州貢鍾乳。柳宗元與崔連州書：鍾乳始興爲上，次乃廣、連。

石斛。元和志：韶州貢。

英石。輿地紀勝：英之山石，擅名天下。明統志：英德縣出，峯巒聳秀，巖竇分明，無斧鑿痕，有金玉聲。又樂昌出樂石。

校勘記

〔一〕巨石三面壁立　「面」，原作「回」，據乾隆志卷三四一韶州府山川（下同卷簡稱乾隆志）改。

〔二〕爲縣右障　「右」，原作「石」，據乾隆志改。

〔三〕乾道二年析曲江之崇信樂昌依化鄉　「崇信」，原脱，乾隆志同，據宋史卷九〇地理志補。

〔四〕宋郡守方信孺建　「孺」，原作「儒」，乾隆志同，據雍正廣東通志卷五三古蹟志改。按，方信孺，本志本卷名宦有傳。

〔五〕明嘉靖中知府符錫命鄉人開鑿　「符錫」，乾隆志同，本志前文「符」作「苻」。

〔六〕濛瀼對過山中　「山中」，乾隆志作「山下」。

〔七〕鄧顒墓　「顒」，原作「容」，據乾隆志改。按，鄧顒明史卷一七二有記，樂昌人，進士，死於兵亂。本志避清仁宗諱改字。本卷人物有傳，字亦諱改，同回改。

〔八〕適臨汀有警　「臨汀」，原作「臨江」，據乾隆志及方輿勝覽卷三五韶州名宦改。

〔九〕劉軻　「軻」，原作「柯」，據乾隆志及雍正廣東通志卷四四人物志改。按，新唐書卷五八藝文志著録劉軻帝王曆數謌一卷，注云：「字希仁，元和末進士第，洺州刺史。」

〔一〇〕潮州賊張璉作亂　「張璉」，原作「張連」，據乾隆志改。按，本志避乾隆太子永璉諱改字。

〔一一〕郡守方信孺建祠祀之　「孺」，原作「儒」，據乾隆志及本志前文改。

惠州府圖

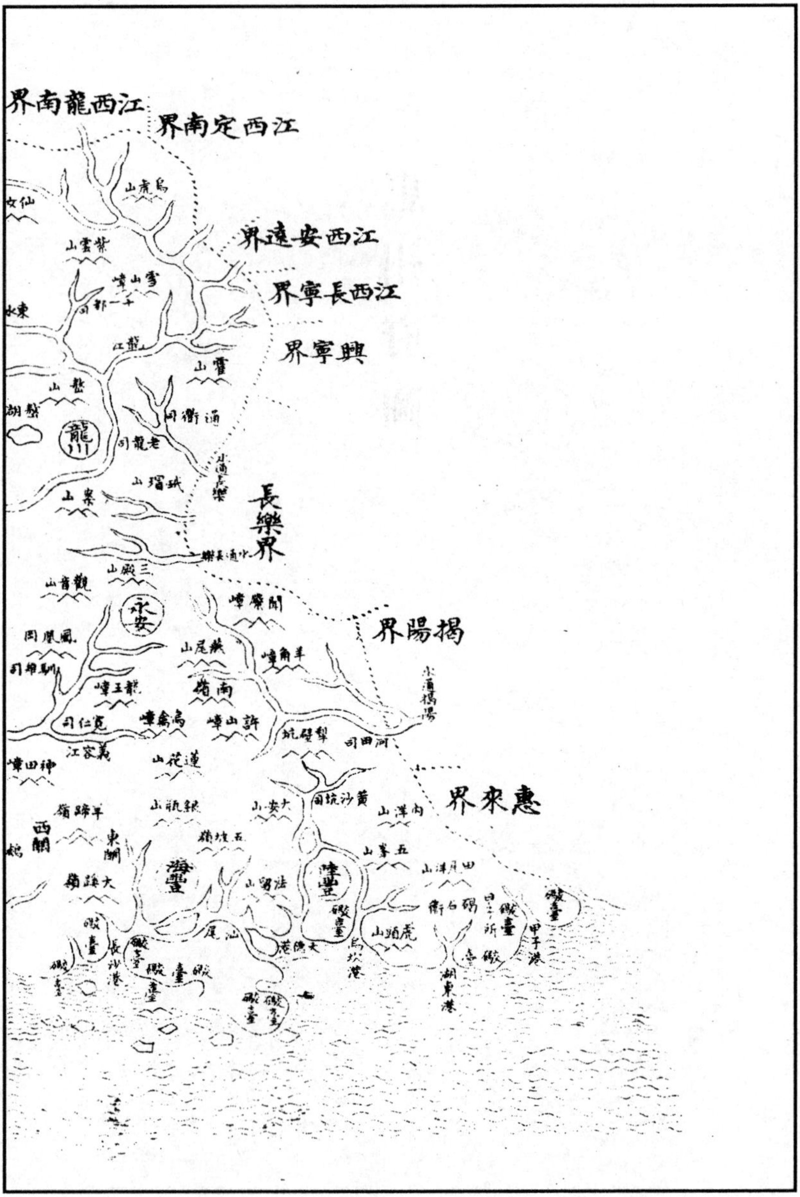
江西龍南界
江西定南界
江西安遠界
江西長寧界
興寧界
長樂界
揭陽界
惠來界
龍川
永安
海豐
陸豐
紫雲山
雪山嶂
觀音山
鳳凰岡
龍王嶂
羊角嶂
許山嶂
河田司
神田嶂
蓮花山
銀瓶山
大安山
內洋山
西湖
東湖
碣石衛
甲子所
甲子港
虎頭山
長沙港
汕尾
烏坎港
東湖港

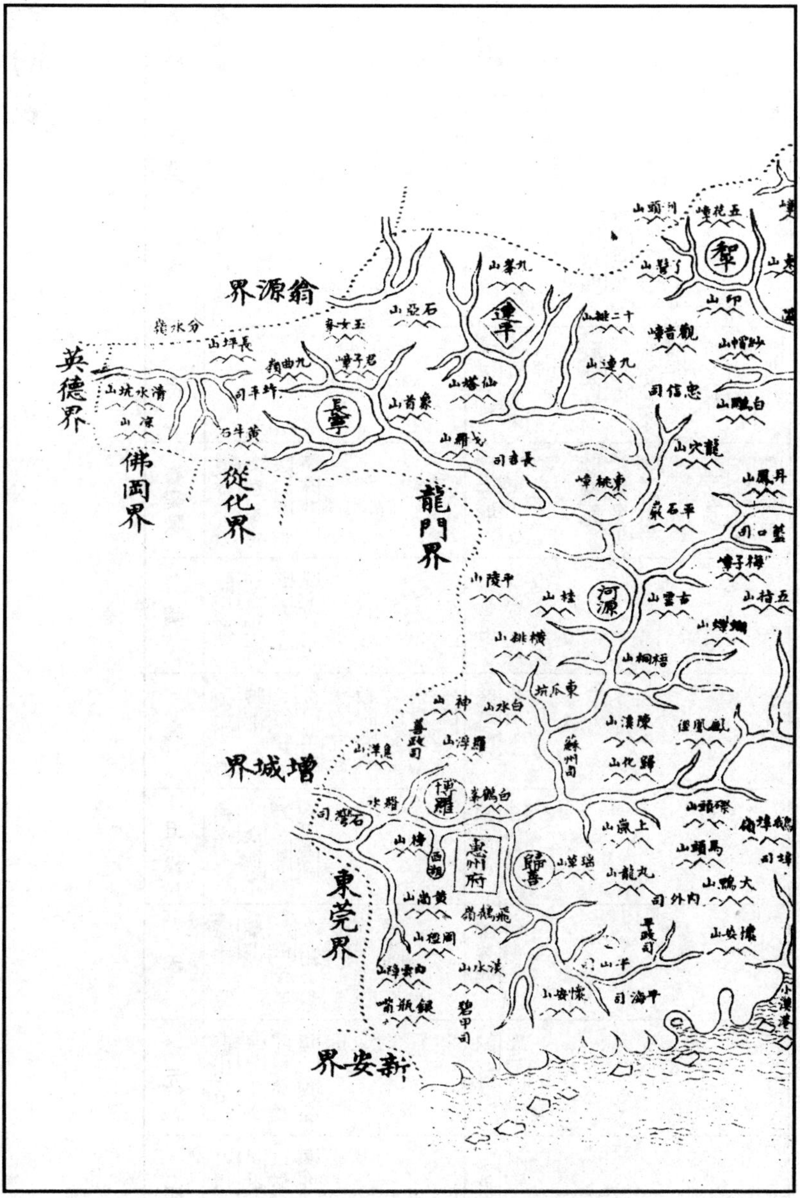
翁源界
英德界
佛岡界
從化界
龍門界
增城界
東莞界
新安界
長寧
連平
和平
河源
博羅
惠州府
歸善
長坪山
清水坑山
五花嶂
觀音嶂
九連山
忠信司
龍穴山
長吉司
藍口司
梅子嶂
桂山
橫排山
梧桐山
白水山
羅浮山
白鶴峯
石灣司
象頭山
九龍山
大鵬山
平海司
碧甲司
懷安山

惠州府表

	惠州府	歸善縣
兩漢	南海郡地。	博羅縣地。
三國		
晉	東官郡地。	欣樂縣東晉置，屬南海郡。
宋		安懷縣宋置，屬東官郡。 欣樂縣初屬南海郡，後屬東官郡。 西平縣宋置，屬南海郡。
齊梁陳	東官郡齊移治懷安。梁改置梁化郡。	懷安縣齊更名，爲郡治。 欣樂縣梁屬梁化郡。陳廢。 西平縣齊屬南海郡。梁廢。
隋	龍川郡初廢郡，置循州。大業初改。	歸善縣改置，郡治。
唐	循州海豐郡武德五年復曰循州。天寶元年改海豐郡。乾元元年仍爲州，屬嶺南道。	歸善縣州治。
五代	禎州南漢徙循州治龍川，改置禎州。	歸善縣禎州治。
宋	惠州博羅郡天禧五年改州名。宣和二年改郡，屬廣南東路。	歸善縣州治。
元	惠州路至元十六年改路，屬海北廣東道。	歸善縣路治。
明	惠州府洪武元年改府，屬廣東布政司。	歸善縣府治。

續表

博羅縣	長寧縣	永安縣	海豐縣
博羅縣 屬南海郡。	博羅縣地。	博羅、龍川二縣地。	龍川縣地。
博羅縣			
博羅縣			海豐縣 東晉置，屬東官郡。
博羅縣			海豐縣
博羅縣 羅陽縣 分置，屬南海郡。梁廢。	新豐縣 齊置，屬南海郡。		海豐縣
博羅縣 屬龍川郡。	休吉縣 開皇十八年改名。大業初省。	歸善、興寧二縣地。	海豐縣 屬龍川郡。
博羅縣 屬循州。 武德五年復置羅陽縣，屬循州。貞觀初省。			海豐縣 屬循州。
博羅縣 屬禎州。			海豐縣 屬禎州。
博羅縣 屬惠州。		歸善、長樂二縣地。	海豐縣 屬惠州。
博羅縣 屬惠州路。			海豐縣 屬惠州路。
博羅縣 屬惠州府。	長寧縣 隆慶三年分河源、英德、翁源三縣地置，屬惠州府。	永安縣 隆慶三年置，屬惠州府。	海豐縣 屬惠州府。

續表

	陸豐縣	龍川縣	連平州
	龍川縣地。	龍川縣 秦置，屬南海郡。	龍川縣地。
		龍川縣	
	海豐縣地。	龍川縣	
		龍川縣	
陸安縣 齊置，屬東官郡。梁廢。		龍川縣	河源縣地。
		開皇十一年省入河源。	
陸安縣 武德五年復置，屬循州。貞觀初省。		雷鄉縣 天授二年改置，屬循州。	
		循州 南漢乾亨初移置。 龍川縣 南漢更名，循州治。	
		循州海豐郡 屬廣南東路。 龍川縣 宣和三年更名雷江。紹興初復故，循州治。	
		循州 至元十三年改路。二十三年降州，屬廣東道。 龍川縣 循州治。	
	海豐縣地。	洪武二年廢。 龍川縣 屬惠州府。	連平州 崇禎六年割和平及河源、長寧、翁源地置，屬惠州府。

續表

河源縣	和平縣
龍川縣地。	龍川縣地。
河源縣齊置，屬南海郡。	
河源縣屬龍川郡。	
河源縣屬循州。 石城縣武德五年置，屬循州。貞觀初省。	
河源縣屬禎州。	
河源縣屬惠州。	
河源縣屬惠州路。	
河源縣洪武二年徙。萬曆十年復舊治，屬惠州府。崇禎六年改屬連平州。	和平縣正德十三年置，屬惠州府。崇禎六年改屬連平州。

大清一統志卷四百四十五

惠州府

在廣東省治東少南三百里。東西距六百七十里，南北距六百七十里。東至嘉應州長樂縣界五百四十里，西至廣州府東莞、增城、龍門三縣連界一百三十里，南至海岸一百二十里，北至江西贛州府龍南縣界五百五十里。東南至潮州府惠來縣界四百四十里，西南至廣州府新安縣界一百七十里，東北至贛州府長寧縣界六百七十里，西北至韶州府翁源縣界四百八十里。自府治至京師八千四百八十五里。

分野

天文牛、女分野，星紀之次。

建置沿革

禹貢揚州南境。春秋、戰國爲百越地。秦爲南海郡地。漢爲南海郡博羅縣地。東晉分屬東官郡。南齊移東官郡治懷安。梁改置梁化郡。隋平陳，郡廢，置循州總管府。元和志：隋開皇十年，置循州，取循江爲名。大業初，府廢，尋改爲龍川郡，治歸善縣。唐武德五年，復曰循州，置總管府。貞觀二年，府廢。天寶元年，改海豐郡。乾元元年，復曰循州，屬嶺南道。五代屬南漢，乾亨元年，改曰禎州。十國春秋：南漢置禎州于歸善，徙循州治龍川。宋天禧五年，改曰惠州。宣和二年，改博羅郡，屬廣南東路。元至元十六年，置惠州路，屬海北廣東道。明洪武元年，曰惠州府，屬廣東布政使司。

本朝因之，屬廣東省，領州一、縣九。

歸善縣。附郭。在府東南隔江三里。東西距二百七十里，南北距一百四十里。東至海豐縣界一百七十里，西至廣州府東莞縣界一百里，南至海港一百二十里，北至博羅縣界二十里。東南至海豐縣界二百里，西南至廣州府新安縣界一百七十里，東北至永安縣界一百二十里，西北至東莞縣界八十里。漢南海郡博羅縣地，劉宋分置安懷縣，屬東官郡。齊曰懷安，爲東官郡治。梁改置梁化郡。隋平陳，置歸善縣，爲循州治。後爲龍川郡治。唐復爲循州治。五代南漢爲禎州治。宋爲惠州治。元爲惠州路治。明爲惠州府治，本朝因之。

博羅縣。在府西北三十里。東西距二百八十里，南北距一百二里。東至永安縣界一百八十里，西至廣州府增城縣界一百里，南至歸善縣界二里，北至廣州府龍門縣界一百里。東南至歸善縣界十里，西南至廣州府東莞縣界一百里，東北至河源縣界一百里，西北至增城縣界一百里。漢置博羅縣，屬南海郡。後漢、晉及宋、齊以後因之。隋改屬龍川郡。唐屬循州。五代南漢屬禎州。宋屬惠州。元屬惠州路。明屬惠州府，本朝因之。

長寧縣。在府北少西四百里。東西距一百七十里，南北距一百二十里。東至連平州界五十里，西至韶州府英德縣界一百二十里，南至廣州府龍門、從化兩縣夾界五十里，北至韶州府翁源縣界七十里。東南至河源縣界一百三十里，西南至佛岡廳界一百里，東北至連平州界三十里，西北至翁源、英德兩縣夾界一百五十里。漢南海郡博羅縣地。南齊分置新豐縣，仍屬南海郡。

隋開皇十八年改曰休吉。大業初省入河源縣。明隆慶三年分河源及韶州府英德、翁源二縣地置長寧縣，屬惠州府，本朝因之。

永安縣。在府東少北二百里。東西距二百二十里，南北距一百三十里。東至嘉應州長樂縣界一百里，西至博羅縣界一百二十里，南至海豐縣界八十里，北至河源、長樂兩縣夾界五十里。東南至陸豐縣界一百二十里，西南至歸善縣界一百二十里，東北至長樂縣界九十里，西北至河源縣界一百十里。漢南海郡博羅、龍川二縣地。隋、唐爲歸善、興寧二縣地。宋、元爲歸善、長樂二縣地。明隆慶三年，析置永安縣，屬惠州府，本朝因之。

海豐縣。在府東少南三百里。東西距二百五十里，南北距二百二十里。東至陸豐縣界一百二十里，西至歸善縣界一百三十里，南至海岸八十里，北至永安縣界一百四十里。東南至潮州府惠來縣界一百五十里，西南至海岸六十里，東北至陸豐、永安兩縣夾界一百四十五里，西北至歸善縣界八十里。漢南海郡龍川縣地。東晉分置海豐縣，屬東官郡。宋、齊以後因之。隋改屬龍川郡。唐屬循州。五代南漢屬禎州。宋屬惠州。元屬惠州路。明屬惠州府，本朝因之。

陸豐縣。在府東三百五十里。東西距一百里，南北距二百里。東至潮州府惠來縣界七十里，西至海豐縣界三十里，南至碣石衛、大海五十里，北至嘉應州長樂縣界一百五十里。東南至甲子所城、大海一百里，西南至海豐縣界三十里，東北至潮州府揭陽縣界一百五十里，西北至永安縣界一百五十里。漢龍川縣地。自晉至明爲海豐縣地。本朝雍正九年析置陸豐縣，屬惠州府。

龍川縣。在府東北四百二十里。東西距一百三十五里，南北距一百五十里。東至嘉應州長樂、興寧兩縣夾界七十里，西至河源、和平兩縣夾界六十五里，南至長樂、河源兩縣夾界三十里，北至和平縣界一百二十里。東南至長樂縣界三十五里，西南至河源縣界四十里，東北至江西贛州府長寧縣界一百二十里，西北至和平縣界一百里。秦置龍川縣，屬南海郡。漢及晉、宋、齊以後因之。隋開皇十一年省入河源縣。唐天授二年改置雷鄉縣，屬循州。五代南漢乾亨元年，移循州來治，仍改縣曰龍川。宋爲循州海豐郡治，屬廣南東路。宣和三年改縣曰雷江。紹興元年復故。元至元十三年立循州路總管府。二十三年，降爲散州，屬廣東道。明洪武二年州廢，以縣屬惠州府。本朝因之。

連平州。在府北四百里。東西距一百四十里，南北距一百三十里。東至和平縣界六十里，西至長寧縣並韶州府翁源縣夾界八十里，南至長寧縣界七十里，北至江西贛州府龍南縣界六十里。東南至河源縣界一百三十里，西南至長寧縣界一百里，東北至和平縣界七十里，西北至翁源縣界一百里。漢南海郡龍川縣地。南齊以後爲河源縣地。明正德、隆慶中分爲和平、長寧二縣地。崇禎六年割和平、河源、長寧及韶州府之翁源縣地，置連平州，屬惠州府。本朝因之。

河源縣。在府北一百五十里。東西距二百七十里，南北距一百四十里。東至永安、龍川並嘉應州長樂三縣夾界一百四十里，西至廣州府龍門縣界一百三十里，南至博羅、永安兩縣夾界三十里，北至連平州和平縣夾界一百一十里。東南至永安縣界三十里，西南至博羅縣並廣州府龍門縣夾界九十里，東北至龍川縣界一百三十里，西北至長寧縣界一百六十里。漢南海郡龍川縣地。南齊分置河源縣，仍屬南海郡。隋屬龍川郡。唐屬循州。五代南漢屬禎州。宋屬惠州。元屬惠州路。明屬惠州府。崇禎六年，改屬連平州。本朝仍屬惠州府。

和平縣。在府東北四百二十里。東西距二百十里，南北距二百十里。東至龍川縣並江西贛州府安遠縣夾界一百二十里，西至連平州並江西贛州府龍南縣夾界九十里，南至龍川縣界一百三十里，北至龍南縣界八十里。東南至龍川縣界一百二十里，西南至河源縣界四十里，東北至贛州府定南廳界八十里，西北至龍南縣界一百二十里。漢南海郡龍川縣地。明正德十三年，分置和平縣，屬惠州府。崇禎六年，改屬連平州。本朝仍屬惠州府。

形勢

東接梅、潮〔二〕，北連汀、贛。循陽志。漢之名郡，越之沃野。宋余靖普安寺記。鼓角導其前，羅浮擁其後。圖經。控潮海之襟要，壯廣東之輔扆。惠州輿圖。

風俗

織竹爲布，人多蠻獠，婦人爲市，男子坐家。寰宇記。土人好造盤游飯，取鮓胹膾炙皆埋之飯中。又好作骨董羹，取凡飲食雜烹之。方輿勝覽。信鬼神，好淫祀。明統志。

城池

惠州府城。周一千三百二十六丈，門七，東、南、北臨江，西臨湖。明洪武三年建。本朝順治十八年修，康熙二十四年、雍正七年、乾隆八年重修。

歸善縣城。周九百四十五丈，門四，東、西二江水繞之，與府城隔江，浮橋相連。明萬曆三年建。本朝順治十七年修，康熙二十三年、雍正元年、乾隆四十八年重修。

博羅縣城。周九百九十八丈有奇，門五，西、南因榕溪爲池，東、北倚山。明成化十三年建，弘治九年拓建。本朝康熙六年修，乾隆五年、十六年重修。

長寧縣城。周四百八十丈，門三，因山無池。明萬曆初建。本朝康熙七年修，雍正八年重修。

永安縣城。周六百四十丈，門四，水關二。明隆慶三年建。本朝順治十七年修，康熙二十五年、乾隆十二年、嘉慶十四年重修。

海豐縣城。周三百九十丈有奇，門四，池周四百十丈。明洪武二十七年建。本朝雍正十一年修。

陸豐縣城。周三百二十一丈有奇，門四，有池。本朝雍正九年建。

龍川縣城。周七百二丈有奇，門四，池廣八丈。明洪武二十一年，因舊址建。本朝康熙六年修，二十五年重修。

連平州城。周六百三十五丈，門四，有溪無池。明崇禎六年建。本朝順治十年修，康熙二十四年、五十七年重修。

河源縣城。縣治所曰新城，坐桂山，臨鱷湖，周七百丈，門四。明萬曆六年因古城舊址建。自東門下經湖堤里許，爲舊城，明初建。本朝乾隆七年並修。

和平縣城。周六百八十丈，門五，東、南有池，長七十三丈，廣八尺。明正德十四年建，嘉靖三十七年拓建。本朝康熙二十四年重修。

學校

惠州府學。在府治東南。宋淳熙二年建。明洪武八年重建。本朝順治初修，康熙二十年、乾隆三年重修。入學額數二十七名。

歸善縣學。在縣城東門外白鶴峯下。元泰定間建。本朝順治十六年修。康熙二十年、二十四年重修。入學額數十五名。

博羅縣學。在縣治東浮碇岡之麓。明洪武中，因宋、元故址建。本朝康熙七年修。入學額數十五名。

長寧縣學。在縣治東。明萬曆六年建。本朝康熙十八年重建，乾隆十一年修。入學額數八名。

永安縣學。在縣治東北紫金山下。明萬曆十一年建。本朝康熙二十二年重建。入學額數十二名。

海豐縣學。在縣治東南，舊在縣西偏。宋康定二年徙建今所。明洪武十三年重建。本朝順治四年修，康熙五十六年、乾隆五十九年重修。入學額數十名。

陸豐縣學。在縣城東門内。本朝雍正十一年建。入學額數十名。

龍川縣學。在縣治東。舊在城北，明嘉靖二十一年徙建今所。本朝康熙七年重建，雍正十年修，乾隆三十年、嘉慶二十一年重修。入學額數十五名。

連平州學。在州治東。明崇禎六年建。本朝康熙十年重建，三十年修，乾隆四十六年重修。入學額數十二名。

河源縣學。在舊城東南隅。明洪武初建。萬曆中遷建新城西北隅。本朝康熙四十年復建於舊城故址。雍正九年修，乾隆七年重修。入學額數十二名。

和平縣學。在縣治西。明正德十六年建。本朝康熙八年修，四十二年、雍正五年重修。入學額數十二名。

豐湖書院。在府城西西湖上。原名惠陽書院，嘉慶七年由永福寺右遷建，改今名。舊有豐湖書院，在歸善縣南銀岡之麓，宋淳祐中建，今廢。

西湖書院。在府城西黄塘。康熙二十六年建。

登峯書院。在博羅縣鐵爐巷，舊名羅陽書院。乾隆十年改建，易今名。

羅浮書院。在博羅縣仙福都。宋建。
麗江書院。在海豐縣城内。乾隆三十九年建。
鳳山書院。在海豐縣汕尾。乾隆二十三年建。
龍山書院。在陸豐縣城内。乾隆七年建。
甲秀書院。在陸豐縣甲子所。嘉慶十年建。
三台書院。在龍川縣城北。康熙五十四年建。
鰲湖書院。在龍川縣鰲湖上。康熙十九年建。
鳳陽書院。在連平州城内。乾隆十六年建。
槎江書院。在河源縣上東門。雍正三年建。
龍溪書院。在和平縣城内。乾隆二十年，以五雲書院改建。
西湖義學。在府城西。康熙三十三年建。
迴瀾義學。在歸善縣城西。乾隆八年建。
鵝埠義學。在海豐縣鵝埠。嘉慶八年建。
墩下城義學。在海豐縣墩白場。嘉慶八年建。
龍川義學。在龍川縣城内南門大街。嘉慶十四年建。按：舊志載張留書院，在歸善縣西南石埭山，宋丞相留正、秘書郎張宋卿共學於此。豫章書院，在博羅縣西北黃龍洞南，宋羅從彦讀書處。安陽書院，在長寧縣軍所官地，本朝雍正十二年建。

鐵潭書院，在永安縣城内，乾隆八年建。今並廢，謹附記。

户口

原額人丁五萬九千四百六十三，今滋生男婦大小共二百一十九萬四千八百九十六名口，又屯民男婦共六萬九千八百九十四名口。

田賦

田地山塘共三萬九千五百二十一頃八十一畝六分有奇，額徵地丁正、雜銀九萬五百十七兩六分二釐零，遇閏加徵銀一千六百九十四兩九錢二分三釐，米一萬九千四百八十七石五斗四升二合八勺。屯田共一千三十九頃七畝二分有奇，額徵屯米一萬八千六百二十七石四斗九合五勺。

山川

棕木山。在府治北。地産棕木，故名。

瑶草山。在歸善縣東五里。迤南爲神壇嶂，爲長塘山，爲葵嵩，尖峯突起極秀。

九龍山。在歸善縣東一百二十里。脈自劉陂障來，上有龍潭。通志：昔有譚公修道於此。

大鴨山。在歸善縣東一百八十里，接海豐縣界。東北路去馬頭山二十餘里，有水西北流入西江。

平山。在歸善縣東少南七十里。其下爲平山驛。又東南二十五里爲筆山，又南十里爲陳田山，又少西十里爲蕉坑山。

鐵鍋山。在歸善縣東南一百十里。少北曰劉陂障，少南曰分水山。又南爲蛇山，分水西三十里爲白雲山，下有白雲屯。

又西北十里爲秀鹿山。

蛇山。在歸善縣東南一百三十里。下有飯羅岡，内外管巡司在焉。又東南爲大埔山，去城一百五十里，下有大埔屯。

平政山。在歸善縣東少南一百五十里，接海豐縣界。其下爲平政驛。

平海山。在歸善縣東南二百里。下爲平海所。又東爲峯背，爲港尾，南折斗入海爲大星山。又越海面二十餘里爲小星山。

鼓角山。在歸善縣南少東四十五里，左右兩峯列峙如鼓角，拱抱郡城。淮水經其西麓，其東南爲金坑山。又南三十里薄海爲墩頭。

淡水山。在歸善縣南六十里，淮水經其西北。

石埭山。在歸善縣西南四里。輿地紀勝：在博羅郡西五六里，崖石壁立，泉激如飛，名曰水簾洞。

周徑山。在歸善縣西南二十里，延袤數十里。中有腴田，其外岡阜環複，崖壁峭立。東口通麻莊，南口出中嵩，北口抵横江，西口接大嶺，路皆險峻。

白雲障山。在歸善縣西南一百三十里，重岡複嶺，形如屏障，西湖諸山皆起於此。其北曰野蓮山，山巔平衍可田，生野蓮，其花似蓮而小。又西南二十五里曰銀瓶嘴山，峯巒秀聳。

梧桐山。在歸善縣西南一百七十里，接廣州府新安縣界。三峯聳列，周數十里，上、下淮水出焉。頂有天池，深不可測，多產梧桐異草。又永安縣、河源縣皆有梧桐山。

榜山。在歸善縣西十二里西湖之西，青翠高聳，横若列榜。上有石巖峻峭，登之可覽一郡之勝。

黄岢山。在歸善縣西三十里周徑之北。俗名貫洞，横槎水出焉，東入西湖。相近有吴洞山，雲集其上輒雨，鄉人每以爲候。又長寧縣北二十里亦有黄岢山，上下二岢，延亘數十里，山徑險阻，人跡罕到。

寅山。在歸善縣東北十五里。元和志：多出茯苓。寰宇記引南越志云：欣樂縣北有寅山，青松紫幹，四衢皆竦，下多茯苓。

上嵐山。在歸善縣東北八十里。少北爲下嵐山，其南曰岡尾山，又西南曰孫岢山，又西曰黄凹山、書齋山。

歸化山。在歸善縣東北一百里。隋書地理志：歸善縣有歸化山。舊志：一名梁化山，俗名雞籠山，脈自丫髻山經永安境，逾黄婆嶺、泣石徑、鳳皇徑，凡一百二十里而至雞籠。自鳳皇徑連山而西南三十里，爲大、小年岢。

陳溪山。在歸善縣東北一百二十里，去鳳皇徑三十里。自此又南爲唐角，爲浮牌嶺，爲下埔，爲彭坑。其東南爲石溪，爲松坑。又東瀕西江，爲麥田、馬矢岡。又東爲大到、小到，皆有水入江。又東北即黄婆嶺。

磜頭山。在歸善縣東北二百里，東去永安縣之南嶺二十里，其山高大。明嘉靖中巨盜楊立據此，僉事尤瑛討平之。

馬頭山。在歸善縣東北二百里，接海豐縣界，北界永安之漏裏山，西江源出此。

懷安山。隋書地理志：歸善縣有懷安山。輿地紀勝：懷安嶺在博羅郡東南一百餘里，俗號南嶺。其嶺南有水入海，蓋即懷安山也。

大屏山。在博羅縣西十五里，周數十里。有企人石，高五六丈，有洞曰磜下，兩山夾水，水甚激，激湍之下爲潭，石壁峭立，水懸崖而下注於潭，潭中有石甕仰受之。

羅浮山。在博羅縣西北。漢郡國志注：傅羅縣有浮山，自會稽浮來傅于羅山，故置傅羅縣。蓋二漢「博」皆作「傅」，晉太康地志始作「博」。謝靈運羅浮山賦：茅公之説，神化是悉，洞穴有九，此惟其七，潛夜引輝，幽境朗日，故曰朱明之陽宫，耀真之陰室。元和志：羅浮山在博羅縣西北二十八里，羅山之西有浮山，蓋蓬萊之一阜，浮海而至，與羅山並體，故曰羅浮。高三百六十丈，周三百二十七里，峻天之峯，四百三十有二。縣志：山在縣西北五十里，道書第七洞，名朱明耀真之天。東曰羅山，絶頂曰飛雲峯，夜半見日。飛雲之西曰上界三峯，峭絶鼎立，人莫能至。其下與浮山相接處有石如梁，曰鐵橋，下湍水分流，注于潭曰五龍潭。橋東有天池，水應海潮曰神湖，湖東曰鳳凰谷，鐵橋之陽有瑶石壇，高六十丈，直上接鐵橋，勢若削成。壇東有華山峯，仙人華子期之所息也。又東南曰聚霞峯、香臺峯。又南曰會真峯，子期與朱真人會處。又東南有青霞谷，其西南即朱明洞，山北有玉鵞峯，狀如玉女，又名玉娥峯，葛洪妻鮑姑在此登仙。下有三穴，曰風洞、雲洞、雨洞。又東北曰大獅峯，西近會真。又東，兩峯間出，曰大旗、小旗。又東南曰致雲峯，又南曰仙女峯，其西南一峯如貝而文，曰賽寶峯，與浮山之玳瑁峯相對。又東南曰雙髻峯，有劉仙壇，壇下之竹有篆文，曰竹葉符，羅水出焉。又東南爲白鶴峯。又南爲松徑口，乃入山之路也。西曰浮山，絶頂曰蓬萊峯，在鐵橋之西，又名碧雞峯。其東南曰獅子峯，又南曰麻姑峯，下有麻姑臺，近南麓。蓬萊之前曰大石樓、小石樓，兩峯相際處，曰度仙橋。其西南曰孤青峯。蓬萊之西曰錦繡峯，俗名百花徑。又西曰鉢盂峯，下有阿耨池。又西曰玳瑁峯，與羅山賽寶峯相對。又西南曰拋球峯。又西南曰雞鳴峯，孤青之西南曰飛來峯，下有梅花村。又西爲鹿角嶺，即西麓矣。其巖洞之著者，中麓曰朱明洞，亦名耀真，爲第七洞天。朱明之北曰夜樂洞，在上界三峯之下，有青陽巖、仙女巖，中路有書堂坑，在瑶石臺前。其上曰君子巖、通天巖。其南曰石臼洞，葛洪搗藥於此。朱明之東曰明福觀，觀東曰桃源洞，觀東北曰白雲洞，軒轅先生嘗菴其中。又東曰白角洞，晉單道開蟬蜕之所。又東曰蓬萊洞，近雙髻峯。朱明之南曰觀源洞，爲葛洪洗藥之所。後有野人洞，唐王體靚所居也。朱明之西曰羅漢巖，其北曰伏虎巖，又西曰雲峯巖，近龍王坑曰大坑洞。又西曰蝴蝶洞。又西南曰水簾洞，曰金沙洞，在孤青峯東，今名黄龍洞。又西曰幽居洞，近飛來峯，其西曰滴水巖。又西北曰獅子洞，在抛球峯下。又西曰鳳凰洞。又西南曰歐陽洞，接廣州府增城縣界。

神山。在博羅縣西北三十里。相近有茶山、焦洋山，皆高峻，横河水經其下。

白水山。在博羅縣東北二十里，一名白水巖。北連象山。輿地紀勝：山有瀑布泉百二十丈，下有石壇，佛跡甚異。舊志：佛跡巖下有湯泉，東熱而西寒。巖前懸泉百仞，山凡八九折，折處輒爲潭，深者縋石四五丈不能及。旁有巨人跡數十，故謂佛跡巖。

象山。在博羅縣東北三十里，亦曰象頭山。高大亞於白水，連亘環邑之半，民以燒炭爲業，有玳瑁水出焉。按：輿地紀勝有瑇瑁山，在羅浮山之東，下有池，池中有瑇瑁，因名。疑即此。

丫髻山。在博羅縣東北九十里，其陽産錫，其陰爲西坑。又東北十里爲東瓜坑，一名大水坑，瀧頭水出此。與河源縣之横排山接壤。其東有山薑水，與河源分界。

象首山。在長寧縣東三里。下有三星潭、游魚洲、樟樹鎮。

魯鼓山。在長寧縣東南四十里，嵯峨蜿蜒，中多古木。

戈羅山。在長寧縣東南八十里。高千餘丈，尖峯森聳，若戈戟然。明統志：戈羅山在河源縣北一百三十里。

雙鳳山。在長寧縣南三里。兩峯聳秀，爲邑之勝。又河源縣南二里，亦有雙鳳山。

雪山。在長寧縣南三十里。高數百餘丈。

清水坑山。在長寧縣西七十里，龍門、從化之界。相近有涼山。

小長坪山。在長寧縣西北五十里。西南去清水坑七十里，有分水嶺，小長江水出焉。

雪峒山。在長寧縣北六十里。高約千丈，中有大小二峯，嶺南地暖，獨此二峯春猶積雪。

紫金山。在永安縣城内東北隅，城環其上。又縣東北三十里有丫髻山，形如雙鬟。又縣東四十五里有東山，高峻秀拔。

官山。在永安縣東南五十餘里。又施坑山，在縣東南九十里。

越王山。在永安縣西南一百里。高二百丈，延亘數十里，雄視諸山，下有道姑巖。按：寰宇記河源縣石溪鄉有介然孤石，名越王闕，下有石鑊可容數十斛，恒有懸注而竟不溢。疑即此。

犁壁山。在永安縣西南一百里。巉巖峭削，狀如稷耜。南接歸善縣梁化、上下嵐山，南山水出此。

大林峯山。在永安縣西六十里。土人稱猺居爲峯。攢峯疊巘，林木薈蔚，猺人耕蓺其上。有巖敞如夏屋，容五六百人，巖門偪仄可守。產白堊，邑人利之。

大魯山。在永安縣西六十五里。高峭而大，民耕其上。西北二十里爲奇山，又名企山。

梁崗山。在永安縣西九十里。有石峒二。其南二十五里有鶴子壚，亦名金船腦。

觀音山。在永安縣西少北八十五里，東去柏樹嶂四十里。又梧桐山，在縣西少北一百里上江東社，山高而鋭，多生梧桐。

三殿山。在永安縣北二十三里。五峯插天，狀如宫殿者三，少西有横眉嶂。

龍山。在海豐縣東二里。山勢蜿蜒，盤距龍津水口。按：元和志云龍山在海豐縣北五十里，與今志道里不同。或曰縣北銀瓶山出龍津水，即古龍山也。

大嶂山。在海豐縣東二十里。高七百丈，一名東保障山。其縣西十里有西保障山，岡巒環複，與此山對峙。

法留山。在海豐縣東五十里。其上有巖如屋，唐僧大顛嘗居之，有放生臺遺址。

大安山。在海豐縣東七十里，故安陸縣在其下。

金籠山。在海豐縣東南十里。山腰有泉甘潔，土人謂之聖泉。

旗峯山。在海豐縣東南一百五十里，接潮州府惠來縣界。山狀如旗，半枕海上，東南外國入貢，望此爲表識，爲縣重鎮。

雙桂山。在海豐縣南五十里。兩峯並起，高七百餘丈。

黑龍山。在海豐縣西南八十里。隋書地理志：海豐縣有黑龍山。寰宇記：山在縣南大海之上，嘗有黑龍潛於山穴，時興雲雨，騰翔海水，因名。舊志：一名大金籠山，蜿蜒高廣，鎮長沙海口。

銀瓶山。在海豐縣北二十里。峭峙千仞，周三十里，爲縣之鎮。時産五色奇花，峯頂絶鋭，有二瀑布若懸練然，龍津水出焉。

蓮花山。在海豐縣北三十里。高千餘丈，周五十里，列峯如蓮。

激石山。在海豐縣東北。府志：縣北五十里爲掘龍徑，最險隘。又東十里爲激石山。

新田山。在海豐縣東北六十里。崇山大嵩，極險。

玉印山。在陸豐縣城東隔岸。

葫蘆山。在陸豐縣東三十五里。

筆架山。在陸豐東四十里。卓立三峯，像如筆架，乃壆尾一方祖山也。山北即葫蘆、百萬諸岡。

五峯山。在陸豐縣東六十里。由三合嶺經九島諸峯，逶迤數十里，至此突起五峯，狀如五指，爲碣石祖山，下有寺曰環田庵。

九島山。在陸豐縣東七十里。海東諸山發脈於此，四圍諸峯聳鋭，故有「九十九尖」之稱。

田尾洋山。在陸豐縣東八十里。卓立海濱，入洋之船，望此即知碣石港也。

圭山。在陸豐縣東南一百里。有石屹立，狀如執圭，甲子所在其下。

虎頭山。在陸豐縣南少東十里，狀如虎頭，在烏墩港口，有大虎、小虎之稱，皆肖形也。

元武山。在陸豐縣南六十里，可觀海，山下有石泉。

巖前山。在陸豐縣西二十里，怪石嵯峨，巖下幽深不可測。

九龍山。在陸豐縣西五十里。產茶頗佳。

犀頭山。在陸豐縣北少西三十里。狀若犀牛，在大安水口，下有小潭，土人常以水之深淺驗地之貧富，號爲聖潭。

内洋山。在陸豐縣東北六十里，舊名三日山。巨石對峙，循徑而入，山澗屈曲。明季賊首楊子亮據此，今居民叢集，改曰内洋。

東山。在龍川縣東一里。隔江環繞縣城，居民參錯。

金魚山。在龍川縣東南三十里，西去河源縣三十里。高百丈，周三十里，每霖雨水溢，旁岡皆没，獨此山二峯如雙魚騰躍巨浸中。一名丫髻山，藍溪出其陽，清溪出其陰。

玳瑁山。在龍川縣東南八十里，接嘉應州長樂縣界。石多黑點，狀如玳瑁。

案山。在龍川縣南隔江二里。圓平如几案，其下溪中有巨石如珠，亦名海珠山。

午丁山。在龍川縣南十五里。高三百餘丈，周二十里，秀插天表。相連爲丹鳳山。

敖山。在龍川縣北，一名嶅山。寰宇記：在循州西北五里。輿地紀勝：嶅山上有三潭，龍藏焉。縣志：嶅山在縣北二十里，高五百餘丈，周百里，山半有龍潭，飛瀑如練，分爲三派，下流入於嶅湖。東有天廚峯，西有天柱峯，一名金筆峯。其上有嶅峯書院遺址。又湖山，在縣西北五里嶅湖之口，一名白鷳山。

霍山。在龍川縣東北。寰宇記：河源縣有霍山，上有靈龕寺。輿地紀勝：在龍川縣東北八十里。爾雅曰：大山宫，小山霍。舊記云：頂高七千七百七十丈，周回三百六十里，峯巒秀聳，凡三百六十，可居者七十有二，多海中草木，上有石壇。又曰：山有天門，天然如鑿成，游諸峯者從此門入。有大獨石峯，高千餘丈，絶頂有石室。大佛跡峯，石上有神跡十四。旁有黄牛漿，泓澈照見毛髮。小佛跡峯，去大佛跡五里。石樓峯，與大佛跡相亞，勢如樓臺，上有履跡。獅子臺，石形孤峭，狀如獅子。辟支堂，其峯峭直如壁，仰視萬仞，藤蘿蒙密，人莫能攀。清凉堂，巖竇清幽，冷氣逼人。擣藥石，在游仙峯後，上有石臼二，常有擣聲清響，可聞而不可見。又白牛塔，在游仙峯前，俗傳旃檀佛乘白牛至此，化爲石。仙樂石，可坐數十人，每遇月夜，或聞簫管之聲。又有石甕，在容龕之前，穴狀如甕，可容三十人，有泉不枯。又有崑崙山，與霍山接。府志：霍山在龍川縣東少北百里，高七百餘丈，周七十餘里，有峯三百七十二，有巖二，曰望月巖，在山之巔東向，曰太乙巖，在山之中，石竇穹敞，臨瞰風雨。又有石甕泉、犀牛池、旃檀像、文殊跡、擣藥臼、煉丹竈、靈龕寺，其勝亞于羅浮。

龍穴山。在龍川縣。裴淵廣州記：龍川縣有龍穿地而出，即穴流泉。元和志：龍穴山，今名龍川山，在河源縣東北三百四十里。寰宇記引南越志云：龍穴山，聯巖亘地，累嶂分天，嘗有五色龍乘雲出入此穴。

九連山。在連平州東三十里。高二千餘丈，周五六百里，東連龍川、河源，南連博羅、增城、龍門、從化，西連翁源、英德，北連龍南，環通九縣，因名。峻嶺層巖，千蹊萬徑。明季嘗爲賊藪，其巢徑有七，曰内管，曰上下藍洲，曰上下田螺塘，曰野鴨潭，曰李叟洞，曰獐坑，曰五虎營。其中爲九連肚。

十二排山。在連平州東。高千餘丈，峻險崎嶇，盤亘三十餘里。

仙塔山。在連平州南三里。高七十丈，爲州治案山，兩水環抱，至山麓合流。

石亞山。在連平州西三十里。秀插雲端。相近有通天巖，其中虚明。

九峯山。在連平州北五里。山形秀麗，有魚臺、石室。

古雲山。在河源縣東十里，產茶，有古雲隘。

義合山。在河源縣東五十里。多竹。相近有康禾山，多木，俱產茶。

蝴蝶山。在河源縣東八十里，濱江。

五指山。在河源縣東一百里。層巒疊嶂，延亘數十里，而五指更爲雄峻。山半有湖，曰澄心湖，其北有曾田峒、梅子嶂，甚險。

藍溪山。在河源縣東一百餘里。藍溪所經。又西爲能溪山，二峝相連，號藍、能二峝。自義合山至此，皆犬牙相錯。入龍川、永安二縣界。

桂山。在河源縣西十五里。高約五百丈，亘六十餘里，上多桂樹，產茶絶佳。又梧桐山，在縣東南十里，形勢聳峻，與桂山相望，多產梧桐。

平陵山。在河源縣西八十里，接博羅縣界。高數百丈，周三十餘里，中有滴水巖。又有通海巖，空洞而暗，水注于竇，不知其極。又西二十里有景星巖。

靈山。在河源縣東北一百二十里。高百餘丈，有五嵎，上有龍湫。一名龍山。

印山。在和平縣南隔溪半里。高五十餘丈，平圓如印。又東山，在縣東隔溪一里。

紗帽山。在和平縣南十里，與縣治相對。又縣西十里有丫髻山。

浰頭山。在和平縣西北，接江西龍南縣界。連亘深遠，有上、中、下三浰，最北近龍南者爲上浰，在岑岡者爲中浰，最南者爲下浰，亦曰和平嵎，去縣八十里，浰溪水流經此。旁有奇石，巉巖險仄。明正德中，贛撫王守仁舉兵擣三浰賊巢，即此。

紫雲山。在和平縣東北六十里。高五百丈，周八十里，上有巖，朝夕紫雲騰起。其南爲雪山障，冬有積雪。

烏虎山。在和平縣東北六十餘里。其形如虎。下有烏虎鎮。

子西嶺。在府城南門外。宋唐庚謫惠州居此，庚字子西，故名。

飛鵞嶺。在府城南一里。勢若飛鵞，故府城亦曰鵞城。

新邨嶺。在歸善縣西十里。新村水出此。又西二十里爲松柏嶺，上多松柏。

石鼓嶺。在博羅縣東北二里。其嶺一石如鼓，叩之有聲，與海潮相應。羅浮山記：浮山東有兩石如鼓，叩之其音清越，所謂神鉦也。

鐃鈸嶺。在博羅縣東北一百里，東北去丫髻山十里。嶺路險峻難行，商旅多畏之。

横石嶺。在長寧縣東南八十里。嶺半有清泉出石罅中，汲之不竭。

雲髻嶺。在長寧縣西二里。高約千丈，廣袤三十里，一名仙女峯。上有石洞，洞内有銀牀玉几，清泉湧出，瀑布如練。

九曲嶺。在長寧縣西三十里。高數百丈，九折而上，勢極峻聳。其西有黄牛石山。

南嶺。在永安縣東南九十里。高四百餘丈，周百餘里，四面皆高，其中平衍，惟一路可通。宋末文天祥收散卒，自閩虔嶂徙屯于此，後人呼爲忠臣嶺。天祥手植桂猶存。其下有高洋坑水，一名毒水，飲者多死。今泉氣如呼吸，隨出隨没，而水不流。其西爲貉老坪，與歸善、海豐二縣接界，商賈往來所經。

張八嶺。在永安縣西十里。水西南逆上，鐍于水口，爲縣内關。其縣西南七十里有鳳凰岡，横絶水口，爲縣外關。

梅花嶺。在永安縣西一百里。五嶺攢聚，狀如梅花。有巖高十尋，路甚狹隘，累足乃入，入則宏邃高曠，遠望無際。巖下峭削，石坪五丈，多古樹怪石。嶺上有仙女洗頭盆。

大蹊嶺。在海豐縣西六十里。明景泰時驛路經此，甃石爲道。迤西十里爲羊蹄嶺，一名楊桃嶺，高數百丈。明正德中，知縣楊繼榮甃石十餘里以續前道，徑路便易，今爲通衢。

鵞埠嶺。在海豐縣西少北一百里。麓有温泉。迤北曰神田嶂，嶄絶險阸。迤東有大安峝。

五坡嶺。在海豐縣北二里。宋史文天祥傳天祥自潮陽走海豐，至五坡嶺，方飯，元兵突至，被執。即此。上有方飯亭。

大雲嶺。在海豐縣北五里。高三百丈，周五里，爲縣後障。

河頭嶺。在陸豐縣北七里，一名河圖嶺，爲邑屏障。山下舊有曲水流觴臺，今廢。

白嶺。在龍川縣北十五里。高約五百餘丈，周三十里，西接嶅山。

巖坡嶺。在連平州西十五里。高千餘丈，路通銀梅，皆用石砌，極險峻。

獅子峯。在歸善縣西三十里外水社。外水諸山，巒嶠紛複，此峯突起其間，殊爲壯觀。其下有湫深黑。

白鶴峯。在歸善縣北，濱龍江，亦名鶴嶺。宋紹聖中，蘇軾安置惠州，卜居于此。

蠟燭峯。在和平縣北七十里，地名岑岡。高八十餘丈，周五十餘里。
浮碇岡。在博羅縣城内東北隅。輿地紀勝：相傳浮山初來，碇石于此而成岡焉。
龍岡。在博羅縣西三十五里。巔有龍潭，周十餘丈，深不可測。
七星岡。在長寧縣東南五十里。上有澤七區，宛若七星。
仙女巖。在博羅縣東北一百二十里。東西二巖，可容二百餘人。
滴水巖。在長寧縣東長吉屯。懸泉如噴珠，下注澄潭。又有燕子巖，在縣旱塘村，有洞深黑，秋後燕伏其中。
青龍巖。在龍川縣東七十里〔二〕。上有懸泉千尺，相傳龍蟄其中。
龍臺巖。在龍川縣東北八里。上有巨石如臺，下有石室。
聖跡巖。在連平州東北十里〔三〕。洞口崎嶇，中深廣，容五百餘人。上竅虛明，可以遠眺，有水不涸。洞後有幽徑直出藍洲，土人避兵多居之，一名避世巖。四時有燕巢于内，又名燕子巖。
逍遥巖。在河源縣南五里。深廣幽静，可坐百餘人。
平石巖。在河源縣東北一百二十里。巖廓而平，可居。
漂湖巖。在河源縣東北一百五十餘里。下有漂湖，故名。
龍歸巖。在和平縣西北六十里湘頭曲潭口，闊丈餘，有水流出，可溉田五六頃。巖内昏黑，入者秉燭循水而行，其寬處可容五人，狹處纔二人。約十里有旁孔，名曰石舍，又十里許有正孔，名曰中管。又二小石孔，水流入不見出，土人云春漇巖口流出竹木，皆自石舍、中管來，竟不能窮其處也。

君子嶂。在長寧縣北一里。奇峯百丈，周數里，形勢端正，爲縣治後障。山多巖穴，穴下有泉，路多險阻。又北一里有玉女峯。

聞麖嶂。在永安縣東五十里，西北去丫髻山二十里，舊名簾紫嶂。通志：宋景炎二年丞相文天祥駐兵于此，夜聞黄麖鳴，遂從南嶺，因名。其北爲白葉嶂，亦名鶱公嶺。

山谷嶂。在永安縣東六十里東山之南。上有佛子巖、八公巖。其北爲琴嶺，以形似名。

羊角嶂。在永安縣東南九十里。兩峯相對，宛若羊角，牙溪水出此。其西爲燕尾山，黄沙水東源出此。

烏禽嶂。在永安縣南一百里。周百餘里。黄沙水南源出此。

龍王嶂。在永安縣西南八十里。上有龍湫。其東爲企壁嶂，青壁陡絶，山猺居之。

雞冠嶂。在永安縣西二十五里。狀若樓臺鼓角。其南爲上瀨嶂，有巖深五里，流泉瀧瀧，平地百畝。

天子嶂。在永安縣西五十里。高二百餘丈。産茶，敵河源桂山。

寶山嶂。在永安縣西五十餘里。清溪水出此。舊有鐵冶。

柏樹嶂。在永安縣西少北四十里。峯巒秀麗，多柏樹，故名。

雞公嶂。在永安縣東北五十里。高四百餘丈，周四十里，爲縣祖山。

許山嶂。在海豐縣東北一百里。舊爲賊巢，嘗設河田營于此。

鷹嘴嶂。在陸豐縣北五十里。高數百丈，周圍十里，狀如鷹嘴。中有石巖，每天陰欲雨，則飛烟散霧，轟震之聲從山中出，聞十里以外，若久雨將晴亦然，土人驗天時百不爽一。山下有寺曰竹子庵。

鳳凰嶂。在連平州城北。高千丈。通志：舊名雞公嶂，以山勢如鳳，故名。

石人嶂。在連平州東北三里。高千丈，麓有清潭。

東桃嶂。在河源縣北一百里。高七十餘丈，周二十里。

觀音嶂。在和平縣西南四十里。巖洞間多産觀音竹。

五花嶂。在和平縣北二十里。高七百餘丈，周百餘里，爲邑鎮山。春夏之間，雜花如錦。東有週田坑水，溉週田坑、葛藤坪等田。又大樓水，溉大樓、小溪等田，皆出于此。

仙女嶂。在和平縣東北二十里。上有奇石，形如仙女。

五雲洞。在海豐縣東北一百四十里。四山環抱，如碧玉環，人處其中，不異盤谷。

白雲洞。在龍川縣北。輿地紀勝：在循州北十八里。通志：在嶅山之陽，幽雅絶塵，可容百人，白雲常聚其上，故名。

濁溪洞。在和平縣南五十里。

逃軍坑。在海豐縣西北，南接歸善馬頭山，北接永安界。又冷飯坑，在縣東北四十里，北路至此折爲三道，西北二十里至官坡塘，又十里即激石山，直北則通新田，東北則通八苑崗。

犁壁坑。在陸豐縣北七十里。萬山羅列，中逕山峯壁立，若刀削成，惟一徑攀援可上。其巔巨石林立，有巖可容數人。

止水石。在陸豐縣小晴埸南數里。俯臨海，石高而方，面鐫「揚威止水」四字，石陰鐫「鎮海石」三字，左鐫「天南砥柱」，字大如斗，筆勢雄整。

燕子石。在河源縣南三里。挺然高聳，下臨澄江，舊有燕石亭爲餞送之所。

大海。府境東南際海，東接潮州府惠來縣界，歷海豐、歸善二縣之南，西接廣州府新安縣界，凡三百餘里。元和志：南海在歸善縣南一百十里，海豐縣南二十五里。舊唐書地理志：海豐縣南五十里，即漲海，渺漫無際。舊志：大海在海豐縣南八十里，東南接惠來縣界，爲石帆港口，深廣各二十丈，迤西爲甲子所。又西三十里爲碣石衛、寧海澳，外有魚尾澳，洲渚延亘，可以泊舟，中有湖東港，山勢盤曲，可以避風。又西二十里至石橋港，口内通碣石衛，西門外有田尾澳，亦可泊舟。又西四十里爲烏墩港。又西二十里至捷勝所，中有大德港，外有白沙湖、遮港角，亦可泊舟。又三十里至長沙港口，深廣各三十丈。又西爲鮜門港、小漠港，入歸善縣界。又西爲大星澳，又西爲平海所，又西爲陶孃澳，接新安縣界。歸善縣志：縣東南至平海所二百里，抵大洋，南至墩頭一百二十里，抵海港。海豐縣志：縣境三面距海。

龍江。即古浪水支流也。一名循江，又曰東江。自江西贛州府定南廳南流入龍川縣境，合江西水。又西南受雷江水，又西南入河源縣界，會新豐江，經縣東而南，又南經永安縣西百里，歷永安、博羅二縣界，左受神江、義容江、秋鄉江，右受瀧頭、公莊諸水，西南經歸善縣北，受西江水。又西經博羅縣南，又西入廣州府東莞、增城二縣界。水經注：浪水枝津衍注，又經博羅縣，西界龍川，左思所謂「目龍川而帶坰」者也。舊唐書地理志：河源縣循江，一名河源水，自雩都縣界流入龍川。寰宇記：龍川縣有龍川江，舊名浰溪，自安遠縣流至縣界。明統志：東江出贛州安遠縣，南流過龍川、河源至府東，西流過博羅入廣州界，即爲龍川。通志：東江水常清，冬夏不改，會江西安遠水，合浰江水，繞龍川縣前，經河源，又謂之槎江，自北而南，環繞縣治，至郡治東，西流過博羅入廣州界。舊志：龍江有二源，一出江西贛州府安遠縣之三百坑，南經定南縣，流入龍川，一出長寧縣東之尋鄔堡，西南經興寧縣流至龍川之何明潭合流，又西南五十里與西河水合，又西南五十里與浰溪合。又西南繞龍川縣受雷江水，又西南經河源縣之蝴蝶山受藍溪水，又西南至義合驛，新豐水入焉。又南流經永安與博羅縣分界，左受神江、義容、秋鄉三江之水，右受瀧頭、公莊、玳瑁諸水，又西過府城北受金雞瀝水，又西經博羅縣城南受榕溪水，又西受蘇公水，又西受大羅陂水、橫沙水、羅陽水，經增城縣界，抵虎頭門入于海。

西江。在歸善縣。輿地紀勝：發源九龍山，西流二百里抵郡城會龍江。舊志：源出歸善縣東北左坑、銅鼓嶂，經保溪而南，馬頭山水自東注之，折而西流，沙田、大鴨二水自東南注之。又西，白馬水、小金水自東南注之，小瀝水自東北注之。又西，牛牯嶺水自東南至下監注之，九州水自北注之〔四〕，明溪水自南注之。又西，石溪、神溪水自北注之。又西過平山至三角湖，梁化水自北注之。又西受上下淮水。又西北至金斗橋，受百田水〔五〕。又西北過縣城南、府城東，受西湖水。又北入龍江。

新豐江。九域志：河源縣有新豐江。輿地紀勝：在河源縣北，湍磧險峻，通灌田一千一百二十頃，流五百五十里入縣界。舊志：新豐水，源出長寧縣西北，曰小長江，又曰南河。東南下長吉受大田水。又東南受和平之惠化水，入河源縣界，受忠信水。又東受洪溪水，繞河源縣治，東流入于龍江。長寧縣志：南河，一出縣西北荆竹園，一出縣西北雞子社，一出從化縣之禾溪，至縣西合流而東，過縣南，又東合忠信水、立溪水、龍窟水，二百六十里至河源縣界入龍江。河中皆石，水性最急，春夏則漲，秋冬則涸，河狹而曲，僅通小舟。

南琴江。一名龍村水。源出永安縣東南之龍窩，東流經南嶺，曲折四十里，入嘉應州長樂縣界，與北琴江合，謂之琴口。北琴江，一名華陽水，源出雞公嶂。東流達長樂之米潭，又東至琴口，與南琴江合。

秋鄉江。在永安縣南。有二源，一北出寶峝，一南出官山，合流而西，繞縣城折而南流，受牙溪水。又南至馬頭山，受下瀨水、官坑水、黄沙水，折而西南，流至鳳凰岡北，受清溪水。又西南受南山水，又西至歸善縣界入龍江。

義容江。在永安縣西南七十里。有二源，一北出大魯山，一南出蔣峒尾，至烏鵲潭合流，又西南入龍江。

神江。在永安縣西北。有二源，一在林村埔北，東出小黄花西流，一在林村埔南，東出佛子凹西北流，至雞冠嶂下合流而西，受諸坑水，西入龍江。

西河。在和平縣東北八十里，亦名西江。源出江西定南廳曰曲潭，東南流入縣界，受烏虎水，又東南流至龍川縣入龍江。

上下淮水。在歸善縣南。源出梧桐山，東北流至鼓角山西，折而北，至官橋入西江。

上下嵐水。在歸善縣東北。源出梁化山，西北流受諸小水，經上下嵐山北，又西入龍江。其西有橫瀝水，旁有檳榔潭，俱流入龍江。又古仙水，源出孫峝山，北流折而西，入龍江。

羅水。在博羅縣西五十里，一名羅陽水。源出羅山，由丫髻峯劉仙壇下，過釣魚臺，東南流爲碧溪，又東南合蜆岡諸派水，東入龍江。又沙河水，在縣西北神山下，一名橫河，源自廣州府龍門縣三派合流，經蜆岡東，又西南與羅水合入龍江。又有神湖水，源出大屏山，西南流入沙河水。縣西又有大羅陂水，源亦出大屏山，南流入龍江。

浮水。在博羅縣西。元和志：浮水出羅浮山。縣志：有泊頭水、原頭水、里陂水，皆浮山之水，俱注龍江。

瀧頭水。在博羅縣東北。源出東瓜坑，東南流入龍江。少南有南田水，源出長平之南田，亦東南流入龍江。

公莊水。在博羅縣東北。源出龍門縣界，東南流入縣境，又東南經周徑山，兩山相夾，水折而出，是曰公莊水，又東南入龍江。

玳瑁水。在博羅縣東北。源出象頭山，東南流入龍江。又金雞瀝水、蘇公水，源皆出象頭山，俱南流入龍江。

牙溪水。在永安縣南。源出羊角嶂，北流入秋鄉江，曰牙溪口。

黄沙水。在永安縣南。有二源，一東南出燕尾山，一南出烏禽嶂，至磜頭合流，西入秋鄉江。又軍糧水，源出歸善縣陽烏潭，北流入秋鄉江。

清溪水。在永安縣西南。有二源，一西出寶山嶂，曰上下窖水，一東出狗頭山，曰員墩水，合流而南，至鳳凰岡入秋鄉江。

南山水。在永安縣西南。源出犁壁山，北流過南山至上石屯，又西入秋鄉江。

龍津水。在海豐縣東一里。源出銀瓶山，南流至小金籠山下，左合赤岸溪，又西南，右合液水，是爲三江，又西南至大金籠山西入海，曰長沙海口，亦曰麗江埔。宋景炎二年，文天祥走惠州，收兵出海豐，次于麗江口是也。今有御宴潭，相傳端宗賜宴於此。

新滘水。在海豐縣東南。縣志：城東南十里爲和豐滘，二十五里爲新滘，舊時一望沃野，水道不通，蜑民有東西兩溪之分。宋舟師至，始鑿通之。上五里有嶺，今號宋師嶺，閩、廣鹽舶多聚于水口。東通東海滘，西通赤岸溪。

涌口水。在海豐縣東南九十里，一名扁涌湖。源出黄泥坑，南流受蛟溪諸水，又西南流入海。

液水。在海豐縣西。有二派，小液水源出馬鞍山，大液水源出小溪山，至縣西合流，又東南入龍津水。

鳳河水。在海豐縣西一百里，接歸善縣界，亦名鳳湖。北受石溪、鵞埠嶺、赤口港諸水，南流由小漠港入海。

甲子門水。在陸豐縣東南一百里。發源覽表，接大陂溪、龍溪、龍江諸水，由石帆港入海。

忠信水。在連平州東三十里。源出九連山，南流經忠信司前，由夾江抵河源縣界，入新豐江。

内管水。在連平州東四十里。源出江西龍南縣界，南流經内管，出大席水口，至長寧縣界入新豐江。

密溪水。在連平州西南。源出州西楊梅坪，東南流遶州城西，又東南與麻陂水合，又南至長寧縣界入新豐江。麻陂水，在州東，源出州西北韶州府翁源縣界，東南流繞州城東，折而南入密溪水。

銀梅水。在連平州西三十里銀梅鋪。源出楊梅坪，西流經牛嶺村、蓮塘村，入韶州府翁源縣界，即古湞水也。通志謂之龍川水，詳見韶州府。

浰溪水。在和平縣西北，一名和平水。其源有二，一出江西龍南縣之牛岡肖，一出九連山，至縣西北合流，又東南至縣東南十二里，受湯坊水，曰合水口，又東南入龍江。

湯坊水。在和平縣東北二十里。有二源，一出漆木凹，一出大門山，合流經五花峯，又經縣東，又南至合水口入浰溪。

烏虎水。在和平縣東北六十里。通志謂之鎮水，源出紫雲山，東北流經烏虎山下，又東合和平水。

西湖。在府城西，一名豐湖。輿地紀勝：豐湖在博羅郡城西，廣袤千里。治平間，陳偁領州，經畫築堤截水。又有鱷湖，在豐湖之南，闊不盈四五尺，深倍之，相傳中多鱷魚。宋林俛豐湖集序：湖之潤，溉田數百頃，葦藕蒲魚之利歲數萬，民之取于湖者其施已豐，故謂之豐湖。舊志：西湖者，豐、鱷二湖之會也，受三大溪之流，北曰横槎，西曰水簾，西北曰新村，曰天螺，合於西新橋，匯而爲湖，汪洋千頃，其水東流入城，出東水關入西江。

同湖。在歸善縣西六十里。銀瓶、白雲諸山之水匯而爲湖，北入龍江，春夏之間，瀰漫數十里，冬月水落魚聚，鄉人利之。

鰲湖。在龍川縣西北二里。輿地紀勝：鰲湖在循州北，龍潭之水注焉，周數里，俗號鰲塘。縣志：即鰲山水，從白雲巖出，由城濠東達于江，亦謂之雷江。

浸珠湖。在河源縣南五里，四時不竭。

榕溪。在博羅縣西。源出象頭山，二派並流，會于北壇之右，又西南出長壽觀，繞縣西門外，又東南入龍江。

赤岸溪。在海豐縣東十里。有二源，一出激石，一出掘龍徑，西南至清湖合流，又西南至小金籠山下，合龍津水入海，歧流通新滘。

藍溪。在河源縣東一百三十里。源出龍川縣金魚山之陽，瀧瀨最險，西流，南合能溪水，又西入龍江，曰藍口。

東海滘。在陸豐縣東南九十里。源出縣東北羅溪諸山，南流百里，派分爲二，東流出迎仙橋、南沙渡入海，西流出沙塘溪，合赤岸水出大德港入海。

釣潭。輿地紀勝：在歸善縣北，江西有盤石可以垂釣，東坡嘗游之。

陽烏潭。在歸善縣東北磜頭山西，上承永安烏禽嶂水，西南流入西江。

虎跳潭。在長寧縣西七十里，澄波縈迴，其深不測。

龍巖潭。在連平州西三十里。

鐵潭。在和平縣西南三里。源出五花嶂，南流經此，匯爲深潭，東至合水口入浰溪。

麻姑池。在博羅縣羅浮山麻姑峯下。明統志：朱明洞水所自出，一名白蓮池。

温泉。凡十有四。博羅縣温泉一，在白水山下。長寧縣温泉三，一在縣東立溪約，一在縣南諸家鎮，一在縣西梅坑約。永安縣温泉三，一在縣東南中鎮，曰瀧口，一在縣西南下黄沙，曰上下湯，一在縣西南苦竹派，曰湯坑。龍川縣温泉一，在縣西北十里天柱峯之麓，從三穴出，熱不可濯。河源温泉六，一在康禾，一在和溪，一在黄沙，一在立溪，一在黄田，一在熱水。

古蹟

欣樂故城。在歸善縣南。東晉置，屬南海郡。劉宋改屬東官郡，齊因之。梁屬梁化郡，陳末廢。輿地紀勝引祥符圖經云：歸善，晉欣樂縣地，陳禎明三年改爲歸善。又云：欣樂城在歸善縣南一百五十里，江左屬廣州，唐貞觀元年廢。歸善縣志：欣樂縣故基，在縣南一百五里。晉太和元年建，陳禎明二年廢。今猶呼故縣潭。按：欣樂縣自宋、齊二志外，止見於輿地紀勝，隋、唐二書、元和志俱不言及。紀勝云在歸善縣南百五十里，今縣南去海止百二十里，無百五十里之境。所云貞觀元年廢者，唐志惟云貞觀元年省龍川入歸善，亦非欣樂，且陳禎明三年即隋開皇九年，時陳已平，決無改縣之事，而元和志有歸善故城，在縣東北七十里，或疑此即故欣樂，隋改歸善置循州于此，唐初移治之後，遂莫考耳。今以别無可證，姑仍舊志。

歸善故城。在今歸善縣東北。舊志：唐歸善縣治，在今縣東北五里白鶴峯之陽，南漢時遷於今治。

傅羅故城。今博羅縣治。宋書州郡志：南海太守博羅男相，漢舊縣，二漢皆作「傅」，晉太康地志始作「博」。元和志：循州博羅縣，東南至州三十里，本漢舊縣，屬南海郡，隋開皇十年改屬循州。寰宇記：在禎州西北四十五里，東接龍川，西接增城界。

長寧故城。在今長寧縣東北，本河源縣地。明隆慶三年，總督吴桂芳平賊王亞六，奏割河源縣長吉都，韶州英德縣象岡、甘棠二都，翁源縣清貴都，置縣曰長寧。縣志：有故址，在長吉社沐河竹子壩。明隆慶時置縣，知縣仍于沐河治事，六年移治鴻雁洲。萬曆元年，又移治君子峯下，即今治。

海豐故城。在今海豐縣東。元和志：循州海豐縣西北至州五百里，本漢龍川縣地。東晉于此置縣，屬東官郡。隋開皇十年屬循州。寰宇記：在禎州東南四百九十三里。九域志：在惠州東南三百里。縣志：舊有土城，在今縣東一里，元至正二年毁。

龍川故城。在今龍川縣西北。漢書地理志：南海郡領龍川縣。顔師古曰：「裴氏廣州記云：本博羅縣之東鄉，有龍穿地而出，即穴流泉，因以爲號。」隋書地理志：龍川郡河源縣，開皇十一年，省龍川縣入焉。元和志：龍川故城，在河源縣東北，水路百七十五里，秦縣也。南海尉任囂疾，召龍川令趙佗授之以政，即此處。又有雷鄉縣，西南至循州六百里，天授二年，廣東都督陳崇業奏置，南臨大江。寰宇記：舊雷鄉縣，劉龑乾亨元年改曰龍川，仍移循州就縣古趙佗城，西接嶅山，南臨涮水。輿地紀勝引循陽志云：紹興十五年知州韓京遷于城東，即尉佗之故基。又曰：龍川故城，在循州治西三十步。

河源故城。即今河源縣治。元和志：縣西南至循州二百三十里，本漢龍川縣地。齊置河源縣，以縣東北三百里有三河之源故名。九域志：在惠州北一百五十里。縣志：齊據桂山之幹爲城，而枝布爲三，郭環之，元末陷于寇因廢。明洪武二年徙于壽春市，即中下二郭濱江爲城。隆慶五年遭水患，復修古城。萬曆十年始入居焉，即今治也。按：兩城相去不及一里，濱江者爲下城，亦曰舊城，西爲上城，亦曰新城。

懷安廢縣。在歸善縣東南。劉宋置安懷縣，屬東官郡。齊曰懷安，爲東官郡治。隋省。按：隋書地理志無懷安縣，歸善有懷安山。唐書開元十四年，貶劉宗器爲循州安懷戍主，蓋即古縣置戍也。又元和志有梁化故郡，在歸善縣東南八十里。按輿地紀勝，懷安嶺在縣東一百餘里，與元和志所云梁化郡相近，蓋梁時移東官郡于增城，故改懷安置梁化郡，隋平陳，郡縣俱省入歸善也。

西平廢縣。在歸善縣西。劉宋置，屬南海郡。齊因之。梁、陳時廢。按：九域志歸善縣有西平銀場，疑即故縣也。

羅陽廢縣。在博羅縣西南。南齊時分博羅縣地置，屬南海郡。梁、陳間廢。唐初復置，屬循州。貞觀元年省入博羅。舊志：在博羅縣西四十里羅溪之南。

新豐廢縣。在長寧縣東南。南齊置，屬南海郡。隋改曰休吉。大業初省入河源縣。明隆慶三年，分屬長寧。按：今長寧縣有新豐江，猶以故縣爲名。或曰即今縣東之長吉里也。

陸安廢縣。在海豐縣東南。齊置，屬東官郡。梁、陳間廢。唐初復置，屬循州。貞觀元年省入海豐。輿地紀勝：唐陸安縣在海豐縣東七十里。縣志：今爲大安屯，有墟。

石城廢縣。在河源縣北。唐書地理志：循州河源縣，武德五年析置石城縣，貞觀元年省。府志：在河源縣北一百里舊清湖都，地名縣口。

和平廢司。在和平縣東北，本龍川縣地。明初置和平巡司于此。正德十三年，南贛巡撫王守仁平三浰賊，因奏分龍川之和平、仁義、廣三三里，河源之惠化里，改和平巡司置縣，而移巡司于浰頭，今謂之「老巡司」，在縣東北十里。

安民鎮。今永安縣治，本歸善縣地。縣志：惠州有礤頭大山，與烏禽、清溪、白雲等嶂，黄沙、藍溪、金魚、丫髻等山，延亘歸善、海豐、龍川、惠來四縣之境，聯絡險阻。明嘉靖中，上杭盜楊立等巢穴其中，分道出掠。三十四年，府議以歸善、秋鄉、鳳岡、磜頭等處去縣五日程，海豐鵞埠嶺去縣亦二日程，山海之寇出没不常，宜度地創縣控制爲便，議格不行。其後花腰峯、貉獠坪二賊日熾。四十三年，于上鎮烏石築城置館，治以郡判、縣簿。隆慶三年，巡撫熊桴始定議，割歸善之古名、寬得二都，長樂之琴江都，置縣，治秋鄉鐵潭口之安民鎮，東北㕑山，西南面河。

惠化都。今連平州治，本和平縣地。明隆慶以後，渠賊陳闊口、巢五虎等盤踞九連山四十餘年，其後陳萬巢九連肚，尤爲猖獗。官軍討之，累年始平。崇禎六年，割和平縣惠化都、長寧縣長吉都、河源縣忠信圖及韶州府翁源縣銀梅、東桃二鋪置連平縣，治惠化都之周陂，以「九連克平」爲名，尋改爲州，即今治。

錢監。宋史地理志：歸善縣有阜民錢監。府志：在府城内，宋治平四年置。

晉長吉宫。在連平州南長吉里。輿地紀勝：在河源縣北百里，洪聖王舊居。

唐庚故居。在府城南沙子步。明統志：宋政和間，庚謫惠州，築室居此。

留正故居。在府城北三里。明統志：一名丞相宅，宋相留正于此建第，因名。

東坡故居。在歸善縣北白鶴峯。宋蘇軾謫惠州時卜居于此。其遷居詩引云：紹聖元年至惠州，寓合江樓，尋遷于嘉祐寺。二年，復遷合江樓，月餘，復歸嘉祐寺。時方卜築白鶴峯上，新居成，庶幾少安。夷堅志：紹興二年，虔寇謝達陷惠州，民居官舍〔六〕，焚蕩無遺，獨留東坡白鶴峯下故居，致奠而去。

軒轅生故居。在博羅縣羅山白雲洞中。唐軒轅集居此，皮日休、陸龜蒙、李洞皆有詩。

合江樓。在府城外，東西二江合流之處。宋蘇軾嘗寓此，有詩云：「海山葱曨氣佳哉，二江合處朱樓開。」

平湖閣。在歸善縣西。輿地紀勝：在豐湖泗洲寺前，枕湖倚山，最爲勝游之地。明統志：諺云：「鰐湖平，出公卿。」閣名本此。

水心閣。在歸善縣廣福寺前，鼇湖環繞，前湖疊秀，爲登眺勝處。

文惠堂。在府治旁。明統志：宋陳堯佐嘗守郡，故名。

默化堂。在龍川縣治内。府志：宋周彦質守循，爲堂于公署之西。蘇軾題其榜曰「默化」，并爲之記。

蘇陳堂。在龍川縣白雲橋西。府志：舊名台隱堂，宋蘇轍、陳次升謫官時所居。隆興初，循守彭億更名「蘇陳」，像二公而祠之。

野吏亭。在府治東北隅。宋咸平初，州守陳堯佐建，蘇軾有記。後人于此祀堯佐，亦名陳文惠祠。

松風亭。在歸善縣東。輿地紀勝：在彌陀寺後山之巓，始名峻峯，植松二十餘株，清風徐來，因謂之松風亭。蘇軾有記。

孤嶼亭。在歸善縣西。輿地紀勝：豐湖有孤嶼亭，又有鼇峯亭。

平遠臺。在府城西。輿地紀勝：在豐湖西，極高峻，湖山一覽無遺，爲游玩之勝。府志又有超然臺、熙春臺，俱在豐湖中，明季所建。

花首臺。在博羅縣西北羅浮山黄龍洞。唐開元二十六年敕建。又劉鋹大寶二年建天華宫于此，曰西天華，又有宫在幽居洞後，曰南天華。

關隘

鴻珠關。在河源縣南三里。又塔下關，在縣東南二里。佛跡潭關，在縣西南三里。三關延袤五里，爲縣咽喉，皆明置，今廢。

羅峒隘。在博羅縣東北象頭山南，爲陸路要害。又有洪溪嵩隘，在縣東北雞籠山東。

皮村隘。在長寧縣西北。又有臘溪等隘，皆接韶州府英德縣界，舊爲盜藪，有兵戍守。

中鎮隘。在永安縣東。又大徑隘、小徑隘、中溪隘、赤溪障隘、丹竹隘、横排隘、吉嵩隘、公坑隘、晒木石隘、貉老坪隘，皆在縣東南。銀坑徑隘，在縣西南。藍秋徑隘，在縣西北。芙蓉徑隘、沙徑隘、象鼻徑隘、火帶徑隘、滑石徑隘、青草湖隘、鵞鼠羊隘、苦竹徑隘，皆在縣東北。以上諸隘皆明置縣後設，有千長、隘長防守。

八苑峒隘。在海豐縣東北一百十里。又北三十里有五雲峒隘，皆極險要。

鐃鈸山隘。在龍川縣北。又猴嶺隘，在縣西北，接和平縣界。鐵龍隘，在縣東北，接江西安遠縣界。

牛神徑隘。在連平州南十里茶山。又撑腰石隘，在州東石龍，皆明崇禎六年置州時自和平割屬。又東桃徑隘，在州西北五十里，路通江西龍南，相近有梅花、錫場、畫眉，共四隘，皆初屬翁源，後割屬。

古雲隘。在河源縣東古雲山。又南湖陡隘，在縣北三十里。跳王礤隘，在縣東北二十里。

東水隘。在和平縣東南六十里，有墟。又高車水隘，在縣南七里，明正德五年設。又熱水隘，在縣西，爲九連要路。又中村隘，在縣西北一百里九連山北上坪，接龍南縣界。

平虎隘。在和平縣東北六十里，舊曰烏虎鎮。明弘治十五年設。嘉靖三十九年築土城，尋爲賊徐仁器所據。隆慶六年討平之，改名平虎。其西南有飲放徑隘，西北有眼湖徑隘，皆扼岑岡出入之路。又三摺水隘，在縣東北八十里岑岡東。又東有陽坡隘〔七〕，又東北有黎頭鎮隘，皆明嘉靖中置。

平山巡司。在歸善縣東南七十里原平山驛。本朝雍正八年改置。又舊有欣樂巡司，在歸善縣城北下郭，原欣樂驛，本朝雍正八年改置，乾隆三十四年裁。

内外管巡司。在歸善縣東南一百三十里飯羅岡〔八〕。明洪武元年置。本朝康熙間改主簿管理，尋復設巡檢。雍正十一年，移駐梁化墟。

平政巡司。在歸善縣東南一百五十里。原平政驛，本朝雍正八年改置。

平海巡司。在歸善縣東南一百五十里。本朝雍正八年置。

碧甲巡司。在歸善縣南一百里淡水場。明正統八年置。

蘇州巡司。在博羅縣城東龍江東。原蘇州驛，本朝雍正八年改置。

石灣巡司。在博羅縣西一百里石灣村，接廣州府東莞縣界。明洪武四年置。

善政巡司。在博羅縣西北三十里胡鎮村。明洪武四年置。

乍坪巡司。在長寧縣西九曲嶺上。明置。又舊有黄嵩巡司，在縣北二十里，久廢。

馴雉巡司。在永安縣西南七十五里鳳凰岡西。明初置，在歸善縣水東驛側。嘉靖初，移於今縣東烏石屯，立縣後又移此。

寬仁巡司。在永安縣西南一百十里義容江口。明初置，屬歸善縣。嘉靖初移於安全都桃子園，後復還此，有苦竹派市。

鵞埠巡司。在海豐縣西一百里。明嘉靖四十年置，有城。又長沙巡司，在縣西南長安營，明洪武中置，嘉靖中移謝道，今廢。

甲子巡司。在陸豐縣東南一百里甲子所，原係海豐縣東海滘驛。本朝雍正七年改置巡司，九年割屬。

河田巡司。在陸豐縣北河田里。原係海豐縣平安驛，本朝雍正七年改置巡司，九年割屬。

黄沙巡司。在陸豐縣北黄沙村。原係海豐縣南豐驛，本朝雍正七年改置巡司，九年割屬。

老龍巡司。在龍川縣東二十里老龍埠。本朝雍正十一年置。

通衢巡司。在龍川縣東五十里。明洪武九年置，嘉靖四十四年築城，後僉事雍瀾移巡司治縣東老龍埠，隆慶二年復還故治。

十一都巡司。在龍川縣東北一百五十里。明洪武二年置，爲縣境水陸之衝，防守最切。

忠信巡司。在連平州東南六十里，南去河源縣一百里。明洪武四年置，屬河源，後割屬州。

長吉巡司。在連平州南四十里百口塘墟。舊在戈羅山下，明洪武五年置，初屬河源，後屬長寧，今割屬州，移治於此，路通長寧縣，爲往來孔道。

藍口巡司。在河源縣東北八十里。明洪武二年置，其地爲龍川往來孔道。右有石砦，臨河險峻。

汕尾鎮。在海豐縣東南海濱要地。本朝雍正七年設巡檢司，尋廢，乾隆二十一年設縣丞一員駐此。

回龍鎮。在河源縣西北四十里赤溪水口。又平地鎮，在縣北八十里。

浰頭鎮。在和平縣西北八十里，西近横岡營。明正德中，以和平巡司置縣，移司治於此，今裁。又十里有浰頭隘，嘉靖三十四年設，環以垣墻，置兵戍守。

惠州衛。在府治西南，明洪武二十三年建。

碣石衛。在陸豐縣南五十里，東至海岸二里，西至東海滘五里，南至海岸五里。明洪武二十二年置，築城，周一千一百丈有奇，門四，環以濠。明末，海寇蘇成據此。本朝康熙三年始平，設總兵鎮守。城西有石橋鹽場，雍正七年並設海防同知駐此。

平海所。在歸善縣東南二百里平海山下，明洪武二十七年築城，置守禦千户所，屬碣石衛。本朝康熙四年裁，九年復設，四十二年又設遊擊駐此，雍正四年改設參將。東有淡水鹽場。

海豐所。在海豐縣治東。明洪武二十七年建，隸碣石衛。

捷勝所。在海豐縣南少東八十里，南臨大海，西至海岸三里。明洪武二十七年築城，置守禦千户所，屬碣石衛。本朝兼設都司駐防，爲碣石右營。

甲子所。在陸豐縣東南一百里石帆都海口，有大石壁立，上下各有六十甲子字，故名。明洪武二十七年築城，置守禦千户所，防守甲子門澳。本朝順治十七年併入海豐所，雍正十一年析入陸豐縣，旋設游擊駐防，爲碣石左營。

龍川所。在龍川縣治西。明洪武二十年建，隸惠州衛。

河源所。在河源縣治東。明洪武二十八年建，隸惠州衛。

檳榔潭營。在歸善縣東北江濱，西與博羅之莫村相對。明嘉靖末，僉事尤瑛立。又有蜆殼岡營，在縣西北同湖水口，與博羅縣接界，明嘉靖中建。

橘子鋪營。在博羅縣西北。又有南坑營、橘子頭營，皆接廣州府龍門縣界，俱明嘉靖間建。

油坑營。在海豐縣東石塘都。又赤岡營，在縣東，近惠來縣界。南沙營，在縣東南一百里，迤西有大德營、南寵營，在縣南五十里。長沙營，在縣西南八十里。相近有石山營、大磨營。明初皆有官兵戍守。

謝道山營。在海豐縣西南二十里液水西岸。明嘉靖十一年增設，三十八年移長沙營兵於此。

新田營。在海豐縣東北六十里。明萬曆初平賊巢，設參將及捕盜公署，尋移治府城西北，崇禎十五年復設營於此。又有河田營，在縣東北一百里。

內管營。在連平州東北十里。舊稱九連門户，最爲要隘。明崇禎八年置。又野鴨潭營，在州東九連山東。獐坑營，在九連山北。皆險要處。

岑岡營。在和平縣東北六十里，東南至平虎，西抵浰頭、横岡，北通定南之上下歷及安遠之黄鄉堡，爲九連七巢之一。明正德、嘉靖間，賊首李鑑據此。萬曆十四年，鑑孫珍復據作亂，總督吴文華討平之，因置營於岑岡。本朝順治十三年設守備駐防，康熙十三年移置縣城。

富沙寨。在歸善縣東，曠野數十里，南臨江，北阻金斗水。元季，土豪劉守正嘗據此。又船澳寨，在縣東南濁水山，即文天祥駐兵處。周徑寨，在縣西南周徑山。馬公寨，在縣東北䃂頭山。

官塘寨。在永安縣西南清溪社。又䃂潭寨、石湖水寨、樟槎寨、埔尾寨、苦竹坑寨、柏埔寨、留口寨，皆在縣西南。

瞰下寨。在海豐縣南少西五十里，捷勝所西北。明崇禎十年置，有城。本朝以碣石鎮左營守備分守於此，迤西有鮜門港口，在長沙港西，有把總汛守。

東海滘寨。在陸豐縣東南九十里。本朝順治八年設遊擊駐防，康熙三年設總兵鎮守，後移總兵治於碣石，改設副將駐防，復改遊擊。今改設守備，爲碣石鎮左營。

三王寨。在河源縣南四里。元末何真所築。又有古城堡，明嘉靖二十一年設。

樟樹圍。在永安縣東北十六里。又員岡圍、樂平圍、三角圍，皆在縣東北。鴉鵲潭圍，在縣西南。縣志：明末，鄉人各爲寨自守，亦名曰圍。

烏石屯。在永安縣東。明初置，嘉靖初移馴雉巡司治此，四十一年築城置館，立縣後廢。今有復興墟。

田心屯。在龍川縣東南興樂都通衢之西南。明洪武二十三年立，弘治十七年賊刦通衢司，因於此築城。其北有嶺西屯，在縣東一百里。又東北二十里有興隆屯，又東北八十里有上莒屯。

老龍埠。在龍川縣東二十里，爲水陸舟車之會，閩、粤商賈輻輳。明洪武九年建遞運所於此，嘉靖九年裁。

銀場。在歸善縣。宋史地理志：歸善縣有酉平、流坑二銀場。

錫場。宋史地理志：歸善縣有永吉、信上、永安三錫場。海豐縣有雲溪、楊安、勞謝三錫場。河源縣有立溪、和溪、永安三錫場。龍川縣有大有鉛場。歸善縣有三豐鐵場。

平山驛。在歸善縣東南七十里。又平政驛，在縣東南一百五十里，俱明洪武元年置，馬驛也。本朝雍正八年改屬巡司。

欣樂驛。在歸善縣城北一里，水馬驛也。明洪武三年置，在縣北三里下郭，萬曆二十五年改建於此。又水東驛，在縣東北七十里，水驛也。洪武元年設。本朝雍正八年改屬巡司。

蘇州驛。在博羅縣城東南龍江東，水驛。明洪武四年置。又莫村水驛，在縣東北八十里公莊水口，亦洪武中置。本朝雍正八年改屬巡司。

苦竹派驛。在永安縣西南寬仁巡司之側，水驛。明初置，屬歸善，後割屬永安，即以巡司攝之。

南豐驛。在海豐縣治西。又平安驛，在縣西七十里。東海滘驛，在縣東八十里。皆馬驛，俱明洪武四年置。

雷鄉驛。在龍川縣南二里，水馬驛也。明洪武二年置。

寶江驛。在河源縣城南江濱。又義合驛，在縣東北四十里。皆水驛，明洪武時置。又藍口驛，在縣東北藍口鎮，今廢。

南嶺公署。在永安縣東南南嶺。明萬曆二年，參議趙可懷以其地爲永安藩蔽，築城，設撫民通判及守備駐此。

津梁

西新橋。在府城西西湖上。宋紹聖初，僧希固增築湖隄，造飛樓跨之，蘇軾有西新橋詩。

拱北橋。在府城北門外。宋治平間，州守陳偁建，亦名陳公橋。

五眼橋。在府城北門外。本朝乾隆元年修。

東新橋。在府城東北雙江合流處。明統志：初緪竹爲橋，水漲則潰，宋紹聖初，羅浮道士鄧守安以四十舟爲浮橋，隨水漲落，蘇軾嘗捐犀帶助役，復爲詩以紀之。

金斗橋。在歸善縣城東。

寧濟橋〔九〕。在歸善縣北接官亭下。明知府吴至造船九十四隻，連以鐵鎖，民便之。

保寧橋。在博羅縣西長壽觀前，跨榕溪。宋德祐元年建，本朝乾隆十八年修。又迎駿橋，在北門外，本朝雍正六年依橋築隄二百餘丈，賴以完固。

思相橋。在博羅縣北新集都。明統志：宋相留正嘗過此，鄉人思之故名。

蚺蛇橋。在博羅縣東北長平都沙岡，跨蚺蛇塘，長二十丈。又相近渡津橋，本朝乾隆元年建。

龍津橋。在海豐縣東十里。

仙人橋。在海豐縣東南石橋場。兩岸皆水，橋居海中，計三百六十五丈。一名濟人橋。

魁龍橋。在龍川縣東一里。又龍津橋、東寧橋，在縣東五里。西安橋，在縣西二里。北平橋，在縣北二里。勝陽橋，在縣東五十里。本朝康熙十二年建，乾隆十五年修。

桂香橋。在河源縣西南。宋建，以古成之登第故名。

化龍橋。在和平縣南省觀亭前，長五十丈。

南沙渡。在海豐縣東南一百里，路通碣石衛。

老隆渡。在龍川縣東四十里。

合水渡。在和平縣南十五里。

隄堰

蘇公隄。在府城西西湖之左。明統志：宋紹聖三年，蘇軾出所賜金錢築。

蘇村隄。在博羅縣西羅仙都。宋築，以障龍江之衝決，長六百餘丈。

隨龍隄。在博羅縣東北小東門外，東連窰嶺，南接浮碇，長二百五十丈，通行要路。宋淳祐中築，本朝乾隆十年修。

登山隄。在博羅縣仙福都泊頭村，長一百十五丈。後周廣順中築，以遏山溪之漲，歲久壞圮，本朝乾隆年間修復。

柳塘。在龍川縣北三十里，周八十餘畝。宋端平二年，循州守朱挺築，引白雲巖水注之，灌田三百餘畝，四圍栽柳，故名。

陵墓

宋

吳潛墓。在歸善縣北嘉祐寺南嶺。

張宋卿墓。在博羅縣羅浮山白蓮池。

古成之墓。在長寧縣北君子嶂下。

文烈女墓。在河源縣北八十里忠信都三角村。天祥二女定孃、壽孃葬此。

明

何真墓。在歸善縣西南筆架山。

楊起元墓。在歸善縣西西湖官田上。

李顒墓。在博羅縣西五里大潘。

張津墓。在博羅縣西五里龍岡。

祠廟

陳使君祠。在府城内。明統志：宋治平間，陳偁知惠州，時其子了翁亦隨侍，偁有德及民，民生祠之，榜曰「陳使君堂」，中塑二像。

韓侯祠。在府城内元妙觀。明統志：侯諱京，以忠義起上黨，率衆破金人，宋授以高爵，使總兵嶺南，平大盗七十餘屯，行軍有律，郡邑多肖像生祠之。

昭忠祠。在府城城隍廟後山。本朝嘉慶八年建。

景賢祠。在府城西豐湖上，明嘉靖五年建，祀宋周子，後以羅從彦配，改名崇道祠。萬曆四年，以唐張錫、宋唐庚、楊萬里、陳鵬飛、陳次升、吴潛、文天祥、明王守仁合祀，更今名。

表忠祠。有二。一在府城西超然臺下，祀明御史王度，本曰孤忠寺，嘉靖十五年改名，以諒江州判官劉簡配享。一在海豐縣北五坡嶺，祀宋文天祥及僚屬鄒㵯、陳龍復、劉子俊、杜滸、蕭明哲、張唐、林琦、熊桂、吴希奭、陳子全、徐溱、蕭資等共十三人。

蘇文忠公祠。在歸善縣北白鶴峯上，有碑。

孝女祠。在博羅縣西五十里。明統志：梁富民陳志年八十，獨有一女，志卒，女哀毁過甚亦卒，鄉人立女像於龍華寺，南漢封昌福夫人。縣志：明嘉靖間，改爲孝女祠。

豫章祠。在博羅縣西北，祀宋羅從彦。本華光祠址，明嘉靖初提學副使魏校改建。

二賢祠。在龍川縣東五里。宋嘉泰中郡守趙善億建，祀蘇轍、陳次升。

王公祠。在和平縣署後，祀明王守仁。

姚孃廟。在博羅縣東莫村。漢河平時，姚氏女幼嫻禮義，事父母孝順貞淑，爲鄉族所欽，及卒，鄉人於所居立廟祀之。

葛仙廟。在博羅縣西北羅浮山，祀晉葛洪，唐建。本朝嘉慶七年，御書扁額曰「惠民佑順」。

五將廟。在和平縣北十里，祀祁、任、竇、薛、余五姓，失其名，皆元末江西安遠縣義士，以追賊死於大陂壩，明洪武末建廟。

寺觀

永福寺。在府城西西湖上，宋建。

棲禪寺。在歸善縣西三里。宋蘇軾詩：「平湖春草合，步至棲禪寺。」即此。

香積寺。在博羅縣西。蘇軾遊香積寺詩引：寺去縣七里，三山犬牙，夾道皆美田，麥禾甚茂，寺下溪水可作碓磨。

寶積寺。在博羅縣西北羅浮山。明統志：唐中宗時，僧道迪建於卓錫泉旁，名中閣院，宋改今額。

光孝寺。在龍川縣西，即粵王佗故基，宋紹興間建。本朝康熙間修，雍正十年重修，乾隆二十六年又修。

元妙觀。在府城南，宋建，名天慶觀，元改今名。

白鶴觀。在歸善縣北白鶴峯。

沖虚觀。在博羅縣羅浮山朱明洞南。明統志：宋建，有朝斗壇，人於其上嘗獲銅龍六、銅象一。通志：即都虚觀故址，内有葛洪丹竈。

明福觀。在博羅縣羅浮山朱明洞東，南漢建。明統志：即泉源福地，宋賜額。

名宦

隋

樊子蓋。廬江人。高祖時轉循州刺史，許以便宜從事。十八年入朝，奏嶺南地圖，賜良馬雜物，加統四州，令還任所。

柳旦。河東解人。大業初，拜龍川太守。民居山洞，好相攻擊，旦爲開設學校，大易其風，帝聞而善之，下詔褒美。

唐

李翺。隴西人。元和四年，楊於陵節度嶺南，辟爲幕府，後攝循州，文學爲一方矜式。卒，謚曰文。

宋

陳堯佐。閬中人。咸平初，以潮州通判權知惠州，治以誠信，事從省約，吏民化服。

陳偁。沙縣人。治平三年知惠州。時豐湖防廢水涸，而稅尚存，偁始蓄水，置閘建橋，奏免課錢五十餘萬，又教民以牛車轉水入東湖溉田，民咸賴之。

詹範。崇安人。紹聖中知惠州。時兵荒之後，野多暴骨，範爲掩埋作叢塚，蘇軾作詩以紀其政。

陳膏。莆田人。紹興初知惠州。時廣賊曾衮犯惠，膏單車詣其壘，諭降之。

韓京。河南人。紹興中知循州，招集流亡，百廢具舉，守循十年，大有功於民，循人繪像祀之。

高登。漳浦人。紹興中廣漕鄭鬲、趙不棄辟攝歸善令，遂差考試，命題策浙、閩水災所致之由，郡守李仲文馳以達秦檜，檜怒，編管容州。

羅從彦。南劍人。爲博羅縣主簿，聞同郡楊時得程氏學，慨然慕之，遂徒步往學焉。

宋煜。莆田人。淳熙間知循州，境舊多曠土，煜教民墾耕，奏免其租，六年遂成沃壤。陳峒盗發，倉卒徵旁郡兵，惟煜所遣皆精練，卒賴以殄賊。尋改知惠州，執法嚴明，豪猾屏息，又減重額，刷逋户，剗虚籍，以蘇積困，惠人德之。

傅大聲。仙遊人。淳熙中通判循州，適寇起，守稱疾不視事，大聲調發諸軍，奮力鏖戰，賊皆潰去。漕使劾守不職，以大聲攝州事，尋奏爲真。郡中舊有例册錢千緡，悉却之。在循州四年，民樂其政。

鄭勳。仙遊人。端平中知博羅縣。時熊喬部卒焚掠州境，長驅西下，或勸避之，勳曰：「我見賊而去，如民何？」賊至，諭之不從，正色叱之，遂遇害。

宋翊。莆田人。端平中知循州。時寇盗充斥，翊至，集官民兵扼其要衝，增陴浚隍，募兵益戍，緩催科，裁浮羡，通商裕民，流移復業。

藍通判。史失其名。景炎二年倅惠，元兵至，衆皆請降，獨藍率兵民數百拒戰，力竭而死。

明

萬迪。東平州人。洪武初爲惠州知府，以興學建城功，行省參政周正奏請旌賚。

何真。東莞人。元末，惠州王仲剛與叛將黄常起兵據惠，真擊走常，殺仲剛，遂有循、惠二州。洪武初詔授惠州路同知。

陳敬。祥符人。洪武中知龍川縣，時盜起爲患，都司官欲統兵來勦，敬密遣人誘其首擒之，不遺一矢，民賴以安。

鄧文張。寧都人。洪武中知河源縣，縣經兵荒，民多流徙，虚税幾及六千石，悉奏免之。

鄭述。莆田人。宣德中爲府通判，民居率茅茨竹椽，易致火患，述教民陶瓦構木，環之以堵，火患遂息。正統七年按察使郭智等薦其行謹才優，擢南雄知府。

邵銅。閩縣人。天順時，以御史劾曹吉祥、石亨下獄，謫博羅知縣。莅政嚴明，能釐宿弊，嘗督造册籍，括爲易見圖，至今式之。

方良節。莆田人。正德初知惠州府。有中官奉使索賄，所至奉命惟謹，良節獨不爲動。惠諸邑十年再役，獨歸善三役，力請減之。又築三隄以捍西湖水，闢西關引湖環而東注。尋擢廣東副使。

張祐。廣州人。正德中守備惠、潮。盜魁劉文安、李通寶嘯聚爲患，祐直擣其穴，以次削平。

劉琰〔一〇〕。宣城人。嘉靖初知和平縣。時邑新造，琰至，創公署，建月城，招民以實閭井。修立學社，擇民子弟教之。平定羣盜，邑賴以安。

李信。興化人。崇禎末，知和平縣。大兵入粤，城破，偕其二子泓遠、淑遠闔門死焉。

本朝

陳應相。宛平貢生。順治十一年，知惠州府。秉性剛方，善於撫綏，民受無事之福。卒祀名宦。

武藎。來安人。順治十五年，爲歸善知縣。時苦邊寇，多逃亡，孤丁應徭，不堪重困，藎特寬宥之。東平鹽埠爲通邑盜患，力請禁革。勘遷海界，萬軍雲集，獨能多方安置，不致顛連。尋以勞瘁卒官，民咸感泣。

沈時。鳳陽人。順治四年，爲永安知縣。流寇攻城，時親冒矢石，出奇制勝，築子城，造雲車，防禦周密，閱三月而援兵至，城得保全。

尹惟日。茶陵州人。順治十七年知和平縣，時九連寇猖獗，四省會勦未克，惟日單騎招撫，感動投誠。復條陳固守機宜，設兵駐防岑岡，民得安業。未幾卒於官，陪祀王守仁祠。

潘好讓。濟寧人。康熙進士，二十六年任龍川縣。修邑乘，興義塾，邑多服毒誣命居奇，好讓立重禁，嚴反坐。在任四年，以病休，卒祀名宦。

人物

宋

古成之。字亞奭，河源人。端拱初進士。淳化間，李順亂蜀，張詠辟知魏城縣，亂俗一變。咸平五年，蜀又警，詠再辟令綿竹。初，道由潭州，遇異人韓泳邀以仙術，答曰：「親老禄仕，長生非所願。」及登第，泳復勸之不爲動，至是嘆曰：「親没何以仕爲！」慨然賦思羅浮詩。未幾卒於官。四世孫革，紹聖初進士，教授瓊州，招諭蠻洞叛黎，擢守潮州，有惠政。

翟逢亨。歸善人。博學，事母至孝，居白鶴峯東。蘇軾謫惠時，嘗與往還。

易青。歸善人。爲都督行府摧鋒軍。紹興六年，經略使連南夫與統制韓京督兵討曾衮，京遣青夜劫衮營，爲所執，賊驅至後軍趙續砦外，聲言大軍俱已就擒，青呼曰：「勿聽，所擒者我耳。」賊又言：「吾不殺汝，第令經略來招撫。」青又呼曰：「任賊殺我，我以一死報國。」賊焚之，青駡不絶口。事聞，贈保義郎、閤門祇候。

張宋卿。字恭甫，博羅人。紹興間擢進士第，除秘書省正字，遷校書郎。正色立朝，不通權貴，胡銓、張浚薦之。終知肇慶府。

潘預。字晉卿，博羅人。善易，嘗著易範八篇。三山林東少許可，抵羅浮，聞預論易，遂爲之屈。乾道中，以特科授宜州司法參軍。

明

王度。字子仲，歸善人。洪武末舉明經，授御史。靖難兵起，方孝孺與約死社稷。及成祖嗣位，謫戍賀州，抗詞不遜，遂被殺。

劉簡。字以忠，歸善人。永樂中由鄉舉爲交趾諒江州判官。洪熙元年黎利叛，攻劫郡邑，所在皆奔降，獨簡城守數月，援兵不至，城遂陷，被執不屈而死，其弟及妻子七人皆赴井而死。

王佐。海豐人。永樂中舉於鄉，擢吏科給事中。器宇凝重，奏對詳雅，爲宣宗所知，超拜户部右侍郎。正統七年進尚書，調劑國用，節縮有方。後死土木之難，贈少保，謚忠簡。

李顒〔一二〕。字思誠，博羅人。正統進士，由户部主事歷山東右布政，以治平卓異聞。成化中，召爲工部右侍郎，治河蘆溝天津，築隄錢塘，皆有功績。

姚祥。字應龍，歸善人。成化進士，由縣令擢御史，有政聲。正德初遷雲南按察副使，以忤劉瑾謫戍鐵嶺。瑾誅，復官，卒於道。

張津。字廣漢，博羅人。成化進士，由大城知縣擢御史，數有論諫。出爲泉州知府，以忤劉瑾削職，瑾敗復官。累擢右副都御史，巡撫江南。時有詔蠲逋租數十萬，工部以歲辦物料非所宜蠲，征之如初。津執奏，謂朝廷不宜失大信於天下。又疏言織造内臣二人歲計供應不貲，宜令守備臣兼理，取回新差内官，以甦民力。又以國本未定，請擇宗室之賢者育之宫中。不報，尋卒於任，贈南京户部尚書。

何宇新。字子完，博羅人。幼孤，事母至孝，母亡廬墓，其師陳獻章貽以詩曰：「遶舍烏成陣，終年虎卧門。山梅初並蒂，冬竹又生孫。」蓋紀其實也。弘治中舉鄉試，官至宗人府經歷。

葉夢熊。字男兆，歸善人。嘉靖進士，由縣令屢擢御史。以諫受把漢那吉降，貶郃陽丞，屢遷山東右布政。萬曆十七年擢右僉都御史，巡撫陝西，進右副都御史，移甘肅。夢熊有膽決，敢任事。會哱拜反，上疏自請討賊，尋代爲總督，寧夏平。以功進右都御史，加太子太保、兵部尚書。

陳吾德。字懋修，歸善人。嘉靖進士，隆慶中歷給事中，以歲首日月並食，請帝屏一切玩好，應天以實。詔遣中官督織造，偕同官嚴用和切諫，已復偕給事李已諫市珍寶，被斥爲民。神宗立，起官，數有論諫，以忤張居正出爲饒州知府，後終湖廣僉事。

陳大禮。永安人。爲藩司掾。嘉靖末賊起，告歸築壘積粟，訓練什伍，扞保鄉里。備兵使者檄率鄉兵同千户討曾廷鳳，戰於黄沙。官兵却，大禮奮駡曰：「公等糜廪食，欺朝廷，我敢惜死以辱國耶！」力戰死之。督府賜金祭葬，爲立祠。

徐春芳。和平人。嘉靖末痛祖父爲賊所殺，會縣兵擊賊，謂友人曰：「吾行矣。」友以其未有子止之，不聽，赴敵死焉。訃至，妻曾氏自收簪珥遺姑，抱女痛哭而絶。

葉春及。字化甫，歸善人。隆慶初，由鄉舉授教諭，上書陳時政三萬餘言，都人傳誦。遷惠安令，民感其德政。尋引歸，以太常卿艾穆薦，起鄖陽同知，入爲户部郎中，卒。春及剛方廉介，位雖不達，時論重之。

黄讓。永安人。其兄爲賊所掠，罄囊贖之，賊又掘其父母塚，責贖以金，讓以身質賊壘，易親骨歸。旋脱身，復率其二子啓魯、啓愚將鄉兵殺賊。隆慶五年，擒賊蘇允山，啓愚死焉。又明年從監軍道爲先鋒擊賊，賊據險堅壁，讓深入賊巢誘之，官兵乘間而進，啓魯以父陷賊，大呼先登，奪讓歸而身被創死。萬曆中，旌其門曰「一門三孝」。

楊起元。字貞復，歸善人。萬曆進士，改庶吉士，授編修，奉命册封崇藩，取道盱江就羅汝芳論學，證悟有得曰：「吾乃今如客得歸矣。」因繪汝芳像懸之，出入必告，清修姱節，雅爲士大夫所重。官至吏部左侍郎，卒謚文懿。

張萱。字孟奇，博羅人。萬曆中舉於鄉，官至平越知府。好學博識，經史百氏，靡不淹通，其平生著述甚富，爲時所重。

本朝

龔克孝。歸善人。少孤，哀毁如成人，事所後父母如所生，撫兄姊之孤不異己子。順治戊子、己丑荐飢，減己飧以食甥姪。從兄克修赴都道卒，克孝匍匐數千里，迎其喪以歸。常以惠民凋瘵陳之當道，夫役得減其半，人德之。卒祀鄉賢。

黄易。字子參，海豐人。順治進士，知歸化縣。康熙十三年，三山變起，易修隍栅爲守禦計，既而不支，遂微服間道乞援於贛，已復走粤，竟以勞卒。事聞，贈按察司僉事。

李逢祥。字瑞其，龍川人。順治甲午領鄉薦，性至孝，慷慨仗義。當賊孽肆虐，籌機應變，多出事先。康熙甲寅潮郡大亂，逢祥以鎮静處之，安堵如故。水寨爲邑門户，白頭賊脅衆數萬，逢祥推誠招撫，守禦並嚴，遠近賴之。

鄺奕垣。河源人。順治進士，知聞喜縣。善奬育人材。以憂歸，廬於門左，終喪不入内寢。補碭石知縣，治如聞喜，清操朗識，上官韙之。

黎允吉。河源人。遇事有膽略。國初，王師至，擒獲土賊，誣其邑到吉𡻕民爲同黨，帥將發兵屠𡻕，允吉與其弟造帥營力白之，帥鑒其誠乃止，全活者數百家。捐金掩骼，煮粥賑飢，周宗族之貧者。卒祀鄉賢。

嚴淑虞。永安人。康熙六十年以孝子旌。又同邑孝子甘怡、何以平，並雍正五年旌。

湛上錫。河源副榜。性至孝，父歿，哀毁三年不見齒。任順德訓導，捐俸修學宫，勤講課，並有功績。順德人士爲建湛公書院。卒祀名宦。

李常茂。博羅人。提標外委，補把總，征苗有功。乾隆元年六月陣亡，入祀昭忠祠。

羅定貴。歸善人。南雄把總。嘉慶三年隨征川匪陣亡，入祀昭忠祠。

劉光時。博羅諸生。嘉慶七年，賊匪陳爛屐四恣擾，光時團練鄉勇爲固守計，賊攻之急，光時出戰死。同邑諸生朱錫光，亦爲賊所脅，不屈死。俱入祀節義祠。

流寓

隋

柳述。河東解人。以尚主拜開府儀同三司，襲爵建安郡公，攝兵部尚書。煬帝嗣位，坐除名，與公主離絶，徙於龍川。

宋

蘇軾。眉山人。紹聖初，貶寧遠軍節度副使，惠州安置。居三年，泊然無所蔕芥，人無賢愚，皆得其歡心。

蘇轍。軾弟。紹聖初落職，謫雷州安置，移循州。

唐庚。丹稜人。以張商英薦，提舉常平。商英罷相，庚坐貶，安置惠州。

陳次升。仙遊人。徽宗時爲侍御史，極論章惇、蔡卞、曾布、蔡京之惡，崇寧初除名，編管循州，政和中始復舊職。

陳鵬飛。永嘉人。紹興中官侍講，以言事忤旨，謫惠州。所居面湖，吟詠自適，有羅浮集十卷。

留正。永春人。少游惠州歸善，處士徐敦實以女妻之，因家焉。後舉紹興進士，拜左丞相，封魏國公。

吴潛。寧國人。理宗時爲左丞相，元兵渡江，極論奸臣誤國，落職，謫循州安置。賈似道使武臣劉宗申守循以毒潛。潛豫知死日，語人曰：「吾將逝矣，夜必雷風大作。」已而果然，時景定三年也。循人聞之，咨嗟悲痛。

列女

明

郭觀妻侯氏。歸善人。正統間，觀任廣西平南訓導，猺賊刼縣，氏與子紹輝俱被掠，賊方飯，以飯授氏，氏擲於地，賊怒，以矛鏦紹輝死焉，氏大呼曰：「何不殺我，使母子骨肉一處。」遂遇害。事聞旌表。

姚氏女。博羅人。世居公莊冚。弘治中，寇掠其鄉，女走山谷間，寇追至，欲犯之，女厲聲罵賊，投崖死。

黄佩妻謝氏。和平人。正德中賊張文昌之亂，謝年十九，抱女奔竄，賊逼污不從，先殺其女，謝大罵，賊殺之。時同邑徐昇女年十六，亦被執，罵賊遇害。

周德高妻李氏。博羅人。嘉靖間，河源賊李亞元流劫，被擄至元岡，欲污之，李紿以汲水，赴井死。

譚氏三女。博羅人，諸生光旦女。嘉靖中，賊破沙上村，光旦挈家樓居，賊攻樓急，女度不免，相率墜樓死。

黄氏女。永安人。隆慶初，賊破貴峯寨，女時年十六，與父君庸皆被執，紿賊曰：「若釋父歸，當相從。」賊喜從之，女睨旁有刀，遂自刎而死。

周氏二女。龍川屯軍周應良女。隆慶中賊鄒嘉儒破屯，長女年十八，厲聲罵賊，賊刃之，次女年十六，逃鄰家，縊於僻室，時稱雙烈。

朱自省妻方氏。歸善人。年十六，被賊擄負之以去，方噬賊背，齒肉俱脱，賊怒臠斬之。

郭于襄聘妻嚴氏。字鳳姑，歸善人。初許字郭，後其父以郭家貧，欲别字富室，女泣諫不從，將受聘，潛出投江死。

徐亞孫。海豐人，徐子明女。年二十三，未嫁爲海寇所掠，不從，賊支解之。

鄭世逢妻盧氏。海豐人。爲流賊所掠，義不受辱，絶粒數日，嘔血而死。

陳某妻吴氏。海豐人。夫早夭，舅姑欲令再嫁，吴堅執不從，遂自縊。

李棠妻卓氏。海豐人。海寇薄甲子城，棠被執，百計贖之不得，卓乃自往賊營易棠歸，乘間投水死。

鄒士第妻黄氏。龍川人。崗寇焚劫其家，氏踰垣走，賊追之，遽投井，賊復曳出，大駡不屈死。又同邑傅天祐妻陳氏，夫亡二日，自經以殉。

羅辛叔妻張氏。連平人。爲賊陳萬所擄，欲污之不從，先斷其髮，次斬其手指，堅拒駡賊而死。

葉彦榮女。河源人。年十七爲賊所擄，行至磨刀石險甚，行者皆下馬，女顧曰：「此吾死所矣。」投身崖下，越旬日得其尸，面如生，時人因名其石爲「烈女石」。

本朝

陳貞女。歸善人。名年姐，許字李花結。順治二年，賊陷城，懼爲所污，密紉衣裾自縊死。

張燾妻韓氏。博羅人。順治三年，遭賊亂，韓先匿複壁中，聞欲殺其母，驚呼出救，觸刃死。兵釋其母而去。同邑黄良豫妻張氏，被掠不屈死。韓如琬妻劉氏，扶姑藏匿鄰舍，賊搜獲之，欲殺其姑，劉奪刃被害，其姑得免。張天定妻謝氏，年二十三而寡，賊執其舅張鯨，謝力救死之。

徐基妻吴氏。海豐人。順治初爲兵所掠，不屈被害。

林象鎔妻陳氏。海豐人。順治三年，爲隊兵所掠，抗節自盡。總督佟養甲廉得其實，戮隊卒，給扁旌之。

黄鼎甲妻藍氏。龍川人。流賊陷城，藍負其幼子滿、幼女淑英赴深淵死。

王某妻吴氏。連平人，名美孃。順治初，爲賊所掠，不屈遇害。

陳慶公妻林氏。河源人。夫亡守節。順治十年旌。同邑李琮妻江氏，十七年旌。

王應會妻陳氏（一二）。歸善人。爲盜所掠，經赤沙渡，投水死。

鍾氏。永安人。失其夫名，遇賊不屈被害。康熙六十一年旌。同邑謝永昇聘妻葉氏，未嫁，夫亡殉節。

黄子奇妻曾氏。海豐人。康熙十四年，海賊滋擾，曾年二十餘被擄，露刃脅之，不屈被害。

黎允吉繼妻尹氏。河源人。夫亡守節。康熙二十五年旌。

徐章鈖妻姚氏。歸善人。夫亡守節。雍正四年旌。同邑黎元巽妻汪氏、葉自生妻張氏、李滋妻姚氏，均雍正年間旌。

余濂友聘妻毛氏。博羅人。未嫁，夫亡守節。雍正四年旌。

謝錫川聘妻張氏。海豐人。未嫁，夫殁，詣夫家泣拜舅姑，請爲立後，求葬地既得，曰：「事畢矣。」遂自經。雍正五年旌。同邑節婦鄭廣禮妻陳氏、潘乃垣妻吴氏、戴廷佐妻梁氏、張惟清妻陳氏、戴學敏妻吴氏，烈婦黄允欽妻陳氏，均雍正年間旌。

黄繼茂妻郭氏。陸豐人。夫亡守節。同邑黄寅日妻蔡氏，均雍正年間旌。

崔星述妻鄭氏。龍川人。夫亡守節。同邑羅廷槐妻張氏，均雍正年間旌。

何多藝妻羅氏。連平人。夫亡守節。雍正七年旌。

劉際英妻鄺氏。河源人。夫亡守節。雍正四年旌。同邑黎玉成妻鄺氏、黎民化妻李氏、黎煥成妻譚氏、張耀奎妻鄺氏、張耀璧妻蘇氏，均雍正年間旌。

謝景妻郭氏。歸善人。夫亡守節。乾隆二年旌。同邑黄殿賓妻周氏、姚啓濬妻張氏、葉煥廷妻劉氏、陳振先妻鄧氏、陳紹元妻彭氏、曾世寬妻邱氏、曾振子妻王氏、許旦妻劉氏、陳毓曦妻温氏、吴榕妻任氏、葉嶢妻任氏、江澄寬妻張氏、黄淇妻張氏、張其仁妻黄氏、黄維錀妻馮氏、黄弼臣妻林氏、黄藺儒妻古氏、賴晃妻陳氏、馮侯周妻鍾氏、劉元貞妻何氏、廖創後妻劉氏、吴泰俊妻劉氏、林薌妻陳氏、蔡奇偉妻李氏，烈婦胡文熾妻何氏、宋木生妻盧氏、蔡靈達妻黄氏、藍俊華妻邱氏、郭瑞珧妻徐氏、黄亞築妻鄭氏、黄土生妻彭氏，貞女許氏、陳望聘妻麥氏、葉祖麟聘妻胡氏、李亞長聘妻鄧氏，烈女李氏、温德超聘妻張氏，均乾隆年間旌。

薛泰來妻林氏。歸善人。年二十一，舉子八月而薛亡，林絶粒七日，母以事姑撫嗣大義止之，奉舅姑得歡心，子孫皆舉賢書。同邑徐宣泰妻胡氏，夫死欲殉，以姑欲同死而止，以節孝聞。

曾綽妻張氏。博羅人。夫亡守節。乾隆四年旌。同邑張士煌妻韓氏、傅嚴倫妻陳氏、曾秀穎妻朱氏、黎廷傑妻朱氏、賴賡颺妻劉氏、高羽南妻張氏、盧秉仁妻張氏、李毓珩妻何氏，妾曾氏，盧延禎妻阮氏、韓天衢妻林氏、張量妻曾氏、黄元啓妻韓氏、何稔妻殷氏，烈婦曾埈妻張氏、朱騰驥妻鄧氏、馮汝梅妻曾氏，均乾隆年間旌。

李鳳翔妻陳氏。長寧人。夫亡守節。乾隆三年旌。同邑陳應運妻潘氏、陳瑄妻潘氏、陳瀼妻羅氏、陳開平妻俞氏，貞女趙與賢聘妻盧氏，烈女賴必鎮女亞足，均乾隆年間旌。

蕭均妻廖氏。永安人。夫亡守節。乾隆三年旌。同邑賴文鴻妻張氏、劉清資妻鍾氏、鍾瑗妻鄭氏、黄咸觀妻温氏、廖文升妻杜氏，烈婦羅錦才妻翟氏、蘇日焕妻鄧氏、黄起龍妻温氏、黄即榮妻張氏，均乾隆年間旌。

吴珍寶妻鄭氏。海豐人。夫亡守節。乾隆二年旌。同邑葉兆豐妻蔡氏、彭夢蓮妻黄氏、吴子齊妻徐氏、葉祖麟妻胡氏、許良惇妻沈氏、陳演惟妻徐氏、黄延齡妻林氏、周會泰妾陳氏，烈婦彭望倫妻張氏、林景謨妻孫氏、莊寶雅妻曾氏，均乾隆年間旌。

鄭瑞妻林氏。陸豐人。夫亡守節。乾隆元年旌。同邑黄鍾妻陳氏、沈元香妻吴氏、沈龍文妻林氏、温泰生妻吴氏、彭利川妻劉氏、林圻蘭妻鄭氏、陳殿公妻吴氏，妾黄氏，林雁中妻陳氏、林達賓妻佘氏、李茂殿妻吴氏、黄泓妻高氏、謝有敬妻蔡氏，烈婦謝承坤妻陳氏，均乾隆年間旌。

劉必連妻黄氏。龍川人。夫亡守節。乾隆四年旌。同邑劉澧妻樂氏、羅開養妻邱氏、謝朝紀妻袁氏、鄒如檀妻謝氏、王鎮妻黄氏，烈婦鍾朝裕妻黄氏、楊開生妻袁氏、陳亞庚妻黄氏，均乾隆年間旌。

何多才妾李氏。連平人。夫亡守節。乾隆九年旌。同邑何世芳妻陳氏、吴正斯妻石氏、顔開第妻何氏、陳瑩石妻謝氏，烈婦葉毓溪妻藍氏、謝瑩妻賴氏、薛必貴妻淩氏，均乾隆年間旌。

諸會雲妻葉氏。河源人。夫亡守節。乾隆三年旌。同邑鄺開治妻譚氏、張司齡妻劉氏、曾兆燕妻江氏，烈婦黄德章妻翟氏，貞女鄺紹仲聘妻岑氏，均乾隆年間旌。

徐鳴唐妻黄氏。和平人。夫亡守節。乾隆二年旌。同邑毛南鳳妻張氏、葉拔茂妻廖氏、葉一秀妻廖氏、張舒羽妻葉氏、黄賓度妻葉氏、梁家鏻妻黄氏、羅文定妻陳氏、王遇妻黄氏、曹日威妻王氏，烈婦陳再玕妻葉氏、朱保受妻鍾氏，均乾隆年間旌。

黄錫璜妻鍾氏。歸善人。夫亡守節。嘉慶二年旌。同邑陳國璿妻任氏、葉錫榮妻邱氏、方奕萬繼妻梁氏、裘文輝妻陳氏、王秀旦妻江氏、周傑長妻張氏、李鴻材妻陳氏、饒明德妻陳氏、林桂成妻朱氏、周毓長妻劉氏、李必華妻張氏、戴奕全妻王氏、戴玉熙妻林氏、曾錫齡妻林氏、江澄廣妻葉氏，烈婦李氏、李瑜芳妻毛氏、謝晉妻莫氏，貞女吴鳳光聘妻宋氏，烈女傅長妹，均嘉慶年間旌。

張華煜妻曾氏。博羅人。夫亡守節。嘉慶十一年旌。同邑韓津繼妻佘氏、韓郁章妻馮氏、黄耀宗妻曾氏、張焜妻車氏、王良桂妻張氏、鄧漢勳妻温氏、劉德高妻孫氏、劉際道繼妻李氏、陳禮才妻黄氏、袁捷逵妻駱氏，貞女龔寶瑞聘妻駱氏、陳振淙聘妻朱氏，均嘉慶年間旌。

鍾嘉祥妻鄧氏。永安人。夫亡守節。嘉慶十二年旌。同邑貞女黎民桂聘妻張氏，二十五年旌。

陳昭絢妻葉氏。海豐人。夫亡守節。嘉慶三年旌。同邑唐元畛妻林氏、鍾拔才妻蕭氏、戴德琳妻曾氏、李秉俊妻何氏，烈婦曹日通妻佘氏，均嘉慶年間旌。

蔣兆玉妻林氏。陸豐人。夫亡守節。嘉慶五年旌。同邑黃應珍妻馬氏、温泉妻陳氏、劉爵養妻林氏、林大受妻楊氏、劉錫淡妻范氏，均嘉慶年間旌。

黃映奎妻楊氏。龍川人。夫亡守節。嘉慶二十四年旌。同邑鄭拔千妻曾氏、陳居信妻廖氏、官棟材妻李氏、鄧華彩妻梁氏、方祥文妻羅氏、黃東明妻袁氏、駱義釗妻鄔氏，烈婦王西元妻黃氏，均嘉慶年間旌。

謝泮妻沈氏。連平人。夫亡殉節。嘉慶十年旌。同州節婦賴韜略妻葉氏、熊焕揚妻葉氏，烈婦謝南英妻張氏，均嘉慶年間旌。

仙釋

晉

葛洪。句容人。咸和初爲散騎常侍，領大著作，固辭不就。聞交趾出丹砂，求爲勾漏令。攜子姪過廣州，刺史鄧嶽留之不聽，乃止羅浮山煉丹，自號抱朴子。丹成尸解。妻鮑氏，南海太守靚之女，行灸廣州。至唐時有崔煒者，遇一嫗曰：「吾善灸贅疣，有艾少許奉子。」煒怪而受之，後乃知爲鮑氏也。

單道開。敦煌人。升平初至南海，入羅浮山，年百餘歲卒。敕弟子以尸置石室，後南海太守袁宏登羅浮山，至石室口見道開形骸如生，曰：「法師業行殊羣，正當如蟬蜕耳。」乃爲之贊云。

黃野人。葛洪弟子。洪仙去，留丹於羅浮柱石間。野人得一粒服之，遂爲地行仙。人或遇之，身無衣而紺毛覆體，再拜問道，了不相顧，但長嘯數聲，響振林木。

隋

僧燦。蘄水人。常往來司空山，久無識之者。開皇十二年，遇沙彌道信頂禮曰：「願求解脱。」燦曰：「誰縛汝？」曰：「無人。」燦曰：「何更求解脱？」道信大悟。燦優游羅浮諸山，後歸蘄之青獅山，合掌而逝。唐代宗賜謚鏡智禪師。

宋

陳楠。博羅人。能捻土療人病，人呼爲陳泥丸。後歸羅浮，弟子鞠九思、沙蟄虚、白玉蟾，尤知名。

藍喬。龍川人。舉進士不第，乃隱於霍山。嘗吹鐵笛賦詩，一日飛昇而去，後有人見之洛陽。

元

譚公道者。歸善人。居九龍山，不記歲月，每出一虎隨之，或負菜，與俱往返，後不知所在，有祈雨暘者輒應。山故有庵，今廢。

土産

銀。錫。九域志：歸善有銀場，又歸善、河源、海豐皆有錫場。

絹。九域志：循州貢。

布。唐書地理志：循州貢。

鹽。九域志：歸善、海豐皆有鹽場。

甲香。元和志：循州貢大小甲香。

藤器。元和志：循州貢藤箱。宋史地理志：循州貢藤盤，惠州貢藤箱。

柑。元和志：循州貢羅浮柑子。續南越志：羅浮山有唐時御園柑。明皇幸蜀，德宗幸梁時，皆不實。僖宗幸蜀，花落樹枯。

盧橘。楊梅。明統志：俱羅浮山產。蘇軾詩：「羅浮山下四時春，盧橘楊梅次第新。」

龍菜竹。明統志：羅浮山有巨竹十圍，節長二尺。

碧雞。鸓鵡。寰宇記：羽則五距碧雞，越鳥鸓鵡。

五色雀。明統志：出羅浮山，有貴人至則先翔集。

鮫革。唐書地理志：循州貢。

水馬。元和志：循州貢。

大魚睛。元和志：循州貢。寰宇記：南海中多鯨鯢，又有鯌魚、鋸魚、鰻魚、黄雀魚、笄魚等。

蚺蛇膽。唐書地理志：循州貢。

珠母。寰宇記：惠州產。

江瑶柱。一名馬頰。明統志：出歸善。

校勘記

〔一〕東接梅潮　「潮」，原作「湖」，乾隆志卷三四三惠州府形勢（下同卷簡稱乾隆志）同，據明一統志卷八〇惠州府形勝引循陽志改。按，梅指梅州，潮乃潮州，「湖」則無所指，當爲「潮」字形誤。

〔二〕在龍川縣東七十里　「十」，原作「千」，據乾隆志改。

〔三〕在連平州東北十里　「十」，原作「千」，據乾隆志改。

〔四〕九州水自北注之　「九州水」，乾隆志作「九洲水」。

〔五〕受百田水　「百田水」，乾隆志作「北田水」。按，下文博羅縣有南田水之名，則「北田水」較合當地稱名之俗，疑「百」字誤。

〔六〕民居官舍　「民居」，原倒作「居民」，乾隆志亦誤，據夷堅甲志卷一〇盜敬東坡條乙。

〔七〕又東有陽坡隘　「陽坡」，乾隆志作「陽陂」。

〔八〕在歸善縣東南一百三十里飯羅岡　「飯」，原作「館」，據乾隆志及讀史方輿紀要卷一〇三廣東四、雍正廣東通志卷一七公署志改。

〔九〕寧濟橋　「寧」，原作「安」，據乾隆志及雍正廣東通志卷一五水利志改。按，本志避清宣宗諱改字。下文保寧橋、東寧橋，「寧」原亦避諱作「安」，並同據改回。

〔一〇〕劉琰　「琰」，原作「炎」，據乾隆志及雍正廣東通志卷四〇名宦志改。按，本志避清仁宗諱改字。

〔一一〕李顒　「顒」，原作「容」，據乾隆志及雍正廣東通志卷四六人物志改。按，本志避清仁宗諱改字。

〔一二〕王應會妻陳氏　「會」，原作「曾」，據乾隆志及雍正歸善縣志卷一八列女改。

潮州府圖

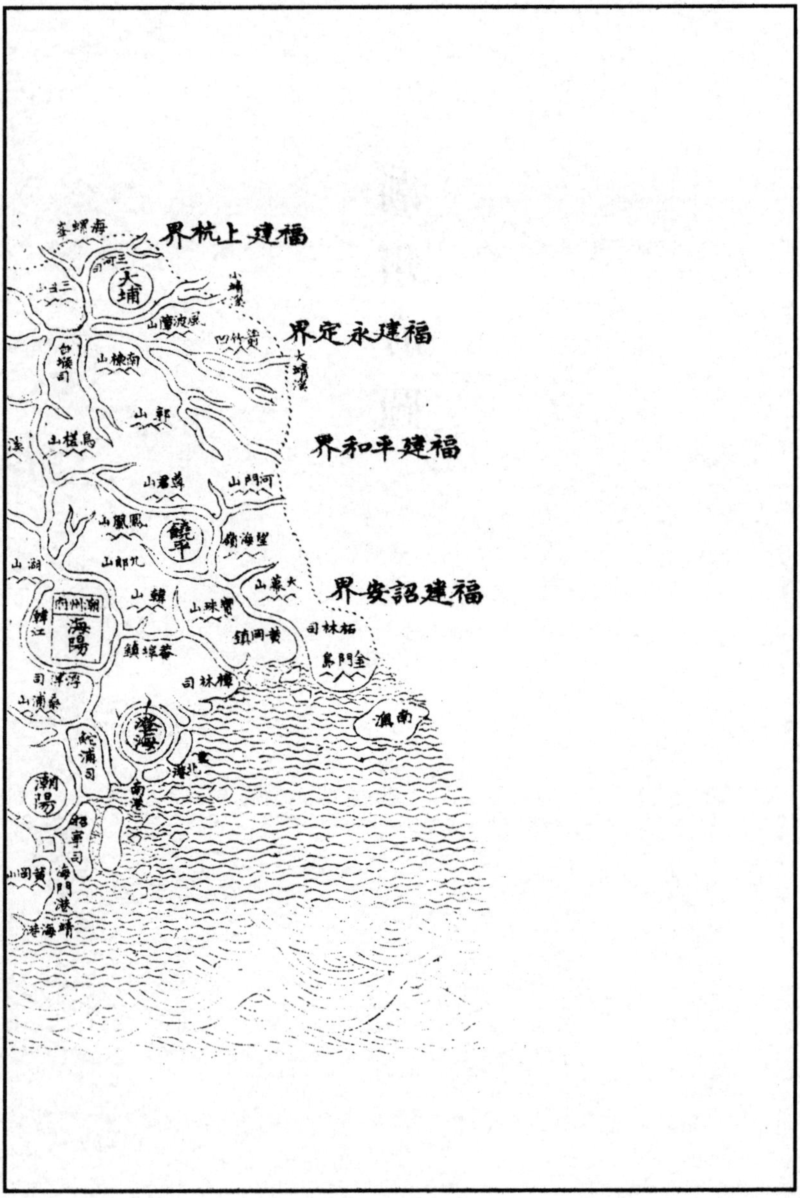
福建上杭界
福建永定界
福建平和界
福建詔安界
大埔
饒平
潮州府
海陽
澄海
潮陽
南澳
金門島
柘林司
黃岡鎮
樟林司

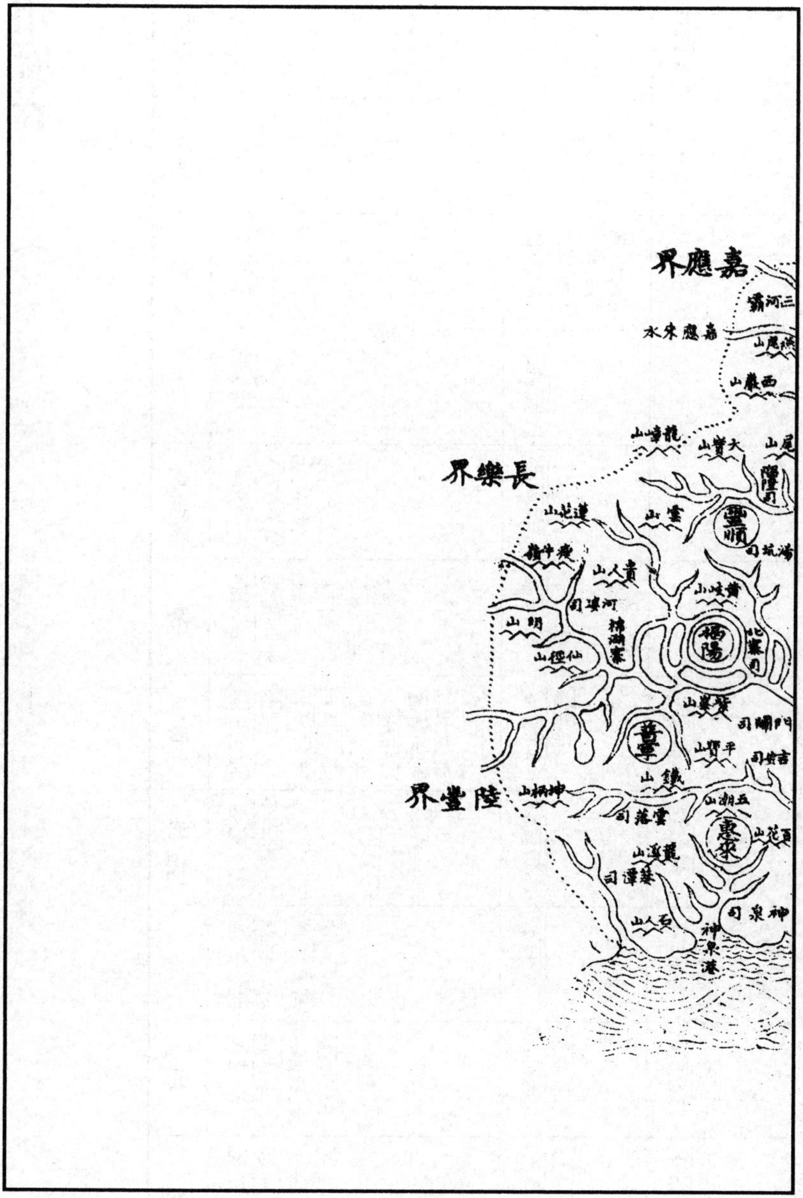
嘉應界
長樂界
陸豐界
揭陽
普寧
惠來
神泉司
神泉港

潮州府表

	潮州府	海陽縣	潮陽縣
兩漢	南海郡地。	揭陽縣地。	揭陽縣地。
三國			
晉	義安郡 義熙九年置。	海陽縣 初置，屬東官郡，後爲義安郡治。	
宋	義安郡	海陽縣	
齊梁陳	義安郡 梁置東揚州，後改瀛州。陳廢。	海陽縣	
隋	義安郡 開皇十年廢郡，十一年置潮州。大業初復爲郡。	海陽縣	
唐	潮州 潮陽郡 武德四年復置潮州。天寶元年改潮陽郡。乾元元年仍爲州，屬嶺南東道。	海陽縣 潮州治。	潮陽縣 貞元九年移治。
五代	潮州 屬南漢。	海陽縣	潮陽縣
宋	潮州 潮陽郡 屬廣南東路。	海陽縣	潮陽縣 紹興二年廢入海陽，八年復置。
元	潮州路 至元十六年改路，屬廣東道。	海陽縣 潮州路治。	潮陽縣 屬潮州路。
明	潮州府 洪武二年改府，屬廣東布政司。	海陽縣 潮州府治。	潮陽縣 屬潮州府。

續表

	揭陽縣	饒平縣	惠來縣
	揭陽縣屬南海郡。	揭陽縣地。	揭陽縣地。
	揭陽縣		
潮陽縣初爲海陽縣地。義熙九年分置，屬義安郡。	省入海陽縣。	海陽縣地。	
潮陽縣			
潮陽縣			
潮陽縣			
永徽初省。先天初復置，屬潮州。			
	揭陽縣紹興八年復置，移治，屬潮州。宣和三年復置。紹興二年廢。		
	揭陽縣屬潮州路。		
	揭陽縣屬潮州府。	饒平縣成化十四年置，屬潮州府。	惠來縣嘉靖三年析潮陽、海豐縣地置，屬潮州府。

	大埔縣	澄海縣
	揭陽縣地。	揭陽縣地。
海寧縣 義熙九年置，屬義安郡。	義招縣 義熙九年置，屬義安郡。	海陽縣地。
海寧縣	義招縣	
海寧縣	義招縣	
海寧縣	萬川縣 大業初更名，仍屬義安郡。	
省爲潮陽縣地。	省爲海陽縣地。	
	大埔縣 嘉靖五年析饒平、海陽二縣地置，屬潮州府。	澄海縣 嘉靖四十二年析海陽、揭陽、饒平三縣地置，屬潮州府。

續表

普寧縣	豐順縣
揭陽縣地。	揭陽縣地。
潮陽縣地。	海陽縣地。
	潮陽縣地。
	仍爲海陽縣地。
普寧縣嘉靖四十三年置普安縣。萬曆中改名，屬潮州府。	

大清一統志卷四百四十六

潮州府

在廣東省治東八百七十八里。東西距五百里，南北距三百三十里。東至福建漳州府詔安縣界一百五十里，西至嘉應州長樂縣界三百五十里，南至海岸九十里，北至福建汀州府上杭縣界二百四十里。東南至海門二百四十里，西南至惠州府陸豐界六十里，東北至汀州府上杭、永定夾界三百二十里，西北至嘉應州界二百三十里。自府治至京師九千六十三里。

分野

天文牛、女分野，星紀之次。

建置沿革

禹貢揚州南境。春秋、戰國爲百越地。秦爲南海郡地。漢爲南海郡揭陽縣，後漢因之。三國屬吴。晉改置海陽縣。咸和中，分屬東官郡。義熙九年，置義安郡。宋、齊因之。梁兼置東揚州，後改曰瀛州。陳時州廢。隋開皇中平陳，罷郡屬循州。十一年分置潮州。元和志：以潮流往復，因以爲名。大業初，復爲義安郡。唐武德四年，復爲潮州。天寶初改潮陽郡。乾元初復曰潮州，屬嶺南東道。唐書方鎮表：開元二十一年，置福建經略使，領潮州。二十二年，潮州隸嶺南。天寶元年，福建經略使復領潮州。十載又隸嶺南。五代屬南漢。宋亦曰潮州潮陽郡，屬廣南東路。元至元十六年，置潮州路總管府，屬廣東道。明洪武二年，曰潮州府，屬廣東布政使司，領縣八。

本朝因之。乾隆三年，析海陽、揭陽、大埔、嘉應四州縣地置豐順縣。領縣九。

海陽縣。附郭。東西距八十里，南北距一百一十里。東至饒平縣界五十里，西至揭陽縣界三十里，南至澄海縣界五十里，北至豐順縣界六十里。東南至澄海縣界四十里，西南至揭陽縣界三十里，東北至饒平縣界六十里，西北至豐順縣界五十里。漢南海郡揭陽縣地。晉初改置海陽縣。東晉分屬東官郡。義熙九年，爲義安郡治。宋、齊至隋因之。唐爲潮州治。五代及宋因之。元爲潮州路治。明爲潮州府治，本朝因之。

潮陽縣。在府南一百四十里。東西距一百七十里，南北距一百二十里。東至海六十里，西至普寧縣界一百一十里，南至惠來縣界三十里，北至揭陽縣界九十里。東南至海三十里，西南至惠來縣界一百四十里，東北至澄海縣界四十里，西北至揭陽縣界九十里。漢揭陽縣地。晉初爲海陽縣地。義熙九年，分置潮陽縣，屬義安郡。宋、齊至隋因之。唐永徽初省，先天初復置，屬潮州。五代因之。宋紹興二年，廢入海陽，八年復置，仍屬潮州。元屬潮州路。明屬潮州府，本朝因之。

揭陽縣。在府西少南八十里。東西距二百七十里，南北距九十里。東至澄海縣界七十里，西至嘉應州長樂縣界二百里，南至潮陽、普寧兩縣夾界三十里，北至海陽縣界六十里。東南至澄海縣界七十里，西南至普寧、陸豐兩縣夾界一百二十五里，東北至海陽縣界五十里，西北至長樂、豐順兩縣夾界九十五里。漢置揭陽縣，屬南海郡，後漢因之。晉省入海陽縣。宋宣和三年，復置，屬潮州。紹興二年廢，八年復置。元屬潮州路。明屬潮州府，本朝因之。

饒平縣。在府東少北一百五十里。東西距一百九十里，南北距一百八十里。東至福建漳州府詔安縣界一百二十里，西至海陽縣界七十里，南至黄岡海岸一百二十里，北至大埔縣界六十里。東南至南澳接福建詔安縣界一百七十里，西南至海陽縣界九十里，東北至福建漳州府平和縣界六十里，西北至大埔縣界五十里。漢揭陽縣地。晉以後爲海陽縣地。明成化十四年，析置饒平縣，屬潮州府，本朝因之。

惠來縣。在府西南二百七十里。東西距一百七十里，南北距五十五里。東至潮陽縣界八十里，西至惠州府陸豐縣界九十里，南至神泉司海岸十五里，北至潮陽、普寧兩縣夾界四十里。東南至靖海所海岸六十里，西南至陸豐縣界七十里，東北至海門一百里，西北至陸豐縣東海滘界八十里。漢揭陽縣地。晉義熙中置海寧縣，屬義安郡。宋、齊至隋因之。唐初省爲潮陽縣地。明嘉靖三年，割潮陽及惠州府海豐縣地，置惠來縣，屬潮州府。本朝因之。

大埔縣。在府北少東一百六十里。東西距一百三十五里，南北距一百七十五里。東至福建汀州府永定縣界五十里，西至嘉應州界八十五里，南至饒平縣界一百二十里，北至嘉應州界五十五里。東南至福建漳州府平和縣界一百里，西南至豐順縣界一百二十五里，東北至福建汀州府上杭縣界六十里，西北至嘉應州界八十里。漢揭陽縣地。晉義熙九年，分置義招縣，屬義安郡。宋、齊以後因之。隋大業初，改曰萬川，仍屬義安郡。唐初縣廢，爲海陽縣地。明成化以後爲饒平縣地。嘉靖五年，析饒平、海陽二縣地，置大埔縣，屬潮州府。本朝因之。

澄海縣。在府東南六十里。東西距六十里，南北距四十五里。東至海岸二十里，西至海陽縣界四十里，南至海十五里，北至海陽縣界三十里。東南至海二十五里，西南至揭陽縣界三十里，東北至饒平縣界四十里，西北至海陽縣界二十五里。漢揭陽縣地。晉以後爲海陽縣地。明嘉靖四十二年，析海陽、揭陽、饒平三縣地，置澄海縣，屬潮州府。本朝因之。康熙五年，裁併海陽縣，八年復置。

普寧縣。在府西南一百二十里。東西距一百五里，南北距一百一十里。東至潮陽縣界三十里，西至惠來縣界七十五里，南至惠來縣界九十里，北至揭陽縣界二十里。東南至潮陽縣界四十里，西南至惠來縣界七十五里，東北至揭陽縣界三十里，西北至揭陽縣界十五里。漢揭陽縣地。東晉後爲潮陽縣地。明嘉靖四十三年，析置普安縣。萬曆十三年，改曰普寧，屬潮州府。本朝因之。

豐順縣。在府西北一百九十里。東西距二百一十里，南北距一百三十五里。東至饒平縣界一百四十里，西至嘉應州界七十里，南至揭陽縣界七十里，北至大埔縣並嘉應州夾界六十五里。東南至海陽縣界一百二十里，西南至揭陽縣界九十里，東北至大埔縣界一百三十里，西北至嘉應州界七十里。漢南海郡揭陽縣地。晉海陽縣地。宋、齊至隋皆因之。唐潮陽縣地。五代及明仍屬海陽縣地。隆慶初築城湯田。本朝乾隆三年，析海陽、揭陽、大埔、嘉應地，置豐順縣，屬潮州府。

形勢

閩南、兩越之界。唐韓愈少府監胡公碑。大海在其南。韓愈祭鱷魚文。濤瀧壯猛，漲海連天。韓愈潮州刺史謝表。城號鳳棲，溪名鱷徙。宋余崇龜文。

風俗

稻得再熟，蠶亦五收。寰宇記。海邊鄒、魯。宋陳堯佐詩。士篤文行，延及齊民，號稱易治。宋蘇軾韓文公廟碑。

城池

潮州府城。周一千七百六十三丈，門七。北繞金山，東臨韓江，城南浚池，引江水繞城至西、北，周一千四百十二丈。宋至和初建，本朝雍正九年修，乾隆六年重修。又湖山城，周五百一十五丈，門四，在府城西北隅，中隔城池。康熙十七年建，乾隆三年修。海陽縣附郭。

潮陽縣城。周一千二百六十二丈，門五，池周一千四百五十六丈。元至正十七年土築，明正統十年甃石，本朝順治四年修，康熙六年、雍正三年、乾隆十二年、十六年重修。

揭陽縣城。周一千六百丈，門五，舊水門四，今塞，内外池各長一千六百丈。元至正中建，明弘治間增建，本朝康熙中兩經濬池，乾隆八年修。

饒平縣城。周七百二十一丈，門四，北臨溪，東、西、南三面池長七百五十二丈。明成化中建，本朝順治間修，康熙二十四年、乾隆五年重修。

惠來縣城。周七百四十四丈，門四，東、西、南三面有池，廣二丈七尺。明嘉靖初建，本朝順治十三年增建，雍正四年修，乾隆五年重修。

大埔縣城。周五百十九丈有奇，門三，池深三尺。明嘉靖五年建，本朝順治間修，康熙十四年、雍正七年重修。

澄海縣城。周九百二十五丈有奇，門五，池周七里。明嘉靖四十五年建，本朝順治十三年修，康熙八年、二十二年、乾隆六年、十年重修。

普寧縣城。周七百丈，門四，繞城濬溪爲池。明萬曆十四年建，本朝順治十三年修，康熙十三年、雍正十年重修。

豐順縣城。周二百九丈有奇，門四。本朝乾隆三年因通判治城舊址建。

學校

潮州府學。在府治東隅。宋紹興十一年，由府治東南隅遷建。本朝順治十八年重建，康熙十八年修，乾隆二十七年重修。入學額數二十五名。

海陽縣學。在府治西製錦坊。舊附郡學右，宋紹興中遷今所。本朝康熙二十年修，乾隆四年重修。入學額數十六名。

潮陽縣學。在縣治東南。宋紹定三年建。本朝康熙三年修，二十五年重修。入學額數十八名。

揭陽縣學。在縣治東。宋紹興十年建。明萬曆中增建。本朝順治十七年修，康熙五年、雍正六年、乾隆十六年重修。入學額數十八名。

饒平縣學。在縣治東大金山。明成化十四年建。本朝順治十六年重建，康熙二十六年、乾隆二十二年、四十八年重修。入學額數十五名。

惠來縣學。在縣治東。明嘉靖四年遷建于縣署北，十九年復建今所。本朝康熙十九年修，乾隆元年、嘉慶二十四年重修。入學額數十二名。

大埔縣學。在縣治西茶山之麓。明嘉靖六年建。本朝順治十六年修，康熙二十四年，雍正三年、乾隆四年重修。入學額數十二名。

澄海縣學。在縣治東。明嘉靖四十三年建。本朝康熙二十二年重建，雍正三年、乾隆四年、三十二年、嘉慶二十一年重修。入學額數二十名。

普寧縣學。在縣治西南。明嘉靖四十二年建。本朝順治八年修，康熙六十年重修。入學額數十名。

豐順縣學。在縣治北門外。乾隆十年，因太平公館舊址建。入學額數十名。

韓山書院。在府治西南。宋元祐五年建，爲韓文公廟，蘇軾碑在焉。元至順間，改建書院。本朝順治四年重建。

昌黎書院。在府城東一里。康熙三十年建。

龍湖書院。在府城南十里龍津都。明建。

太和書院。在海陽縣太和都。乾隆二十四年建。

棉陽書院。在潮陽縣北門外。雍正八年建。

東山書院。在潮陽縣東山後。乾隆十年建。

榕江書院。在揭陽縣城西魁元坊。乾隆八年建。

鴻溪書院。在揭陽縣鴻溪。乾隆七年建。

近聖書院。在揭陽縣學後。乾隆十六年建。

藍田書院。在揭陽縣琅山之麓。乾隆二十八年建。

梅岡書院。在揭陽縣梅岡山。乾隆三十年建。

瑞光書院。在饒平縣黄岡城内。明崇禎初建。本朝嘉慶二十三年重建。
文明書院。在惠來縣南關外。明萬曆中建。本朝乾隆十二年重建。
景韓書院。在澄海縣城内。明萬曆中建。
冠山書院。在澄海縣冠山鄉。明隆慶中建。
崑岡書院。在普寧縣城内。乾隆八年建。
潮陽義學。在潮陽縣城内。康熙二十四年建。
桃山義學。在揭陽縣登岡。雍正七年建。
惠來義學。在惠來縣城内。雍正八年建，嘉慶二十四年重建。
棉湖社學。在揭陽縣棉湖寨。雍正八年建。按：舊志載得全書院，在府城内。宋紹興中，宰相趙鼎謫潮州，自號得全居士，後人即其所居建書院。韓公書院，在海陽縣西。宋元祐五年建於縣南七里，元至元二十六年改建于城西大隱菴。元公書院，在海陽縣西，宋周子嘗漕廣東，其孫梅叟守郡時建。匯川書院，在大埔縣城西。今並廢，謹附記。

户口

原額人丁一十九萬九千七百九十八，今滋生男婦大小共二百一十八萬九百五名口，又屯民男婦共三萬二十名口。

田賦

田地山塘共三萬一千八百五十一頃六十二畝三分有奇，額徵地丁正、雜銀十一萬五千八十八兩四錢五分一釐，遇閏加徵銀二千一百四十兩四分，米三萬九千二百四十三石五斗八升二合六勺。屯田共四百三十一頃四十二畝六分有奇，額徵屯米七千六十五石八斗八升六合五勺。

山川

金山。在海陽縣治北，一名金城山。明統志：東臨鱷溪，西瞰大湖，爲一郡遊覽勝處。通志：山形若覆釜，中有小湖。宋祥符中，知州王漢創建亭榭，元末廢。又普寧縣西四十里有金山，周八十餘里，接揭陽縣界。

韓山。在海陽縣東一里，本名東山。輿地紀勝：東山在州東，昌黎遊覽之所。明統志：韓山有韓木，凡科第多寡，以其花之繁稀卜焉，有無亦如之。府志：韓山舊名雙旌，頂有三峯，形類筆架。

大帽山。在海陽縣東十五里，以形似名。相近有鉛山，又東十五里曰石甕山。

莆都山。在海陽縣東南二里，四面皆方。又圓山，在縣南十里。

青麻山。在海陽縣西南二十里，宜植麻，故名。

桑浦山。在海陽縣西南。輿地紀勝：山與州相對，名花異禽畢産其中。通志：山勢蜿蜒，産茶，北麓多桑，其頂有塔，旁有井，冬夏不竭。在縣西南四十里，周五十五里，接揭陽縣界。揭陽縣志：山在縣東南一百里，突起海濱，延亘數十里，有洞曰桃源，有巖曰寶雲，曰白雲，頂有石浮屠三，勝概不可勝紀。

獅子山。在海陽縣西南五十里，以形似名。上有獅子塔。又大埔縣西一里有獅子山，奇石巉巖，襟帶江上，有來秀峯。

湖山。在海陽縣西北一里，其陽有湖，故名。又名銀山，與金山並勝。輿地紀勝：與韓山對峙，山麓寺觀錯立。縣志：上有老君巖，巖下有洞，可容數千人。

楓湖山。在海陽縣西北十五里，一名楓洋山。

竹篙山。在海陽縣北三里，高聳秀立。

海陽山。輿地紀勝：海陽縣有海陽山。通志：在縣北二十里(一)。

九郎山。在海陽縣東北十里，起伏有九，故名。寰宇記云縣有九侯山，疑即此。

東山。在潮陽縣東三里，連亘六十里，接東南蓮花諸山。上有七星石，其石七孔，中孔出水不竭。其北有鼓樓石，爲縣鎖水後關。

達濠山。在潮陽縣東三十五里海中，周數十里，有堡。

錢澳山。在潮陽縣東南二十五里。前有蓮花峯，下臨滄海，一名海門山。旁即海門所，其北有鍾南山，德勝關在其南。

大湖山。在潮陽縣東南二十六里錢澳之東，南臨大海，下有龍潭。

練山。在潮陽縣南三里，練江南岸，平坡特起。又神山，在縣南八里，林木森秀，人家夾居前後。

石龜山。在潮陽縣西南二十里，面枕練江，其下有石，林立如龜。

西山。在潮陽縣西十里，周三十里，形勢截嶭。上有甎塔，故俗又名塔山。下有海潮巖，三面石壁，深廣丈餘，相傳唐僧慧照居此。

曾山。在潮陽縣西。寰宇記：山多文貝，可以解毒。縣志：曾山在縣西二十里，雙峯並峙，俗名雙髻山，航海者望以爲表。上有寶峯巖，石屋天成。

臨崑山。在潮陽縣西少北三十里，晉、唐時，縣治在其下，西豐水出焉。

靈山。在潮陽縣西少北五十里，唐元和中，僧大顛居此，下有卓錫泉。

桂嶼山。在潮陽縣西少北七十里，多樹木，上有大石巖，舊普安縣嘗治其下。其北爲青洋山，上產潮陽石。

禄景山。在潮陽縣西北四十里，西濾水出焉。又北十里曰赤水山。又有鳳山，在赤水山東，去縣四十五里，有上下二山，亦曰雙鳳。

石井山。在潮陽縣西北六十五里。相近有麻田山，山有蟹眼泉，其出如乳，飲之已疾。

龍首山。在潮陽縣。縣志：龍首山在縣北三里，俗名猴子山，一曰稷子山，臨高岡之上。按：元和志稷子山，一名龍首山，在縣東南五十里。唐時故縣在臨崑山，今縣西北去臨崑山三十里，則龍首尚應在今縣東南，縣志疑誤。

潯洄山。在潮陽縣北十里揭陽水中，一名巡梅山〔二〕，有林二翁穴，在山後藪澤中，其深無際。揭陽縣志：潯洄山在縣東南七十里鮀江都，突起海中，接潮陽界，蜿蜒十餘里，中有甘泉奇石，巖穴中可以避亂。舊志謂之潯洄嶼，在城北海中。又有草嶼、三嶼、角嶼、坭嶼及放雞山，在其東，白嶼在其西。按：寰宇記引郡國志云潮陽有白嶼洲，自海浮來，即此。

華陽山。在潮陽縣北少西十五里，華陽水出焉。又北五里曰河溪山，河溪水出焉。其西爲烏巖山。又北三里曰大化山，又北即桑田司。

磊口山。在潮陽縣東北三十里，招收山之北，周數十里。其外爲馬耳石，下有馬耳港。潮、揭之水，咸會於牛田洋，至此入海，是爲洋海之門，一名磊石門山。

招收山。在潮陽縣東北三十五里，連亘數十里，三面距海。縣志：山無草木，多砂石，下爲河渡溪，長數十里，南北通大海。山之南曰廣澳山，又十里即錢澳山，山之北爲馬耳石、磊口山，皆航海者灣泊之所。

茭池山。在揭陽縣東南五十里，三峯特起，中有深池數十畝，下有石巖，形如獅子，可容千人。相近有鄒堂山。

紫陌山。在揭陽縣南五里浮嶼内，頂曰浮平。其東二十里有茂林岡，平原中突起奇石數峯，鬱爲林藪，面對大尖，下臨澄潭。

仙橋山。在揭陽縣南十里，峯巒尖聳，樹木蓊鬱。下臨仙橋渡，北爲大墳前山，東爲硫岡山。

紫峯山。在揭陽縣南二十里，周三十里，西南接普寧縣界。縣志：紫峯山，官溪都鎮山也。自西北來爲浮岡峯，自西來爲石頭峯、雙梧峯、湯前峯，峯有明宗巖，自西南來爲北山，巖洞深邃，中可容數十人。

大尖山。在揭陽縣南少東三十里，脈自巾山循潮陽鐵山而來，聯岫百餘里，陡峻不可躡〔三〕。山南即潮陽縣界，有徑通行，俗呼爲燈塔嶺。

雙山。在揭陽縣西二十里，兩峯並峙，巔有巨石高十餘丈。

仙徑山。在揭陽縣西一百里，脈連三山，形如覆盂。其麓有竇，僅容人行，行數十步，空洞寛敞，莫窮其際，中有流泉，相傳爲古人避世處。

獨子山。在揭陽縣西。輿地紀勝：在縣西溪，地名淋田，有山鼎峙，一曰飭山，一曰明山，一曰獨子山。縣志：三山在縣西一百五十里，一曰獨山，在霖田都極界，脈自揭嶺，南溪經其下。又南二十里曰明山，麓有石穴，即天竺巖。又東南三十里曰巾山，狀如巾，故名。山頂有公署，階級故址，懸崖陡絶，望之不能至。有徑曰七成，西通長樂。

龍磜山。在揭陽縣西少北一百五十里，獨山之北，周六十里，勢甚峻峭。絶頂有龍潭，盛夏寒氣襲人。

五房山。在揭陽縣西北四十里，周七十里，多竹木，産鐵礦。

貴人山。在揭陽縣西北七十里，連飛泉嶺，跨長樂縣界，周迴百里，曰灘下，曰大竹園，曰礦山頭，曰龘石坑，曰麻竹坑，曰筲箕坪，皆其處也。相傳隋時，義安郡丞陳洪留居於此，洪子政，政子元光，累世顯貴，因名其所居爲貴人山。

蘇姑山。在揭陽縣西北七十里，雙峯連起，有奇石蟠地，人行有聲，名磅磅石。

雲落山。在揭陽縣西北。明統志：瘦牛嶺，一名雲落山，舊傳有銅鐵佛像，寶貝之異。宋楊萬里詩：「行盡天涯意未休，循州過了又梅州。平生不慣乘肥馬，老去還教踏瘦牛。」縣志：瘦牛嶺，在縣西北一百里，藍田都石硿村，一名東桃嶺。又藍田都有琅山，俗名羅山，最高峻，石如琅玕，故名。又有貉山，在上洋村，脈皆自飛泉嶺來。

揭陽山。在揭陽縣西北一百五十里，一名揭嶺，形勢岧嶤，南北二支，直抵興寧、海豐二縣界。

黄岐山。在揭陽縣北十里，周五十五里，其土色黄，故名。上有石湖，湖有小泉，四時不竭，絶頂有石浮屠，下有二巖，東爲竹岡，相傳宋邑人陳希伋讀書於此，元祐中，舉經明行修第一，目爲廣南夫子，因名陳夫子巖。西爲松岡，有石門石室，俗呼崇光巖。

紅山。在揭陽縣東北十餘里，其土色赤，邑人取以杇牆。

梅岡山。在揭陽縣東北三十里。其南爲亭山，西南爲横山。

大金山。在饒平縣治北，城環其麓，亦名城隍山。其支爲琴峯。

白鷳山。在饒平縣東三十里。相近有尖山，在青竹徑村，途多險阻，伏戎之區。有青竹徑溪，西流入湯溪。又鶴山，在縣東南五十里，連亘至黃岡。

寶珠山。在饒平縣東南八十里，黃岡堡後，形如覆鐘。

石壁山。在饒平縣東南九十里，黃岡堡北，山多巖洞，有飛泉濺空。

烟樓山。在饒平縣東南一百里海邊，東近大港柵。

釜山。在饒平縣東南一百三十里高程柵嶺前村，形如覆釜。相近有赤磡山。

香爐山。在饒平縣東南一百三十里高程柵嶺後村。有相公巖，可容數百人。又有流水、鍾乳二洞。又高程柵有大尖山，去縣東南一百二十里，峯巒壁立，其下有柘林澳，港水會焉。

大幕山。在饒平縣東南一百三十里，大程柵上底村，形如垂幕。下有鯉魚山，髻鬣逼真。其東爲北山，上有泉，相連爲東坑山，中有石洞無底。

紅羅山。在饒平縣東南一百四十里，大程柵灣港口，一名紅螺山，爲一方關隘。相近有深坑山。

馬頭山。在饒平縣東南一百四十里，柘林柵海壖。其東有象頭山，又有鐵甲山，在柘林下灣西。又西澳山，在柘林南海中，有田。

南澳山。在饒平縣東南一百六十里，柘林柵南海中。舊志：形如筆架，延袤三百里，田地肥沃，中有三澳。明洪武中，居民爲海寇侵擾，詔令內徙，遂虛其地。其山四面蔽風，大潭居中，可以藏舟。嘉靖初，倭船於此互市，既而倭自福建之浯嶼移泊南澳，建屋而居，爲粵東患四十年。海寇吳平、許朝光、林道乾、曾一本等相繼盤踞於此，戚繼光、俞大猷等合兩省大兵會勦，其黨雖殲，其地尚爲寇藪。萬曆三年，增設重兵屯守，四年築城，有田三處，約四五萬畝，軍民耕種。城左右有灣，曰白沙灣，爲郡境鎖鑰，今爲南澳鎮，設總兵鎮此。縣志：縣南大海中有南澳山，中分四澳，東曰青澳，北曰深澳，西曰隆澳，即長沙尾，與南澳爲四。海畔皆沙。青澳一名青徑口，風濤險惡，鮮有泊舟者。深澳内寬外險，中容千艘，蠟嶼、赤嶼環列其外，一門通舟，小舟須魚貫而入。隆澳則番船往來門户，中有辭郎洲，亦名侍郎洲，相近有宰豬澳、洋嶼澳、後澤澳。又有錢澳，或曰即淺澳，宋少帝駐蹕處也。

待詔山。在饒平縣西南三十里，土人種茶其上，俗稱待詔茶。四時雜花不絶，亦名百花山。

蓮花山。在饒平縣西南九十里，接澄海縣界，東面障海，西瞰府城，山巒五開若蓮花，故名。又名白石山。

鳳凰山。在饒平縣西少北五十里，高六百丈，連亘一百餘里，與待詔山相接，爲一縣巨鎮。

桃源山。在饒平縣西北三十里，上有龍潭。

九峻山。在饒平縣西北三十里，桃源之北，接大埔縣界，巒障重疊，頓伏九折。

尊君山。在饒平縣北三里，與桃源山相接，爲縣主山。狀如朝士執笏，故名，又名將軍山。

河門山。在饒平縣東北二十里，東溪所經，兩山對峙，故名。

光華山。在惠來縣東八里。元末兵亂，土人結砦於此。

百花山。在惠來縣東三十里，四時多産奇花，亦名百花林。

雙髻山。在惠來縣東四十里，兩峯秀拔。上有寶峯巖，産文貝。

金剛髻山。在惠來縣東六十里，周三十里，尖峯秀拔，漁舟出海，歸路視此爲準。潮陽志：其南五里曰葛山，西南三十里曰明湖山，中多藥物。

黃岡山。在惠來縣東六十餘里，山勢巖峻，雄峙海隅，一名望海峯，南五里有仙庵、石室，中有石穴十八間。

赤山。在惠來縣東南五里，平埔突起，其土赤色，石上有仙人跡，又三里有弔海山。

文昌山。在惠來縣南十五里，孤峯秀拔。其南即神泉港。

釣鼇山。在惠來縣西南二十里，臨江，多巨石。

石人山。在惠來縣西南五十里，上有大石如人形，下出指針石。縣志又有雪峯山，亦在縣西南五十里，特起圓峯，其色如雪。

楊梅山。在惠來縣西二里，峯巒奇秀，草木繁茂。

塔山。在惠來縣西三十里，層巒特聳，望之若塔。

龍溪山。在惠來縣西。隋書地理志：海寧縣有龍溪山。元和志：龍溪山今名海寧嶺，在潮陽縣西南一百七十里。縣志有旒山，今在縣西四十里龍溪都，延袤百里，居民賴以樵採。又西十里有蜈蚣山，近潦洋村，山下臨溪，中有大石、小石二洲（四）。按：元和志龍溪山在潮陽縣西南一百七十里，今惠來縣在潮陽西南一百二十里，則此山尚應在縣西五十里。縣志不載，惟旒山、蜈蚣及磨山道里相近，且其都猶曰龍溪，蓋即取故山爲名也。

石牛山。在惠來縣西北八里。元末，趙師王據山下爲砦，今遺址尚存。

葵嶺山。在惠來縣西北十里，頂如覆釜，有巨石對峙如人形，蹊徑幽險。明初，嘗設兵哨守。

石鳥山。在惠來縣西北四十里，形勢峭拔，上有石峯，聳若飛鳥。相近有珍珠簾山，層巒秀鬱，爲縣治發脈之始。

虎頭寨山。在惠來縣西北四十里，形如伏虎。西五里爲象山，連亘數十里，溪水繞其西南。又西五里爲黃猴崙，自黃猴崋而南二十里爲鶴老坑，山北十里爲謝塘山，東二十里爲頭巾石，皆係官山，爲居民樵牧之所。

磨山。在惠來縣西北六十里，延袤三十餘里。上有三峯，謂之三涌，雲出即雨，亦名報雨峯。

鷹嘴山。在惠來縣西北八十里，有峯尖聳，以形似名。

馬耳山。在惠來縣北二里，兩石夾峙，狀類馬耳。

五潮山。在惠來縣北三十里，爲縣治枕山。

虎頭山。在惠來縣東北一里，有兩石夾峙如門，其中空洞，外望若虎之昂首。又大埔縣東南十五里亦有虎頭山，其北爲羊耳凹，形勢尖聳，爲漳溪、黄沙、平和要路。

洪塘山。在惠來縣東北十里，草木繁茂，居民樵牧之所。

茶山。在大埔縣治北。通志：脈自虎頭山來，城垣半據其上，爲縣主山，山後有白蓮洞。

風波障山。在大埔縣東三十里，周三里，突起數峯，巉巖斗絶。

南棟山。在大埔縣南二十餘里，層巒疊嶂，多産橡樹，俗呼爲橡樹崠。其南曰積龍山，下有巖，前有盤谷。

五虎山。在大埔縣南四十餘里，五峯連聳，朝拱縣城。

席帽山。在大埔縣南五十里，左壑右湖，路循其麓，一名魚湖崠。前一峯爲雞籠山，望之深秀。

挂榜山。在大埔縣南五十里，一名西山，山脊石牙叢峭，下有石巖，兩旁陡險，外狹中寬，居人常避盜其中。

文峯山。在大埔縣南五十餘里，今名帽山，相近爲梁頭山，極高聳，對峙者爲棲蓮山。

郭山。在大埔縣南八十里，盤圍如城郭，又名郭山嶂。對峙者爲南陽崠。

錦山。在大埔縣西南五十里。怪石巉巖，四時雜卉，紅紫如錦，多産材木，樵採需之。其麓有野鴨石，尖斜插水中，嘗礙商船。

網山。在大埔縣西南六十里。瀕江突起一峯，頂尖秀而麓若長翅，磊砢多石，爲弓洲水口。又西南爲燕尾山，兩峯並起，宛如燕尾。

烏槎山。在大埔縣西南八十里，接饒平、海陽二縣界。多産竹木，縣及海、饒皆資之。

西巖山。在大埔縣西南一百二十里。重岡疊岫，林木陰森，山半有泉，下注龍潭。

三台山。在大埔縣西二里。其西爲麻子崠，崔嵬突秀，舊嘗種麻於此，因名。今山下種畬，城中蔬菜咸取於此。

大河山。在大埔縣西二十里，一名陽石峯。縣志：陽石峯脈自上杭羊首山來，逶迤至平沙角髻嶂，突起此山，近觀則層巒峭壁，遠望則數峯插天。山多野獸。

印山。在大埔縣西四十里，當三水之交，正對三河城，下布平原，多産芥薑瓜菓。

巍龍山。在大埔縣西四十里，與三河舊寨相對。峯巒疊聳，狀若梯級，一名天梯。

鳳翔山。在大埔縣西。隋書地理志：海陽縣有鳳凰山。元和志：在縣北一百四十里。寰宇記：一名翔鳳山，昔有爰居來集，因名。有鳳凰水。大埔縣志：在縣西四十五里，爲三河新寨主山，舊名石蔭崠，松木陰翳，又名松蔭。

崑崙山。在大埔縣西七十里。壤土膏沃，鄉人種植薑芋瓜瓠，厚獲其利，俗呼爲「寶壤」，其險處名天門岃。

陰那山。在大埔縣西八十里，東連崑崙，西接嘉應州界，連亘二百餘里，五峯連峙，狀如火焰，俗名五指峯。下有陰那坑，出泉清冽。寰宇記：海陽縣有陰那山。即此。

玉屏山。在大埔縣北二里，橫嶂如屏。下有峯如螺旋，曰海螺峯。

敔文山。在大埔縣北十五里，其峯高峙。旁有一峯，名小崠。

伏虎山。在大埔縣東北一里，西臨大河，東繞小溪，數峯聯絡，其首如虎之伏。中有高峯如柱，亦名石柱山，麓有神泉寺。

萊蕪山。在澄海縣東南海中。有大小二山，小萊蕪在縣東南十里，一名留子山；大萊蕪在縣東南二十里，一名雙髻山。

官山。在澄海縣西南二十里。上有龍船巖。

鷄籠山。在澄海縣西四十里，接揭陽縣界。

鳳山。在澄海縣西北十里，上有烽堠。其東二里有西山。

管隴山。在澄海縣西北十里。又有冠山，在冠隴寨内，周七百餘步，縣境諸山中最爲低小，而峯巒幽邃，草木敷榮，實甲他山。

許石山。在澄海縣西北十里。其北爲水吼山，上有天池。

石城山。在澄海縣西北三十里，上有烽堠。

皇子殿山。在澄海縣北十里，舊名龜山，又名覆盆山，又名北殿山。相傳宋太子避元兵過此設行在，故名。又觀音山，在縣北十三里，甚幽邃。

三髻山。在澄海縣北二十里。又北五里爲神山，又北五里爲仙門山，上有烽堠。

龍船嶺山。在澄海縣北三十里。其東有蓮花山，接饒平縣界。

後山。在普寧縣治後，一名厚嶼，縣與學分據之。

崑山。在普寧縣東半里，林木叢蔚，多巨石。

大坪山。在普寧縣東十里，路通揭陽。

平寶山。在普寧縣東二十里，爲縣水口之嶂。相近有黄舉林山，其麓即達揭陽縣孔道。

烏泥山。在普寧縣東南十里，連亘數里，與黄舉林山相接。

鐵山。在普寧縣南九里，其崖石色如鐵。潮陽縣志：山形聳秀，亘六十里，其東條之水合於石港，西條之水合於新溪，山之西合屬普寧。

南山。在普寧縣南，延亘九十里，東接潮陽，南通惠來、海豐，北交長樂。通志：鐵山西十里曰大南山，東溪之水出焉。府志：南山之支爲員山，迤西二十里曰坤柄山，一名新田山，又西十里曰鹽嶺。諸山俱屬潮陽，雍正九年析屬普寧。

洪山。在普寧縣東北十里，平地突起，孤峯峻絶。山巔有泉，冬夏不涸。其北曰牛户山，接揭陽縣界。

交椅山。在豐順縣東南百里九河社，舊傳産銀。

尖髻山。在豐順縣南三十里。一名天柱山，層巒疊翠，中峯突起，如天柱然。

雙姑山。在豐順縣南四十里，與蘇姑山相對。

飛猿山。在豐順縣西南平城鄉，聳翠層巒，爲一邑諸山之祖。

韓山。在豐順縣西少南三十里，高五百丈，朝暮雲霧，莫見其頂，四面巉巖，人跡罕到。

龍嶂山。在豐順縣西布心社，上有九十九墩，墩狀各異，虎豹龜蛇，爲態不一。頂廣二十里，盤繞如龍，土人稱爲九十九龍嶂。

雲山。在豐順縣西五十里大椹社。

蓮花山。在豐順縣西逕心堡，山形如蓮花，因名。

大寶山。在豐順縣西少北五十里。相傳産鉛、銀。又下湯社有仲坑山，亦然。

溪尾山。在豐順縣東北五十里濃溪社。舊傳産銅。

楊鐵嶺。在海陽縣西三十里，周三十二里，石色青黑，故名。狀若伏龜，北麓突起若龜首，一名龜頭嶺。南麓有龍湫。

金竹林嶺。在潮陽縣西七十里。下有翠峯巖，石壁崚嶒，司馬浦水出焉。迤南十里曰林昭徑，路通惠來，桃溪水出焉，東流合東溪。

鹽嶺。在潮陽縣西少北一百里，與普寧縣接界，有徑通惠來，波浪之水出焉，東流合溪口潭。

大脊嶺。在揭陽縣東北四十里，接海陽縣界，高聳如屏，楓溪水經其下。西南麓有石聳立，名曰騰蛇塔，其西北即官碩徑山也。

望海嶺。在饒平縣東五里，遠眺海表。又四壁嶺，在縣東南東洋堡潘段村。

留嶺。在饒平縣東南一百四十里，接福建詔安縣界。

巖尖嶺。在惠來縣東南三十里。山麓有石，寬平數丈，盤蓋爲室，名曰銘湖巖，南北相通，中可容百餘人。巖前壘石爲門，中有石窟，水盈坎，冬夏不竭。其相對者爲南山嶺。

峽嶺。在惠來縣西北七十里，路通梅林、雙派二屯，狹徑迂曲。

天門嶺。在大埔縣南一百二十里，兩峯對峙，中一徑通福建平和縣，絶頂有泉不竭。其南曰銀瓶嘴，挺然尖峭而微斜，其麓一面曰劉公坑，出鐵礦，一面曰龍井潭。

嚴子嶺。在大埔縣西南六十里銀溪水口，中多硎石。

關上嶺。在豐順縣東潘田社北，兩山夾道，中設一關，并駐汛守。

飛泉嶺。在豐順縣南藍田都極界。通志：嶺在揭陽山西，壁立萬仞，周數十里，層巒疊巘，人跡罕至。有泉飛空而下，如瀑布，因名。有徑達長樂，爲惠、潮關隘。

言嶺。在豐順縣西四十里布心社。兩山相夾，中爲嘉應、興寧、長樂往還孔道。本朝乾隆三年建縣治後，復設城堡，以爲關隘。

程洋岡。在澄海縣北十里。

甘露巖。在海陽縣西南五十里〔五〕，其形屈曲，不可名狀。前有玉簡峯，與縣治相對。

白牛巖。在潮陽縣東南五里，一名鬭牛巖。巖中有泉曰卓錫。

北山巖。在揭陽縣北二十里。有石周圍十餘丈，懸峙於山麓爲巖，巖中寬廣，可容數十人，其側有泉流出。

華古巖。在惠來縣東黄岡西七里，石室臨澗幽絶。又聖母巖，在東南五十里，亦有石室，鄉人歲時多遊於此。

石鬼巖。在大埔縣西六十里濱江，尖峯高聳，亂石磈磊，有巖穴數處。

鳳棲峽。在海陽縣北二十里，東西兩山對峙，大江經其中。

金星崠。在豐順縣西五十里大椹社。

急水門。在海陽縣南二十里，東通韓江，兩山夾峙，中砥大石，水勢迅駛奔湧，故名。

北山門。在惠來縣西北五十里，兩山對峙，擁石成巖。

金門島。在饒平縣東南柘林柵南海中，有二島，曰大金門，小金門。兩山峙立，旁瞰南澳。右有大澳井洲，爲縣門户。

閻羅石。在大埔縣東北三十里，右達永定，左達上杭縣界。其石欹仄，如敗砌，崎嶇難行，舟經其下，必登岸而後進，人謂閩、越天限。

海。府東南境距海，東接福建漳州府詔安縣界，經饒平縣南一百餘里、海陽縣東南一百里、澄海縣東二十里、潮陽縣東南二十里、惠來縣南二十里，西接惠州府海豐縣界，東自饒平，西至惠來，皆有官兵防守海口，屬南澳鎮統轄。元和志：潮州東至大海一百二十里，南至大海八十五里。饒平縣志：縣東有柘林澳，切近漳州界，外抵暹羅諸蕃。澄海縣志：海在縣東，東連閩、越，南貫廣、惠，及諸島夷之境。有鳴洋在外沙南灣海中，時或震動有聲如雷，東風西雨，海人每以爲候。潮陽縣志：縣境濱海，潮汐入港，支析成川。自錢澳迤北至磊口，皆通海。磊口洋，海之門也。内通牛田洋，爲扼要處。惠來縣志：縣東南二十里爲石井澳，又東十里爲鉛錫澳，又十里爲赤沙澳，又五里爲石牌澳，又五里爲大坭澳，諸澳中惟赤沙有堤，可捍海濤。海舟不時登岸劫掠，最爲要害。明萬曆中嘗議建營於此。

韓江。自嘉應州東流入大埔縣界，曰蓬辣灘。又東南有車灘，舟行甚險。又南至縣西四十里，與大河、小溪二水合流，爲三河口，瀠洄渟蓄，涵於萬江峽中，不流者六七里，然後折而南入海陽縣界。又南分爲三，其二俱南流，經澄海縣西入海，其一西流注三利溪，入揭陽縣界，即古員水也。水經注：員水東歷揭陽縣而注於海，亦曰惡溪。唐韓愈潮州刺史謝表云「過海口，下惡水，濤瀧壯猛，難計程期」是也。寰宇記：梅州有惡水，東流至潮州出海，其水險惡，多損舟船，江水泛漲時，嘗有鰐魚隨水至州前。按：韓江入海陽縣境，又名鱷溪，即韓愈驅鱷魚處。

練江。在潮陽縣南。通志：練江源出雲落山，東流十里至泧水，又二十里至洋烏，有港曰瀟溪，又二十里至舉練，又二十五里至黄隴曰東溪，又五里至和平，又二十里至隆井，匯而爲江，紆浄如練，又東南入海。縣志：雲落之水，源出南山，東流爲洑水，合鐵山諸水會於石港。迤西有瀟溪水，出坤柄山，南流爲洋烏水，亦會於石港。又波浪水，源出鹽嶺，東流會於溪口潭。西南之水曰司馬浦，源出翠峯巖，東流會於銅鉢湖。迤南有桃溪水，源出林昭徑，東流會於東溪。凡諸西南山之水，皆合流過和平橋，注於練江。又曰：練江在縣南三里，一名龍井溪，上受和平橋水，又有溪頭水出臚岡，成田水出港朴山，茆港水出砂隴山，皆自南來合之，縣城諸水自北來合之，匯爲大江，至海門入海。按：練江之源蓋出於大南山。通志以水名雲落，遂謂出雲落山，誤。雲落山在揭陽縣西北，中隔南溪，其流不得至此。

清遠河。在大埔縣南。通志：在縣南一百五十里，源出福建漳州府平和縣象湖山，受諸澗水，流經大産白堠，至湖寮匯梅子潭，注爲小溪。縣志：小溪在縣南一百二十里，源出平和赤石巖，流經縣西南四十餘里梅子潭，曲折北注大河。又莒溪在縣東南，源出尖筆崠，流經莒村，會諸澗水，出長窖，入清遠河，是爲雙溪。又黄沙溪，源出平和縣界，流經黄沙，出白堠，入清遠河。

神泉河。在大埔縣北，上流即福建汀州府之鄞江。自上杭縣流入，謂之大河，至縣治北，合小靖溪，又西流合大靖溪，又三十里至三河口合流。凡惠、潮舟楫入閩，多由之。縣志有石上灘，在縣北上杭界，亂石堆積，衝激險阻，舟行出神泉者經此。又有長硿灘，在縣北平沙小溪口，曲折奔潰二里許，舟行上下皆艱。

西豐水。在潮陽縣西，源出臨崑山。

鳳水。在饒平縣西，源出龜湖西，流經鳳凰山，至海陽縣界入韓江。

衣帶水。在普寧縣西南，源出鐵山，流經縣城中，出北關合冬瓜水。

冬瓜嶼水。在普寧縣西五里，源出冬瓜山，東北經縣北，迤爲城濠。又東北流四十五里，入揭陽縣河，即古溪之上源也。

東湖。在海陽縣東一里。又西湖，在縣西半里，流通三利溪。輿地紀勝：東湖在韓山之後，四山迴環，荷花彌望，柳陰夾植，西湖縈繞於州之太平橋下。通志：西湖在湖山之陽。宋慶元間，知州林嶸開浚。

官障湖。在海陽縣東南二十里。元和志：出名龜，以卜，勝含涯龜。

透龍湖。在惠來縣西北二里。縣志：湖周三十丈，深不可測，相傳雷震地裂，遂成巨浸，有溝引水溉田數十頃。又有洋岡湖，在縣北二里，源出後潭坑，有溝長六里，溉田三百畝。

三利溪。在海陽縣西，導濠水，過雲梯岡，入揭陽縣界，至楓口合揭陽港，至潮陽界入海。三縣利之，故名。宋元祐間，知州王滌始濬。明正統以後，日就堙塞。弘治五年，知府周鵬復濬，八年因北門隄決復塞，其後惟小渠洩水潦而已。縣志：三利水，舊引韓江自南濠橋西入，橋口甃以石，不致潰決。本朝順治中，叛帥郝尚久拓之，水決居民數百家，西郊之田皆爲沙壅。事平後乃築爲直隄，南濠遂廢，河不復通。康熙十二年重浚城濠，築南門隄，砌石爲函，一如舊制。

楓溪。在海陽縣西十里，源出湖山，西南流合三利溪，瀦於鳳塘，經揭陽縣東北，至楓口入北溪。又中離溪，在縣西南四十里，明嘉靖中浚，起龍溪，入揭陽縣界，過桃山，達楓口，長二十餘里。

河渡溪。在潮陽縣東界，南自錢澳有河渡門，北至磊石，皆通大海，長數十里。

南溪。在揭陽縣城南，源出惠州府海豐、長樂二縣界分水埡，流經三山之南，百折而東，繞縣城南，引入城中，旋繞縣治，瀠洄泮宮，謂之玉窖溪。以縣治舊爲玉窖村，故名。又東，至縣東南三十里浦灣渡，與北溪合。又東經青嶼，歷潮陽縣北界，澄海縣西南界，至鮑浦巡司之南，爲牛田洋。又東經磊口山北入海。又湖口溪，在縣西霖田都，源出崎山及龍磜、狗磜諸山，會於斗籠潭，南流入南溪。又浦口溪，在縣西南官溪都，源出田心山，東北流入南溪。又古溪，在縣南十五里，源出普寧縣界廣蔡山石水岡，有石廣袤百餘丈，泉出其中，下注於潭，東北流經仙橋渡，又東入南溪。

北溪。在揭陽縣城北，有二源，一出長樂縣界，一出嘉應州界，合流經飛泉、貴人諸山。又東合石硿、循梁、大羅諸水，繞縣城北過玉窖溪，至浦灣渡，合於南溪，今屬豐順縣。又深浦溪，在縣西三十里，源出霖田都西山諸澗，東北流入北溪。又梅岡溪，在縣東北二十里，一名曲溪，源出長布畲，南流入北溪。縣志：雙溪口，在縣東少南三十餘里，南北二溪合流於此。明天啓中海寇猖獗，填七石於溪中以捍賊舟，今名七里石。

黄岡溪。在饒平縣東，有三源，合流入海。通志：一自九峻山發源，曰東溪，南流五十里，至縣東北河門山。一自桃源山發源，曰北溪，東流二十里，繞縣北城隍山下，又東至河門，與東溪合。一自梅峯發源，曰南山溪，東流二十里，經縣南天馬山下，又東北至河門，合流而南十五里，爲大石溪，勢始停瀦。又十里爲湯溪，溪多盤石，中流有一石竅，湧泉甚温。又經東洋屯十五里爲燈塔溪，會大榕、小榕、潘段三溪。又流二十五里爲黄岡溪，分爲三溪，入於海。

西溪。在饒平縣東南，源出尖峯，繞大埕前，至灣港入海。

雙溪。在饒平縣西五十里平溪村。舊志：一曰漳溪，源出青嶂洞山，東流四十里，與黄岡溪合。一曰秋溪，在縣西龍眼城，中有石龜潭，合小江溪入海。

後嶼溪。在惠來縣東三十里，源出南山嶺，南流至獅石頭，接潮汐，紆迴數百丈。溪中有嶼，故名。

光華溪。在惠來縣東四十里，源出大峯山，西南流抵光華砦，分爲東南二派，並流至縣東五里福阜，仍合流，曰福阜溪。折而南，至神泉港入海。又西溪，在縣西門外，源出虎頭砦，流經大阿、金竹諸村，至縣西引以爲濠。又南經白沙湖，至神泉港入海。又禄昌溪，在縣西二里，源出鹽嶺，南流至白沙湖，與西溪合。又南至神泉港入海。又林招溪，在縣西二十五里，源至鶯嘴山，南流經鬣溪，至遼洋分爲三派，東爲林招溪，中爲龍岡溪，西爲沙岡溪，皆抵神泉港入海。又羅溪，亦在縣西二十五里，源出石鳥山，南流合林招溪，至神泉港入海。其神泉港，在縣南五十里。

産陂溪。在惠來縣東五十里，源出金剛髻山，南流至靖海港入海。又洪橋溪，在縣東六十里，源亦出金剛髻山，流至靖海港入海。

茆洋溪。在惠來縣東六十里。源出黄岡山，東北流十餘里，合繞心江，又十里經茆港，會諸水入練江。

攬表溪。在惠來縣西南六十里，源出磨山，南流經新岱，至甲子港入海。又大陂溪，在縣西八十里，南流經澳頭，至甲子港入海。其甲子港，在縣西南八十里海豐縣界。

大靖溪。在大埔縣東南四十里。有二源，一自福建汀州府永定縣界東洋來，爲黄沙溪，一自福建漳州府平和縣界來，爲漳溪，合流爲大靖溪，亦名永安溪。流經保安社，繞縣西入神泉河。其水頗廣，可通舟楫。

銀溪。在大埔縣西七十里，源出嘉應州明山嶂，流六十里入大江。縣志：銀溪崎險湍急，可通小舟，産魚無腥，其水用之滌衣，不假漿粉。

小靖溪。在大埔縣東北。源出縣東北五十里，永定縣三層嶺，屈曲數十里，繞縣城北，西入神泉河。

横隴溪。在澄海縣西北三十里。上流即韓江，自海陽縣流入，至此分爲南北二港，二港又各分爲數派入海。其在縣南五里者曰南港，由南港分派爲新港，在縣西十里。又由新港分三派，一曰東港，在縣西二十里，經漁洲等村入於海，一曰西港，在縣西三十里，一曰溪東港，在縣西四十里，俱入牛田洋。又由溪東港分派爲鮀濟河，一名濟海渠，在縣西南五十里，西經蓬州所城，南入牛田洋。其在縣北五里者曰北港，由北港分派爲大洲港，在縣北十里，自南洋村分流，折而東北入海。去海最近，産諸海錯。其北一派爲飛泉港，又北分流爲旗嶺港，去縣十五里，凡往來貨船皆泊於此。

玉帶溪。在澄海縣北一里，北引北港水，自北關口入石子潭，南引南港水，自嶺門至北橋相合，繞城四面，周七里。西有黄州溪，右有大港，左有牛盧港，皆流注之。

豐溪。在豐順縣南二十里。源自白水礤豐田嶂尖髻山，十里至横坑田心合流，又由田心經下湯，至産溪山站口入大河。

產溪。在豐順縣東北五十里。又有九河，在城北五十里，俱東南流入韓江。

揭陽港。在潮陽縣北。自揭陽縣流入，俗名牛田洋，與澄海縣分界。又東經磊石口山北入海。縣志有西瀘水，源出禄景山，河溪水出河溪山，華陽水出華陽山，皆西北流入牛田洋。澄海縣志：牛田洋，在縣西南四十五里，受揭陽縣南北二溪之水，東南通海，魚蛤之利，民賴以生。

大港。在饒平縣東南一百餘里大港栅諸村之中，通百貨，潤鹽埕，民利之。又有六澳港，在縣東南，黄岡堡西。

大徑潭。在惠來縣東四十里大徑山下，周一百丈，可通諸渠，鄉民利其灌溉。

龍潭。在大埔縣南。有二，一在湖寮村石寨下，深不可測，一在永安社。又蛟潭，在縣西北五十里。

老鴉洲。在海陽縣東韓江中，今名鳳凰洲，廣一百八十丈有奇，袤六百三十三丈有奇，扼江中流，使水不直瀉，爲郡城關鍵。

滄洲。在潮陽縣東南海門所東，周五里，浮於江中，有田可稼，上有居民。

温泉。有六。一在海陽縣東北登瀛都。一在潮陽縣西北坤柄山，廣四丈餘，深三尺餘，四時不竭，至冬尤暖。一在惠來縣東北二十五里西坑。一在惠來縣西北五十里龍窟。一在豐順縣西北豐溪畔湯田。一在豐順縣金鼎寨東門外山麓，曰湯坑，有泉從地湧出，可以熟物。

古蹟

海陽故城。在海陽縣東。元和志：本漢揭陽縣地。晉於此立海陽縣，屬義安郡。隋開皇十年罷郡，省入循州。十一年置潮州，復立海陽縣以屬焉。南濱大海，故曰海陽。寰宇記引南越志云：縣南十二里即大海。輿地紀勝引圖經云：州治舊在鴨湖。

潮陽故城。在潮陽縣西北。元和志：縣東北至潮州二百里，本漢揭陽縣地。晉安帝分東官郡，置義安郡，乃立潮陽縣屬焉。以在大海之北，故曰潮陽。貞元九年，移於今理。寰宇記：在潮州西南，隔小海二百里。府志：舊縣在今縣西三十五里臨崑山之麓，里人猶稱其疆埒曰官廳埒，其北有舊濠跡。

揭陽故城。在揭陽縣西。漢置縣，屬南海郡。晉時縣廢，宋復置，屬潮州。宋史地理志：宣和三年，割海陽三鄉，置揭陽縣。紹興二年，廢入海陽。八年復置，移治吉帛村，即今治。輿地紀勝：在潮州西七十五里。

海寧故城。在惠來縣西。晉末置，屬義安郡。唐初省。寰宇記：海寧縣在潮陽郡東六里，西接東官縣界。按：隋書地理志海寧縣有龍溪山。元和志「龍溪山今名海寧嶺，在潮陽縣西一百七十里〔六〕」。以故縣得名，則縣與山必當相近。寰宇記謂在郡東六里者，誤。

普寧故城。在普寧縣東南，本潮陽縣地。明嘉靖中，以山賊張璉、鄒文綱等連年流劫〔七〕，四十三年，割潮陽之洋烏、溪水、黄坑三都置普寧縣，寄治潮陽貴山都之貴嶼。萬曆三年，改築城垣於厚嶼，其地卑濕，縣署未定。十年以洋烏、溪水二都還潮陽，止存黄坑一都，十四年始移治焉。

萬川廢縣。在大埔縣南。漢揭陽縣地。晉末置義招縣，屬義安郡。隋大業初改曰萬川，唐初廢。寰宇記引南越志云：義安郡義招縣，昔流人營也。晉義熙九年立爲縣，永初元年移漳郡之西。大埔縣志：古萬川縣，即今縣南七十里清遠湖寮城，石柱勒字尚存。

千秋鎮。在惠來縣西北龍溪都，其地背山面谷。宋景炎二年，鄒鳳從文天祥駐兵於此，爲之銘。

豐順鎮。今豐順縣治，本屬海陽縣。本朝乾隆三年，析海陽、揭陽、大埔、嘉應四州縣地置縣，治豐順鎮，因以爲名。舊志：在海陽縣西北一百四十里，接嘉應州界。明嘉靖末置豐順營。隆慶初築城，周二里，門三，以通判駐守，尋以盜平還郡，設官軍汛守。

中饒堡。今饒平縣治，本海陽縣地。東曰上饒，西曰下饒，通名曰三饒，濱海倚山，習俗剽悍，爲盜賊藪。明成化十四年，總督朱英奏析弦歌、宣化、信安、隆眼城、戀洲、清遠、秋溪、蘇灣八都置饒平縣，治弦歌都之中饒堡。

惠來都。今惠來縣治，本屬潮陽縣，東去潮陽縣一百二十里，西去海豐縣二百餘里。明嘉靖四年，巡按熊蘭以其地東南臨海，西北阻山，壤地空曠，盜賊時發，奏請分潮陽之惠來、酉頭、大坭三都，龍井都三分之一，及海豐縣之龍溪都，置縣，治惠來都，因以名縣。

大埔村。今大埔縣治，本海陽縣地。明成化以後，爲饒平縣地，東連福建平和縣，北接上杭、永定二縣，西北距嘉應州。其地荒僻曠遠，溪洞險阻，盜賊往往蟠結於此。正德六年，清遠都山獠張白眉依山結營，分隊剽掠。嘉靖二年悉勦平之，五年始析饒平、海陽二縣地置縣，治大埔村，因以爲名。

闢望村。今澄海縣治，本海陽之下外莆都地。明洪武二年，置闢望巡司。嘉靖四十二年，析海陽之上外莆、中外莆、下外莆三都，及揭陽之蓬州、鰐浦、鮀江三都，饒平之蘇灣都，置澄海縣，治闢望村。

西洋驛。在海陽縣西六里。又有鹽亭驛，近海百姓煮海爲鹽，遠近取給。

走馬埒。在海陽縣北十里。九域志：潮州有越王走馬埒。

揭陽樓。在海陽縣東山。輿地紀勝：韓愈建。

鳳山樓。在海陽縣金山。明統志：樓下有古瀛洞天，前繪列仙，後傍城疊石，汲水爲流觴，左右有欹凉、延光二亭。

宋太子樓。在饒平縣東南南澳山雲蓋寺海崖，疊石爲樓，相傳宋少帝駐蹕所建。

仰韓閣。在海陽縣東濟川橋左。明統志：元至正中，通判喬賢能建。

清平閣。在潮陽縣練江沙隄上，宋尚書王大寶建。

明遠堂。在海陽縣城内，一名思韓堂，宋郡守孫叔謹建。

惠文堂。在海陽縣治後，宋景定中，通判程應斗建，以祀陳堯佐。

回瀾堂。在海陽縣城内金山東。明統志：有得要、臨清二亭對峙其下。

韓亭。在海陽縣韓山。輿地紀勝：昌黎登覽舊地，俗呼侍郎亭。明統志：元延祐中張處恭改建。

仰斗亭。在海陽縣東。輿地紀勝：亭在東山之腹北面，故名仰斗。明統志：在思韓堂後，刻韓愈像及諸賢墨跡。

獨遊亭。在海陽縣東。輿地紀勝：陳堯佐建。

南珠亭。在海陽縣城外韓山書院前。明統志：宋守鄭厚建，取韓愈别趙德詩「婆娑海水外，簸弄明月珠」之句而名。又鳶飛魚躍亭，在韓山書院池中，元郡守王韓建。

水簾亭。在潮陽縣東山。輿地紀勝：泉流四垂，若張簾於楹，且屈曲繞流於亭下，可浮觴以飲。

鳳臺。在海陽縣城内金山，相傳昔有鳳凰翔集臺上，故名。

陸秀夫宅。在澄海縣南外港口，秀夫與陳宜中議不合，安置潮州，居此。一名陸厝園。舊志：饒平縣亦有陸秀夫故居，在縣南海邊沙岡，秀夫裔孫大策嘗至海上訪族人，得其遺址，猶稱爲學士館云。

遠遊庵。在潮陽縣西北麻田山中。宋逸士吳復古隱此，蘇軾有銘。

拙窩。在海陽縣城内金山。舊名遥碧，宋廖德明更名，朱子書額，并刻周子拙賦於巖石間，今猶存。

蒙齋。在海陽縣西。輿地紀勝：在湖山，故信安令鄭沂讀書之堂，有水石之勝。

關隘

分水關。在饒平縣東南一百四十里。其北又有老虎關、柏高關，皆接福建詔安縣界。

武寧關〔八〕。在惠來縣東四十里。明初置驛於此。

龍岡關。在惠來縣西三十里，有東西二關，東通林招渡，西逼龍岡溪，最爲要隘。有城周一百丈，門三。有龍岡市，爲水陸輻輳之所。

東隴隘。在海陽縣南登雲都。境内又有新關、海門、萬里橋、楓洋、湯田、伯公等隘。

河渡門隘。在潮陽縣東招收山下。

桃山隘。在揭陽縣東。又官溪隘，在縣南。霖田隘，在縣西。藍田隘，在縣北。舊皆爲戍守處。

漁村隘。在饒平縣東南。又小榕隘、青竹徑隘，皆在縣東南。平溪隘、鳳凰隘、小村隘，皆在縣西。嶺脚隘、九村隘，皆在縣東北。及牛皮石、黄泥、大徑等十隘，皆在弦歌都。

箭竹凹隘。在大埔縣東五十里，接永定縣界，嶺峡横亘，中一凹通往來。又莒村隘，在縣東南五十里。鵶鵲坪隘，在縣南四十里。天門嶺隘，在縣南九十里。楓朗隘，在縣南一百里。大麻隘，在縣西六十里。陰那口隘，在縣西北六十里。平沙隘，在縣北二十里。長窖隘，在縣東北十里。

虎頭沙隘。在大埔縣東北五十里，與永定錦峯窖相接，路通福建上杭縣，有埠市，客商往潮、惠、汀、漳皆於此轉輸。兩旁石山，中通小徑，盜賊嘗出劫掠。明嘉靖四十一年設巡司，萬曆十年廢。

冠隴隘。在澄海縣西北十里。又南洋隘，在縣北十里。俱有寨。

浮洋巡司。在海陽縣南二十里浮洋市。本朝乾隆二十七年置。又舊志有潘田巡司，在海陽縣西北一百三十里潘田村，明嘉靖中置，本朝雍正十三年裁。又有楓洋巡司，在縣西北楓洋村，明洪武初置，四年移治縣南園頭村，嘉靖末廢。

招寧巡司。在潮陽縣東三十里招收都。明洪武二十八年，設於海口，曰海口巡司，後以其地置千户所，移司治此，改名。

本朝康熙五十七年，移置達濠城中。

吉安巡司。在潮陽縣西黄隴都峽山鄉。明洪武二年，置於減水都南山下。二十七年，移治桂嶼都。乾隆元年，割桂嶼隸普寧，改置於此。

門闢巡司。在潮陽縣西北六十里門闢村。明洪武二年置。又桑田巡司，在縣北少西三十里，明正統十三年置，今廢。

北寨巡司。在揭陽縣東桃山都。明洪武四年，置於縣西北岡頭山。正統四年，移於縣東北烏石山南。正德十二年，復還舊治。本朝順治十年，改置於此。

河婆巡司。在揭陽縣西，原名湖口。明洪武三年，置於霖田都，後遷棉湖寨。本朝嘉慶十二年，移駐於此，改名。

柘林巡司。在饒平縣東南海口。明洪武初置於黄岡鎮。本朝嘉慶二十四年，移駐於此。又有鳳凰巡司，在縣西五十里，明弘治中置，今裁。

神泉巡司。在惠來縣南十五里神泉村，近大海。明洪武初，置於縣西北山村，曰北山巡司。二十七年，改置於此。嘉靖二十三年築城，周三百丈，嘗爲海賊林鳳所踞。本朝雍正九年，移置巡司於靖海所城内，仍名神泉。

葵潭巡司。在惠來縣西南葵潭寨内。舊爲北山驛驛丞，本朝雍正七年改置巡司。

白堠巡司。在大埔縣東南六十里白堠隘。原名大産，明嘉靖中置於縣南大産村，後遷黄沙，而司名未改。本朝嘉慶二十四年移此，改今名。又有烏槎巡司，在縣西高陂村。明初置烏槎營堡，在縣西南，後通山徑，前臨津渡，爲要害之地。嘉靖四十一年設巡司於此，後以虎患移治高陂。本朝乾隆二十七年裁。

三河巡司。在大埔縣北城側。舊在縣西新寨社，今移置。

鮀浦巡司。在澄海縣西南鮀浦鎮。明洪武三年置。又宋置小江巡司及小江驛，在縣北小江村。元置小江勾管司，明洪武二年改小江鹽課司，四年移於鮀浦司西北。又洪武十四年，置鮀浦河泊所，今廢。

樟林巡司。在澄海縣東北三十里樟林寨城内。舊爲東隴河泊所，本朝雍正九年改置。又鬭望巡司，明初置於縣北芒尾村，嘉靖十二年以司置縣，因移治南洋村。今廢。

雲落逕巡司。在普寧縣東南桂嶼都。原潮陽縣吉安司舊址，舊在雲落逕，明嘉靖中置，屬潮陽縣。本朝雍正九年改屬。乾隆元年移溪東都，二十七年復移於此。

湯坑巡司。在豐順縣湯坑市金鼎寨。本朝乾隆二十七年置。

磂隍巡司。在豐順縣東北。本朝嘉慶二十四年置。

南澳巡司。在南澳廳左。本朝乾隆二年設。

菴埠鎮。在海陽縣東南六十里。康熙五十七年，設縣丞。乾隆十五年，並移通判駐此。

南澳鎮。在饒平縣東南一百六十里海中南澳山上。明萬曆四年築三城，一在深水澳，一在雲蓋寺，一在龍眼沙，互相聯絡，設副總兵駐守。本朝康熙十八年，改設總兵官，兼轄澄海、海門、達濠三營，控制粤、閩兩省，爲海上重鎮。雍正十年，增設海防同知駐此。

黄岡鎮。在饒平縣南少東九十里。明嘉靖二十六年築城。本朝順治十七年重修，周六百餘丈，設副將駐守，屬潮州鎮。康熙五十七年，增設潮防同知駐此。

三河鎮。在大埔縣西四十里三河口西岸。縣志：地界閩、廣舟車要津。明洪武九年，設巡司及驛丞。十年又設遞運所。嘉靖十二年，革遞運所。四十三年築城，周五百丈。萬曆末，以巡司兼驛務。今有三河壩市，貿易者星布，爲縣巨鎮。

北關鎮。在豐順縣東南六十里。

海門所。在潮陽縣東南二十里，東臨河渡門，南去大海四里，北去磊石門十八里。明洪武二十七年築城，周六百七十三丈，置守禦千户所，又設詔興營於此。本朝康熙六年增設副將，爲潮州鎮水師協，八年裁，二十年改設守備，四十二年添設遊擊，明年改屬南澳鎮。雍正三年裁千户所，四年改設參將駐守，仍屬南澳鎮統轄。

大城所。在饒平縣東南一百三十里，高埕柵、鳳獅二山之下，南去海岸八里。明洪武二十七年築城，周六百四十三丈，置守禦千户所。本朝乾隆六年，移黄岡協右營守備駐此。

靖海所。在惠來縣東少南六十里，東、南皆臨大海。明洪武二十七年，置守禦千户所。嘉靖二十七年築城，周五百六十丈。本朝康熙九年重建，以海門營左營守備駐守。

蓬州所。在澄海縣西南三十里，南臨牛田洋，西北去揭陽縣九十里。明洪武二年，置守禦千户所於夏嶺村。二十七年移於鮀江都。三十一年築石城，周六百四十丈。嘉靖中自揭陽改屬澄海，後移治潮陽烏石。本朝雍正三年裁。

達濠營。在潮陽縣東海中達濠山。本朝康熙二十年設副將，二十三年改設遊擊，四十二年裁遊擊，以守備駐防於此。

獅子營。在揭陽縣西霖田都，接長樂縣界，一名獅頭營。又馬頭營，在縣西北藍田都。長市營，在縣東北梅岡都。皆明初置，久廢。

棉湖寨。在揭陽縣西六十里。嘉慶十二年，設縣丞駐此。

柘林寨。在饒平縣東南一百四十里，本係水寨，明初設官兵防守。本朝康熙十年築城，周一百十五丈，門二。海防考：柘林波連南澳，跨閩、越之交，他寨或山或礁或港，皆有險可恃，此獨四面孤懸，無附近衛所可資緩急，故其備爲最切。

鷗汀寨。在澄海縣西二十里。又樟林寨，在縣東北三十里，澄海協右營守備駐此。

水寨城。在澄海縣北三十里。宋乾道三年，知州事傅自修諭降海盗，創置水軍寨於此。嘉定十四年，移於鮀浦場。明洪武三年，復於故址築城，設指揮使鎮之。成化中屬饒平縣，復屬澄海。今廢。

黄岡堡。在惠來縣東。九域志：潮陽縣有黄岡鎮。縣志：黄岡有市，在縣東六十里。本朝康熙八年築堡城，周四十丈。

黄山徑。在惠來縣西八十里，路通海豐，狹不容車。

銀場。九域志：海陽縣有豐濟一銀場，横衝、黄岡二錫場。

招收鹽場。在潮陽縣大棚村。元置招收勾管司。明洪武二年，改爲鹽場。今置鹽課司。

小江鹽場。在饒平縣東南黄岡鎮。明置鹽課司，管四柵，黄岡迤東爲大港柵，又東爲高埕柵，又東爲大埕柵，又東爲柘林柵。今仍置鹽課司。

隆井鹽場。在惠來縣東九十里，接潮陽縣界。明初置，在潮陽縣南二十里龍津亭畔。嘉靖初移於練江村，轄平湖、古埕、古汀、神山四柵。隆慶三年改屬惠來。今置鹽課司。

鳳城驛。在海陽縣北門外。明置，崇禎末廢。本朝順治中復置，康熙三十九年裁。

産溪驛。在海陽縣北七十里。明初置，今裁。

靈山驛。在潮陽縣南門外。明初置。嘉靖四年移於北郭，後又移此。今裁。

桃山驛。在揭陽縣東三十里。明洪武四年置，隆慶二年廢。

黄岡驛。在饒平縣南一百里陳塘堡。明初置，嘉靖後廢。

北山驛。在惠來縣西門外。明初置，在縣西十五里菴頭村。嘉靖六年移置於此。今裁。

大陂驛。在惠來縣西八十里。明洪武四年置。今裁。

神泉街。在大埔縣城東，濱河，當汀、漳、潮、惠之衝，魚鹽百物所聚。

和平市。在潮陽縣西南三十里和平村。明置河泊所於此。

浮山墟。在饒平縣東南三十里東洋屯，一名百丈埔。宋張世傑妻許氏會陳弔眼之師，出黄岡與元兵戰亡於此。

津梁

廣濟橋。在海陽縣東，跨老鴉洲。宋建，名濟川橋。廣二丈，長一百八十丈，分據東西二洲。明宣德中，知府王源壘爲墩二十有三，架亭屋百二十有六，造舟二十有四，爲浮梁，更今名。正德中易梁以石。本朝康熙二十四年修。

思古橋。在海陽縣東十里。元泰定中建，俗名洗馬橋。

萬里橋。在海陽縣西大和都，舊名李浦橋，接揭陽縣界。又揭陽縣東北五十里亦有萬里橋。
去思橋。在海陽縣西北。宋嘉定間州守趙謐建，因名。
和平橋。在潮陽縣西南三十里，跨綀江。宋宣和中建，長三十丈，計十九間。
臚溪橋。在潮陽縣西南三十里臚岡。又西南十里有成田橋，十里有茅津橋，路達惠來縣。
瀟湘橋。在潮陽縣西七十里瀟湘村。唐進士洪奮虬建。
釣鰲橋。在揭陽縣西二里。明嘉靖中，改建於縣南半里。萬曆中復修縣西故址，今二橋並存。本朝康熙三十二年重修。
大窖橋。在揭陽縣東北四十五里，接海陽縣界。元建。凡十五門，各廣二十五丈。
横溪橋。在饒平縣東。相近又有廣德橋。又洋溪橋，在縣北五里。本朝乾隆四年建。
光華橋。在惠來縣東四里。其西有惠政橋，舊名新市橋，分跨光華東西溪。
武寧橋。在惠來縣東武寧關。元建。
大陂橋。在惠來縣西大陂驛東，石梁二十一間。宋建。
孚惠橋。在大埔縣南高圳小水口，爲閩、廣孔道。
方公橋。在大埔縣北門外，跨小靖溪。明嘉靖中，知縣方琦建。
溪東橋。在澄海縣西南三十里鮀浦市尾。又後溪橋，在縣西南三十五里沙埔村。
仙礱橋。在澄海縣西北十里，冠隴市北。宋建。長十丈，石梁五間。又濟川橋，在縣北十里，有上下二橋。
百里橋。在普寧縣東二里。又東南五里有錢湖橋，相近有東洋橋。

長壽橋。在豐順縣下湯社。又後寮橋，在紅獅宫北。

官溪渡。在揭陽縣東，漁湖、桃山二都之間，一名長埔渡，爲入郡要津。

攬表渡。在惠來縣西南六十里，達海豐甲子所，要津最險。

隄堰

北門隄。在海陽縣東。府志：起城北龍康，繞鳳城驛而東而南，歷南廂、登雲、登龍、龍津、南桂、太和、東莆、上莆、龍溪九都，長八十里。又有南門隄，本朝康熙十二年修築於城濠之口，甃石爲涵洞，納韓江水，通三利溪，民甚賴之。乾隆三年，復動帑金十萬，加築三隄工以鞏固。

江東隄。在海陽縣南。府志：隄自水頭宫折東轉而南，至急水門西岸，又歷寨口村，抵蓬萊宫至水口，又自水頭宫折正南，又折東至水口，與蓬洞宫相直，中爲江東都，四面皆水，而西北尤險。

漁洲後洋隄。在澄海縣蓬洲都，長四千七百二十五丈，舊有四大石磯爲外護，歲久磯壞。又金沙隄，在縣南十里，明萬曆間郡丞王懋中築。本朝嘉慶十七年，並知縣李書吉修。

劉甫洋陂。在惠來縣西南十里，源出石烏山，流經東容陂，分流溉内洋、後河寮、烏墩、新岱等田，由河秀溪入海。又西巷陂，在縣西六十里，溉鹹田五百畝。又白沙湖陂，在縣西北六十里，石甃，溉田二百餘畝。

海仔塘。在惠來縣西海仔村，周三十里，消息隨潮汐，溉田二百餘頃。又蓮臺寺塘，在縣西三十里，周八里，多生蓮藕，溉田百頃。

新溪涵。在澄海縣西北十里。府志：上、中、下外莆都，北起横隴，南抵下埭，東西共一萬零二百二十四丈六尺，舊有石磯三十二，以殺水勢，涵溝一十六，以引積水入於海。自宋迄元、明，相繼修築。本朝順治初重修。

蘇厝涵。在澄海縣西南十里上窖鄉。本朝嘉慶十八年，知縣李書吉修。

陵墓

唐

洪奮虬墓。在潮陽縣西六十里王嶼山巔。

宋

許申墓。在海陽縣西北楓洋。

王大寶墓。在海陽縣東北四十里，胡銓有銘。

吴復古墓。在潮陽縣西北麻田山中。

劉允墓。在海陽縣歸仁都鳳山。

陸秀夫母墓。在饒平縣東南南澳山北青遥口。明統志有秀夫墓，在府城南八十里海中。

元

戴希文墓。在海陽縣東北登瀛都畬嶺。

明

林熙春墓。在海陽縣西南東莆都。

薛侃墓。在揭陽縣東南鳴鳳山。

翁萬達墓。在大埔縣西三河。

本朝

鄭大進墓。在揭陽縣。乾隆四十九年，御賜碑文。

祠廟

昭忠祠。在府城内。嘉慶八年建。

韓文公廟。在海陽縣東韓山上。宋咸平中，陳堯佐建。元祐五年遷於城南，蘇軾撰廟碑。淳熙中又遷於此。自明以來，相繼增修。又揭陽縣學宫後有韓祠,澄海縣治西南有景韓祠。

陸公祠。在海陽縣東韓山。明弘治中建,祀宋陸秀夫。又澄海縣治西南有陸相祠。

九賢祠。在海陽縣西湖山。宋慶元中建,祀趙德、林巽、許申、盧侗、劉允、吴復古、張夔、王大寶、姚宏中。

賢守祠。在海陽縣西湖山。明統志:祀曹登、黄定、丁允元、陳宏規、林嶸、沈杞、黄自求、曾噩、孫叔謹、陳圭、常褘。

二相祠。在海陽縣城北。明統志:唐相李德裕、宋相趙鼎俱謫於此,後人慕其德望,因立祠。

元公祠。在海陽縣北金山上。宋淳祐中,知州周梅叟建,祀濂溪周子,併及二程子、張子、朱子。明嘉靖中,復以廖德明配。舊在府學之右,後移今所。

馬公祠。在海陽縣北金山上,祀宋死節臣馬發。

雙忠祠。在潮陽縣東山,祀唐張巡、許遠。宋文天祥過此,書沁園春詞於壁。又祠左有大忠祠,祀文天祥。

寺觀

開元寺。在海陽縣城内,唐開元中建。

治平寺。在潮陽縣南二里,宋治平元年建。

靈山開善寺。在潮陽縣西五十里,唐貞元初建,僧大顛所居,中有留衣堂。

雙峯寺。在揭陽縣治東,舊在縣東一里,宋紹興中建,明初移此。

超真觀。在潮陽縣東東山，唐咸亨中建。

招仙觀。在揭陽縣西明山，宋嘉定中建。

名宦

南北朝　梁

蔡景歷。濟陽考城人。爲海陽令，政有能名。

唐

常衮。京兆人。德宗即位，以奏貶崔祐甫坐換秩，再貶潮州刺史。興學教士，潮俗一變。

韓愈。鄧州南陽人。憲宗時，以諫迎佛骨，貶潮州刺史。惡溪有鱷魚，食民畜産且盡，愈爲文投溪水祝之，是夕暴風震電起溪中，數日水盡涸，西徙六十里，自是潮無鱷魚患。

宋

陳堯佐。閬中人。真宗時通判潮州。修孔子廟，作韓吏部祠，以風示潮俗。民張氏子與其母汲於江，鱷魚尾而食之，母弗能救，堯佐聞而傷之，命二吏拏小舟操網往捕，鱷魚受網，作文示諸市而烹之。

王舉元。真定人。仁宗時知潮州。江水敗隄，盗乘間竊發，舉元夜召里豪計事，悉擒諸盗，乃治隄，合境晏然。

王滌。萊州人〔九〕。元祐中知潮州，養士治民，一師韓愈，嘗新愈廟，蘇軾爲文記之。

廖德明。南劍人。乾道中通判潮州，民有奉淫祠者，沉其像于江。

林嘌。福州人。慶元中知潮州。州有白丁錢，民坐是失産，嘌奏罷之，又置田以供養士之費。

許應龍。閩縣人。理宗時知潮州。時盗陳三槍起贛州，出没江、閩、廣間，與盗鍾全相挺爲亂，逼境上。應龍調軍分扼要害，點集民兵，日加訓閱，横岡、桂嶼相繼捷聞，江西招捕司遣統領官齊敏率師由漳趨潮，截贛寇餘黨，應龍諭曰：「鍾寇將窮，陳寇猖獗，若先破鍾，則陳不戰擒矣。」敏惟命，於是諸寇皆平。距州六七十里曰山斜，峒獠所聚，禁兵與鬨，應龍平決之，其首感悦，率父老詣郡謝。去之日，合郡遮道攀送。

洪天錫。晉江人。理宗時調潮州司理。勢家奪民田，天錫言于郡守，還之。

孫叔謹。龍溪人。寶慶中知潮州。公勤自勵，創橋築堤，又奏罷貧民監役，潮人立祠祀之。

文天祥。吉水人。衛王立，天祥進屯潮陽縣。潮州盗陳懿、劉興數叛附，爲潮人害。天祥攻走懿，執興誅之。

元

安圖。蒙古人。元統間爲潮州路同知。溪水暴漲，漂没居民，圖默禱，願以身代民死，須臾水息。又嘗暴炎日中禱雨，雨遂大至。

「安圖」舊作「安童」，今改正。

明

衡岳。汝寧人。洪武中爲潮州同知。約己惠民，常禄外一無所私。

許德。籍未詳。洪武初，爲揭陽丞。有興學建城功，行省參政奏加旌賚。

王源。龍巖人。宣德十年知潮州府。廉明愷悌，政教兼舉。嘗刻藍田吕氏鄉約，擇民爲約正、約副，約士講肄，士民化之。陳獻章嘗言吏於潮有功者，前惟韓愈，後則王源。

楊昱。會稽人。成化中以舉人知饒平縣。政尚嚴肅，有建城、興學、闢田、均賦之功。

陳琳。莆田人。正德初，以言事謫潮陽縣丞。毁淫祠，興學校，士類向方。會調海豐兵赴程鄉，道出潮陽，突至城下，居民驚擾，琳即控馬出諭之，導出境，民乃安。

諸燮。餘姚人。嘉靖中，以兵部主事謫判潮州，署惠來縣。政平訟簡，南城向逼縣治，民苦湫隘，猝遇海寇，突至城外，又無以爲守，燮乃集父老議拓城數十丈，民由此得免疾疫寇賊之苦。

李桂。金州人。嘉靖中爲大埔知縣，善決獄。縣多僧田，例以給軍餉，歲苦重徵，桂爲請減之，并革三河壩稅，愛民育士，有古循良風。

侯必登。江州人。隆慶中知潮州府。威惠並著，羣盜望風懾息。嘗以事之省城，道經賊巢，賊相率羅拜馬首，肅隊前驅。

高攀龍。無錫人。萬曆間以行人言事，謫揭陽添註典史。勤于職業，嘗集程、朱諸子要語，以示揭之學者，多所裁正。

萬元吉。南昌人。崇禎間爲潮州推官。洞悉民情，摘發隱伏，雖老吏弗如。

許直。如臯人。崇禎末補惠來令。流寇陷城，闔户自經死。

本朝

劉正。新鄭人。康熙四年，爲潮州司理，精明果斷，絶苞苴，清夙弊，殫心積貯，旱澇有備，民利賴焉。卒祀名宧。

李成功。奉天人。由武進士官潮州鎮中軍遊擊，加參將銜。康熙十三年劉進忠叛，成功陰與城守遊擊張善繼等謀誅之，不克被執，罵賊遇害。張善繼、防禦于國連、署都司白虎、千總何亮、把總羅華、黄良俱死之。事聞，贈副將。張善繼等各贈卹有差。

閆奇英。奉天人。康熙初爲潮州判官，署府篆。劉進忠叛，奉委没其家，執逆婦周氏囚之，手刃悍僕十餘人，餘黨悉散，平藩討逆，功績最著。後聞海寇陷漳州，憂憤成疾卒，潮人哀之。

魏槐祥。柏鄉人。康熙初知潮州府。劉進忠叛，以刃脅槐祥從逆，槐祥曰：「我惟一死報國耳。」幽之一室，槐祥拍案大罵，不食而死。

張克嶷。聞喜人。康熙進士，知潮州府，清廉慈惠。屬邑奸民爲亂，邑令閉門治守具，克嶷曰：「第登白葉岐山，豎旗鳴鼓，聲言大兵且至，彼將自潰，何用張皇爲。」如其言，賊黨果斬渠魁以獻。守潮五載，吏治肅清，僚屬奉法維謹。

張應詔。五開衛舉人。康熙間知潮州府。有惠政，廉潔自矢。内遷江南道監察御史，民咸思之。乾隆十年祀名宧。

王岱。湘潭舉人。康熙二十二年，爲澄海令，清謹自持。捐俸備飢，墾闢土田，興修水利，戢奸禁暴，訟牒鮮少。卒祀名宧。

陳嘉謨。三原舉人。康熙中知澄海縣。禦海寇有功，擢御史。

張實。含山人。雍正十三年，知澄海縣。綜練治理，案無留牘，涖政八載，諸廢咸修。邑有套子河常決壞民田，實築隄障之，一方恃以無虞，民至今頌之。卒祀名宦。

崔見田。永濟人。乾隆四十七年，由鶴山調澄海令。廉儉正直，邑有漁船，新任至當輸例金〔一〇〕，却不受。嘗與諸生講學，有勤於誦讀者，獎賞甚厚，以是絃歌遍境内云。

人物

漢

吴碭。字叔山，揭陽人。舉孝廉，爲安成長。建安二十年，吴吕岱取長沙，碭偕永新、攸、茶陵三縣吏共入陰山城，合衆拒岱。孫權遣魯肅攻之，碭突圍走，曰：「碭知有漢，不知有吴也。」後權統有交、廣，終不仕。

唐

陳元光。揭陽人。儀鳳中，隨父征戍閩中，父死代爲將。永隆二年，提兵平潮盜，伐山開道，潛襲寇壘，俘馘以萬計，嶺表率平。還軍，奏請增七閩爲八，創置漳州，詔從之，命元光鎮撫其地。後賊復起，力戰而没，贈右豹韜衛大將軍，立廟漳浦。開元四年，追封潁川侯，謚昭烈。

趙德。海陽人。沈雅專静，通經有文章。韓愈刺潮州，置鄉校，牒請德攝海陽縣尉，爲衙推官，專領學事，自是潮士篤於文行。

宋

林從周。海陽人。景德二年進士，歷官屯田員外郎，充開封府推官。痛絶私謁，得權貴書，輒投之火。常對扆奏事，莊獻太后指以語仁宗曰：「此林從周也。」民有覬兄産，而賊其二子，長被創死，幼走免，事發獄成，以母年八十，例當留侍。從周議曰：「使無賴子居老母側，以凌其幼孤，必無全理。且孤孫雖穉，使侍可也。」太后讀奏未畢，遽頷之曰：「人情當如此。」命配海外。後轉度支員外，卒，壻余靖曾銘其墓。

許申。字維之，潮州人。大中祥符初，舉賢良，授校書郎，歷官江西等路轉運使，終刑部侍郎。嘗因災異，言事切直，無所回忌。

林巽。字巽之，海陽人。天聖中，應舉對策，以忤權貴，不録。慶曆間，投匭論事，仁宗異之，授徐州儀曹，不就。歸著易範八篇。

盧侗。字元伯，海陽人。皇祐五年，釋褐爲本州長史。嘉祐中，余靖、蔡襄交薦，調歸善簿。治平初，蔡抗復薦，召對，授國子直講。熙寧初，力言新法不便，乞外補，知柳、循二州，以太子中舍人致仕。

劉允。字厚中，海陽人。紹聖四年進士，爲循州户曹，改知程鄉。歲旱，州督租如故，允力争之，以狀聞，得免。復權知化州，歲市玳瑁、翠羽以萬計，允至悉罷之。吴川鹽户以蓄戎器坐盜，爲辨其冤，活者五十餘人。子昉，官至龍圖閣學士。

張夔。字致堯，饒平人。政和八年進士，宰茂名，以薦擢判廉州，遷知新州，前後皆以清節著。高宗常書於屏曰：「南有張夔，北有周昕。」

王大寶。字元龜，其先由温陵徙潮州。建炎初舉進士第二。趙鼎謫潮州，從講論，鼎嘆曰：「吾居此知交寥落，君獨肯從吾遊耶！」後歷官國子司業，兼崇政殿説書，請委監司覈江南月樁錢，爲定其制，減折帛錢以惠小民。孝宗即位，除禮部侍郎，上言四方日俟恢復，願陛下果斷。擢右諫議大夫，首論朱倬、沈該之罪，劾王澈督師荆、襄，坐視敗衄。疏再上，謫澈台州。會張浚復起爲都督，大寶贊其議。未幾，湯思退復請講和，大寶力陳不可，章三上不聽。隆道元年，陞禮部尚書，尋致仕，卒。

鄭南升。潮陽人。紹熙中，從朱子遊，於語、孟多所發明。

郭叔雲。字子從，揭陽人。初見朱子，求格致之要，又質禮經所疑二十餘條，退而彙諸家之説，定爲一編，藏於家。

胡斌。海陽人。爲殿前司，從童德興提禁卒戍紹武。紹定三年，江、閩寇大至，他將皆遁，斌獨與官軍數十人巷戰而死，尸僵不仆。事聞，贈武節大夫，録其後。

陳夢龍。潮陽人。開慶進士，由主簿改司法。二王浮海，奉命招撫潮寇，會文天祥被執，夢龍伏兵海口，謀奪之不克，力戰死。

趙嗣助。字衍獎，潮陽人。咸淳進士，官至朝奉大夫。後佐文天祥討斬劉興，宋亡不仕。

馬發。海陽人。德祐中爲摧鋒寨將，署州事。元兵逼潮城，守令懼走，發獨慰勞士卒，堅守不屈，戰敗仰藥死。後人哀其忠，立祠祀之。

張達。饒平人。景炎間，端宗至泉州，駐蹕紅螺山下，達率衆護蹕。後從陸秀夫等俱死厓山之難。

明

蕭鑾。字景和，潮陽人。宣德進士，授行人，使甘肅，却哈密饋。擢監察御史，雪冤獄百餘人，爲都御史王文所格，鑾争之愈力，事竟得白。出爲廣西提學，終山西副使。

姚瑗。潮陽人。天順舉人，歷官武選司郎中。中官蔣琮專恣，特疏劾其十罪，忤旨逮繫，王恕救之得免。

吴一貫。字道夫，海陽人。成化進士，由上高知縣入爲御史。弘治中，歷按浙江、福建、南畿，以强幹聞，擢大理右寺丞。畿輔、河南饑，請發粟二十萬石以賑，又别請二萬石給京邑及昌平民。尋以忤劉瑾，謫嵩明州同知。歷遷江西副使，討華林賊有功，進按察使，行軍至奉新卒，士民立忠節祠以祀焉。

鄭一初。字朝朔，揭陽人。幼以高節自負，登成化進士。有以千金求爲居間，一初曰：「名義至重，吾豈能知若事。」正德中授御史。會王守仁講學京師，一初受業不怠，時已病，或勸少休，曰：「朝聞道，夕死可矣。」尋竟卒。

周鑰。字希準，海陽人。弘治進士，由邑令擢給事中。往勘淮獄，劉瑾私人挾之，不聽，仍疏瑾逆狀，自刎死。

莊璵。字惇夫，揭陽人。弘治進士，授安福知縣，尋擢德府長史。宸濠挾借禄米，璵持不與，又嚴絶其私交，濠銜之，陰謀構害，璵挺身往見，詞色俱厲，遂被杖下獄，不食三日，衣冠危坐而死。嘉靖初，贈太常少卿。

周孝。揭陽人。少孤，問母曰：「兒何名？」曰：「生子望其孝，孝即汝名。」喜曰：「孝吾能之。」稍長，力田養母，朝出必整冠肅揖，暮歸亦如之。正德中歲旱，爲有司禱雨而驗，遂有秋，人稱爲「孝子粟」。

謝君錫。海陽人。以貢生爲福安訓導。嘉靖乙未，倭寇破城。君錫召集諸生申明大義，具衣冠拜廟，觸石死。

林大春。字井丹，潮陽人。嘉靖進士，除行人，累擢副使，督學浙江，致高拱所私於法，拱銜之，言官希指論罷。後張居正當國，雅知大春，且與拱有隙，或勸其一通，不屑也。

薛侃。字尚謙，揭陽人。正德進士，以侍養歸，師事王守仁。嘉靖初，授行人，時議學宫祀典，侃請以陸九淵、陳獻章從祀，又勸帝擇親藩賢者居京師，慎選正人輔導，以待皇嗣之生。帝震怒，下獄廷鞫究主使，張孚敬欲陷夏言，太常卿彭澤令侃引言，侃正目叱之，并發其奸，孚敬與澤遂得罪，侃亦斥爲民。歸家益力於學，從遊者百餘人。隆慶初復官，贈御史。

薛宗鎧。字子修，揭陽人。侃從子。嘉靖進士，授貴溪知縣，調建陽。求朱子後，復之以主祀。歲饑，賑倉粟，先發後聞。召爲户科給事中。駙馬都尉鄔景和占奪武清草場，奏歸之官佃充賦。尋以劾吏部尚書汪鋐肆奸植黨，擅作威福，被杖下獄死。隆慶初，贈太常少卿。

翁萬達。字仁夫，揭陽人。嘉靖進士，歷梧州知府。仇鸞鎮兩廣，縱部卒爲虐，萬達縛其尤者杖之。會朝議將討安南，擢爲廣西副使，以計誅土舍趙楷、李寰等，軍聲大振。後移師攻斷籐峽，破之，作平峽八議。已而毛伯温進勦，用其計，莫登庸恐懼，遂乞降。累擢兵部右侍郎，總督山西宣、大、保定軍務，左右都御史，修築宣大邊牆八百餘里，寇不敢犯。帝深倚之，進兵部尚書，召理部事，以丁憂歸。安達入犯，丁汝夔得罪，詔起萬達代之。嚴嵩、仇鸞讒搆於帝，斥爲民。尋復以故官召，未聞命卒。萬達事親孝，爲人剛直，勇於任事，臨陣身先士卒，尤善御將士，邊臣稱職者達爲首。隆慶中追謚襄毅。「安達」舊作「俺答」，今改正。

林熙春。字志和，海陽人。萬曆進士，歷工部都給事中。神宗惡言官，以無罪貶斥者三十餘人。熙春抗疏極諫，謫茶陵州判官。天啓初，累遷大理卿，以老乞罷，詔加户部右侍郎致仕。

唐伯元。字仁卿，澄海人。萬曆進士，知萬年、泰和二縣，並有惠政。累遷吏部文選、考功郎中，佐尚書孫丕揚澄清吏治，苞苴不及其門。尋乞歸，卒。

鄭同元。字黄中，潮陽人。崇禎進士，爲六合知縣。以詿誤戍台州，放還。明末遁跡梧、桂間，值容縣兵叛，與長子振芳同日殉難。

郭之奇。字仲常，揭陽人。崇禎進士，改庶吉士，歷官詹事府詹事。後遁跡南交山中，殉節死。

楊開。字悦之，大埔人。崇禎末，由舉人授湘陰知縣。時張獻忠陷長沙，被執，誘之降不應，授以長沙知府，大罵曰：「恨不能爲國殺賊，豈受賊官耶！」乃同妻子沉湘江而死。

本朝

吴六奇。字鑑伯，海陽湯田坑人。少豪俠有膽略，稔知關河阨塞。明季寇亂，偕弟標集鄉勇捍衛閭里。本朝順治七年，大兵下韶州，六奇謁帥於軍門，備陳諸郡形勢，請給遊劄數十通，散其土豪，所至皆下。帥上其功，授潮州副將。十二年，升碣石鎮總兵，募水師造戰艦，會剿鷺門，招降南澳及銅山僞將杜輝等一百八十七人，投誠兵一千三百五十四名，安卹難民三萬餘口，獲大小賊艦九十七，屢著奇功。晉左都督。疏言：「碣石既平，無須設鎮，且臣乃潮人，亦不宜久官鄉土。」事下藩帥議，議未上而六奇卒。賜祭葬，謚順恪。子啓爵，康熙五年以廕官侍衛，隨將軍施琅征臺灣，克澎湖有功，擢山西太原鎮總兵，調瓊州鎮。二十八年，陵水黎人王國臣爲亂，討平之，既而生黎母葵、母贊等復出劫掠，啓爵率本部兵斬其渠，羣黎懾服，遂自請略定黎地，添設州縣爲久安計。調天津鎮總兵，道卒，入祀名宦祠。按：湯田坑今爲豐順縣治，謹附記。

謝名選。潮陽人，爲揭陽諸生。順治初，九軍賊擄其家去，母妻及其妹俱投繯死，經宿，母忽蘇，潛逸歸，而名選不知也，詣賊營哭且詈，賊怒，支解之。

林鴻晃。揭陽人，爲邑諸生。順治初，九軍賊圍其鄉，鴻晃率鄉人固守，以計殺賊千餘，賊乃去。海寇鄭成功據揭陽，伺執鴻晃，百計誘之，卒不屈，鄉人醵金贖歸，終鴻晃世，鄉中無貳志者。

謝運開。饒平人。侍父疾，十三年寢食不離側，父歿未葬，寇至，以死衛柩，賊感而釋之。順治初海氛未靖，築堡堅守，鄉人恃以爲固。康熙二年，入祀鄉賢祠。

李亞五。饒平人。父病癰，醫言得生人骨敷之可愈，亞五自截一指，磨水以進，果瘳。

高廷煥。字華湖，惠來人。順治五年，劇賊羅英圍邑，援不至，廷煥集子弟計曰：「邑殘何以家爲？」即出資募鄉勇破賊，堅守四月，圍乃解。

張涇。惠來人。涇，府志作「經」。順治五年，惠來被寇圍，城中食盡，涇出家資倡衆餉軍，城賴以存。康熙庚戌登進士第。

林爾張。字四維，惠來人。順治初爲靖州知州。滇寇圍城，守禦三月，城陷，不屈死之，一家殉難十餘人，民立祠以祀。

謝廷詔。惠來人。順治五年，羅寇圍邑，出資募義勇。康熙癸卯舉於鄉，爲湖廣新田令，有惠政，謝病歸，童叟攀送者相屬。卒祀鄉賢祠。

楊州俊。字人俊，大埔人。順治辛卯舉人。九年郝尚久叛，與同年生黄標義不汙賊黨，棄家奔廣州，至鐵江遇賊，同死之。嘉慶八年，均入祀忠義祠。

陳復平。澄海人。歲貢生。海寇據邑，復平誓不爲屈，囚之八日，以計脱，載木主及嫡母逃金沙寨。寨破，賊殺其妻蔡氏以脅之，終不動，賊乃舍去。

楊鍾岳。澄海人。順治進士，官户部郎中，監通州倉，復督屯務於鳳陽，釐清夙弊。丁憂歸里，邑值水災，力濟窮乏。督學八閩，講學明倫，士風丕振。卒祀鄉賢祠。

林銘璽。字玉書，普寧人。順治辛卯舉人。郝尚久叛，招之不赴，郝怒脅以兵，銘璽集鄉勇守東山寨，寨破死之，闔門被害，丁壯同難者八十餘人。

方鼎爵。字毅正，普寧人。順治四年爲邑守備，土寇劫掠，鼎爵集衆禦之，鄉賴以安。八年寇復犯界，帶兵出勦，歿於陣。同時貢生方紹伯，字燕祚，亦率僮僕禦賊，城陷遇害。

賴心台。豐順鎮人。順治二年，九軍賊攻其所守寨，心台突圍出，赴饒鎮吴六奇請援，返爲賊執，令誘開寨門以免死，心台大呼曰：「援兵且至，務堅守寨門，不可開也。」賊怒，斷手足，然後殺之，焚其屍。

黄新德。海陽人。由吏員爲梧州竇家寨巡檢，攝藤縣尉。康熙十四年，山寇至，衆議棄城，新德諭以大義，願死守，城陷被執，駡賊死，闔家五口俱被害。事聞，贈南寧衛經歷。

陳添桂。海陽人。爲諸生莊泣僕。海寇林道乾攻東溝寨，寨破，莊舉家匿重垣中，賊獲添桂，詰主所在，添桂紿以遠避，賊斷其左手，不吐，復斷其右手，終不吐，遂斷其首去。莊出爲殮葬如禮，今墓在畸溝田，人呼爲「義僕冢」。

謝紹舉。海陽監生。少孤，事母孝，母殁，親負土成墳。康熙十三年劉進忠叛，與其子簡捷俱從征，屢著勞績。建祖祠，置祭田，正己勵俗，鄉人推爲約正。卒祀鄉賢祠。

林廷燏。海陽人。康熙十七年，以守備隨征雲南，中箭陣亡。賜祭葬，廕子。

周同俊。潮陽諸生。時土寇猖獗，同俊年九歲，侍父疾不離側，父殁，含殮如禮，哀慟過人，不知其在危城中也。卒祀鄉賢祠。

姚奪標。潮陽舉人。康熙中爲武功令。澹泊自矢，食無兼蔬。歲歉，設廠賑粥，條理精密。上官奇其才，欲引薦之，竟告休歸，攀轅者不絶於道。卒祀鄉賢祠。

王玉振。揭陽歲貢生。内行修飭，講濂、洛、關、閩之學，從學者衆，所得修脯，盡助貧乏。康熙七年，祀鄉賢祠。

謝謙。揭陽人。康熙中海寇楊二聯等犯僭耳，謙與瓊山縣令茹鉉協勦，設伏敗之，焚巨艦五。既而賊復聚數萬寇擾東西路，陷海口所暨澄邁、定安諸邑，將逼郡城，謙率七舟鏖戰一晝夜，身被數十創，力窮被執，不屈死之。

謝如晦。揭陽人。自傷父母早世，不及養，徧遊名山，擇吉壤，負土成墳，廬其側，鄉鄰慕其行誼，有事輒往質焉。卒祀鄉賢祠。

許茂繁。揭陽人。事繼母孝，撫兄子慈，捐田置義冢施棺以給貧乏。卒祀鄉賢祠。

方廣益。惠來諸生。事親以孝聞，推産與諸弟姪，賑粥施藥，治塗瘞骼，日無虚晷。郡將李某北還，販子女以歸，廣益捐金贖還，無德色。耄年猶教授生徒，人稱謙之先生。卒祀鄉賢祠。

陳正運。澄海人。康熙十三年劉進忠叛，脅之不屈。時軍興旁午，徵賦亟，正運獨先輸納，宗族有逋負者，悉代完之。兄患沈疴，禱以身代，兄愈而正運果卒，祀鄉賢祠。

歐亮。豐順鎮人。康熙十三年，劉進忠黨據揭城，亮時爲中軍，率兵恢復，駐磐溪都，逆黨夜襲，死之。

王國充。潮陽貢生。值海寇擾掠，國充募丁壯，儲芻糧，爲官軍聲援，亂平，課子弟讀書，置祀田，歲饑，助賑施棺。卒之日，鄉鄰爲之泣下。雍正六年，入祀鄉賢祠。

張奕靈。大埔人。少以孝稱，修學舍，置義田，築堡寨，建橋梁，終身不倦。卒祀鄉賢祠。

余良佐。澄海諸生。侍親疾，衣不解帶，居喪哀毁幾殆，廬墓三年。歲歉，捐産賑饑。卒祀鄉賢祠。

蘇權。普寧人。少孤家貧，母病，走數百里求藥，家稍裕，以不逮養爲憾。歲饑，指囷以濟，又捐�都烏洋田租近千石以供宗祀。卒祀孝義祠。

鄭大進。揭陽人。乾隆元年進士，由直隸肥鄉令，歷升山東濟東道。時高唐、茌平諸縣積潦阻道，大進徧歷相度，宣洩得宜，擢兩淮鹽運使。四十四年，以湖北巡撫署總督。值江水夏漲，大進以安陸、荆州二府地濱大江，藉隄爲衛，修築不可不固，鍾祥、潛江、荆門、江陵等處隄並應審地勢高下寬狹，改築月隄，俾水發江寬，不致地逼受衝。又疏言楚省教匪貽害風俗，自今牧令宜據實聞之院司覈辦，其諱匿徇縱者劾之。上韙其言。尋授直隸總督，奉命查勘永定河工，及陳奏保定九龍河各事宜，皆稱旨，加太子少傅銜。卒於官，賜祭葬，謚勤恪。

黄壯略。揭陽人。乾隆武進士。任貴州安籠都司，從征金川，屢立戰功。以勞卒於軍，祀昭忠祠。

許斌。澄海人。官閩督標參將。乾隆三十四年，隨征緬甸，戰於老官屯，中礟陣亡。事聞，贈總兵，世襲雲騎尉，予祀昭忠祠。

麥逢春。澄海人。乾隆五十二年，以把總隨征臺灣，升千總。帶兵援諸羅，遇賊於大崙莊，圍之數匝，逢春奮勇衝突，刃賊無算，力竭陣亡。恩予雲騎尉世職。

洪日陞。澄海人。嘉慶十三年，以把總隨總兵林國良追賊張保仔於新安，至鴉洲洋，礟矢俱盡，援兵不至，衆有退心，日陞大呼殺賊，麾舟前逼，手刃三人，與國良俱歿於陣。恩予雲騎尉世職。

流寓

宋

趙鼎。聞喜人。爲秦檜所忌，謫清遠軍節度副使，潮州安置。在潮五年，杜門謝客，時事不挂口，有問者但引咎而已。

李心傳。井研人。理宗時以言事去，奉祠居潮州。

明

林興祖。福州人。洪武初，從父宦遊，遂家海陽。爲人簡重，苦學不輟，事母至孝。以才行舉，歷官工部郎中、廣西參議，調交阯，卒。

列女

宋

張達妻陳氏。名璧娘，饒平人。達從端宗於紅螺，陳送之洲上，今名辭郎洲。又作平元曲寄達。後得達屍葬之，不食死。

明

周瑶妻郭氏。名真順，潮陽人。少通五經，工詩文。元末大亂，衆推瑶爲寨主，真順諫止之，得免禍。明初，指揮俞良輔征嶺南，真順作詩上之，舉寨悉宥。三子，彦敬、彦作、彦器，皆以儒生被薦得官。彦敬妻莊氏，遭亂自刎。

林崇鳳妻王氏。潮陽人。值流寇肆掠，王抱子出避，爲所執，欲犯之，且曰：「不從，當先刃而子。」王紿曰：「此幼穉無知，待哺乳而後可。」俄見旁有嫗得釋，陰以子寄之曰：「爲吾還夫，善視此兒，吾死不恨矣。」遂遇害。

林恭伯妻楊氏。名金惜，揭陽人。天順中，海寇魏崇輝爲亂，金惜爲賊所掠，義不受辱，投水死。時同縣林廷明妻全氏，年十七，亦被掠，自刎死。

吴喜妻陳氏。潮陽人。正德中，賊首曾鈀頭等流劫，陳被執，欲犯之，不從，脅以刃，曰：「吾有死耳，刃何足云！」罵愈厲，賊怒，至碎頰剖胸，終罵不絶口。賊去，得其尸曠野中，猶怒目上視，兩手堅持其衣不解，見者皆嘆息流涕。

馮兆亨妻閔氏。海陽人。嘉靖中，倭寇破城，閔爲所執，不屈，剖腹而死。同時與難者邱氏二女，行過萬里橋投水死。又有吳氏以罵賊被殺。

余廷瀚妻陳氏。海陽人。年二十五而寡，甘貧守志，撫孤鼎，既娶而夭，媳葉氏，年二十，痛姑少寡，夫又無後，竭力事姑，節孝並著。嘉靖十七年，詔旌其門曰「雙節」。

謝澍妻陳氏。海陽人。年二十一，澍卒，遺孤亦死，姑蘇氏，病癱，氏爲舐癱，病目，爲舐目，姑病隨愈。嘉靖二十年旌。

余衍年妻黃氏。海陽人。夫病卒，黃不食旬日，伺守者懈，登樓自縊，時年三十。

洪有執妻張氏。饒平人。嘉靖戊午，倭破南洋，張爲所擄，以手攀樹不行，倭斫其手，猶挺身倚樹而死。同邑陳思鳴女，陳懋女，俱以罵賊死。又有鄭以興女，賊至度不免，先投井死。

陳氏女。饒平人。嘉靖中爲海寇所掠，以刃迫之行，遇柱堅抱不去，賊斫之，血流偏地，罵益甚，死柱下。

林東奇妻黃氏。澄海人。嘉靖乙丑，白峭賊夜劫其家，黃竄身池中，賊搜得，以刀脅之，大罵不屈死。同邑杜一命妻王氏，土寇朱良寶聞其美，率黨掠之，王自經死。又陳氏女，爲海寇所執，亦以罵賊不屈被殺。

黃頊妻方氏。惠來人。年十九而夫亡，及葬，令治二壙，自經死。張公宰妻李氏，年二十一，夫亡，亦自經。

章漠妻蔡氏。海陽人。夫爲吏，道卒，蔡年三十，事姑甚謹。姑女婿張某欲犯之，不從，反誣愬於姑，姑信之，蔡遂夜投河，隣婦救以歸，將旦，伺守者稍懈，遂自刎。

戴邦玉妻鄭氏。海陽人。隆慶初，海寇林道乾掠邑，鄭時歸母家，舟發而寇舟奄至，鄭度不免，遂襁負其嬰兒，投韓江死。

羅宗達妻鄭氏。大埔人。爲巨寇藍松山所掠，義不受辱，噀血，罵賊而死。又有巫曰清女，年十七，爲海寇張璉所掠〔一二〕，自度不免，乃解釵珥授親屬，使遺其母，自投水死。

吴欽藩妻藍氏。大埔人。夫亡，及葬，藍攀輀而泣曰：「夫柩往，我何依？」遂扃户自經。家人入救，投以酏漿，齒噤不受，越五日死，時年十九。

唐閔妻陳氏。饒平人。年二十歸閔，爲土賊張阿賀所掠，駡曰：「奴輩安得無禮！」亟自投於水，賊援之起，駡不絶口，遂遇害。

本朝

楊某妻曾氏。海陽人。順治三年，爲賊所執，欲載之歸，曾不從，乃先取他婦縛置碓上，爇以示曾，曾不爲動，賊縛曾，復解之者三，曾駡愈厲，遂焚死于碓旁。同邑吴元會妻陳氏，順治七年，兵掠彩塘鄉，陳聞變，偕其女三娘，與從女大娘，同投井死。

兵退，出其尸，顏色如生。

陳某妻翁氏。海陽人。夫卒，閉户自經。

陳阿戍妻張氏。名順娘，海陽人。阿戍入山樵採，死于虎，氏走拾殘骸歸，入室刺喉垂斃，姑救之甦，葬夫畢，夜縊於床，時年十七。

楊鍾藎妻謝氏。海陽人。年十七歸楊，二十五而寡，至七十而卒。有婢感其節，亦相守不嫁。同邑劉茂翽妻梁氏，年十八歸劉，二十四而寡，卒年七十有六，苦節與謝相似云。

曾敬妻黄氏。揭陽人。順治三年，九軍賊破城，氏閉户自經。同邑郭用章妻曾氏，爲賊劉公顯所掠，不屈遇害。

魏學銓聘妻吴氏。揭陽人。年十五，未嫁而學銓卒，女聞訃，即奔喪守志，迄大祥，扶病撫棺哀泣，遂卒。

謝名選母李氏。揭陽人。值亂，舉家爲賊所擄，抱石自沈，名選救之，得不死。俟間，偕女純玉及子婦陳氏，俱自經。明選死之，賊解李繯，已氣絶，棄屍城下，經宿李忽甦，得歸。事定收三屍，衣履猶在，顔色如生。

楊良宏女。饒平人。順治十五年，海寇破大埕所，女被掠，駡賊自刎，時年十六。

林曰覲妻方氏。惠來人。年十九歸林，夫亡，殉節。同邑鄭俊臣妻林氏，夫卒，視含殮畢，入室一慟而絶。

饒希闕妻李氏。大埔人。順治六年，江龍入寇，爲所掠，投河死。同時范志安妻連氏，城破，同九歲孤擄至賊舟，負子投水死。

林紹綜妻周氏。海陽人。夫亡守節。康熙二十一年旌。同邑曾良在妻陸氏、梁省潛妻楊氏、薛馨源妻莊氏、陳振河妻吴氏，均康熙年間旌。

蘇齊軾妻陳氏。潮陽人。夫亡守節。康熙五十一年旌。其娣蘇齊轍妻楊氏、同邑姚爵士妻陳氏，均康熙年間旌。

郭天稠妻楊氏。揭陽人。夫亡守節。康熙四十五年旌。同邑郭經妻陳氏、陳用行妻洪氏、周洪瓊妻陳氏、陳晉啓妻林氏、李衍淳妻林氏、郭日紹妻紀氏、陳萬穎妻蔡氏，均康熙年間旌。

王元長妻楊氏。普寧人。夫亡守節。康熙四十五年旌。

林元貴妻黄氏。海陽人。夫亡守節。雍正四年旌。同邑丁達春妻陳氏，楊貴郎妻鄭氏，陳元卿妻胡氏，劉廷柱妻王氏、妾韋氏，傅文山妻陳氏，鄭廷侯妻陳氏，吴奕豫妻孫氏，梁易之妻楊氏，黄衍宏妻謝氏，均雍正年間旌。

姚同朝妻蕭氏。潮陽人。夫亡守節。雍正四年旌。同邑姚元鈺妻鄭氏、鄭天民妻陳氏、趙舉漢妻鄭氏、蕭篤遜妻林氏、姚應運妻鄭氏、陳玉圖妻趙氏、鄭恩臣妻蕭氏、姚盛贊妻鄭氏、馬麟祥妻姚氏、蕭膺煜妻鄭氏、林之獻妻鄭氏、張懋悦妻陳氏、朱欽祚妻陳氏，均雍正年間旌。

羅義烈妻陳氏。揭陽人。夫亡守節。雍正四年旌。同邑劉曰縉妻林氏、林其捷妻劉氏、楊長城妻謝氏、鄭二其妻黄氏、孫天角妻佘氏，烈婦吴朝覲妻張氏，均雍正年間旌。

張俊伯妻黄氏。饒平人。夫亡守節。雍正十年旌。同邑翁鼇成妻曹氏、林宏猷妻佘氏、巫芹亭妻徐氏，均雍正年間旌。

方光綺妻胡氏。惠來人。夫亡守節。雍正年間旌。

張暄妻吴氏。大埔人。夫亡守節。雍正十三年旌。

翁依士妻楊氏。澄海人。夫亡守節。雍正四年旌。同邑陳必賢妻黄氏，貞女李秉忠聘妻趙氏，均雍正年間旌。

李奇遇妻鄭氏。普寧人。夫亡守節。雍正八年旌。

陳元英妻李氏。海陽人。夫亡守節。乾隆二年旌。同邑辜廷材妻蔡氏、吴廷浩妻王氏、邢有林妻黄氏、蔡克山妻王氏、楊文元妻劉氏、成登之妻莊氏、成哲夫妻陳氏、辜其構妻林氏、許鴻遠妻黄氏、許子烈妻洪氏、王君成妻沈氏、曾世甲妻陳氏、劉本岱妻翁氏、彭洛園妻柯氏、陳其偉妻許氏、陳在泗妻佘氏、蘇允眉妻楊氏、陳成啓妻謝氏、曾汝加妻陳氏、陳炳天妻佘氏、林禹朋妻佘氏、劉貽典妻周氏、李亨舉妻張氏、郭範光妻林氏、林文豐妻翁氏、邱天寵妻劉氏、邱天敬妻黄氏、蔡成之妻林氏、杜茂烈妻陳氏、李儒望妻陳氏、李衍疇妻辛氏、林亨瓊妻楊氏、陳世俊妻吴氏，烈婦張國成妻鄭氏、劉力譽妻李氏、劉盛業妻李氏、陳維梧妻黄氏，貞女陳仰豪聘妻李氏，均乾隆年間旌。

李文菁妻林氏。潮陽人。夫亡守節。乾隆元年旌。同邑鄭啓文妻劉氏、林宛卿妻趙氏、林碧峯妻郭氏、蕭士傑妻馬氏、陳士聰妻鄭氏、陳士名妻鄭氏、黄興成妻孫氏、蘇天爵妻林氏、佘毓恒妻鄭氏、張克厚妻馬氏、鄭士瓊妻蕭氏、許介宗妻梅氏、程望陞妻陳氏、周敬哲妻林氏、陳汝恂妻林氏、陳文蔚妻袁氏、周景妻黄氏、廖亦進妻吴氏、尤仕榮妻林氏、姚紹治妻尤氏、姚位長妻蕭氏、鄭成妻吴氏、陳進型妻蕭氏、陳延浩妻姚氏、陳天宜妻鄭氏、陳君琠妻孫氏、姚某妻蕭氏、鄭肇基妻陳氏、鄭肇堂妻姚氏、周成章妻蕭氏，烈婦賴達偉妻廖氏、林阿璞妻劉氏、孫阿妹妻陳氏、陳阿興妻翁氏，烈女鄭成華聘妻蘇氏，均乾隆年間旌。

曾孔温妻陳氏。揭陽人。夫亡守節。乾隆元年旌。同邑林美哲妻謝氏、鄭貞運妻林氏、張夔妻林氏、王牧倫妻李氏、林開運妻夏氏、李國隆妻史氏、池略可妻吴氏、郭道鏻妻林氏、鄭淑儀妻劉氏、林獻儼妻陳氏、郭高澄妻謝氏、施之蕃妻池氏、鄭弼元妻楊氏、黄堯章妻何氏、李漢石妻陳氏、陳子俊妻李氏、謝式斐妻王氏、黄士敏妻陳氏、陳廷泰妻吴氏、王洪睿妻楊氏、劉章玳妻吴氏、張廷禎妻蔡氏、林大光妻陳氏、林隆妻袁氏、孫榮士妻王氏、鄭發香妻侯氏、邱與寬妻楊氏，烈婦林亨遇妻陳氏，烈女楊起周聘妻洪氏、陳伯奉女姿娘，均乾隆年間旌。

林國材妻余氏。饒平人。夫亡守節。乾隆元年旌。同邑楊文尹妻余氏、黄元曜妻鄭氏、楊士生妻曾氏、余嘉邦妻吴氏、陳敬陽妻曾氏、張興爵妻陳氏、詹春濆妻翁氏、楊榮璣妻余氏、盧啓岑妻陳氏、楊昭妻辜氏，烈婦吴日光妻張氏、黄某妻巫氏，均乾隆年間旌。

鄭崇秩妻田氏。惠來人。夫亡守節。乾隆三年旌。同邑胡電光妻林氏、黄名揚妻官氏、林時鋐妻方氏、張呈瑚妻朱氏、唐學海妻林氏、翁開運妻唐氏、朱大謨妻吴氏、方振正妻高氏、吴洽宗妻方氏、方紹冕妻翁氏、楊之華妻鄭氏，烈婦史宗著妻奚氏，貞女方馥聘妻陳氏，均乾隆年間旌。

蕭以繼妻鄔氏。大埔人。夫亡守節。乾隆三年旌。同邑楊彤弓妻劉氏、陸映稱妻温氏、張集俊妻邱氏、羅撰夫妻楊氏，烈婦羅奕榮妻曾氏，烈女吴伯欐聘妻藍氏，貞女羅嘉聘妻劉氏，均乾隆年間旌。

郭亮琳妻黄氏。澄海人。夫亡守節。乾隆二年旌。同邑蕭士龍妻陳氏、林之達妻劉氏、林俊民妻謝氏、葉茂柏妻陳氏、林文緝妻鄭氏、林孟嘉妻王氏、陳業聲妻曾氏、陳子膺妻林氏、林日暘妻孫氏、李元單妻吕氏、陳助妻姚氏、陳道明妻黄氏、鄭仁士妻蔡氏、蔡德樂妻周氏、陳名顯妻黄氏、林殷捷妻謝氏、陳爾琳妻曾氏、余伯戴妻林氏、陳第之妻鄭氏、陳應運妻李氏、胡文佳妻周氏、林春茂妻蔡氏、王吾贊妻陳氏、楊伯峻妻戴氏、謝敵勝妻黄氏、陳壁嚳妻楊氏、李景達妻陳氏、陳名貴妻杜氏、王朝輔妻曾氏，貞女林來尚聘妻吳氏，均乾隆年間旌。

方日煜妻李氏。普寧人。夫亡守節。乾隆十一年旌。同邑黄欽瑞妻李氏、謝欽達妻劉氏、陳振聲妻王氏、王開陽妻林氏、方士成妻林氏，烈婦羅阿妹妻黄氏、陳孟秀妻沈氏，均乾隆年間旌。

譚淮妻劉氏。豐順人。夫亡守節。乾隆十二年旌。同邑朱義大妻譚氏、何敬夫妻張氏，烈婦林竈妹妻柯氏，貞女吳啓紓聘妻譚氏，均乾隆年間旌。

謝昌熾妻王氏。南澳人。夫亡守節。乾隆十七年旌。

柯元德妻卓氏。海陽人。夫亡守節。嘉慶十三年旌。同邑佘旭明妻陳氏、林道泰妻陳氏、許時焕妻吳氏、倪世剛妻陳氏、許子明妻林氏、陳世錦妻佘氏、黄維明妻羅氏、楊翀妻曾氏、劉朝觀妻吳氏、唐汝賢妻蘇氏、劉徵業妻林氏、劉徵江妻郭氏、楊子光妻陳氏，貞女張錫璧聘妻黄氏，均嘉慶年間旌。

黄作乂妻鄭氏。潮陽人。夫亡守節。嘉慶四年旌。同邑蕭大睿妻姚氏，陳成璣妻彭氏，姚光蔚妻鄭氏，蔡紹信妻張氏，鄭明禮妻朱氏，馬楫山妻郭氏，劉學易妻趙氏，陳爵士妻黄氏，周英彦妻鄭氏，趙德英妻鄭氏，均嘉慶年間旌。

林學光妻李氏。揭陽人〔二〕。夫亡守節。嘉慶十二年旌。同邑周振德妻黄氏、温熙擎妻張氏、鄭起鵬妻陳氏、張紹綸妻鄭氏、夏先悦妻王氏，均嘉慶年間旌。

陳學嵩妻黄氏。饒平人。夫亡守節。嘉慶五年旌。

饒崇魁繼妻張氏。大埔人。夫亡守節。同邑饒斐章妻謝氏，均嘉慶二十五年旌。

黄欽鈴妻張氏。澄海人。夫亡守節。嘉慶元年旌。同邑何士富妻陳氏、林聲立妻陳氏、王澤乾妻張氏、陳睿剛妻林氏、李世及妻佘氏、袁川業妻沈氏、辛光遠妻陳氏，烈女蕭阿娥，均嘉慶年間旌。

李世瀚妻楊氏。普寧人。夫亡守節。嘉慶十七年旌。同邑李至元妻盧氏，二十一年旌。

羅章譽妻蔡氏。豐順人。夫亡守節。嘉慶四年旌。

仙釋

唐

大顛。姓楊氏。初居羅浮山，後歸潮陽靈山。韓愈言其聰明識道理，能外形骸，以理自勝，因與往來，造其廬，留衣服爲別。

慧元。姓倪氏，潮州人。嘗至京師，見法嚴圓明法師，得解悟，示寂説偈，有「萬里秋空片月明」之句。

土產

銀。唐書地理志：潮州貢。九域志：海陽有銀場、錫場。

布。元和志：潮州貢蕉葛布。

鹽。寰宇記：潮州産鹽。明統志：海陽、潮陽二縣出。

甲香。水馬。鮫魚皮。潮州貢。俱見元和志。

蚺蛇膽。鼊。潮州貢。俱見唐書地理志。

藥。寰宇記：潮州産海桐皮、烏藥、地黄、千金釣藥。又有五子樹，實如梨，有五核，治金瘡及霍亂。

海錯。韓愈南食詩：「鱟實如惠文，背眼相負行。蠔相粘爲山，百十各自生。蒲魚尾如蛇，口眼不相營。蛤即是蝦蟇，同實浪異名。章舉馬甲柱，鬬以怪自呈。其餘數十種，莫不可歎驚。」明統志：鱟魚眼在背，雌負雄而行。蠔殼如石，亦曰蠣房。蒲魚或曰鰞魚。章舉，八脚，身上有肉，亦曰章魚。馬甲柱，即江瑶柱。

校勘記

〔一〕在縣北二十里　「二」，原作「一」，據乾隆志卷三四四潮州府山川（下同卷簡稱乾隆志）及雍正廣東通志卷一一山川志改。

〔二〕一名巡梅山　「巡」，乾隆志作「尋」。

〔三〕陡峻不可躡　「陡」，原作「陡」，據乾隆志改。

〔四〕中有大石小石二洲　「洲」，原作「州」，據乾隆志改。

〔五〕在海陽縣西南五十里　「五十里」，乾隆志作「七十里」。按，雍正廣東通志卷一一山川志甘露巖在獅子山，云山在海陽縣城西南五十里，並注：「各舊志七十里，誤。」本志蓋本此。

〔六〕在潮陽縣西一百七十里　「潮陽」，原作「朝陽」，據乾隆志及元和郡縣志卷三四嶺南道改。

〔七〕以山賊張璉鄒文綱等連年流劫　「璉」，原作「連」，據乾隆志改。按，本志避乾隆太子永璉諱改字。

〔八〕武寧關　「寧」，原作「安」，據乾隆志改。按，本志避清宣宗諱改字。下文同改。

〔九〕王滌萊州人　「萊州」，原訛作「菜州」，據乾隆志及雍正廣東通志卷三九名宦志改。

〔一〇〕新任至當輸例金　「例」，原作「倒」，據文意改。

〔一一〕爲海寇張璉所掠　「璉」，原作「連」，據乾隆志改。按，本志避乾隆太子永璉諱改字。

〔一二〕揭陽人　「揭」，原作「揚」，顯係形誤，今改。

肇慶府圖

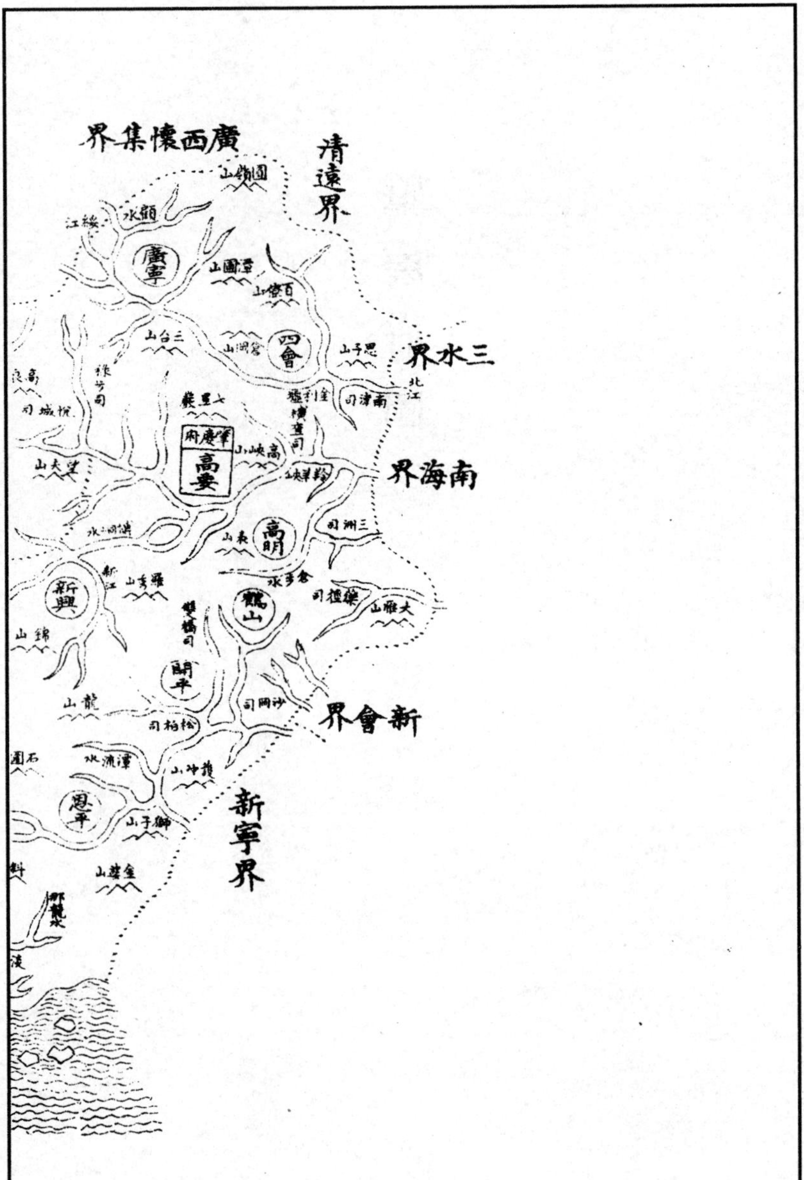

廣西懷集界
清遠界
三水界
南海界
新會界
新寧界
肇慶府
高要
廣寧
四會
高明
新興
鶴山
開平
恩平
三台山
七星巖
高峽山
羚羊峽
三洲司
南津司
北江
新江
大雁山
錦山
龍山
沙岡司
松柏司
獅子山

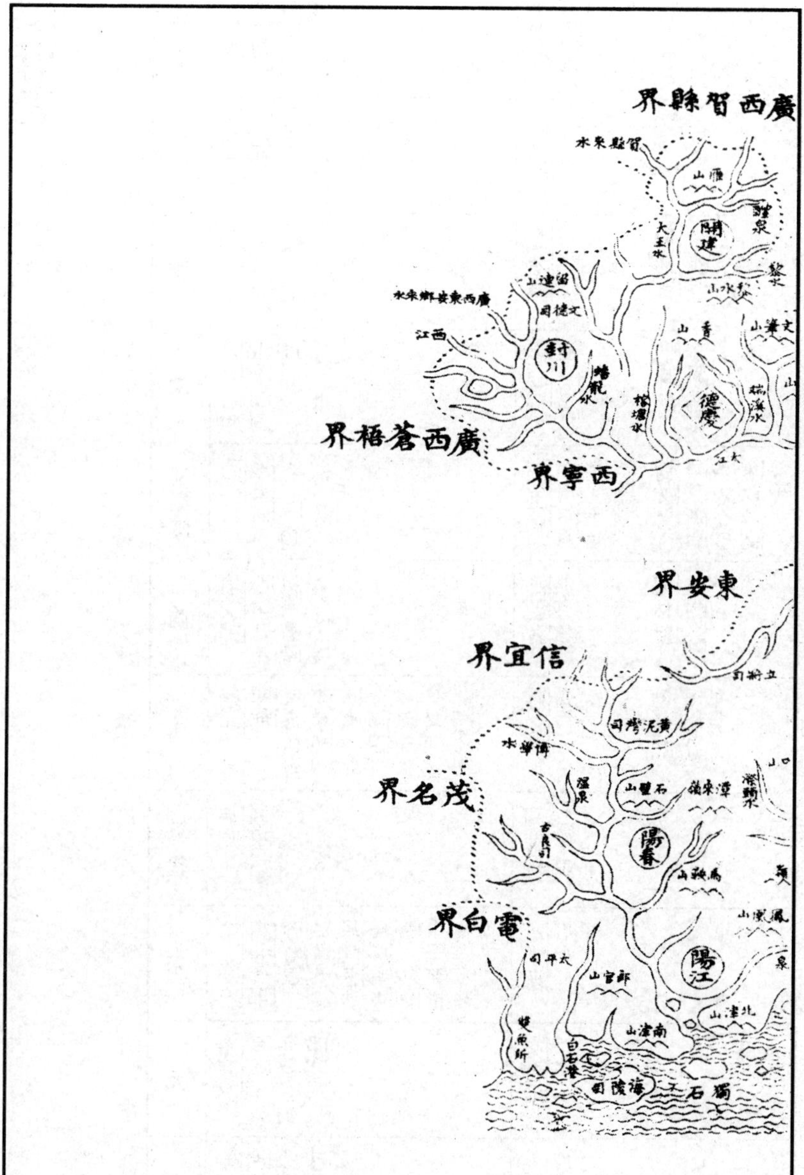
廣西賀縣界
開建
封川
德慶
廣西蒼梧界
西寧界
東安界
信宜界
茂名界
陽春
電白界
陽江
海陵司
獨石

肇慶府表

	肇慶府	高要縣
兩漢	蒼梧郡地，兼有南海、合浦二郡地。	高要縣屬蒼梧郡。
三國	吳分屬廣、交二州。	高要縣
晉		高要縣 博林縣晉末置。
宋	永初二年改屬南海郡。	高要縣屬南海郡。 博林縣屬新寧郡。
齊梁陳	高要郡梁大同中置。陳因之。	高要縣齊屬南海郡。梁爲高要郡治。 博林縣齊移新寧郡來治。梁改屬高要郡。
隋	信安郡開皇九年廢郡，置端州。大業二年改。	高要縣郡治。 博林縣屬信安郡。
唐	端州高要郡武德四年復爲端州。天寶元年改高要郡。乾元元年仍爲州，屬嶺南東道。	高要縣州治。 初屬端州。貞觀十三年省。
五代	端州屬南漢。	高要縣
宋	肇慶府高要郡興慶軍初仍曰端州高要郡，屬廣南東路。元符中置節度使。重和初升府。	高要縣府治。
元	肇慶路至元十六年改路，屬廣東道。	高要縣路治。
明	肇慶府洪武元年復府，屬廣東布政司。	高要縣府治。

續表

	四會縣	新興縣
	四會縣 屬南海郡。	
	四會縣	
	四會縣	新寧郡 永和七年置，治南興縣。
撫納縣 屬新寧郡。	四會縣 元嘉十三年屬綏建郡。 樂昌郡 宋置，治樂昌縣，領始昌、宋元、樂山、安樂等縣。	新寧郡
撫納縣	四會縣 樂昌郡 齊省樂昌縣，移治始昌，仍領三縣，增置義立縣。	新州新寧郡 齊徙治博林縣。梁還治新興，兼置新州。
大業初廢入博林。	四會縣 屬南海郡。 俱廢。	初廢郡。大業初廢州。
武德五年復置，屬端州，後廢。	四會縣 武德五年置南綏州。貞觀八年更名湞州。十三年州廢，屬廣州。	新州新興郡 武德四年復置州。天寶初改郡，屬嶺南道。
	四會縣	新州 屬南漢。
	四會縣 重和初屬肇慶府。	新州新寧郡 屬廣南東路。
	四會縣 屬肇慶路。	新州 初曰新州路，尋降州，屬廣東道。
	四會縣 屬肇慶府。	洪武初廢。

續表

	臨允縣屬合浦郡。		
	臨允縣吳屬蒼梧郡。		
新興縣東晉置,屬新寧郡。	臨允縣東晉屬新寧郡。	南興縣永和七年置,新寧郡治。	單牒縣晉末置,屬新寧郡。
新興縣	臨允縣	南興縣	單牒縣
新興縣齊更名新城。梁復名,爲州郡治。	臨沅縣齊改名。梁廢。	南興縣梁廢。	單牒縣梁廢。
新興縣屬信安郡。又舊有索盧縣,大業初廢入。			
新興縣州治。武德四年復分置索盧及新昌縣。貞觀中廢新昌縣。乾元後廢索盧縣。			單牒縣武德四年復置,屬新州。貞觀中省。
新興縣			
新興縣			
新興縣新州治。			
新興縣屬肇慶府。			

續表

陽春縣		
高涼縣地。		
		莫陽縣 晉置，初屬高興郡，後屬高涼郡。
		莫陽縣
陽春郡 梁置。	陽春縣 梁改置，爲郡治。	莫陽縣 梁廢。
廢。	陽春縣 屬高涼郡。	
春州南陵郡 武德四年置春州。天寶初曰南陵郡。乾元初復曰春州，屬嶺南道。	陽春縣 州治。	羅水縣 天寶末置，屬春州。
春州 屬南漢。	陽春縣	羅水縣
大中祥符九年併入新州。天禧四年復置。熙寧六年廢。	陽春縣 屬南恩州。	開寶六年廢。
	陽春縣	
	陽春縣 洪武初屬廢慶府。	

龍潭縣 宋置，屬新寧郡。
龍潭縣　流南縣 梁置，屬新寧郡。
銅陵縣 改名，屬信安郡。　南流縣 開皇中改名。大業初廢。
勤州雲浮郡 武德四年析春州，置勤州，治銅陵；五年廢。萬歲通天二年復置。長安中又廢。開(皇)[元]十八年復置，治富林。天寶元年改雲浮郡。乾元初復爲勤州，仍徙治銅陵。　銅陵縣 州治。
勤州　銅陵縣
開寶六年廢。　初屬春州。熙寧六年廢。

	陽江縣
	後漢建安二十五年孫權置高涼郡，領安寧縣。
	高涼郡
	高涼郡
甘東縣 宋置，屬新寧郡。	徙治思平。
甘泉縣 齊改名	高涼郡 齊復來治。梁大通中兼置高州。
西城縣 初置，屬信安郡。大業初廢。 廢。	陽江縣 隋末蕭銑分高涼縣置。 高涼郡 開皇十年廢郡。大業中州廢，復爲高涼郡。
	大順二年移恩州來治。 陽江縣 武德四年屬高州。貞觀中屬恩州，後爲恩州治。 武德四年復改高州。貞觀二十三年徙。
	恩州 屬南漢。 陽江縣 恩州治。
	南恩州 恩平郡 初曰恩州，屬廣南東路。慶曆八年改名。 陽江縣
	恩州 初曰南恩路，尋降州，屬廣東道。 陽江縣
	洪武初廢。 陽江縣 屬肇慶府。

	高涼縣屬合浦郡。					
安寧縣吳置，爲郡治。	高涼縣				高興郡吳置，治廣化縣。	廣化縣郡治。
安寧縣	高涼縣屬高涼郡。				太康中省入高涼郡。	廣化縣高興郡治。後屬高涼郡。
安寧縣屬高涼郡。	省。	羅州縣宋置，屬高涼郡。			宋康郡元嘉九年改置。	廣化縣宋康郡治。
安寧縣齊復爲郡治。梁更名高涼縣，爲高州治。		羅州縣齊廢。	杜陵郡梁置。	杜陵縣郡治。	宋康郡	廣化縣
高涼縣高涼郡治。			廢。	杜原縣開皇十八年改名，屬高涼郡。	開皇十年廢。	開皇十年改宋康縣，十八年更名義康。大業二年廢。
武德四年改名西平。貞觀二十三年廢。				杜陵縣武德五年復名，屬高州，後屬恩州。		
				杜陵縣		
				開寶六年廢入陽江縣。		

續表

	高明縣
	高要縣地。
	晉置平興縣，屬新興郡，尋省。
永寧郡 泰始中置。	宋熙郡 元嘉十八年置。二十七年更名宋隆，兼置平興、初寧、建寧、招興、崇化、熙穆、崇德等七縣。孝建中復故郡名。 平興縣 元嘉中復置，爲宋熙郡治。
永寧郡	宋隆郡 齊建元三年又改名。 平興縣 齊宋隆郡治。 梁置梁泰郡梁泰縣。
開皇十年改爲縣。大業二年廢。	廢郡，省諸縣入平興。 平興縣 屬信安郡。 開皇十年廢郡，改縣曰清泰。大業初廢入平興縣。
	平興縣 屬端州。 武德七年復置清泰縣。貞觀十三年省入平興縣。
	平興縣
	開寶五年省入高要。
	高明縣 成化十一年析高要縣置，屬肇慶府。

續表

恩平縣	廣寧縣
高涼縣地。	四會縣地。
思平縣吳置，屬高涼郡。	
思平縣	
高涼郡移來治。 思平縣郡治。	綏建郡元嘉十三年置。
齊安郡齊徙高涼郡治安寧，尋於此置齊安郡。 齊安縣南齊改名，爲郡治。	綏建郡
開皇十年廢。 海安縣開皇十八年改名，屬高涼郡。	開皇十年廢。
恩州恩平郡貞觀二十三年置州。天寶初改郡。乾元初仍爲州，屬嶺南道。大順二年徙。 恩平縣武德五年復名齊要，屬高州。貞觀二十三年爲恩州治。至德二載改曰恩平。大順二年州徙，仍屬。	
恩平縣	
開寶五年省入陽江。	
恩平縣成化十四年析陽江、新興、新會三縣地復置，屬肇慶府。	廣寧縣嘉靖三十八年析四會縣置，屬肇慶府。

續表

新招縣元嘉中置，郡治。	化蒙縣元嘉中置，屬綏建郡。	化穆縣元嘉中置，屬綏建郡。	化注縣元嘉中置，屬綏建郡，後屬臨賀郡。孝建元年仍屬綏建郡。
新招縣	化蒙縣	化穆縣梁廢。	化注縣梁廢。
開皇十年廢入四會縣。	化蒙縣屬南海郡。		
武德五年復置，屬南綏州。貞觀元年省。	化蒙縣初屬南綏州。貞觀十三年州廢，屬廣州。	武德五年復置化穆縣，屬南綏州。貞觀十三年省。	武德五年復置，屬南綏州。貞觀元年省。
	化蒙縣		
	開寶六年省入四會縣。		

續表

開平縣	鶴山縣
臨允縣地。	
新會郡地。 封平縣 東晉置,屬新寧郡,後屬新會郡。	
義寧縣 元嘉中置,屬新會郡。 封平縣 始康縣 元嘉中置,屬新會郡。 初賓縣 元嘉中置,屬新會郡。	
義寧縣 封平縣 始康縣 初賓縣	
義寧縣 初置岡州。大業初州廢,屬南海郡。 封平縣 大業初廢入義寧縣。 始康縣 開皇十年廢入封平縣。 初賓縣 開皇十年廢入義寧縣。	
義寧縣 屬廣州。 封平縣 武德四年復置。貞觀十三年省。	
義寧縣 屬興王府。	
太平興國二年更名信安。熙寧五年省入新興縣。	
開平縣 萬曆中析恩平、新興、新會三縣地置,屬肇慶府。	新會、開平二縣地。

續表

德慶州		
	端溪縣 屬蒼梧郡。	
	端溪縣	
晉康郡 東晉永和七年置，治元溪縣。	端溪縣 東晉屬晉康郡。	元溪縣 初屬蒼梧郡。東晉爲晉康郡治。
晉康郡 初徙治龍鄉。元嘉中移治端溪。	端溪縣 晉康郡治。	元溪縣
晉康郡 齊徙治威城。梁復治端溪。	端溪縣 齊屬晉康郡。梁、陳復爲郡治。	元溪縣 梁廢。
廢。	端溪縣 屬端州。	
康州 晉康郡 武德四年置南康州，九年廢。貞觀初復置，十一年又廢。十二年復置，更名康州。天寶元年改晉康郡。乾元元年復曰康州，屬嶺南道。	端溪縣 州郡治。	
康州 屬南漢。	端溪縣	
德慶府 永慶軍 開寶五年廢州，尋復置，屬廣南東路。紹興元年升府，十四年置節度使。	端溪縣 德慶府治。	
德慶路 改路，屬廣東道。	端溪縣 德慶路治。	
德慶州 洪武初改府。九年降州，屬肇慶府。	洪武九年省入德慶州。	

續表

	封川縣
	廣信縣地。
樂城縣屬晉康郡。 悅城縣屬晉康郡。 文招縣屬晉康郡。 賓江縣屬晉康郡。	
樂城縣 悅城縣 文招縣 賓江縣齊廢。	梁信郡梁置。普通四年兼置成州。
樂城縣屬信安郡。 開皇十二年省入樂城。 開皇十二年省入樂城。	蒼梧郡開皇十年郡廢，改封州。大業三年改郡。
悅城縣初仍曰樂城，屬端州。武德五年屬康州。天寶元年改名。	封州臨封郡武德四年復置封州。天寶元年改臨封郡。乾元二年復爲封州，屬嶺南道。
悅城縣	封州屬南漢。
開寶五年省入端谿。	封州臨封郡屬廣南東路。
	封州初改封州路，後降散州，屬廣東道。
	洪武二年廢。

續表

	開建縣
	封陽縣地。
封興縣 晉末置，屬晉康郡。	
封興縣 元嘉中改屬蒼梧郡。	開建縣 元嘉中置，尋置宋建郡。大明初郡廢，屬臨賀郡。
梁信縣 梁置，爲郡治。 封興縣	開建縣 梁置南建郡。
封川縣 開皇十八年改名，後爲郡治。 大業初省入封川縣。	開建縣 開皇十年郡廢，屬熙平郡。
封川縣 州治。 武德四年復置，尋省。	開建縣 屬封州。
封川縣	開建縣
封川縣	開建縣 開寶五年省入封州。六年復置，仍屬封州。
封川縣	開建縣
封川縣 屬德慶州，仍隸肇慶府。	開建縣 屬德慶州，仍隸肇慶府。

大清一統志卷四百四十七

肇慶府一

在廣東省治西二百九十里。東西距四百九十里，南北距七百七十里。東至廣州府三水縣界九十里，西至廣西梧州府蒼梧縣界四百里，南至海岸四百七十里，北至廣西梧州府懷集縣界三百里。東南至廣州府新會縣界三百二十里，西南至高州府電白縣界五百三十里，東北至三水縣界二百五十里，西北至廣西平樂府賀縣界四百六十里。自府治至京師七千四百二里。

分野

天文牛、女分野，星紀之次。

建置沿革

禹貢揚州南徼。春秋、戰國爲百越地。秦爲南海郡地。漢爲蒼梧郡、南海郡、合浦郡屬地。元鼎六年平南越置蒼梧郡，領縣十，内有高要、端溪、廣信、封陽四縣，又南海郡之四會，合浦郡之高涼、臨允，皆今郡屬。三國吳分屬廣、交二州。晉因之。宋永初二年改屬南海郡，齊因之。梁大同中置高要郡。隋平陳，廢郡。開皇九年置端州。府志：開皇九年，省高要郡爲縣，置端州。大業初，改州爲信安郡。唐武德四年，復曰端州。見元和志。舊唐書地理志作元年。天寶元年，復曰高要郡。乾元元年，復曰端州。咸通三年，屬嶺南東道。五代屬南漢。宋初仍曰端州高要郡，屬廣南東路。元符三年，置興慶軍節度。重和元年，升爲肇慶府。元曰肇慶路，屬廣東道。元史地理志：至元十六年隸廣西，十七年仍屬廣東道。明洪武元年復曰肇慶府，屬廣東布政使司。

本朝順治六年，析廣州之新會縣及新興、恩平二縣地，增置開平縣。雍正十年，析新會、開平二縣地，增置鶴山縣。共領州一、縣十二。

高要縣。附郭。東西距一百七十里，南北距一百六十里。東至廣州府三水縣界九十里，西至德慶州界八十里，南至高明、新興兩縣夾界四十五里，北至四會縣界一百十五里。東南至高明縣界五十里，西南至羅定州東安縣界一百里，東北至四會縣界九十里，西北至廣寧縣界一百四十里。漢置高要縣，屬蒼梧郡，後漢及晉因之。宋改屬南海郡，齊因之。梁爲高要郡治。隋平陳，爲端州治。大業三年爲信安郡治。唐復爲端州治，五代因之。宋爲肇慶府治。元爲肇慶路治。明爲肇慶府治，本朝因之。

四會縣。在府東北一百三十里。東西距一百二十里，南北距一百三十三里。東至廣州府三水縣界六十里，西至廣寧縣界六十里，南至高要縣界一十三里，北至廣寧縣界一百二十里。東南至三水縣界七十里，西南至高要縣界二百里，東北至廣州府清遠縣界九十里，西北至廣寧縣界一百六十里。漢置四會縣，屬南海郡，後漢及晉因之。宋元嘉中改屬綏建郡，齊以後因之。隋大業初還屬南海郡。唐武德五年于縣置南綏州。貞觀八年更名湞州，十三年州廢，屬廣州。宋重和元年改屬肇慶府。元屬肇慶路。明屬肇慶府，本朝因之。

新興縣。在府南一百三十里。東西距一百二十里，南北距一百二十里。東至鶴山縣界七十里，西至羅定州東安縣界五十里，南至恩平縣界七十里，北至東安縣界五十里。東南至開平縣界七十里，西南至陽春縣界八十里，東北至高明縣界五十里，西北至東安縣界二十里。漢置臨允縣，屬合浦郡，後漢因之。三國吴改屬蒼梧郡，晉初因之。東晉永和七年，置新寧郡，又置新興縣，與臨允皆屬焉。宋因之。齊更縣名新城。梁復名，省臨允入，移新寧郡來治，兼置新州。隋平陳，郡廢。大業初州廢，屬信安郡。唐武德四年復置新州。天寶元年改曰新興郡。乾元初復曰新州，屬嶺南道。宋曰新州新寧郡，屬廣南東路。元至元十六年，置新州路總管府，十九年降爲散州，屬廣東道。明洪武初廢州，以新興縣屬肇慶府，本朝因之。

陽春縣。在府西南三百二十里。東西距一百八十里，南北距一百七十里。東至陽江縣界九十里，西至高州府電白縣界九十里，南至陽江縣界五十里，北至新興縣界一百二十里。東南至陽江縣界一百二十里，西南至高州府茂名縣界二百五十里，東北至新興縣界九十里，西北至羅定州東安縣界一百七十里。漢合浦郡高涼縣地。晉分置莫陽縣，屬高興郡。太康後屬高涼郡，宋、齊因之。梁改置陽春郡陽春縣。隋平陳，郡廢，屬高涼郡。唐武德四年，于縣置春州。天寶初曰南陵郡。乾元初復曰春州，屬嶺南道。宋初因之。大中祥符九年，并入新州。天禧四年復置。熙寧六年廢春州，以縣屬南恩州。元因之。明洪武初改屬肇慶府，本朝因之。

陽江縣。在府南四百四十里。東西距二百五十里，南北距九十里。東至恩平縣界九十里，西至高州府電白縣界一百六十里，南至海三十里，北至陽春縣界六十里。東南至廣州府新寧縣界九十里，西南至高州府電白縣界一百四十里，東北至恩平縣界九十里，西北至陽春縣界六十里。漢置高涼縣，屬合浦郡。後漢建安二十五年，孫權置高涼郡，又分高涼置安寧縣爲郡治。晉因之。宋省高涼縣，移郡治思平，以安寧屬焉。齊復來治。梁大通中置高州，改縣曰高涼。隋平陳，郡廢。大業二年州廢，復爲高涼郡治。蕭銑時，又分高涼置陽江縣。唐武德四年，復曰高州，兼置總管府。五年改高涼曰西平。貞觀二十三年，府州及西平縣俱廢，以陽江縣屬恩州。大順二年，移恩州治陽江。宋亦曰恩州，屬廣南東路。慶曆八年曰南恩州。元至元十七年，改南恩州爲南恩路總管府，十九年降爲散州，屬廣東道。明洪武二年廢州，以縣屬肇慶府，本朝因之。

高明縣。在府東南七十里。東西距一百二十里，南北距四十里。東至廣州府南海縣界五十里，西至新興縣界七十里，南至鶴山縣界二十里，北至高要縣界二十里。東南至鶴山縣界四十里，西南至新會縣界五十里，東北至高要縣界四十里，西北至高要縣界五十里。漢蒼梧郡高要縣地。晉置平興縣，屬新寧郡，尋省。宋元嘉十八年，置宋熙郡，二十七年更名宋隆，析高要置平興縣。孝建中復郡名宋熙。齊建元三年，仍改宋隆，俱治平興縣。隋平陳，郡廢，以縣屬信安郡。唐屬端州，五代因之。宋開寶五年，省入高要。重和元年，屬肇慶府。明成化十一年分置高明縣，屬肇慶府。本朝因之。

恩平縣。在府南二百七十里。東西距一百五十里，南北距一百七十里。東至開平縣界五十里，西至陽春縣界一百里，南至陽江縣界七十里，北至新興縣界一百里。東南至海八十里，西南至陽江縣界七十里，東北至新興縣界一百二十里，西北至新興縣界八十里，漢合浦郡高涼縣地。三國吳置恩平縣，屬高涼郡。晉因之。劉宋時，移郡來治。南齊徙郡治安寧，縣仍屬焉，尋改縣曰齊安，兼置齊安郡。隋平陳，郡廢。開皇十八年改縣曰海安，仍屬高涼郡。唐武德五年復曰齊安，屬高州。貞觀二十三年，于縣置恩州。天寶初曰恩平郡。至德二載，改縣曰恩平。乾元初復曰恩州，屬嶺南道。大順二年，移州治陽江，以恩平屬焉。五代因之。宋開寶五年，省縣入陽江。明成化十四年，析陽江及新興、新會三縣地，復置恩平縣，屬肇慶府。本朝因之。

廣寧縣。在府西北二百九十里。東西距二百二十里，南北距二百五十里。東至廣州府清遠縣界一百二十里，西至廣西梧州府懷集縣界一百里，南至四會縣界一百二十里，北至清遠縣界一百三十里。東南至四會縣界一百六十里，西南至高要縣界一百四十里，東北至清遠縣界一百九十里，西北至懷集縣界一百五十里。漢南海郡四會縣地。宋元嘉十三年，分置綏建郡，領新招、化蒙、化穆等縣。齊因之。隋平陳，郡廢，惟存化蒙縣，屬南海郡。唐武德五年，復置新招、化穆、化蒙縣，皆屬南綏州。貞觀元年省新招，十三年省化穆，以化蒙縣屬廣州。五代因之。宋開寶六年，又省化蒙縣入四會。明嘉靖三十八年，復分四會置廣寧縣，屬肇慶府。本朝因之。

開平縣。在府東南二百六十里。東西距九十里，南北距九十里。東至廣州府新會縣界六十里，西至恩平縣界三十里，南至廣州府新寧縣界四十五里，北至高明縣界四十五里。東南至新寧縣界五十五里，西南至恩平縣界五十里，東北至鶴山縣界五十五里，西北至恩平縣界四十里。漢合浦郡臨允縣地。東晉初爲新寧郡地，後爲新會郡地。宋元嘉中分置義寧縣，仍屬新會郡。齊以後因之。隋于縣置岡州。大業初州廢，屬南海郡。唐開元中屬廣州。五代因之。宋太平興國二年，改曰信安。熙寧五年，省入新興。明萬曆初置開平屯，其後割恩平、新興、新會三縣地置開平縣，屬肇慶府。本朝因之。

鶴山縣。在府東南二百六十里。東西距九十里，南北距一百里。東至廣州府新會縣界四十里，西至開平縣界五十里，南至開平縣界三十五里，北至廣州府南海縣界六十五里。東南至廣州府新會縣界三十里，西南至開平縣界四十五里，東北至南海縣界六十里，西北至高明縣界五十里。本廣州府新會及本府開平二縣地。本朝雍正九年，割置鶴山縣，屬肇慶府。

德慶州。在府西一百八十里。東西距一百九十里，南北距一百六十六里。東至高要縣界一百三十里，西至封川縣界六十里，南至大江一里，北至廣西梧州府懷集縣界一百六十五里。東南至大江一百八十里，西南至大江一百里，東北至廣寧縣界二百二十里，西北至封川縣界九十里。漢置端溪縣，屬蒼梧郡。後漢及晉初因之。東晉永和七年，分置晉康郡。宋元嘉中，移郡來治。齊徙郡治威城，縣仍屬焉。梁、陳間郡復來治。隋平陳，郡廢，屬端州。唐武德四年，復於端溪縣，置南康州兼置都督府，九年府州俱廢。貞觀元年復置南康州，十一年廢，十二年復置，更名康州。天寶元年，改爲晉康郡。乾元元年，復曰康州，屬嶺南道。宋開寶五年廢州，以縣屬端州，尋復置。至道三年，屬廣南東路。紹興元年，升爲德慶府，十四年置永慶軍節度使。元至元十四年，改屬廣西道，十七年，立德慶路總管府，後仍屬廣東道。明洪武元年爲德慶府，九年降爲州，以端溪縣省入，屬肇慶府。本朝因之。

封川縣。在府西三百三十里。東西距九十里，南北距二百五十里。東至德慶州界六十里，西至廣西梧州府蒼梧縣界三十里，南至羅定州西寧縣界三十里，北至開建縣界二百二十里。東南至德慶州界七十五里，西南至蒼梧縣界五十里，東北至德慶州界一百五十里，西北至開建縣界一百九十里。漢蒼梧郡廣信縣地。梁析置梁信縣及梁信郡。普通四年，兼置成州。隋平陳，郡廢，改州曰封州。開皇十八年，改縣曰封川。大業初，改州爲蒼梧郡。唐武德四年，復曰封州。天寶初，改曰臨封郡。乾元初，復曰封州，屬嶺南道。宋開寶五年，爲封州臨封郡。至道三年，屬廣南東路。紹興七年，廢州，以縣屬德慶府，十年復故。元至元十四年，改屬廣西道，立封州路總管府，十九年降爲散州，仍屬廣東道。明洪武二年封州廢，九年以縣屬德慶州，隸肇慶府。本朝因之。

開建縣。在府西北四百十里。東西距一百四十里，南北距一百里。東至廣西梧州府懷集縣界五十里，西至梧州府蒼梧縣界九十里，南至封川縣界六十里，北至廣西平樂府賀縣界四十里。東南至封川縣界六十里，西南至蒼梧縣界八十里，東北至懷集縣界一百里，西北至賀縣界六十里。漢蒼梧郡封陽縣地。宋元嘉中分置開建縣，尋置宋建郡。大明元年郡廢，屬臨賀郡。齊因之。梁置南静郡。隋平陳，郡廢，屬熙平郡。唐屬封州，五代因之。宋開寶五年，省入封州，六年復置，仍屬封州。元因之。明洪武初改屬德慶州，隸肇慶府，本朝因之。

形勢

當西江入廣州之要口。元和志。北望頂湖，萬仞峙其後，南瞻銅鼓，四阜列其前。白沙岡驅羊於其左，腐柯山卧虎於其後。圖經。據三江之口，制五州之要。通志。

風俗

土風淳厚，民物夥繁，一日之間有四時。方輿勝覽。土曠民惰，不力於耕，惟運鹽鈔以自給。郡國志。地當兩廣衝要，民重渦塘麓囿，海錯果實。通志。

城池

肇慶府城。周八百七十一丈，門四，南臨大江，三面濬池，周四百五十八丈。宋政和中建，明洪武初增建。本朝康熙六年修，乾隆三年、嘉慶十七年重修。高要縣附郭。

四會縣城。周五百七十六丈有奇，門四，東、西臨江，南、北浚池，廣二丈。明天順初建。本朝康熙二十六年修，嘉慶十八年重修。

新興縣城。周一千一百八十丈，門五，池周六百餘丈。宋建炎中建，明洪武十三年增建。本朝順治二年修，康熙二十五年、乾隆四十五年、嘉慶十七年重修。

陽春縣城。周五百六十七丈，初門四，池周七百丈。唐武德四年建，明洪武三十一年因舊址重建。本朝康熙九年修，雍正元年增闢南門，乾隆二十一年、嘉慶十九年重修。

陽江縣城。周八百九十二丈，門四，池周九百七十丈。宋紹興間土築，明洪武三年甃石。本朝康熙十一年修，乾隆六年、嘉慶十五年重修。

高明縣城。周六百六十丈，初門三，池長六百丈。明成化十六年建，萬曆十年增闢西門。本朝康熙六年修，乾隆三十六年、嘉慶元年重修。

恩平縣城。周三百二十五丈，門四，池廣二丈。明成化二年建。本朝康熙十五年修，二十四年重修。

廣寧縣城。周三百三十九丈，門三，無池。明嘉靖三十八年建。本朝康熙三十三年修，嘉慶二十三年重修。

開平縣城。周三百五十丈，門二，無池。本朝順治七年建，康熙四年修，乾隆九年重修。

鶴山縣城。周六百丈，門三，以河爲池。本朝雍正十一年建。

德慶州城。周一千一百丈，門五，池周一千一百五十丈。宋皇祐六年土築，明洪武元年甃石。本朝康熙五年修，乾隆十二年重修。

封川縣城。周二百六十二丈，門三，南臨大江，東、西有池，周二百九十五丈。明正統十四年因舊址土築，成化初甃甎。

開建縣城。周三百三十六丈，門三，池長一百三十六丈。明洪武初土築，天順三年甃甎。本朝康熙六年修，嘉慶十八年、二十二年重修。

學校

肇慶府學。在府城東一里。宋崇寧初建。明天順初遷於城中，嘉靖十三年復建舊所。本朝順治十五年修，康熙六年、十一年重修。入學額數二十名，内開平客童二名。

高要縣學。在府署東。舊爲府學，宋政和間改爲縣學。明嘉靖十一年遷於城東，萬曆二十年復建舊所。本朝順治十四年修，康熙元年、六年、乾隆十六年、二十年重修。入學額數十五名。

四會縣學。在縣治東南。宋咸淳元年建。本朝順治十六年修，康熙十八年、乾隆二年重修。入學額數十二名。

新興縣學。在縣治東南。舊爲新州學，宋天禧中建。明洪武中，改爲縣學。本朝康熙十年修，乾隆二十二年、嘉慶二十年重修。入學額數十二名。

陽春縣學。在縣治西。明洪武二年建。本朝康熙九年修，雍正七年、乾隆二十一年、嘉慶三年重修。入學額數十二名。

陽江縣學。在縣治西。明成化二十一年建。本朝順治六年修，康熙五十年、雍正六年、乾隆四年、嘉慶五年重修。入學額數十五名。

高明縣學。在縣治東。明成化十二年建。本朝順治八年修，康熙元年、雍正二年、乾隆十一年、嘉慶十二年重修。入學額數十二名。

恩平縣學。在縣城東門外。康熙五十一年由縣治西遷建，雍正五年修，乾隆五年、十三年重修。入學額數八名。

廣寧縣學。在縣治東南。明嘉靖三十九年建。本朝順治十五年修，康熙六年、雍正十年、乾隆五十九年重修。入學額數八名。

開平縣學。在縣城東。康熙六年建，乾隆二十七年修。入學額數九名。

鶴山縣學。在縣治東南。雍正九年建。入學額數八名。

德慶州學。在州治東。宋元豐四年建。舊爲德慶府學，明洪武九年改爲州學。本朝康熙六年修，雍正十年、乾隆十六年重修。入學額數八名。

封川縣學。在縣城外東北。康熙三十八年建，雍正十一年修，乾隆五十年重修。入學額數八名。

開建縣學。在縣東半里。明嘉靖三十九年建。本朝順治四年修，康熙二十三年、雍正十三年、嘉慶十七年重修。入學額數八名。

星巖書院。在府城内。康熙中建。
端溪書院。在高要縣學西。康熙四十七年建。
綏江書院。在四會縣學宫側。嘉慶三年，以舊濂溪、興文兩書院改建。
古筠書院。在新興縣城内西街。雍正三年，以守禦所公署改建。
瑞雲書院。在陽春縣城内。明萬曆中建，原名育英。本朝雍正初重建，改今名。
濂溪書院。在陽江縣城内。康熙十三年建。
文昌書院。在高明縣城内。康熙七年建。
南平書院。在恩平縣北門外。乾隆二十三年建。
桂輪書院。在開平縣城内。乾隆十九年建。
鶴山書院。在鶴山縣治東北。乾隆七年建。
崑陽書院。在鶴山縣古勞砂坪墟(一)。乾隆十九年建。
青雲書院。在德慶州北門外。康熙五年建。
東城書院。在德慶州忠順門右。乾隆元年建。
景奎書院。在封川縣城内。乾隆五十年建。
儲元書院。在開建縣城内新街。
甘棠義學。在新興縣天堂墟。康熙五十二年建。

恩平義學。在恩平縣北門外。康熙二十五年建。

蟠光義學。在鶴山縣古勞村。乾隆十九年建。

會龍社學。在新興縣東七十里。嘉慶十二年建。按：舊志載嵩臺書院，在高要縣東，明宣德中建。蓬山書院，在高要縣南，明建。濂溪書院，在四會縣金雞山下，宋景定中建，明嘉靖中改爲興文書院。羅陽書院，在高明縣城内，明萬曆中建。蛻齋書院，在高明縣城北，宋建。敷文書院，在恩平縣學前。三洲書院，在德慶州城内，亦名濂溪書院。今並廢，謹附記。

户口

原額人丁十三萬五千五百七十六，今滋生男婦大小共二百五十一萬六千一百四十九名口，又屯民男婦三萬三千七百九十九名口。

田賦

田地山塘共四萬二百七十一頃三十六畝三分有奇，額徵地丁正、雜銀十四萬二千五百七十八兩六錢四分，遇閏加徵銀三千九百七兩六分四釐，米三萬四千六百二石二斗七升八合四勺。屯田共六百九十二頃三十六畝二分有奇，額徵屯丁銀四兩七錢一分，米八千六百九十四石五斗二升二勺。

山川

高峽山。在高要縣東。水經注引王氏交廣春秋：步騭合兵二萬，下取南海，蒼梧人衡毅、錢博興軍逆戰於高要峽口，博等軍敗。元和志：零羊峽，在縣東三十里，即博等敗處。寰宇記引沈懷遠南越志云：零羊峽，一名高要峽，山高百丈，江廣一里，華翠之樹，四時葱蒨，古有峽山寺。唐沈佺期峽山寺賦稱端溪妙境，即此。明統志謂之高峽山，相傳山有羊化石，因名羚羊峽。舊志：延袤二十里，與爛柯山對峙，夾束江流，爲郡之鎮鑰，中有亞婁頂、釣魚臺，皆最湍急處。

横石山。在高要縣東七十里，北捍大江。

勞山。輿地紀勝：在高要縣東一百五里，山徑險狹，樵者勞焉，因名。府志：在縣東百里，周三十餘里，高五百餘丈。

爛柯山。在高要縣東南五十里。寰宇記：在府東三十六里，峽山南，即王質遇赤松子與安期生棋而斧柯爛處。輿地紀勝：一名腐柯山。舊志：在縣東南四十六里，高二百餘丈，周五十里，其西麓與高峽山相對，中有硯坑，即唐、宋採硯處。

蓬萊山。在高要縣東南，接高明界。一名南蓬嶺，高二百餘仞，延袤二十餘里。東麓爲官棠山，支委爲古耶等岡，南爲小蓬洞，有甘泉。

雲從山。在高要縣南二十里，周五十里。層巒疊巘，秀出天表，雲見則雨，故名。新宅水經其下，又有泉流五六里，鄉人引以溉田。又南十里有一埠，高三丈，曰寶蓮臺。

銅鼓山。在高要縣西南。輿地紀勝：府治之對山，有四埠。新志：在縣西南三十里，高千丈，周三十餘里，有赤石如鼓，扣之有聲，故名。

苛徑山。在高要縣西南，接東安縣界。輿地紀勝：府南五十餘里有苛徑山，相傳爲陳高祖壠掘鑿之處，砌石存焉。

湘峽山。在高要縣西。續通鑑：宋皇祐四年，儂智高犯端州，州守李寶臣曰：「若得兵數千人伏小湘峽，可必勝也。」輿地紀勝：峽山，在縣西二十里，羣峯列岫，連延環繞，水經其下，多良材美竹。舊志：小湘峽在縣西二十里，又西五里爲大湘峽，皆羣峯矗天，峭束江流，通名曰湘峽山。

望夫山。在高要縣西八十里，盤亘數十里，屹然天際，中有猺人，接陽江縣界。又陽江縣西一百四十里亦有望夫山，接電白縣界。

騰豺山。寰宇記：高要縣有騰豺嶺。南越志云：騰豺，沐猴之類也。頭正方，髮長尺餘，嘗覆面，欲有所視，輒兩手披開之。舊志：在縣西一百里，「騰豺」一作「騰豻」。

定山。隋書地理志：高要縣有定山。元和志：石室山在縣北五里。寰宇記：嵩臺山，在縣北五里。南越志云：高要縣有石室，自生風烟，南北二門，狀如人巧，意者以爲神仙下都，因名嵩臺，中多石燕，北海李邕有記，鐫石存焉。輿地紀勝引圖經云：石室山，唐天寶六年改爲嵩臺山。府志：嵩臺，即定山也，有七星巖，七區曲折，列峙如北斗，中有石室巖，可容數百人，有斗魁臺，唐初所築，巖之左爲石洞，又東逾瀝湖半里許曰屏風巖，又東半里許曰閬風巖，從石室而西半里爲天柱巖，又里許爲蟾蜍巖，又西二里許爲仙掌巖，西北二里曰阿陂巖，延袤凡數十里，瀝湖環流其下，可通舟楫。

北山。在高要縣北。寰宇記：州北七里至北山，其山重疊，山北即四會縣界。府志謂之北嶺，在縣北十里，高千仞，盤亘百餘里，爲府治後扆，峯巒連屬，宛若屏障。其中一峯屹立，名將軍嶺。其前爲雙源洞，洞口石如堵崖，高丈許。緣崖下過淺水，炬而入，有泉自南洞石根出，殊清冷，涉而西，又有水微温，多敗葉流出，旁多怪石，紆入里許，水漸深不可涉。嶺南爲辟支巖，即七星巖之一也。

頂湖山。在高要縣東北四十里，高千餘仞，周數百里，爲一方巨鎮。道書以爲第十七福地。東北有飛泉洞，瀑布飛流，如萬斛珠，上有方石，下有鷹打潭。

九坑山。在高要縣東北五十里，出泉九派，舊有茶園四十四所，猺人居之。

思子山。輿地紀勝：在四會縣東二十五里，隋末有老姥思子登此山，望之悲哽而絶，因名。新志：又東五里爲六士山，六峯聳列。又龍子山，在縣東少北三十里，高百餘丈。

扶盧山。寰宇記：在四會縣東四十里，高千丈，上有湖。輿地紀勝謂之扶蘆山。舊志：山周四十里。

陶冶山。在四會縣東南十五里，綏江水至此分流。

塞水山。在四會縣南五里，形勢平坦，一名牛眠嶺。又南五里爲千歲嶺，形勢峻拔，縣之案山也。

烈女山。輿地紀勝：在四會縣西南十里，高千餘丈，昔有貞女潛遁此山，居於絶巘，自藝蔗芋，績織蕉莞以自給，傳以爲仙去。又曰縣有廣正山，亦曰貞山，上至絶頂，可十餘里。蓋即烈女山之別名也。明統志：絶頂有三池，旁有巨石如壇，石前又有龍池。

倉岡山。輿地紀勝：在四會縣西三里，岡巒聳秀，相傳南漢時嘗建倉，貯兵儲於上，因名。縣志：山西南俯瞰綏江。

白華山。在四會縣西北三十里，高數百丈，延亘數十里。

金岡山。在四會縣北一里。元和志：金山一名金岡山，在縣北六十五里，出金沙。又北十里有白馬山，連亘廣寧、恩平兩縣界〔二〕。

百僚山。明統志：在四會縣北五十里，山形高聳，旁有崇岡疊巘，四面拱峙，若百僚然。宋李積中詩：「前朝千歲嶺，後擁百僚山。」

三貴山。明統志：在四會縣北五十里，三峯峻拔，高千餘丈，周三十餘里，左環右抱，爲縣境羣山之祖。

石燕山。在四會縣東北八十里，接廣州府界。輿地紀勝：山有巖穴，内有石燕。

烏石山。在新興縣東一里，一石孤立道旁，刻字曰「特秀」。

羅秀山。在新興縣東十五里。

羅陳山。在新興縣東南二十里，高百餘仞，周四十里。居民多羅、陳二姓。上有薦福院，唐武德二年建。

天露山。在新興縣東南三十五里。元和志：在義寧縣西十六里。九域志：新興縣有天露山。輿地紀勝：在州東南二十里，高甲諸山，有巨石，泉出其旁，深丈餘，魚物其中。寰宇通志：在縣東南三十五里，俗名鐵爐山。

雲秀山。在新興縣東南四十里。明統志：相傳山有五色雲。縣志：相連有熙隆山，又東十里爲雲石山，巉巖多石。

龍山。在新興縣南三十里，周五十里，蜿蜒如龍之蟠。方輿勝覽：山有龍山寺，後有峯曰三寶頂，兩岡夾峙，左曰左天王嶺，右曰右天王嶺，右嶺大石上有一小石，狀如負子，曰昇子山，距山里許，曰香燈岡，有瀑布下注石坪。

筆架山。在新興縣南四十里，高三百餘仞，周百餘里，三峯並峙，中峯卓立，宛如筆架。

錦山。在新興縣西南三十里，其山花木如錦，有水流入新江，名錦水。

桐山。在新興縣西十五里。

雲幹山。在新興縣西，高二百餘仞，直如木幹，上聳雲霄。下有桄榔古寺。

東山。在新興縣西，壁峙千仞，南俯高州，北瞰肇慶，頂有靈石方丈，石面有泉，隆冬常温，祈雨輒應。

崖樓山。在新興縣西北三十里，一名崖牢山，聳峻壁立。上有龍崖，勢若樓臺。縣志：又鐵嶺山，在縣西北六十里。二山已割屬羅定州東安縣，惟南面猶屬本縣。又舊志：縣東二十里有思防山，三十里有碧雲山，又五里爲慈雲山，三十里有嵐岡山，六十里有鳳華山，縣西五里有寶蓋山，縣西少南二十里有碧岡山，西八十里有石羊山，縣南十里有相思山，縣北六里有端峯山，縣東南五里有寶冠山，又東南五十里有雙官山，縣西南二十里有新安山，八十里有儀嵓山，縣西北二十里有宜路山。

巨福山。在新興縣北二里，與峽岡對峙，爲縣北鎮。

雲斛山。在新興縣北十五里，山谷幽深，常有雲氣。又北十里爲雲塢山，高廣與雲斛相埒。

利山。在新興縣北五十里，高三百餘仞，周七十餘里，崚嶒多草木，與高要、高明接界。南越志：利山上多香木，亦謂之老香山。

鐵坑山。在陽春縣東南二十里，山勢盤旋，古木森蔽，產鐵。宋胡銓遊其處，有留題。

馬鞍山。在陽春縣東南二十里，高百餘丈。山頂有古瓦盤，圍八尺許，内載清泉，毫無塵垢，登者掬飲將半，次日復滿，雖積雨不溢。

磁石山。在陽春縣南五里，四面平陂，一峯特起，產吸鐵石。

射木山。在陽春縣南十五里，巍峩蓊鬱，爲縣治案山。上有射木神祠，南漢封儲侯。相近有雲靈山，雲幕其上，則雨立至，諺云：「雨未晴，看雲靈。」

天馬山。在陽春縣南三十里，高百餘丈，周七十里，一峯插天。有馬蹄石，蹄跡宛然。

石碌山。在陽春縣南三十里，上有亂石，其色淡碧，每雨過，山下常生石碌。又西十里有旗鼓山。

珠環山。在陽春縣南九十里，羣峯相連，如珠纍纍，周五十餘里，接陽江縣界。

旗山。在陽春縣西南七里，高百丈，勢極逶迤，登之可覽一縣勝槩，又名望州嶺。

鸚鵡山。在陽春縣西南四十里。明萬曆九年，大雨山裂，下成深潭。

羅湖山。在陽春縣西南五十里。上有天湖，碧凈如琉璃。

石人山。在陽春縣西南一百二十里，峯巒平坦，上有巨石如人。又西十里爲丫髻山，一名白水山，上有天池、龍井，飛泉一派，凡十餘疊。稍西爲木欄山。

羅黄山。在陽春縣西南一百四十里，頂有石巖，别峯有瀑布，下注成川，即羅水也。山下多羅、黄二姓，因名。元和志：羅水縣有蘇羅山，疑即此。

西山。在陽春縣西。通志：縣境猺山，西南有陳村、茶塲、雲洞、清湖、榕木、黄麖等二十二處，正西有栗子、湖峝、雲霧、南埇、坐羅、龐峝等五十八處，西北有黎澇、通根、參峝等五處，共九十四處，統名曰西山。明嘉靖初，西山猺賊及德慶、新興賊爲亂，侵掠高州，幾數十年。十二年，都御史陶諧討平之，搗巢一百二十有五，勒石西山。

巨石山。在陽春縣西北。寰宇記引南越志云：甘東縣西二里有巨石山，其山有二石室，有懸泉飛渚、金膏銀燭、靈芝玉髓之異，其石自然成樓臺柱棟。

石壁山。在陽春縣北四十里，巨石攢簇水次，凡數十峯，昔人避亂，結石寨其上。稍東爲那烏石，古良巡司治此。又十里爲潭葛石，石峯數十，西達水次。

雲浮山。在陽春縣北。輿地紀勝：雲浮山，一名泉山，在陽春縣北七十里。舊經云陳霸先嘗居此，舊址存焉。通志：在縣西北一百二十里，接東安縣界。

銅石山。在陽春縣北七十里，有石室向西，深廣丈餘，高明軒朗，中有池。輿地紀勝謂之峒石山。咸平初，以太宗御書賜藏石室。舊唐志銅陵縣有銅山，蓋即此。

䨜山。在陽江縣城内東北隅，脈由東山來，突起平陂，延迤平里許。東山，在縣東一里，怪石林立，爲近城勝槩。

翠鳥山。元和志：在陽江縣東二十里。輿地紀勝又有博泥山，在縣東，下有鹵田。

潮平山。在陽江縣東九十里，接廣州府新寧縣界。又崑山，在縣東五十五里，峯如卓圭。

大坑山。在陽江縣東南十里。有泉，西北流一里，入洗脚陂，溉田數百畝。

海朗山。在陽江縣東南五十里，臨海，一名鎮海山。有拳石洞，南望大海。

紫蘿山。在陽江縣東南九十里，高四百餘丈，周六十餘里，一名烟蘿山，又名瑞靈山，接新寧縣界。元和志：縣有羅領山，出沉香木。疑即此。

三汲山。在陽江縣東南大海中，外即大洋。又東百里有小鑊、中鑊、大鑊三山，皆在大海中，新寧南界，相去各數十里，望之俱如覆釜。輿地紀勝：有大鑊洲、小鑊洲，在州東南。即此。

尖山。在陽江縣南少東十五里，峯小而鋭，蓮塘河流經其下。

北津山。在陽江縣南三十里，屹立海門，爲縣之障。對峙者爲南津山。二山之間，有獨石高十餘丈，周四十餘里，出海口二里許，其下深淵不測。又銀坑山，在南津山側，有十八井，相傳宋南恩州知州余久大鼓冶于此。

海陵山。在陽江縣南。寰宇記：陽江縣有羅洲，在海口，迴環三百里，乃百姓魚鹽之地。輿地紀勝：羅洲，一名海陵，在陽江縣西南。通志：海陵山，在縣南少西七十里大海中，舊名羅洲，又名羅島，有數峯，其中峯名草黄山，東峯爲平章山，下爲平章港，受山中漲潦以達于海，即宋張世傑舟遇颶風，祝天赴海處也。西南峯爲馬鞍山，下爲戙船澳，明初立戈船戍于此，以防番寇。西北峯爲鶴洲山，又西北爲馬龍渡，山四面皆大海。

頓鉢山。在陽江縣西南二里，爲縣水口，西有龍潭。又鴈山，在縣西南二十五里，雲覆必雨，農家以爲占候。

羅岑山。在陽江縣西五十里，一名羅琴山。輿地紀勝：昔羅含嘗攜琴遊此，故名。舊志：山周八十餘里，衆峯攢列，四面相似，東爲羅琴，西曰磨刀，南曰射龍，北曰茶水，中皆有猺。

郎官山。在陽江縣西一百里，東有龍潭，南麓濱海近雙魚所。輿地紀勝：縣西有郎高山，南際大海。疑即此。

虎頭山。在陽江縣西一百二十里，近太平驛。又鷄籠山，在縣西一百四十里。

梅峒山。在陽江縣西一百二十里，周一百里，以産梅故名。

石坑山。在陽江縣西北六十里，數峯相接，竹樹茂密，猺居其中。其東北爲烏石、雨霖、羅嶺、盤龍、珠環等山，皆與陽春縣接界。

北山。在陽江縣北一里，爲縣治後山，高三十丈，周二十里。山頂有石如掌，可容十餘人，名仙人石，四旁大石，多宋、元以來詩刻。

鳳凰山。在陽江縣東北，石壁千仞，有瀑布飛下，猿猱不能至。相傳嘗有鳳凰巢于上，因名。縣志：在縣東北二十里自鳳凰而北爲石龍山，相連爲槧峒山，自鳳凰而南爲隨峒山、翼峒山，又南爲官山，諸山連延，環周百餘里，皆羣猺錯居。

馬銜山。在陽江縣東北五十里，其東南有金花嶺，自嶺攀躋而上，十里至山頂，絶頂有巨石如砥，可容數十人，泉出石隙，如馬受勒，山因以名。其泉下注爲上、中、下三龍潭，皆清澈深杳。

合門山。在陽江縣東北六十里，夾蓮塘水，對峙如門。稍北爲秀石山，頂有平石，可坐百人。又三龍山，在縣東北九十里。

碧玉山。在高明縣城内東隅。又蒼玉山在東北隅，青玉山在北隅，縣治扆之。

水蕉山。在高明縣東南二十里，中有大石，澗水盤流多生水蕉，鄉人于其下築陂溉田。

鳳山。在高明縣南二里，水石清麗，林木葱蒨。又開平縣北二里亦有鳳山。

龍虎山。在高明縣西南十里，兩峯對峙，左峯一石蹲如虎，中一穴有泉，右峯一石盤如龍，有巖深邃，俗呼龍虎頭。

鹿洞山。在高明縣西南十五里，一名鹿崗尖，延袤四十餘里，拱向縣治，羅列如屏。又千歲山，在縣西南三十五里。

粟砦山。在高明縣西南四十里，中有石壁，飛瀑下流成潭，一名武陵溪。明統志：粟砦山産山棗，葉似梅，果似荔枝，九月熟，又多錦鳥、鮫魚，又有懸鈎鳥，鳴則雨至。

表山。在高明縣西二十里，高出衆山之表，故名。相接者爲蟾蜍徑。

歌樂山。在高明縣西二十五里，與表山岡壠相接。輿地紀勝：在平興縣東二十五里，風起聲如音樂。

文儲山。在高明縣西五十里，高五百餘丈，周一百五十里，羣峯崚嶒，有飛泉下流成淵，名曰聖潭。按：寰宇記有奢山，在高要縣南九十里，山有丹砂，夷人語訛「砂」爲「奢」。其南有粟砦山，今文儲山正在粟砦之北，去高要約八九十里，蓋即奢山也。明統志以皁幕爲奢山，誤。

老香山。在高明縣西北。寰宇記引吴録云：端州有端溪山，産五色香木。輿地紀勝：老香山在平興縣西一里，周五十里，蓋即吴録之端溪山也。縣志：在縣西北五十里，接新興、高要二縣界，多産香木，猺人結巢其上。

春富山。在高明縣北一里，壁立崚嶒，上有石崖，春時花草尤盛，故名。少西爲慶林山。

朋峯山。在高明縣北十里，兩峯並峙，形如「朋」字。少東北爲官徑山，脈自老香山來，東西連亘數十里，中有通徑二十里，爲入郡必經之地。

五龍山。在高明縣東北十里，五峯奔伏，中有員阜如珠，俗名五龍争珠山。又五里爲鶴山，與五龍相接。

靈雲山。在高明縣東北三十里。舊名師姑山。頂有石泉，下有徑，通高要。麓有三峯，又名三台山。

龜峯山。在高明縣東北四十里，山體皆石，突出江畔，西江萬里之水皆匯于此。其麓有蟹眼泉，右數武有犀牛洞。

獅子山。在恩平縣東八里，上有巨石如獅。又鳳凰山，在縣南十里，爲縣治案山。又白馬山，在縣南二十里，蓮塘河出此。

藍坑山。在恩平縣東南三十里，延亘三十餘里，崖壑深杳，林木叢生。又十里爲石徑山。

金鷄山。在恩平縣東南六十里，接新寧縣界。

金婆山。在恩平縣南稍東三十里，岡巃連亘，東達灣雷海。

龍鼉山。在恩平縣西十里。寰宇記：山形如龍，下有龍穴，往往興雨，云是鼉洲。縣志：在縣西二十里，一名大人山，高三百餘丈，周六七十里，中有龍潭，號聖水，東面有穴，清泉瀉出，名曰水磜。旁有紫霞洞，一澗懸流，有巨石横障澗半，水從石頂瀉下，若機絲然。去紫霞里許有碧雲島，澗從石落，下注爲池，折而東，兩山束之，懸崖絶壁，莫可攀躋。循澗而出，十步一池，池石奇磊萬狀。

石圍口山。在恩平縣西北二十里，卓立江口，巉崖峭絶。又十里爲温泉山，一名馬頭岡，其形峭峻，下有温泉。

雲立山。在恩平縣西北四十五里，山南有孔出温泉，其氣上蒸蓊然如雲。

鼓角樓山。在恩平縣西北七十里。通志：巖巒層疊，下有流泉瀉十餘里，至牛岡渡，其後爲鴻嘴山，上有雙石頂，形勢險峻，亘數十里，至獨鶴水上。又雲岫山，在縣北八十里。

茶山。在恩平縣西北八十里，林木茂盛，凡有工作，咸取木於此。

平城山。在恩平縣西北。寰宇記：恩平江出平城山。輿地紀勝：山在陽江縣東北，廢恩平縣西北。縣志有觀音山，在今縣西北八十里茶山之北，連亘陽春縣界，少南爲雙穴徑，即恩平江所出。疑即平城山也。

君子山。在恩平縣西北一百里，接新興縣界。左有仙塘，下有仙池，古木交翠，石澗奇絶，一仙島也，良猺居之。南爲上水竹嵛，恩平江别源出此。

石神山。在恩平縣北二里，一名鼇山，擁縣治後。

潭圍山。在廣寧縣東南六十里，連山峻險，至此稍平，縣治初建于山下。旁爲春水山，上多材木，春水出焉。

三台山。在廣寧縣南十五里，三峯鼎峙，爲邑案山。

石澗山。在廣寧縣南三十里。有石澗官埠，陸路達縣。山有泉自石竇中出，東流五里入江。

高望山。在廣寧縣西南五十里，林木蒼秀，澗泉澄澈，絶頂一望，羣山皆在其下。

鉛穴山。在廣寧縣西南。元和志：在化蒙縣西六十里，出鉛、錫。

落鞍山。在廣寧縣西一里，一名樂安山。明統志：相傳有青衣人乘白馬出山中，俄墜地，人馬俱失，因名。又烏石山，在廣寧縣西二十里。

三足山。在廣寧縣西七十里，一名三宿山。明統志：上有三峯，若列宿。

森洞山。在廣寧縣西一百里，山洞巖險，森秀多林木，北通膺嵛山，延亘百餘里，舊皆爲猺藪。

花山。在廣寧縣西北八十里。又西二十里曰赤坑山，路通懷集縣。

福星山。在廣寧縣城北，形如覆釜，城跨其上。又北二里曰龍異山。

峽山。在廣寧縣北四十里，兩山夾峙，綏江從中出。

圓領山。在廣寧縣北五十里，横亘十五里，有九十九坑，坑皆相似，多產筍。行者失道，三日乃得出。

疊書山。在開平縣東七里，又東八里爲遊魚山。

梁金山。在開平縣東二十里。又北曰獅子山，以象形得名，東去新會縣八十里。左有雲虯峯，右爲五坑徑，前有大神嶺、古州岡，其下沃壤，延袤七八十里。南接新寧，止間一水，北出嶺西，僅數十里，爲一方險要之衝。明成化中，僉事陶魯于山徑中立營，開塹數百丈，以禦西寇。

雙飛蝴蝶山。在開平縣東南十里。又馬山，在縣東南十五里，與游魚山隔岸對峙，爲縣之捍門水口。

護冲山。在開平縣南四十里。又南十里有石井山，接恩平縣界，其下一井，四面石壁。

北獵山。在開平縣南少西二里，一名北立山，又名百立山，東去新會縣一百里，西南去恩平縣一百二十里，產白雲茶，脈自恩平北來，與羅漢山相接。明嘉靖三十二年，僉事杜璁敗賊于此。東麓有山曰游魚。

羅漢山。在開平縣西南三十里，接恩平、新興二縣界。有五尖峯，上有天池不竭。

百足山。在開平縣西南三十里，下有二山如龜，西接蜆岡。

獨鶴山。在開平縣西三十里，相傳有一鶴棲鳴峯頂，故名。府志：南去恩平縣一百里，西北去新興縣七十里。

址山。在開平縣北五十五里。

鶴山。在鶴山縣城内，其形如鶴，故得名，因以名縣。

大雁山。在鶴山縣東四十里，周四十里，東北臨大江，峯巒高峙，爲海門之捍。頂有清潭，飛瀑而下。又北五里曰三重頂，有泉冬夏不竭。

雲粟山。在鶴山縣西，高百仞，周一百四十里。頂上有巨石壘垣，開四門，或曰仙子所製棋盤，仙跡尚存。寰宇記：封水出雲粟山，南中風土惟稻無粟，此山種粟即成，因名。輿地紀勝：山在新州東八十里。縣志：在縣西六十里。一名雲宿山，西去新興縣七十餘里，東北去高明縣五十里，巍然天際，雲常幕之。東爲雲獨山、雲益山，皆其支隴也。

曹幕山。在鶴山縣西北十六里，接開平、高明二縣界，脈自崑崙山來，高千餘丈，延袤百餘里，左右岡隴如張幕然。一名皁幕山，前有獅子岡，大石嶙峋百餘丈，鄉民結寨其上。

崑山。在鶴山縣北四里，爲數縣雄鎮，與崙山並峙，人合呼之爲崑崙山。崑山高千仞，至其上，則南海、順德、新會、高明、新興、開平四面山川皆見。崙山在縣治正西。輿地紀勝：崑山上有天井，崙山上有白龍池。

茗山。在德慶州東十五里，産茶。

西源山。在德慶州東六十里，八峯相連，一峯高出雲表，爲州東鎮。頂有池，四時不涸，下注爲溪，分二派，東爲思夫水，西爲夫號水。

高良山。在德慶州東七十里，上産鐵笏木，其下田膏土肥。

樵雲山。在德慶州東七十里，高二百餘丈，周三十餘里，高秀盤蔚。有瓊響水，飛流數十丈，聲若鳴珂。

峽山。在德慶州西二十里，周九十里，南北峯對峙甚隘。江水中流，春夏多雨，則水峻急，舟行甚險。

錦石山。在德慶州西。寰宇記：端溪縣有三鼎石，今名三奠石。輿地紀勝：端溪有錦石，陸賈使南越時設錦帳于此，又名濯錦山。州志：錦石山在州西五十里，接封川及西寧縣界，即鼎石也。又名羅經石，高一百餘丈。明萬曆中征羅旁賊，嘗駐于此。

禮嶺山。在德慶州西北四十里，周百里，産籬竹，一名藜山。

香山。在德慶州北。輿地紀勝：香山一名利人山，産五色石，上多香草。舊志：在州北二里，周四十餘里，爲州主山。下有漱玉泉。

端山。在德慶州北二十里。元和志：在端溪縣北一百二十五里，有樹冬榮，其子大如杯，炙而食之，味如猪肉。通志：在州東北五十里，其形端正，因名。

大廣山。在德慶州北六十里，高五百餘丈，周七十里。有瀑布泉，飛流如練。其左有雲眉山。

靛湖山。在德慶州北一百里。稍西相連爲金釵山。

藿山。在德慶州東北五里，峯巒秀蔚，有草如藿。稍東爲櫨山，多産楂、梨。

文筆山。在德慶州東北八十里，俗名象牙山，頂上有池。稍北爲竇嶺，周三十里，兩山壁立，中通一徑如竇。

焦石山。在德慶州東北一百三十里，一名社山，周五十餘里，蒼翠盤鬱。寰宇記引異物志云：悦城縣北百餘里有山，中出焦石，每歲人採之，琢爲燒器。

東山。在封川縣東一里，形如列屏，一名挂榜山。相連者爲紗帽嶺，又東四里爲先鋒嶺。

仙鳳山。在封川縣東十里。又十里有仙人山。又十里有圓珠山。又十里有鳳凰山，産鶴膝竹。又青霧山，在縣東九十里。

天馬山。在封川縣東南三里，拱抱縣治，西江匯其下，多白沙，一名白沙嶺。又東二里爲緑衣嶺，與紗帽、先鋒諸嶺相連，稍北爲羅客山。

豐壽山。寰宇記：在封川縣東南四十里，多藏雷電霹靂，土人呼爲霹靂山。縣志：在縣東北五十里，上有石池，泉湧其中。明嘉靖三十一年山崩。

會龍山。在封川縣南隔江二里，層巒疊秀，爲縣案山。

錦錢山。在封川縣西南十里隔江，一名西山。明統志：山石上有巨人跡，遇旱，鄉人洗而禱之即雨，名曰聖石。縣治又有大嶺山，在縣西南修泰鄉，高千仞。下有馬嶺路，爲鄉人入縣總道。又鶴籠山，在縣西南三十里，接廣西界，下有分界村。

登高山。在封川縣北半里，一名北山，邑人九日於此登高。

猿居山。在封川縣北三十里，一名猿嶺，平岡漫坡，或起或伏，上多林木，猿狖所居，有猿嶺徑。

龍石山。在封川縣北七十里。少西即鑼鼓岡。寰宇記：龍石山出石膏。

騏驎山。寰宇記：在封川縣北八十里，以居人莫騏驎姓名爲名。通志：山高三百丈，秀出天表，爲縣鎮山。

留連山。在封川縣北一百三十里，重巒疊巘，蹊徑深杳，有林泉巖壑之勝。又三峯山，在縣少西一百三十里，山多奇石。少南爲螺髻巖，石門暗狹，中乃明敞，容數百人，石乳凝結瑰奇，爲諸巖之冠。

封門山。在封川縣東北二十里，峯巒秀蔚，兩崖如門。又相思山，亦在縣東北二十里，羣峯連屬，下有相思大徑。

嵐岡山。在封川縣東北四十里，一名班石山。寰宇記：班石山，在縣東六十里，其石五色，上有風穴。

甲子山。在封川縣東北七十里，與騏驎山相連，有烏添徑。又白馬山，亦在縣東北，與騏驎山對峙，石坂甚長，飛泉如練，舊有獞巢其上。明正德中，參議周用等勦平之，改名白鶴山。東爲老鴉徑。

似龍山。在開建縣東十五里，蜿蜒如龍。

昭埔山。在開建縣東二十里，路通懷集。

野埔山。在開建縣東二十五里，石山峭拔。東麓有洞，寬明洪敞，泉自東口流出，相傳潛通懷集縣燕巖，灌田千餘頃。

大水山。在開建縣東三十里，其下澗源深廣，故名。稍南曰羊梯山，爲牛羊徑道，有石磴若梯然，皆猺山也。

黎水山。在開建縣東南二十里，兩山對峙，水從中流。

大玉山。在開建縣西三十五里，青碧如玉。稍北爲小玉山，皆猺山也。

圓珠山。在開建縣西北五十里，圓竦如珠。相近有古令山，旁爲黄沙嶺。

雁山。在開建縣北十里，形勢頗平，有如雁行，爲邑後扆。有水南流五里，入水母塘。

潭霜山。在開建縣北三十里，潭霜水經其下。

忠讜山。在開建縣東北五十里，接懷集縣界，周八十里，與圓珠山皆爲縣境之望。上有白鷺池，廣圓十里，四時不涸。

石室山。在開建縣東北六十里，萬石巍峩，有如庭軒者，有如奥房者，亦名萬石嶺。相近有石壁山，亦以羣峯峻削而名。

新婦嶺。在高要縣南四十里，嶺勢岧嶤〔三〕，頂上平濶，内有池水。

仙嶺。在四會縣東六十里。又牛眠嶺，在縣南五里。龍子嶺，在縣東三十里。

望州嶺。在新興縣東五里，道通恩平。又東五里有十里峯，岡巒嵯峨，草木葱蔚。

布辰嶺。在新興縣東四十里，路通高明。又馬侯嶺在縣東五十里，沙鄺嶺在縣東六十里，皆爲險要。

員嶺。在新興縣東南四十里，或訛爲賢嶺。又東南十里爲大面嶺，路通高明。

猫爪嶺。在新興縣南五十里。相近有李崗嶺，皆極險要。

古岱嶺。元和志：在新興縣西南三十里。

冬瓜嶺。在新興縣西南，連亘陽春縣及羅定州東安縣界。

牛軛嶺。在陽春縣北一百里，與新興縣分界。

潭來嶺。在陽春縣東北二十里，博麻水出此。又三十里爲白木嶺，羅鳳水出此。

丞相嶺。在陽江縣西南六十里。相傳宋丞相留正，紹興中嘗爲陽江尉，游憩於此，因名。

退前嶺。在陽江縣西南六十里，以山路險峻，行者難前，因名。

王公嶺。在陽江縣西一百三十里，山徑舊壘石不通，緣崖艱苦。明萬曆四十八年，參將王揚德始闢嶺路，行者便之，因名。相近有雞骨嶺，多虎。

高嶺。在陽江縣北六十里。有石洞，洞門迂曲，僅容一人，内寬廣，可容千人。泉出其下，響如鳴珂。昔人嘗避賊于此。轉入又有一洞，上透天日，石壁峭削不可上，鄉人名爲鐵城。

斜嶺。在陽江縣東北九十里，昔爲官道所經，蹊徑險惡，盜賊藏聚。明正德九年，御史高紹改營通道，避險就夷，人以爲便。

雲崗嶺。在高明縣東南四十里，南接廣州府新會縣界，其東麓與南海大查嶺相連。又狗坑嶺，在縣東南五十里，亦接新會縣界，地極險峻。

水槽嶺。在廣寧縣東南九十里。又破鐵嶺，在縣西北三十里。先鋒嶺，在縣北四十里。

北顧嶺。在開平縣北二十里。

岐嶺。在德慶州西五里。又西十五里曰杉嶺，產杉木。

佛子嶺。在德慶州北三十里，嶺勢嵯峩，路通封川縣。

雙鶴嶺。在德慶州東北一百三十里，近焦石山，自高要入德慶北鄉孔道，崎嶇峻險，多虎及盜。

續嶺。在封川縣北二十里，斷而復起，延亘七十餘里。

狼嶺。在開建縣東南二十里，形勢險惡，上多豺狼，有徑通封川縣。

王侯峯。在高要縣東南十里。宋元豐中，郡守王汩葬其下，因名。

文峯。在高明縣南二里，形如卓筆，爲縣學面山。

石頭岡。在高要縣東一里，臨江突起十餘丈，府城第一重下關也。又東四里爲石頂岡，巨石縱橫，浮出水際，爲第二重下關。

進唐岡。在高要縣東南五里，爲學宫面山。又東二里爲榕岡。又九州岡，在縣東南二十里。

金洲岡。在高要縣東少南九十里小龍水口，巨石嶙峋，高數十丈，屹立江濱。旁爲大頂岡。又十里爲羅鬱岡，橫屹江面，潦漲時，旋渦頗險，西江捍門也。

三台岡。在高要縣西一里，三岡鼎峙，狀若三星。少北爲龍頂岡，林木蓊蔚，軍民環居其下。又白沙岡，在縣西八里，秀拔高聳，爲郡之來脈。

相對岡。在田會縣東南十里，兩岡相對，屹峙河濱，各高十餘丈，周里許，縣治之襟喉也。

醉翁岡。在四會縣東南十七里。其前又有小岡，曰壺缾岡。

歲嶺岡。在四會縣西北十五里，俗名豸嶺岡。明嘉靖中，鄉人立砦其上。

堨岡。在四會縣北四十里，明天順中，鄉人屯此爲寨。又北十里爲獅子岡，高百餘丈。又鳳頭岡，在縣東北十里。

蟠龍岡。在新興縣西南二里，盤旋如龍。其脈至縣南一里又突起一岡，曰接龍岡。

峽岡。在新興縣北一里，突起水濱，爲縣後障。有水，西入錦山水。

穀岡。在陽春縣東南四十里，山多綸木似穀，皮可爲錦。

鳳皇岡。在陽春縣西南六十里，因形似名。寰宇記：縣有鸞山，山有鸞徑。疑即此。

黄泥岡。在陽春縣西十五里，頂上平坦，多石。少南爲白猪岡，上有白石如猪。

涼繖岡。在陽春縣北十里，周數十里，盤旋宛曲，爲縣主山。有石骨透過白瀧河。

將軍岡。在陽春縣北一百里，峯巒起伏，宛如波浪。輿地紀勝：唐時有李將軍屯兵於此，因名。

鉛坑岡。在陽春縣北一百二十里，接新興縣西南界。舊出鉛鐵砂礦，今絶。

望海岡。在陽江縣南二里。上有望海臺，岡北有甘泉，俗謂之神井。

麒麟岡。在陽江縣北四十里，明時爲八所軍屯。

仙跡岡。在高明縣東四十里，鼉峯之南，石上有跡宛如人足。

白鶴岡。在高明縣東南五里。又十里爲象岡。

龍岡。在高明縣南三十里，一名龍崗。有石方二丈餘，曰聚仙臺。上有雲竇，水注而下，飛瀑如簾，分流左右，左達鐵橋澗，入大、小龍井，右繞聚仙臺，出於天池。

馬鬃岡。在高明縣東北二十五里，步洲竇水出其麓。

金臺岡。在恩平縣南八十里，接開平縣界。寰宇記：岡在信安縣東北九十里海中，形如覆船，號覆船山，行人惡之，改爲金臺岡。

馬頭岡。在開平縣南十五里。

登高岡。在德慶州北三里，一名侍郎岡，州人九日登高于此。又北爲青雲岡。

神符巖。在高要縣南五十里，一名神湖巖，土山戴石，峭立如壁。名勝志：有南北二巖，南曰大巖，高廣三丈餘，深十餘丈，南有穴深黑，匍匐入二丈許，方可行，穴愈深，風愈猛，冷氣襲人，不可久留。北曰小巖，深廣減大巖之半，内有石罅，仰視見天。

河鼓巖。在高要縣北三十里，高不及石室山，廣僅三之一，有兩門皆南向，中積水如疊鼓，石室諸巖皆水環石，獨此巖石環水。

崆峒巖。在陽春縣西南十五里，舊名酆洞巖，自前巖入，直透巖背，石壁穹窿，深廣十餘丈，分前後洞，透光生明，後洞一穴尤深邃，入者須以火，再入則半壁又一大竇，攀援而上，仍可外眺。

響石巖。在陽春縣西北一百二十里，山多石，無草木，有穴三四，圓敞如屋，其東北接新興縣之冬瓜嶺。

潭西巖。在陽春縣北二十里，有三峯出水，下注成潭。潭西有巖，石乳結爲人物仙釋狀，奇詭甲於他洞。少北有龍蜕巖，一名南巖，石中多龍蜕，土人鑿石出之，有元至正時碑，稱爲古良上里巖。又有赤豹巖，深處炬而後入，相近有那虹石、大瑘石，皆有洞穴。

石角巖。在陽春縣北八十里，舊名石脚巖，周三十餘里，穴廣五十丈，中有石泉，後巖尤深，入必以火。

雲森巖。在陽春縣北九十里，巖穴深邃，前明後暗，前巖深闊十餘丈，内有石田石池，清冽可飲，鄉人有警常避于此，後巖深數百丈，入必以炬，可達巖背。

石窟巖。在陽春縣北一百三十里，有上下二巖，上巖軒豁，陸路直抵雷、廉，下巖水從中過，可通小舟，石壁奇絶。

薛公巖。在開平縣東北二十五里，獅子山後，一名寶光巖，一名寂感巖，石室天成。有二泉出石罅不竭。

三洲巖。在德慶州東七十里，一名玉乳巖，一名龍巖。明統志：三洲巖，取蓬萊第三洲之名，巖中有石室，室有石乳，蒼緑色，間類佛像、鐘磬、玉麟、游魚之屬。宋周敦頤、蘇軾、李綱並有題識。通志：巖後有穴，可登山頂，上有居人數家，天造石門，宛然仙境，東西往來者皆道出巖下。

雲巖。在封川縣北九十里，中可容三百人，石牀磴道，殆若天造，泉自石出，混混不竭。稍南爲荔枝巖，中有水穿巖而出，白沙晶瑩，如冰雪然。

石洞。輿地紀勝：在高要縣北十五里，巖穴幽邃，南北二門，上虚通天，與星巖相去不遠，西水泛漲，巖之没者數丈，惟洞隆然屹立水中，世傳其洞能浮。

平頭徑。在高明縣西北十五里，一名鸕鷀峽，高二十餘丈，老香山之水流經此入高要縣界。

大唐坳。在新興縣東南四十里，路通恩平，爲一方險要。

風門坳。在新興縣南五十里。

王高尖。在新興縣南五十里，南屬陽春，爲兩縣險要。

雙魚角石。在陽江縣西南一百三十里雙魚所東側，臨大海，頗險。又西南五里有筶杯石，雙峙海中，中通一門，雙魚所舟航從此出入，極爲險要。

金雞石。在陽江縣北小洲上。寰宇記：在恩州西北，每見有雞金色，鳴于石上。

仙人石。在陽江縣北。寰宇記：恩州東北有湖，闊一里，北有石，云是仙人飛下此，亦曰仙人牀。

鼠石。元和志：在開建縣東北二十四里，周迴五里，旁有三穴，皆容人居止。寰宇記謂之靈鼠石。舊志：石在昭埇山。

海。在陽江縣南三十里，東接廣州府新寧縣，西接高州府電白縣界。寰宇記引投荒録云：恩州濱海，最爲蒸濕，當海南五郡泛海之路，凡自廣至勤、春、高、潘等七州，舊置傳舍。自廣州泛海，行數日方登陸，行人憚海波，不由傳舍，故多由新州陸路云。輿地紀勝：有浮弄洲〔四〕，在陽江縣西海中，又有孤洲在縣西南，葛洲在縣南。海防考：海西南自電白入陽江縣界，歷雙魚所、海陵山、北津港，至海朗城，爲陽江縣之門户。自大澳而東北，即新寧縣界，中有柳渡、三州、大金門、上下川，皆倭夷停泊處，春汛秋防，皆有水師哨守。

灣雷海。在恩平縣東南八十里，海水灣曲，濤聲如雷，蜑户居之，南通大洋。

西江。即鬱水也。自廣西梧州府蒼梧縣流入封川縣，經縣西靈洲合賀江，環城四十餘里，少南復折而東，入德慶州，經州南，與西寧縣分界，又東入高要縣，經縣東入廣州三水縣界。在封川縣曰錦水，在德慶州曰大江，在高要縣曰端溪，異名而同源者也。水經注：鬱水東經蒼梧、廣信縣，灕水注之，又東封水注之，又東經高要縣，牢水注之，又東南至廣州南海郡。元和志：端州當西江入廣州之要口。又云西江水經端溪縣南，去縣二十五步，又經悦城縣南，去縣十步。寰宇記：西江水在封川縣西一百三十步，鬱水、灕水、封水所會之地，謂之三江口。輿地紀勝「封川據邕、桂、賀三江之口」是也。

綏江。一名滑水，又名綏建水，又名清岐水，自廣西梧州府懷集縣流入廣寧縣西，又東南經四會縣南，又東南經高要縣東之清岐鎮，流入西江。元和志：滑水經化蒙縣南，去縣三十步。寰宇記：綏建水在四會縣西二百步，源出洊水縣，昔置綏建郡於此。輿地紀勝：滑水在四會縣西南一百五十里，源出悦城界，合新招水注於江。四會縣志：綏江在縣南一里，自廣寧縣屈曲而來，江面空闊，可通舟楫，又東南至陶冶山下分爲二派，一派西南流由高步出高要縣青岐鎮，入西江，一派東南流，由金釵灣出南津口，入北江。

新江。俗謂之牢水，自新興縣東北，流入高要縣南，入西江。漢書地理志：合浦郡臨允縣有牢水，北至高要入鬱，過郡三，行五百三十里。寰宇記：端州南有新江，源出新州東南山谷間，泝洄而上，三日至新州。新興縣志：縣南瀘溪諸水，流經縣城東，又北流合錦山水，謂之新江，又北五十里，至東安縣腰古驛，又北九十里，出高要縣界入西江，曰新江口。按：新江出新興，爲古臨允縣地，其入江處又適在高要，故説者以爲即古牢水。然總計新江源流不滿二百里，與漢志不合。或以羅定州之瀧水當之，近是。寰宇記引南越志，允吾縣南有三章溪，溪有三源，允吾即臨允。今新江有裏岗、筆架、思龍三源，疑此即古之三章溪也。

龍江。在四會縣東二里。府志：源出石港深潭，去縣百餘里，逶迤而下，南出金剛山後，繞縣東入綏江。

北江。即古湞水。在四會縣東南六十里，自廣州府清遠縣東南入於海。按：寰宇記云湞水在縣東，自清遠流來，即此。

漢陽江。一名雲浮水，源出陽春縣西北雲浮山，經縣西，東南流入陽江縣，又南入於海。陽春縣志：雲浮水有二派，一自山巔東下，過容郎村〔五〕，南流爲漢陽江，匯諸水經縣西，入陽江界，一自山巔西下，流經柳岗七十里，過羅定州西南，入記岗水。陽江縣志：江自陽春出大撑灣，歷灘南下，東受輪水、沙河，西受羅黄小水，經古良司樟木灣其勢始大，至陽江縣西北三十餘里麻橋岐爲二派，東派東流，至縣西北十餘里獨洲，激而成淵，相傳有龍躍其中，因名龍濤水。南至縣城西百步，匯爲大江，面澗一里，一名鼉江，又名恩江。又南流二十五里，匯爲石潭。西派南流，隨地得名，曰黄江，曰牛馬海，曰蛟龍灣，亦東南至石潭，與東派合流，至縣南由北津港入海。

恩平江。一名南門河，一名蜆岡水，源出恩平縣平城山，流經縣南，又東經開平縣南，又東入新會縣界。恩平縣志：南門河有二源，一出雙穴徑，一出上水竹岗，合流，東南受滌頭水，瀦爲相公潭，又經縣西，又東南受横槎水，迤東達于開平縣，蜆岡，受開平諸水，至新會入海。府志：蜆岡水，在開平縣南三十五里，自大步渡東流至赤水口，合黄泥潭水，又東至長沙，與縣水合流東出。其黄泥潭在開平縣南七十里。

三丫河。在陽江縣東南六十里，源出紫羅山，西南流三十里入海。

石河。在陽江縣西三十里，源出羅琴山，東流二十里入黃江。又棉羊河，在縣西南二十里，受雁山之水，入蛟龍灣。

蓮塘河。舊志：在陽江縣東北六十里。源出恩平縣白馬山，一名崑水。西南流，經縣東北百里那龍村，曰那龍水。又西南過蓮塘驛，曰蓮塘河。又西南過合門山，又西南至縣南尖山下，曰尖山渡。合漠陽江入海。又籬竹徑水，源出縣東北九十里籬竹徑諸山。那吉水，源出縣東北八十里那吉洞，皆流入崑水。

寧塘水〔六〕。在高要縣東四十里，源出鼎湖、九坑諸山，俗名羅隱埇，南流二十里入江。又長利水，在縣東五十五里，源亦出九坑山，東南流五十里入江。

古婪水。輿地紀勝：在高要縣東七十里。新志：源出四會縣界，南流入縣界，經横查都，一名横查水，入大江。

宋崇水。在高要縣東南二十里，源出良村都諸山，西北流經宋崇故郡，與鸕鷀峽水合流，至宋崇渡口入江。其鸕鷀峽水一名金雞水，即高明釣源水也，源出老香山，東流七八里，過金雞營至平頭村，析爲二派，一西過白土井灣頭，至三合，與宋崇水合，一東過鸕鷀峽，流合都含水。

蒼梧水。輿地紀勝：在高要縣東南四十里，源出腐柯山，初爲瀑布飛流，屈曲二十里，入西江。新志謂之典水。

古霸水。在高要縣東南五十里。有二源，一出茅徑、烏石諸嶺，東北流，一出爛柯山南麓，東南流，至古霸村合流，又東至雙竇，入復源水。其復源水，在縣東南九十里，自大江、金利水口分流，西流三十里復入大江，故名。又小龍水，在縣東南一百里，源出古道徑諸山，亦西流入復源水。

北港水。府志：在高要縣東南一百十里，自羅鬱岡分大江水，繞范州都諸村，南流至牛圍口，入高明蒼步水。古有竇通大江，歲久湮廢。明萬曆中，太守王泮復疏通之。又官棠水，在縣東南百二十里，源出官棠山，南流至阮埇青溪，爲灃滘水，又二十餘里，入蒼步水，舊時亦通大江，每泛浸泰和、秀麗二圩民居。元至正中始塞之，至今無患。

博峒水。在高要縣西南七十里，源出東安縣書山，東北流八十里，經博峒村，入西江。又示峒水，在縣南五十里，源出老香山，西北流七十里，入新江。又孔峝水，源出縣西南山澗。新宅水，源出東安苟徑山。俱東北流入新江。

都堰水。在高要縣西七十里。又筲峝水，在縣西五十里，源俱出德慶州界。又大湘水，在縣西四十里，源出雞籠山，小相水，在縣西三十里，源出北山羊梯石，俱南流入西江。又隘峝水，在縣西南五十里，源出南坑。大灣水，在縣西南三十里，源出東安苟徑山。俱北流入西江。

瀝湖水。在高要縣北五里。縣志：北山諸澗之水匯爲黄塘、上攬塘，至巖前都，環繞石室諸巖之水皆流合焉。春夏潦漲，極目浩渺，多浦魚菱芡之利，湖水環流過巖後，束爲小渠，謂之後瀝水，繞北山石子灘三十里，出羚羊峽入江。明萬曆中知府王泮分引其水，經城東石頭岡出大江以洩漲，名曰新瀝水。

安南水。輿地紀勝：在高要縣東北七十里，源出四會縣界山，南流經縣界入江。新志謂之貝水，在縣東八十里，一名飛水，一名鴉雀水，源出四會縣高沙陂，南流四十里入大江。

文脈水。在新興縣城内，源出佐隍山。宋知州梁立則決貝嶺導流，自西南入城釃爲二渠，一環州治，曰繞州水，一環學宫，曰文脈水，出太師橋下合流，從縣西出城溉田。

通利水。在新興縣東，源出通利山，西北流入盧溪。又允河水，源出布辰嶺，西流合通利水。又索水，源出開平縣懷政鄉諸村，東北流過回龍，至縣東八里，入通利水。

盧溪水。在新興縣南，源出李峝嶺下，北流過龍山，又北繞縣東門，又北至洞口，與錦水合，即新江之上源也。又青溪水源出筆架山，思龍水源出思龍山，俱北流至縣南入盧溪。又天露水，源出天露山，西北流四十里，至縣東門入盧溪。

峽岡水。在新興縣西。輿地紀勝：源出錦山，流至東津口合盧溪。縣志：源出錦山大嶺脊下，西流至縣西南七十四里河頭，與天塘水合，折而北流十里，與藍坑水合，又東北五十里，至山口，即二十四山路口也，又東北二十里至洞口，與盧溪合，即新江之別源。又高公喉水，在縣西南五十里，源出龍徑，流合河頭。又鴨䰨陂水，在縣西南七十里天塘外，源自那康三廟徑，流合高公喉水。

客朗水。在新興縣西北四十里，源出羅定州東安縣界芙蓉都，東流至腰古驛下，入新江。

博澥水。輿地紀勝：在陽春縣南，流出射木山，西流繞縣南，入漠陽江，一名博馬水。新志謂之舊學水，在縣南二里。

石碌水。在陽春縣西二十里，源出石碌山，水淺而急，東流五六里，與渡口水合，入漠陽江。

羅水。在陽春縣西八十里，源出羅黃山，東北流合麻逢水，又五里經大沙灣，入漠陽江。麻逢水一名麻陳水，在縣西南一百五十里，源出電白縣東嶺諸山，水清而淺，流百餘里合羅水。

木栅水。在陽春縣西一百二十里，一名黃槁水〔七〕，源出太平都廉山脚，水清而急，東北流，穿巖底，過合富林水，入漠陽江。縣志：一名甘婁水，夷語以穴爲甘，以穿爲婁，甘婁者即中州人所爲穴穿也。

博學水。在陽春縣西北一百二十里，源出霜黃山，南流至博學村合勤州水入漠陽江。勤州水在縣北八十里，源出狼狂山，流十里合雲霖水，入博學水。雲霖水，在縣北八十里，源出盤龍諸嶺，繞舊銅陵縣，至雲霖砦入勤州水。

羅鳳水。在陽春縣北五十里，源出白木嶺，西流五里，經龍岡灣，亦名江腰河，又西入漠陽江。又烏那水，在縣北四十里，源出縣東北五十里大峝諸山，西南流十里，至那烏石，又西流入漠陽江。

博麻水。在陽春縣東北三十里，源出淡來嶺，東南流過博霜村，亦曰北瀧水，又西入漠陽江。又高遼水，在縣東北二十里，源出臺嶺，其流曲折經留村灣入漠陽江。

輪水。在陽江縣南五十里，源出南鄉穀岡、麥崗，經流蓮塘河，抵黄沙灣，入漠陽江。又沙河水，在陽江縣東北六十里，源出烏石山，南流經南河都，居民資以灌溉，又四十餘里入龍濤水。

麻濛水。在陽江縣西三十里，源出羅琴山，南流至縣西南四十里豐頭港，入海。又丹陽水，一名單孃水，在縣西八十里，源出梅崗山，東流十里，經大墟渡，一名大墟河，又東南五十里至豐頭港入海。又丹城水，一名織籠水，在縣西一百二十里，源亦出梅崗山，東南流歷太平驛六十里，至豐頭港入海。

儒峒水。在陽江縣西一百六十里，源出望夫山，一名望夫河，南流九十餘里，由北津港入海。

沙埇水。在陽江縣北十里，源出石龍山，西南流入漠陽江。又南金埇水，在縣北二里，源出海洪山，流繞城北，一由朝麗橋，一由觀光橋，入漠陽江。

步州竇水。一名古霸水，在高明縣東二十里，源出鶴山馬鬃岡諸處，南流經陳村，至步州竇入倉步水。

范州水。在高明縣東三十里，源出靈雲山，南流經范州都，上接北港水，下匯牛圍水，入倉步水。縣志：元初，北港自府界羅鬱港引大江入境，鄉民病潦，至正四年因請塞之，以港爲魚池，而内潦無洩處，新羅范州都復受其害。明萬曆九年，太守王泮復通港設竇，名曰騰蛟港，其後又嘗濬之。

清泰水。在高明縣東南十五里，源出阜幕山，北流三十里與暗竇水合，又數里與黄沙羅漢水合，又北十餘里入倉步水。俗名楊梅水，又名獅子水，以水中有石如獅也。其暗竇水，在縣東南二十五里，源出龍洞深谷中，東流入楊梅水。輿地紀勝：清泰水在平興縣，流經古勞山入江。又麥圍水，在平興縣東南六十七里，源出曹幕山，北流合清泰水。

倉步水。一名滄江，一名滄溪，在高明縣南門外，源出老香山，東南流二十餘里至合水村，合雲宿水，又東二十里至更樓村，受文儲、歌樂諸溪，又東十里至米埠，受鹿崗西北諸溪，又五里至南岸，受幕田小溪，又十里至白鶴岡，受鹿崗東溪，又東十里至清泰，受楊梅大溪、步洲小溪，又十里至牛圍口，受范州水，又十里至官渡頭，受灄滘水，總名曰倉步水。又五里至泥滘，名泥滘水。又五里至三洲，名三洲水。又五里至龍攬灣，名都含水。又五里受大查山水，又數里至南海縣界，入西江。

雲宿水。在高明縣西南五十里，源出雲宿山，東北流注倉步水。又鹿洞水，在縣東南五里，源出鹿峝山，北流入倉步水。

釣源水。在高明縣西北，源出老香山，東流經高要縣東南，合宋崇水入江。

横槎水。在恩平縣東南十里，源出藍坑山，西北流經横槎村，入南門河。又廟子水，在縣東四十里，源出縣東南清潭角，東北流至琅琦埇口入南門河。

滌頭水。一名席頭水，在恩平縣西二十里，源出龍鼉山，東北流入南門河。按：輿地紀勝有半亭水，出龍鼉山，疑即此。

潭流水。在恩平縣北二十五里，源出雲岫山，南流經聖堂築陂，灌田甚衆，又南經縣東，入恩平江。又牛岡水，在縣北六十里，源出天露山，東南流至牛岡渡，又東南二十里，合開平石榴潭水入恩平江。

羅源水。在廣寧縣東一百二十里，源出清遠縣大羅山東北之羅源村，南流經縣東，合石潭坑水，又南入四會縣界爲龍江。

扶溪水。在廣寧縣東南十里，源出清遠縣羅山岡，西流數十里，受梅峝、葵峝諸水，又數十里，扶留諸水從縣西北來至縣南注之，又數十里至扶溪巡司，入綏江。又舊志有東鄉水，水有三源，一出黄盤山，繞城東，一出黄蠟坑繞城南，一出破鐵嶺繞城西，總歸于東鄉水口，合扶溪水入綏江。

春水。在廣寧縣東南六十里，源出春水山，西流三十餘里入綏江。

新招水。在廣寧縣南三十里，源出高望山，東南流數十里，經廢新招縣，入綏江。

石澗水。在廣寧縣南三十里，源出石澗山，東流入綏江。

程村水。在廣寧縣西南一百里，源出高要縣界，東北流數十里至程村入綏江。

顧水。在廣寧縣北。輿地紀勝：在四會縣北一百五十里，源出清遠縣流至顧水口入綏江。水之上流有美材巨木，商人從水口作巨筏而下，貨於南海。縣志：在縣北四十里，西流百餘里入綏江。

赤水口水。在開平縣東南四十五里，源出皁幕山，南流歷梁金山東南，至水口合大江。

獨鶴水。在開平縣南，源出縣西獨鶴山，東南流爲長静水，又東至縣東南半里，與雙橋水合，又至縣東南十里，爲長潭，十三里爲川海，十四里爲大灣，三十里與下廟水合，爲交羅海，三十五里與恩平縣蜆岡水合，爲長沙海，四十五里爲水口，與新寧縣分界，六十里爲潭江，直達新會厓門入海。按：寰宇記信安縣有封水，在縣東六十里，源出雲粟山，蓋即此。

雙橋水。在開平縣東北四十里，源出皁幕山，曰水坪海，西南流經老虎山，與龐村水合，又東經縣東門，至合水嘴，與獨鶴水合。

靈溪水。在德慶州東，一名温水，源出車牛蓋山。元和志：悦城縣有程溪水，東去縣百步。舊唐書地理志：程溪一名靈溪。寰宇記：秦始皇時温氏媪於水側得大卵，生龍子，即此處。州志：在州東九十里，源出廣寧縣界，溪口有崖水落如峯，南流百餘里入西江。

端溪水。在德慶州東。隋書地理志：端溪縣有端水。舊唐書地理志：端山下有溪。舊志：在州東十里，源出州東北七十里之龍潭，流經端山下，又西南流入西江。又麻墟水，一名馬墟水，在州東二十里，源出封川縣界，東流經金釵山，又東南入西江，蓋端溪之别源也。

書堂水。在德慶州東四十里，源出猺山，南流五十里入西江，水濱有宋進士石處道讀書堂，因名。

夫號水。在德慶州東五十里，源出金林鄉。又思夫水，在州東六十里，源出西源里，俱南流入西江。

瀧水。一名晉康水，在德慶州東南十五里，自羅定州東安縣流入西江。或以此爲即古牢水。

榕塘水。在德慶州西三十里，源出封川縣界，南流經州西南入西江。又陸溪水，在州西四十里，源出佛子嶺，東南流三十里，入西江。水口有陸賈廟，因名。

羅旁水。在德慶州西四十五里，自西寧縣流入西江，曰羅旁口。又武賴水，在州西七十里，源出封川縣界，南流三十里入西江。

蟠龍水。在封川縣東南十里，源出蒼梧縣界留竹山，東流入縣境，經修泰鄉入賀江。又東安江，在縣北二十里，亦自蒼梧縣流入，俗名小江，東流至大洲口入賀江。

孔生水。在封川縣北一百二十里，流入賀江。又扶靈水，在縣北一百里，源出留連山，西南流至靈口村，入賀江。又廣信河，在縣北一百里，源出老鴉徑，西流入扶靈水。

金縷水。在開建縣東南。輿地紀勝：龍吟水，在金縷村，山水清響，人呼爲龍吟。舊志：金縷水源出野埇山，西南流經金縷村，又十餘里經縣南入封溪。又似龍水在縣東十里，源出似龍山，昭埇水在縣東二十里，源出昭埇山，俱南流入金縷水。

黎水。在開建縣東南二十里，源出黎水山，西流十餘里入封溪。又狼嶺水，一名交水，又名蛟水，源出狼嶺，西南至白龍岡，與黎水合。

封溪水。一名開江，自廣西平樂府賀縣流入，經開建縣西，又南經封川縣西十里入西江。水經注：封溪水自封陽縣西南流入廣信縣，入鬱水，謂之封溪水口。元和志：封溪水經開建縣西，去縣十五里，又在封川縣北十五里，亦名賀江。

大玉水。在開建縣西三十里，源出大玉山。又小玉水，源出小玉山，俱東南流入開江。

蓮塘水。在開建縣西北五十里，源出圓珠山，東南流四十里入開江。

潭霜水。一名開建水，又名龍潭水，在開建縣北二十八里，自懷集縣西南流入縣界，經萬石嶺，又三十里，經潭霜山下，又西入開江。又金塘水，在縣東北三十里，源出金塘村諸山。盧村水，在縣東北七十里，源出縣東北諸山。梁村水，在縣東北一百里，源出懷集縣梁村，皆西流入潭霜水。

金裝水。在開建縣東北三十里，源出大水山金雞埇，西流經金裝村，又西北入潭霜水。又羊梯水，在縣東北三十里，源出羊梯山，北流六里入金裝水。

忠讜水。在開建縣東北五十里，源出忠讜山，西南流入金裝水。

井干湖。在新興縣北二十里，其深莫測，多巨魚。又北五里有車頭湖。

豐溪。一名風溪，在封川縣東。輿地紀勝：風溪在州東南三十里，源出豐壽山，南入大江。通志謂之谷墟水，在縣東十三里，源出騏麟山，南流至小村口入賀江。又有顙山河，在縣東一百里匯縣東北境諸溪澗水，西流入谷墟水。

白石港。在陽江縣西一百里，一名石門港，受郎官山龍潭水，過雙魚城南入海。

烏龍潭。在廣寧縣西十里。

靈潭。在封川縣北一百里，相傳有龍潛焉。

中心洲。一名東沙洲，在高要縣東四十里零羊峽大江中，即宋包拯擲硯處，有居民千餘家。按：輿地紀勝縣西江中有金雞洲，或即此。

靈洲。在封川縣西賀江口，廣一里，長五里。輿地紀勝：在封川縣西北十四里，洲上坦平，江流四合，雖波濤漲溢，未嘗泛没，因名。

洗硯池。在府治西北，宋守包拯鑿。

聚鱗池。在新興縣治西，水深魚聚，故名。

温泉。有八：一在新興縣盧溪旁，一在陽春縣東南二十里固村，一在陽春縣西北四十里單竹村，一在陽江縣東百貫都，一在陽江縣北南河都，一在恩平縣西南那吉峝，一在恩平縣西北雲立山，一在恩平縣北馬頭岡。

淡泉。在陽江縣東南三鴉港西，海潮溢過，其淡如前。

甘泉。在陽江縣治南，味甘而香，邑人汲以釀酒，滋味異常。

醴泉。在開建縣東似龍山下烏石傍，自石中流出，味甘如醴，今堙。

包公井。在府治東，宋康定間郡守包拯所開。

風井。在陽江縣西北五十里衆山之巔，濶丈餘，深不測，大風則井内先鳴三日，鳴止則風起。

雙清井。在德慶州治東。

校勘記

〔一〕在鶴山縣古勞砂坪墟「坪」，原作「砰」。考道光肇慶府志卷六學校有崑陽義學，云「在古勞都沙坪村，乾隆十九年知縣劉繼倡士民捐建」，與本條合。則「砰」爲「坪」字誤也，因據改。

〔二〕連亘廣寧恩平兩縣界　乾隆志同。按，查輿圖，廣寧與恩平相隔遥遠，不相連屬，白馬山如何連亘二縣境？顯然有誤。考輿地紀勝卷九四廣南東路封州有白馬山，「在州東一百里」，讀史方輿紀要卷一〇一廣東封川縣亦有白馬山，「在縣東一百里」。唐之封州，即清封川縣地。封川與廣寧相鄰，則白馬山跨越廣寧、封川二縣界也。此「恩平」當作「封川」。不過恩平縣亦有白馬山，讀史方輿紀要卷一〇一廣東恩平縣載「白馬山，在縣南二十里，高三百餘丈，延綿二十餘里，聳立如馬」。此蓋修志者致誤之由。

〔三〕嶺勢岧嶤　「岧」，原作「岩」，據乾隆志改。

〔四〕有浮弄洲　「洲」，原作「州」，乾隆志同，據輿地紀勝卷九八南恩州景物下改。下文「葛洲」「洲」原亦作「州」，亦同據改。

〔五〕過容郎村　「容郎」，乾隆志作「容朗」。

〔六〕寧塘水　「寧」，原作「安」，據乾隆志改。按，本志避清宣宗諱改字。

〔七〕一名黄槁水　「黄槁水」，乾隆志作「横橋水」。

大清一統志卷四百四十八

肇慶府二

古蹟

高要廢郡。今高要縣治。梁大同中置高要郡。陳書高祖紀「太清中，爲江西都護高要太守，起兵入援」是也。至今仍爲府治。

陽春廢郡。今陽春縣治。梁置。隋平陳，廢爲縣。唐於縣置春州。舊唐書地理志：春州東南至恩州九十三里〔一〕，東北至新州二百六里。宋景德中，本道轉運使以州城水土惡弱，遷於銅石，越數歲，復歸於舊。大中祥符九年併入新州。天禧四年復置，熙寧六年廢。縣志：故春州治，在陽春縣北八十里銅石山南，即宋時所移也。

宋崇廢郡。在高明縣西北，原高要縣地。宋書州郡志：元嘉十八年，以交州流寓立昌國、義懷、綏寧、新建四縣，爲宋熙郡，二十七年更名宋隆，兼置平興、初寧、建寧、招興、崇化、熙穆、崇德七縣屬之。隋平陳，郡廢。輿地紀勝：在高要縣東南三十里。府志：今宋崇水口，即宋隆郡之故址。唐時避諱，故曰宋崇。

南綏廢州。在四會縣北。宋元嘉十三年，分四會縣置綏建郡。隋平陳，郡廢。唐武德五年，以四會、化蒙二縣置南綏州。貞觀八年，改爲湞州，十三年州廢。寰宇記：南綏州在縣治北金雞岡上。輿地紀勝：在府北九十五里。又古綏州在城西六十里，其地有綏州步云。

廢新州。在新興縣東。晉置新寧郡。梁兼置新州。大同八年，有新州刺史盧子雄同討李賁于交州。隋廢，唐復置，明初廢。舊唐書地理志：新州東至義寧縣四十一里，北至端州一百四十里，治新興，漢臨允縣地。宋史地理志：新州新興縣，咸平六年，移治州城西。舊志：新興舊縣，在今縣東五十步。

廢成州。在封川縣北。本漢廣信縣地。梁普通四年置成州。隋開皇初，改曰封州。大業三年罷州，以其地屬蒼梧郡。唐武德四年復置封州。元和志：州西北至梧州五十五里，西南至康州一百二十里。輿地紀勝：古州城在今城北六里。縣志有古城，在縣北十里賀江口上，遺址尚存。今人呼其地之池塘橋埇，皆曰古城。

恩平故縣。在今恩平縣北，本高涼縣地。三國吴置思平縣。南齊曰齊安。隋改曰海安。唐初復曰齊安，後改爲恩平。宋廢入陽江縣。明成化二年，僉事陶魯奏於陽江水東都立恩平堡，置巡司。十五年，奏析陽江之水東、仕峒二都，新興之長居、静德二都，新會之得行都，置縣，即治恩平堡，仍名曰恩平。縣志：故縣在今縣北二十里恩平鋪。按：隋志海安舊曰齊安，隋改名。輿地紀勝以爲即孫吴海安縣，誤。又考晉、宋、齊志，高涼郡皆有思平縣，思、恩字形相似，唐改齊安爲恩平，是復晉、宋故名，而字畫稍譌耳。

博林廢縣。在高要縣南。宋書州郡志：新寧郡領博林縣。蓋晉末所置也。齊爲新寧郡治。隋改屬信安郡。唐初屬端州，貞觀十三年省入高要。縣志：今縣西南八十里有博峒村，疑以故縣得名。又宋志新寧郡有撫納縣，隋大業初省入博林，唐武德五年復置，後省。其廢縣亦應在縣南界。

始昌廢縣。在四會縣北。宋置樂昌郡，治樂昌縣，領始昌、宋元、樂山、安樂等縣。齊省樂昌，移郡治始昌，仍領三縣，增置義立縣。隋平陳，郡廢。大業初，並省入四會。舊志有化城廢縣，在縣西北五十里，地名岡谷，亦宋元嘉中置，而宋志不載。

單牒廢縣。在新興縣東二十五里單牒村。晉末置。宋屬新寧郡。齊因之，後廢。唐武德四年復置，屬新州，貞觀中省。

新昌廢縣。在新興縣東。唐武德四年，析新興縣置，屬新州。貞觀中省。縣志：在縣東四十餘步，今新昌驛即其舊址。

索盧廢縣。在新興縣南。隋書地理志：新興縣有舊索盧縣，大業初廢入。蓋梁、陳間所置也。唐武德四年復置，屬新州。乾元後省入新興。舊志：在縣南三十里下盧村，舊址猶存。

臨允廢縣。在新興縣南七十里。漢置，屬合浦郡。三國吴改屬蒼梧郡。晉永和中，改屬新寧郡。齊曰臨沇。梁、陳間廢。

南興廢縣。在新興縣東北。晉永和七年置，爲新寧郡治。梁、陳間廢。

羅水廢縣。在陽春縣西南。唐書地理志：春州南陵郡羅水縣，天寶後置。寰宇記：開寶六年，省入陽春，在縣西南九十里。

莫陽廢縣。在陽春縣西。晉置，初屬高興郡，後屬高涼郡。宋、齊後廢。寰宇記：縣以漠陽江爲名。

流南廢縣。在陽春縣西北。隋書地理志：銅陵縣有舊流南縣。開皇十八年，改曰南流。又有西城縣，皆大業初廢入。寰宇記：西城，隋分甘泉縣置。舊志：流南縣，梁置，在縣西北三十五里順陽都。西城縣，在縣西七十里太平都。

甘東廢縣。在陽春縣西北。宋置，屬新寧郡。齊改名甘泉。隋省。舊志：在甘棼水東，故名。

銅陵廢縣。在陽春縣北，本漢臨允縣地。宋文帝立龍潭縣，屬新寧郡。隋改名銅陵，以界内有銅山也，屬信安郡。唐書地理志：勤州雲浮郡，治銅陵縣。武德四年，析春州置，五年廢。萬歲通天二年復置，長安中又廢。開元十八年復置，治富林。乾元元年，仍徙治銅陵。寰宇記：開寶六年，廢勤州，以銅陵縣屬春州，縣東南至州六十里。九域志：熙寧六年，省銅陵縣入陽春。通志：古勤州，在縣西北八十里順陽郡。銅陵廢縣，在縣北八十里思郎都。

羅州廢縣。在陽江縣西南。宋置，屬高涼郡。齊因之，後廢。今縣南海陵山，本名羅州，疑縣置於此。

高涼廢縣。在陽江縣西。漢置，屬合浦郡。後漢建安末，孫權立高涼郡。晉時郡治安寧縣，以高涼縣屬之。劉宋移郡治恩平，領安寧而無高涼，蓋省入之。南史：梁吳平侯勵以南江危險，表以高涼郡置高州。隋書地理志：高涼郡，梁置高州，治高涼縣。蓋梁時復改安寧爲高涼也。唐武德五年，改高涼曰西平，貞觀中省。通志：唐西平縣，在今縣西三十里。漢高涼縣，在今縣北，無考。

杜陵廢縣。在陽江縣西。隋書地理志：高涼郡領杜原縣，舊曰杜陵。梁置杜陵郡。平陳郡廢。開皇十八年，改曰杜原。唐武德五年，復曰杜陵，屬恩州。寰宇記：開寶六年廢入陽江，在縣西一百二十里，去海三十里。

義康廢縣。在陽江縣西。宋書州郡志：宋康郡，本高涼西營，元嘉九年立。又越州有永寧郡，明帝立。隋書地理志：杜原縣有舊永寧、宋康二郡，平陳後廢爲縣。開皇十八年，改宋康曰義康。大業二年，二縣俱廢入杜原。

清泰廢縣。在高明縣東。隋書地理志：梁置梁泰郡及梁泰縣。平陳郡廢，改縣曰清泰。大業初，廢入平興。唐書地理志：武德七年，復析平興置清泰縣。貞觀十三年省。縣志：在縣東二十里，今爲清泰都。

平興廢縣。在高明縣西。宋元嘉中置，爲宋熙郡治。隋屬信安郡。唐屬端州。元和志：平興縣，西北至端州八十里，本漢高要縣地。寰宇記：開寶五年省入高要。縣志：平興廢縣，在縣西三十里黄村都，遺址尚存。

化蒙廢縣。在廣寧縣東南。宋書州郡志：綏建郡有化蒙縣，本四會之古蒙鄉，元嘉十三年分爲縣。隋改屬南海郡。唐武德五年屬綏州，貞觀十三年州廢，屬廣州。宋開寶六年省入四會。縣志：化蒙廢縣，在今縣東南太平都東鄉水口，遺址尚存。

化穆廢縣。在廣寧縣東南。宋元嘉中置，屬綏建郡。齊以後廢。唐武德五年復置，屬南綏州，貞觀十三年省。縣志：化穆廢縣，在今縣東南五十里大圃都康谷村。

新招廢縣。在廣寧縣西南。宋書州郡志：綏建郡有新招縣，本四會之官細鄉，元嘉十三年分爲縣。隋廢入四會。唐武德五年復置，屬南綏州，貞觀元年省。縣志：新招廢縣，在今縣西南橄欖都新招村，故址尚存。

化注廢縣。在廣寧縣西。宋書州郡志：孝建元年，有司奏化注等縣，舊屬綏建，中割屬臨賀，相去既遠，宜還綏建。齊因之，後省。唐武德五年復置，屬南綏州，貞觀元年省。縣志：化注廢縣，在縣西三十里橄欖都綠水村。

信安廢縣。在開平縣東。宋書州郡志：新會郡領義寧縣，何志新立。元和志：隋岡州理義寧，本漢番禺縣地。武德四年屬岡州，開元二十三年州廢，屬廣州。東北至州五百里。寰宇記：縣本宋元嘉二十七年置，今遷理東溪。太平興國二年改曰信安，東北水路至州七百三十里。九域志：熙寧五年省入新興。元祐初復爲縣。紹聖元年又廢爲鎮，後復爲縣，還屬廣州。建炎初又廢。縣志：在縣東北一百里，今縣東有古州墟，蓋即宋時遷理之東溪也。

封平廢縣。在開平縣東。宋書州郡志：新會郡領封平縣。齊因之。隋大業初，廢入義寧。唐武德四年復置，屬岡州。貞觀十三年，仍省入義寧。縣志：舊在新會縣西七十里，今割入縣界。又宋志：新會郡有始康縣，元嘉中新立。隋開皇十年併入封平，在今縣東南界。

初賓廢縣。在開平縣界。宋書州郡志：新會郡領初賓縣，元嘉中新立。隋開皇十年，廢入義寧。

端溪廢縣。今德慶州治。漢置縣。明省。州志：廢縣在州治東八十步。

元溪廢縣。在德慶州東。本端溪縣地，晉置，屬蒼梧郡。永和七年，置晉康郡治此。宋徙郡治端溪，縣仍屬焉。梁、陳間廢。州志：在州東五十里悦城鄉，今曰舊縣里。

悦城廢縣。在德慶州東。宋書州郡志：晉康郡有樂城、悦城、文招三縣。隋書地理志：開皇十二年，省文招、悦城二縣入樂城，屬信安郡。元和志：樂城縣初屬端州，武德五年改屬康州，天寶元年改名悦城。西至州八十里。寰宇記：開寶五年省入端溪，今爲悦城鎮。

賓江廢縣。在德慶州東。劉宋置，屬晉康郡。齊以後廢。州志：在州東夫號水口，以賓江爲名。

封興廢縣。在封川縣東北。晉末置，屬晉康郡。宋改屬蒼梧郡。隋大業初，省入封川。唐武德初復置，尋廢。舊志又有都樂廢縣，在縣東南坊場鄉都樂村。

開建故縣。在開建縣東。宋書州郡志：文帝分封陽立宋昌、宋興、開建、武化、狌狌、永固、綏南七縣，孝武大明元年悉省，惟存開建一縣，屬臨賀國。寰宇記：在封州北一百七十里。宋元嘉三年置，隋大業十三年廢，唐武德五年復置。九域志：開寶五年，省人封川，六年復置。縣志：開建舊址，在今縣東。又有宋、元時舊儒學，在縣東三里，俗名學門。

高明鎮。今高明縣治。本高要縣地，舊爲高明砦。明洪武初，置高明巡司。成化十一年，始割高要之蒼步、清泰等二十四都置縣，即巡司址爲治，因以爲名。

開平屯。今開平縣治。本新興縣地。明成化中，割屬恩平縣。嘉靖十三年，設塘宅堡于恩平之長居都，在縣東北一百里，防新會、新寧諸山賊。三十六年，移廣、肇、高、韶參將駐此。隆慶中，賊首周高山、謝汝政作亂。萬曆元年，兵備李材討平之。二年廢堡，改城長居都之蒼步村爲開平屯，置萬户，官兵屯守。八年分立馬岡、合水、蒼步、土塘、水泉灣五營。崇禎十一年，土賊蜂起，恩平知縣宋應昇議割縣北之長居、静德二都，編爲長静一都，及新興縣東之雙橋都，新會縣西之登名、古博、平康、得行四都，湊置爲縣，尋以時詘不果。十五年復議，十六年巡撫沈猶龍題允，又以亂未及舉行。至戊子年始置縣，以開平屯爲治，以屯爲名。府志：塘宅廢堡，在今縣東北半里堡村。

披雲樓。在府治後。宋政和中，郡守鄭敦義建。可覽一郡江山之勝。

景和樓。在新興縣城東南。又有瀟爽樓，在城西南。

萬象樓。在陽江縣西城上。宋嘉定間，州守劉碩建。

齊雲樓。在封川縣城北。又有拱翠樓，在縣東。致爽樓，在縣西。皆宋時建。

雙清閣。輿地紀勝：在新興縣琴堂西。宋建。

朝宗閣。在陽江縣城西。宋建。

静治堂。在府治東，舊名清心。宋郡守包拯建，後郡守商侑易今名。

相堂。在四會縣舊簿尉廳東。宋紹興中，丞相梁克家嘗館於此，故名。

澄映堂。在新興縣舊僉判廳後。宋英州通判廖演建。

隆蔭堂。明統志：在陽江縣治西，喬木陰森，怪奇争聳。宋慶元間，黄公度建。

種學堂。在高明縣西文儲山下。宋寶慶中，鄉人麥夢協讀書之所。

宅生堂。在封川縣治北。宋知州李允建，郭祥正有記。

二星堂。在封川縣西十里。宋州守曹覲建。舊名天遠堂，後以兩部使者交承於此，因易今名。

五友堂。在封川縣西。宋州守沈清臣建，取江、山、風、月與太守爲五。

讀書堂。在開建縣東。輿地紀勝：金縷村有莫狀元讀書堂。縣志：唐大中間，莫宣卿讀書之所，有片玉亭、狀元井，世傳宣卿所鑿，其水清甘不涸。

鵠奔亭。在高要縣南七里新江水口。搜神記：九江何敞爲交州刺史，行部至蒼梧高要，宿鵠奔亭，夜半有一女子，自稱蘇娥，字始珠，廣信人，到此亭，爲亭長龔壽所殺。敞遣吏捕問，具服，乃斬之。元和志：亭在縣西八里。按：謝承後漢書作鵠巢亭。明統志：相傳初發蘇娥尸時，有雙鵠奔其亭，故云。未知孰是。

桄榔亭。在高要縣西七里白沙岡，有唐李翺題名。

仰忠亭。在新興縣南百步。宋紹興中，胡銓謫官新州，寓居於此。淳熙中，州守王撰即其舊址作亭，名曰仰忠。

錦阜亭。在新興縣西南。輿地紀勝：在錦阜岡上，岡舊名蠟岡。紹興間，郡守王義卿築亭其上，取其山自錦山來，故名。

坡亭。在鶴山縣東北五十五里石瀑山麓。宋紹聖中，蘇軾謫官過此，值江漲留數日，居人慕之，築亭於上，遺址尚存。

横翠亭。在德慶州城内，今改名晉康。

松關亭。在德慶州香山下，其旁多松，山前又有覽秀亭。

登雲亭。在德慶州東五里登雲橋上，凡賓興飲餞及送迎使者皆於此。

愛山亭。在封川縣舊州治東。又有吸江、金鏞二亭。又愛蓮亭，在縣城東，皆宋時建。

浣花亭。在封川縣城西。宋封州守沈清臣建。又有桂巖、知津二亭。

寶月臺。在府治北，土阜高平，望之若雲。

雲秀臺。輿地紀勝：在高要縣西北八里。宋大中祥符七年，有五色雲見臺峯之上，郡守范雍建。

瑞蓮臺。在新興縣北。舊名雪花臺，宋乾道五年，濠水生蓮，改名。

熙春臺。在陽江縣東山上，高跨嶺首。宋元祐元年建。

望海臺。在陽江縣南六里。宋胡銓詩：「未上淩烟閣，先登望海樓。」

白鹿臺。在高明縣南五里。相傳趙佗獲白鹿於此。

望雲臺。在封川縣登高山上。宋封州守曹覲築，以寫思親之意。

十仙園。在新興縣治内。宋時官新州者，訟簡務稀，因置此園。内有薰風堂、延景亭、明月軒、藏仙亭。

貞里。在四會縣南。寰宇記：昔有里女許嫁未成，其夫死於虎，乃誓不嫁，而身歸夫家，奉養舅姑，晨昏不倦，人美其行，故名。

太平場。輿地紀勝：在四會縣東三十里。宋元豐五年嘗置銀冶，元祐七年廢。

狀元坊。在開建縣南門内，爲唐莫宣卿建。明嘉靖中，建儲元書院於此。

關隘

第一關。在德慶州西三里演武場。

横槎巡司。在高要縣東七十里。明景泰五年置，崇禎中裁。本朝順治九年復置。舊有古耶巡司，在龍池都馮村。明洪武初置。本朝雍正四年裁。

禄步巡司。在高要縣西北八十里。明天順初置，在縣西七十里。本朝順治初，移治於此。

南津巡司。在四會縣東南六十里。明洪武初置，在縣東四十里黄岡村，十七年移治於此。東通三水，南通府城，北通南韶。又舊有金溪巡司，在縣西北四十里，明初置，尋裁。

立將巡司。在新興縣西南八十里。明洪武元年置。舊有禄緣巡司，在縣南三十里，明洪武初置，尋裁。

古良巡司。在陽春縣西二十里。明洪武元年置，建文四年裁，永樂元年復置。

黄泥灣巡司。在陽春縣北。本朝雍正十一年置。

海陵巡司。在陽江縣西南一百里。明正統七年置，舊爲海陵寨。宋史地理志：陽江縣有海陵、海口、博臘、遂訓四寨。舊志：故海陵寨，在海陵山西北。舊有那龍巡司，本朝乾隆三年置，六年裁。

太平巡司。在陽江縣西一百十里丹城墟。宋置大墟站，本在縣西七十里。明洪武初，改置太平驛，十二年移此。嘉靖四十五年築堡。本朝雍正八年裁驛丞，置巡檢司。

三洲巡司。在高明縣東北。明洪武初置高明巡司，成化中改司置縣，因遷於縣東北一里太平都，改曰太平司。本朝雍正九年改今名。

沙岡巡司。在開平縣東南三十五里。明洪武三年置在縣西南樂里寨，二十七年移此。

松柏巡司。在開平縣南松柏山下。明洪武二年置。舊有四合巡司，在縣北四合村。明初置，萬曆九年裁。

雙橋巡司。在鶴山縣西。本朝乾隆三年置。

藥徑巡司。在鶴山縣西北曹幕山北。明洪武二年置，隸廣州府新會縣。本朝雍正九年割屬。

悦城巡司。在德慶州東，即悦城廢縣。州志：明洪武四年，置於靈溪水口，去州一百里，東去高要縣禄步鎮六十里。嘉靖三十一年，以猺亂築城，周二百三十三丈。明末城燬。本朝康熙十一年，移治於播植埠。

文德巡司。在封川縣北七十里文德鄉。元至正中，置於縣西大洲口。明嘉靖二十四年徙此，築城周五十餘丈。又大浩巡司，在縣東北歸仁鄉。元至正末置。明洪武十五年裁。

青岐鎮。唐書地理志：高要縣有青岐鎮。元和志：在縣東八十五里。新志曰：清岐鎮，在縣東九十里清岐水口，接三水縣界。

肇慶衛。在府治東。明洪武初置守禦所，二十二年改爲衛。

新興所。在新興縣治西。明洪武二十三年置。

陽春所。在陽春縣治東。明洪武三十一年置守鎮所，隸高州府神電衛。

陽江所。在陽江縣治東。明洪武元年置。

雙魚所。在陽江縣西南一百三十里，南去大海四里，北至太平驛六十里。明洪武二十七年，置守鎮千户所，屬神電衛，築城周四百八十丈，所旁有石門、南尾山。崇禎二年置銃臺，併築小城，設兵戍守。本朝雍正八年，移縣丞駐此。又海朗所，在縣東南五十里海朗山上，臨海。明洪武二十七年置守禦千户所，屬廣海衛，築城周八百五十丈。本朝順治十八年，裁併雙魚所。

廣寧所。在廣寧縣城内。明置。

德慶所。在德慶州治東。明洪武九年置。

貝水營。在高要縣東八十里貝水村。又金雞坪營，在縣東南四十里。苛徑營，在縣西南一百里。蔡徑營，在縣西南一百十里。霧徑營，在縣西九十里。俱明嘉靖中置。又舊有白泥營，在縣西一百三十里，明弘治中置。其南有雲初營，正德中置，今廢。新志：縣境又有禄步、大湘、新橋、新莊、白土、蕉園、水坑等營。

沙田營。在四會縣東三十五里。又大坑營、大徑營，在縣東北五十里。青草營，在縣東北一百二十里。俱明嘉靖中置。又舊有鶴爪營，在縣東五十里。對岡營，在縣東南十里。永寧營，在縣東南四十里。馬頭營，在縣東南五十里。羅坑營，在縣西南五里。太平營、黄桐營，皆在縣東北八十里。今俱廢。

白鳩營。在新興縣東四十里雲禮村。明嘉靖二十五年置。又東營，在縣東三里梱村。通利營，在縣東十二里布顛村。高村營，在縣東六十里高村。平安岡營，在縣東南八十里雙橋村。石子營，在縣東南九十里羊盆村。俱嘉靖中置。縣志：縣東舊以馬嶺、花召坳爲汛地，自明末割入開平，則防險又在長岡、古岡，爲阜幕、羅漢諸山寇犯境必由之路。本朝康熙八年，嘗撥把總駐防白鳩山，縣境以白鳩、龍徑、洞口三處水路爲最險要。

茶岡營。在新興縣南二十里何村。明嘉靖四年置。又裏峒營，在縣南四十里。伯岡營，在縣南七十里。張公腦營，在縣西南五十里。俱嘉靖中置。縣志：縣南則甕洞磨口，路通恩平埇底及陽春東山〔二〕，向爲賊窟。本朝康熙五年八年，兩次會勦始平，因撥千總駐防龍徑。

下洋營。在新興縣西，爲二十四山要地。明嘉靖中置。又藍坑營，在縣西六十里，萬曆二年增置。天堂營，在縣西南九十里，崇禎中增置。縣志：縣西北之扼塞，天堂其總區也。天堂之東北，由雲稠至東安上、下黃沙，通小水，其上黃沙過嶺即布平，通二十四山。其北則那康嶺、上風門坳，由鴨闘至富霖所，通船蓬嶺賊巢，出金雞，通分界。其西北由冬瓜嶺，至陽春石望、白雲寨，亦通分界。其西則茅徑，入菩提、深圳賊巢，至金坑山，通高州、廣西。其南由第十營，至陽春田頭、白鳩洞徑塘面寨，至白花塘賊巢。其東由長坑徑東安葉峒，出廖坑，通裏峒、黃茅徑賊巢。凡新會、新寧、馬岡諸賊，俱由此路，或由員嶺至白花塘。今菩提、深圳等處防禦爲最切。又縣西有白馬廟、牛牯沙，皆有塘兵防守。

茅田營。在新興縣北四十五里。明萬曆中增置。又良峒營，在縣西北三十里。明嘉靖三十一年，賊首梁幸直等據此爲巢。隆慶六年勦平之，因立營。縣志：縣北自河頭而下抵新江，往往有剽賊竊發，宜於洞口立營，以防劫掠。自洞口而下四十里爲茅田，其地陸路通老香山，水路直抵肇慶，亦宜立營以防。康熙九年，添設洞口塘兵。十年，城守柯正圖申言新興爲衝繁之地，東路白鳩山布臣嶺，界於高明老香山，南路圖嶺、甕洞、裏、龍徑等處〔三〕，隘連恩、開、陽春諸縣大山，西則天堂、冬瓜、那康、猫爪等嶺，路接陽春東山，北路茅田徑，通高明降底諸處，皆懸崖峻嶺，林密箐深，防守宜嚴。

狼營。在陽春縣西八十里。明正德中，山猺猖獗，知縣黃寬招廣西狼兵二百餘家，分三營屯守。又鳳凰營，在縣西南九十里。灣口營，在縣西北六十里。鬪鴨營，在縣西北一百里。巖面營，在縣西北一百五十里。牛厄曲營，在縣北一百二十里。俱明嘉靖中立，防瀧水、四賀、新興、黃三坑、恩平、君子山等猺。

永安營。在陽江縣東八十里。又馬牯徑營，在縣東九十里。俱明嘉靖七年置，防新寧白水山賊。又麻思營，在縣西一百一十里。明弘治十年置，防陽春樂安等山賊。又高嶺營，在縣西五十里。嘉靖三十九年置，又高嶺營，在縣西七十里。又縣南濱海，設有礮臺防禦凡四，北額礮臺，本朝康熙十年建，北津城港口礮臺，明萬曆十四年置，海陵戙船澳礮臺，本朝康熙五十八年建，石覺礮臺，康熙三年建。今皆城守撥兵分防。

都含海口營。在高明縣東四十里清溪都，近南海、新會、順德諸縣海面界。明嘉靖二十三年置。本朝康熙二十四年，撥總督、水師營、千總，分番值守。又山臺營，在縣西南五十里，道通新興，亦嘉靖中置，今撥兵駐守。

三洲營。在高明縣東南三十里田心都。本朝康熙七年置，移新會縣金岡墟兵防守。乾隆四十四年，建創營房，撥外委一員駐防。又劬塘營，在縣西五十里。長岡營，在縣西七十里。城守皆撥兵分防。舊有赤水徑營、赤麻徑營、雞籠營、藥逕營、古道徑營、長圳營、古石凹等營，皆在縣境，今並廢。

烏芰塘營。在恩平縣東三十里官路旁，截籬子徑要路。明嘉靖三十二年置。其籬子徑，在縣東南二十里，東通十三村，達蜆岡。又官來徑營，在縣東少北五十里，接新寧縣界。

大夾腦營。在恩平縣西南三十里。明嘉靖十一年置。又樓徑營，在縣西北九十里。紅嘴山營，在縣西北一百里。蓮塘頭營，在縣北二十里。祠堂營，在縣北五十里。皆明嘉靖間置。又白蒙逕營，在縣東南四十里，今爲白蒙屯。獵逕營(四)，在縣東北二十里。馬岡營，在縣東北八十里。

花山營。在廣寧縣西北一百二十里。明嘉靖三十九年置，防守顧水一帶，營後俱是猺、獞，外接廣西懷集縣界。

企岡營。在廣寧縣北一百八十里。明嘉靖三十九年置。東南有猺，至清遠石坎洞，地最險要。又古竈營，在縣東南。黄桐營，在縣北。峽逕營，在縣東北。皆嘉靖中置。

黄沙營。在廣寧縣東北一百二十里。明嘉靖十二年置，一名南綏營，當大羅山之襟喉，各峒猺出入由此。又縣西一百里有得勝營，明萬曆四年置。

長沙營。在開平縣東南三十里臨河，接新寧縣界。明嘉靖三十二年置，防北獵山、船金坑、雷公巖等處，尋廢。本朝康熙十一年復置。又舊有五坑徑營，在縣東登高都，近梁金山，徑道多岐，前通新寧，後出嶺西，最爲要害。明成化中陶魯置，防甜水坑、良金、雲永三山賊，東攝新會、良村等營，尋廢。嘉靖中，賊每由此屯劄，乃復立營，後以地險兵逃，遂廢，名其地曰鬼子窟。

蜆岡營。在開平縣南三十五里赤水口，後遷於蜆岡，爲山寇出没要路。相近有壕坪營。

樟村營。在開平縣西。明崇禎中置。西北去新興八十里。新興縣志：縣東有四險，一曰樟村，爲新興、高要、高明寇盜往來之衝路，村南有三徑，曰九曲，曰蠟徑，曰鵞娥〔五〕，三徑之外爲馬岡一帶，東連新會、新寧，爲盜賊淵藪。一曰花石坳，一望荒岡，徑十餘里，南有水臺村，馬岡之水盡匯於此，可通舟楫。一曰馬喉，西去新興一百二十里。一曰冷水營，在縣東北古博都，明萬曆二年置，爲新寧、四會山行必由之路。羅村、龍馬、白水鄉一帶俱爲盜藪，雙橋一都與爲隔鄰，最宜防禦。

羊盤營。在開平縣北四十里，近阜幕山，土賊往來要路。明末置，後廢。本朝復設把總防守。又有白墳營，亦在阜幕山下。

水碓營。在德慶州東五十里。明嘉靖三十四年置。府志：州東有二十二營，皆在大江北岸，分水路五哨，以防西山諸猺。其在江南岸者，皆分屬羅定州。通志：羅旁上、下江，兩省咽喉，數苦猺賊。嘉靖四十四年，都御史吴桂芳奏請自南江口至新村絳水口，凡一百二十里，沿江岸開山伐木，闢地八十里爲十營，江道始清。

中軍營。在德慶州西二里，一名教場營，明嘉靖三十六年置。又西灣營，在州西十里，明正德五年置。平封營，在州西八十里。相近有大塘營，又西十里有麻灣營，俱嘉靖時置。

扶賴營。在封川縣東二十里江北岸，相近有都樂營。明隆慶五年建。又待村營，在縣東南十里。蟠龍營，在縣東南二十里。下塔營，在縣東南三十里。俱在江南岸。又羅峒營，在縣南，明嘉靖三十五年置。古都樂營，在坊場鄉都樂村，明隆慶三年置。迪田營，在縣北。西河營，在文德鄉西河村。菊花營，在修泰鄉菊花嶺。

大灘營。在開建縣西南七十里，接封川縣界，封溪水所經。本朝康熙二年置。

莫羅營。在開建縣東北一百里，接懷集縣界，近連州八排猺山。本朝康熙九年置。通志有獨住營，在縣北三十里，防賀縣深埇、塞山、奇坳、磨刀、田源諸山賊。萬保營，在縣北四十里，防賀縣深埇，懷集牛欄、羊橋、銅鐘、鼓城諸山賊。會珠營，在縣北六十里，防懷集金鶩、松柏、南水、上帥、下帥諸山賊。俱明嘉靖中置。又潭霜營〔六〕，在縣北，相近又有教場營、白蓮營、大灣營、總旗營。又舊東營，在縣東北六十里。又有龍堂中營、小水營。

花頂山寨。在高要縣東南。又林田山寨，在縣西。大臺山寨，在縣西一百里。皆猺寨也。通志：縣境猺寨凡九。

深坑山寨。在四會縣北，猺寨也。通志：縣東至三水縣界，猺山三十一。西北至懷集縣界，猺山十二。北至清遠縣界，猺山十五。

黄三坑寨。在新興縣西，猺寨也。通志：新興東至蒼步水界，猺山四。東南至獨鶴驛界，猺山七。南至陽春界，猺山四。西南至冬瓜嶺，猺山一。西至瀧水界，猺山二十八。西北至德慶界，猺山七。北至横茶橋界，猺山三。而黄三坑、鐵場、石人背等巢皆在縣西南境，尤爲險惡。明嘉靖三十七年，督臣王鈁以德慶、瀧水、陽春、高要、高明、新興、恩平連界，黄三坑、鐵場、石人背、山棗坪諸山賊巢盤據萬山中，巖谷險峻，林箐叢密。賊首盤永賢等恃險肆惡，乃議征勦。一軍由瀧水紅沙田登陸，進勦山棗坪等巢，一軍由高要南岸登陸，進勦鐵場諸巢，一軍亦由南岸登陸，進勦石人背諸巢，賊大窘，奔集雲浮山，復進破之。雲浮山，在東安縣東。

上下魚跳寨。在陽春縣東北一百五十里，接新興縣藍坑營界。明萬曆中置。舊志又有高岡寨，在縣北二十五里。石壁寨，在縣北四十里。通志：北寨徑、蕉林徑，在縣西南。曹洞徑閘、白水徑閘、蟠龍徑閘，在縣東北。皆有鄉兵戍守。

北津寨。在陽江縣南三十里北津山西麓，舊有望海亭。明萬曆四年，於此置水寨。十四年築城，周二百二十丈，門三，爲海津要隘。海防考：明初陽江、海朗、雙魚三所，各設備倭官一員，每年駕船汎海，劄泊海陵、青州、戙船澳等處，春冬二汛。嘉靖三十五年，撤三所汛守，於是海酋朱良寶等焚劫海陵、北津地方。萬曆初，設立北津砦爲重地，所分汛地，東至新寧芒洲、上下川，與廣海衛會哨，西至吴川限門，與白鴿寨會哨〔七〕。既又以海境廣闊，分爲三哨，中哨泊戙船澳，左哨泊新寧寨門澳，右哨泊電白蓮頭澳。二十八年以後，復畫界爲守，以海朗寨官兵分守汛海〔八〕，東至廣海衛界㶚澳起，西至馬牯石止〔九〕，雙魚寨官兵分守汛海，東自馬牯石起，西至蓮頭寨北額港止，而北津寨官兵每至汛期則協同出哨戙船澳。蓋府境海防，惟陽江爲最。

大人山寨。在恩平縣西三十里，猺寨也。通志：縣境猺山凡七。

白沙山寨。在德慶州東北，猺寨也。州志：州境猺山五十四。

大峒寨。在封川縣東德安鄉，相近有平城寨。又有下營、鳳樓、龍田、觀地、力宅、水斗、大樂、大洋岡八寨，皆在縣東北歸仁鄉。西村、黄塘、戴村、下符、百家、迪田、羅源、蛟龍八寨，皆在縣北文德鄉。明嘉靖中猺亂，各鄉居民甎砌繚垣，以自防守。

石硯山寨。在封川縣北，猺寨也。

九源山寨。在開建縣東北，猺寨也。通志：縣境猺山凡三十七。

蓮塘堡。在陽江縣東北六十里。明洪武初置蓮塘驛。嘉靖三十三年，僉事林名奎築堡，城周三百十八丈，防陽春、恩平大山浪賊。

白蒙屯。在恩平縣東南四十里白蒙徑口，其徑東通白麻徑、懷寧、苔村〔一○〕，南通灣雷徑至海，西南通陽江縣那龍村，北通那虔、上洞。明嘉靖中設營。萬曆初，兵備李材築城，以扼陽江、灣雷、那虔、上下峒之要。

永安屯。在恩平縣東南四十里。明隆慶中，恩平、會、寧界中懷寧、苔村三巢賊劫掠恩平及陽江，勢甚猖獗。兵備李材分軍，一由赤水口，一由白蒙徑，出其不意，大破之。材以縣東十三村與三巢實相羽翼，因悉誅之，而立永安、永鎮、武定、大湴、潘村、鎮戎、豐建、鎮平等，共二十屯，募兵耕守。

金場。輿地紀勝：在新會縣西一百里，昔劉氏置場採金於此。舊志：在廣寧縣南。

銀場。九域志：高要縣有沙利一銀場。

錫場。在德慶州。九域志：縣有雲烈一錫場。

鐵場。九域志：高要縣有浮蘆一鐵場。陽春縣有攬徑一鐵場。

鉛場。九域志：陽江縣有陽江一鉛場。

雙恩鹽場。在陽江縣東南，近廢海朗所。宋、元時設管勾官於此。明洪武二十年，改設鹽課司。又有鹹水場，在縣西南，近雙魚所，亦明初置。萬曆九年，併入雙恩。

崧臺驛。在高要縣城西，水馬驛也。宋景定中建。明洪武二年遷於城東一里，臨江，成化六年仍遷城西。

新昌驛。在新興縣治東。又腰古驛，在縣北五十里，今割入東安縣。

樂安驛。在陽春縣南九十里。明成化十八年建，隆慶五年築土城，周二百丈。今廢。

獨鶴驛。在開平縣西四十里，西北去新興七十里。明洪武初置，今裁。

壽康驛。在德慶州東迎恩坊，水驛也。明初置，在州西門外。萬曆二十八年移此，今裁。

麟山驛。在封川縣西二里，面江枕塘。元至正中，置於縣西錦衣坊。明洪武六年，遷堰塘埇口。弘治十二年徙此，有驛丞。今裁。

金利墟。在高要縣東北一百十三里，接高明、四會、三水、清遠各縣界，爲通邑扼要之區。嘉慶二十一年，移縣丞駐此。

津梁

壽仙橋。在高要縣西崧臺驛左。舊以木爲之，明萬曆二年，知縣張延熙始伐石重建，改今名。又景星橋，在縣西一里，宋知府鄭敦義建。又西石橋，在縣城西濠上。

玉蝀橋。在高要縣北七星巖前。有二橋，南曰玉蝀，北曰彩虹，中承石墩以跨瀝湖，俱明隆慶間建。

通會橋。在四會縣東門外。舊名普濟橋，亦名龍橋，宋淳熙中建。本朝康熙十三年修，易今名。

三登橋。在四會縣西北二里。宋士人二林一薛同時登科，因名。

文昌橋。在新興縣東城外，跨盧溪，闊三十餘丈。宋紹興中建，名仁義橋，明萬曆中重修改名。

青石橋。在陽春縣北三十里，跨青石小溪。

觀光橋。在陽江縣西北一里觀光村，宋紹興中建。

潮麗橋。在陽江縣北門外，水通海潮，宋紹興間建。

竹園橋。在高明縣東太平都。又石龍橋，在縣東清溪甲，路通南海。

朝陽橋。在恩平縣東門外。又歇馬橋，在縣東二十里。

接龍橋。在廣寧縣南門外。相近有都港橋。

龍蟠橋。在開平縣南二十七里，路通蜆岡。又有古宅橋，在縣南平康都，極險峻。

得月橋。在德慶州西二里。明統志：上有亭，可以延月。府志：亭名步蟾，久廢。

化龍橋。在德慶州西五里白石溪上，有石刻「醉石」二字。

漱玉橋。在德慶州香山漱玉泉上。

太平橋。在封川縣南門外。明洪武元年，知州薛明理因舊址修。

龍吟橋。在開建縣南一里，明隆慶間建。又蛟水橋，在縣南十五里。

隄堰

水磯隄。在高要縣東三十里，明洪武初築，長三萬五千四百丈有奇，捍田七百餘頃。又橫槎隄，在縣東八十里，洪武二十七年築，周一萬一百丈，捍田八百餘頃。相近有豐樂大圍隄，東北連四會縣界，明永樂中築，捍田一千餘頃。又金西隄，在縣東一百里，宋至道中築，周一萬三千餘丈，捍田一千二百餘頃。

羅鬱隄。在高要縣東南，接高明縣界。元至正十五年築，周三千一百丈，捍田二百五十餘頃。又大演隄，在縣東南，接廣州府界，宋淳熙八年築，周八千餘丈，捍田八百餘頃。

新江隄。在高要縣南三十里。明永樂三年築，周三千七百餘丈，捍田五百餘頃。

大沙隄。在高明縣東十里，西北受香山潦，西南受阜幕黄沙潦，東受西、北二江潦。元至正間築，周四千七百九十六丈，包上倉、清泰、楊梅、羅塘、田心五都田。

停步隄。在高明縣東十五里。明成化中築，周一千七百餘丈，捍田六十餘頃。又小零隄，在縣東三十里，元至正中，范州、古壩二鄉民築，周九百餘丈，捍田八十餘頃。白鶴隄，在縣東四十里，周一千八百餘丈，捍田七十餘頃。本朝嘉慶四年，決大塘村基，村民捐田移築一百餘丈。石奇隄，一名秀麗隄，亦在縣東四十里，元至正中，青溪、羅格、阮埇等都民築，分上下二圍，周二千五百餘丈，捍田三百六十餘頃。

羅馬陂。在新興縣東三十餘里。廣五十畝，水源出老香山，溉田四十餘頃。又觀登陂，在縣東六十里，廣五十畝，水源出雲石山，溉田七十餘頃。

社墟陂。在新興縣東南二十里。天露、賢嶺二水至大河口合流，築土陂，溉田五百餘頃。

馬港陂。在新興縣南三十里。寬一百畝，引盧溪水，溉田百餘頃。相近又有黄莫陂，引天露山水，溉田一百二十餘頃。

羅塘陂。在高明縣東南楊梅都。明永樂中築，鑿石爲川，水流二十里，溉田一百五十餘頃。

逢逾陂。在德慶州東五十里。廣二十畝，溉田四十餘頃。

風料陂。在德慶州北十里。廣十餘畝，溉田六十餘頃。又古龍陂，在州北五十里，廣九十畝，溉田二百餘頃。

高車陂。在德慶州北一百三十里。廣五十畝，溉田一百餘頃。又黄滑陂，在州北一百四十里，廣十五畝，溉田八十餘頃。

清水塘。在開平縣東五里。納諸溪之水，清深無際。又八丫塘，在縣西二十五里，出諸山之麓，周十餘里，流分八丫，深不可測。

新村塘。在德慶州東一百里，東去東安縣楊柳塘三十里。其西二十里爲田心塘。又二十里爲石嘴塘，二十里爲辣頭塘，十里爲西演塘，二十里爲麻墟塘，二十里爲皆春塘，十里至西灣塘，二十里爲榕塘，二十里爲白石塘，十里爲芙蓉塘，十五里至封川縣都樂塘，皆本朝康熙間修。

水母塘。在開建縣北五里。廣十餘畝，水源出雁山，南流入塘。明天順三年，守備黄芳等疏城濠，因浚源鑿塘以瀦水，又自塘築渠以灌城濠，水常不竭。

陵墓

秦

龍母温媪墓。在德慶州東。寰宇記：在悦城鄉東。州志：在州東一百里，舊在州城江南岸，一夕龍子移於江北，有廟曰孝通。

漢

陳元墓。在封川縣北六里野矮岡上。

唐

馮盎墓。在陽江縣東山之陽。

劉謙墓。在封川縣北十里劉王岡，劉隱墓亦在此。

五代　南漢

劉王墓。在開平縣東白柱坪。

劉王女墓。明統志：在陽江縣東，王女名素馨，葬於此，冢上生那悉茗花，因名素馨。

宋

李積中墓。在四會縣東清塘村。

江日新墓。在四會縣東社山下。日新，萬里子，宋駙馬都尉。

李喬木墓。在陽江縣東二十里官山。喬木，汴梁人，官尚書，征黎經南恩州卒，因葬此。

張世傑墓。在陽江縣南赤坎村，相傳諸將函骨葬之於此。

明

區益墓。在高要縣東南，古耶甲横岡。

葉禎墓。在高明縣西南大朗山。

祠廟

昭忠祠。在府城北門外，本朝嘉慶八年建。

包公祠。在高要縣西門内，祀宋州守包拯。舊在府治儀門内，宋熙寧中，郡守蔣續建。明弘治中，以祠在郡署，弗便謁者，始遷今地。

大尹祠。在高要縣城東，祀元高要尹陳忠衛。

濂溪祠。在高要縣東三里，明嘉靖四年，知府曾廷直建〔一〕，祀宋周子。又陽江縣西南亦有祠。

忠節祠。在高要縣北，祀唐中書令張柬之、太尉李紳、宋少師劉摯、侍郎鄒浩、胡演、胡銓、少師留正、少傅張世傑。本浄明寺故址。明嘉靖二年，提學魏校毁淫祠，知府曾廷直改寺爲祠，以祀八賢焉。

澹菴祠。在陽江縣西南宣化坊，祀宋胡銓。

張太傅祠。在陽江縣西門外，祀宋張世傑。

二忠祠。舊在恩平縣南，祀明副使毛吉、布政使陶魯，後增祀豐城李材，爲三忠。本朝康熙二十六年，移建學宫内。

忠景祠。在德慶州東瀧江，宋建，祀知州趙師旦。

陸大夫祠。舊在德慶州西五十里，後移香山。明嘉靖十五年，重建於錦石江濱。九域志：州有陸賈廟。

曹忠肅公廟。在封川縣治東，祀宋封川守曹覲。

寺觀

峽山寺。在高要縣高峽山，唐沈佺期有賦。今名羚山寺。
白雲寺。在高要縣東頂湖山，宋建。寺産佳茗，名曰雪茶。
寶光寺。在高要縣東臨江，宋康定間建。
龍華寺。在四會縣西三里，宋建。
秀羅寺。在新興縣東，唐武德初建。
龍山寺。在新興縣南思龍山，一名國恩寺，唐建。
花果寺。在陽江縣西四十里，宋至道中建。
寧國寺〔一二〕。在陽江縣北山，唐武德初建。
乾明寺。在德慶州北香山上，今名香山寺。
白鶴觀。在高要縣東南五里，宋建。有白鶴巢於庭樹，因名。
梅庵。在高要縣西，宋建，中有六祖井。
金粟庵。在高要縣西南五十里，宋時僧祖泰歸真處。

名宦

漢

何敞。九江人。東觀漢記：元始中，敞爲交州刺史，行部至高要，宿鵠奔亭，夜有女子自稱蘇娥，來告：「夫人亡，有雜繒，與婢往就旁縣，亭長龔壽來以刀刺脅死，并殺婢，取財物去。」敞問：「今欲發汝尸，以何爲驗？」曰：「妾上下皆白衣，青絲履猶未朽也。」敞驗果然，捕誅壽。王莽之亂，棄官歸。

南北朝　宋

劉勔。彭城人。元嘉末，爲綏建太守。蕭簡據廣州爲亂，勔起義討之，簡平，刺史宗慤又命爲軍府主簿，以功封亭侯。

梁

杜僧明。廣陵人。大同中，盧安興爲廣州刺史、南江督護。僧明與兄天合及周文育並爲安興所啓，請與俱行。頻征俚獠有功，爲新州助防。

陳

區伯虎。南海人。爲新州刺史，撫綏民獠，政得人和。陳寶、應留異爲亂，伯虎從都督章昭達討平之〔一三〕。

唐

魏元忠。宋城人。武后時，爲張易之等所譖，貶高要尉，至任，治戎旅，備峒寇，居期月，民獠敬服。

許遠。杭州鹽官人。以事貶高要尉，深得民心，凡赴訴皆歸之。後放還，民遮道留，幾不能去。

竇漢。扶風人。爲端州長史，厲志臨政，日昃忘食，民甚便之，竟以勞瘁卒於官。

崔詗。清河人。大中間，貶端州刺史，盡心民事，笞榜不加，獄市自清。

張裼。河間人。咸通末，貶封州司馬，封民語不可解，以文義教之，遂漸知讀書。

劉瞻。桂陽人。初貶驩州，僖宗立，徙康州刺史。政平訟理，民甚德之。

宋

張錫。漢陽人。知新州，初建學於州，自是人始知學。

陳升之。建陽人。知封州，有能理才，遠近稱其賢。

曹覲。建安人。皇祐中，知封州。儂智高叛，兵及境，州士卒纔百人，不任戰鬭，又無城隍以守，或勸覲遁去，覲叱之曰：「吾守臣也，有死而已，敢言避賊者斬！」麾兵擊賊不勝，被執，徙置舟中，不食者兩日，探懷中印章，授其從卒，曰：「我且死，若求間道以此上官。」賊知其無降意，害之。事聞，贈太常少卿。妻劉氏，避賊死於林峒，追封彭城郡君。

包拯。合肥人。知端州，莅事明察，不遺隱伏，人稱神明。端土產硯，前守緣貢，率取數十倍以遺權貴，拯命製者才足貢數，歲滿，不持一硯歸。

趙師旦。武城人。皇祐中，知康州。儂智高破邕，順流東下，賊薄城，師旦止有兵三百，開門迎戰，殺數十人。會暮，賊稍却，與監押馬貴部士卒固守，城破，無一人逃者。矢盡，與貴俱還，據堂而坐。智高麾兵入，脅師旦，師旦大罵，賊怒，并貴害之。贈光禄少卿。同時有王從政者，以東頭供奉官、閤門祇候，與智高戰於太平場，被執，罵賊不已，賊以沸湯沃之，終不屈而死。贈信州刺史。

郭祥正。當塗人。熙寧中，知端州。留心政術，以靖蠻方，民樂其化。

梁立則。分宜人。熙寧中，知新州。興修水利，於州西南一里得白蜡坑，決其水溉田，民被其利。

吴與。漳浦人。元豐中，知四會縣，興學省罰，有循良風。

李朴。虔州興國人。徽宗時，爲四會令。有奸民言邑東地産金寶，遂立額採買，破田疇，發墟墓，大爲民害。朴至，請罷之。

張夔。海陽人。高宗時，知新州。時學校自舍法罷，士習委靡，夔修郡庠，厚加餼廩，暇日與諸生徒執經問難，學者聞風而至。又築陂瀦水灌田，民蒙其澤，稱張侯陂云。

王治。太原人。紹興初，知南恩州。值歲荒，發粟賑濟，存活甚衆。暇則詣學，課勵生徒，以厚風俗。歿後，州人立祠祀之。

孔元勳。番禺人。父粹，熙寧中，知封州，有善政。元勳於紹興中，復知封州。值寇亂薄城，率屬力守，每事以身先之，募善射士，連斃賊酋，餘黨奔潰。轉知新州，撫字有聲。

黄公度。莆田人。紹興中，通判肇慶府，復攝南恩守。尤留心學校，增學廩，擇秀民與之登降揖讓，士風大振，邦人肖像以祀。

黄濟。静江人。紹興中，新州守。時多盜賊，濟令種刺竹，圍城一千三百餘丈，又新子城樓，興利補弊，户口覈實，賦役均平，民以不擾。胡寅爲記，稱其政績甚詳。

留正。永春人。紹興中，陽江尉。先是，邑之下田米折錢，深爲民病，正白於漕司，請罷之。時龔茂良守番禺，正語之曰：「在法劫盜贓滿五貫死，海盜加等，小民餌利，率身陷重辟，請鏤梓海上，使户知之。」民始知避。

劉爚。建陽人。孝宗時，知德慶府。大修學校，奏便民五事，又嘗奏罷兩縣無名租錢。

李維。泉州人。淳熙時，守南恩。弟綸，提舉廣東常平。酌别江濱，兄弟相勗以清白，矢言曰：「儻負君民，有如此水。」投杯於江，杯停不流者久之，民爲作歌。

冷應澂。分寧人。景定中，知德慶府。前守政不立，縱豪吏漁獵峒獠，遂大爲變，偪城六十里而營。應澂未入境，馳檄諭之，獠感悟，欲自歸，惑謀主不果，衆稍引去。應澂知其勢解，即厲士馬，出不意，一鼓擒之。乃請諸監司，誅豪吏之激禍者。初屬縣租賦諉道阻，久不至郡，應澂爲之期曰：「首輸者與減分，末至則償所減。」民惟恐後，不一月訖事。凡諸綱官廪稍軍券，前政積不得者，悉補還之，上下欣附。應澂亦極力摩撫，與爲簡便。期年報政，奏罷抑配鹽法及乞用楮券折銀綱等五事，以紓民力，詔就升本道提舉常平，兼轉運使。

元

高芝。濟南人。大德中，知新州。愛民禮士，修整學校，嘗於驛路栽松以便行人，風流善政，久而猶存。

倉振。真定人。延祐中，知新州。時猺賊蠭起，振諭以威福，羣猺帖然。暇日召諸生議解經義，又於驛路夾植松榕。先是高芝守新州，有善政，及振繼之，故州人歌曰：「高松倉榕，一道清風。」

韓元善。太康人。爲新州判官，明達政體。

明

裴源。籍未詳。洪武初，肇慶府經歷。以公事赴新興，遇山賊執之，脅使跪，不屈，遇害。贈官二等。

梁潛。泰和人。洪武中，知四會縣。縣有瀧橋河，相傳吏廉平則水清，自潛至迄去，河水澄清可鑑。改陽江，又調陽春，猺、獠環處，潛待之如子，民皆盡誠供命。每去任，無不遮道攀留。

徐均。籍未詳。洪武中，爲陽春主簿，以强直知名。猺洞酋莫大老家居不法，均廉得其實，捕繫獄，以金珠餽，均不一視，械送之府，民猺懾服。

顔寶。龍溪人。永樂中，知四會縣，寬猛得宜，奏除詭名田糧九百石，免鹽鈔十二萬貫。

王瑩。鄞縣人。宣德中，知肇慶府，興利除弊，切於愛民，於獄訟尤矜恤，民皆頌之。

饒秉鑑。廣昌人。景泰中，爲肇慶府同知。時兩廣多盜，秉鑑什伍其民，日加訓練，盜侵軼其境，輒破走之。奸民羣聚爲亂，秉鑑單騎譬曉，即時解散。以征瀧水猺功，增秩一級。

黄瑜。臨桂人。天順中，知肇慶府。時蒼梧鎮未建，猺寇猖獗，瑜練民兵，城屬邑，曉示諸蠻，許自首服，境内獲安。在任十五年，剔蠹鋤奸，政無不舉，士民戴之。

黄瑜。南城人。天順中，爲開建知縣。邑無城，嘗有寇患，瑜改建甎城，親挾弓矢禦寇，邑賴以安。

范鏕。會稽人。成化中，知封川縣。始至，家僮治圃得遺金，亟掩之。縣猺、獞雜居，鏕孚以恩信慈惠，邑以不擾。

黄琥。豐城人。弘治初，知肇慶府。府舊有漁利三百緡，以供守土中貴，琥奏罷之。積粟備荒，至萬餘石，又築隄二百里以捍潮。尋擢廣東參政。

張吉。餘干人。弘治中，爲肇慶府同知。地當蒼梧下流，仍歲苦潦，吉築長隄，三載乃成，甚爲民利。總督秦紘爲總兵官柳景所誣被逮，吉抗疏代辨，紘卒得白，時議壯之。

蕭楝。宣化人。嘉靖初，知高要縣。廉明莅衆，愷悌作人。舊志稱高要賢令以楝爲最。

林恭章。莆田人。萬曆中，知陽江縣。以教化爲先，每至折獄，多哀矜，盛暑必躬閱囚，日夕存恤。及去任，泣送者塞道。

韓國藩。江寧人。萬曆中，知高明縣。公平廉介，市無奸宄，獄無繫囚。

本朝

鮑之奇。浙江人。順治七年，以明經知恩平縣。縣先爲賊據，遂即任於凹頭村，單騎入城，宣布德政，賊憚之奇得民，殺之。祀名宦。

張至隆。漢軍鑲紅旗人。康熙三十二年，知肇慶府。郡當牂牁下流，歲三四月，西流暴漲，豐樂長圍一決，其害更甚。至隆親駕小舟，躬先負土，日夜督率，隄以永固。黄江廠税胥吏多横索，至隆悉裁抑之，商民立碑記焉。

蘇泖。汲縣人。康熙五十九年，知陽春縣。民每以假命誣人，動至傾家，泖重懲反坐，其弊得息。辛丑三月偶旱，奸民倡亂搶奪，立治其魁，餘黨消散。奉檄丈田，不事紛擾，民立生祠祀之。

張國誠。舒城人。康熙進士，十三年，授高明令。視民如子，甫下車，遇隣寇恣擾，國誠請兵滅賊，安全甚衆。在任二年，辭職去，攀轅者不絶於道。卒祀名宦。

鈕琇。吴江人。康熙三十七年，知高明縣。縣境曹暮、鹿峒諸山羣盗出没，琇招致盗魁二十四人，請於上官，使守禦贖罪，由是諸盜斂跡，邑賴以安。尤好奬勵士類，設義塾教之，爲課其甲乙，士皆振拔，至今頌之。

黄大鵬。上元人。知平遠縣。雍正十年，析置鶴山縣，以才調任。始至，無城郭廨署，僑止土屋，百務蝟集，悉心區畫。其年冬築城，明年建學宫，立祠廟，創官署。邑故盜區也，民流亡，田汙萊，攘除安集，襁至者如市。請豁雙橋都墟賦四百餘兩，并積年逋賦一千九百有奇，邑人就雙橋立祠祀之。

郭大鐸。旌德人。任鶴山縣藥逕司巡檢。乾隆三年夏，霖潦颶風衝擊古勞圍址幾陷，大鐸披笠冒風雨，率鄉人力禦之，卒無虞。上官嘗因私繫人，大鐸廉其無辜輒釋去。卒於官，貧不能斂，民醵金助之，有十數人裹糧送櫬，至庾關而後返者。

人物

漢

陳元。字長孫，廣信人。傳父欽業，習左氏春秋。建武初，與桓譚、杜林、鄭興俱爲學者所宗。時議立左氏傳，博士范升奏以爲淺末不宜立，元乃詣闕上疏争之，與升辨難凡十餘，帝卒立左氏學。後辟司空李通府，大司農江馮上言宜令司隷校尉督察三公，元又上疏以爲不宜，帝從之。後以老病去，卒於家。

三國 吴

士燮。字彦威，廣信人。少遊學京師，師事潁川劉子奇，治左氏春秋，察孝廉，補尚書郎，後舉茂材，除巫令，遷交阯太守。

燮體器寬厚，謙虚下士，中國士人避難往依者以百數。是時道路阻絶，燮不廢貢職。後建安十五年，孫權遣步騭爲交州刺史，燮率兄弟奉承節度。燮耽玩春秋，爲之注解，時人稱其學問優博，達於從政。處大亂之中，保全一郡，二十餘年，人蒙其慶，雖竇融之保河西，何以加之。

唐

何如瑛。新興人。從江右觀察使李勉爲折衝都尉，以平盜功，遷左威將軍，充桂州防遏使。吕太一之亂，奮勇先登，擒其裨將，嶺表遂平。及楊慎微代勉，如瑛以讒死。後觀察使徐浩爲訟冤，代宗下詔褒贈，厚恤其家。

莫宣卿。字仲節，封川人。大中五年，對策第一，授台州别駕，以母老乞歸養，賜其鄉名錦衣云。

五代　南漢

陸光圖。四會人。劉鋹時，爲郴州刺史，撫恤窮民，招輯士卒，境賴以安。及宋師來伐，光圖樹栅騎田嶺以拒之，會大雨，黄溪水溢，潘美順流破其栅，遂取郴州。光圖與大將暨彦斌力戰，敗績被執，抗駡不屈，俱死之。

宋

李英。字子厚，高要人。天聖中，同學究出身，歷任欽州推官。夏人攻城，陷之，一家死者十三人，贈比部郎中，録其子弟。

梁順孫。字景樞，高要人。元豐間，歷桂州觀察判官，監邕州横山、田州等峒金坑，撫以恩信，不較其金，諸酋長聽服，歸之如市，州人德之。卒於官，詔官其一子。

李積中。四會人。元豐進士，歷官御史，以直言入元祐黨籍。

綦毋虙。字深之，高要人。宣和五年，提舉廣東西路茶鹽事，再除轉運判官。奏令税户買町户鹽田，依原竈額送納，由是歲額無虧，町户復業。

譚惟寅。字子欽，高要人。紹興進士，讀書一覽，終身不忘。嘗夜入衢州祥符寺，閲古碑，待燭不至，以手摸之，歸録所記，不差一字。後官至江西提刑。

李大性。字伯和，積中子。以父任入官，累遷太府寺丞。時陳傅良、彭龜年等以直言相繼去國，大性抗疏論諫，遷户部尚書。朝議將用兵於金，大性條論利害，忤韓侂胄，遂出外，尋引病丐祠。卒於家，贈開府儀同三司，謚文惠。

明

李質。字文彬，德慶人。元末兵起，質募民二萬餘，保障鄉里。洪武初，同何真歸附，授中書省斷事，累官刑部尚書，斷獄平恕，出爲浙江行省參政，有惠愛，終靖江王府右相。質好書史，其文學爲時所稱。

梁軫。高要人。永樂中，由鄉薦授御史，肅清風紀。巡按直隸，有指揮抵法，餽以金珠不受。按湖廣，劾臬司匿贜及武臣不法事。後爲忌者所中，謫雲南典史。

陳鼎。字重器，新興人。永樂進士，擢監察御史。宣德中，出知建昌府。莅政明斷，民不敢欺，升右僉都御史，進刑部右侍郎。留心刑獄，務崇矜恤。卒於官，賜祭葬。

梁致育。字遂初，高要人。洪武中鄉薦，爲紹興建昌訓導。致仕家居。天順二年，流賊掠蓮塘，被執，令講書，厲聲駡曰：「蠻奴若曉禮義，必不爲此。」時年九十有六，賊不忍害，以竹輿舁之行，語舁者曰：「至徑口深淵，即白我。」遂投淵死。時有楊楚者，高明人，素負氣，聞之曰：「梁先生，人望也。」率衆往救，戰不敵，亦死。

葉禎。字夢吉，高要人。宣德中舉於鄉，任慶遠府同知。天順三年賊至，指揮與知府方酣飲，禎獨督兵抵柳青鋪，遇賊力戰，不勝，與子公榮、從子官慶、民兵璩用和等三百人俱死之。事聞，贈朝列大夫、廣西布政司右參政，詔立忠義祠祀之。

盧宅仁。字伯居，四會人。弘治進士，授都水主事。時劉瑾專權，有所需，同列皆曲徇，宅仁獨不應。歷福建、廣西按察使，善決寃獄。以父憂歸，終喪遂不起。

李津。字濟之，四會人。弘治進士，知寧海州。時劇賊劉七流劫本境，津先繕守備，夜遣卒四出，張疑兵以懼之，賊遂引去。擢南京刑部郎中，歷守南寧、鄖陽，俱有治績。遷兩淮都轉運使，搜剔釐正，一裁以法，國課倍昔，而羨餘悉歸於公。爲權貴所忌，罷歸。南海吴允禎繼任，亦以廉介稱，每自訟曰：「得毋愧吾鄉濟之否？」其爲人敬服如此。

區益。字叔謙，高明人。少力學，博覽羣籍。嘉靖中，由鄉薦歷都昌、泰順知縣，皆有惠政。遷慶遠同知，從征古田賊有功，改温州，以抗直忤上官歸。益生平孝友，清廉自持，去官，篋無長物。子大樞，萬曆中舉於鄉，大相、大倫並萬曆進士。大相官中允。大倫擢御史，以諫神宗不親郊祀，坐削籍里居，後起爲光禄丞，歷南京户部右侍郎，爲魏忠賢所忌，罷歸卒。

嚴相。字汝弼，高明人。嘉靖間，歷興安、荔浦知縣，厲清操三十年。賊掠豕岡，戒曰：「毋入嚴荔浦家。」

莫如士。字子元，恩平人。嘉靖進士，歷官監察御史。端直敢言，嘗奇張岳、翁萬達有用世才，遂疏薦之，後俱以功業顯。仇鸞將爲不利，劾之，會鸞病卒，復偕臺省諸臣追論其罪，直聲動海内。遷大理丞，理寃決滯，人以爲有于公風。

羅成功。字惟一，高要人。萬曆舉人。崇禎時，爲永平推官。時兵餉叢雜，成功綜核廉平，三輔倚以爲重，城破，自縊死。乾隆四十一年，賜謚節愍。

陳立。字子綱，德慶人。父宗錫，以事之遼不返。立七歲自知讀書，後告其母曰：「父久去不訪，天地一罪人也。」裹糧書情狀於背，至開平中屯衛，一父老攜至家，出其父遺稿，因獲殯所，齧指滴血負歸。

本朝

蘇應夢。新興諸生。順治七年，值賊亂，應夢率勇敢士殺其魁，里黨藉以安全。雍正六年，祀忠義祠。

江子勉。陽春人。順治七年，白毛氊賊爲亂，挾子勉，使呼陽春縣城，佯應之，及金雞岡，賊藏伏，令呼北門，乃大呼：「我後皆賊伏從，幸固守，我不以一身誤衆人。」城獲全，遂爲賊害。

龔應霖。四會舉人。嗜學甘貧，獨傳横渠之學。知寧鄉縣，創書院，設義學。内擢給事中，疏請舉人准考中書，歷陳學政叢弊。卒祀鄉賢。

甘怡。新興諸生。康熙十四年，邑爲盜騷擾，怡奉父母奔匿山谷，晝伏夜出。母病，籲天請代，及歿，哀毀骨立，廬墓三年，父喪亦如之，友于兄弟。雍正四年，舉孝子建坊，卒祀孝弟祠。

李苑芝。新興人。長大有膂力，豪俠好義，因地方多故，破家募士衛鄉里。康熙十四年，僞逆寇新興逕口寨，貢生陳桐遷告急，宛芝以衆至，大呼曰：「八老在，誰得至此！」賊方縱火焚樓，急擊滅火，救出男婦甚衆，復追賊，中礮死。賊亦大創，不敢復犯逕口，至今人稱李義士不衰。

顧天顯。新興諸生。由教習任廉州府教授，訓育英髦，粹然師範。滇逆之變，被擒不屈。篤於友愛，置宗祠義田，卒祀忠孝祠。

劉啓銘。陽春貢生。幼失怙，事母孝，友于兄弟，教子弟以禮法，鬻田供祭，施槥成梁。康熙六十年祀鄉賢。

蔡廷標。高要人。官督標右營把總。雍正十三年，隨征貴州古州苗，連破高婆、高表、色同、清江、八妹、九董各寨，奮不顧身。會病，將領令其少休，對曰：「等死耳，裹馬革，不愈於斃牀第乎！」馳入敵，賊攢矛刺之，鉛子如雨，洞其袴，復瞋目大呼，斬一人，賊辟易，乃還，病益甚，遂卒。同官有藍文彩，亦高要人，勇與廷標埒，並積勞成病，先後没。事聞，均蒙恩廕。

李震時。新興諸生。性孝友，館穀養親，善事後母，誨育諸弟。雍正六年，祀孝弟祠。

鄭獻圖。恩平貢生。有志略，邑多土寇，獻圖密訪賊中虚實，及出没要隘，上勦賊策於當事。賊聞惡之，攻殺獻圖，卒祀鄉賢。

莫愈光。陽江人。春江協把總。乾隆五十三年，隨征安南，陣亡。同邑陳志勇，爲香山協把總，出洋捕盗，溺於海。均予卹廕。

何曰佩。德慶人。乾隆進士，由檢討官大理寺少卿，久居臺諫，有「鐵面御史」之稱。嘉慶二十一年，祀鄉賢祠。

彭朝勝。陽江人。署香山協守備。嘉慶十四年，出洋緝盗，陣亡。同邑外委雷常振亦死之。均予卹廕。

岑現佩。德慶人。官貴州提標右營守備。嘉慶三年，隨征川匪，陣亡。事聞，卹廕。

流寓

唐

張柬之。襄陽人。神龍二年，武三思誣與王同皎謀逆，貶新州司馬，後流瀧州。

劉幽求。武彊人。睿宗時，爲尚書右僕射，謀誅太平公主，事泄流封州。太平既誅，即日召復舊官。

郭元振。貴鄉人。先天二年，以兵部尚書、同中書門下三品封代國公。明皇講武驪山，坐軍容不整，流新州。

宋

劉摯。東光人。哲宗時，官尚書右僕射。紹聖四年，陷邢恕之議，貶鼎州副團練使，新州安置。惟一子從，家人涕泣願侍，皆不聽，至數月，以疾卒。

余爽。分寧人。元祐末，章惇憾其不附己，以瀛州防禦推官除名，竄封州。崇寧中，入黨籍。

鄒浩。晉陵人。哲宗時，爲右正言。章惇用事，浩上章劾其慢上不忠之罪，不報。賢妃劉氏立，浩言天子爲天下擇母，所立安得不審。章惇詆其狂妄，乃削官，羈管新州。

胡寅。崇安人。紹興初，爲中書舍人。秦檜當國，責授果州團練副使，新州安置，即日就道。在謫所，著讀書管見數十萬言及論語詳說行於世。

胡銓。廬陵人〔一四〕。紹興中，爲樞密院編修。秦檜決策主和，銓抗疏言檜可斬，乃除名編管新州。

周勣。閩人。張浚帥福建，辟勣幕官。時趙鼎貶潮州，人莫敢相顧，勣爲挈家寓居福之外邑，坐貶封州。

鄭剛中。金華人。紹興中，爲四川宣撫副使。秦檜怒其在蜀專權，罷責桂陽軍居住，再責濠州團練副使，復州安置，再徙封州，卒。

列女

唐

文貞女。四會人。許嫁鮑生。貞元三年，生斃於虎，女匍匐赴喪，服衰三年，事公姑甚謹，邑人名其所居爲貞里。

宋

李以達妻陳氏。開建人。少寡無子，父母欲奪其志，慟哭引刀自誓乃止。

元

李從輪妻梁氏。恩平人。元末賊掠，舉家被害，與妾麥氏被擄至舟中，賊欲犯之，大駡相繼赴水死。又同縣吕師賢妻楊氏，亦以寇刼赴水死。

明

陳鼎妻鄧氏。新興人。以鼎貴，封淑人。正統間，流賊犯新興，被掠，使之跪，大駡曰：「我爲命婦，顧屈膝於賊耶！」遂遇害。

劉英妻彭氏。德慶人，名亞光。天順間，流賊攻城，時翁夫俱在外，姑屬亞光曰：「吾老不能去，汝亟去之。」亞光曰：「姑在此，婦何之！」寇至，亞光出財物求脱，寇悦其色，并姑繫之，亞光紿之曰：「姑老且病，若欲我去，當釋我姑。」賊信之，見姑去遠，乃以頭觸石，流血被面，自投於河，寇援之起，罵不絶口，遂遇害。

張寅妻蘇氏。開平人。景泰初，黄蕭養賊黨周三爲亂，寅全家被殺，睨氏美獨留，大罵赴水而死。

林相妻歐陽氏。四會人。生子世遠而相卒，或諷以他適，氏矢節甚厲，撫世遠成進士。弘治二年旌，蘇州王鏊爲立傳。

蕭秀清。新興人，蕭能女。正德間，爲賊所掠，其父往贖，女私謂父曰：「速懷金以歸，賊必不釋我，我必死不辱。」父潛去。賊逼之，秀清觸石流血，賊怒殺之。

汪英妻鄧氏。陽春人。正德中，西山賊攻城執鄧，不屈，罵賊而死。

陳積禄妻鍾氏。高要人。嘉靖中，浪賊入境，積禄被執，鍾冒刃往救獲脱，賊因執鍾氏，强欲犯之，厲色罵曰：「吾有死而已，決不受辱。」賊怒，斷其臂而死，時年二十有二。提學副使蔡克廉旌其門。

梁立妻麥氏。陽江人。嘉靖中，爲賊所得，不辱遇害。同時有鄭念雲女，亦以罵賊死。

馮氏二女。高明人，馮麗女。年二十，麗弟華女年十六，俱未字。嘉靖中，浪賊攻寨，麗妻李氏謂二女曰：「賊勢大盛，奈何？」二女曰：「被辱求活，亦復何顔！」李氏躍身入井，二女相繼俱死之。

黎輔妻梁氏。高明人。夫亡無子，紡績以供舅姑。嘉靖中，浪賊流劫，梁扶姑匿池側，遇賊將執之，梁出其不意，推賊入池，賊怒，亂刃殺之。

莫疑妻朱氏。恩平人。疑爲錦衣衛中所總旗，卒於京邸，朱氏守節，撫孤如善，無異嚴父。嘉靖十九年旌，後如善成進士，官兗州知府。又庠生杜拱陽女，許字同里高氏子，夫殤，斷髮自誓，往哭成服，止夫家，事舅姑。後夫族奪其贍田，一不與較，守節終身。

李夔妻張氏。恩平人。嘉靖中，盜破禄洞，被執，欲自死，盜防閑甚嚴，至大陂徑，大駡不屈，賊怒殺之。提學副使蔡克廉旌其門。

易氏二婦。恩平人。一爲易鶴妻馮氏，一爲鶴弟大準妻劉氏。嘉靖二十七年，同爲流賊所擄，馮抱幼男，劉抱幼女，私語曰：「今當存者子女耳。」行至蒼邊塘，紿賊曰：「吾弱質，盍緩吾？」釋子女，遂相挽赴水，賊以短戈中馮胸死，劉抱馮屍沈而死。

梁興妻區氏。高明人。年二十七，浪賊掠其鄉，與姑俱被執，區泣謂姑老矣，且隨去以待贖，遂齧縲赴池，賊鎗其膞死。次日夫贖母，母曰：「汝婦死門前池矣。」出其屍，兩目睅然如怒。

嚴氏女。高明人。隆慶中，舉家爲賊所掠，賊欲殺其兄，女號泣曰：「吾父早喪，吾母所倚惟此，請以身代。」賊不忍殺，欲污之，女曰：「請先釋我兄而後可。」及兄既歸，女堅志不從，竟致刳腹而死。

岑統妻陳氏。恩平人。隆慶中，爲流賊所掠，駡賊而死。同時有梁惟現女，名勝姐，亦以駡賊被殺。

甄氏二婦。開平人，一爲甄伯成妻周氏，一爲伯成兄子朝璉妻梁氏〔二五〕。流賊周高山掠境，二婦被執，周自刎死，梁赴水死。又方載女未字，賊擄出門，大駡赴池死。

馬尚絅孫女。高要人，名恭姐。幼許字比隣林昂子，及絅死家落，昂遂以蜚語誣女，而陰爲其子改聘。時合郡争唾林面，女曰：「吾豈復求嫁？」遂縊死密室。

譚佳妻羅氏。高要人。萬曆初，富霖賊掠村，羅被執，度不能免，紿賊家有厚資，入收之，因赴水死。同時有譚良翰妻梁氏，賊見其美，掖之上馬，氏抗駡投地，賊怒，刳其腹而去。

羅氏女。高要人，名秀姑。年十六，羅旁賊流劫獲之，見其美，争以馬迎，女紿之曰：「家尚有財，待取同去。」遂赴火死。

梁氏女。四會人。年十八，未嫁而夫繫於獄，有强暴彭姓者，劫至其家欲犯之，女自刎死。巡按葛徵奇爲請旌祠之。

蔡朝綱妻譚氏。高明人。夫客粤西，歸至中途疾作，譚往迎之，至石橋，聞夫已卒，遽投橋下死。同縣嚴挺芳妻冼氏，亦以夫死奔喪，自投於水，以救歸，終縊而死。又楊歷吾女，許字黄姓，未嫁夫卒，閉户自縊死。知縣熊德揚申旌之。

葉氏女。開建人。幼許聘邱氏，其後邱日以貧，父母因别締富室，女泣諫不從，遂於親迎先夕，密紉下衣，潛赴水死。

鄧世源妻陳氏。德慶人，名秋光。夫卒，父母欲奪其志，陳知之，潛赴水死。

吕鳳亭妻鄧氏。開平人。崇禎末，土寇流劫，襁負幼兒，遇賊恐污，急置兒桑間，赴水死。

本朝

譚介維妻楊氏。高明人。順治初，爲亂兵所掠，行至城南，遽投於井，兵以繩引之出，駡不絶口，觸石而死。同時有譚相國妻李氏，投水死。

陳昌第女。高明人。順治十一年，爲西寇所掠，駡賊而死。又趙細姑，許字謝士雄，未嫁，士雄死，欲奔喪不克，是夕自經死。

何氏五烈。開平人。何表琇之女，曰三孃，其子婦曰鄧氏，琇弟表瑛之女曰質孃，其子婦曰林氏，與婢鄒氏，同居一室。順治十年，土賊剽掠，琇、瑛父子俱逃，五女懼爲所辱，相繼投井死。

甄任蓮妻吴氏。開平人。順治十三年，社賊擾境，任蓮赴敵陣亡，吴聞即引刀自刎，其姑曾氏及從女甄二妹同縊死，其姒曹氏亦以罵賊不屈死於亂刃下〔一六〕。一門四烈，人咸哀之。同縣司徒女，許字余氏子，未嫁夫死，往奔喪，遂自經死。又梁煥泗妻謝氏，夫死，遺腹生男，紡績養姑，鄉遭兵燹，挈姑與子逃難，後復歲飢，盜賊劫殺，每相戒曰「節婦之食，不可奪」云。

張伯璿妻陳氏。開平人。西逆督餉剽掠碧潭村，執陳，欲犯之，大罵不屈而死。其女弟金孃，亦以罵賊被殺。

鄭亞保妻唐氏。恩平人。流賊劫其鄉，亞保父子俱被害，唐殯殮畢，遂慟哭自沉。同時有鄭大道妻吴氏，以持刀禦賊，爲賊所殺。

馮意恍妻崔氏。恩平人。意恍早卒，父母以崔年少，將改適之，矢志不從，慟哭數日死。

鍾報伍妻覃氏。高要人。夫亡守節。康熙四十八年旌。同邑梁足仁妻黄氏，烈婦陳天章妻李氏、陳伯期妻陸氏，貞女周頌聘妻梁氏、陳接聖聘妻張氏、葉標聘妻陸氏，均康熙年間旌。

祝元漸妻李氏。高要人。未嫁夫亡，守貞母家，越數載，元漸兄元聲死，其妻譚氏守志撫孤，請於翁姑迎李至家，一門雙節，鄉論高之。

陳仲勳妻趙氏。新興人。夫亡守節。康熙二十六年旌。

劉家墉妻黄氏。陽春人。夫亡守節。康熙五十二年旌。

生員譚登魁妻李氏。高明人。夫亡守節。康熙三十一年旌。

吴烈女。開平人，名亞姬，生員吴御隆長女。未字，康熙間，社賊大劫，度不免，自刎死。又吴捷藩妻伍氏，一子方在襁褓，付其婢，賊欲殺之，婢以爲己子得免，伍氏尋亦死之。張嘉立妻吴氏，夫爲賊殺，哭罵不絶，賊怒，以石壓死。

李英舒妻劉氏。開平人。康熙中，劉保行掠，以姓同，呼爲姑，遺以金帛，大罵擲於地，賊怒刃之。同邑李惠先妻劉氏被掠，躍入潭死。李氏女未笄，流賊劫之，乘以馬，奮躍奪刀，罵賊自刎。譚氏女爲流賊陸社隆所掠，大罵不受辱，賊怒，剖其腹於松樹下，至今鄉人稱爲「貞女松」。

梁熙度妻張氏。高要人。夫亡守節。雍正五年旌。同邑鄭滎占妻陳氏、鍾興孝妻蔡氏、梁乃正妻羅氏、李德妻冼氏、梁翹選妻張氏、黄燦斗妻陸氏、蕭俊昇妻黄氏、符應枚妻鍾氏，貞女李氏，均雍正年間旌。

顧兆稷妻黎氏。新興人。夫亡守節。雍正四年旌。同邑陳俊賓妻葉氏，蘇緒妻張氏，葉於岸妻甘氏，王履元妻陳氏，梁以虞妻顧氏，顧天眷妻葉氏，子婦吴氏，蘇士焯妻歐氏，葉顯曾妻潘氏，貞女葉光曾聘妻簡氏，均雍正年間旌。

劉象震妻余氏。新興人。山賊焚劫鄉村，余爲所掠，不受辱，投水死。

馮貞女。陽春人，名亞羣。守正捐軀。雍正十一年旌。

蘇浩妻梁氏。陽江人。夫亡守節。雍正四年旌。同邑林瑞玉妻譚氏，雍正十二年旌。

楊遵修妻何氏。高明人。夫亡守節。雍正四年旌。同邑劉釗妻馮氏、何乃鑑妻黄氏、葉中居妻羅氏、楊能泗妻譚氏、謝進魁妻羅氏、譚聖武妻楊氏、羅炯尚妻陳氏、謝陞良妻嚴氏、楊超先妻譚氏、譚繼俸妻區氏、葉九經妻羅氏，貞女曾應科聘妻楊氏、譚林光聘妻楊氏，均雍正年間旌。

楊景運妻陳氏。開平人。夫亡守節。雍正五年旌。同邑貞女李自焕聘妻梁氏、周强鼎聘妻蘇氏，均雍正年間旌。

趙成潤妻李氏。鶴山人。夫亡殉節。雍正十三年旌。

李爲楫妻何氏。德慶人。夫亡守節。雍正七年旌。同州李名揚妻某氏，烈婦李運昌妻何氏，温和鼎女，名月嬌，與其嫂某氏，均雍正年間旌。

孔宗堯女。德慶人。幼受許氏聘，遭亂失散，矢志不字，後以其父被難，捕卒侮之，絶粒不食死。同州許汴妻歐氏，年十七歸汴，汴染疾，歐竭力事之，夫卒殉節，顔色如生。

伍應弼妻冼氏。封川人。夫亡守節。雍正六年旌。

周士燮妻李氏。高要人。夫亡守節。乾隆年間旌。同邑陳上材妻鄧氏、黄志尚妻李氏、鍾漢章妻劉氏、慕容琦妻劉氏、蘇奏士妻梁氏、冼秀林妻黄氏、周朝奭妻張氏、陳蘭清妻謝氏、謝瑆妻陳氏、梁京輔妻黄氏、羅贊公妻陳氏、羅吉華妻梁氏、吴鼎千妻梁氏、吴希虞妻陳氏、黎耀芳妻黄氏、李宜潘妻譚氏、伍應基妻黄氏、黄拔賢妻何氏、陳德昌妻邱氏、陳鹿鳴妻陸氏、陳丕展妻周氏、梁振雄妻何氏、吴永懋妻王氏、李肇邦妻陳氏、謝能也妻植氏、梁廷錫妻宋氏、廖文洪妻蘇氏、葉際傅妻陸氏、夏鏞妻李氏、彭楷妻陳氏、倫達參妻秦氏、梁永材妻陳氏，貞女林斐聖聘妻黄氏、杜秋貴聘妻吴氏、朱聖德聘妻黄氏、陳尚寬聘妻何氏、武應陞聘妻余氏，均乾隆年間旌。

李蒽妻蔡氏。四會人。夫亡守節。乾隆三年旌。同邑李湛妻劉氏、龔瑾妻李氏、李璣妻劉氏、陳成科妻周氏、彭廷瑞妻林氏、林端妻梁氏、温振標妻黄氏、李邦彦妻簡氏，均乾隆年間旌。

歐大猷妻馮氏。新興人。夫亡守節。乾隆二年旌。子廷賓妻梁氏，同邑歐枘妻黎氏、子日烜妻葉氏，陳朝章妻劉氏，余剛妻陳氏，秦瓏妻彭氏，陳達敬妻劉氏，貞女葉崧聘妻梁氏，均乾隆年間旌。

嚴連妻容氏。陽春人。夫亡守節。同邑貞女黄中和聘妻謝氏，均乾隆年間旌。

謝槩妻李氏。陽春人。歸謝二年，爲賊所掠，李引刀自刎未殊，賊奪其刀，李嚼舌以血唾之，遂遇害。

阮有才妻關氏。陽江人。夫亡守節。乾隆八年旌。同邑吴逢沛妻戴氏、黄之求妻蘇氏，貞女曾士英聘妻黄氏、張天德聘妻陳氏，均乾隆年間旌。

譚氏女。陽江人。許字林氏子，未笄，聞夫夭，絶粒數日，父母欲爲別字，矢志不可，乃歸林。事舅姑甚恪。舅姑父母既殁，家貧歲饑，依舅氏家，零丁孤苦，貞操彌厲，食力自守，年三十七卒。同邑陳氏二女，一名阿丑，庠生宗大女，一名阿帶，其從妹也，賊劫其村，兩女被掠舟中，義不受辱，夜潛解行纏，聯臂投水死。

楊其能妻嚴氏。高明人。夫亡守節。乾隆二年旌。同邑歐超宗妻譚氏，劉孟明妻羅氏，李景梅妻葉氏，謝維康妻劉氏，謝纘及妻白氏，謝勳博妻鄧氏，潘存珍妻羅氏，區瓊容妻劉氏，林憲君妻關氏，王思勵妻關氏，劉照妻羅氏，劉宗連妻楊氏，羅元度妻劉氏，楊述聖妻崔氏，楊若丕妻夏氏，劉公煥妻楊氏，羅振虔妻麥氏，羅維常妻劉氏、子婦麥氏，區震虔妻杜氏，杜判然妻謝氏，羅廣基妻曾氏，貞女梁首祚聘妻利氏、謝世福聘妻温氏，均乾隆年間旌。

蔡昌麗妻薛氏。恩平人。夫亡守節。乾隆二年旌。同邑黄緒昌妻蘇氏、吴榮褒妻馮氏、夏亞朱妻陳氏，貞女鄭廷進聘妻吴氏、吴宗福聘妻張氏、鄭亞强聘妻梁氏，均乾隆年間旌。

陳華宗妻王氏。廣寧人。夫亡守節。乾隆八年旌。同邑林泮妻周氏、蔡璿妻吴氏、李肇福妻馮氏，烈婦趙奉長妻錢氏，均乾隆年間旌。

方克懷妻何氏。開平人。夫亡守節。乾隆九年旌。同邑戚士賢妻陳氏、張士旭妻譚氏、張文達妻伍氏、羅紫妻陳氏、馮際可妻李氏、楊奕嘉妻吴氏、戚士貽妻梁氏、楊植魁妻梁氏、陳美德妻張氏、梁樂昭妻馮氏、張煥文妻何氏、吴德亮妻周氏、張公佑妻陳氏、李明周妻謝氏、李朝學妻張氏、譚大鵬妻張氏、張雲好妻吴氏、譚蓮金妻甄氏、何顯爀妻李氏、張榮椅妻謝氏、何顯汝妻羅氏、李信圭妻張氏、張貞籲妻許氏、司徒熙碩妻佘氏、許禮文妻甄氏、張洪裔妻佘氏、何清甸妻梁氏、何清源妻周氏、張翮翔妻鄺氏、何壯爲妻關氏，烈婦雷阿長妻張氏、戚欽源妻梁氏、司徒信泰妻關氏、簡巙殿妻佘氏、胡永發妻陳氏，貞女許雲龍聘妻吴氏、司徒見好聘妻關氏，均乾隆年間旌。

黎烈瑨妻張氏。鶴山人。夫亡守節。乾隆十年旌。同邑陳國芝妻馮氏，貞女何登先聘妻方氏、羅聖用聘妻麥氏，均乾隆年間旌。

何奐妻李氏。德慶人。夫亡守節。乾隆九年旌。同州吴化江妻温氏、温奕緝妻梁氏、徐濬妻梁氏、李聖紹妻謝氏、李應桂妻郭氏、謝璣妻何氏、李廷詡妻王氏、徐中矩妻李氏、王翼妻周氏、謝偉纘妻梁氏、李曜妻劉氏、李梗妻梁氏、譚傑妻何氏、梁焰妻張氏、梁宗熙妻李氏、謝世昂妻温氏、梁奮棟妻麥氏、温奕梓妻孔氏、温烈妻戴氏、馮勝魁妻聶氏、莫秀成妻黎氏，貞女李爲綜聘妻梁氏、李瀞聘妻黄氏、李士煊聘妻莫氏，均乾隆年間旌。

林油然妻黄氏。封川人。夫亡守節。乾隆九年旌。同邑植維翰妻黎氏、陳聖佑妻吕氏、孔傳純妻蘇氏、麥彩珍妻袁氏，均乾隆年間旌。

李振奇妻程氏。高要人。夫亡守節。嘉慶五年旌。同邑葉德裕妻劉氏、龔沛霖妻胡氏、俞鳴鳳妻鄭氏，貞女李顯明聘妻何氏、陳應聯聘妻何氏，烈女譚金杏，均嘉慶年間旌。

羅昌妻黄氏。四會人。夫亡守節。嘉慶二十四年旌。同邑鍾宏勝妻余氏、劉某妻梁氏，均嘉慶年間旌。

賴達妻温氏。新興人。守正捐軀。嘉慶三年旌。

柯光浩妻梁氏。陽春人。夫亡守節。嘉慶二十四年旌。同邑烈婦周奇妻陳氏、何振廣妻嚴氏，均嘉慶年間旌。

阮載寬妻梁氏。陽江人。夫亡守節。嘉慶元年旌。同邑沙錞妻楊氏、麥世鈺妻李氏、王之沆妻沙氏、翟上揆妻馮氏、陳健妻王氏、杜桂標妻林氏、杜桂材妻曾氏、方克㮙妻陳氏、方世興妻鄧氏、阮擇邦妻張氏、許成妻林氏、曹日昭妻梁氏、朱卓南妻曾氏、李以義妻朱氏、李爾珝妻曾氏、陳瑜妻姚氏、陳玳妻姚氏、利裔璣妻鄭氏、謝廷武妻張氏、周成妻林氏、許洪妻張氏、駱朝宣妻關氏、譚祖堯妻蘇氏、羅成琳妻陳氏、莫愈燦妻謝氏、莫愈瑛妻李氏、蔡元芳妻譚氏、李宗源妻劉氏、謝沅妻梁氏，烈婦張益明妻曾氏、吴某妻朱氏，貞女梁秉忠聘妻馮氏、曾湛賢聘妻陳氏、趙銑聘妻許氏、黄喬光聘妻徐氏、周啓運聘妻盧氏、陳鵬聘妻王氏，孝女方觀姐，均嘉慶年間旌。

楊朝模妻莫氏。高明人。夫亡守節。嘉慶四年旌。同邑區蕃衍妻譚氏、杜壯遐妻梁氏、區聘妻黎氏，貞女陳振基聘妻李氏、楊賓門聘妻陸氏，均嘉慶年間旌。

陳維才妻鄒氏。恩平人。守正捐軀。嘉慶八年旌。

吴毓昌妻司徒氏。開平人。夫亡守節。嘉慶十六年旌。同邑梁龍發妻佘氏、伍維念妻譚氏、勞允溥妻司徒氏，烈婦梁巨源妻佘氏及女亞蘭，均嘉慶年間旌。

宋明儔妻胡氏。鶴山人。夫亡守節。同邑王韓泰妻譚氏，夫亡殉節。均嘉慶十一年旌。

温廷熊妻劉氏。德慶人。夫亡守節。嘉慶十五年旌。同州馮自佳妻莫氏、李華文妻梁氏、劉顯泉妻梁氏，均嘉慶年間旌。

石顯瑜妻錢氏。開建人。夫亡守節。嘉慶十一年旌。

仙釋

唐

希遷。高要陳氏子。造曹溪得度，見清源得法。嘗注參同契。天寶初，至衡山南寺，寺東有石，狀如臺，乃結庵其上，時號石頭和尚。德宗賜謚無際大師。

土産

金。元和志：四會縣金岡山出金沙。唐書地理志：康州、新州、恩州、勤州皆貢金。

銀。元和志：端州、康州、封州貢銀。唐書地理志：新州、春州、勤州、恩州皆貢銀。明統志：四會、高要二縣出銀。府志：出陽江縣南津銀坑山，礦脈甚微。又高明銀礦山，即鉛礦也。明萬曆中皆嘗開採，尋罷。

銅。唐書地理志：銅陵縣有銅。

鐵。明統志：高要、陽江二縣出鐵。府志：陽江梅峒山、陽春鐵坑山及東南芙蓉都諸山，皆出鐵。

鉛。唐書地理志：陽春有鉛。明統志：德慶州及瀧水縣出錫。

布。元和志：端州、康州、封州皆貢蕉布、麻布。唐書地理志：新州貢蕉布。寰宇記：新州產紵布。明統志：高要縣出苧布、蕉布。府志：葛布出陽春者佳。

鹽。漢書地理志：高要有鹽官。府志：陽江縣有鹽場。

茶。寰宇記：封州產春紫筍、夏紫筍茶。

硯。寰宇記：端州出硯石。蘇易簡硯譜：端溪有斧柯、茶園、將軍池。同是一溪，惟斧柯出者，大不過三四指，最津潤難得。茶園次之，將軍又次之。葉樾端溪硯譜：肇慶府東三十三里有斧柯山，峻峙壁立，下際潮水，自江湄登山，行三四里，即爲硯嵓。先至者曰下嵓，中有泉，雖大旱不涸。又上曰中嵓，又上曰上嵓，自上嵓轉山之背，曰龍嵓，自山之下分路稍東，至半邊山諸崀，西南松溪而上曰蚌坑。石以下崀爲上，中崀、龍崀、半邊山諸崀次之，上崀又次之，蚌坑最下。

磁石。明統志：陽江縣磁石山出。

乾漆。明統志：高要縣出。府志：新興、陽春、德慶皆有，號爲廣漆。

香木。寰宇記：新州山多香木，謂之蜜香，辟惡氣，殺鬼精。明統志：高要出楓香。

鮫革。唐書地理志：封州貢。

黄魚。元和志：端州貢。

魚苗。府志：海中巨魚多散入諸港内生子，自封州以至高明五六百里，民多散魚埠以取之，養成小魚，販賣内地。

堊土。府志：出高要官棠山，瑩白如粉。又有硃土，出高明縣，純赤者塑畫用之。

草席。府志：出高要白土村。又一種龍鬚草席甚精，草出廣寧、懷集、龍川諸縣，織於高要金渡村者佳。

柑。唐書地理志：端州貢。

藥。元和志：端州貢乳香。唐書地理志：封州、春州、勤州皆貢石斛。春州貢鍾乳。寰宇記：封州貢牛黄。

校勘記

〔一〕春州東南至恩州九十三里　「恩州」，原作「思州」，據乾隆志卷三四六肇慶府古蹟（下同卷簡稱乾隆志）及舊唐書卷四一地理志改。

〔二〕路通恩平𨛦底及陽春東山　「𨛦底」，原作「鄉底」，乾隆志作「𨛦底」，今廣東恩平市下尚有朗底鎮，則乾隆志爲是，因據改。

〔三〕南路圖嶺甕洞裏龍徑等處　「裏龍徑」，乾隆志同，疑「裏」下脱「峒」字，裏峒、龍徑二處，於輿圖亦相近。

〔四〕獵逕營　「獵」，原作「蠟」，據乾隆志及讀史方輿紀要卷一〇一廣東二、道光恩平縣志卷一一兵防改。

〔五〕村南有三徑曰九曲曰蠟徑曰蠶娥　「蠟」，乾隆志作「獵」，疑是。「娥」，乾隆志作「蛾」。

〔六〕又潭霜營　「潭霜」，原倒作「霜潭」，據讀史方輿紀要卷一〇一廣東二乙。按，本志肇慶府山川開建縣有潭霜山，又有潭霜水，此營名所由來。

〔七〕與白鴿寨會哨　「鴿」，原作「鵠」，據乾隆志及讀史方輿紀要卷一〇一廣東二引海防考改。

〔八〕以海朗寨官兵分守汛海　「汛海」，原作「信海」，乾隆志同，據讀史方輿紀要卷一〇一廣東二改。下文「汛海」原亦作「信海」，並同據改。蓋信、汛音近而誤也。

〔九〕西至馬牯石止　「牯」，乾隆志同，讀史方輿紀要卷一〇一廣東二作「㹀」。

〔一〇〕其徑東通白麻徑懷寧苔村　「懷寧」下原衍「縣」字，據乾隆志及讀史方輿紀要卷一〇一廣東二删。按，當地並無懷寧縣之設置，懷寧、苔村皆猺寨也。

〔一一〕知府曾廷直建　「曾廷直」，乾隆志及雍正廣東通志卷五四壇祠志均作「曾直」，無「廷」字。按，廣東通志卷四一名宦有曾直小傳，道光肇慶府志卷一二職官表正德朝知府有曾直。其人字叔温，吉水人，弘治進士，正德十六年知肇慶府。本志添「廷」字，未知所據，或其别名，待考。

〔一二〕寧國寺　「寧」，原作「安」，據乾隆志及雍正廣東通志卷五四壇祠志改。按，本志避清宣宗諱改字。

〔一三〕伯虎從都督章昭達討平之　「章」，原作「長」，據乾隆志及雍正廣東通志卷四一名宦改。

〔一四〕廬陵人　「廬」，原作「盧」，據乾隆志及宋史卷三七四胡銓傳改。

〔一五〕一爲伯成兄子朝璉妻梁氏　「璉」，原作「連」，據乾隆志及雍正廣東通志卷四九列女志改。按，本志避乾隆太子永璉諱改字。

〔一六〕其姒曹氏亦以駡賊不屈死於亂刃下　「下」，原作「一」，據乾隆志改，蓋涉下句「一」字而誤。

高州府圖

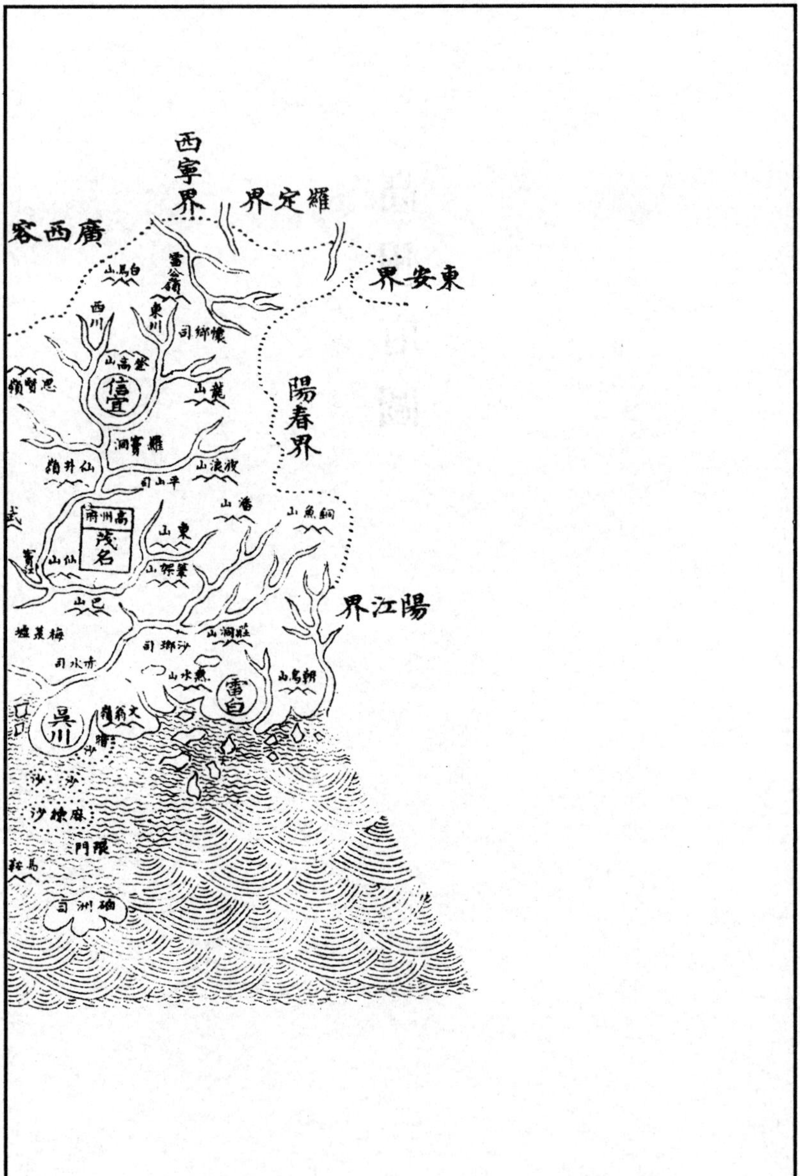
西寧界
羅定界
廣西容
東安界
陽春界
陽江界
高州府
茂名
信宜
電白
吳川

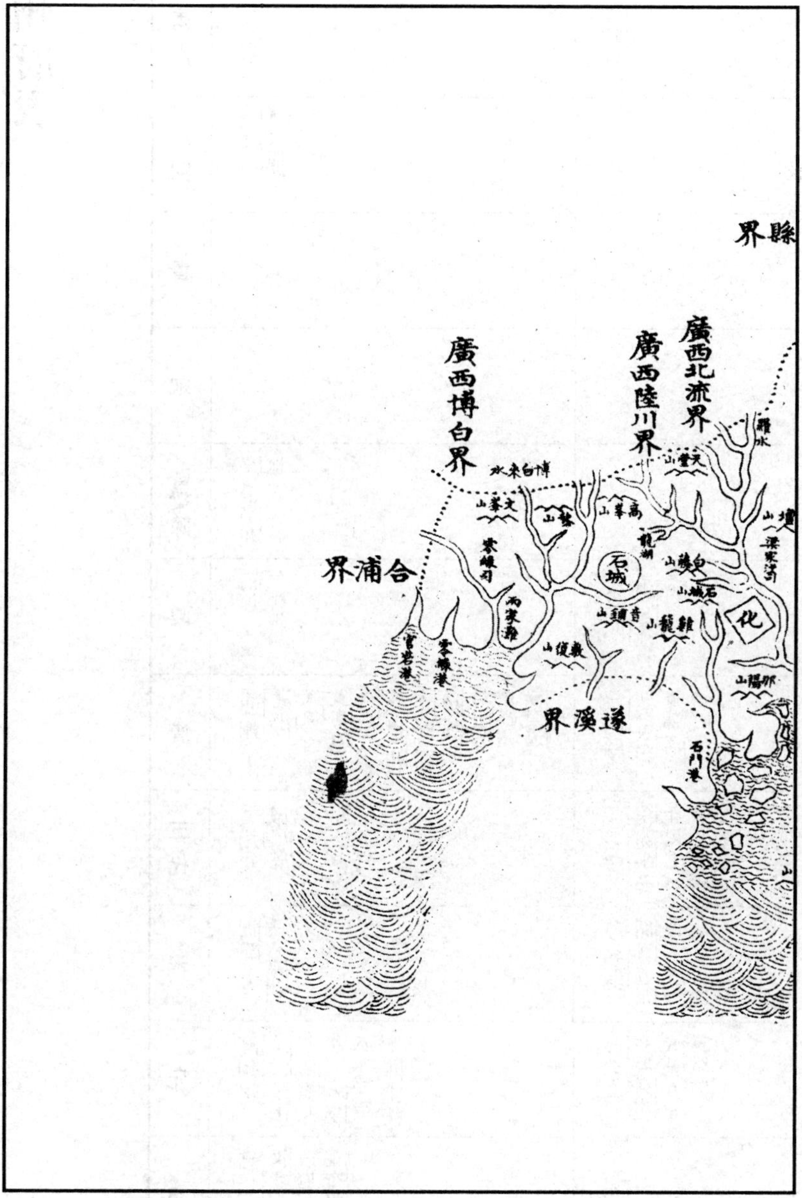
縣界
廣西北流界
廣西陸川界
廣西博白界
博白來水
合浦界
石城
遂溪界
化

高州府表

	高州府	茂名縣
兩漢	合浦郡地。	高涼縣地。
三國	吴高涼、高興二郡地。	
晉		
宋		
齊梁陳	梁爲高州地。	
隋	高涼、永熙二郡地。	茂名縣 屬高涼郡。
唐	潘州 南潘郡 武德四年置南宕州。貞觀八年改潘州。天寶初改南潘郡。乾元元年復爲州，屬嶺南道。	茂名縣 初屬高州，後爲潘州治。
五代	潘州 屬南漢。	茂名縣 梁開平元年改名越裳。南漢乾亨七年復故。
宋	開寶五年省入高州。	茂名縣 開寶五年改屬高州。
元	高州路 至元十七年改高州路。大德八年移治，屬海北海南道。	茂名縣 初屬高州。大德八年爲路治。
明	高州府 洪武元年改府，屬廣東布政司。	茂名縣 府治。

	梁置南巴郡。	
	初廢郡爲縣。大業初省入連江縣。	
潘水縣 武德五年分茂名置。貞觀二十三年析潘水置毛山縣，後省潘水入毛山。開元二年又改毛山曰潘水，屬潘州。	南巴縣 武德五年復置，屬高州。永徽初屬潘州。	高州高涼郡 大曆十一年移州來治，屬嶺南道。
潘水縣	南巴縣	高州 屬南漢。
開寶五年省入茂名。	開寶五年省入茂名。	高州高涼郡 屬廣南西路。
		大德八年徙治茂名縣。

續表

續表

	電白縣
	高涼縣地。
	海昌郡 元嘉十六年置，治寧化縣。
電白郡 梁置。 陳置務德縣，後改名良德。	連江縣 梁置，兼置連江郡。 海昌郡
電白縣 廢郡爲縣，屬高涼郡。 良德縣 屬永熙郡。	連江縣 初廢郡，屬高涼郡。 開皇十年郡縣俱省入電白縣。
電白縣 初屬高州，後爲州治。 良德縣 初屬高州。貞觀二十三年移州來治。大曆十一年州徙，仍屬。	保寧縣 初屬高州。開元五年更名保安。至德二載又改名。
電白縣 良德縣	保寧縣
電白縣 開寶五年省入電白。	開寶五年省入電白。
電白縣 屬高州路。	
成化四年移治神電衛。	電白縣 成化四年移置，仍屬高州府。

信宜縣

端谿縣地。			
		梁置梁德郡梁德縣。	
		懷德縣 開皇初郡廢。十八年更名，屬永熙郡。	
竇州 懷德郡 武德四年置南扶州。貞觀八年更名竇州。天寶元年改懷德郡。乾元元年復曰竇州，屬嶺南道。	信義縣 武德四年析置，州治。	懷德縣 武德四年爲南扶州治，後屬竇州。	潭峩縣 武德四年置，屬竇州。
竇州 屬南漢。	信義縣	懷德縣	潭峩縣
熙寧四年廢。	信宜縣 太平興國初改名。熙寧四年改屬高州。	開寶中省入信義縣。	開寶中省入信義縣。
	信宜縣 屬高州路。		
	信宜縣 屬高州府。		

續表

	化州		
	高涼縣地。		
	高涼郡地。		
			羅州縣 元嘉初置，屬高涼郡。
	高興郡 齊置。梁又置羅州及石龍郡。	梁置石龍縣，爲州郡治。	羅州縣 齊屬高涼郡。梁廢。
	初廢郡。大業初廢州。	石龍縣 屬高涼郡。	
特亮縣 武德四年置，屬竇州。	辯州陵水郡 武德五年復置羅州，六年改南石州。貞觀九年更名辯州。天寶元年改陵水郡。乾元元年復爲辯州，屬嶺南道。天祐元年更名勳州。	石龍縣 州治。	
特亮縣	辯州 南漢復名。	石龍縣 州治。	
開寶中省入信義縣。	化州陵水郡 太平興國五年更名，屬廣南西路。	石龍縣	
	化州路 至元十五年改路，屬海北海南道。	石龍縣	
	化州 洪武初改府，旋降州。九年降縣。十四年復爲州，屬高州府。	洪武八年省入化州。	

續表

	吳川縣	石城縣
	高涼縣地。	合浦縣地。
		羅州縣地。
		梁、陳時石龍縣地。
	吳川縣 屬高涼郡。	
陵羅縣 武德五年置，又置慈廉、羅肥二縣，俱屬羅州。貞觀元年省二縣，屬辯州。	吳川縣 屬羅州。	羅州招義郡 武德六年移州來治。天寶元年改招義郡。乾元元年復爲羅州，屬嶺南道。
陵羅縣	吳川縣	羅州 屬南漢。
太平興國五年廢。	吳川縣 屬化州。祥興中又分置翔龍縣。	開寶五年廢。
	吳川縣 省翔龍縣入，屬化州路。	
	吳川縣 洪武八年改屬高州府。	

續表

廉江縣 武德五年置石城縣，六年爲羅州治。天寶元年更名。	幹水縣 武德五年置招義縣，屬羅州。天寶元年更名。	零緑縣 武德五年置，屬羅州。
廉江縣	幹水縣	零緑縣 屬常樂州。
石城縣 開寶五年廢入吴川縣。乾道三年復置，仍名石城，屬化州。	太平興國五年廢入吴川。	太平興國五年廢入吴川。
石城縣		
石城縣 洪武八年改屬高州府。		

大清一統志卷四百四十九

高州府

在廣東省治西南一千十里。東西距五百十里，南北距三百十五里。東至肇慶府陽江縣界一百九十里，西至廉州府合浦縣界三百二十里，南至限門海一百十五里，北至廣西梧州府容縣界二百里。東南至陽江縣界一百九十里，東北至羅定州界一百二十里，西南至雷州府遂溪縣界二百里，西北至廣西鬱林州博白縣界二百二十里。自府治至京師八千六百四十七里。

分野

天文牛、女分野，星紀之次。

建置沿革

禹貢揚州南境。秦爲南海郡地。漢爲合浦郡高涼縣地。三國、晉、宋爲高涼、高興二郡地。梁爲高州地，又分置電白郡。隋平陳，郡廢，爲高涼、永熙二郡地。時茂名、電白二縣屬高涼郡，良德縣屬永熙郡。唐初屬高州。武德四年，置南宕州。貞觀八年，改潘州。治茂名。二十二年，又徙置高州。始自高涼移治良德。天寶初，改高州曰高涼郡，潘州曰南潘郡。乾元初，復曰高州、潘州，皆屬嶺南道。五代屬南漢。宋開寶五年，省潘州入高州，仍曰高涼郡，屬廣南西路。景德元年州廢，屬竇州，三年復置。元至元十五年，置高州路安撫司，十七年改總管府，屬湖廣行中書省。大德八年，屬海北海南道。明洪武元年，改高州府，屬廣東布政使司。

本朝因之，屬廣東省，領州一、縣五。

茂名縣。附郭。東西距一百十五里，南北距一百七十里。東至電白縣界五十里，西至化州界六十五里，南至吳川縣界一百里，北至信宜縣界七十里。東南至電白縣界一百二十里，東北至肇慶府陽春縣界二百五十里，西南至化州界五十里，西北至廣西鬱林州北流縣界一百五十里。漢合浦郡高涼縣地。隋置茂名縣，屬高涼郡。唐初屬高州。貞觀元年，改屬南宕州，八年，屬潘州。五代梁開平元年，改縣曰越裳。南漢乾亨七年復故。宋開寶五年州廢，以縣屬高州。景德元年，屬竇州，三年，還屬高州。元初屬高州路。大德八年，徙高州路來治。明爲高州府治。本朝因之。

電白縣。在府東南一百六十里。東西距一百四十里，南北距二百三十六里。東至肇慶府陽江縣界三十里，西至茂名縣界一百十里，南至海岸六里，北至茂名縣、肇慶府陽春縣夾界二百三十里。東南至陽江縣界三十里，東北至陽春縣界二百四十里，西南至吳川縣界一百十里，西北至茂名縣界一百里。漢合浦郡高涼縣地。梁置連江縣及連江郡。隋平陳，郡廢，以縣屬高涼郡。唐屬高州。開元五年，改曰保安。至德二載，又改曰保寧。宋開寶五年，省入電白。明成化四年，移置電白縣，屬高州府。本朝因之。

信宜縣。在府東北八十里。東西距一百五里，南北距一百七十里。東至茂名縣界二十里，西至廣西梧州府容縣界八十五里，南至茂名縣界五十里，北至容縣界一百二十里。東南至茂名縣界三里，東北至羅定州西寧縣界一百里，西南至茂名縣界二里，西北至廣西鬱林州北流縣界一百里。漢蒼梧郡端谿縣地。梁分置梁德縣，兼置梁德郡。隋平陳，郡廢。開皇十八年，改縣曰懷德，屬永熙郡。唐武德四年，析懷德置信義縣，兼置南扶州。貞觀元年州廢，屬瀧州，二年復置，五年又廢，屬瀧州，八年復置，改曰竇州。天寶初曰懷德郡。乾元初復曰竇州，屬嶺南道。五代屬南漢。宋開寶中省懷德入信義。太平興國初，改信義曰信宜，仍爲竇州治。熙寧四年州廢，以縣屬高州。元屬高州路。明屬高州府。本朝因之。

化州。在府西南九十里。東西距二百五里，南北距二百里。東至茂名縣界二十五里，西至石城縣界八十里，南至吴川縣界四十里，北至廣西鬱林州北流縣界一百六十里。東南至吴川縣界六十里，西南至吴川縣界六十里，東北至茂名縣界四十里，西北至鬱林州陸川縣界一百六十里。漢合浦郡高凉縣地。晉爲高凉郡地。劉宋分置羅州縣，屬高凉郡。蕭齊復立高興郡。梁置羅州及石龍郡，又分置石龍縣爲州郡治。隋平陳，郡廢。大業初州廢，以石龍縣屬高凉郡。唐武德五年，復以石龍縣置羅州，六年改南石州。貞觀九年，改曰辯州。天寶初曰陵水郡。乾元初，復曰辯州，屬嶺南道。天祐元年改曰勳州。五代屬南漢，仍曰辯州。宋太平興國五年，改曰化州陵水郡，屬廣南西路。元至元十五年，立化州路安撫司，十七年改總管府，屬海北海南道。明洪武三年，改置化州府，八年降爲州，省石龍縣入焉，九年又降爲化縣，十四年復曰化州，屬高州府。本朝因之。

吴川縣。在府南一百二十里。東西距六十五里，南北距五十里。東至海岸五里，西至化州界六十里，南至限門海二十五里，北至茂名縣界二十五里。東南至海岸七里，東北至茂名縣界二十里，西南至雷州府遂溪縣界八十里，西北至化州界五十里。漢高凉縣地。隋置吴川縣，屬高凉郡。唐屬羅州。宋、元屬化州。明洪武八年，改屬高州府。本朝因之。

石城縣。在府西南一百九十里。東西距一百六十里，南北距一百五十里。東至化州界三十里，西至廉州府合浦縣界一百三十里，南至雷州府遂溪縣界三十里，北至廣西鬱林州博白縣界一百二十里。東南至吴川縣界六十里，東北至鬱林州陸川縣界一百二十里，西南至遂溪縣界七十里，西北至博白縣界一百五十里。漢合浦郡合浦縣地。劉宋爲高凉郡羅州縣地。梁爲石龍縣地。唐武德五年，析置石城縣，屬羅州，六年，移羅州來治。天寶元年，改縣曰廉江，又改州曰招義郡。乾元元年，復曰羅州，屬嶺南道。五代屬南漢。宋開寶五年，州縣俱廢入吳川。乾道三年，復析吳川置石城縣，屬化州。元因之。明洪武八年，改屬高州府。本朝因之。

形勢

土厚山環，高而稍涼，故以名郡。寰宇記。銅魚三山揖其前，寶峯絶頂拱其後。宋劉棠州學記。郡據叢山中，去海百里。輿地紀勝。

風俗

民尚簡儉，易於取足，絶無醫藥，遇疾，惟祭鬼以祈福。圖經。四時之候，多燠少寒，春多遇雨差凍，頃刻日出，復如四五月天氣，然亦無甚瘴癘。輿地紀勝。穀熟時，里閈同取戊日爲臘，聚會作歌，悉以高欄爲居，號曰干欄，三日一市。寰宇記。

城池

高州府城。周六百七十一丈，門五，東、南、北池，周五百四十丈，西以江爲塹。明洪武中建。本朝康熙十七年修，乾隆八年、嘉慶十六年重修。茂名縣附郭。

電白縣城。周一千八十四丈，門四，池周一千一百五十四丈。原爲神電衛城，明永樂中建，成化四年改爲縣城。本朝順治九年修，乾隆三年重修。

信宜縣城。周五百二十五丈，門四，東、西、南三面環竇江，無池。明正統五年建。本朝順治十三年拓建，嘉慶十八年修。

化州城。周五百六十三丈，門二，西近山麓，北臨大江，東、南池長二百二十丈。明正統中建。本朝雍正八年修，乾隆二年、十二年重修。

吴川縣城。周五百八十丈，門四，池周六百八十丈。明洪武中土築，永樂元年甃甎。本朝乾隆三年修，五十三年重修。

石城縣城。周五百三十七丈，門三，北倚山，東、西、南池長三百九十五丈。明洪武中土築，正統五年甃甎。本朝順治十三年修。

學校

高州府學。在府城東隅。明洪武二年建。本朝順治十五年重建，康熙六年修，雍正七年、乾隆三年、嘉慶二十四年重修。入學額數二十三名。

茂名縣學。在城内西北。明洪武十四年建，尋遷城外東山，正德五年復建舊所。本朝康熙二十二年修，五十一年、雍正八年、乾隆四年、二十一年、嘉慶二十三年重修。入學額數十五名。

電白縣學。在縣治東南。明成化四年建。本朝順治十七年修，康熙二十七年、五十二年，雍正三年重修。入學額數十二名。

信宜縣學。在縣治東。元至正中建。明嘉靖間，遷於縣左。本朝康熙五年復建舊所，二十八年修，雍正三年、乾隆四年重修。入學額數十名。

化州學。在州城南門外。宋嘉定二年建。元、明以來屢遷。本朝乾隆十三年建復今所。入學額數十二名。

吴川縣學。在縣治東。元至正中建。本朝康熙二十三年修，雍正五年即分司署址改建，乾隆四年、五十一年重修。入學額數十二名。

石城縣學。在縣治左。元天曆間建。明成化、嘉靖、萬曆間屢遷。本朝康熙十三年復建今所，二十五年修，乾隆四年、二十二年重修。入學額數八名。

高文書院。在府城東。嘉慶六年建。

敷文書院。在府治西。舊爲筆山書院，明隆慶中建。本朝雍正八年改建，易今名。

羅江書院。在化州城内訓導署右。舊爲義學，乾隆八年拓建，易今名。

正誼書院。在吴川縣舊學左。明萬曆中建。本朝康熙三十年重建。

松明書院。在石城縣治東隅。宋蘇軾謫儋州經此，有詠松明火詩〔一〕，後人即其地建書院，尋廢。本朝康熙五十年重建。

起鳳義學。在信宜縣城内。康熙五十一年建。按：舊志載茂山書院，在府城西，晉高涼太守楊芳著書處。翔龍書院，在吴川縣磠洲，宋景炎中建。今並廢，謹附記。

户口

原額人丁四萬七千二十三，今滋生男婦大小共二百三十三萬五千五百一十六名口，又屯民男婦共一萬五千五百六十二名口。

田賦

田地山塘共一萬九千一百五十一頃四十八畝一分有奇，額徵地丁正、雜銀六萬四千九百九十七兩九錢七分六釐，遇閏加徵銀一千七百九十二兩七錢七釐，米二萬三千三百七十六石一斗六升一合六勺。屯田共一百頃八十二畝四分有奇，額徵屯米一千五百五石二升四合一勺。

山川

東山。在茂名縣東一里。一名潘山，峯巒高聳，環抱郡治，爲郡主山。輿地紀勝：山前有潘仙坡，爲道士潘茂名煉丹處。

石龜山。在茂名縣東十里。麓有小石，形如龜首。又化州西南二十里亦有石龜山，上有巨石龜形，扣之聲響若鐘。

潘山。在茂名縣東三十里。寰宇記：昔潘茂名於此昇仙，因以名山。通志縣東三十里有雲罏山，即此。

銅魚山。在茂名縣東四十里。下有石井。輿地紀勝：與郡治相對，賴仙翁高涼風土歌云「一條丁水銅魚寨」〔三〕，即此。

謝賴山。在茂名縣東四十里。高百餘丈。一名射賴岡。

龍湫山。在茂名縣東。輿地紀勝：在郡東二十里，下有石穴，泉源四時不竭，禱雨立至，因立廟焉。通志謂之靈湫山，在縣東五十里，大小二巖聯峙，有石室可容數百人，曲折窈冥，最爲奇勝。

筆架山。在茂名縣東南十里，三峯高聳。按：府志明知府孔鏞創潘仙亭於筆架山椒，其亭遺跡至今尚存。

射牛山。在茂名縣東南二十里。高聳而秀，俗呼石牛山。上有二潭，有水流爲東河。

百禄山。在茂名縣南十五里。稍南又有古禄山。

巴山。在茂名縣南。寰宇記：南巴縣取縣東南巴山爲名。又毛山，在舊潘水縣東二十里，相傳毛女隱此。按：南巴、潘水二廢縣皆在縣南，二山應在縣南界。

仙山。在茂名縣西南，隔水。寰宇記：亦潘茂名煉丹處，上有昇仙觀。通志：名昇真山，在縣西半里，有觀在其巔，一名觀山，山頂有二井，曰金井、玉井，前有石脊穿城出江干，突露石角，水常旋渦。

鼇山。在茂名縣西南三十五里。以形似名，俗呼王商嶺。其右又有那石山，高八十餘丈，横鎮水口。

武壇山。在茂名縣西，高百步。輿地紀勝：其山圓淨如將壇。

寶山。在茂名縣北四十五里。形如圓珠，故名。輿地紀勝：山巔有登高亭，下有送龍岡。

淋水山。在茂名縣北五十里，山最高聳，接信宜縣界。

監山。在茂名縣東北。輿地紀勝：在寶山之北，舊有銀坑。通志謂之監山，在縣東北四十里，下有澄溪如鏡，曰鑑水。

射狼山。在茂名縣東北。寰宇記：在良德縣界，去州十里，昔有人射白狼於此。新志：在縣東北四十里。

高涼山。在茂名縣東北。寰宇記：在良德縣界，去州十里。輿地紀勝：在郡東四十里，羣山森然，盛夏如秋。新志：在縣東北五十里。

廟岡山。在茂名縣東北。輿地紀勝：山在郡東六十步。

大應山。在茂名縣東北五十餘里，接信宜縣界。輿地紀勝：有千歲山，在電白縣北四十里，或曰即大應山。

要龍山。在茂名縣東北。輿地紀勝：在電白縣東六十里，相近有雙甑山。舊志有大帽山，在縣東北八十里，連延數十里，猺人散處其中，疑即要龍山。

波浪山。在茂名縣東北。寰宇記：在良德縣界，去州七十里，岡壠如波浪，相傳海沫漂成。通志有白水山，在縣東北八十里，山上飛泉直瀉，中有白石鮮明，一名白水嶺，疑即波浪山。

朝烏山。府志：在電白縣東十里，爲邑左輔。

青峙山。在電白縣東南二十餘里，曰小青峙山。又東南十里有大青峙山，皆挺峙海中，爲縣捍衛。

蓮頭山。在電白縣南十里。有崔嵬，豐平二峯，並峙海濱，爲縣案山。下有沙磧，自東而西，控扼海門。

汾洲山。在電白縣西南二十里海中。又西十里爲放雞山，航海者皆以雞祀焉。

晏鏡山。在電白縣西南九十里，赤水港西。又南五里爲晏鏡嶺，臨海。

響水山。在電白縣西二十里。山有高溜，下流琮琤，故名。又五里爲雙木山。

熱水山。在電白縣西三十里。下有温泉，山氣常暖，其筍常先春而生。又西十里爲龍門山。

樂山。在電白縣西。輿地紀勝：在信宜縣東南二百二十五里。舊志：在縣西六十里，一名安樂山，高百餘丈，雄峙一方。

茶山。在電白縣西北十里。寰宇記：廢保定縣有茶山。

帽滂山。在電白縣西北。寰宇記：在廢良德縣界，北至高州九十三里，當亢陽，山有雲如帽即雨，下有帽滂水。

奇壁山。在電白縣西北十五里。亘二十餘里，上有石如壁，危如削成，一名碧山，又名石壁山，大橋河出焉。

蛟潭山。在電白縣西北三十里。又五里爲金山，四山皆赤，相傳有金。

簕笏山。在電白縣西北四十里。東西亘數十里，爲南北通道，有闢以扼北來諸路之衝，又名千歲山。又北十里爲佛子山，上有石如樓，樓有洞門。

尖山。在電白縣西北六十里。其形尖秀，一名鼻岡，下有泉。

浮山。在電白縣西北。寰宇記：廢潘水縣有浮山，高七百尺，堯時洪水泛溢，此山獨浮，居人得免沉墊。縣志：在縣西北七十里，高百餘丈，周遭二十四面，上有湖，一名湖山。

雙髻山。在電白縣西北八十里。雙峯峭拔，矗立霄漢。

羅浮山。在電白縣西北一百里。爲八府通衢，高百餘丈，白石嶙峋，相傳仙人牧羊所化。

莊峒山。在電白縣北二里。高五十餘丈，蜿蜒十餘里，爲縣主山。

龍潭山。在電白縣北十五里。麓有石竇，湧泉成潭，因名。

望夫山。在電白縣東北七十里，接肇慶府陽江縣界。一名界山。山旁有二峯，翠若雙鬟，名丫髻石。

宜山。在信宜縣東二十里。

龍山。在信宜縣東二十里，延亘數十里，接茂名縣界。山勢險峻，南有石孔，約深五尺許，謂之風窖。北亦有石孔，其深莫測，謂之雨窖，相傳有龍伏於中。

鳳凰山。在信宜縣西南一里。高十餘丈，形如飛鳳，投飲於江。

雲岫山。在信宜縣西五十里。高百餘丈，中峯聳拔，人莫能到。

宋山。在信宜縣西七十里。

大間山。在信宜縣西北二十里。高千丈，間於信宜、茂名二縣之界，故名。中有石室，可坐數人，其左爲皓鸞山。

登高山。在信宜縣北半里。土阜蔚起，爲縣後倚，今名太平山，邑人九日登高於此。又縣東半里有東山，上有樹，木榦竹葉，俗呼「神仙竹」。

龐瀑山。在信宜縣北二十五里。周二十餘里，頂上洪崖陡起，中有石室，可坐數十人，泉從崖下流出，今名東坑。按：輿地紀勝有畫龍山，在縣北。或曰即此。

趙山。在信宜縣北三十里，形勢峻險，元時有猺人趙姓者，依山而居，故名。頂有巨石，其中有窩，水深尺許。

白馬山。在信宜縣北一百里。輿地紀勝：上有石如馬，麗水出其下。舊志：與廣西梧州府北流縣接界。

營屯山。在信宜縣東北五十里。上有兩峯高聳，形如馬鞍，又名馬鞍山。

六豪山。在信宜縣東北六十里，通羅定州界。昔有猺人六家居此，故名。

大帽山。在信宜縣信豐都。府志：高數百丈，其上平坦，中有池，又有大小風門，時時有風從門中出。

石鷹山。在信宜縣信豐都。府志：上有仙人坪，右有巖，中生石花，對河有石峒、龍龕，一孔直透至河。

東勝山。在化州東隔江半里，與州西帽子山相對，兹山尤勝，故名。一名東山。又千秋山，在州東隔江二里，亦名東山。輿地紀勝：東山起於高涼，至本州城外，拱於州治之左。

南山。在化州南。輿地紀勝：南山起於雷陽，至本州城外，拱於州治之右，上有龍母廟，俗又呼爲龍母山。通志：龍母山，在州南一里，脈接龍山，東面際江，舊城基跨其上，下有驪珠臺，在江心，高百尺。又有那陽山，在州南十里，平城江發源處。

帽子山。在化州城南五里。輿地紀勝：其形如帽。

謝獲山。在化州西三十里。舊志：有豸山，在州西四十里，其形如豸，本名謝獲山。州志：州境東至羅江，西南至石門，地皆平衍，惟自豸山至石城之白藤，北抵廣西，皆高山邃谷，叢篠蒙密，易爲姦藪，今設有豸山塘。又謝畔山，在州西五十五里。

石城山。在化州西北五十里。中低，四面高聳如城，爲州險隘。明成化中，胡公威結寨於此。一名古城山。相近有冷水山，路通廣西，山徑險隘，舊設寨守之。

鹿踏山。在化州西北九十里。山勢陡峻，惟東南有徑可登。

石頓山。在化州西北九十三里。州志有石碓山，在州西北一百里，上有石如碓者五六，脈自北流縣來，亘百餘里，連峯疊嶺，樹木茂密，爲猺民往來藏匿之所。下有白牛潭。碓、頓聲近，蓋即一山也。

麗山。在化州北三十里。山色秀麗，爲州鎮山。州志又有扶良山，一名浮粱山，與麗山脈相接，而分爲兩山，脊路如橋梁，浮於天半。

龍王山。在化州北八十里，接古羅州。一名來安山。周六十里，上有天池。山有三十三峯，著名者三，一曰來安，高插雲漢，惟一徑可登，二曰玉盆，三曰響泉。又有煙霞洞，在山之東，巨石成巖，下臨深澗。州志：山脈自廣西來，萬峯插天，左大江，右陵水，夾行至州背，最爲險阻。

射存山。在化州北一百三十里。

銅岡山。在化州東北十里。輿地紀勝：相連有金蓋山。州志：金蓋山在銅岡之西，去州五里。

蓬高山。在吳川縣城内北隅。阜高四丈，儒學依之。

馬鞍山。在吳川縣南八十里海中，突起二峯，其地至爲險要。

飛雪山。在吳川縣南海中，高數十丈。

特呈山。在吳川縣西南六十里，與遂溪平樂嶺相鄰，青秀聳於海中。北有茂暉場。

近信山。在吳川縣西北三十五里。輿地紀勝：舊經云昔有仙棋客遊此。

南巢山。在吳川縣西北四十里，西界化州。昔有鶴巢於山樹，因名。

特思山。在吳川縣西北五十里。輿地紀勝：以峭然特起爲名。通志：其山高百餘丈，雲起則雨，每遇旱，邑人特思而望之，故名。

三台山。在石城縣治後。有三峯，北城跨其上，東連城外白霧嶺，西連城外迴龍嶺，共爲五峯，聯絡如屏，爲縣主山。

白藤山。在石城縣東二十五里。脈自化州謝獲山來，産白藤。又謝鞋山，在縣東南十里，尖翠冠絶。

雞籠山。在石城縣東南五十里東橋水邊，形圓如籠，四面如削，爲東南橋、兩家灘水口。其南有石門，兩崖石壁屹立，盤旋如城，中有一門，潮上可通舟楫。

音鋪山。在石城縣南六里，爲縣案山。又南一里爲峽山。又望恩山，在縣南十里。

敷復山。在石城縣西南。輿地紀勝：在舊零緑縣西南二十五里。相近又有那蘇山。

招義山。在石城縣西。寰宇記：在廢幹水縣西北二里。圖經云昔有譚氏招義於此山聚會以討儋耳，故名。

黎山。在石城縣西北。元和志：在幹水縣北三十里，幹水所出。按：輿地紀勝有麗山，在幹水縣東北二十里，其山自化州界迤邐入幹水縣，山西有水，源自舊陵羅縣南，流經縣界，西入古廉江。黎、麗聲相近，蓋即一山也。

石籬山。在石城縣西北四十里。自博白碧嶺分脈，西、南、北三面皆峻，東面稍平，疊石如籬。

文峯山。在石城縣西北六十里。中峯高聳，兩腋連峙，數峯如鳳，又名文鳳嶺。

深田山。在石城縣西北八十里。連亘一百餘里，古木參天，千峯萬壑，人跡罕到。又西十里爲長臂山，周二十餘里，脈自博白縣來。

謝建山。在石城縣北五里。脈自化州謝獲山來，上有一峯，高出諸山，爲縣治主山。

高峯山。在石城縣北十里，一名石城岡。輿地紀勝：石城岡，在舊廉江場北十里，遠望如石城，因名。

那樓山。在石城縣北三十里江北。周二十餘里，其狀如樓，險而難登。又十里有石屋山，頂有二石，疊峙如屋，可容五六人。

天堂山。在石城縣東北一百二十里。脈自化州畬禾嶺來，接廣西鬱林州陸川縣界。上有水泉不涸。

南宫嶺。在茂名縣南一里。爲縣南水口砥柱。

茂嶺。在茂名縣南。寰宇記：霧嶺岡在縣南五里。輿地紀勝：名茂嶺岡，在縣南六里，草木鬱茂，四時不彫。通志：茂嶺在縣南二里，高四十丈，下臨大湖。

仙井嶺。在茂名縣西北二里，鑑水右，旁有井。府志：世傳潘茂名煉丹仙坡，烟從井出，故名。

虎牢嶺。在電白縣東北。莊峒山迤東十里，中有石洞，如虎圈然，射合水出此。寰宇記有射合岡，在保寧縣界，去高州二百十六里，即此。

思賢嶺。在信宜縣西。輿地紀勝：在縣西九十里。通志謂之歐嶺，在縣西北一百里，元時有歐姓者居此，因名。西川水出此。按：西川水即潭峩江。寰宇記有潭峩山，高出水中。當即思賢嶺之別名。

雷公嶺。在信宜縣東北一百里。其山空洞，雷鳴則澗谷響應，東川出此。又名招義山。

寶嶺。在化州城西南隅。城垣跨山之半。又南關嶺，在城外西南隅，平岡連亘，舊城基跨其上，自移城以舊南門址設南關，西門址設西關，此嶺遂爲州之案山。

馬瀑嶺。在化州西北一百二十里。一名大摭山，有瀑從石罅出。

畬禾嶺。在化州西北一百五十里。平岡坦阜，周十餘里，猺人以此爲畬田種禾，故名。

文翁嶺。在吳川縣東三里。自電白縣浮山分脈而來，峙於海東。稍北爲水辰山。

朱砂嶺。在石城縣東半里。其上有沙，可研以代赭。又崎嶺，在縣西一里，與朱砂嶺對峙。又紅頭嶺，在縣西五里，與崎嶺交拱，爲縣水口。

石龍岡。在化州西南。寰宇記：在州西南三里，上有石，高六尺，周六丈，左邊有文似龍形。府志：今州治左有石微露出地上，謂之龍首，城北復有石潛水中，謂之龍尾。

石榴岡。在石城縣西北。輿地紀勝：在廢幹水縣北四十里。相近又有社父岡，土俗嘗以春秋社會於此，故名。

羅竇洞。在信宜縣南。舊唐書地理志：竇州以羅竇洞爲名。新唐書：貞觀五年，高州總管馮盎入朝，羅竇諸洞獠反，敕盎討平之。通志：在縣南一里，東西川合流處，水中有石筍聳起，形如小舸。明嘉靖中名爲小瀛洲。

丹兜洞。在石城縣北八十里。洞内或寬或狹，曲折難窮，又名仙人洞。

立石。在化州西北一里，江中突起，高二丈餘，夏水漲時，猶露數尺。又横石，在州西北二十餘里，自西度東，横江而過。

海。府南境距海，東自肇慶府陽江縣界，西經電白縣南六里，又西經茂名縣南一百十五里，又西經吴川縣南三十里，接雷州府遂溪縣界，北經石城縣西南一百二十里，接廉州府合浦縣界。寰宇記：海水在保寧縣南十里，接恩州界。通志：吴川縣南三十里有限門，納三川之水於海，水道曲狹，值潮退沙磧淺露，或潮滿風急，舟楫悉不敢往來。明李元暘限門賦序：限門納鑑江、零洞、潭峩之水放於海。門廣盈丈，夾磧對峙，如虎牙錯淺流中，每風濤搏激，雪浪山立，雖瞿塘、灧澦之險不能過。吴川縣志：自芷芓口出海，海際去水面五尺許，兩岸沙磧堅鋭逾鐵，俗呼「鐵板沙」，舟不可觸，去洋三四里，東西横擁一亘，勢若長城，俗呼「長城亘」，亦堅鋭難犯，以此縣無海患。石城縣志有兩家灘海澳，在縣東南三十里，通大海，有官軍防守。

竇江。源出信宜縣，南流經茂名縣西南，支分雙渚，尋復合流，又西南至化州，入羅江。九域志信宜縣有信義水，即此。輿地紀勝：潭峩江，源出信宜思賢嶺下，流經城西南，與高源水會成大江。通志：竇江有東西二源，東川水出信宜雷公嶺，流經中道鎮，至縣城南，與西水合。西川水即潭峩江，源出信宜歐嶺，流經舊潭峩縣，至縣南與東水合。二川合流，是爲竇江。又八十里至府治，與鑑江合。

鑑江。在茂名縣。源出縣東北鑑山，其水澄清如鏡，故名。西流至縣東北一里，曰上宫灣，崖石高峻，淵深莫測，與府治後龍井相通，名爲龍眼。又繞縣北，合竇江。又有下宫灣，在縣西觀山之陽，大江所經也。

羅江。一名陵羅水，自廣西鬱林州北流縣流入化州東界，會竇江，南流經吴川縣，又南入海。寰宇記：陵羅縣有陵水，從禺州扶來縣界流入，會羅水。又羅水，在陵羅縣西北，源亦從禺州來，南會陵水，二水相合，爲陵羅水。輿地紀勝：昔有陵、羅二姓居二水之濱，因名。二水合流七十里，經化州城東，下合信宜水，爲三江水，又東南百餘里至吴川縣，通大海。通志：陵、羅二水，經化州東，與府境鑑江合流，繞城南下爲西江，亦謂之平源江，至吴川入海。

特亮江。在信宜縣西。輿地紀勝：在茂名縣西北一百里，源出宋山。舊志：東南流入竇江。

平城江。在吴川縣西六十里。源出化州那陽山，南流爲平澤水，又東南流至平定橋爲平城江，合吴川水入海。

東橋江。在石城縣東南四十里。源出化州謝獲山，南流二十里，經遂溪縣柳浦，東會石門河入海。又有南橋江，源出謝畔山，西南流合東橋江。又有兩家灘水，源出遂溪縣，桃枝江東流合之，又南出石門爲石門河，入海。化州志：石門河與州分界。東橋、南橋二水合流，東南行九十里，至吴川芷芓口，合吴川水入海。

九洲江。在石城縣西北二十里。自廣西鬱林州陸川縣流入，又西南經雷州府遂溪縣界入海。元和志廉江縣有龍化水，即此。通志：其江至冬水淺，沙渚露出有九，故名。又賀江，在縣西北，源出尖山，南流入九洲江。又渡子江，今名沙鏟河，在縣西五十里。源出廣西鬱林州博白縣寨山嶺，南流合賀江入九洲江。

新河。在茂名縣東南一里，一名東河，源出射牛山，流入大江。

泉水河。在電白縣東二里。源出莊峒山，東流經城東，俗呼東河，又南流經縣南蓮頭港入海。又儒峒河，在縣東三十里，源出肇慶府陽江縣望夫山，一名界頭河，南流經北額港入海。五藍河，在縣東北二十里，亦謂之五村河，有二源，合流至縣東三十里，爲五藍河，又東匯儒峒河入海。

浴龍河。在電白縣西二里。源出莊峒山，流繞城南，合東河入海。又大橋河，在縣西五里，源出石壁山，南流由大分洲入海。榕樹河、水串河、雙水河，俱在縣西二十里，三河俱東匯麻岡河入海。熱水河，在縣西三十里，源出熱水山温泉，亦東匯麻岡河入海。陳峒河，在縣西三十二里，白花嶺河，在縣西三十五里，二河皆合馬場峒河，匯麻岡河入海。石塔河，在縣西六十里，源出田頭泉，流經縣西南百里，達茂名縣界赤水港入海。

三橋河。在電白縣西七十里。其源有三，一爲丫髻山源，一爲連峒山源，一爲雲髻山源，三水交會南流，爲三橋河，又西南經茂名縣，合羅江，至吳川縣入海。又龍珠河，在縣西北九十里，源出羅浮山，亦西南至吳川入海。

浮來水。在茂名縣。九域志：茂名縣有浮來水。輿地紀勝：在縣西北一百二十里。舊志：源出廣西梧州府北流縣界扶來山，名扶來水，後訛爲浮來。南流入化州界，即陵水之上源也。

射合水。在電白縣東。源出縣東北虎牢嶺下，爲齷齪河，南流至縣東十里，爲麻岡河，出縣東南三十里入海。

高源水。在信宜縣。輿地紀勝：在縣西北，源出高源嶺，南流合潭莪水。

麗水。在信宜縣。輿地紀勝：在縣東北八十里，源出白馬山。舊志：東流入東川水。

楊梅浪水。在化州南三十里。瀦楊梅、欒嶺、那豐諸村之水，東合大江。

平樂水。在化州西北五十五里。源出畲禾嶺下，東南流四十餘里，與陵水合，内淺外深，牌筏所至無灘險，故名。

茂名水。在化州東北。自茂名縣流入，與陵羅水合，其上流即竇江也。元和志：茂名水，在石龍縣北二十步。

洞雷水。在吳川縣東五里。寰宇記：在縣東一百七十步，無水源，隨潮上下。

吳川水。在吳川縣西。寰宇記：水中有三川石。通志：在縣西一里，源從鑑江，至化州，納陵羅諸水，南至縣北二十里，復納浮山水，又南至合江渡下，分爲三川，旋繞縣南，復合爲一，至限門入海。

博卓水。在吳川縣西北四十里。一名東岸水，源出麗山下，地名坂阜，東南流出吳川水。

青榕水。在石城縣南。源出白藤山，西流出青榕橋，繞城南，又折而北，出縣西二十里，入九洲江。

南廉水。在石城縣西。輿地紀勝：在古廉江縣東七十步，源出陸川縣龍濠鄉，東南流經窖口入海。化州志：廉江，在石城西，源出博白縣界，南流經石城，爲横山江，至遂溪入海。舊志：由縣西向東，南合九洲江入海。按：唐廉江即今石城縣，紀勝所云古廉江縣，或别有縣在今縣西，取此水爲名也。

幹水。在石城縣西北。寰宇記：在廢幹水縣西二百步，從廉州大廉縣界來，流合廉江。

鹹水湖。在電白縣北三十里。四水皆淡，一湖獨鹹，説者以爲地竅通海，東流入五藍河。

龍湖。在石城縣東北三十二里。相傳即唐羅州，宋開寶間陷爲湖。一名舊州湖。又清湖，在縣東北三十五里，周三里。

北額港。在電白縣東三十里，接陽江縣界。又雞籠港，在縣西五里。沙尾港，在縣西二十里。那黎港，在縣南七十里。

石門港。在吴川縣西南八十里。自石城縣流入，又東南入海，闊二十餘里，爲海濱大港。東岸有麻斜礮臺，西岸屬遂溪縣，有海頭礮臺，俱分兵防守。

零緑港。在石城縣西。即古零烈水。寰宇記：零烈水，在廢零緑縣南三十里，源從廉江流入大海。通志：零緑水，在縣西一百二十里，源出廉州，東南流入海。又佛子港，在縣西百里，流合零緑港。

官寨港。在石城縣西一百三十里。源出縣西界六牛山下，南流二十里入永安大海，以近官寨場，故名。與廉州府合浦縣接界，東屬石城，西屬合浦。

五級灘。在化州北。通志：自温湯而上四十里有鈎灘、篦灘、瀟灘、緱灘、望灘，皆奇險，總名五級灘。

南洲。在茂名縣南。寰宇記：霧嶺岡下有湖水，方廣二里。唐天寶二年，因大風雨，湖心忽湧出小洲，至今生草木。輿地紀勝謂之南洲，縣令許仲温建小亭，謂之小瀛洲。

碙洲。在吴川縣南一百里。碙，一作硇。當海中南北道，乃雷、化犬牙相錯處。寰宇記：化州東南至碙洲鎮大海二百二十里，又有孱洲，在海中。續通鑑綱目：景炎二年，帝欲往居占城，不果，遂駐碙洲。

麻練沙。在吴川縣南十五里。東南可望限門，兩岸各有礮臺，分兵防守。南爲五里港。又南爲新塲海，去縣四十里。

芷芋沙。在吴川縣西南十里。

温泉。有四，在信宜者二，化州一，石城一。信宜縣志：縣境温泉二，一在縣南半里，一在縣西北潭䖍鄉。化州志：州城北一百三十里有泉熱如湯，流合陵水。石城縣志：縣東北八十里石洞山北有泉，冬夏如沸。

龍泓泉。在化州東北十里望仙嶺傍。泉孔尺許，湧出不竭。

思乾井。在茂名縣東一里。寰宇記：潘真人煉丹之水，味甚香美，煎茶試之，與諸水異。高力士嘗奏取其水歸朝。

龍灣井。在茂名縣東北。輿地紀勝：在電白縣東八十里，昔有龍蟠於此，因名。

流連井。在茂名縣東北寶山。

鳳井。在化州西一里。闊三尺，深一丈，泉從石出，久旱不竭。

龍母井。在吴川縣北二里。禱雨輒應。

松明井。在石城縣西南零緑海島中。潮來則没，潮退則甘洌如故。

古蹟

海昌廢郡。在電白縣境。宋書州郡志有海昌郡，元嘉十六年立，治寧化縣。齊因之。隋平陳，廢入電白縣。

廢潘州。今茂名縣治。隋置茂名縣。唐貞觀八年，改南宕州，置潘州，移治於此。舊唐書地理志：潘州東至高州九十里，西至辯州一百二十里，南至大海一百五十里，北至竇州一百五十里，本古西甌、駱越之地。寰宇記：潘州治茂名縣，皆以古道士潘茂名爲稱。開寶五年州廢，縣屬高州。通志：元大德八年，移高州治茂名，至今因之。

廢竇州。在信宜縣南。舊唐書地理志：武德四年，分瀧州置南扶州。貞觀六年，改爲竇州，取羅竇洞爲名，治信義縣。寰宇記：竇州東南至高州一百里。九域志：熙寧四年廢，在高州北五十六里。縣志：廢竇州，在縣南二里教場左。

南巴廢縣。在茂名縣東南。梁置南巴郡。隋平陳，廢爲南巴縣。大業初，省入連江。唐武德五年復置，屬高州。永徽元年，改屬潘州。寰宇記：開寶五年，省入茂名，在縣東一百里。

潘水廢縣。在茂名縣南。舊唐書地理志：潘水縣，以潘水爲名。武德五年，分茂名置。新唐書地理志：貞觀二十三年，析潘水置毛山縣，以毛山爲名，其後省潘水入毛山。開元二年，又改毛山曰潘水。寰宇記：開寶五年，併入茂名。縣志：廢縣在縣南一百里。

良德廢縣。在茂名縣東北，本漢合浦郡地。隋書地理志：永熙郡，領良德縣。陳置曰務德，後改名。唐書地理志：高州本治高涼。貞觀二十三年，徙治良德。寰宇記：唐大曆十一年，以良德川原險隘，不通舟楫，又移州治電白，以縣屬之。宋開寶五年，省入電白，在州西北三十七里。縣志：在縣東七十里懷德鄉。

電白廢縣。在茂名縣東北。梁置電白郡。隋平陳，廢爲電白縣，屬高涼郡。唐初屬高州。大曆十一年，爲高州治。寰宇記：州西南至化州一百五十里，西北至竇州一百里。九域志：景德元年州廢，縣屬竇州。三年復故。元大德中，移州治茂名，以縣屬之。舊志：縣在萬山中，逼近雲鑪、大桂等賊巢。明成化四年，僉事陶魯以山寇雲擾，始移縣治神電衛，廢舊縣爲堡，在縣東北四十里。

保安廢縣。在電白縣東。本漢高涼縣地。梁置連江郡。隋平陳，廢郡爲連江縣，屬高涼郡。唐開元五年，改連江曰保安。至德二載，又改曰保寧，屬高州。寰宇記：在舊高州東南二百二十五里。九域志：開寶五年，省入電白。縣志：今上保安鄉在縣東北，下保安鄉在縣東南。

潭峩廢縣。在信宜縣西。舊唐書地理志：竇州潭峩縣，武德四年，分懷德縣置。寰宇記：在竇州西南八十里。開寶中廢入信義〔三〕。輿地紀勝：在縣西南二十里。縣志：潭峩鄉，在縣西北二十里，有舊縣村。

特亮廢縣。在信宜縣西北。舊唐書地理志：竇州特亮縣。武德四年，分懷德縣置。寰宇記：在竇州西北七十里，有特亮山，在河洞水北。昔有白牛夜出，光影照村，村人以牛光影爲特亮，故名。開寶中，廢入信義。輿地紀勝：在縣西北一百十里。舊志有德亮鄉，在縣北一百二十里，蓋即特亮之訛也。

懷德廢縣。在信宜縣東北。梁置梁德縣，爲梁德郡治。隋平陳，郡廢，改縣曰懷德，屬永熙郡。唐屬竇州。寰宇記：開寶中廢入信義，在縣東六十里。九域志：縣有懷德錫場。縣志：廢懷德縣，在縣東北五十里威化鄉，中道巡司之左。

羅州廢縣。在化州西北。宋書州郡志：高凉郡領羅州縣。齊因之。梁時廢。寰宇記：宋元嘉三年，檀道濟於陵羅江口築石城，因置羅州縣，以江爲名。按：此縣本置於陵羅江口，今州西北五十里有石城山，一名古城山，蓋因故縣爲名。或謂即今之石城縣，誤。石城縣志「故羅州縣，在化州西北一百里青湖村」是也。

慈廉廢縣。在化州西北。舊唐書地理志：羅州領慈廉、羅肥二縣。武德六年，割慈廉屬南石州。貞觀元年省。新唐志：二縣俱省入石龍。按：通志，州西北有羅肥鄉，蓋即羅肥故址。慈廉與羅肥同省，亦應在州西北界。又舊志有羅辯廢縣，唐時與慈廉、羅肥同置。文獻通考云開寶五年併入北流，應載廣西鬱林州。

陵羅廢縣。在化州北。舊唐書地理志：辯州陵羅縣，武德五年置。寰宇記：本漢高涼縣地。太平興國五年，廢入石龍〔四〕。州志：陵羅鄉在州北，故縣在州北一百二十里。

石龍廢縣。在化州東北。梁、陳時置，爲石龍郡治。陳書馮僕傳太建中，自陽春太守轉石龍太守，母洗氏爲石龍郡太夫人是也。隋屬高涼郡。唐爲辯州治。宋改辯州爲化州。明洪武八年省縣入之。州志：舊址在州東北。按：寰宇記石龍岡在州西南三里，今岡在州治北，則舊城當在今州東北三里。

翔龍廢縣。在吴川縣南海中硇洲上。宋景炎二年，端宗崩於硇洲，陸秀夫、張世傑等復立帝弟衛王昺爲帝。是月黄龍見海上，詔改元祥興，升硇洲爲翔龍縣。元廢。

幹水廢縣。在石城縣西。唐書地理志：武德五年，析石龍、吴川置招義縣，屬羅州。天寶元年更名幹水。寰宇記：在廢羅州西七十三里，本漢高涼縣地。沈懷遠南越志云：招義縣昔爲流人營。義熙元年立爲縣，後廢。唐復置，改曰幹水。太平興國五年，廢入吴川。按：此縣在羅州西境，自宋南渡復置石城縣，應割屬石城。舊志仍在吴川縣西，誤。

零緑廢縣。在石城縣西。舊唐書地理志：羅州領零緑縣。武德五年置。新唐志：以零緑水名。寰宇記：在廢羅州西南一百二十里，本漢高涼縣地。五代改屬常樂州。太平興國五年，廢入吴川。九域志吴川縣有零緑鎮即此。乾道後，割屬石城縣。

廉江廢縣。在石城縣北。舊唐書地理志：羅州領石城縣。武德六年移州來治。東至大海一百三十九里，西南至大海一百二十里。新唐志：羅州治廉江縣，本名石城，以石城水名。天寶元年更名。寰宇記：太平興國五年，州縣俱廢入吴川。輿地紀勝：乾道三年，廣東西路諸司言吴川縣地廣民衆，乞將所隸西鄉置縣，以石城爲名，詔從之。在化州西南一百三十里。縣志：宋縣治，在縣北江頭鋪西，甎石尚存。元皇慶八年，遷於東黄村。天曆元年，又移於新和驛，即今治。又唐羅州，在縣東北三十里龍湖，城址猶半亘山麓。

神電廢衛。今電白縣治。隋電白縣，在今茂名縣境。明洪武二十七年，分置神電衛，治上保安鄉白石坡，在故縣東南一百八十里。成化四年，僉事陶魯始移電白縣來治。

馮家村。在電白縣境，以馮盎家於此，因名。

觀風樓。在化州北城上。州志：舊名清風堂。元天曆間，改爲觀風樓。

歸鴻亭。在化州南。輿地紀勝：在龍母山巔。淳熙辛丑寇平後建，取歸民安集之義。

極浦亭。在吳川縣南河畔，宋邑人李凌雲隱處。

陵水臺。在化州治。唐時州爲陵水郡，因名。

水月臺。輿地紀勝：在吳川縣西北五里。

高力士宅。在茂名縣。寰宇記：在縣西二百四十步。府志：力士爲馮盎曾孫。

關隘

小函谷關。在茂名縣北一里上官灣。明嘉靖中建，路通信宜、羅定，爲郡北路咽喉。又有懷柔關，一名天關，在桃峒隘。今皆廢。

立石關。在電白縣西北五十里歸善鄉。

赤水巡司。在茂名縣南電白縣西界。宋置那黎寨。元置巡檢司，在縣南一百十里下博鄉。明洪武二十七年，以那黎地僻，移治於此。本朝因之。

平山巡司。在茂名縣東北四十里電白堡。明洪武中置巡檢司，在縣東南紅花堡，後移治於此。本朝因之。

沙瑯巡司。在電白縣西北七十里。本朝雍正元年置。

懷鄉巡司。在信宜縣東北。本朝雍正十一年置，屬西寧縣。乾隆二十年改隸。

梁家沙巡司。在化州北九十里陵水東，控北流交界之要。明置，後廢。本朝康熙中復置。

硇洲鎮巡司。「硇」一作「磠」。在吴川縣南一百里磠洲上。明初置巡檢司於海濱，正統中移此，後廢。本朝雍正八年復置。

凌緑鎮巡司。「凌緑」一作「零緑」。在石城縣西一百二十里，即舊零緑縣。宋廢爲鎮。明洪武初置關，併置巡檢司，今因之。

中道鎮。在信宜縣東北。明置巡司，今廢。

寧村鎮〔五〕。在吴川縣西南。明初置巡司，在縣北十里川窖。萬曆九年，移治於芷芋口，今廢。

高州所。在府城内北隅。明洪武十四年置，隸神電衛。

寧川所。在吴川縣東南。明洪武二十七年置，隸神電衛。

博茂營。在茂名縣西南。唐書地理志：潘水縣有博畔鎮。舊志有博茂鹽場，在縣西南一百二十里。縣志：明初置鹽場。崇禎中革，改建博茂營。

黄竹營。在化州東。又有東岸營，在州東大路。都和營、龍山營、鎮安營，在州西大路。石灘營，在州南。黄姜營，在州西南。牛欄門營，在州西北。諸營皆本朝康熙間增建。

吴川營。在吴川縣南二里。明萬曆二十九年置，設把總防守。又長坡營，在縣北，道通塘𡌴、梅菉。大坡營，在縣東北，接茂名界。

硇洲營。在吳川縣南一百里海中。宋置硇洲寨。本朝康熙四十三年置營，設守備防守。雍正十年，改設都司。

兩家灘營。在石城縣東南五十里海澳，通大海，爲石城、遂溪兩縣襟要。

蓮頭寨。在電白縣南。明萬曆中置。又有北額寨，在上保安鄉。

限門寨。在吳川縣南五里，航海必由之道，向撥蓮頭寨官兵防守。明萬曆二十九年，以倭警置寨。本朝順治四年，設遊擊駐此，又設守備駐吳川營。九年改設參將駐城中，守備駐芷芀，爲諸水入海之總口。十五年設水師參將駐芷芀。康熙二年遷界裁。

三橋堡。在電白縣西七十里三橋河北。明弘治十年置，有城，周三百六十丈。

獅子堡。在電白縣西北七十里德善鄉。明時爲陽春、瀧水盜賊之衝。嘉靖五年置堡，後廢。

嶺底堡。在信宜縣東六十里，有官軍防懷德鄉、聖峒、六豪等猺。又忠堂堡，在縣東九十里，有官軍防坡頭、竹雲等猺。

錢石堡。在化州西北石城、陸川二縣之界，山嶺叢錯，路多險阻。

平定堡。在化州西北八十里。州志：陵水之西，大山自陸川來數十餘里，爲州中路之脊。其東水入陵水，其西水出石城界，入石門河，一帶皆高山深水。舊於分界處設堡，以資守禦。

橫山堡。在石城縣西南六十里。府志：明初設青頭堡，在縣西八十里。正統中，移置橫山下，改今名，扼遂溪要路。又息安堡，在縣西九十里。嘉靖四十二年設，本朝康熙初遷置。縣志：縣境諸堡，惟橫山、息安二處接壤雷、廉，最爲扼要。

三合堡。在石城縣東北五十里。明成化七年建，有官兵防守。

茂暉鹽場。在吳川縣西南四十里。明洪武二年置。本朝康熙六年裁，今復。又新場，在縣西南七十里。

官寨鹽場。在石城縣西一百三十里，接合浦縣界。
大陵驛。在茂名縣城内。又有古潘驛，在縣城西。明初置，今省。
立石驛。在電白縣西。明置，今省。
陵水驛。在化州寶山側，今省。
息安驛。舊在石城縣西九十里，今移城内。又舊有新和驛，在縣治東。三合驛，在縣東北六十里。今俱省。
梅菉墟。在茂名縣南，接吴川縣界，爲雷、瓊通衢，商旅極盛。本朝乾隆元年，移通判駐此。

津梁

雅德橋。在茂名縣東二里。宋建。又南橋，在縣南二里，即太平通津。
莊峒橋。在電白縣東三里。
柳公橋。在化州東南通街。
延華橋。在吴川縣治前。
通駟橋。在吴川縣北四里，水自横山村來。
清榕橋。一名大橋，在石城縣東五里，跨羅江。又響水橋，在縣東二十二里。
夾村渡。在電白縣東麻水西。又東有五籃渡。

峇頭渡。在雹白縣西。又西有那河、石塔、赤水三橋等渡。

川滘渡。一名合江渡，在吴川縣北十里。

隄堰

新村隄。在吴川縣北二都。又三江隄，在北四都。三柏、黄陂二隄，俱在北十一都。

九户陂。在雹白縣下保安鄉。又新陂、大陂、木帘河陂、徐綸陂，亦在下保安鄉。通江陂、大洋陂，俱在下博鄉。

冷水塘。在信宜縣，並羅黄、大蓬、栗木路、倒流川爲五塘。陂七：聖垌、八塲、陰沈、水榕、梧桐垌、六堰、張横，共灌田三百餘頃。

廟底塘。在吴川縣，並神塘、羅山村、那葛、占村、楊梅、歸唐、禄架、山圩爲九塘，灌田三百餘頃。

陵墓

隋

洗氏墓。在雹白縣境。

唐

馮盎墓。在茂名縣南。寰宇記：在舊潘水縣東南十五里。

馮士歲墓。在吴川縣西特思山。明統志：士歲，唐羅州刺史，與妻吴川郡夫人，俱葬於此。

宋

楊廷裕墓。在電白縣東下保安鄉。官承務郎。又楊應辰墓，在縣東北上保安鄉。官廉訪。

范祖禹墓。在化州。輿地紀勝：窆於南山，在化州南二里。按：府志雜録祖禹殯於化州城外寺中，賓州人李寶善地理，指示北山一穴，謂祖禹子沖曰：「此可殯，歲餘必得歸。」遂改殯，次年歸葬如其言，則此特其殯所也。今姑存之。

明

黄子平墓。在電白縣西南下保安鄉。洪武進士，官御史。

祠廟

昭忠祠。在府城内，本朝嘉慶八年建。

四賢祠。在化州城南寶嶺下，祀宋范祖禹、梁燾、龔夬、莫汲。

表忠祠。在石城縣治西。明嘉靖中建，祀吏目鄒智。

誠敬夫人廟。在茂名縣東門外，祀隋譙國夫人洗氏。又縣東北寶山下亦有廟。

寺觀

白蓮寺。在茂名縣東三十里。

發祥寺。在茂名縣寶光塔側。

觀山寺。在茂名縣西河岸。

光孝寺。在化州南，宋紹興中建。

昇真觀。在茂名縣西半里仙山上，有宋太宗御書藏焉。

名宦

隋

柳旦。解人。開皇中，爲羅州刺史，有能名。

唐

韋覩。京兆人。宣宗時，以太僕卿謫潘州司馬，安輯撫息，民皆服焉。

劉昌魯。彭城人。唐末爲高州刺史，黄巢寇嶺南，昌魯率諸蠻據險拒之，賊不敢入境，民賴以安。及劉隱據廣南，昌魯不從，謂其下曰：「我唐臣也，惟知事唐而已。」後爲隱弟龑所害，衆共哀之。

五代 南漢

謝傑。高州刺史。境多虎，夜入郭中爲暴，傑誠心捍禦，禱於神，獨宿廟庭，夜深忽有聲如雷，斃數虎，由是患絶。

宋

郎簡。臨安人。真宗時，知竇州。縣吏死，子幼，贅壻僞爲券，冒有其資，及子長，屢訴不得直，乃訟於朝，下簡劾治，簡示以舊牘曰：「此爾翁書耶？」曰：「然。」取僞券示之，弗類，始伏罪。

張夔。海陽人。政和中，知茂名縣，律己清嚴，辨民冤獄，諸司薦南中清介第一人。

毛士毅。富川人。自吴川丞攉知石城縣。李接攻城，士毅語尉曹曰：「吾與若受民社之寄，當以死衛之。」遂力戰，尉死於兵，士毅亦駡賊遇害。事聞，贈承事郎。

何時。樂安人。以朝奉郎謫吴川司户。景炎中，海上與元將劉深力戰，却之。

元

游弘道。南昌人。至正間爲化州通判。海寇犯合浦，會諸郡兵進討，相持於澄邁石港，寇食盡且降，弘道請堅壁以俟，主帥不從，督戰於石礶，賊殊死戰，海南兵先走，師遂潰。弘道與石龍簿木槳飛、廉州同知羅武德、先鋒張友明俱死之。

明

王名善。義烏人。洪武初，爲高州府通判。海賊潛入城，執名善欲降之，不屈遇害。

董子莊。樂安人。洪武中茂名知縣，有循吏風。

張景愚。浙江人。洪武初，知信宜縣。愛民若子，尤有清操，客有獲魚以獻者，遣人投之江中。

倪望。吉安人。洪武初，爲石城縣丞。當兵燹之後，勞來安集，民免流離。邑舊無城，乃率民築土城，計二百五十丈，遂藉以捍衛。

吴春。湖廣人。天順初，知化州。廣西流賊豎三樓於城外，俯瞰攻城，春募敢死士奮勇出城，鈎焚其樓，力戰破走之。

孔鏞。長洲人。成化初，知高州府。先是，鄉民避猺賊趨城，知府劉海不納，鏞至開門納來者，加意撫循，流亡日至。又招降劇賊數千人，境内大定。尋擢按察副使，分巡高、雷二府，招徠劇賊梁定等，分田與耕，遂爲官備他盜。廣西賊犯信宜、岑溪諸縣，皆擊敗之。治績聞，賜誥命旌異。

滕漢。興州人。由廣東都指揮同知守備高州，兼攝參將，巡哨高、雷、廉三郡。成化三年，西賊掠石康，遂犯靈山，漢追之，奪回石康縣印，乘勝窮追，誤陷泥淖，伏寇羣聚，漢大呼躍出，單騎力戰，創重，猶以三矢斃三酋而死，賊亦驚畏遁去。

李時敏。樂平人。成化中知信宜縣，有才武。從孔鏞共平猺賊，以功遷知化州，粵人並稱孔、李云。

陳綱。潮陽人。成化初，知石城縣。時民苦猺賊，多他徙，綱勞來安集，流亡復歸，請於上官，奏減逃絶漁課米七百餘石。總督韓雍薦爲本府通判。從副使孔鏞撫治猺民，不憚瘴癘險阻，綏懷遠邇，猺俱向化。

鄒智。合州人。弘治中以庶吉士上疏劾内閣萬安、劉吉，謫石城所吏目，總督秦紘檄召修書，乃居會城。

吳國倫。興國人。嘉靖中，以給事中謫外，歷知高州府。倭寇逼城，勢甚猖獗，國倫謹烽堠，遣士卒出戰，斬首數十級，倭懼而退，一郡獲安。

李渭。思南人。嘉靖間，爲高州府同知，却猺賊，拒屬邑餽遺，行一條鞭法，劑量多寡，官爲主辦，悉放民歸耕。

程文德。永康人。嘉靖中，由編修謫信宜典史。總督陶諧延主蒼梧書院，尋還信宜，創麗澤書院，以教學者。復至高州，主高明書院。其教專主立志，士多信從。

王許之。高安人。萬曆初，知電白縣。值倭寇之擾，招徠撫綏，百廢具舉，平積寇四百餘黨，境内晏然。

祝簡。衡陽人。萬曆初，知化州，履畝清丈，捐浮糧五百餘石。有富民殺人，夜持千金求免，却之。在州數年，吏治稱最。

本朝

羅麗宸。奉天人。順治十一年知高州府，英敏廉幹，心存撫字。嘗屬疾不視事，聞堂下有呼冤聲，力疾出問，白其冤。時兵燹後，富民苦重役，多用賄免，麗宸即以所賄助役而均其徭。藩下悍將以客兵駐府，白晝攫於市，麗宸馳說其將，下令約束，民乃安堵。後以赴省疾卒，民甚哀之。

王訓。河南人。順治中，知石城縣。時城市荒蕪，訓多方招徠，流亡始集。總兵鎮邑，增築城壕，動多徵索，訓調劑有方，民得不擾。卒於官，囊橐蕭然。

沈弼。普安人。康熙三十八年知高州府。除陋規，清盜源，加意拊循，治尚安静。尋以公務卒於陽春，士民哀之，祀名宦。

吴存義。漢軍正黄旗人。康熙年間任高州府倅，清操自矢，督捕有方，萑苻屏跡，祀名宦。

李廷樞。無錫人。康熙進士，任信宜令。正身率物，約己裕民，革私徵，省差役，絶請託，杜苞苴，民甚德之。在任甫六月卒於官，遠近奔赴號泣。四十三年祀名宦。

邱崇文。奉天人。康熙二年知化州，加意安輯，凡兵丁所至，供億之費，十減五六，化人祠祀之。

秦松。無錫人。康熙十九年令吴川，招降土寇，豁免荒糧，修葺學校，卒祀名宦。

人物

漢

李進。字子賢，高興人。補郡功曹，遷都尉。永和二年，荆蠻叛，進爲武陵太守，帥兵破之。在郡九年。中平間，代賈琮爲交趾刺史，奏請依中州例貢士，後阮琴以茂才仕至司隸校尉，交趾士人得與中州同選實自進始。

唐

馮盎。祖寶，本龍城人。梁大同中爲高涼太守，娶於高涼冼氏，子孫遂爲高涼人。盎於隋末盡有番禺、蒼梧、朱崖地，自號總管。或説盎曰：「公克平二十州，地數千里，名位未正，請上南越王號。」盎曰：「吾居越五世矣，常恐忝先業，敢自大哉！」武德五年歸附，授上柱國、高州總管，封越國公。子智戴，勇而有謀，能撫衆，得士死力，入朝，授衛尉少卿，累遷左武衛將軍。

宋

鞠杲。吴川人。元祐初，登進士第。元符二年，入京師上書數千言，數章惇等妨賢誤國之罪。惇怒，以杲隸黨籍。

梁楚。電白人。紹興中攝博白令。交寇破城被執，以火炙之，駡不絶口而死。詔贈禮部侍郎。

陳燾。電白人。事母至孝。紹興間，母死卜葬，燾盲目十年，必欲臨穸負土，親屬止之不從，索途二三里，雙目頓開，人稱爲孝感。

潘惟賢。茂名人。宋末爲本縣尹。元兵至被執，憤駡不屈而死。其子斗輔持劍馳敵寨報仇，弟欲俱往，曰：「汝宜存祀，毋俱殞。」獨赴敵而死。

黄十九。電白人。爲高州路巡檢，元兵追帝昺於莊山，力戰死之。

陳惟中。字子敬，吴川人。寶祐進士，任文昌縣。景炎中，轉餉艘至井澳，元將劉深縱火焚艦，惟中與司户何時被創力戰，值天反風，餉艘乘上流亦縱火，深兵始退。

陳子全。惟中兄。爲廬陵丞。景炎二年，同主簿吴希奭、尉王夢應勤王，復袁州。已而湘郡諸縣陷没，子全中流矢，希奭力戰俱歿，夢應收殘卒趨永新，未幾亦卒，廬陵稱爲「三忠」。

元

羅郭佐〔六〕。石城人。元初以平海寇有功，授朝列大夫、化州路總管。尋改廣州路，運糧至海北，遇警，罵賊而死。長子震，敦武校尉、化州路把總，同死難。次子奇，雷州府同知，奉檄討猺賊被害。奇子元珪，亦以救父死。孫仕顯，襄武德將軍、廉州同知。至正間以勦海寇，戰殁於石礰港。一門相繼死節，粵人稱爲「五節羅家」。

張恒。電白人。泰定間，爲本邑千户，猺賊逼城，諸將皆怯，恒獨躍馬出戰，竟以無援死，邑人祀之。

張友明。吴川人。至正九年，從游弘道爲先鋒討海寇，力戰而死。

吴世紹。吴川人。母病瞽，行哭求醫，時以舌舐，遂復明。一日樵於隔江，聞母暴病，不暇待舟，乘筏而渡，竟溺死。

明

陳思賢。化州人。洪武間舉人，爲漳州教授。成祖繼統詔至，慟哭，集諸生伍佐原、陳應宗、吕賢、林珏、鄒君默、曾廷瑞，設舊君位於明倫堂，哭臨如禮，郡人執送京師，俱死之。嘉靖中立祠祀焉。

蔣資。化州人。洪武進士，官郎中。成祖時，以諫下獄謫戍，尋召還爲濟寧知州。廉能簡易，教行惠孚，民甚德之。

林雄。茂名人。成化初流賊四起，雄與電白人符瓊倡義保障鄉里，從知府劉海防城，賊不敢近。後知府孔鏞薦之督撫，授以冠帶，從破諸賊，奮力先登，並以戰死。後人立義壯祠祀之。

黎磐。電白人。弘治舉人，任兩浙運判。劉瑾勒索重賄，磐曰：「判雖微，亦天子吏，豈能依阿闒茸？」抗執不從，竟爲所中。瑾敗，補上思知州，改横州，時稱循吏。

李學曾。字宗魯，茂名人。弘治進士，由縣令擢吏科給事中。嘉靖初，以議大禮違旨，遂乞歸。

張韜。電白人。爲神電衛指揮僉事。隆慶五年，倭寇電白，城將破，守者皆遁，韜獨拒之，倭衆夾攻，呼援不至，力戰而死。

姚岳祥。字于定，化州人。萬曆進士，選庶吉士。時鄒元標以劾張居正奪職下獄，居正命吏守獄門，凡訪元標者書名以報，岳祥獨往慰問弗顧，既而歎曰：「權臣當國，尚可行吾志耶？」遂謝病歸。

李彭年。電白人。性至孝，父被倭傷，百方療治得愈。及父殁，以過哀死。其女兄適吳者，及妻黄氏，俱以死節著。

邵夢何。電白人。由選貢爲吉安府通判，署安福縣。崇禎十六年，張獻忠攻安福，以印付僕逃去，率衆死守，城陷不屈死。本朝乾隆四十一年，賜謚節愍。

本朝

黄勝任。電白人。官把總。康熙二十一年，海寇犯境，勝任領哨船奮擊陣亡。奉旨優卹。

黎日昇。電白人。康熙進士，任建德令，有政聲，廉潔自矢，告歸，宦囊空匱，絶跡公門。卒祀名宦。

黎式儀。電白舉人。知大名縣，清夙弊，革陋規，歲飢煮粥賑濟，存活甚衆。修學宫，創書院，置田養士，民愛戴之。卒祀名宦。

李乾德。信宜歲貢。任三水司訓。庶弟幼孤，撫之成立。歲大飢且疫，煮粥散藥，全活以萬計。卒祀鄉賢。

梁雍郎。茂名舉人。雍正間，授國子監學正。少孤，事繼母孝，友愛同堂兄弟，周卹族里貧乏，嗜學博覽，至老不疲。卒祀鄉賢。

馬仲輝。電白貢生。乾隆元年，授新寧教諭，邑濱大河，隄堰屢修屢壞，仲輝督修不辭勞瘁，民賴安堵。卒祀名宦。

邵應邲。電白人。乾隆武進士。官雲南提標遊擊，會討緬甸，請爲前導，以巡營中鳥鎗死。予祀昭忠祠。

王德屏。吴川拔貢。知貴州平遠州。值苗匪倡亂，單騎深入，反覆開導，酋長感化，縛其渠魁以獻，得脅從名册焚之，存活甚衆。後以詿誤降補南匯丞，調常熟，職小而節彌厲，民皆悦服。卒於任，民醵錢乃成殮，祀常熟名宦。

蘇衡疆。茂名人。嘉慶六年，以把總隨軍川、陝勦匪陣亡。同邑張禄、馮連，亦以把總戰死，俱祀昭忠祠。

易樹邦。吴川人。官把總。嘉慶元年，隨征湖廣，以功擢千總，深入賊陣戰死，祀昭忠祠。

房士升。吴川人。嘉慶六年，以把總防守麻斜汛。海寇突擊，慷慨誓衆，且敵且守，賊潛遣人登岸，雜村民中，從後猝刺之，解其屍，汛兵張天德亦被難，均祀昭忠祠。

流寓

宋

种世衡。洛陽人。通判鳳州。州將王蒙正，章獻后姻家，嘗干世衡以私，不聽，坐流竇州。

范祖禹。華陽人。紹聖中，貶昭州别駕，化州安置。

列女

梁燾。須城人。紹聖中，以司馬光黨，三貶雷州别駕，化州安置。

龔夬。瀛州人。徽宗時，以殿中侍御史抗疏論章惇、蔡京之奸，削籍編管化州，徒步適貶所，持扇乞錢以自給，逢赦得歸。

莫汲。湖州人。紹興間，爲國子監正，秦檜惡其主張善類，謫戍化州，郡士之秀者多從之學。

隋

譙國夫人冼氏。高涼人。幼曉兵略，蕭梁時，羅州刺史馮融聞其賢，爲子寶求娶焉。侯景反，高州刺史李遷仕據大皋，遣使召寶，寶欲往，冼止之曰：「此欲邀君共反耳，願勿往以觀其變。」既而遷仕果反。冼自將千餘人步擔雜物，倡言輸賦，襲擊遷仕，大破之。及寶卒，嶺表大擾，冼懷集百越，數州晏如。陳永定二年，其子僕，年九歲，遣首領入朝，拜陽春郡守。廣州刺史歐陽紇謀反，冼發兵拒之，紇徒潰散，僕以母功封信都侯，轉石龍太守。及僕卒，陳亡，隋高祖遣總管韋洸安撫嶺外，令陳主遺之書，諭以歸化。冼乃集首領，遣其孫暄帥衆迎洸。未幾，番禺人王仲宣反，圍洸於廣州，洸遣孫暄帥師救洸，暄遲留不進，洸怒下暄於獄。又遣孫盎進兵，攻破仲宣，洸自披甲領彀騎，巡撫諸州，蒼梧以西首領皆歸附。高祖嘉之，拜盎爲高州刺史，追贈寶高州總管、譙國公，册洸爲譙國夫人，仍開幕府，置官屬，給印章，便宜行事。仁壽初，年八十卒，賻物一千段，謚誠敬夫人。

明

周書妻某氏。茂名人。景泰中，隨書赴瓊州訓導任，舟次西江遇寇，書匿去，氏抱幼子投水死。長洲吴寛有詩紀其事。

王氏女。電白人。年十六，正德中，爲猺賊所掠，女以頭觸地，流血被面，及渡江投水死。次日父母得其屍，顔色如生。

董祐妻李氏。電白人。年十九，夫亡無子，事祖姑及姑甚謹，二姑念其年少，欲令改適，李矢志不從，守節四十五年。嘉靖五年旌。同邑朱紹周妻鄭氏，嫁旬日夫死，自縊，婢救而甦，家人視甚謹，俄聞翁將抵家，乃曰：「吾當少盡婦禮耳。」謁翁後，夫將葬，竟縊死。又楊國柱妻蔡氏，夫死亦自縊。

董廷玉妻潘氏。電白人。廷玉由神電指揮轉潯梧參將，潘隨行至英德，廷玉病卒，潘結髮經死舟中。

范德榮妾陳氏。電白人。隆慶初，倭寇破城，陳抱幼子匿複壁中，倭搜得，引刀自刎。

吴士儀妻李氏。電白人。年十九，夫病囑令他適，氏以死誓，夫死自縊，家人救之，不言不食，三日囓舌流血滿面而死。

林彦翰妻李氏。吴川人。隆慶初，與女玉愛俱爲賊執，厲聲叱賊，賊並殺之。

林懋植妻陳氏。吴川人。海寇突至，陳與姑俱被執，賊欲殺其姑，陳請以身代，且曰：「釋姑先歸，則贖金至。」賊從之，知府吴國倫爲詩弔之。又李彭年妻黄氏，彭年痛父成疾死，乃曰：「夫爲父亡，我當爲夫死。」自縊以殉。

陳乃翦髮付蒼頭寄夫，自沈於海。

龍昇妻李氏。石城人。值寇亂，昇於合江被害，氏亦爲賊執至合江，過其渡，乃曰：「吾夫死於此，可勿殉乎！」抱其稺子投水死。

本朝

余麟正妻黄氏。茂名人。順治七年，與其二子被擄於賊，刃其二子以威之，黄罵不絶口，遂遇害。

周士吉妻邱氏。茂名人。夫誤中草蔴子毒死，仰天號哭，自縊殉之。

李氏婢。茂名人。主早亡，遺一孤子，主母他適，家貧甚，婢爲主營葬三喪，抱遺孤就食於戚屬，稍長，遣就塾，涕泣教以自立，紡織佐食，執婢禮甚恭，終身猶處子，卒年九十餘。

李上蘭妻吴氏。信宜人。順治八年，山寇陷城，以刃脅之，吴攜二子投水死。同邑王肇命妻黄氏，避難山中，遇賊，欲殺其夫，黄以手捍之，斷臂不退，賊義而釋之。

王永衡妻韋氏。信宜人。永衡力學致瘵，比劇，韋亦瘁毁無生意，翁慰且責之曰：「無慮重困而夫耶？」乃稍進飲食，夫卒，自縊死。諸姒入室，見其經畫後事，皆有條理，莫不悲歎。

譚烈女。吴川人。年十七未字，順治五年，爲賊所掠，抗節不屈，賊剖其胸。同邑吴萃奇妻舒氏、吴亮妻錢氏，均以遇賊不屈被害。

林其菁妻李氏。吴川人。康熙初，爲海寇所執，不從遇害，時年二十一。

梁輝祖妻程氏。茂名人。遇强暴，守正捐軀。雍正十一年旌。

梁現麟妻黄氏。電白人。夫亡守節。雍正十三年旌。

李廷班妻吴氏。吴川人。夫亡守節。雍正九年旌。

李仲妻彭氏。石城人。夫亡守節。同邑李恒郁妻伍氏，均雍正年間旌。

鄒瑞熊妻梁氏。茂名人。夫亡守節。乾隆五十三年旌。同邑陳裔韶妻李氏、梁允常妻陳氏、陳藹韶妻曾氏、張清瑞妻李氏、劉純妻梁氏、李翹生妻梁氏、陳允誠妻黄氏、黄甲標妻劉氏、黄贊烈妻吴氏、陳孟浩妻何氏、黎憲恪妻張氏、李信凝妻楊氏、潘良學妻劉氏，烈婦林任富妻梁氏、曾清從妻黄氏，貞女李頤世聘妻曾氏，均乾隆年間旌。

楊君植妻黎氏。電白人。夫亡守節。乾隆十年旌。同邑邵秉孝妻李氏、陳國卿妻張氏，貞女關忠義聘妻區氏，均乾隆年間旌。

陸履宏妻黎氏。信宜人。夫亡守節。乾隆元年旌。同邑余奎捷妻陳氏、妾張氏，余廷相妻辛氏，何國光妻麥氏，張洛妻周氏，李乾清繼妻陳氏，蔡仕良妻張氏，譚敏繼妻張氏，陳伯綱妻楊氏，林枚才妻陳氏，陸琦妻歐氏，周聖伯妻張氏，烈婦李宜璋妻劉氏、陳奇貴妻李氏，均乾隆年間旌。

匡餘年妻竇氏。信宜人。夫遭重負，繫於官，竇鬻身脱之，買者促登舟，夫送至河畔，仍解身所餘錢付夫，解纜後，投水極深處，買者懼禍，發舟不顧，漂流十餘里，遇救不死。後與夫同歸，買者知之，給還其券。

陳高棟妻黃氏。化州人。夫亡守節。乾隆三年旌。同州陳繼先妻楊氏，楊憒行妻陳氏，李廷授妻陳氏，楊敏行妻李氏，龐大成妻羅氏，李尚志妻何氏，顏爲鑑妻朱氏，李鳳書妻黃氏，顏爲鑌妻黃氏、子婦張氏，黃君顯妻李氏，馮紹洙妻陳氏，黃中達妻董氏，黃屏藩妻李氏，謝珙妻李氏，謝聖績妻陳氏，劉傳瑒妻李氏，黃麟譽妻李氏，龔德昭妻李氏，李斐山妻張氏，列婦李際灝妻傅氏、李斯煒妻洪氏，尤顯貴妻李氏，貞女李桂嵩聘妻楊氏，均乾隆年間旌。

林其芹妻李氏。吴川人。夫亡守節。乾隆二年旌。同邑易朝翰妻黃氏、陳其珩妻李氏、陳模妻林氏、陳偉紀妻李氏、陳紹琦妻林氏、李鳳韜妻鍾氏、陳秋潤妻李氏、詹周盛妻粱氏、李永藹妻招氏、李玫妻黃氏、蔡楨周妻洪氏，貞女李樹秀聘妻陳氏、粱尚殿聘妻吴氏、甯懋聖聘妻粱氏，烈女李潤暢聘妻王氏、趙允秀聘妻曾氏，均乾隆年間旌。

黃雲肇妻莫氏。石城人。夫亡守節。乾隆九年旌。同邑陳堯思妻曹氏、曹石芝妻陳氏、吴捷春妻黃氏、羅天輔妻謝氏，均乾隆年間旌。

江濤妻陳氏。茂名人。嘉慶二年，濤爲貴州長壩營守備，死於苗難。陳偕其子六人、女閏成、婢蕭氏殉焉。事聞旌表，入祀節孝祠。同邑節婦古正已妻李氏、鄭希榮妻許氏、張乾元妻賴氏、張艮元妻温氏、謝廷現妻鄒氏、林咏茂妻陳氏、梁正宇妻江氏、吴尚禮妻梁氏、汪印垣妻梁氏、洗翰仰妻揭氏、莊擇嵩妻朱氏、何多益妻范氏，均嘉慶年間旌。

黄華妻蔡氏。電白人。夫亡守節。嘉慶七年旌。同邑賴端才妻梁氏、黄廷掄妻吴氏、葉葳妻麥氏、李仁本繼妻羅氏，貞女蔡傑奇聘妻許氏，烈女梁阿一，均嘉慶年間旌。

顔釭妻張氏。信宜人。夫亡守節。嘉慶十年旌。同邑林鳳麒妻梁氏、李忈孫妻吴氏、莫廷化妻黎氏、李獻時妻何氏、賴文祥妻李氏、張元談妻王氏，均嘉慶年間旌。

劉傳鈊妻梁氏。化州人。夫亡守節。嘉慶元年旌。同州楊朝政妻陳氏、陳傚妻楊氏、黄翰中妻陳氏、李仙樹妻洪氏、陳易義妻朱氏、陳遠韜妻顔氏、賴元蕙妻莊氏、莫偉傳妻陳氏、董三俊妻黄氏、麥訓妻楊氏、李美章妻賴氏、譚爾忠妻宋氏、曾省中妻吴氏、曾會聖妻吴氏、麥育嶸妻李氏、譚啓仁妻賴氏、麥育峋妻李氏、董廷綱妻陳氏、龐文高妻黄氏、梁璋妻蔣氏、陳文英妻李氏，均嘉慶年間旌。

陳彩龍妻李氏。吴川人。夫亡守節。嘉慶六年旌。同邑林縄蕴妻易氏、李堂妻姚氏、陳虞慶妻李氏、莫春華妻鄧氏、張宏韜妻吴氏、鄭之元妻袁氏、張洪焰妻吴氏，貞女鍾迪德聘妻吴氏，均嘉慶年間旌。

洗天潢妻李氏。吴川人。夫亡守節。嘉慶十五年，海寇刦其村，李與子荣珠渡硇洲，被擄勒贖，李誓不生還，駡賊死焉。尋旌。

陳欽虞妻李氏。石城人。夫亡守節。嘉慶十八年旌。同邑陳琩妻黄氏、羅集成妻林氏、龐振坡妻鄭氏、文爲光妻吴氏、廖開先妻羅氏、黄士元妻梁氏、胡懋仁妻陳氏，貞女黄熙正聘妻黎氏，均嘉慶年間旌。

仙釋

晉

潘茂名。潘州人。永嘉中，入山逢二道士弈，道士顧謂曰：「子亦識此否？」答曰：「入猶蛇竇，出似雁行。」道士笑可其說，因語之曰：「子頂骨貫於生門，命輪齊於日月，胥血未滅，心影不偏，修煉則可輕舉。」授以服食之法，仙去。

土産

銀。唐書地理志：高州、潘州、竇州、辯州、羅州皆貢銀。明統志：化州、電白、信宜、石城縣出銀。

珠。寰宇記：化州産珠。

鹽。寰宇記：化州産煎鹽。又曰石龍、吴川二縣煎鹽納本州，其廢廉江、幹水、零緑三縣人户，煎鹽輸廉州。

牛馬。寰宇記：高州産果下牛，高二尺，又産牸馬牛尾。

蚺蛇膽。唐書地理志：高州貢。明統志：茂名、電白、信宜三縣俱出，治大風。

孔雀。唐書地理志：羅州貢。寰宇記：高州貢。明統志：石城縣出。

鸚鵡。唐書地理志：羅州貢。明統志：吳川石城縣出。

香。寰宇記：竇州貢苔蒺香，樹生冬時，採葉煎之，氣甚芳澤，尤宜洗皁衣。明統志：化州出白香，株榦差大，以斧劚之，名曰「斧口」，而香氣始聚焉。

藥。寰宇記：高州産高良薑、益智子。又廉水、吳川中多益智子。明統志：化州出高良薑、橘紅。按：化州橘紅以州宅蘇澤堂所産爲佳。

竹簝。唐書地理志：辯州貢。

樹石屏。宋洪邁記：祁陽石，藉人力琢磨，惟高涼樹石屏，渾然天成，無斧鑿痕。

校勘記

〔一〕有詠松明火詩　「火」，原作「大」，據蘇軾詩集改。蘇詩題作夜燒松明火，曰「歲暮風雨交，客舍悽薄寒。夜燒松明火，照室紅龍鸞」云云。

〔二〕賴仙翁高涼風土歌云一條丁水銅魚寨　「寨」，乾隆志卷三四七高州府山川（下同卷簡稱乾隆志）同，輿地紀勝卷四二高州銅魚山條引風土歌作「塞」。

〔三〕開寶中廢入信義　「信義」，乾隆志及太平寰宇記卷一六三嶺南道竇州作「信宜」。按，信義至宋太平興國初改爲信宜，則在開寶時仍作信義。下特亮廢縣、懷德廢縣條同此。

〔四〕太平興國五年廢入石龍　乾隆志同，太平寰宇記謂開寶五年廢入石龍縣。

〔五〕寧村鎮　「寧」，原作「安」，據乾隆志及讀史方輿紀要卷一〇四廣東五改。按，本志避清宣宗諱改字。下寧川所條「寧」原亦避諱作「安」，同據改。

〔六〕羅郭佐　「羅郭」，原倒作「郭羅」，據乾隆志及明一統志卷八一高州府人物、雍正廣東通志卷三九忠義乙。下文亦稱「五節羅家」，其爲羅姓無疑。

廉州府圖

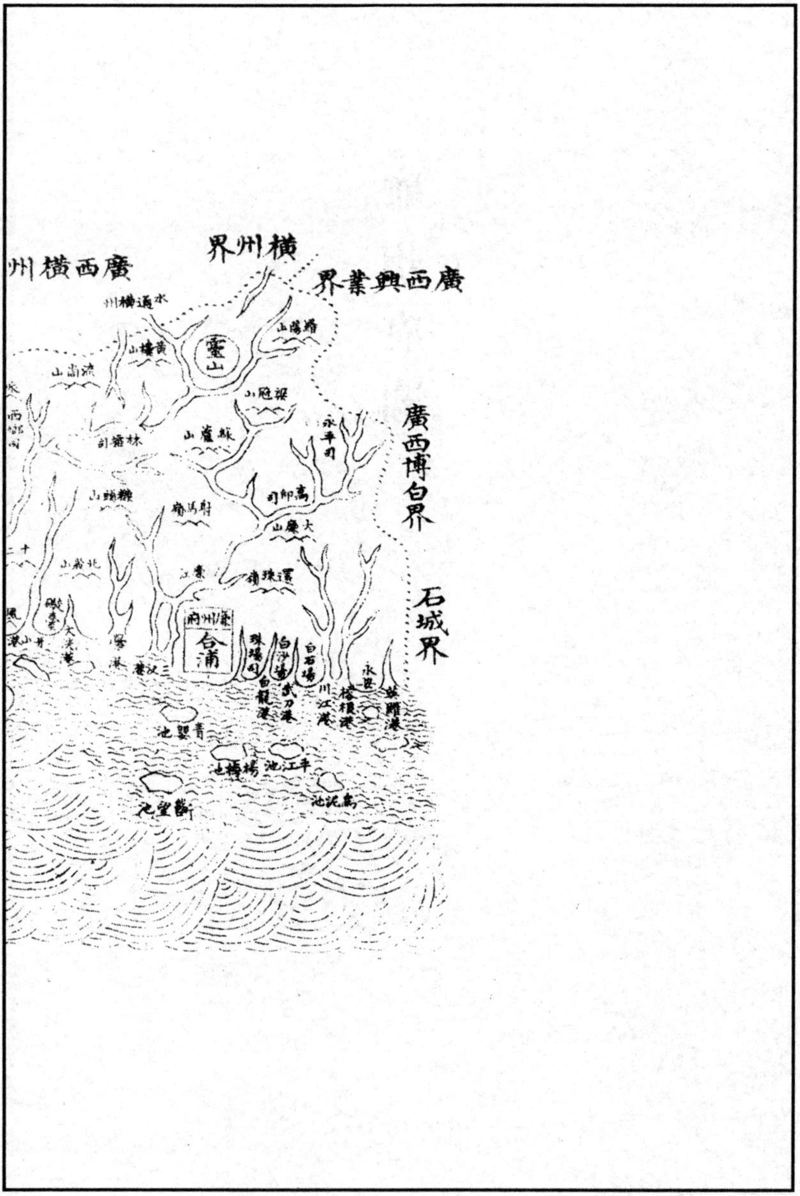
廣西橫州
橫州界
廣西興業界
廣西博白界
石城界
靈山
廉州府
合浦
永平司
大廉山
珠場司
白沙場
白石場
白龍港
武刀港
榕根港
青嬰池
楊梅池
平江池
斷望池

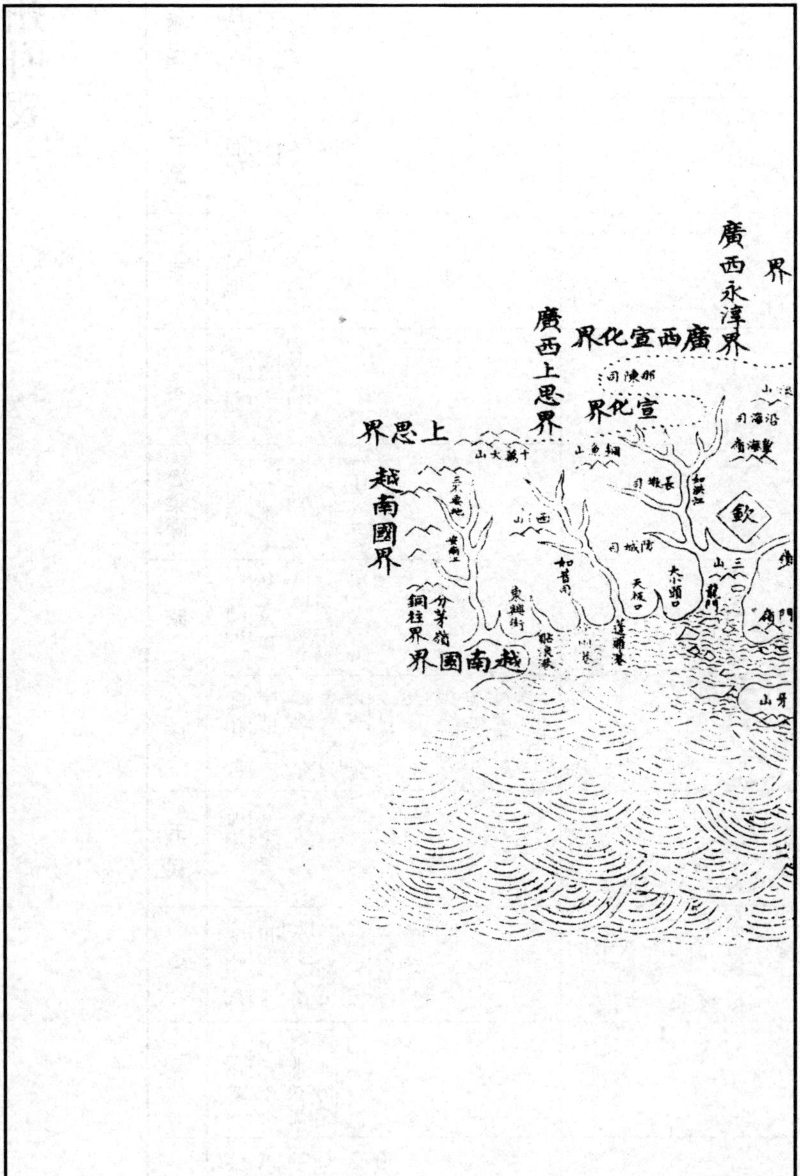
廣西永淳界
廣西宣化界
廣西上思界
上思界
宣化界
十萬大山
越南國界
銅柱界
分茅嶺
越南國界
欽

廉州府表

	廉州府	合浦縣
兩漢	合浦郡 初治徐聞。後漢移治。	
三國	合浦郡 吴黄武七年更名珠官郡。孫亮時復故。	
晉	合浦郡	
宋	合浦郡 泰始七年置越州。	
齊梁陳	合浦郡 齊移郡治徐聞。梁仍移郡及越州來治。	
隋	合浦郡 初廢郡。大業初改越州曰禄州，尋復郡。	
唐	廉州合浦郡 武德四年復置越州。貞觀八年改爲廉州。天寶元年改合浦郡。乾元元年復爲州，屬嶺南道。	
五代	廉州 屬南漢。	
宋	廉州合浦郡 太平興國八年廢州，置太平軍。咸平初復故，屬廣南西路。	合浦縣 太平興國八年廢入石康。咸平元年復移置，州治。
元	廉州路 至元十七年改路，屬海北海南道。	合浦縣 路治。
明	廉州府 洪武二年改府，尋降爲州。十四年復爲府，屬廣東布政司。	合浦縣 府治。

續表

合浦縣 初屬合浦郡。後漢爲郡治。					
合浦縣	珠官縣 吳置，屬珠官郡。				
合浦縣	珠官縣 屬合浦郡。	蕩昌縣 屬合浦郡。			新安縣 東晉置，屬合浦郡。
合浦縣	朱官縣 更名，屬合浦郡。	蕩昌縣			新安縣
合浦縣 齊屬合浦郡。梁復治。	齊廢。	蕩昌縣 梁廢。			新安縣 梁廢。
合浦縣					
合浦縣 州治。	珠池縣 貞觀六年置，屬越州。十二年省。				
合浦縣			常樂州 南漢置，領石康、博電、零綠、鹽場四縣。	石康縣 州治。	
			廢。	石康縣 開寶五年廢州，省博電等三縣入，屬太平軍。	
				石康縣	
				成化八年廢。	

越州臨漳郡 泰始七年立。	隴蘇郡 泰始中置，屬越州。		安昌郡 泰始七年置，屬越州。
越州臨漳郡 梁徙州治合浦郡，廢。	龍蘇郡 齊改名。 龍蘇縣 齊置，郡治。	陳置大廉縣。	安昌郡 齊領武桑、龍淵、石秋三縣。梁俱廢。
	開皇十年廢。 龍蘇縣 屬合浦郡。	大業初省入龍蘇縣。	
	廢。	大廉縣 武德五年復置，屬廉州。	武德五年置安昌縣，屬越州。貞觀中廢。
		大廉縣	
		開寶五年省。	

欽州			
合浦縣地。			
		百梁郡 宋置，屬越州。	
	封山縣 齊置郡，領安金縣。梁廢郡，改縣名。	百梁郡 領百梁、始昌、宋西三縣。梁俱廢。	
	封山縣 屬合浦郡。		
	封山縣 武德五年置姜州，分置東羅縣。貞觀十年州廢，以二縣屬廉州，尋省東羅縣。		蔡龍縣 武德五年置，屬姜州。貞觀十年州廢，屬廉州。
	封山縣		蔡龍縣
欽州 南宋移來治，屬廣南西路。	開寶五年省入合浦縣。		開寶五年省入合浦縣。
欽州路 至元十七年改欽州路，屬海北海南道。			
欽州 洪武二年升爲府，尋降州，屬廉州府。			

續表

	宋壽郡 屬越州。		
梁置安京郡。	宋壽郡 梁兼置安州。		黃州海寧郡 梁置。
安京縣 廢郡爲縣，屬寧越郡。	寧越郡 開皇中廢郡，改欽州。大業初又改郡。	欽江縣 郡治。	開皇初廢郡，改玉州。大業初廢。
保京縣 屬欽州。至德二年更名。	欽州寧越郡 武德初復置州，屬嶺南道。	欽江縣 州治。	陸州玉山郡 上元二年置陸州。天寶元年改玉山郡。乾元元年復爲陸州，屬嶺南道。
保京縣	欽州	欽江縣	廢。
安遠縣 初復曰安京。景德二年更名，仍屬欽州，後爲州治。	天聖元年徙治靈山。	天聖元年廢。	
安遠縣			
洪武七年省入州。			

續表

	靈山縣
	合浦縣地。
	宋廣縣 宋置，屬合浦郡。
安平縣 郡治。	宋廣縣 梁於縣置宋廣郡。
海安縣 大業初更名，屬寧越郡。	南賓縣 開皇中置，屬寧越郡。 遵化縣 開皇二十年置，屬寧越郡。 内亭縣 開皇十年廢郡。十七年更縣名曰新化。十八年又改名，屬寧越郡。
寧海縣 改名，州治。	靈山縣 屬欽州。天寶元年更名。 遵化縣 屬欽州。 内亭縣 武德五年置南亭州。貞觀二年廢，屬欽州。
	靈山縣 遵化縣 内亭縣
	靈山縣 天聖初爲欽州治。南宋仍屬欽州。 遵化縣 開寶五年省。 内亭縣 開寶五年省。
	靈山縣 屬欽州路。
	靈山縣 屬廉州府。

大清一統志卷四百五十

廉州府

在廣東省治西南一千四百九十里。東西距七百八十五里，南北距三百九十里。東至高州府石城縣界一百八十五里，西至廣西南寧府上思州界六百里，南至大海八十里，北至廣西南寧府横州界三百一十里。東南至雷州府遂溪縣界二百六十里，西南至交阯界四百二十里，東北至廣西鬱林州興業縣、南寧府横州夾界二百四十里，西北至廣西南寧府宣化縣、上思州夾界二百二十里。自府治至京師九千六十五里。

分野

天文翼、軫分野，鶉尾之次。

建置沿革

禹貢荆州南境。秦爲象郡地。漢爲合浦郡之合浦縣。郡治徐聞。後漢爲合浦郡治。三國吴改爲珠官郡，尋復故。宋書州郡志：合浦太守，漢武帝立。吳黄武七年，更名珠官，孫亮復舊。寰宇記以晉復爲合浦者誤。晉因之。宋泰始七年，分置越州。治臨漳，仍領合浦郡。齊、梁因之。隋平陳，郡廢。大業初，改州曰禄州，尋復爲合浦郡。唐武德五年，復曰越州。貞觀八年，改曰廉州。天寶初，曰合浦郡。乾元初，復曰廉州，屬嶺南道。五代屬南漢。宋太平興國八年，廢州，置太平軍。咸平初，復置廉州合浦郡，屬廣南西路。元至元十七年，置廉州路總管府，屬海北海南道。明洪武二年，改廉州府，尋降爲州，屬雷州府，十四年，復爲府，屬廣東布政使司。

本朝因之，屬廣東省，領州一、縣二。

合浦縣。附郭。東西距二百三十五里，南北距二百七十里。東至高州府石城縣界一百八十三里，西至欽州界五十二里，南至海岸八十里，北至靈山縣界一百九十里。東南至雷州府遂溪縣界二百六十里，西南至欽州界九十里，東北至廣西鬱林州博白縣界一百八十里，西北至靈山縣界一百十里。漢置合浦縣，屬合浦郡。後漢爲合浦郡治。晉、宋因之。齊移郡治徐聞，以縣屬焉。梁、陳復爲郡治。隋平陳，郡廢。大業初，仍爲郡治。唐爲廉州治，五代因之。宋太平興國八年，廢入石康縣。咸平元年，復置，仍爲州治。元爲廉州路治。明爲廉州府治，本朝因之。

欽州。在府西少北一百八十里。東西距三百五十里，南北距二百里。東至靈山縣界三十里，西至廣西南寧府上思州界三百二十里，南至大海六十五里，北至靈山縣界一百三十五里。東南至合浦縣界九十里，西南至交阯界二百四十里，東北至靈山縣界一百里，西北至上思州界二百里。漢合浦郡合浦縣地。劉宋分置宋壽郡，屬越州。齊建元二年，割屬交州。梁武帝於郡置安州。隋開皇中平陳，郡廢。十八年，改州曰欽州，治欽江縣。大業初，改州爲寧越郡。唐武德四年復置欽州，兼置總管府。貞觀元年，府罷。天寶初，復曰寧越郡。乾元初，復曰欽州，屬嶺南道。五代屬南漢。宋開寶五年，省欽江縣。天聖元年，徙州治靈山。

南宋復移州治安遠，屬廣南西路。元至元十五年置欽州安撫司，十七年改欽州路總管府，屬海北海南道。明洪武二年，置欽州府，七年降爲州，以州治安遠縣省入，屬廉州府。本朝因之。

靈山縣。在府西北一百八十里。東西距四百五十里，南北距二百一十五里。東至合浦縣界九十里，西至廣西南寧府宣化縣界三百六十里，南至合浦縣界一百六十里，北至廣西南寧府横州界五十五里。東南至合浦縣界七十里，西南至欽州界一百三十里，東北至廣西鬱林州興業縣界七十里，西北至横州界四十里。漢合浦縣地。隋開皇十八年，分置南賓縣，屬寧越郡。唐屬欽州。天寶元年，改曰靈山。五代因之。宋初，徙欽州寧越郡來治，屬廣南西路。南宋仍屬欽州。元屬欽州路。明洪武十四年，屬廉州府。本朝因之。

形勢

穿山爲城門。南齊書州郡志。大廉鎮其東北，巨海環於西南。府志。南濱大海，西距交阯，爲兩粤之藩籬。舊志。

風俗

土地磽确，無有田農。晉陶璜疏。夷人多採珠及甲香爲業，親戚宴會，以匏笙銅鼓爲樂。寰宇記。俗以亥日聚市，黎蛋壯稚以荷葉包飯而往，謂之趁墟。病不求醫，惟事巫祝。宋圖經。俗有四民，一曰客户，居城郭，解漢音，業商賈；一曰東人，雜居鄉村，解閩語，業耕種；一曰俚人，深居遠村，不解漢語，惟耕墾爲活；一曰蜑户，舟居穴處，亦能漢音，以採海爲生。宋圖經。人性儉樸，詞訟簡稀。府志。

城池

廉州府城。周一千六百七十丈，門四，有池。宋元祐中土築。明洪武三年增築西城，宣德中甃東城石，成化二年增甃。本朝順治十八年修，康熙、雍正中重修。合浦縣附郭。

欽州城。周六百丈，門三，有池。宋天聖元年建。明洪武中增建。本朝康熙二十三年修，乾隆八年、十六年重修。

靈山縣城。周六百四十丈，門四，有池。明正統五年建，成化中增建。本朝康熙六年修，二十年、雍正六年、乾隆八年、三十四年重修。

學校

廉州府學。在府治南。明嘉靖十七年建。本朝康熙十三年修，五十九年、乾隆四年、嘉慶二十一年重修。入學額數二十三名。

合浦縣學。在縣治南。明嘉靖十五年建，崇禎中圮，附於府學。本朝康熙四十年改建舊所，嘉慶二十二年修。入學額數八名。

欽州學。在州治西。明成化五年建，弘治後屢遷，天啓五年復建舊所。本朝康熙元年修，五十六年、乾隆三十七年、五十八年、嘉慶二十二年重修。入學額數八名。

靈山縣學。在縣治西。舊在西門外，本朝康熙四十二年遷建。四十五年修，五十五年、雍正六年重修。入學額數八名。

了齋書院。在府治西宣化坊，爲宋陳瓘謫居讀書之所。明成化中建了齋祠，嘉靖二年改爲書院。本朝康熙四十二年重建。

天南書院。在府城西。康熙二十九年建。

大廉書院。在合浦縣大廉鄉。嘉慶二十年建。

六湖書院。在合浦縣六湖鄉。嘉慶二十年建。

珠場書院。在合浦縣珠場鄉。嘉慶二十年建。

欽江書院。在欽州城内西南隅。乾隆三十七年建。

東坡書院。在欽州城外上南關，天涯亭後。康熙三十四年建。

鰲州書院。在欽州鰲洲。乾隆十七年建。

西靈書院。在靈山縣治左。康熙二十六年建。

海門書院。在靈山縣城外砥柱磯。舊爲還珠書院，康熙四十五年建，乾隆十八年重建，改今名。按：舊志載尚志書院，在府城内，明嘉靖二十四年建，今廢，謹附記。

户口

原額人丁二萬三千四百四十三，今滋生男婦大小共四十四萬四千八百七十名口。

田賦

田地山塘共七千三百七十三頃四十九畝二分有奇，額徵地丁正、雜銀二萬三千二百八十二兩四錢九分二釐，遇閏加徵銀五百九十八兩九錢二分五釐，米六百三十四石五斗三合五勺。

山川

冠蓋山。在合浦縣東八里，形如紗帽。下有惠澤靈泉，禱雨輒應。

夫人山。在合浦縣東。寰宇記：廉州有殯山，即宋陳伯紹殯妻之處，故名。輿地紀勝：夫人山，在縣東一百二十七里，陳伯紹葬妻於此，因名。一名賓山。明統志：在縣東一百二十里。

畫山。在合浦縣東。輿地紀勝：在古縣北五十七里，其山百卉明艷，四時新鮮，其狀如畫。明統志：在府城東一百五十里，峯巒秀麗如畫。

百良山。輿地紀勝：在合浦縣東一百三十里，山自白州來，林木深廣，工匠求良材，百不失一。明統志：在縣東一百五十里。通志：在畫山東十里。

北峩山。在合浦縣西北一百里，高百餘丈，以峯勢嵯峩而名。

糠頭山。在合浦縣西北。元和志作糧頭山。寰宇記：糠頭山，尉佗駐軍處，居人舂穀，積糠成山，山若鳴則風颷立至。明統志：在府城西北一百四十里，今呼爲狼頭山，又名軍頭山。

五黄山。在合浦縣西北一百七十里。明統志：相傳昔有樵者迷路，遇五人，黄冠朱顔，指示得歸，因名。俗呼五皇嶺。舊志：高五百餘丈，連亘數十里。

登高山。在合浦縣東北三十里，廢石康縣東。通志：重九士民登眺於此，銅船湖出其陽。

白石山。在合浦縣東北六十里，山石皆白。又十里爲三山，三峯峭立。按：九域志石康縣有白石鎮，應在山下。

黄稻山。在合浦縣東北九十里，州人多於山下種稻。又北十里有箄竹山。

大廉山。在合浦縣東北。元和志：唐廉州，取大廉洞爲名。輿地紀勝：大廉縣有大廉洞。府志：東漢時，費貽爲合浦太守，有廉名，去之日，百姓追送至此，遂以名山。縣志：在縣東北一百里，山形秀拔，盤礴數十里，與博白縣蟠鱗山相連，大廉洞在其陽，陸湖洞在其陰。

姜山。在合浦縣東北。輿地紀勝：大廉縣有姜山，在古縣北三十里，遶山居人皆姓姜。明統志：在府城東北一百四十里。府志：在東北一百二十里，唐姜神翊曾家於此。

大墓山。在欽州東三十里。脈自靈山縣治山來。明統志：相傳唐諫議大夫甯原悌墓在此，故名。

橫山。在欽州東南二十里。脈自十二嶺來，其形延遠，橫擁州治，一名鷄鳴山。又東十里曰鷄籠山。

牙山。在欽州東南龍門外海之東，去龍門六十里，海中特起三峯，廣十里，形如排牙。州志：距牙山二十里，地名金鼓嘴，迤東爲烏雷港，迤西爲馬鞍山，皆海外扼吭之地。

文筆山。在欽州南五里。一名鎮安峯，又名尖山，山巒峭拔，狀如文筆。

三山。在欽州南。輿地紀勝：在安遠縣南五里。又有孔雀山，在州西南五里，一名内三山，其山三峯峙立，出一郡衆山之表，中多孔雀，陶弼創三山亭於其上。明統志：三山嶺在州南五里，一名孔雀山。

墨抹山。在欽州西南一百里。高百餘丈，四時雲氣蒙罩如墨，其水流爲鳳凰江。按：輿地紀勝有青雲山，在安遠西八十里，疑即此。

招遠山。在欽州西南一百里。舊名灘零山。通志：明宣德六年，御史朱鑑陟其嶺，招降叛民黄金廣，因改名焉。

西丫山。在欽州西五十里，永樂鄉路經此。

社龍山。在欽州西北四十里。州境之山，惟此爲高。亦名天擊山，山巔石大如卵，相傳皆雷所擊。

銅魚山。輿地紀勝：在欽州西北八十里，相傳山下有巨石陂隄，下鑄大銅魚，以爲水竇，因名。一名古竇山。

羅浮山。在欽州西北。隋書地理志：安京縣有羅浮山。元和志：俗傳似循州羅浮山，因名。輿地紀勝：山在州西北六十五里，即安京山。州志：在州西北九十里，脈自銅魚山來，俗呼麓撒山。

十萬山。在欽州西北二百里，與上思州接界。脈自上思州槤羊嶺來，西抵思陵，起伏蜿蜒，有四百餘峯，那浪江出其下。

又王光山，在州西北一百七十里，與十萬山相連。

北浪山。在欽州北三十里。一名百浪山，自望火嶺連延十里至此，形如波起，林箐茂密，樵採資焉。其北爲那懷山。又鞋山，在州北五十里。雁蘆山，在州東北八十里。

泗州山。在靈山縣東二十里。旁爲鳳皇山，多樹木，下有鳳皇陂。

羅陽山。輿地紀勝：在靈山縣東二十里。通志：在縣東三十里，日出則必先照，故名。府志：脈自貴縣來，有一十九峯，高千餘丈，延亘百餘里，南岸大江出焉。

百零山。在靈山縣東四十五里，石隆狼、猺必由之路。又天堂山，在縣東五十里。

梁冠山。在靈山縣東南二十里，南接合浦縣界。下有馬跡石，又名大石嶺，水西南流爲大潮江。

緑蘆山。明統志：在靈山縣南二十里，其山多産蘆竹。新志謂之轆轤山，在縣南三十里，脈自合浦縣萬安鄉來，多霧，至秋尤甚。

林冶山。在靈山縣西南五十里。脈自城隍嶺來，極高峻。

博嶺山。在靈山縣西南五十里，爲轆轤支山。山形廣博，故名。龍門水出焉。府志：又名澤嶺。

狼濟山。在靈山縣西南一百二十里。脈自管根山來，水流爲水車江。山有石壁，外有石人夾峙，名狼濟石。唐甯原悌讀書於此。

博峩山。在靈山縣西少南二百四十里，西去欽州八十里。脈自林冶山來，極深峻，欽、廉大道經其下。一名那墓山。

石六峯山。在靈山縣西一里。其峯有六，因名。縣志：石六峯西一里有獨立峯，挺然獨立。

花石山。在靈山縣西二里。石上有紋，故名。按：縣志別有花石山，在西南九十里，大江西岸。

流峒山。在靈山縣西七十里。舊州江出焉。按：輿地紀勝有天井山，在縣西七十里，疑即此。

管根山。在靈山縣西九十里。脈自流峒山來，山巔分界，東爲本縣，西爲欽州。

古豆山。在靈山縣西二百里。以產紅豆得名。那寧江出焉，南合漁洪江。

派浪山。在靈山縣西二百三十里。一名那浪山，脈自永淳縣上洲山來，西鄉巡司路經其旁。旁有茶山，以產茶故名。

黄樓山。在靈山縣西北十五里。昔有黄、姜二姓居此，又名黄姜嶺。俗名廣屋嶺。

龍牙山。輿地紀勝：在靈山縣北二十餘里。縣志謂之龍池山，在縣北三十里，山有數峯，最高者曰龍牙，其西爲朝天嶺，以高峭得名。

紅牙山。輿地紀勝：在靈山縣北二十五里。明統志謂之洪牙山。通志：在縣東北三十里，一名洪崖山，又名分水嶺，與横州接界，水流爲南岸江。縣志：山在洪崖都，極高廣，大路所經，旁曰大龍山，重疊延長，蜿蜒如龍，水南流爲烏江，北流爲浮龍江。

西靈山。在靈山縣北。一名豐子嶺。按：元和志豐子嶺在欽江縣北一百二十里。又曰貞觀十年，移南賓縣於峯子嶺，峯子即豐子也。九域志靈山縣有豐子嶺。輿地紀勝峯子嶺，爲縣主山。又曰西靈山在欽州西北一百餘里，貞觀十年，移靈山縣治此。是西靈即豐子也。明統志西靈山在縣西一百餘里，峯子嶺在縣東北二十五里。分爲二山誤。諸志謂西靈在縣西北百餘里，疑即今流峒、管根諸山。新志以豐子近在縣北，又以石六峯爲西靈，皆誤。

東山嶺。在合浦縣東十里。昔人題爲「海角第一峯」。縣志：嶺南爲草花嶺，圓峯三五疊起，產異花，不可移植。又南爲牛尾嶺。

青山大嶺。在合浦縣東二十里。又東曰牛角嶺，一名望牛嶺，大灣江出焉。又東曰傜人嶺。

龍門嶺。在合浦縣東八十里。龍門水出焉。府志：郡人呼山之有林木者曰山，無林木者曰嶺。

獨峯嶺。在合浦縣南少東二十里。平地突起，孤峯峻聳，絶頂可見媚川珠池。

九頭嶺。在合浦縣南十里。脈自青山，繞城東折而西抵廉江，丘阜纍纍，以千百計，江行數之，其頭有九，故名。

冠頭嶺。在合浦縣南八十里，西南臨江，東北去乾體營四十里。脈自大廉，由草花、牛尾漸伏而西，躍出海邊，亘二十里，形勢穹窿，山石皆黑如冠，南北皆澳，海船艤焉。府志：俗傳交阯黎王葬此，交阯人每年望海祭之。

射馬嶺。在合浦縣北三十里。由府達靈山，官道經其下，高聳多石，行者至此必下馬，故亦名卸馬嶺。

鸚鵡嶺。在合浦縣北三十里，廢石康縣西。思鄉水出此。

環珠嶺。在合浦縣東北二里。舊有環珠亭，故名。

雙角嶺。在欽州東五里。兩峯對峙如角，靈山大路經此。又望州嶺，在州東十里，入府大路經此。

十二嶺。在欽州東南十里。脈自靈山縣那墓山來，鹽場路經此。

風門嶺。在欽州東南海濱。二山對峙若門，常多風，故名。

烏雷嶺。在欽州東南。一名烏雷門，突起海濱，其地險要，設兵防守。州志：脈自那墓山蜿蜒頓爲十二嶺，亘出大海伏波廟前，廉州水路經此。

分頭嶺。在欽州西十五里。有瀑布自石頂瀉落深潭，灌田百畝，即瀑布灣也。

分茅嶺。在欽州西。輿地紀勝：與安南抵界。明統志：漢馬援征交阯，立銅柱其下，與之分界，山頂產茅，草頭南北異向，至今猶然。通志：明宣德二年，陷入交阯新安州。嘉靖二十一年，莫登庸降，仍歸版籍。府志：在州西南古森峒，唐節度使馬總立銅柱，稱伏波者誤。州志：在州西南三百六十里。

望火嶺。在欽州北十里。其上望見城郭烟火，辛立路經此。

望海嶺。在欽州北。輿地紀勝：在安遠縣北十里。明統志：在州北十五里，可登以望海。

馬鞍嶺。府志：在靈山縣東四里，又名天馬山。又射鶴嶺，在縣東南十里，脈自梁冠山來，旁爲射狼嶺、射狸嶺。又銅鼓嶺，亦在縣東南十里。又鹿嘶嶺，在縣南十里。雙鶴嶺，在縣西南二里。

六湟嶺。在靈山縣西南一百里。脈自安業鄉之社巒山來，烏家驛經其下。又有五湟嶺，在縣南十里。

城隍嶺。在靈山縣西三十里。脈自轆轤山來，欽州官路經其旁。

石龍峯。在靈山縣西二十里。形如蟠龍，下有石龍巖，巖下有潭，禱雨輒應。

三海巖。輿地紀勝：在靈山縣西二里，一曰月巖，一曰龜巖，一曰錢巖，總名曰三海巖。宋陶弼三海巖序：治平三年春詔徙欽州靈山治於石六峯下，余道由玆山，命邑官除道刊木，得三巖於蓁莽間。其一呀然雲際，天光内通，如月半破。一若巨龜殻，側倚巖下。又一中窪上隆，前卑後昂，狀若覆鼎，上有陰竅，刀布藏焉。下有盤石，螺蚌負之。疑古時海漸於此，因名之曰三海巖。縣志：縣西一里爲石六峯，其西爲三海巖，旁曰穿鏡巖，與三海相接，翠屏高聳，中通一竅，其中天日，恍若穿鏡。又有獨虎巖，内有池，寬七八丈，不涸。

仙巖。輿地紀勝：在靈山縣西八十里，地名陁令村。

蔡龍洞。在合浦縣東北百餘里，三山之北。輿地紀勝：唐置蔡龍縣，因蔡龍洞爲名。

龍門。在欽州南六十里。府志：欽州之山，自東來者，經佛子面、黄坡頭至海，皆西向，自西來者，經天板口、大小頭口至海，皆東向，兩山對峙若門，中有石若砥柱，内瀦巨浸曰小海。欽江、漁洪二水會流於猫尾，南流經此，出注大海。龍門之外，羣山錯列海中，有七十二水道，隨山而轉，彼此相通，俗名爲「龍門七十二徑」，自此東徑牙山、烏雷嶺，達合浦縣，西徑涌淪、周墩，達交趾永安州，實一州要害之地。

海。府南境距海，東接高州府石城縣界，西經合浦縣南八十里，又西經欽州南六十里，曰龍門海，又西接交趾界。舊唐書地理志：合浦縣，大海在西南一百六十里。寰宇記：太平軍南至白沙，枕大海十五里，東南至陸州珠池〔一〕，極海岸與瓊州相對處四十四里。欽州南至大海一百三十里。欽州志：大海在州南一百餘里，自此涉海至西南岸，即交趾朝陽鎮。州西南有水口六處，曰潭家、黄標、藏涌、西陽、大亭、小亭，並入海之路，皆置卒戍守。舊志：合浦縣入海水道有白龍港，在縣東南四十里，相近有武刀港、珠場港，在縣東南五十里；大廉港，一名川江港，在縣東南六十里；榕根港，在縣東南一百六十里；又東二十里爲英羅港，一名官砦港，接高州府石城縣界；又三汊港，在縣西南三十里；鬻港，在縣西南五十里。欽州入海水道有南港，在州南六十里；牙山港，在州東南七十里；大觀港，一名大洸港，在州東南九十里；又漁州港，一名那浪港，在州西南一百八十里；其東爲篷羅港，又貼浪港，在州西南二百四十里，接交趾界。

白沙江。在合浦縣東一百二十里。源出廣西博白縣界榮草岸横江，曰香草江，南流至白沙塘，又南流至榕根港入海。又新寮江，在縣東六十里，源出母鷄山。壓馬江，在縣東十五里，源出陸湖峒。俱南流由大廉港入海。又大河江，在縣東南三十里，源出望牛嶺，西南流由武刀港入海。

廉江。在合浦縣東南。舊唐志謂之合浦江。九域志謂之宴水。輿地紀勝：宴水在合浦縣北，源出容州大容山〔二〕。明統志：廉江在府城北三十里，西南流至州江口，分爲五江，曰州江、陳屋江、白沙塘江、大橋江、新村江，環流郡西南入海。舊志：廉江，至石康曰宴江，至石灣渡曰石灣江，分流爲州江，繞縣西門外，爲第一渡。陳屋江，今呼爲王屋屯江，在縣西五里，爲第二渡。白沙塘江，一名猛水江，在縣西十里，爲第三渡。大橋江，在縣西二十里，爲上洋渡。其新村江即州江正流，實止分爲四水，皆由三汊港入海。府志謂之南流江，自博白縣流入，至合浦縣東北一百八十里合古欖水，又六十里合張沐溪，又三十里合武利江，又西合烏木江，至縣西北二十里，曰州江口，分流環郡，西至三村鄉入海。郡人呼水之通舟筏者曰江，僅資灌溉曰水，二水相通處曰滘，水之入海處曰港。

武利江。在合浦縣北一百十里。源有三，一自歸德鄉小雙山，一自靈山縣張濛山，一自萬安鄉謝城嶺，會於武利埠，南流經城西入海。又北八十里有明月溪水，至夜湛然如月。

烏木江。在合浦縣東北四十里。源出大廉山，西流經廢石康縣北一里，入廉江。又洪潮江，在縣西北四十里，源出靈山縣博峩山，東南流入新村江。

欽江。在欽州東。元和志：欽江源出遵化縣東北闍博山，去欽江縣東二百步。府志：欽江自靈山縣合舊州江入州界，又至州東南三里，分爲小江，又南入海。其小江西南流，與漁洪江合，出龍門，入海。

平銀江。在欽州東三十里。上流即靈山縣之大洸江，流經州東，有平銀渡，與靈山縣分界，又南由大觀港入海，與合浦縣分界。又丹竹江，在州東北三十里，源出靈山縣之楊梅洲，南流合平銀江。

防城江。在欽州西南一百五十里。源出十萬山，南流由漁洲港入海。

如洪江。在欽州西。九域志：安遠縣有如洪江。輿地紀勝：如洪江在安遠縣西北，南流入海。府志謂之漁洪江，在州西二十里，亦曰東江，源出靈山縣古豆山，南流合大寺、涌淪、鳳皇三江，又南合欽江，出龍門入海。其大寺江，一名團良江，在州西北六十里，源出上思州棲羊嶺。涌淪江，一名西江，在州西五十里，源出涌淪村。鳳皇江中有鳳皇洲，一名長墩，在州西南三十里，源出墨抹山。俱東南流，合漁洪江。又水車江，在州北一百里，源出靈山縣狼濟山，西南流入州界，經小董村，一名小董江，流合漁洪江。

南岸江。在靈山縣東。通志：南岸江源有二，一出羅陽山，一出洪崖山，皆流經縣南，會爲欽江。新志謂之南岸大江，發源羅陽、天堂二山，流經縣南二里。又有南岸小江，即縣治前烏江，源出大龍山，流合豐子嶺小水，繞縣治東南，轉西至三水口合大江。

舊州江。在靈山縣西七十里。源出流峒山，東南流四十里，入南岸江。又馬槽江，在縣西北十五里，源出廣屋嶺，南流入大江。又那良江，在縣西北，源出黄樓山，流經思安都〔三〕，南至水口村，合南岸大江。又有小水，曰風帶江。又大潮江，在縣南十里，源出梁冠山，西流入南岸江。又龍門江，在縣西南五十里，源出博嶺山，西南流入南岸江。又水車江，在縣西南一百七十里，發源狼濟山，南入大江。

那安江〔四〕。在靈山縣西一百里。源出古豆山，南流入欽州，爲漁洪江。又黄檝江，在縣西二百六十里，源出上安都古克村，北流入廣西宣化縣界，爲八尺江。又浮龍江，在縣東北三十里，源出洪崖山，北流經藍水、銅鼓灣，入横州界。

龍門水。在合浦縣東二里。源出龍門嶺，西流分爲二支，曰源頭，曰龍門，環城北入州江。

金雞水。在合浦縣東。明統志：在廢石康縣東二十里，昔有金雞浴於水旁，故名。通志：縣東十五里有清水江，一名金雞水，源出青山嶺，西北流繞城北入州江。又有白鵝江，在縣東十里，源亦出青山麓，西北流入清水江。

思鄉水。在合浦縣東北五里。明統志：發源石康思峒山，流出武利江，復回縣界入宴江，以其去而復還，故名。

石欄水。在欽州西五里。水底有石欄横生。舊志：其水無源，係小江汊隨潮上下，底有石欄，一名石纍槽。

南北湖。在合浦縣城中。龍門水由龍津橋穴城而入，匯爲北湖，南流出雲龍橋，復匯爲南湖，又穴南城出，入江。

銅船湖。在合浦縣東北登高山之陽，今堙。交州記：銅船湖，去合浦縣四十里，每陰雨，輒見銅船出水。寰宇記：馬援製銅船五隻，一留北湖中，四隻將過海征林邑。

五湖。輿地紀勝：在欽州城外，有東湖、西湖、南湖、北湖、中湖，並嘉祐八年開。州志：即今四面城濠。

張沐溪。在合浦縣東北一百二十里。源出縣境東堂鄉張濛屯，曰張沐溪，流經縣東八十里曰張濛溪，又南入廉江。輿地紀勝：昔有隱士張沐居此，因名。

緑雲溪。輿地紀勝：在合浦縣東北一百八十里。通志謂之古欖水，源出縣東北歸德鄉六瀆村，流經博白縣界，由永安鄉入廉江。

鐘灣。在合浦縣南七里，有灣接江通海。明統志：宋政和間，靈覺寺鐘一夕飛去，既明，懸空而下，鐘猶濕，灣旁居人言灣中每夜有鐘聲，謂必與龍戰，寺僧鑿去頂上龍角，乃止。至今灣中風起，有一物大如車輪，藍色，湧出波心。

淡水灣。在欽州東南龍門之東七十里海濵，東達烏雷，西望牙山，中有巨石，淡水出焉。舟楫往來，常於此渡水。

瀑布灣。在欽州西十里。輿地紀勝：在那容村巨石岸下，其瀑自石頂飛激，下成深灣，歲旱，鄉人以石投之，雨立至。

圍洲。一作瀶洲，在合浦縣南珠母海中，接雷州府界。寰宇記引交州記云：合浦十八里有圍洲，周圍一百里，其地産珠。縣志：在縣南冠頭嶺南大海中，去海壖約二百里，去永安所一日程。明萬曆六年，移雷州民耕住其地。十八年，設遊擊鎮之。二十八年，移於永安所。

珠池。在合浦縣東南八十里海中。舊唐書地理志：廉州合浦縣有珠母海，郡人採珠之所。寰宇記：珠母海，去石康縣八十里，即合浦也。凡珠瑺出於蚌，蚌母廣數寸，長尺餘。輿地紀勝引郡國志云：合浦縣海曲出珠，號曰珠池。又嶺外代答云：合浦産珠之地，名曰斷望池，出岸數十里，蜑人没而得蚌剖珠，蜑家自云：海中珠池，若城郭然，其中光怪，不可嚮邇，常有怪物護持。縣志：最東曰烏泥池，西十里曰海渚沙，又西十里爲平江池，又西八里爲獨攬沙，又西五十里爲楊梅池，又西十五里爲青嬰池，又西五十里爲斷望池，東西總計一百八十三里。

古蹟

東百良山下。

安昌故城。在合浦縣北。南齊書州郡志：越州刺史，宋泰始七年始置安昌郡，領武桑、龍淵、石秋三縣。舊唐書地理志：越州領安昌縣，武德五年置，貞觀十二年廢入合浦。按：宋有安昌郡，無安昌縣，唐所置縣當即故郡地。宋郡并三縣蓋皆廢於梁、陳時。又案：宋志越州領百梁郡，南齊志郡領百梁、始昌、宋西三縣。蓋亦廢於梁、陳時，故址應皆在府境。或曰在今縣

越州故城。在合浦縣東北。宋書州郡志：泰始七年立，領臨漳郡。南齊書州郡志：越州鎮臨漳郡，本合浦北界，夷獠雜處，隱伏巖障，寇盜不賓，略無編户。宋泰始中，西江都護陳伯紹獵其地，見二青牛驚走入草，逐之不得，乃誌其處，云：「此地當有奇祥。」啓立爲越州。元徽二年，以伯紹爲刺史，始立州鎮，穿山爲城門，威服俚獠。其臨漳郡，領漳平、丹城、勞石、容城、長石、都井、綏端七縣，後俱廢。元和志：越州城在合浦縣東十里，即陳伯紹所理。寰宇記：宋置臨漳郡，以界内漳江爲名，俗號青牛城。通志：越州故城在縣東北八十里舊廉州之東。府志：在城東十里。

合浦故城。在合浦縣東北。漢置。唐爲廉州治。寰宇記：開寶五年，自舊州移理西南四十里，地名長沙，置州。太平興國八年，廢州入石康縣。九域志：咸平元年，復置廉州，仍置合浦縣爲治。明統志：府城東北七十五里蓬萊鄉，唐州治此。通志：今名舊州村，又有故縣，在今縣西北十五里多歡鄉。

安遠故城。今欽州治。舊志：梁武帝分宋壽郡置安京郡。隋平陳，廢郡爲安京縣，屬寧越郡。唐屬欽州。至德二年，改曰保京。宋初復曰安京。景德二年，改曰安遠縣，仍屬欽州。南渡後，移州來治，爲倚郭縣。明洪武七年，省入州。

欽江故城。在欽州東北。隋置欽江縣，爲欽州治。宋天聖元年，移州治靈山，省入。明統志：欽州故城，在今州東三十里，隋、唐時州治此。州志：故州城在今州東北五十里，地名高沙，土城遺址尚存。

靈山故城。在今靈山縣西。元和志：欽州靈山縣，南至州九十六里，水路一百二十里。隋開皇中，於州北四十八里置南賓縣。唐貞觀十年，移於峯子嶺南。天寶元年，改爲靈山。今縣南四十里謂之水步即是，欽州人北來泝流捨舟登陸處。寰宇記：靈山縣，漢合浦縣地。舊在州北六十六里，今爲州所理。宋陶弼三海巖敘略：治平三年，詔徙靈山縣治於石六峯。縣志有舊州墟，在今縣西八十里下東鄉。唐自欽江徙州治於此，宋徙州治，南宋又徙州治於安遠。

珠官廢縣。在合浦縣南。三國吴置。南齊廢。晉書地理志：合浦郡，領珠官、蕩昌二縣。宋書州郡志「珠官」作「朱官」，吴立。蕩昌，晉武分合浦立。又領新安縣，江左立。梁、陳時皆廢。

珠池廢縣。在合浦縣南。舊唐書地理志：貞觀六年置，屬越州，後屬廉州。十二年省入合浦。

封山廢縣。在合浦縣西北。蕭齊越州領封山郡，郡領安金一縣。梁、陳時廢郡爲封山縣。隋書地理志：合浦郡，領封山縣。舊唐書地理志：武德五年，於封山縣置姜州，併領東羅縣。貞觀十年，州廢，二縣俱屬廉州。後又併東羅入封山。寰宇記：封山縣，在舊州西北一百二十里，本漢合浦縣地。開寶五年併入合浦。

蔡龍廢縣。在合浦縣北。舊唐書地理志：武德五年置，屬姜州。貞觀十年州廢，屬廉州。寰宇記：縣在舊州北一百五十里。宋史地理志：開寶五年，廢蔡龍縣。舊志：在府西北一百五十里。按：唐志武德五年越州領高城縣，貞觀十二年併入蔡龍。舊址亦應在今縣北界。

石康廢縣。在合浦縣東北。寰宇記：常樂州元領石康、博電、零緑、鹽場四縣。開寶五年，廢州，併博電、零緑、鹽場三縣爲石康一縣，屬太平軍。輿地紀勝：常樂州及諸縣皆南漢所立。九域志：縣在廉州東北三十五里。明統志：石康縣，元屬廉州路。洪武初改屬雷州，十四年復故。舊志：明成化八年省入合浦，今爲石康墟。按：南齊志越州有鹽田郡，領杜同一縣，疑即五代之鹽場縣，當在今縣東南界。

龍蘇廢縣。在合浦縣東北。宋書州郡志：越州領隴蘇郡，新立。南齊州郡志作龍蘇郡，領龍蘇一縣。隋書地理志：合浦郡領龍蘇縣，舊置龍蘇郡，平陳，郡廢，大業初併大廉縣入。唐初廢龍蘇。武德五年，復置大廉縣，屬越州，尋屬廉州。寰宇記：大廉縣，在舊州東南一百里，本漢合浦縣地。開寶五年，併入合浦。通志：今縣北百里進誠鄉有龍村、蘇村，或曰即龍蘇故縣也。

烏雷廢縣。在欽州西南。元和志：陸州有烏雷縣，本在州東，水路三百里。總章元年，置在海島中，因烏雷洲爲名。大曆三年，與州同移於海安縣西，北至州一里。舊唐書地理志：陸州治烏雷縣，西南至寧海縣二百四十里。五代時廢。舊志：今州東南烏雷嶺尚以故縣爲名。

華清廢縣。在欽州西南。隋書地理志：海安舊有玉山縣，大業初省入。元和志：華清縣本玉山縣，天寶元年改名。本在烏雷縣北四十里，大曆三年與州同移於海安縣。南枕大海，西至州一里。五代時廢。

寧海廢縣。在欽州西南徼外。本漢交阯郡地。蕭梁置安平縣，兼置黄州及海寧郡。隋開皇初，平陳郡廢。十八年，改州曰玉州。大業初，州廢，改縣曰海安，屬寧越郡。唐曰寧海縣，爲陸州治。元和志：陸州治寧海縣，以在海南，有陸路通海北，因以爲名。舊唐書地理志：高宗上元二年置陸州，天寶初改玉山郡，乾元初復曰陸州。東至廉州界三百里，南至大海。寰宇記：欽州西南至陸州二百四十里。輿地紀勝：今在化外。

如和廢縣。在欽州西北。舊唐書地理志：武德五年，分安京置如和縣，屬欽州，後改屬邕州。又曰：安京山下有如和巖，縣蓋置於此。

遵化廢縣。在靈山縣西南。隋書地理志：寧越郡領遵化縣，開皇二十年置。舊唐書地理志：欽州領遵化縣，武德五年屬南亭州，貞觀二年復來屬。元和志：縣西南至州一百八十里。宋史地理志：開寶五年，省入靈山。縣志：廢縣在縣南十里，西南去州一百五十里。

內亭廢縣。在靈山縣西。方輿紀要：劉宋置宋廣縣，屬合浦郡。南齊書州郡志：合浦郡宋廣。隋書地理志：寧越郡領內亭縣，舊置宋廣郡，平陳廢郡爲縣，十七年改縣曰新化，十八年又改內亭。舊唐書地理志：武德五年，於內亭縣置南亭州。貞觀二年，州廢，屬欽州。元和志：縣東南至州一百里，因內亭水爲名。宋史地理志：開寶五年，廢入靈山。縣志：廢縣在縣西南九十里，西南去州六十里。

廢太平軍。在合浦縣西南。寰宇記：太平興國八年，廢廉州，移就龍門三十里建太平軍。咸平元年廢軍，復置廉州。按：輿地紀勝龍門鎮在廉州西南三十五里，即軍治。

媚川都。在合浦縣南。輿地紀勝引通略云：初劉鋹在廣南，置媚川都，令人入海採珠，溺死者衆。開寶五年，詔廢之。今合浦縣尚有媚川館。府志：在郡城南。

銅柱。在欽州西分茅嶺。晉書地理志：日南郡象林有銅柱，漢置此爲界。水經注：建武十九年，馬援樹兩銅柱於象林南界。隋書楊方傳：方進，逕馬援銅柱，南行八日，至林邑國都，刻石紀功而還。唐書南蠻傳：明皇詔特進何履光以兵定南詔境，復立馬援銅柱。輿地紀勝：欽州古森峒，與安南抵界，有馬援銅柱，安南人過其下，人以一石培之，遂成丘陵。其說曰：援有誓云：「銅柱出，交趾滅。」培之，懼其出也。通志：明崇禎九年，參議張國經訪銅柱遠近，得貼浪老叟黄朝會云，萬曆二十四年曾至其地見之，茅果分垂兩邊。嶺去銅柱尚遠，其道里所經，則自貼浪、扶隆至板蒙一日，板蒙至那蒙、那來一日，那來至觀狼、動羅一日，動羅至江那一日，江那至北攬一日，北攬至北癸一日，北癸至新安一日，新安至八尺石橋，再行八日，方見分茅銅柱。府志：馬援銅柱在林邑，其在欽江者，唐節度使馬總立。

喜豐堂。在欽州治內。其旁又有簡静堂。俱宋建。

還珠亭。在合浦縣東。漢孟嘗守合浦，去珠復還，後人建亭以表之。明李駿記：亭在今府治東北還珠嶺下，屢經兵火，漫不可識。景泰五年，郡守李遜復構此亭。

海角亭。舊在合浦縣西南半里。明隆慶中，遷於廉江西。

天涯亭。輿地紀勝：在欽州東門北畔，臨水。

五湖亭。在欽州東江岸上。宋建。

三山亭。在欽州南孔雀山上。宋建。

直鉤軒。在欽州城東北。輿地紀勝：昔余靖守欽，爲直鉤軒於天涯亭之東偏。

釣石。在欽州城外天妃廟前江中。宋知州陶弼，嘗釣於其上。又有吟石，在東門外江中，下有石窟爲弼吟詩處。又有醉石在振民橋下江中，弼每酌酒於其上。

關隘

條風關。在合浦縣東北。舊名東關，明嘉靖間重修改名。

長墩關。在欽州西南三十里鳳凰江口。

漁洪關。在欽州西二十里，即如洪鎮。宋史地理志欽州安遠有如洪砦，即此。

天板關。在欽州西六十餘里。又有茶陵關，在州東靈山縣界。

新寮隘。在合浦縣東五十里，路通廣西雲蘆、六湖、蕉林等處。明成化間建堡城，今改爲新寮營。

那蘇隘。在欽州西南如昔都。明宣德中，交趾置金勒千户于此。又稔均隘，在那蘇東南七里。那隆隘，在那蘇東十餘里外，即交趾界。

珠場巡司。在合浦縣東南六十里，舊爲採珠之所。明洪武中置，駐白龍城，後移此。本朝康熙四年裁，八年復。

高仰巡司。在合浦縣東北一百五十里。明初置，駐縣北一百二十里馬欄墟，後移此。

永平巡司。在合浦縣東北永平村。明初置，後廢。嘉靖十三年復置。

防城巡司。在欽州西南七十里。明洪武五年置，駐州西北一百八十里之永樂村，曰管界巡司。本朝雍正十二年，移駐龍門。乾隆十二年，又移於此，改今名。舊志：明萬曆三十四年，兵備伍袁萃、副總兵楊應春築城以制貼浪、時羅及海上諸賊。

如昔鎮巡司。在欽州西南。明洪武中置。九域志：安遠縣有如昔鎮。宋史地理志：安遠有如昔砦。輿地紀勝：如昔砦，在州西一百六十里，距交趾永安州二十里，據大山之巔，勢甚險阻。舊置砦，管轄如昔等七峒。通志：州西有如昔、了葛、貼浪、澌廩、古森、時羅七峒。宋時皆設立峒長。明洪武初，設巡司於如昔以統之。其地北連東西兩江，南接交趾。永樂十四年，又于西境增置佛淘巡司。宣德二年交趾黎利作亂，澌廩、時羅、古森、了葛等峒叛附黎氏。嘉靖十九年，交趾納款，歸四峒侵地。二十一年，知州林希元畫定疆界，然僅存貼浪、時羅二峒而已。州志：如昔司，舊在州西南一百七十里那蘇村，今遷西江北歷村。

長墩巡司。在欽州西九十里大寺墟。明洪武十年置，駐長墩關。本朝乾隆四年移此，仍舊名。

那陳巡司。在欽州西北。本朝乾隆三年置。

沿海巡司。在欽州北七十五里小董村。明洪武五年置。

林墟巡司。在靈山縣南一百四十里博峩鄉。明洪武四年置。

西鄉巡司。在靈山縣西一百四十里。明洪武八年置。

廉州衛。在府治東。明洪武二十八年置。本朝順治十年裁。

永安所。在合浦縣東南一百七十里。明洪武初置千户所，在縣東北石康縣。二十七年移此，築城周四百六十丈，門四，環以濠。本朝順治十年裁所，仍留守備防守。雍正九年，移縣丞駐此。

乾體營。在合浦縣南二十里乾體海口。本朝康熙元年遷界，將珠場八寨改爲水師營，設遊擊鎮此。十九年裁，止設千總防守。

防城營。在欽州西南二百里時羅都。明初置，後省。萬曆三十四年，兵備伍袁萃復置，城周三百餘丈，爲州西門户。

那線營。在靈山縣西北一百二十里上安鄉。又團河營、那峯營，在縣西北一百五十里中安、下安二鄉。又那務祥營，在縣西北一百九十里。本朝康熙十一年設千總控制三安鄉。

山口營。在靈山縣東北二十里猺出没處，與洪崖堡互相守望。相近有風水營，明崇禎九年置，與横州八寨接界。又丹竹營，在縣南一百里，明嘉靖十五年知府張岳置。又格木營，在縣西南一百里，那暮營，在縣西南一百四十里，俱明天順中僉事林錦置。

白龍寨。在合浦縣東南五十里。明洪武中設八寨防倭，此居其中。築城周三百七十丈。舊志：縣境諸寨，東南自高州府石城縣淩緑、烏兔二寨，迤西則有英羅寨、蕭村寨、井村寨、對達寨、豐城寨、黄泥寨，皆南至海猪沙十餘里。又西有川江寨、隴村寨、調埠寨、珠場寨，皆南至平江池十餘里。又西有白沙寨、武刀寨，皆南至楊梅池十餘里。又西有龍潭寨、古里寨，皆南至青嬰池十餘里。又西爲西場寨，接欽州境，皆明崇禎中置。

鹿井寨。在合浦縣西南。寰宇記：太平軍西南至鹿井，與欽州烏土鎮接界。九域志：合浦縣有鹿井三村二寨。府志：鹿井寨在合浦縣西南，接欽州界，控象鼻沙大水口，入海，通交州水路。三村寨亦在縣西南，控寶蛤灣，至海口，水路東南轉海，至雷州遞角場。縣志有三村鄉，在縣西南十里，廉江所經。

龍門城。在欽州西南海口。本朝康熙二十三年，設副將防守。乾隆十四年，以防城同知，移駐於此。

洪崖堡。在靈山縣東北三十里。明初置，今改爲營。又石唐堡，在縣東北四十里。石隆堡，在縣東北七十里。

西零戍。在欽州東。元和志：在欽江縣南三里。

海北鹽場。在合浦縣東。明統志：舊在雷州府。洪武初，遷於石康縣西，領白沙等十五鹽課司。縣志：白沙場，在縣東南八十里。白石場，在縣東南九十里。又東有官寨、丹兜二場，皆明洪武中建。本朝併爲白石一場。又有西鹽場，在縣西南一百里欽州界，亦洪武中建。

白皮鹽場。在欽州東南陸欄嶺之外。明初置，久廢，有官署遺址，相傳林墟巡司舊置於此。

還珠驛。在合浦縣東。又白石驛，在縣東南永安城。烏家驛，在縣西北六十里。

天涯驛。在欽州東。明初置。又有防城驛，在州南。佛淘驛，在州西南如昔司西。

太平驛。在靈山縣西。明置。

東興街。在欽州西南二百餘里，近交趾界。本朝乾隆四年，移龍門協右營守備防守。八年，復移州判駐此。

津梁

龍津橋。在合浦縣東，跨龍門水。

白石橋。在合浦縣東北故石康縣東。

擇仁橋。在欽州東門外。

大庵橋。在欽州東北四里。

龍門橋。在靈山縣西南六十里。

隄堰

平樂陂。在合浦縣平樂鄉。明洪武初築。又大浪陂，在縣東二十里，壩三十丈，灌溉甚溥。

鳳凰陂。在靈山縣東六十里。又樟木陂、高橋陂，俱在縣南十里東平都。馬槽陂，在縣西四十里。

蛟龍塘。在合浦縣北二十里，源自武利江，南流入於大江，民築壩截流，溉田數百畝。

龍滾塘。在欽州城東五里，民資灌溉。又白水塘，在州東十里中和坊，民引溉白沙上下村田。

新塘。在靈山縣東八里上五鄉。

陵墓

唐

姜公輔墓。在靈山縣南舊遵化鄉。

甯原悌墓。在欽州東三十里大墓山。

宋

鄧大周墓。在靈山縣東五十里東山巔。

明

施敦墓。在合浦縣東南永安城東二里。

祠廟

昭忠祠。在府城城隍廟，本朝嘉慶八年建。

孟太守祠。在合浦縣東，祀漢太守孟嘗。

孝子祠。在合浦縣西，明萬曆中建，祀孝子鄭謨。

陳王祠。元和志：在合浦縣東北三十里，宋刺史陳伯紹有恩惠於民，殁於嶺表，所在立祠。

忠孝祠。在合浦縣東北石康廢縣南，本朝乾隆十八年遷建，祀明天順中石康知縣羅紳父子。

惠澤廟。在合浦縣東龍門水上，歲旱，取其水禱雨多應。

平江廟。在合浦縣東南七十五里，明洪武中建。

烏雷廟。在欽州南五里，自唐以來，碑記尚存。

諫議廟。在欽州東北二里，祀唐諫議大夫甯原悌。

寺觀

東山寺。在合浦縣東北，元至正間建。

龍興寺。在合浦縣東北舊石康縣西，明洪武中建。

崇寧寺〔五〕。在欽州東門外，明永樂中建，嘉靖二年改爲社學。

元妙觀。在合浦縣治東，宋元祐間建。

浄行院。在合浦縣南，宋蘇軾自雷適廉，宿此有詩。

名宦

漢

費貽。犍爲人。光武聞其賢，下詔徵爲合浦太守。涖政清簡，民懷其德，世傳合浦江山皆以「廉」名者，由貽廉故。

孟嘗。會稽上虞人。順帝時，歷合浦太守。郡少産穀，民以採珠爲活，先是守宰多貪穢，珠遂漸徙於交趾郡界，民無所資。嘗至，求民利病，痛革前弊，未踰歲而珠復還，百姓復業，商賈流通，稱爲神明。被徵當還，吏民攀留不得進，乃載鄉民船夜遁去。

南北朝 宋

陳伯紹。吴興人。泰始中爲江西督護，以合浦蠻獠叢居，啓立越州。元徽中爲越州刺史，始立州鎮，穿山爲城門，以保邊境，威服俚獠，民甚德之。

唐

顔遊秦。京兆萬年人。武德初遷廉州刺史。時天下初平，人多暴梗，遊秦悉心撫卹，禮讓大行，邑里歌之，高祖下璽書慰勞。

宋

徐的。建安人。爲欽州軍事推官。欽土煩鬱，人多死瘴癘，的見轉運使鄭天監，請徙州瀕水，從之。天監因奏留的使辦役，的短衣持梃，與役夫雜作，築城郭，立樓櫓，以備戰守，畫地居軍民，建置府舍、倉庫、溝渠、廛次之類，民皆便之。

陶弼。永州人。知欽州，撫綏安集，同民所欲。去之日，民爲塞巷截橋云。

陳永齡。南昌人。熙寧間知欽州。交趾入寇，城陷，不屈死。

李英。高要人。爲欽州推官，以廉能稱。熙寧中，交人陷城，一家十有三人同死。事聞，贈比部郎中。

蘇緘。晉江人。神宗時，知廉州。屋多茅竹，戍卒楊禧醉焚營，延燒民廬，因乘以爲竊，緘戮之於市，飭民陶瓦。

楊友。晉江人。紹興初，知欽州。交趾與前守争鹽利，謀舉兵。友至，遣與通好，宴其使於天涯亭，語及地界，友植鐵槍視曰：「能鏖戰耶？」使者惕息，奸謀遂寢，人呼爲楊鐵槍。

岳霖。湯陰人，飛次子。淳熙三年知欽州。交趾入貢，使者毁驛舍，霖封劍示其都監曰：「若不葺，當以軍法從事。」使者懼，繕而後行。

馬塈。宕昌人。咸淳中知欽州，殫力撫綏，蠻境安堵。

明

羅紳。宜春人。天順初知石康縣。廣西蠻寇入境，紳力戰不支，爲賊所執，奮駡而死。百姓迎其喪，家祭巷哭。子鑑，會師博白，道遇賊，力戰亦死。

饒秉鑑。廣昌人。景泰間擢守廉州。公廉有惠愛，悉心保障，時盜賊爲梗，秉鑑前後擒獲三千有奇，民遂安堵。都御史葉盛移檄旌之，以爲十郡之最。後因奏劾採珠中官，失權貴意，褫職。

林錦。連江人。景泰初爲合浦訓導，條上禦寇方略，都御史葉盛異之，檄署靈山縣。時城毁於賊，錦立栅設守，賊不敢逼。秩滿當去，民悉逃，詔即爲知縣，民復歸。縣猺二十五部，歲饑剽掠，錦單騎造壘約降，咸聽命，乃去栅築城，縣境以安。成化初，擢知廉州府。值歲大饑，賊四出，錦誅頑撫順，綏輯流移，境内悉定。上官交薦，以僉事專備欽、廉，進副使，奏設團河、新寮、洪崖三營，寇遂屏息。

劉烜。安仁人。成化中守廉州。見羅江土沃地廣，江岸北高南下，水難逆灌，遂爲壩横截江流，開渠導水，集民居之，户口增廣，民至今尸祝。

張岳。惠安人。嘉靖中知廉州府，教民爲桔槔，引水灌田。廉民多盗珠池，岳居四年，不私一珠，民遂無盗珠者。時議欲討安南，岳極言用兵非計，尚書毛伯温從之，遂不煩兵而服。

祝國泰。餘姚人。管瀰洲中軍。萬曆三十六年，海寇掠欽州，至龍門，國泰曰：「龍門乃欽之咽喉，不可退也。」與百户孔榕奮力迎敵，會潮淺舟膠，遂遇害，剖腹焚尸。孔榕亦死。邑人皆立廟祀之。

本朝

楊模聖。懷遠人。順治八年知廉州府。時土弁縱横，閭井荒蕪，模聖竭力撫綏，自攜蔬米，不擾民間。去之日，士民泣送。

徐尚介。德清人。順治十三年，知靈山縣。寇亂後，民皆離散，歲復旱，素服禱雨立應，民感其誠，稍復來集。土賊夜陷城，厲聲曰：「我長官徐尚介也。」駡賊死。子修及僕俱死之。事聞，贈按察司僉事。修妻陳氏守節，人稱「一門忠孝節義」云。

金世爵。滿洲人。康熙中知合浦縣。十四年，高州總兵官祖澤清叛應吴逆，世爵蒐軍實，捍邊疆，衆寡不敵，城陷死之。

多宏安。阜城人。康熙二年，知靈山縣。招撫流民，創學宫，繕廨宇，葺城垣，除盗賊，政事修舉，士民勒石紀其勞。

馮可宗。山陰人。乾隆四十三年，任靈山西鄉巡檢。廉潔自持，屬有仙女巖，山徑崎嶇，捐廉甃以石磴，修葺橋梁。去之日，士庶攀轅，立碑誌愛。

人物

漢

張重。字仲篤，合浦人。才敏嗜學，爲日南郡從事。舉計入洛，明帝善其應對，賜以金帛。

姚文式。合浦人。建安中舉茂才，任爲交州治中。時步隲爲刺史，欲建都會，文式指畫尉佗舊治，因立城郭於番山之隅，綏和百粤。

丁茂。字仲慮，合浦人。少孤貧，事母盡孝，母卒，負土成墳，列植松柏，白鹿馴遊其下。太守察其行，舉孝廉，不受辟召。

三國　吴

李祖仁。合浦人。兄弟十人同居，並孝慈廉讓。五鳳初交州上其事，詔爵三級，復其家。

唐

甯純。字如和，欽江人。世爲俚帥。父宣，在隋爲合浦太守，武德中歸附。宣卒，以純爲越州刺史。善撫衆，能以詩書教其宗人，蠻俗向化。徙刺合州，卒於官。

甯原悌。純從孫。永昌進士，授校書郎。開元中，以諫議大夫兼修國史。玄宗見直書隱巢事，諭之，以對忤旨去官。卒葬大墓山，詔發五府兵給葬。

姜公輔。字德文，欽州人。應制策科高第，授右拾遺，遷翰林學士。德宗器之。朱泚叛，公輔請帝誅其兄泚，不從。既而倉皇出幸，公輔曰：「泚嘗帥涇原，得士心，不如追令從駕，若羣凶得泚，必貽國害。」帝又不從。逮至奉天，或言泚將奉迎乘輿，乃詔諸道援兵距城一舍止，公輔諫曰：「王者不嚴羽衛，無以重威靈。今禁軍單弱，有備無患，若泚誠奉迎，何憚兵多。」帝乃悉納諸軍，擢公輔諫議大夫、同中書門下平章事。唐安公主道薨，詔厚葬，公輔諫止之，帝怒，罷爲左庶子，再黜泉州別駕，卒。憲宗朝，贈禮部尚書。

宋

李元方。石康人。崇寧間，上書論廣西便民十事，稱旨。累遷朝奉大夫，知高、貴二州，有治行。

黄涣。字彦舟，靈山人。元符中領鄉薦，累官至知梧州軍事。宣和五年，以選次赴京，會金人入寇，涣率所部官連表留駕。已而奔南京奉表勸進，高宗擢兵部侍郎。建炎三年戰没，贈朝奉大夫、秘閣修撰，官一子。

明

陳善住。欽州人。洪武中貢入太學，授山西平陽衛經歷，擢宰蒲縣。歷任三十餘年，妻子不入官舍，勞心撫字，吏民懷之。

韓珠。字子瓊，石康人。永樂進士，授刑部主事，尋升員外郎，歷山西右參政。爲政明恕，甚得民心。

鄭誤。字汝明，石康人。天順中母謝氏爲流賊所掠，時誤年十六，挺身入賊壘，紿以身代母歸取金贖，賊拘誤而釋其母。誤既脱母，言笑自若，賊殺之。

檀昭。靈山人。太學生，有勇略。景泰間盜起，知府饒秉鑑令統民兵爲保障，與賊大小二十餘戰，馘斬六百餘級。後廣西龍山賊攻陷城邑，戰死。

林榮。字仲仁，合浦人。成化進士，歷禮科給事中，抗直敢言，不避權貴。時各省運糧入京，中官多侵刻，榮疏論之，弊始革。後滿喇咖國請封，以榮充正使，泛海溺死。詔贈禮科都給事中，遣官諭祭，蔭一子。

湛鉞。廉州人。任本衛指揮，升廣州都指揮僉事。弘治十四年，儋州賊符南蛇與諸黎攻陷郡邑，鉞領兵渡海，聞賊分兵攻臨高，由間道遶賊後，擣其老營。賊亟退而官軍已扼其歸路，因出其中横擊之，斬首七百餘級，生擒賊首，南蛇聞之遁去。

李國華。靈山人。嘉靖中，山賊殺其父，國華矢心復讎，持刀赴闘，爲賊所害。

莫如勤。靈山人。少勵志，於獨石峯絶險處搆室讀書。嘉靖十二年，賊越城劫庫，殺百户邵經，時如勤方家居，請兵躡其後，訊知首惡所居，直擣其巢，擒送幕府。

施敦。合浦人。事親孝，親殁，廬墓三年。萬曆中詔旌其門。

本朝

戎士祥。欽州人。少孤，事母孝，服勞奉養，務得歡心。母病，侍湯藥不離左右，厠牏垢裳，必親浣滌，鄉人稱之。

章憲。欽州人。四川督標左營守備。嘉慶元年，隨勦湖北教匪陣亡。奉旨賜卹。

王瑞鳳。欽州人。龍門協標把總。嘉慶五年，出洋緝捕追賊，被傷落水卒。八年，奉旨賜卹。

馮敏昌。欽州人。乾隆戊戌進士，由翰林編修，改刑部主事。丁父憂，既葬，廬墓旁三年。母歿，亦如之。篤學敦行誼，以家産析與諸弟，毫無所取。自爲諸生時，已以詩名，晚尤深造，教授於鄉，必舉立身行己之大節爲訓，亹亹不倦。著有師友淵源集、孟縣志、華山小志、河陽金石録、小羅浮草堂詩集行於世。嘉慶十三年，祀鄉賢祠。

流寓

漢

毋將隆。蘭陵人。王莽少慕與交，不肯附。及秉政，孔光奏隆前治中山馮太后獄不平，免官徙合浦。

唐

張説。洛陽人。武后時，張易之誣害魏元忠，引説爲助，后親臨問，説言：「臣實未聞，易之教臣耳。」后怒，流説欽州。

宋

蘇軾。眉山人。紹聖中，以元祐黨謫居海外。徽宗立，移廉州。

陳瓘。沙縣人。徽宗時，以左司諫貶袁州，移廉州。杜門謝客，自署其居曰了齋。

魏安行。樂平人。大觀中，爲京西轉運副使。梓行程瑀論語解，秦檜疑其議己，編管欽州。

呂祖泰。河南人。上書請誅韓侂胄、蘇師旦、周筠，而逐陳自强，杖配欽州牢城。

列女

明

李清女。名蘭香，合浦人。指揮張某聘爲子婦，張後以女貧，别議婚，女誓不再適，父母强之，女乃書張氏子姓名置懷中自縊。

翁天經妾荀氏。合浦人。事嫡甚謹，天經與妻相繼殁，荀竭力殯葬，服除，有謀奪其志者，翦髮以誓，尋哀毁而死。

倪聰女〔六〕。欽州人。許字李時芳，未嫁夫卒，有議婚者，輒不食，人莫覩其面。父兄殁，依嫂守節，年七十五。萬曆十二年旌。

本朝

龐玉振妻范氏。合浦人。年二十二，夫亡守節。康熙四十三年旌。

李氏女。名瓊娘，合浦人。許字孔宗周，未歸而夫夭，欲赴喪，不許，遂在母家守志。年七十五歲而終。

郝氏女。合浦人。許字黄士熙，士熙遠遊，以寇亂不相聞，有黄某欲强娶之，女投繯死。

何廣珍妻蒙氏。靈山人。性端莊，不苟言笑，里中有惡少，挾刃潛入其室，大呼力拒，連被數刀死。康熙四十七年旌。

李元章妻陳氏。靈山人。年十九而寡，守節三十五年。同邑李鉉璋妻陳氏，均雍正六年旌。

王廷獻妻熊氏。合浦人。夫死，一子始周歲，以舅姑老，拮据營甘旨奉之，苦節四十三年。乾隆十三年旌。

何世燦妻施氏。靈山人。年二十而寡，家貧守節養姑，採野菜至樟木江邊，遇賊挾刃脅之，將自投於江，爲所持，乃以頭擊石，面目盡裂，賊殺之。乾隆十年旌。同邑節婦黄世莊妻陳氏、甯浚昌妻趙氏，均乾隆年間旌。

陳相度妻徐氏。合浦人。夫亡守節。嘉慶七年旌。同邑譚超淵妻馮氏、黎鳳岐妻姚氏，均嘉慶年間旌。

李超伋妻馮氏。欽州人。夫亡守節。嘉慶二十三年旌。同州黄洲海妻吴氏、方定繩妻曾氏、郭寓邦妻孫氏、劉文縉妻錢氏、彭敦本妻潘氏，均嘉慶年間旌。

葉乘桂妻何氏。靈山人。夫亡守節。嘉慶四年旌。同邑仇汝康妻容氏，伍之達妻利氏、子允寬妻李氏，陳居達妻林氏，烈婦李某妻黄氏，均嘉慶年間旌。

土産

金。元和志：欽州貢。

銀。唐書地理志：廉州、欽州、陸州貢。

珠。寰宇記：廉州產珠蚌。

翠羽。府志：欽州、陸州貢。

玳瑁。唐書地理志：陸州貢。

鹽。明統志：州縣俱出。

鼊皮。唐書地理志：陸州貢。

甲香。唐書地理志：陸州貢。

餘甘子。寰宇記：欽州出，一名菴羅果。

高良薑。唐書地理志：欽州貢。

孔雀。明統志：欽州出。

校勘記

〔一〕東南至陸州珠池「陸州」，乾隆志卷三四八廉州府山川（下同卷簡稱乾隆志）及太平寰宇記卷一六九嶺南道太平軍作「寧海」。按，據唐志，寧海縣屬陸州。

〔二〕源出容州大容山　「容州」，原作「容川」，據乾隆志及輿地紀勝卷一二〇廣南西路廉州景物上改。

〔三〕流經思安都　「安」，乾隆志作「寧」。按，本志避清宣宗諱改字。

〔四〕那安江　「安」，乾隆志作「寧」。按，本志避清宣宗諱改字。下文「上安都」，乾隆志「安」亦作「寧」，本志亦避清諱改字也。

〔五〕崇寧寺　「寧」，原作「安」，據乾隆志及雍正廣東通志卷五四寺觀改。按，本志避清宣宗諱改字。

〔六〕倪聰女　「聰」，乾隆志作「總」。

雷州府圖

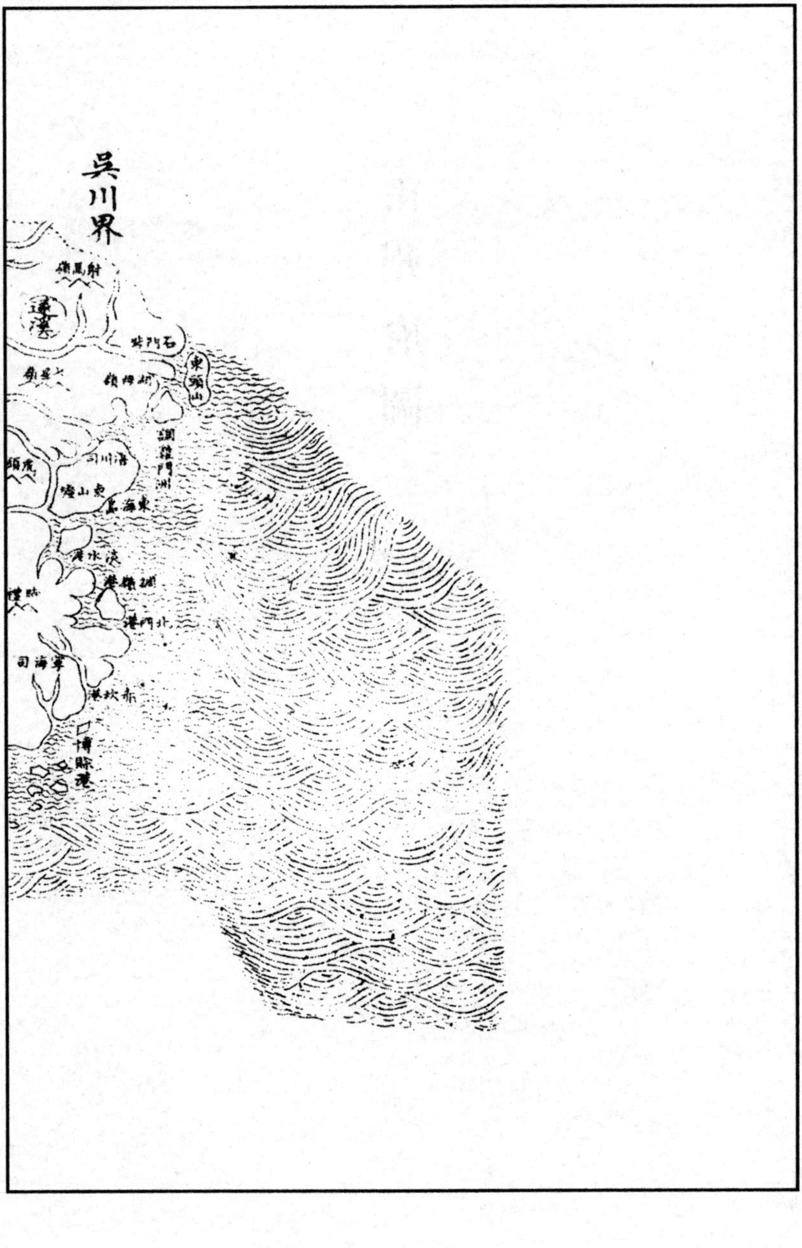
吳川界
射馬嶺
遂溪
石門
東頭山
六星嶺
東山墟
東海島
淡水港
北門港
寧海司
赤坎港
博賒港

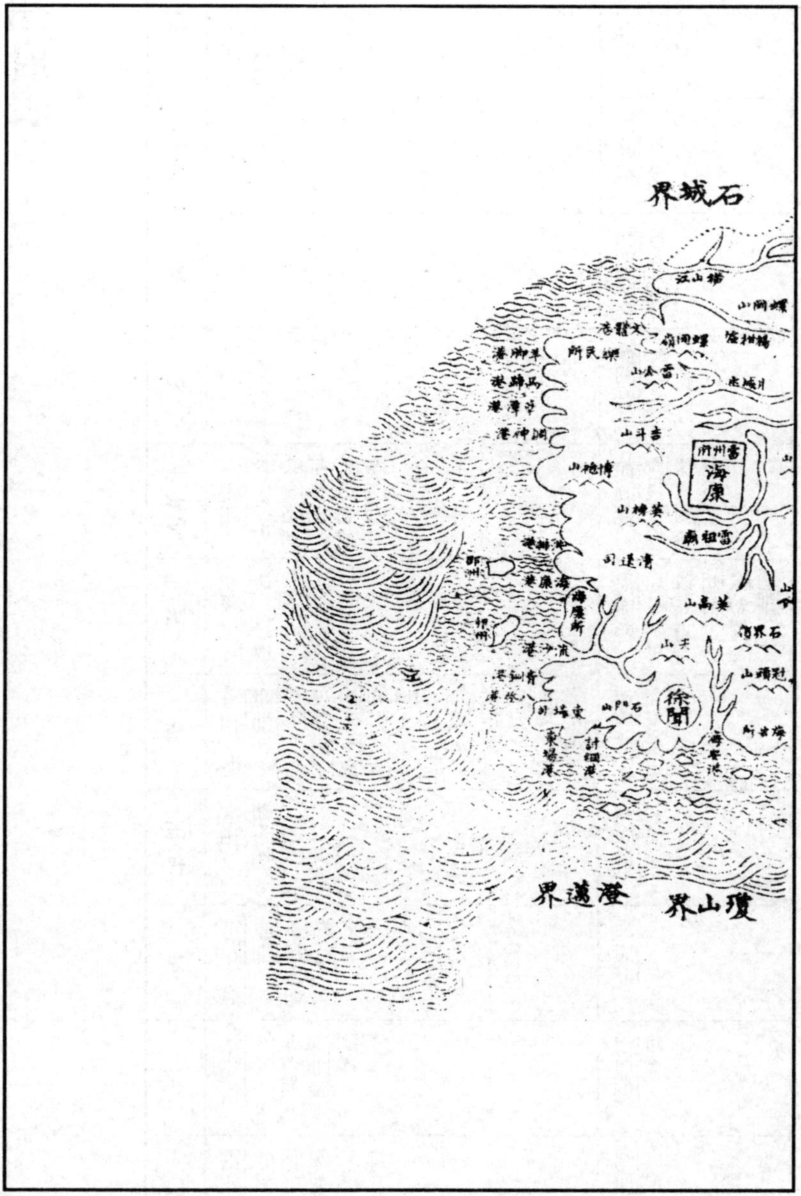
石城界
雷州府
海康
雷祖廟
吉斗山
英高山
海康所
流沙港
徐聞
遂溪界
瓊山界

雷州府表

	雷州府	海康縣
兩漢	合浦郡元鼎六年置。後漢徙。	徐聞縣合浦郡治。後漢屬合浦郡。
三國		徐聞縣吴屬珠崖郡。
晉		徐聞縣屬合浦郡。
宋		徐聞縣
齊梁陳	合浦郡齊還治。梁普通四年置合州。太清初曰南合州。	徐聞縣齊爲郡治。梁爲南合州治。
隋	初復曰合州。大業初廢。	海康縣開皇十年改置,爲合州治。大業初屬合浦郡。
唐	雷州海康郡武德四年復置南合州。貞觀初曰東合州,八年改名雷州。天寶元年改海康郡。乾元元年復爲州,屬嶺南道。	海康縣州治。
五代	雷州屬南漢。	海康縣
宋	雷州海康郡屬廣南西路。	海康縣
元	雷州路至元十五年改路,爲海北海南道治。	海康縣路治。
明	雷州府洪武元年改府,屬廣東布政司。	海康縣府治。

續表

遂溪縣	徐聞縣
徐聞縣地。	徐聞縣地。
扇沙縣 梁置，屬合浦郡。 椹縣 梁置，屬合浦郡。	齊康郡 齊置。 樂康縣 郡治。
鐵杷縣 開皇十年置，屬合浦郡。 扇沙縣 開皇十八年改名椹川。大業初省入扇沙。	開皇十年廢。 隋康縣 改名，屬合浦郡。
遂溪縣 天寶元年併椹川、鐵杷二縣置，屬雷州。 武德初省。 武德五年復置椹川縣。天寶初省入遂溪縣。	徐聞縣 初屬南合州。貞觀二年更名，屬雷州。
遂溪縣	徐聞縣
遂溪縣 開寶五年省入海康縣。紹興十九年復置，屬雷州。	徐聞縣 開寶五年省入海康縣。乾道七年復置，屬雷州。
遂溪縣 屬雷州路。	徐聞縣 屬雷州路。
遂溪縣 屬雷州府。	徐聞縣 屬雷州府。

大清一統志卷四百五十一

雷州府

在廣東省治西南一千四百二十二里。東西距一百六十里，南北距三百九十五里。東至高州府吴川縣界二十里，西至廉州府合浦縣界一百四十里，南至瓊州府瓊山縣界一百八十里，北至高州府石城縣界二百十五里。東南至海岸二百里，西南至瓊州府臨高縣界二百二十里，東北至吴川縣界一百六十里，西北至合浦縣界二百里。自府治至京師九千五百五里。

分野

天文牛、女分野，星紀之次。

建置沿革

禹貢揚州南境。秦爲象郡地。漢元鼎六年，開置合浦郡，治徐聞縣。後漢爲合浦郡地。時移郡治合浦，即今廉州府。晋、宋因之。南齊仍移合浦郡來治。梁普通四年，分置合州。太清元年曰南合州。隋平陳復曰合州，治海康縣。大業初州廢，仍屬合浦郡。唐武德四年，復置南合州。貞觀元年，更名東合州，八年改雷州。天寶元年，曰海康郡。乾元元年，復曰雷州，屬嶺南道。五代屬南漢。宋曰雷州海康郡，屬廣南西路。元至元十五年，置雷州路安撫司，十七年改總管府，置海北海南道宣慰司，隸湖廣行中書省。明洪武元年，改曰雷州府，隸廣東布政使司。

本朝因之，屬廣東省，領縣三。

海康縣。附郭。東西距九十里，南北距一百五里。東至高州府吳川縣界二十里，西至遂溪縣界七十里，南至徐聞縣界八十里，北至遂溪縣界二十五里。東南至徐聞縣界一百八十里，西南至海岸一百六十里，東北至遂溪縣界十五里，西北至遂溪縣界六十里。漢置徐聞縣，爲合浦郡治。後漢屬合浦郡。三國吴改屬珠崖郡。晉還屬合浦郡。宋因之。蕭齊仍爲郡治。梁爲南合州治。隋改置海康縣爲合州治。唐爲雷州治，五代、宋因之。元爲雷州路治。明爲雷州府治，本朝因之。

遂溪縣。在府北一百八十五里。東西距一百二十里，南北距一百八十里。東至高州府吳川縣界三十里，西至海岸九十里，南至海康縣界一百六十里，北至高州府石城縣界二十里。東南至海岸一百四十里，西南至海岸二百里，東北至吳川縣界七十里，西北至石城縣界六十里。漢徐聞縣地。梁析置扇沙縣、椹縣。隋開皇十年，又分置鐵杷縣，十八年改椹縣曰椹川縣。大業初省，以扇沙、鐵杷二縣屬合浦郡。唐武德初，省扇沙復置椹川，與鐵杷皆屬南合州。天寶元年，併二縣改置遂溪縣，屬雷州。五代因之。宋開寶五年，省入海康縣。紹興十九年復置，仍屬雷州。元屬雷州路。明屬雷州府，本朝因之。

徐聞縣。在府南一百六十里。東西距一百六十里，南北距一百三十里。東至海岸九十里，西至海岸七十里，南渡海至瓊州府澄邁縣界五十里，北至海康縣界八十里。東南至海岸六十里，西南渡海至瓊州府臨高縣界八十里，東北至海岸一百里，西北至海康縣界八十里。漢徐聞縣地。南齊置樂康縣，爲齊康郡治。隋廢郡，改縣曰隋康，屬合浦郡。唐初屬南合州。貞觀二年，改曰徐聞，屬雷州。五代因之。宋開寶五年省。乾道七年復置，仍屬雷州。元屬雷州路。明屬雷州府，本朝因之。

形勢

地濱炎海。寰宇記。州居海上之極南，多平田沃壤，三面並海，有海道可通閩、浙。宋圖經。窮東嶺而並南海。宋張栻州學記。四州之人，以徐聞爲咽喉。宋蘇軾伏波將軍廟碑。

風俗

州雜黎俗，有官語、客語、黎語。官語可對州縣官言者也，客語則平日相與言也，黎語雖州人或不能辨。氣候倍熱，除夜納涼。寰宇記。風俗頗淳，人多嚮學。宋余靖州學記。

城池

雷州府城。周五里，門四，池周六里。南漢時土築。明洪武中甃石。本朝順治十三年修，康熙十年、乾隆五十九年、嘉慶十四年重修。海康縣附郭。

遂溪縣城。周四百七十丈，門三，池周七百一十四丈。明洪武七年土築，正統四年甃石。本朝康熙三年修，二十一年重修。

徐聞縣城。周六百餘丈，門四，池周八百九十二丈。明正統三年土築，弘治十四年甃石。本朝康熙三十五年修，雍正七年、乾隆五年、三十七年重修。

學校

雷州府學。在府治西。宋乾道六年建。本朝康熙四年修，雍正三年、乾隆二十八年重修。入學額數二十一名。

海康縣學。在縣治東。明嘉靖三年由珠池遷建。本朝康熙四年修，雍正元年、乾隆十五年、嘉慶二年重修。入學額數十二名。

遂溪縣學。在縣治西北。明洪武十七年由縣西遷建。本朝順治十七年修，康熙二十三年、雍正元年、乾隆二十八年、嘉慶四年重修。入學額數八名。

徐聞縣學。在縣治西。元大德元年建。明洪武後屢遷，弘治十四年復建舊所。本朝康熙九年修，三十六年、雍正二年、乾隆五十四年重修。入學額數八名。

雷陽書院。在府城内高樹嶺。雍正中由西門外移建，乾隆十一年重建。

濬元書院。在海康縣城西。舊名平湖書院，元至元中建。本朝嘉慶二十三年重建，改今名。

遂良書院。在遂溪縣城内西北。乾隆四十五年建。

文明書院。在遂溪縣西南樂民所。相傳宋元符三年，蘇軾自儋州經此，云此地當有文明之祥，既去月餘，果有瑞芝生其地，邑人因建書院於此。

徐陽義學。在徐聞縣城内。乾隆四十六年建。

昌明社學。在海康縣南關。乾隆九年建，嘉慶十年重建。

英利社學。在徐聞縣城外。嘉慶七年建。按：舊志載貴生書院，在徐聞縣城内，明萬曆十九年建，今廢。謹附記。

户口

原額人丁一萬四千七百五十四，今滋生男婦大小共六十五萬四千二百五十六名口，又屯民男婦共二萬八千一百八十九名口。

田賦

田地山塘共七千九百九十四頃八十三畝四分有奇，額徵地丁正、雜銀二萬七千九百五十八兩四錢二分四釐，遇閏加徵銀四百三十二兩九錢九分六釐，米一千六百五石八斗二升二合。屯田一百六頃一十九畝六分有奇，額徵屯米九百四十三石一斗二升七合五勺。

山川

虎頭山。輿地紀勝：在海康縣東七十里，枕海。舊志：在縣東南四十五里。

時禮山。輿地紀勝：在海康縣東南八十里，四望之最高。舊志謂之時禮嶺，周五里，巖穴深邃，上有泉，歲旱禱雨於此。

擎雷山。在海康縣南。九域志：爲府治案山，擎雷水出其下。寰宇記謂之驚雷山，在縣南八里，雷震破成水。

徒會山。輿地紀勝：在海康縣南一百三十里，下步村之西海中。山巔有石，奇怪萬狀，巖穴崎嶇，有泉清冷。

英高山。輿地紀勝：在海康縣南一百三十里，兩峯高峭，相並而立，頂有石穴湧泉。舊志謂之英高嶺。

英榜山。明統志：在海康縣西南八里，上有雷師廟。舊志：在縣西，本名英山。

博袍山。輿地紀勝：在海康縣西八十里[一]。舊志：在博袍村，周八里，博袍水出其南。

吉斗山。在海康縣西北四十里。山大而平，形如盤斗。

雷公山。在海康縣西北四十五里。盤旋十餘里，林木深鬱，昔有雷震此地，因名。

烏蛇山。在海康縣北，接遂溪縣界。出烏藥，里人呼藥爲蛇，故名。縣志：山出名藥，其形如蛇，又名烏蛇嶺。

麻囊山。輿地紀勝：在海康縣東北八十里，枕海。

覆盂山。在遂溪縣東南一百里。周四十里，中突起一峯，如覆盂然。

螺岡山。在遂溪縣西南。寰宇記：螺岡在海康縣北八十里。明統志：螺岡山在遂溪縣西六十里，峯如螺形。通志謂之螺岡嶺，在縣西南七十里，多產餘甘子，武樂水出焉。

調樓山。在遂溪縣西南一百五十里海濱。其上常有五色光現若樓臺，故名。上產米榛，可以充饑。

澛洲山。在遂溪縣西南，接廉州府合浦縣界。寰宇記：雷州西至海六十里，有澛洲。明統志：澛洲山在遂溪縣西南二百里海中，周七十餘里，舊名大蓬萊，內有八村，其民專以採藥爲業。通志謂之澛洲山，其洲四圍皆海，中有三池產珠，上有温泉，泥可浣衣，使白如雪。明萬曆十七年，以珠賊爲患，增兵戍守。其陽有蛇洋洲，與澛洲相對，周四十里，洲有山如蛇形故名，亦名小蓬萊。

冠頭山。明統志：在徐聞縣東七十里，望之若冠冕然。新志謂之冠頭嶺，在縣東南三十里，盛產良薑。

屯雲山。在徐聞縣東南六十里。四時常有雲屯，故名。

三源山。在徐聞縣東南抵海岸。廣十餘里，山麓有三源泉。

小遂山。在徐聞縣南二十里，突起海濱。前有海嶼曰三墩，中墩有龍王廟，廟前有井，號曰龍泉，每天旱祈雨，於鹹水中取得淡水，則雨立至。縣志：一墩有獨樹異種，四時長青。

石門山。在徐聞縣西八里。上有二大石，儼若門閾，又名石門嶺。嶺際有塘，秋冬不涸。

尖山。在徐聞縣北八十里。一名尖山嶺，於羣山中巍然特起。其嶺有小泉，極清。

石茆嶺。在海康縣東南八十五里。高三十丈，有泉湧出，流至連村，灌田數十頃。

鷓鴣嶺。在海康縣西南四十里。又五里爲扎頭嶺，左有木棉嶺，右有長牌嶺，相去各一里。又乾壠嶺，在縣西南一百十里，途傍嶺，在縣西南一百八十里。

湖母嶺。在遂溪縣東南七十里。湖光巖水發源於此。有兩峯相抱，形如交椅，又名交椅嶺。

尉律嶺。在遂溪縣東南一百四十里海中。一名東海島，廣四十里，長七十里，包出白鴿砦之外，中有居民五圖，以漁鹽爲業，爲東方巨鎮。其北曰東頭山，其東曰調雞門洲，東距吳川縣硇洲僅隔一港，地勢奮趨，如雞張翅，故名。其南曰調洲，與海康之時禮嶺對峙，爲雷州海舟入門之口。

七星嶺。在遂溪縣南二十五里。嶺上又起七小峯，形如列星。又都豪嶺，一名英豪嶺，在縣南三十里。斜離嶺，一名雷公嶺，在縣南五十里。

射馬嶺。在遂溪縣東北三十里。縣志：相傳元平章阿爾哈雅提兵過嶺，試馬射箭於此。「阿爾哈雅」舊作「阿里海牙」，今譯正。

觀濤嶺。在徐聞縣東南十里。又孤超嶺，在縣西南三十里，俗呼麻峯嶺。

雙髻嶺。在徐聞縣北五十里。兩峯並峙，又名馬鞍山。

石灣嶺。在徐聞縣北七十里。石壁巉巖，形勢屈曲，上有流泉。其旁曰龍牀嶺，高二十餘丈，麓産良薑，形如龍牀，故名。

石界嶺。在徐聞縣東北七十里。有石壁如碑，高一丈餘。其左爲佛屠嶺，周十餘里。

兜鍪嶺。在徐聞縣東北一百里那逫村。亦名那逫嶺。縣志：明嘉靖四年，有鳳凰集於此。

五石峯。在海康縣西南七十里。五石圍列，皆高二丈，中一石如案，下有清泉。

英靈岡。明統志：在海康縣北五里，爲府治主山。相傳陳太建二年，雷出於此，英靈顯異，故名。通志：狀如屏几，一名烏卵山。

湖光巖。在遂溪縣東南七十里，湖母嶺南。一名陷湖。通志：隋開皇中，地陷成湖，湖有二巖如屋。舊名浄湖巖，宋建炎中李綱過此，改今名。在湖西絶壁中又有巖曰白雲，宛若城門，其前湖水澄澈，人跡罕至。唐、宋之末，避世者多依之。

思靈島。寰宇記：在海康縣海中，産米豆。舊志：在縣東十里東洋海中。又有靈顔墩，在縣東五里萬頃洋心。

海。府東西南三面距海。寰宇記：雷州東至海岸二十里，渡小海抵化州界碙洲，泛海通恩、廣等州，東南一百四十里泛海入瓊州，西南一百三十里泛海至儋州，西六十里至潿洲，通連安南諸番國路。府志：東至東洋海岸二十里，接高州府吴川縣界，西至潿洲海岸二百里，接廉州府合浦縣界，南至踏磊海岸二百里，接瓊州府瓊山縣界。徐聞縣志：東至黄塘大海九十里，西至老沙港大海八十里，南至那黄大海三十里，渡至澄邁。

横山江。在遂溪縣西四十里。自石城縣一里流入，由文體港入海。

擎雷水。在海康縣南。寰宇記：梁時移州於驚雷江源，即此。輿地紀勝：在縣南十里，源出遂溪縣界。舊志：其源有三，一出銅鼓村，一出鵰鴣坡，一出徐聞縣界，三水合流，經擎雷山下，環繞郡治如帶，東南由雙溪港入海。新志：水自安欖以上皆淡，南渡以下皆鹹。

潭浪水。在海康縣南一百二十里。源出英高嶺。又南一支曰婆陸水，俱由房參港入海。

博袍水。在海康縣西南一百六十里。源出博袍山南。又南一支曰博牕水，源出博袍山南五里，俱西流至洪排港入海。

潭望水。在海康縣西六十里。輿地紀勝：在海康縣西南六里，源出遂溪縣界。舊志又有平原水，在縣西北十五里，離篷水，一名途旁水，在縣西北五十里，皆流合擎雷水。

鐵杷水。在遂溪縣東南。寰宇記：鐵杷溪，以溪中有石似鐵杷，因名。通志：溪在湖光巖之陽。舊志：在縣東南七十里，源出湖母嶺，南流折東，由舊縣港入海。

傍塘水。在遂溪縣南一里。亦名縣前河，源出高州府石城縣界，流經縣東南，合東溪及三鴉水，又東由石門港入海。府志：東溪水，在縣城東七十步，三鴉水，源出縣東南八十里，本都潭大陂，俱南合傍塘水。

乾零水。在遂溪縣南一百二十里。一名曾家河，源出博格村，又名博格水，東流由通明港入海。

武樂水。在遂溪縣西南七十里。源出螺岡山，南流轉東入海。又月城水，源亦出螺岡，東流合武樂水，由庫竹港入海。

古源水。明統志：在徐聞縣南十五里，源出潭田村，南流入海。

廉賓水。在徐聞縣西北四十里。源出馬鞍山，流合頓吞水，過青銅港入海。頓屯水在縣西北三十里，源出龍摹山，流合廉賓水。

遇賢水。在徐聞縣西北六十里。又南包水，在縣西北七十里，源俱出雙髻嶺，流至南包鋪前合流，由青銅港入海。

羅湖。在海康縣西。輿地紀勝：在縣西一里，今曰西湖。舊志：源出英靈諸岡。宋紹興間，郡守何庾始築隄瀦水，建東西二閘，引水灌田。又有南亭水，在縣西南一里，自南渡分支北流至東閘，與西湖水合。

北插溪。在海康縣南六十里。又曹家溪，在縣南三十里。後遮水，在縣東南三十里。舊志：北插溪，源出石茆嶺，又東一支曰曹家溪，又東一支曰後遮水，其水俱北流雙溪港入海。

大水溪。在徐聞縣東十里。源出龍牀嶺，流經縣東二十里大水下橋，有石灘，水聲響急，旋洄爲潭，深不可測，名曰龍潭。又南由海安港入海，號曰靈山鎮海灘。又有益色溪，俗名阸塞溪，在縣東十里大水上橋。葫蘆溪，在縣北十里，源出風流塘，皆流合大水溪。

邁勝溪。在徐聞縣東四十里。明統志：在徐聞縣東二十里，溪水清澈，勝於他溪。通志：源出縣東北一百里東松埠，南經博賖港入海。

雙溪港。在海康縣東南二十里。又溪泊港，在縣東南四十里。淡水港，一名調陳港，在縣東南五十里。新灌港，一名調嶺港，在縣東南一百里。石港，一名海康港，在縣西南一百四十里。洪排港，亦在縣西南一百四十里。房參港，一名石頭港，在縣西南一百五十里。翁家港，一名流沙港，一名老沙港，在縣西南一百六十里。又南爲徐聞之青銅港。俱縣境海港，爲諸水入海所經。

石門港。在遂溪縣東三十里。自高州府石城縣流入，與吴川縣分界，又南至東頭山入海，亦名海頭港。又平樂港，在縣東四十里。北月港，在縣東南六十里。舊縣港，在縣東南七十里。石頭港，在縣東南八十里。木丹港，一名庫竹港，在縣東南一百里。北品港，在縣東南一百二十里。通明港，在縣東南一百四十里。麻溧港，一名北家港，在縣東南一百六十里，南接海康東界。

文體港。在遂溪縣西南四十四里，一名拖泉港。又羊腳港，在縣西南五十里。下落港，在縣西南五十五里。馬蹄港，在縣西南七十里。草潭灣，在縣西南九十里。霞村港，一名樂民港，在縣西南一百六十里。調神港，在縣西南一百八十里。又南十里有博里港，又十里有官場港，又十里有調建港，接海康西界。

黄塘港。在徐聞縣東九十里。稍北爲崙頭港。又博賒港，在縣東南四十里，其左爲赤坎港。白沙港，在縣東南五十里，其左爲青灣港。博蠟港，在縣東南八十里。

北門港。在徐聞縣東一百里。上爲水吼灘，天將雨，則水鳴如吼，設有錦囊所城港。外有新芧島，又二十里爲吴家港。

麻崙港。在徐聞縣南二十里。風濤拍天，舟不敢近。上爲博愛水，相近有沓磊港。又博漲港，一名海安港，在縣南少東二十里。那黄港，在縣西南二十里，上爲古源水，左爲西卯港，又十里爲三墩港。討綱港，在縣西南四十里，其右爲麻豐港。東場港，在縣西南五十里，其左爲包西港。鵞豆港，在縣西南六十里，其左爲八登港。又青銅港，在縣西七十里。

石壁潭。在海康縣東南四十里。源出時禮嶺下，北流三十里，石環如壁，水瀉如雷，由溪泊港入海。

鹿洲。輿地紀勝：在海康縣東南一百八十里海中。通志謂之漉洲，周五十餘里，上有田地腴沃，洲旁有新芧島。

卯洲。輿地紀勝：在海康縣西南海中。舊經云羣鳥伏卵於上，或船過取其卵，鳥千萬飛隨十里。通志又有邵洲，在縣西南一百十里海中，周六十里，居民皆煮海爲生，初爲荒地，有邵姓者闢而居之，因名。

老鴉洲。在徐聞縣西南。輿地紀勝：抵瓊州界。

瑞星池。在海康縣南。宋寇準謫雷時嘗居此。天聖間有星隕於此池，故名。明成化間，知府魏翰鑿池於寇池西，亦曰瑞星。

珠池。在遂溪縣西南。寰宇記：雷州有珠母海，出珠。府志：對樂珠池，在縣西南一百五十里樂民所西海中，亦名樂民池。自劉鋹置媚川都，宋開寶以還遂置場司，或採或罷。明洪武三十九年詔採，未有專官。正統初，始命内官傍池建廠，專守防盜。成化中遷廠郡城，大爲民害。正德九年，以無珠罷採。其後御史陳實奏革雷池太監，總屬廉池。嘉靖八年復採，都御史林富奏止之。

月池。在徐聞縣南門外。縣多火災，且乏灌溉。明萬曆二年，知縣張師益鑿，周二百餘丈，深丈許，泉清不竭，回祿無患，灌溉便之。

萊公井。在海康縣城外西館内，相傳宋寇準所飲。元祐間重浚，扁曰萊泉。又樓前井，在城内蘇穎濱舊祠側，宋時濬，蘇舊寓此，有讀書樓，人多慕而汲之。

寧海井〔二〕。在海康縣城南，唐上元間浚。又有石神井，在縣城西，宋郡守戴之邵品水，以石神爲第一，寧海次之。

石巖井。在海康縣南一百里。山下有泉，周二十里，人皆汲之，截其中爲堰，灌田三十餘頃。

玉堂井。在遂溪縣南一百三十里。有泉自石湧出，北流入通明港。

討南井。在徐聞縣西二十里。又那博井，在縣北七里。

古蹟

徐聞故縣。今海康縣治。漢置縣。隋改海康爲州治。寰宇記：朱梁開平三年，嘗移州治於驚雷江源，至劉氏僞命日，却歸海康。

雷川廢縣。在海康縣西。隋書地理志：合浦郡海康縣，大業初，廢模落、羅阿、雷川三縣入焉。按三縣，宋、齊二志俱不載，疑梁、陳時所置。

鐵杷廢縣。在遂溪縣東南。隋置，屬合浦郡。元和志：本漢徐聞縣地。隋開皇十一年，於此置鐵杷縣，取縣西鐵杷水爲名。天寶元年，改曰遂溪。寰宇記：開寶五年，併遂溪爲新福鄉入海康縣。輿地紀勝：紹興十九年，知州王趯復置。舊志：廢縣在今縣東南七十里鐵杷水旁，紹興中始移今治。

椹川廢縣。在遂溪縣西北。方輿紀要：椹、扇沙，梁置。隋書地理志：合浦郡領扇沙縣。舊有椹縣，開皇十八年改爲椹川，大業初廢入扇沙。舊志：廢椹川縣，在縣西北五十里，有溪名椹川。按：舊唐志武德五年，置南合州，領椹川縣，則椹川在唐初復置，後又併入遂溪也。

齊康廢縣。在徐聞縣南。隋書地理志：合浦郡領隋康縣，舊曰齊康。開皇初改名隋康。舊唐書地理志：雷州隋康縣，貞觀二年改曰徐聞，取漢故縣爲名。元和志：縣南與崖州澄邁縣對岸，相去約一百里。寰宇記：徐聞縣在州南二百四十里。開寶五年，併爲時邑鄉，入海康縣。輿地紀勝：乾道六年，知州戴之邵將海康縣八都撥作徐聞，將隸角場作縣治，因於七年復置。縣志：舊治本在縣西南討綱村。元至元二十八年，遷賓樸村。明正統三年，築土城。天順六年，以西寇剽掠城燬，因遷於海安所。

弘治十四年還遷賓樸，即今治。今討綱村有舊縣埠。

侯官故址〔三〕。在徐聞縣南。元和志：漢置左右侯官，在徐聞縣南七里，積貨物於此，備其所求，與交易有利，故諺曰：「欲拔貧，詣徐聞。」

北樓。在府治内。輿地紀勝：即楚閣也，太守張綱易名。明統志：有楚闊樓，在府城東北。

蘇公樓。明統志：在海康縣西湖上。宋蘇轍謫雷州時寓此，其兄軾同時謫儋耳，亦處此月餘。後改爲祠。咸淳八年，郡守陳大震遷於湖西，與寇祠相對，旁有遺直軒。

雲章閣。明統志：在府學内。宋建。

瑞芝堂。在府治内。明統志：舊名無訟，因産芝易名。又百花堂，在府治西偏，俱宋建。

十賢堂。明統志：在海康縣西湖旁。宋咸淳間建，以寇準、蘇軾、蘇轍、秦觀、李綱、王巖叟、任伯雨、李光、趙鼎、胡銓十賢爲名。文天祥有記。又四德堂，在府治東南，亦咸淳間建，取郡守有名蹟者張紘、何庾、戴之邵、徐應龍四人祀於此。

思亭。在府治内，宋郡守張紘建，其曾孫栻有記。

總宜亭。在海康縣西湖。宋郡守戴之邵建。

横舟亭。在海康縣西。宋郡守陳大震建。

祭海亭。在遂溪縣西南一百八十里，英靈村港口。明時每歲三月、六月，郡守祭東海神於此。

貞女臺。在徐聞縣西北。輿地紀勝：雷州有貞女臺，相傳昔有女子，父死獨居此，因名。明統志：在縣西北十里。

蓬萊館。在海康縣東，一名光華館。輿地紀勝：太守戴之邵常於蓬萊坊因英祿山爲館。

西館。在海康縣西。宋寇準嘗居之。

關隘

清道鎮巡司。在海康縣西南九十里北和墟〔四〕，明洪武二十七年置。舊有黑石巡司，在縣東南九十里，亦洪武時建，崇禎三年裁，今爲黑石埠。

湛川巡司。舊在遂溪縣西北五十里湛川村。元至元三十一年置。明洪武三年，遷於縣東南七十里舊縣村。本朝康熙五年裁，九年復置。雍正十一年移駐東海之東山墟，仍舊名。舊有灈洲巡司，亦至元時置，在縣西南二百里海島中博里村〔五〕，今廢。

寧海巡司。在徐聞縣東七十里武安墟〔六〕。明初置。

東場巡司。在徐聞縣西四十里邁陳墟〔七〕。明初置。通志：自此渡海抵瓊州府臨高縣。

海康所。在海康縣西南一百四十里，西濱海，北枕洪排港。明洪武二十七年築城，周三百六十丈，置千户所。本朝康熙初裁，八年復，設把總防守。

樂民所。在遂溪縣西南一百六十里。明洪武二十七年築城，周四百八十丈，置千户所。本朝順治中所廢，撥雷州右營外委駐防。

海安所。在徐聞縣東南二十里，濱海。明洪武二十七年築城，周四百九十四丈，置千户所。天順中嘗遷縣治於此。本朝改海安營，撥水師遊擊及中軍守備駐劄，並設同知駐此。

錦囊所。在徐聞縣東北一百里。明洪武二十七年築城，周四百六十六丈。本朝初改錦囊營，設千總分防各港臺汛。康熙二十四年併入海安。

淡水寨。在海康縣東南五十里淡水港口，爲縣咽喉要地。明崇禎十年，知府朱敬衡置。明統志：有水軍寨在城南二里，宋置，屯兵以備海道。又澄海、牢城二營在城北，亦宋置。皆久廢。

白鴿寨。在遂溪縣東南一百四十里。明隆慶中置。崇禎五年，海賊劉香寇寨，縣城爲之戒嚴。本朝康熙三年遷界廢，八年復，九年築土城，周三百五十丈，西南二門，設水師守備駐守。

冠頭寨。在徐聞縣東南。九域志：海康縣有冠頭寨，蓋在今徐聞縣冠頭山下。

横山堡。在遂溪縣西北六十里，接高州府石城縣界。明正統間置。

武郎鹽場。在海康縣西，自廉州府合浦石康海至此泊舟，北通遂溪樂民所。明初置鹽課司，崇禎三年裁。今有武郎埠。

雷陽驛。在海康縣北。又舊有將軍驛，在縣南六十里，今廢。

桐油驛。舊在遂溪縣西北三十五里桐油村，元至元十七年置，明初改建於城内北街拱辰坊。又城月驛，在縣西南九十里城月墟，明洪武九年置。

沓磊驛。在徐聞縣東南二十里海安所城中，其南有沓磊浦。又英和驛，在縣西北八十里。

東山墟。在遂溪縣東南，孤懸海外，四面環洋。本朝嘉慶十五年設營，移雷州右營守備駐此。

楊柑墟。在遂溪縣西南。本朝嘉慶十五年設縣丞一員駐此。

津梁

阜民橋。在府治東，宋郡守戴之邵建。相近有狀元橋，宋郡守虞應龍建，以文天祥作記，因名。
通濟橋。在海康縣南三里，宋建。
雲津橋。在海康縣西南三十里，宋嘉泰間建。長十二丈。
惠濟橋。在海康縣西湖，有二橋，東橋跨東閘，西橋跨西閘，宋知州何庾建。
雲梯橋。在遂溪縣東南七十里，宋建。
百丈橋。在遂溪縣南一百六十里特侶塘中，宋紹興中建。長五十丈，疊石十五，通水道十四。
大水上橋。在徐聞縣東十里，長十五丈，闊二丈，路通錦囊所。又東十里有大水下橋。皆元大德中建。
葫蘆橋。在徐聞縣西北十里。又廉賓橋，在縣西北四十里，明洪武中建。
南渡。在海康縣南十里，即擎雷水通津，瓊、崖必由之路。

隄堰

海隄。有三，一在海康縣北爲北隄，連亘一萬二千一百五十二丈五尺，水閘三十九所。一在海康縣南爲南隄，連亘一萬三百四十四丈，水閘六十所。一在遂溪縣西，連亘四千五百二丈，水閘六所。本朝康熙三十五年並修，自井字隄至癸字隄一十七處，乾隆、嘉慶間屢有修築。

清水堰。在徐聞縣西南二十里，有閘引水灌討網村田。縣志：縣界凡有堰閘六。

東溪陂。在遂溪縣東北半里，明嘉靖十年，知縣張惠築，灌南門、西門等田。又都賀陂，在縣南五十八里，元縣尹都賀築，灌雲腳等處田。

特侶塘。在遂溪縣南一百六十里，廣四十八頃，宋紹興末郡守何庾開渠，築隄建閘，灌東洋田四千頃，下流與西湖水合，亦名何公渠。乾道中，郡守戴之邵重修。明萬曆中再修，砌爲十閘。又縣南一百八十里有張熟塘。

隆船塘〔八〕。在徐聞縣東四十里，灌田百餘頃。又有邁果塘，在縣東六十里，積水灌田，大旱不竭。又李家塘，在縣東七十里，灌田四百餘頃。

何公渠。在海康縣西，有三渠，皆宋紹興二十八年郡守何庾鑿。一自西湖西閘引水，由西山南流，灌白沙田。一自西湖東閘，直下南亭，橫逕通濟橋而注之東。一自特侶塘建閘，南流與湖水合，灌縣東萬頃洋田。歲久湮廢，惟西山活水如故。

戴公渠。在海康縣境，有二渠，皆宋乾道五年郡守戴之邵鑿。一以特侶渠近山易湮，於渠東四百二十步別開一渠，導流而南，會張熟塘水，至東橋與西湖渠水合，長二千七百六十丈，沿渠築隄瀦水，隄置八橋，以通往來，開八渠，以分灌溉，各長一千八百丈。東建萬頃閘以拒水，南啓南亭閘以洩水，增隄建六閘，開二十四渠，以沃東北上游之田，各長一千二百丈，凡渠首尾悉爲閘以出納。一以南亭渠湮廢，於西湖東鑿渠，引水入城，與東渠水合，灌附郭高壤田，委流灌東洋田，長四百二十丈，俱砌以石。明天順、正德、萬曆間皆相繼修。

陵墓

宋

蕭莞師墓。在遂溪縣南傍塘館側。

陳以鎮墓。在徐聞縣北六十里。以鎮，宋駙馬。又有公主墓，在縣東三十里。

明

平綱墓。在徐聞縣東南觀濤嶺下，嘉靖戊申遷於邁亭。

本朝

陳瓌墓。在府城東五里東洋之五龍坡。賜祭葬。康熙五十七年御製碑文。

祠廟

昭忠祠。在府城内，本朝嘉慶八年建。

忠義祠。在海康縣城内鎮定坊，祀明知縣王麒。

旌忠祠。在海康縣西。輿地紀勝：有寇萊公廟，在敬德門外報恩寺西。紹興五年，賜名旌忠。明統志：廟在西湖之東，後郡守陳大震合祀蘇軾、蘇轍於此。

伏波廟。在海康縣西南一里許。輿地紀勝：有威武廟，祀漢兩伏波將軍邳離侯路博德、新息侯馬援。明統志：伏波廟，在府城南三里。

雷公廟。在海康縣西南八里英榜山。唐國史補：雷州春夏多雷，無日無之。投荒録：郡南濱大海，雷聲近在簷宇之上。寰宇記：在州西南七里。本朝乾隆六十年敕封康濟宣威布德之神，御書扁曰「茂時育物」。

寺觀

開元寺。在海康縣城南調會坊，唐開元中建，有石塔高五丈餘。

天寧寺〔九〕。在海康縣西關外。唐大曆五年建，舊名報恩。宋蘇軾書「萬山第一」四字於門，李綱、趙鼎、胡銓南謫時皆寓此。

廣濟寺。舊名廣教寺，在海康縣西八里，梁建。明洪武時改今名，宋寇準有詩。

崇真觀。在徐聞縣西，宋建。

湖光庵。在遂溪縣湖光巖北。本靈惠侯祠，宋靖康中有僧琮改爲禪庵。李綱謫雷時嘗遊此。

名宦

宋

楊維新。至道中以太子洗馬出知雷州，慮郡濱海無備，始築子城，踰年工竣。紹興八年海寇陳旺掠郡，賴子城得全，士民追頌其功。

張紘。廣漢人。至和初知雷州，延見父老，授諸生條教，又增治城壘，闢田瀦水，爲久遠計。雷人戴之，嘗作思亭於州治，自爲記曰：「政簡則身閒，身閒則心縱，能無思乎？作以自警。」

王趯。紹興中知雷州，創築外城以衛子城。趙鼎、胡銓南謫過雷，趯皆厚待之，秦檜怒，坐謫全州。

蘇洸。德化人。以張浚薦知雷州，秩滿赴闕，面陳三劄，一折納徐聞丁米，一籍海舟以緝姦盜，一戒廣西軍寨不得差人回易。改知新州。

何庾。春陵人。紹興中知雷州，下車即講求民隱。北瀦特侶塘水，使之南下，導西湖水使東注，開渠疏流，灌東洋田萬頃，民名其渠爲何公渠。

李守柔。臨桂人。紹興間令海康，弭盜安民。趙鼎貶雷州，守柔待以故相禮，秦檜聞之，十年不調。

戴之邵。廬陵人。乾道五年知雷州。何公渠外無隄，鹹潮時爲禾害，之邵沿海築圩岸，建橋閘以洩水，並濬二渠之淤塞，民名爲戴公隄。又建郡學城南，自是人文漸盛。

徐應龍。建寧人。嘉定間知雷州。爲政寬厚，愛民如子，勸農興學，士民戴之。

薛直夫。永嘉人。嘉熙初知雷州。始闢試闈，修理隄防，振舉廢墜。雷俗病不知醫，專事巫禱，乃創立惠民藥局，教以醫療。

明

李希祖。河南人。洪武七年，通判雷州。開荒田萬餘頃，立社學，敷條教，在任數年，未嘗妄辱一人。秩滿去，州人各贐一錢，終不受。

陳本。會稽人。洪武中知海康縣。區別廬井，招撫流亡，遠近歸者七百餘家。卒於官，囊無餘資。

黄敬。天台人。永樂七年知雷州府。府多囚繫，敬至，悉爲剖决，獄一空。在任數年，民安訟息。

戴浩。鄞縣人。正統八年知雷州府。仁恕清勤，嘗遇旱，祝天曰：「願减十年算，祈降三日霖。」果大雨，廳事産芝三莖。

王麒。太和人。天順中知海康縣。時猺賊爲患，麒日以忠義激其民，屢出擊賊，斬獲無算。副使毛吉壯其勇節，薦於朝，遷雷州府通判。未聞命，與賊戰於那柳村，死之，贈同知。

黄瑜。南城人。成化中知雷州府。盡心撫字，盗息民安，以治行高等，加右參政，仍涖府事。

平綱。貴州人。弘治中知徐聞縣。性清介而政平恕，卒於官，子孫因留家焉。

王鈺。山東人。雷州衛指揮。弘治間征信宜，鈺發矢連斃數賊，俄賊大至，鈺厲兵酣戰，日暮矢盡，會泥淖馬蹶，中槊而死。後有州指揮張憙，武定人，把總王道成，晉江人，正德時與海賊戰死。百户吴賢，思州人，陳相，蘄州人，正德時與山賊戰死。

州指揮王廷輔，寧波人，嘉靖時與海賊戰死。百户潘恩，合肥人，黄隆，廬州人，隆慶時與倭寇戰死。

王秉良。西充人。正德間知雷州府。時守珠中官趙蘭多不法，秉良每與之抗，民恃以安。蘭誣搆，逮京下獄。嘉靖元年，御史陳實疏革守珠中官，誣始白。

戴嘉猷。績溪人。正德時，諫南巡下獄，謫臨桂尉，歷高州同知，攝雷州事。不數月，黜贓吏十餘人，剗除宿弊，豪猾屏跡。

洪富。晉江人。嘉靖間知雷州府。副使吴玭牙卒殺人，玭欲寬之，富不從。爰書上，帝怒，易他官治之，執益堅，竟服辟。

陸瓚。龍遊人。嘉靖間知雷州府。有清操，郡北有泉清冽，民號陸公泉。

喻萃慶。四川人。崇禎十七年知遂溪縣，有政聲。大兵至，與巡按王基固、推官費長統同死。

本朝

趙最。杭州人。順治四年知雷州府。黄海如陷城，死之。同時推官李鎮國，漳平人，亦以不屈死。

周燦。臨潼人。順治十一年任雷州府同知。廉敏有才，與推官趙永祚單騎入山，招降山賊王翰等。升鳳陽知府。

馮祖悦。代州人。雍正進士，乾隆十六年任雷州府，誠信化民。遂溪民韋甲爲仇家誣以姦殺事，獄已具，審得其情，爲改讞。尋卒於官，士民惜之。

陸維垣。大興人。乾隆六十年知雷州府。講求吏治，積弊捐除，決訟如流，民懷吏畏，隸役肆行者置之法，不少假貸。

胡纕蘭。膠州人。乾隆五十七年署海康縣。性明決，蒞任數月，判疑獄數十案，聞者驚爲神明。

王宣。雲南舉人。知徐聞縣，痛懲姦回，善良者爲案牘羈遷，亟訊察釋之。以縣庫失盜落職，去之日，邑人攀轅恐後。

人物

南北朝　宋

阮謙之。徐聞人。仕郡功曹，遷奮勇將軍。元嘉初，從征林邑，大敗之，振旅而還。其後人多居遂溪，今猶有阮家村。

梁

陳文玉。徐聞人。涉獵書傳，有才智，被薦辟爲本州刺史。精察吏治，懷集峒落，獠蠻相繼輸款，武帝降璽書褒之。

宋

吴國鑑。海康人。紹聖中爲太廟齋郎，退居於家。蘇轍安置雷州，特築室館之，未幾坐罪，無悔意。

紀應炎。遂溪人。寶祐進士，初試澄邁主簿，後宰南海，皆清介有聲。

陳汝達。海康人。隱居不仕，宋亡，病將死，預刻碑曰「有宋陳四五公之墓」。囑其子曰：「慎勿改也。」其墓在擎雷山。

元

吴國寶。雷州人。性孝友，父喪廬墓。大德八年，境内蝗害稼，惟國寶田無損，人以爲孝感。

陳杞。字楚材，海康人。領鄉薦不仕，讀書山中，究性命之學，遠近學者咸受業焉。所居里曰義江，元末盜起，過其鄉，相戒勿犯。

明

周德成。海康人。洪武中，以明經擢休寧令。裁決如流，多惠愛。邑故衝，四方遊者接軫，民不勝役，乃自懸一車於縣，强索者身代舁之，後非使命至者，噤不敢請。在任七年，以他故逮法曹，民詣闕訟，得還。又逮至兵部，民詣之如初，比得白，尋以病卒。衆以喪還葬休寧，贍其妻子終身。

黃本固。海康人。永樂進士，知馬平縣。劾奏内侍，反爲所搆，削籍還。

陳貞豫。遂溪人。永樂中舉人，歷官御史，有廉潔聲，人不敢干以私。奏建横山堡、遂溪石城，咸賴以安。

文帶。海康人。技勇絶倫。天順中，率鄉勇禦猺賊，戰每捷，賊避其鋒。後於白沙坡戰死，人咸惜之，今坡旁有義勇塚。

馮彬。字用先，雷州衛人。嘉靖己丑進士，任平陽縣，以憂歸，補上海令。俗喪多以火化，有化人亭，立毁之，諭以禮葬。擢御史，按廣西，歷松江守，民無智愚，皆愛戴之。

鄧鑑。徐聞人。歷官侍御史，秉公執法，不避權貴，彈劾有聲。

柯有年。徐聞人。嘉靖四年海寇至，有年語其兄扶父出走，以身捍賊而死，鄉人祀之。

本朝

余進才。海康人，陳雅言家僕。順治間，黄占三黨岳之鼎，脅雅言入夥，不屈遇害。進才投身軍營，潛入賊巢，斬之鼎首，至雅言墓哭奠，雷人至今稱之。

陳瓌。海康人。康熙甲戌進士，由縣令歷官福建巡撫。勵清節，官廚惟進瓜菜，整飭紀綱，吏畏民懷。尤振興文教，建修書院，士奮於學。三年卒於官，謚清端。乾隆四年入祀鄉賢祠。

陳昌齊。海康人。乾隆進士，由編修轉御史。上疏陳洋匪會匪並防海勦盜事宜。召對稱旨，出補浙江温處道，修戰艦，簡軍伍，以備海寇。昌齊學問優贍，家居端謹，爲士林所推重。

流寓

宋

寇準。下邽人。再入相，爲丁謂所阻。乾興元年貶雷州司户參軍。及丁謂貶崖州，道經雷，準使人以一蒸羊逆境上。聞家僮欲謀報讐，乃杜門使毋出，俟謂行遠乃止。

蘇轍。眉山人。哲宗時謫化州别駕，安置雷州。

秦觀。高郵人。紹聖中坐黨籍，編管雷州。

明

湯顯祖。臨川人。萬曆十八年抗疏陳時政，謫徐聞典史。

列女

元

王谷榮女。名妙璘，海康人。至元間爲猺蠻所執，義不受辱，赴水死。

朱克彬妻周氏。海康人。克彬卒，無子，自縊以殉。

明

吴金童妻莊氏。海康人。成化初，隨夫避賊新會，同傭於劉銘家，銘悦其色，屢誘不從，乃賄鄉人梁狗謀殺其夫投海中，越三日，氏心疑，徧尋至海濱，見一屍流岸側，手足被縛，乃夫也，即攜女赴水抱夫屍而死。明日三屍隨流繞銘門，鄉人驚異之，聞於官，有司置銘、狗於法，奏聞旌表。

魏乞妻柳氏。徐聞人。成化初，柳年十八，爲猺賊所執，柳紿以有銀藏井，引至，投井水。

鄭浩妻黄氏。徐聞人。浩死，里豪陳某悦其姿，强委禽焉，黄不可，陳乃逮其舅姑於訟，黄曰：「天乎！姦人以吾故，辱及舅姑，惡用生爲！」扃户自縊死。

吴士价妻何氏。海康人。年二十一，士价死，食貧守節，富民黄文寬謀奪其守，誣訟於縣，比赴縣門，抽刀自刎死。

陳大賓妻鄧氏。徐聞人。嘉靖庚申避賊匿於新倉窟，賊搜出之，不從，刃其左臂，厲聲曰：「吾臂可斷，志不可奪。」賊殺之。後大賓徙居錦囊，倭寇犯城，亦禦賊而死。

鄭三妻黃氏。徐聞人。三死殮畢，即自縊。

鄧宗昌聘妻黃氏。徐聞人。未嫁而宗昌歿，女聞，易喪服自縊。

本朝

鄧一柱妻莫氏。海康人。夫亡守節。雍正八年旌。同邑陳尚連妻關氏、辜禹惠妻陳氏，均雍正年間旌。

王永霖妻梁氏。遂溪人。夫亡守節。雍正十二年旌。

鄭氏。徐聞人。逸其夫名，未嫁而夫病，翁姑迎之，比至，夫卒，鄭矢志守節，偶省母歸，有以語戲之者，憤激捐軀。雍正年間旌。

林日旺妻關氏。海康人。夫亡守節。乾隆八年旌。同邑宋繼統妻吴氏，李壯觀妻鄧氏、子振宸妻吴氏，王臨軒妻蔡氏，朱賜履妻丁氏，陳陽階妻符氏，孝女林月女，均乾隆年間旌。

黎元煜妻林氏。遂溪人。夫亡守節。乾隆九年旌。同邑陳峴妻梁氏，黄常豔妻梁氏、子鴻謨妻王氏，林鼎嵋妻黄氏，陳斯顯妻周氏，陳賡謨妻周氏，韓元伯妻陳氏，鄭繼盛妻阮氏，梁時精妻陳氏，烈女蔡那黑，均乾隆年間旌。

麥聖清妻陳氏。徐聞人。守正捐軀。乾隆元年旌。同邑節婦陳子成妻詹氏、鄭丕義妻李氏，貞女何其傑聘妻陳氏，烈女李氏女、李之才妹，均乾隆年間旌。

陳文淵妻莫氏。海康人。夫亡守節。嘉慶元年旌。同邑黄正中妻陳氏，陳昌祉妻鄧氏，陳懷清妻翁氏，鄧起龍妻陳氏、妾方氏，黄子昌妻莫氏，王瓛妻洪氏，均嘉慶年間旌。

洪紹武妻陳氏。遂溪人。夫亡守節。嘉慶三年旌。同邑陳焯妻鄭氏、陳焻妻林氏、鄭其綱妻龐氏、黄雲妻吴氏、洪維屏妻周氏、鄭士元妻黄氏、洪德潤妻周氏、陳符觀妻曾氏、彭克順妻林氏、陳睦晉繼妻彭氏、鄭士玉妻梁氏，烈婦林茂菉妻周氏，均嘉慶年間旌。

楊文孝妻林氏。徐聞人。夫亡守節。嘉慶四年旌。同邑翁文煌妻吴氏、陳舜揆妻吴氏、李長光妻趙氏、蘇江妻陳氏、譚有經妻王氏、翁繼誠妻朱氏，均嘉慶年間旌。

土産

絲。唐書地理志：雷州土貢。

葛。寰宇記：徐聞不宜蠶桑，惟種葛莞爲衣。

米豆。元和志：州有米豆，枝葉似柳，花如烏豆，一種之後，數年收實。寰宇記：思靈島産。明統志：淮南子云，豆之美者有米豆。

芥禾。寰宇記：州地多沙鹵，禾粟春種秋收，多被海雀所損，相承冬耕夏收，號芥禾。又云再熟稻，五月、十一月再熟。明統志謂之界稻，十一月種，次年四月收。

斑竹。唐書地理志：雷州土貢。

荔枝。明統志：徐聞縣出。

孔雀。唐書地理志：雷州土貢。府志：産於欽州，非雷所有。

鯊魚。明統志：有虎鯊、鹿鯊、鋸鯊三種。

藥。寰宇記：州産烏藥、高良薑、益智子、海桐皮。明統志：海康出百部，一名婆婦草，可殺蠅蚋。又出扶留藤，即蒟苗也。合檳榔食之辛香，又名蔞藤。按：舊志海康縣産牛。元和志「項上有骨，大如覆斗，日行三百里，爾雅所謂犦牛也」。府志「今無」。謹附記。

校勘記

〔一〕在海康縣西八十里　「八十里」，原作「七十里」，據乾隆志卷三四九雷州府山川（下同卷簡稱乾隆志）及輿地紀勝卷一一八雷州景物下改。

〔二〕寧海井　「寧」，原作「安」，據乾隆志改。按，本志避清宣宗諱改字。下文同改。

〔三〕侯官故址　「侯官」，乾隆志同，方輿勝覽卷四二雷州風俗「徐聞交易」條引元和志作「候官」。

〔四〕在海康縣西南九十里北和墟　「九十里」，乾隆志及讀史方輿紀要卷一〇四廣東五作「一百二十里」。

〔五〕在縣西南二百里海島中博里村　「博里村」，明史卷四五地理志同，乾隆志作「百里村」。

〔六〕在徐聞縣東七十里武安墟　乾隆志作「在徐聞縣東一百里」。

〔七〕在徐聞縣西四十里邁陳墟　乾隆志作「在徐聞縣西南七十里」。

〔八〕隆船塘　乾隆志及雍正廣東通志卷一五水利志「隆」作「龍」。

〔九〕天寧寺　「寧」，原作「安」，據乾隆志及雍正廣東通志卷五四寺觀改。按，本志避清宣宗諱改字。

瓊州府圖

瓊山
澄邁
定安
文昌
會同
樂會
萬
陵水
東水港
海口港
白沙港
鋪前港
木欄港
抱虎港
鋪前司
清瀾港
博敖港

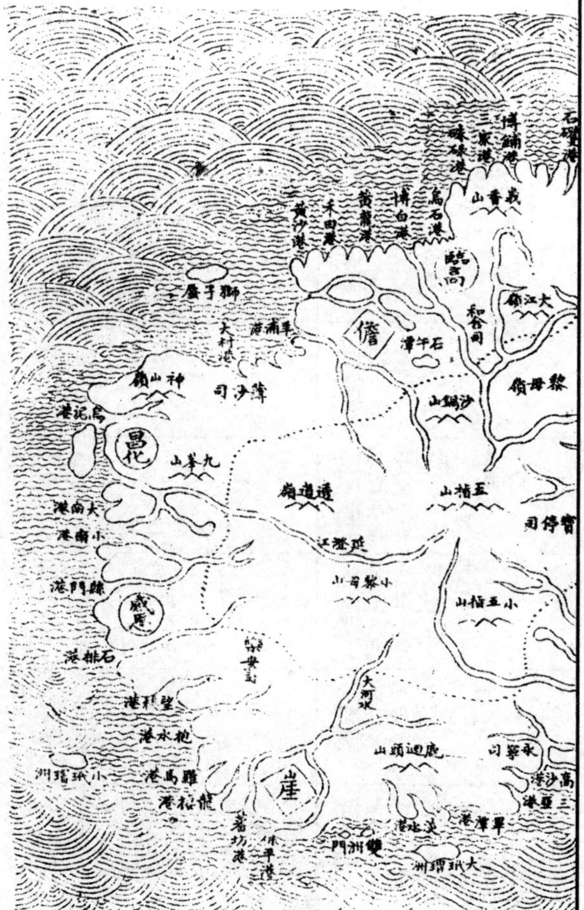
儋
昌化
感恩
崖
臨高
獅子嶼
神山嶺
薄沙司
九峯山
透道嶺
五指山
小五指山
黎母嶺
寶停司
大南港
小南港
延澄江
鹿回頭山
永寧司
大河水
沙鍋山
和舍司
大江嶺
石牛潭
大村港
望樓港
抱水港
羅馬港
小玳瑁洲
大玳瑁洲
雙洲門

瓊州府表

	瓊州府	瓊山縣
兩漢	珠崖郡元鼎六年置。初元三年廢爲合浦郡地。	珠崖縣初置潭都縣,爲珠崖郡治。後改置朱盧縣,屬合浦郡。後漢改名。
三國	珠崖郡吳赤烏五年復置。	朱盧縣吳復故名,屬合浦郡。
晉	省入合浦。	朱盧縣
宋		朱盧縣
齊梁陳		朱盧縣梁廢。
隋	珠崖郡大業六年復置。	舍城縣初置武德縣,屬珠崖郡。大業六年改置,爲郡治。
唐	崖州珠崖郡武德五年置州。天寶初改郡。乾元元年復爲州,屬嶺南道。	舍城縣州治。武德四年分置顏盧縣。貞觀初更名顏城,後省入。
五代	崖州屬南漢。	舍城縣
宋	瓊州瓊山郡靖海軍開寶五年廢崖州,移瓊州治此,改郡名,屬廣南西路。政和初置節度使。	瓊山縣熙寧四年省舍城,移瓊山縣來治。
元	乾寧軍民安撫司初曰瓊州。天曆二年改司,屬海北海南道。	瓊山縣司治。
明	瓊州府洪武元年改府,二年降州,三年仍升府,屬廣東布政司。	瓊山縣府治。

續表

	澄邁縣
	珠崖郡地。
	澄邁縣分置，屬珠崖郡。
瓊州瓊山郡貞觀五年置州。天寶元年改郡。乾元元年復爲州，屬嶺南道。 瓊山縣貞觀五年置，州治。	澄邁縣屬崖州。 曾口縣貞觀中置，屬瓊州。
瓊州 瓊山縣	澄邁縣 省。
徙廢。 徙廢。	澄邁縣屬瓊州。
	澄邁縣屬乾寧軍。
	澄邁縣成化初移治，仍屬瓊州府。

定安縣	文昌縣	會同縣
珠崖郡地。	珠崖郡地。	珠崖郡地。
瓊山縣地。咸通中嘗置忠州，旋廢。	文昌縣 武德五年置平昌縣，屬崖州。貞觀初更名。	樂會縣地。 容瓊縣 貞觀十三年置，屬瓊州。貞元初省。
	文昌縣	
	文昌縣 開寶五年改屬瓊州。	
南建州 至元三十一年置定安縣，屬瓊州。天曆二年升州，屬乾寧軍。	文昌縣 屬乾寧軍。	會同縣 至元三十年置，屬乾寧軍。
定安縣 仍爲縣，屬瓊州府。	文昌縣 屬瓊州府。	會同縣 屬瓊州府。

續表

樂會縣	臨高縣
珠崖郡地。	珠崖、儋耳二郡地。
	毗善縣屬珠崖郡。
樂會縣顯慶五年析文昌置，屬瓊州。	臨高縣武德五年置臨機縣，屬崖州。開元初更名。貞元七年屬瓊州。 富羅縣武德五年改名，屬儋州。
樂會縣	臨高縣
樂會縣大觀初改屬萬安軍。紹興初還屬。	臨高縣紹興初移治，仍屬瓊州。
樂會縣屬乾寧軍。	臨高縣屬乾寧軍。
樂會縣屬瓊州府。	臨高縣屬瓊州府。

續表

儋州	昌化縣
儋耳郡元鼎六年置。始元五年廢爲珠崖郡地。	儋耳郡地。
梁置崖州。	
儋耳郡大業初置珠崖郡，六年改儋耳郡。 義倫縣郡治。	昌化縣分置，屬珠崖郡。
儋州昌化郡武德五年改州。天寶初改郡。乾元元年復爲州，屬嶺南道。 義倫縣州治。 洛場縣乾元後置，屬儋州。	昌化縣屬儋州。
儋州 義倫縣 洛場縣	昌化縣
南寧軍熙寧六年廢州爲昌化軍。端平二年更名，屬廣南西路。 宜倫縣太平興國初更名，省洛場縣入。 省。	昌化縣熙寧六年省入宜倫。元豐三年復置，屬南寧軍。
南寧軍屬海北海南道。 宜倫縣	昌化縣
儋州洪武二年復名，屬瓊州府。 正統五年省入州。	昌化縣正統六年移治，屬儋州。

	萬州
	珠崖郡地。
吉安縣 屬珠崖郡。	
初省。貞觀初復置，屬儋州。乾元後省。	萬安州 萬安郡 龍朔二年置州。開元九年徙治陵水縣。天寶元年改萬安郡。至德二載改萬全郡。乾元元年復爲萬安州。貞元初復治，屬嶺南道。 萬安縣 貞觀五年置，屬瓊州，尋爲州治。
	萬安州 萬寧縣 南漢更名。
	萬安軍 初仍曰萬安州萬安郡。熙寧七年改爲軍，屬廣南西路。 萬安縣 紹興十三年復名。
	萬安軍 屬海北海南道。 萬安縣
	萬州 洪武初改州，屬瓊州府。 正統五年省入州。

續表

	陵水縣	崖州
	珠崖郡地。	珠崖郡地。
	陵水縣 大業六年置，屬臨振郡。	臨振郡 初置臨振縣。大業六年改置。
富雲縣 貞觀初置，屬萬安州，後廢。 博遼縣 貞觀初置，屬萬安州，後廢。	陵水縣 屬振州，後屬萬安州。	振州 延德郡 武德五年改州。天寶初改郡。乾元元年復爲州，屬嶺南道。
	陵水縣	振州
	陵水縣 熙寧七年省。元豐三年復置，屬萬安軍。	吉陽軍 開寶五年改曰崖州。熙寧六年廢爲朱崖軍，屬廣南西路。政和七年更名。
	陵水縣	吉陽軍 屬海北海南道。
	陵水縣 正統中移治，屬萬州。	崖州 洪武初復名，屬瓊州府。

續表

	感恩縣
	儋耳郡地。
寧遠縣 大業六年置，爲郡治。 臨川縣 大業六年置。 延德縣 大業六年置，屬珠崖郡。	感恩縣 分置，屬珠崖郡。
寧遠縣 州治。 吉陽縣 貞觀二年置，屬振州。 臨川縣 屬振州。 落屯縣 永徽初置，屬振州。 延德縣 屬振州。	感恩縣 屬儋州。
寧遠縣 吉陽縣 南漢省。 南漢省。 南漢省。	感恩縣
寧遠縣 熙寧六年省。紹興六年復。 吉陽縣 熙寧六年廢。紹興六年復置。 崇寧五年復置。大觀初改軍，又置通遠縣。政和初俱廢。	感恩縣 熙寧六年省。元豐四年復置，屬南寧軍。
寧遠縣 省。	感恩縣
正統五年省入州。	感恩縣 初屬儋州。正統五年屬崖州。

大清一統志卷四百五十二

瓊州府一

在廣東省治西南一千七百里。東西距九百七十里，南北距九百七十五里。東至萬州海岸四百九十里，西至儋州海岸四百八十里，南至崖州海岸九百六十五里，北至瓊山縣海岸十里。東南至陵水縣海岸五百四十里，西南至感恩縣海岸八百一十里，東北至文昌縣海岸一百六十里，西北至臨高縣海岸二百八十里。自府治至京師九千七百一十五里。

分野

天文牛、女分野，星紀之次。

建置沿革

禹貢揚州西南徼外地。漢書賈捐之諫伐珠崖疏：珠崖非禹貢所及，春秋所治。春秋、戰國爲揚越地。秦末屬南越。漢元鼎六年，開置珠崖、儋耳二郡。始元五年，省儋耳郡。初元三年，省珠崖郡入合浦，爲都尉治。後漢仍屬合浦郡。三國吴赤烏五年，復置珠崖郡。晉平吴，省入合浦。隋大業中復置珠崖郡。治義倫縣。唐武德五年置崖州。治舍城縣。貞觀元年置都督府，五年分置瓊州。治瓊山縣。天寶初，改崖州曰珠崖郡，瓊州曰瓊山郡。乾元初，復曰崖州、瓊州，俱屬嶺南道。貞元五年，移都督府於瓊州。五代屬南漢。宋開寶五年省崖州。熙寧四年，移瓊州治崖州故地，仍曰瓊山郡，屬廣南西路。政和元年，升爲靖海軍節度使。元初曰瓊州。至元十五年，屬海北海南道。天曆二年，改曰乾寧軍民安撫司。明洪武元年改瓊州府，二年降爲州，三年仍升爲府，屬廣東布政使司。

本朝因之，屬廣東省，領州三、縣十。

瓊山縣。附郭。東西距一百五十里，南北距九十里。東至文昌縣界一百里，西至澄邁縣界五十里，南至定安縣界八十里，北至海岸十里。東南至文昌縣界一百里，西南至黎界一百六十里，東北至文昌縣界五十里，西北至澄邁縣界五十里。漢初珠崖郡地，後置朱盧縣，屬合浦郡。後漢曰珠崖縣。三國吴復曰朱盧縣。晉及宋、齊因之。梁、陳時省。隋初爲武德縣，屬珠崖郡。大業六年，改置舍城縣，爲珠崖郡治。唐武德五年，於縣置崖州，五代因之。宋開寶五年州廢，屬瓊州。熙寧四年省舍城，移瓊山縣來治，仍爲瓊州治。元爲乾寧軍治。明爲瓊州府治，本朝因之。

澄邁縣。在府西六十里。東西距七十里，南北距一百三十三里。東至瓊山縣界十里，西至臨高縣界六十里，南至黎峒接瓊山縣水尾司界一百三十里，北至海岸三里。東南至瓊山縣界七十里，西南至黎界一百二十里，東北至海岸十里，西北至海岸六十里。漢珠崖郡地。隋分置澄邁縣，屬珠崖郡。唐屬崖州，五代因之。宋開寶五年，改屬瓊州。元屬乾寧軍。明屬瓊州府，本朝因之。

定安縣。在府南八十里。東西距八十七里，南北距二百四十里。東至文昌縣界四十七里，西至黎界四十里，南至黎界二百三十八里，北至瓊山縣界二里。東南至會同縣界六十五里，西南至儋州界一百十里，東北至瓊山縣界十三里，西北至澄邁縣界六十五里。漢珠崖郡地。唐爲瓊山縣地。咸通中置忠州，尋廢。元至元三十一年，析置定安縣，屬瓊州。天曆二年，升爲南建州，屬乾寧軍。明洪武元年，仍爲定安縣，屬瓊州府。本朝因之。

文昌縣。在府東南一百六十里。東西距一百二十里，南北距二百十里。東至海岸六十里，西至瓊山縣界六十里，南至會同縣界六十里，北至海岸一百五十里。東南至海岸九十里，西南至定安縣界一百二十里，東北至海岸一百二十里，西北至海岸一百五十里。漢珠崖郡地。唐武德五年，分置平昌縣，屬崖州。貞觀元年，改曰文昌。宋開寶五年，改屬瓊州。元屬乾寧軍。明屬瓊州府，本朝因之。

會同縣。在府東南二百九十里。東西距五十五里，南北距七十五里。東至海岸三十里，西至定安縣界二十五里，南至樂會縣界二十五里，北至定安、文昌兩縣夾界五十里。東南至海岸三十里，西南至樂會縣界十五里，東北至文昌縣界七十里，西北至定安縣界五十五里。漢珠崖郡地。唐、宋爲樂會縣地。元至元三十年，分置會同縣，屬乾寧軍。明屬瓊州府，本朝因之。

樂會縣。在府東南三百三十里。東西距二百六十里，南北距四十里。東至海岸十五里，西至黎界二百四十五里，南至萬州界二十五里，北至會同縣界十五里。東南至海岸二十里，西南至萬州界七十里，東北至會同縣界三十里，西北至定安縣界四十二里。漢珠崖郡地。唐初爲文昌縣地。顯慶五年，析置樂會縣，屬瓊州。五代因之。宋大觀三年，割屬萬安軍。紹興初，還屬瓊州。元屬乾寧軍。明屬瓊州府，本朝因之。

臨高縣。在府西南一百八十里。東西距一百十里，南北距一百二十里。東至澄邁縣界六十里，西至儋州界五十里，南至黎界九十里，北至海岸三十里。東南至定安縣界八十里，西南至儋州界七十里，東北至澄邁縣界六十里，西北至海岸八十五里。漢珠崖、儋耳二郡地。唐武德五年，置臨機縣，屬崖州。貞觀五年，改屬瓊州。乾封後仍屬崖州。開元元年，改曰臨高。貞元七年，還屬瓊州，五代、宋因之。元屬乾寧軍。明屬瓊州府，本朝因之。

儋州。在府西南三百里。東西距二百五十五里，南北距二百五十里。東至臨高縣和舍司界二百二十里，西至海岸三十五里，南至崖州樂安司界二百十里，北至海岸四十里。東南至黎界五十里，西南至昌化縣界一百十里，東北至臨高縣界七十里，西北至海岸五十里。漢初南越地。元鼎六年，置儋耳郡。始元五年，併入珠崖郡。梁置崖州。隋置義倫縣。大業初，於縣置珠崖郡，六年改儋耳郡。唐武德五年改曰儋州。天寶元年，改爲昌化郡。乾元元年，復曰儋州，屬嶺南道。五代因之。宋太平興國五年，改縣曰宜倫。熙寧六年，廢州爲昌化軍，屬廣南西路。紹興五年廢軍，以宜倫縣隸瓊州，十四年復爲軍。端平二年，改曰南寧軍。元因之，屬海北海南道。明洪武二年，復改爲儋州。正統五年，以州治宜倫縣省入，屬瓊州府。本朝因之。

昌化縣。在府西南五百五里。東西距一百三十里，南北距一百四十里。東至儋州界一百二十里，西至海岸十里，南至感恩縣界四十五里，北至儋州界九十五里。東南至感恩縣黎界一百三十里，西南至感恩縣界四十五里，東北至儋州界五十里，西北至海岸三十里。漢儋耳郡地。隋分置昌化縣，屬珠崖郡。唐屬儋州，五代因之。宋熙寧六年省入宜倫，元豐三年復置，端平初屬南寧軍。元因之。明屬儋州，仍隸瓊州府。本朝屬府。

萬州。在府東南四百五十里。東西距二百五里，南北距一百二十里。東至海岸二十五里，西至陵水縣寶停司界一百八十里，南至海岸二十五里，北至樂會縣界九十五里。東南至海岸三十里，西南至陵水縣界一百里，東北至海岸七十里，西北至樂會縣黎界一百六十里。漢珠崖郡地。唐初爲文昌縣地。貞觀五年，析置萬安縣，屬瓊州，十三年改屬崖州。龍朔二年，於縣置萬安州。開元九年，徙州治陵水縣。天寶元年，改爲萬安郡。至德二載，改郡縣俱曰萬全。乾元元年，復爲萬安州，仍改縣曰萬安。貞元元年，移州還治萬安縣，屬嶺南道。五代南漢改縣曰萬寧。宋初曰萬安州萬安郡。熙寧七年，改爲萬安軍，屬廣南西路。紹興六年廢軍，以縣屬瓊州，十三年復置萬安軍，仍改縣曰萬安。元亦曰萬安軍，屬海北海南道。明洪武初改曰萬州。正統五年，以州治萬安縣省入，屬瓊州府。本朝因之。

陵水縣。在府東南五百七十里。東西距九十里，南北距一百五十里。東至海岸三十里，西至黎峒六十里，南至海岸六十里，北至萬州界九十里。東南至海岸三十里，西南至崖州界六十里，東北至萬州界九十里，西北至黎峒一百三十里。漢珠崖郡地。隋大業六年，分置陵水縣，屬臨振郡。唐初屬振州。龍朔中改屬萬安州。開元九年，移州來治。貞元元年，移州治還萬安，以縣屬焉。五代因之。宋熙寧七年，省爲鎮，入萬寧。元豐三年復置縣，屬萬安軍。紹興六年，改屬瓊州，十三年還屬萬安軍。元因之。明屬萬州，仍隸瓊州府。本朝屬府。

崖州。在府南，中隔黎峒，由東路至府八百七十里，西路至府九百六十五里。東西距二百五十里，南北距二百四十里。東至海岸一百六十里，西至海岸九十里，南至海岸二十里，北至儋州薄沙司黎界二百二十里。東南至海岸三十里，西南至海岸一百二十里，東北至陵水縣界二百四十里，西北至感恩縣界二百十里。漢珠崖郡地。隋開皇初，置臨振縣。大業六年，置臨振郡，又分置寧遠縣。唐武德五年，於縣置振州。天寶元年，改曰延德郡。乾元初復曰振州，屬嶺南道。五代因之。宋開寶五年，改曰崖州。熙寧六年省寧遠縣，改州爲朱崖軍，屬廣南西路。政和七年，改曰吉陽軍。紹興六年，又改軍爲寧遠縣，屬瓊州，十三年復置軍。元亦曰吉陽軍，屬海北海南道。明洪武初，復曰崖州。正統五年，以州治寧遠縣省入，屬瓊州府。本朝因之。

感恩縣。在府西南六百四十五里。東西距九十五里，南北距一百二十五里。東至崖州界八十五里，西至海岸十里，南至海岸三十里，北至昌化縣界九十五里。東南至崖州界一百十里，西南至海岸四十里，東北至昌化縣界九十里，西北至海岸三十里。漢儋耳郡地。隋置感恩縣，屬珠崖郡。唐屬儋州，五代因之。宋熙寧六年省入宜倫，元豐四年復置。南宋屬南寧軍，元因之。明初屬儋州。正統五年，改屬崖州，仍隸瓊州府。本朝屬府。

形勢

海中洲居，廣袤千里。漢書賈捐之傳。周迴二千里，徑度八百里。水經注。四州各占島之一隅，外環大海，中盤黎峒。宋瓊管志。

風俗

霧露氣濕，多毒草蟲蛇水土之害。漢書賈捐之傳。性好弓矢，病無藥餌，但烹犬牛祀神。寰宇記。婦女不事蠶桑，止織吉貝。宋瓊管志。俗皆卉服。輿地紀勝。地四平，歲三穫，民生存古樸之風，物産有瑰奇之狀。明丘濬賦。

城池

瓊州府城。周一千二百五十三丈，門三，池周一千二百八十七丈。明洪武初因宋舊址土築，十七年於城西添築土城三百八丈，嘉靖間甃石，崇禎中增建東門、月城。本朝順治十三年修，康熙六年、乾隆十六年、三十七年重修。瓊山縣附郭。

澄邁縣城。周五百八十丈，門三，無池。明正統十二年土築，弘治元年甃石。本朝順治十五年修，康熙四十五年重修。

定安縣城。周五百九十三丈，門四，北臨大江，東、西、南濬池，周三百六十丈。明正德中建，嘉靖間始創北門。本朝乾隆十六年修，五十一年重修。

文昌縣城。周三百五十丈，門二，西、南瀕溪，東、北以田爲池。明隆慶六年建，崇禎十二年建月城。本朝順治十一年修，康熙元年、五十七年重修。

會同縣城。周三百八十丈，門四，無池。明嘉靖二十九年土築，隆慶六年甃石。本朝康熙三年修。

樂會縣城。周三百七十二丈，門二，四面臨江無池。明隆慶六年建。本朝順治十七年修，雍正元年重修。

臨高縣城。周六百丈，門四，因河爲池。明正統八年建。本朝順治十七年修，雍正七年、乾隆三十五年、嘉慶八年重修。

儋州城。周四百七十丈，門四，池周四百七十七丈。明洪武間因宋舊址甃石。本朝康熙二十七年修，乾隆六年重修。

昌化縣城。周五百八十四丈，門三，無池。明洪武間建，爲千户所城，正統中移縣治北。本朝順治十一年修，康熙三十六年重修。

萬州城。周四百三十六丈，門四，池周四百九十七丈。宋舊址。明洪武中拓建。

陵水縣城。周三百四十四丈，門四，池周四百九十七丈。明永樂中建。本朝康熙中修。

崖州城。周五百一十三丈有奇，門三，池周五百五十七丈。宋慶元中建。明洪武間拓建。本朝順治十八年修，康熙十一年、乾隆二年重修。

感恩縣城。周三百九十四丈，門三，池周四百丈有奇。明萬曆中建。本朝康熙四十三年修，雍正十一年重修。

學校

瓊州府學。在府治東。宋慶曆四年，建於城東南隅。本朝乾隆三十六年遷建。入學額數二十四名。

瓊山縣學。在縣城鼓樓東。明弘治十一年，建於府城東南。本朝乾隆三十五年遷建。入學額數十五名。

澄邁縣學。在縣治東。明弘治十四年建。本朝順治十年重建，康熙四十年修，五十一年、雍正七年、乾隆三十六年重修。入學額數十二名。

定安縣學。在縣城外東南一里。元天曆二年建。本朝康熙七年修，五十四年、雍正二年、乾隆五十年重修。入學額數十二名。

文昌縣學。在縣治東。明洪武八年，建於縣治左。本朝嘉慶七年遷建。入學額數十二名。

會同縣學。在縣治東。明萬曆十年建。本朝康熙二年重建，五十二年修。乾隆二十四年重修。入學額數十二名。

樂會縣學。在縣治東。元延祐三年建。本朝康熙六年重建，雍正四年修，乾隆四年、嘉慶十二年重修。入學額數十二名。

臨高縣學。在縣治東。明洪武三年建。本朝康熙四十二年重建，雍正七年修，乾隆六十年、嘉慶二十一年重修。入學額數十二名。

儋州學。在州城東。元大德九年建。本朝順治十八年重建，康熙二十三年修，乾隆元年重修。入學額數十五名。

昌化縣學。在縣治東。明成化十四年建。本朝順治十五年修，康熙六年、乾隆元年重修。入學額數八名。

萬州學。在州南城外。明成化八年建，萬曆三年遷於城内，崇禎二年復建舊所。本朝康熙七年修，乾隆二十八年重修。入學額數十二名。

陵水縣學。在縣治北。明萬曆元年，建於城中鎮撫司舊址。本朝康熙二十三年遷建，雍正七年修，乾隆元年、四十年、五十七年重修。入學額數八名。

崖州學。在州治東。明弘治二年建，萬曆四十一年遷州西，崇禎七年遷城外東南隅。本朝雍正十年復建舊所。入學額數十二名。

感恩縣學。在縣治東。明萬曆二十五年建。本朝康熙四十二年修，乾隆三十一年重修。入學額數八名。

瓊臺書院。在瓊山縣城內丁字街。康熙四十九年建。

蘇泉書院。在瓊山縣東二里。舊名粟泉書院，明萬曆間建。本朝乾隆十年重建，改今名。

桐墩書院。在瓊山縣東五里。明正統間建。

尚友書院。在定安縣學左。明萬曆間建。本朝乾隆三十七年重修。

居丁書院。在定安縣城內。康熙三十年建。

蔚文書院。在文昌縣東。舊名至公書院，雍正九年建於縣北，嘉慶九年遷建，易今名。

端山書院。在會同縣學東。舊名正蒙清館，康熙四十四年建，乾隆三十八年重建，改今名。

温泉書院。在樂會縣治左。雍正九年建。

臨江書院。在臨高縣治西。乾隆三十年建。

雙溪書院。在昌化縣城内。乾隆三十年建。

萬安書院。在萬州治左。明萬曆中建。本朝乾隆十九年重建。

順湖書院。在陵水縣城東。乾隆二十年建。

南關義學。在府城南鄉約所。康熙二十五年建。

南離義學。在澄邁縣治左。康熙四十六年建。

東門義學。在定安縣東。康熙二十五年建。

古儋義學。在儋州東南。明建。本朝康熙三十九年重建。按：舊志載石湖書院，在瓊山縣西西湖上，明嘉靖中建。零春書院，在儋州東十里，宋建。今並廢，謹附記。

户口

原額人丁十萬九千三百四十八，今滋生男婦大小共二百三十二萬四千六十八名口，又屯民男婦共五萬九千一百九十三名口。

田賦

田地山塘共二萬九千九百八十二頃二十七畝四分有奇，額徵地丁正、雜銀七萬八千四百八十五兩四錢八分四釐，遇閏加徵銀一千七百二十九兩一錢七分九釐，米一萬三千二百八石九斗六升九合六勺。屯田共一百七十頃九畝八分有奇，額徵屯米三千七十三石二斗一升二合二勺。

山川

瓊山。在府城南六十里。九域志：瓊山縣有瓊山。輿地紀勝引圖經云：瓊山縣有瓊山、白玉二村，土石皆白，似玉而潤，種藷其上特美，所産檳榔其味尤佳。

靈山。在瓊山縣東南十五里。舊名黑山，俗名聖山，自北來者渡海中洋即見之，喬木蔭翳。中有神祠，至爲靈顯。

扶山。在瓊山縣東南五十里。隋書地理志：武德縣有扶山。明統志：陶公山在府城東南五十里，道書以此爲二十四福地，下有巨潭，水流三十六曲以達於江。通志：山左有五嶺，遞相擁護，故名扶山，昔有陶公開之，故又名陶公山，山之西有蒼巡洞。

東石山。在瓊山縣東南七十里。一名美雨嶺，四畔平原，中突一峯，狀若交椅，舊置巡司於此。又十里有丫髻山。

那射山。在瓊山縣東南。輿地紀勝：在瓊山縣之豐義鄉，其人以射獵爲生。明統志又有龍堆山，在縣東南一百里，山下有息石，初甚小，歲久漸大，鄉人祀以爲神。舊志：龍堆山在縣東南八十里那射都，故又名那射山，分爲二山者誤。

蒼屹山。在瓊山縣南二里。石峯屹立，水流其下。其陰有仙人洞，又名紫霞洞。

雲露山。在瓊山縣西南六十里。輿地紀勝：中有三潭，上潭林木陰森，人不敢近，次二潭有小石如橄欖，有竅可穿，俗名橄欖珠，歲旱禱雨多應。

西石山。在瓊山縣西四十里。輿地紀勝謂之馬鞍山。通志：西石山多石，下有洞可容數百人，泉出清冽，西南一里有遞蓮洞，自洞出入，曲徑相通，大小五洞甚深邃，上有一門，見天日，旁一黑洞，無火不能入，相傳深三十餘里。

邁山。在澄邁縣東。寰宇記：隋澄邁縣，以界内邁山爲名。九域志：縣有澄邁山。通志：縣東十五里曰獨株山，突起一峯，若樹株然，即古澄邁山也。縣志：獨株山在縣東十里，圓潔如珠，下有泉，名滴珠泉，自獨株東折而南爲邁山，山勢雄峻，下有泉，名七里泉，久旱不涸。按：隋名縣，以澄江、邁山同在境内故。九域志謂之澄邁山者誤。

文裔山。在澄邁縣南三十里。明統志：中有泉，俗呼龍井。通志：龍井出其陽，三峯在其陰，平原中連峙，亦曰三峯嶺。縣志：下有泉五穴，昔人琢石爲五龍頭，水從龍口噴出，名龍泉。

五指山。在定安縣西南。舊名黎母山。桂海虞衡志：山極高，常在雲霧中，黎人自辨識之，山水分流四郡，熟黎所居，已阻且深，生黎之巢，外人不復有蹟，黎母之巔，雖生黎亦不能至。輿地紀勝引圖經云：島上四州，以黎母山爲主，山特高，每日辰巳後，雲氣收斂，則一峯插天，至申酉間，復蔽不見。又引劉誼平黎記云：天將降雨，則祥光夜見，望氣者謂南極星降此山，或謂婺女星現化下此山，因名黎婺，訛爲黎母。有水五派流入四縣。明統志：黎母山在定安縣南四百里，山有五峯，又名五指山，屹立瓊、崖、儋、萬之間。舊志又有黎母嶺，在縣西南三百里，俗名光螺嶺。

銅鼓山。在文昌縣東六十里。輿地紀勝：文昌縣有銅鼓嶺。舊志：銅鼓山，盤亘海岸，半入海中，上有龍神，春秋祀之，出水晶、石燕。縣志：古傳諸獠鑄銅爲鼓，懸之置酒以招同類，富家女子至，則以金銀釵扣鼓，留釵以答主人，若仇殺相攻，則擊鼓集衆。後人於此掘得，故以名山。或謂鼓爲伏波征交趾鑄，未知孰是。

東猄山。在文昌縣東一百里。輿地紀勝：其鄉之民，如猿猄然，猄婦紡績吉貝，布縷細密瑩白，謂之布籠。舊志又有浮山，在縣東一百里，屹立海中，分潮水爲東西流，俗呼分洋洲。

紫貝山。在文昌縣南。寰宇記：文昌縣有紫貝山，元屬紫貝縣。舊志：在縣南一里，前有紫貝泉，其陰有釣鼇磯。

禁山。在文昌縣南二十里。上有神壇，草木四時青茂，民禁不取。

玉陽山。在文昌縣西北十里。寰宇記：文昌縣有玉陽山。輿地紀勝：在縣北二十里。通志：即青山嶺，林木青翠，爲邑之主山。

蒼錫山。在文昌縣西北二十里。通志：在玉陽山之西。

焚艛山。在文昌縣西北。輿地紀勝引平黎記云：漢武發兵到雷州海岸，造艛船渡兵，過海上岸，黎人不出，李將軍乃於瓊州海岸焚舟而回，今號爲焚艛。通志：在縣西北一百三十里，近大海。漢樓船將軍楊僕征黎，至此焚船登岸，因名。

七星山。在文昌縣北。輿地紀勝：在文昌縣界海濱，狀如七星連珠。明統志：山有七峯，亦名七洲洋山。通志：在縣北一百五十里大海中，上多茂林，下出溪泉，航海者必於此取水採薪。明天啓時建塔其上，其東有泉七孔，晝夜混混不涸。

抱虎山。在文昌縣東北一百二十里。輿地紀勝：文昌縣有抱虎山。通志：山石狀如虎，左山迴抱於右，故名。

叨甲山。在會同縣東二十里。下有清泉，水流成塘。少北十里有山雞山，地沃可種檳榔。

南塘山。在會同縣南一里，拱向學宫。明時改曰玉几案。

鍾祿山。在會同縣西北三十里。一名小祿山，下有澗水分流灌田。

端山。在會同縣北，城跨其上。

白鶴山。在會同縣北十五里，路通定安。又五里有水尾山，七峯連抱，亦曰七星嶺。又十里爲木寨山。

青晚山。在會同縣北三十里，路通文昌、定安。

陰陽山。在樂會縣。寰宇記：樂會縣有陰陽山。縣志：山即今縣治，在萬全河南，流馬河北，兩水環抱，平地突起，周七里，山形奇偶相生，土石相半，因名。

雷撲山。在樂會縣東二里萬全河南。相傳雷擊其山石，故名。對峙者爲印山。

金牛山。在樂會縣東南十五里，接萬州界。峻聳插空，海舟每望以爲準。

香爐山。在樂會縣南三里。一名南山，秀聳特異，縣治學宫皆向之。迤東二里爲挂榜山，又東三里爲虬潭嶺。

白石山。在樂會縣西四十里。脈自縱横嶺來，周環數十里，高千仞，其頂皆有巨石，風巖水洞，奇勝百出。

郎倫山。在臨高縣南十六里。下有郎倫村。

番豹山。在臨高縣南黎界。縣志：縣境諸黎洞，皆以番豹山爲險，路僅容一人。

毘耶山。在臨高縣西北。寰宇記：廢富羅縣有毘耶山，山頂有蟲似伏蛇，俚人以蟲爲毘耶。輿地紀勝：臨高縣北有毘耶山神，每黎人叛，則神驅蜂以禦之，官軍遂大破黎人。通志：在縣西北十里，一名高山，上有吞人石，其神靈能捍賊。又特拔山，在縣北十五里，毘耶分支。

峩香山。在臨高縣北二十里。高聳入雲，鄉人立營其上，以覘海寇。

黎粉山。在儋州東二十里。土白如粉。寰宇記：儋州有黎粉山。

馬蝗山。在儋州東二十里。俗傳漢時曾屯兵於此，後人每掘得銅鉦刀斗之屬，地多鬼火，陰晴出没，蓋古戰場也。輿地紀勝有黎郎岡，在宜倫縣東三十里，疑即此。

沙鍋山。在儋州東南一百里生黎界。狀如覆釜，極高峻，上有池，下有澗，泉甘美。

黎毘山。在儋州西北三十里。輿地紀勝：在宜倫縣北六十里。明統志：在州西北四十里。舊志：與松林山斜峙，下有那細村，又名那細山。

黎曉山。在儋州西北。輿地紀勝：在宜倫縣西四十里，又有德義山，在縣西六十里。州志：州西四十里曰德義山，俗呼黎曉山，頂有巨石，鄉人以祠黎母神。

獅子山。在儋州西北。寰宇記有獅子石，在義倫縣西八十里海中，形如獅子。舊志：獅子山在州西北五十里海中，石峯蹲峙，高二十丈，一名神尖山，有一石在海中，名獅子唇，舟過禱必應之。

松林山。在儋州北。隋書地理志：昌化縣有藤山。通志：儋州北二十里有松林山，即隋志藤山也，峯頂圓聳，下垂八足，形如鱗魚，土石五色，爲州主山。

輔龍山。在儋州東北六十里。舊馬鞍山，宋趙鼎南遷經此，稱爲松林之輔山，故名。俗因村名，呼爲抱社嶺。

九峯山。在昌化縣東南六十里。山有九峯，盤旋百餘里。通志：俗傳有峨娘生九子，皆爲酋長，分主九洞，其下峨娘溪出焉。

大陳山。在昌化縣西北十里。狀如華蓋，東連三板山，有石船、石龍，形甚奇險。

峻靈山。在昌化縣西北。寰宇記有洛泊石神，在縣西北二十里，石形如人帽，其首面南，土人往往祈禱。蘇軾峻靈王廟碑記：昌化縣西北有山，秀峙海上，有石巉然，如巨人冠帽面南而坐者，里人謂之「山落膊」。五代時望氣者，言山有寶氣，上達於天，艤舟其下，斵山求之，夜半大風浪駕其舟空中，碎之石峯之上，人皆溺死，今碇石猶存。元豐五年，詔封山神爲峻靈王。輿地紀勝：落膊岡在縣西北二十里。明統志：峻靈山在縣北十五里，上有落膊岡。通志：縣北十里曰朝明山，瀕海一名神山嶺，又名峻靈山。

東山。在萬州東二里。明統志：山南有高石可百餘尺，又有華封巖在山東，維石巖在山西。舊志：山周六里餘，上有石澗，兩旁壁立，入處僅容一人，山門刻「珠崖第一山」五字，外有盤石，周數十丈，名補天石，内有大巫峽、小巫峽、渡仙橋諸勝。

赤隴山。在萬州東南。九域志：萬寧縣有赤隴山。輿地紀勝：在縣東南三十里，又謂之赤龍山。明統志：其土赤色，故名。新志：在州東南六里。

獨洲山。在萬州東南。輿地紀勝：在萬寧縣東南五十里，林木茂盛，山峯插天。舊志：山在海中，風順半日可到，周六十里，又名榜山，海舟多泊灣於此，南番諸國進貢，每視此山爲準的。

小南山。在萬州南二十五里。高平面海，其上有普光巖。又南陵山，在州西南二十里，南渡大溪流繞岡阜。

雙華山。在萬州西六十里。兩峯互峙，高插雲表，中有田數畝，井泉清洌，産魚蝦。舊名馬鞍山，相傳山上有彩雲現，則州出貴，因改名。

鷓鴣啼山。在萬州西一百八十里。熟黎居之，外即生黎居之。脈自黎母山來，中多鷓鴣，故名。

六連山。在萬州北。通志：脈自黎母山來，至是突起六峯，起伏連續三十里，爲州之主山。州志：在州北三十里，内有荒田數畝，麋鹿聚之，名曰鹿市。又有石洞如屋，可容數十人。

博吉山。在陵水縣東二里。下有博吉水〔一〕。一名大河嶺。

聲山。在陵水縣東三十里。寰宇記：陵水縣有聲山，嘗有聲如人言。

獨秀山。在陵水縣西南半里。一名文筆山。又縣南一里有南山。

小五指山。在陵水縣西一百里生黎峒中，與崖州接界。脈自五指山至此挺立數峯，黎人環居其下。舊志：下有温郎、嶺脚二峒，明嘉靖中征黎，嘗分奇兵出此。

楊梅山。在陵水縣東北五十里。地産楊梅。又東北三十里有多碌山，崎嶇多石。

黎峨山。在崖州東。元和志：在吉陽縣東七十里。明統志：在州東五十里，中産峨草。
鹿迴頭山。在崖州東一百四十里。上有連珠寨。宋時，臨川土賊陳明甫據此。東連鸚鵡嘴山，去州一百八十里。
石版山。在崖州東南十五里。旁有横石，其平如版，宋時知軍事周鄘結屋其上。
釣臺山。在崖州南。輿地紀勝：有石船在南嶺之南，距海數步，長丈餘，旁有峻嶺，名試劒峯。明統志：試劒峯在州南海濱，上有巨石，宋知軍毛奎題「小洞天」三字刻其上，其南有石臨海，題曰「釣臺」，又入數步名大洞天，題曰「海山奇觀」，旁有石梯，題曰「仙梯」。舊志：州南二十里曰釣臺山，中有試劒峯，峯巔有石船。
鼇山。在崖州西南十里。舊名南山。明統志：元王士熙嘗遊此，以其枕海，更今名。通志：壁立枕海，爲州屏障，其上小石邊一穴出泉，曰萬仞泉，清冷可愛。
澄島山。在崖州西南。寰宇記：新崖州有澄島山。明統志：在州西南十五里，孤峭枕海。
大雅山。在感恩縣東十里。高百餘丈，爲縣治主山。
息風山。在感恩縣東二十五里。明統志：在縣東十里，中有巨穴，深不可測，每颶風作，黎人禱之則止。
黎虞山。在感恩縣東。方輿勝覽：在縣東五十里，黎人嘗虞獵於此，故名。
小黎母山。在感恩縣東，即峨茶嶺。脈自黎母山來，危峯聳起，崖石崎嶇，人跡罕到，羣黎環居其下，有巨石刻「大元軍馬下營」。
九龍山。在感恩縣西北八里，西枕海濱。漢初九龍縣置此。
感勞山。在感恩縣東北。九域志：感恩縣有感勞山。明統志：在縣北十里，下有平坡，宋時大軍平黎至此，秋毫無犯，土人感其德而勞之，因名。

瓊崖嶺。在瓊山縣南十里。下有古珠崖郡城址。

虎村嶺。在瓊山縣西南五十里雷虎村。一名雷虎山，脈自西石山來，又名波秋嶺。南有鴉卜洞，周里餘，深數丈，秋潦彌月不滿，其水流爲西南湖。

南岐嶺。在瓊山縣西南一百六十里。中有大石，盤圍十丈餘，上有一小石，叩之其聲如鼓，又名石鼓嶺。稍南爲盤塔嶺，上有十三峯，下有温泉，又南接生黎地。

潭龍嶺。在瓊山縣東北二十里。登極頂可望黎母諸山，下有卓錫泉。

社仁嶺。在澄邁縣東南二十里。鄉人立五土神祠於上。又十里有青山嶺，上有巨石，附以神像，禱雨輒應。

合嶺。在澄邁縣東南六十里，與瓊山縣接界，江水流經其中。又十里有石鼓嶺，上有二石並峙，叩之若鼓，聲聞里許。

官苟嶺。在澄邁縣南一百二十里。石勢危險，中有石峒，名大坡峒，可容千人。舊志：明洪熙間定安黎王官苟聚衆於此，因名。相接者爲南黎嶺，亘數十里，皆黎人所居。

北畔嶺。在澄邁縣西南六十里。舊志：明時嘗議遷縣治於此。

白石嶺。在澄邁縣西南一百二十里。上多白石，故名。頂有深潭，泉自石峯而下，久旱，石黑必雨，東黎江出此。

大勝嶺。在澄邁縣西十里。明統志：以漢伏波將軍曾於此屯兵征蠻大勝，故名。按：輿地紀勝有萬歲岡，在縣西十里，頂有怪石高丈餘，形如列屏，號爲聖石，天將雨，則雲霧滃塞，下有清泉，蓋岡嶺相屬也。

烏蓋嶺。在定安縣東南六十里。高三百丈，跨居腰、黄竹二都，一名居腰嶺，與會同縣分界。

紗帽嶺。在定安縣東南一百里，接會同縣界，俱藤蘿、荆棘。又南爲石塘嶺，巔有巨石，其下流水成塘。

邁本嶺。在定安縣西南十五里。自西南蜿蜒過東北，復峙一小峯，一名丫髻嶺，爲縣主山。又尖嶺，在縣南四十里，一名李家嶺，一名文筆峯。又南牛嶺，在縣南一百八十里，與樂會縣分界。

金雞嶺。在定安縣西南十五里。通志：昔傳夜見金雞，光彩燭天，故名。又清寧嶺〔二〕，在縣西南七十里，一名九曲嶺。

南閭嶺。在定安縣西南二百里。一名三尖嶺，高千餘丈，連亘十餘里，熟黎環居其下，設有營汛。又思河嶺，在縣西南三百三十里，生黎居之，極高峻，黎人恃以爲險。

南來嶺。在文昌縣南三十五里。縣志又有鼓磜嶺，在縣南三十里，形如柱礎。又縣南四十里有邁南嶺，一名沙魚港嶺。

鼓樓嶺。在文昌縣西南三十里。上有二石，左如斗，右如龜，遇旱禱雨輒應。

白檀嶺。在文昌縣西南六十里，中多澗壑。又十里有八角嶺，下垂八趾，向爲黎砦。

天塘嶺。在文昌縣西南一百二十里。有瀑布飛泉，下流成塘，流出會同縣界。

多異嶺。在會同縣東二十里〔三〕。數山相連，中多怪石，上有井，禱雨輒應。相近有何魯嶺，突起高峯，東有石巖，可望大海，名曰山海奇觀洞。

西崖嶺。在會同縣西北三十里，爲縣主山。

三山神嶺。在樂會縣東南十二里。上有泉曰金牛井，四時不涸。

風門嶺。在樂會縣西南七十里，跨萬州界。山勢峻峭，兩旁石壁如門，爲諸黎出入咽喉之地。

縱橫嶺。在樂會縣西少南二百四十五里。脈自五指山來，高插雲霄，横亘甚廣，峯巒險阻，黎人所居，温泉河出此。

雙髻嶺。在樂會縣西一百二十里。兩峯插天，如雙髻然，亦名黎母嶺。

西偏嶺。在樂會縣西北十八里。通志有龍見石，狀如龍首，山脊半里皆黑石，崚嶒疊出，若龍鱗然，黎盆水前繞之。有北偏古村傍居其下，舊志亦謂之北偏嶺。

西岸嶺。在樂會縣西北四十二里。又八里有三道嶺，突起三峯，狀如盤龍，下爲赤萬嶺，白石峯斜夾大河而峙。

博敖嶺。在樂會縣東北十五里。其南有聖石峯，屹峙博敖港門，相傳古時海濤洶湧，沙磧逼隘，或南或北，迄無定所，海舟常有覆溺之患。宋天聖中，其石突見，故名。

夏沙嶺。在臨高縣東南六十里。又東二十里爲秋陽嶺，連亘十餘里，界接澄邁。上有岡巒，形若馬鞍，一名馬鞍嶺。

大江嶺。在臨高縣東南八十里，近生黎地。大江經其下，故名。有泉水流入江。

那盆嶺。在臨高縣南三十里。脈自五指山北來至縣界，平地突起一峯，狀如覆盆，蜿蜒東北，復起一二峯，直至瓊山縣。新志有龍嶺，在縣東十里，脈自那盆嶺來。

背腰嶺。在臨高縣南，接黎峒界。生黎俱背山而居，故名。

落雲嶺。在臨高縣西南。通志：在縣西南十里，脈自那盆蜿蜒而來，勢不甚高，將雨，則雲先棲泊於此。

龍門嶺。在儋州西北三十里。海岸特起石峯，兩趾奔海，其狀肖門，可泊舟。上有石穴，中虛通海透風，名曰風門，內容十數人，相傳昔有蛇潛其間化爲龍，又名虺穴。

小豸嶺。在昌化縣東五里。其形如豸，其下平曠，土沃泉甘。康熙中，知縣陶元淳嘗議遷治於此。

馬嶺。在昌化縣南三十里。三峯連聳，延亘海濱，形如天馬，上有石鼓。

翁墳嶺。在萬州東南三十里。兩山對峙，一大一小。相近有樟樹嶺，半枕海中，峯勢陡峻〔四〕，前後有兩澳，可以泊舟。

牛標嶺。在萬州南二十里。形如覆釜，爲州學案山，一名龍標嶺。

銅鼓嶺。在萬州西南八里。平地突起三峯，有禄蓋溪出此。又劒門嶺，在州西南十里，勢如劒峯對峙，石上鑿「凌雲山」三字。又銅盤嶺，在州西十里，三峯突起，勢極雄壯，爲銅鼓來脈。

南萬嶺。在萬州西南八十里，接陵水縣界。上産南椰。又有青藤嶺，在州西南三十里，脈自南萬嶺來，上産青藤。

高山嶺。在萬州西北二十里。一名横栅，頂上有大石出泉，下有井甘冽。

連岐嶺。在萬州東北七十里。脈自六連山來，五峯疊峙，下有三石室。又金牛嶺，在州東北一百里，與樂會接界，上有井泉。

多雲嶺。在陵水縣南十里。九域志：陵水縣有靈山。通志：多雲嶺一名靈山，峻拔巢雲，禱雨多應。

周録嶺。在陵水縣東北十里，爲水口港關捍。

牛頭嶺。在陵水縣東北三十里臨海。兩峯對峙，路徑崎嶇，明萬曆四十六年修平之。

郎鳳嶺。在崖州東五十里。高拔如鳳翼。相近又有南漏嶺，下有南漏村。

報福嶺。在崖州北八十里。府志：遇旱，土人望嶺有白雲爲雨候，號「靈山雨」，雨畢祭之，因名。

迴風嶺。在崖州東北一百二十里官道旁。以颶風不過此嶺而名。下有温水池、喜思泉。

透道嶺。在感恩縣東北四十里黎峒中，延澄江出其下。

落纓嶺。在感恩縣東北九十里，極峻險。

雁塔峯。在瓊山縣南三里。平岡一峯，尖秀如筆，水環其下，宋時郡人姜唐佐始登第，因名。又縣西南五里有赤石岡，石多赤色。

落筆峯。在崖州東一百里官道北。舊名落筆洞，石壁峭立，高數十丈，上有石門，中有二石，形如懸筆，其尖水滴不斷。東數十步，復有一洞，俯入僅容身，門内有石如屏，外竅通光，内漸深漸暗，相傳極處有井通海。

灘神岡。在臨高縣東南十九里邁龍村，透灘水中聳一巨石，高廣二丈。久旱灘響必雨，久雨灘響必晴。

椀水岡。在昌化縣東九十里。

抱透巖。在感恩縣東北五十里。巖在山頂，寬廣如巨室，黎人常藏穀帛於此。

龍廊洞。在瓊山縣西石巖都東南一里。洞路崎嶇，由西南入，深二十丈，旁有小洞十二，可容數百人。

逸賢洞。在崖州西北十里。輿地紀勝：胡澹菴以其地多水竹，取「六逸」「七賢」之義爲名。

魚鱗洲洞。在感恩縣北。寰宇記：儋州有魚鱗洲。舊志：明嘉靖元年，賊犯昌化鹽場，千户王承祖追之至魚鱗洲。通志：縣北七十里有魚鱗洲洞，海濱突起一峯，上有石洞重疊，狀如魚鱗。

雲賓谷。在澄邁縣西三十里海濱。舊志：山幽地腴，昔有處士吴濬隱此。

雙女嶼。在陵水縣東。輿地紀勝：陵水縣界有雙女石。舊志：雙女嶼在縣東五十里大洋中，兩石並峙如人，周數十里，上有淡水，商舟往來汲之。又加攝嶼，在縣東四十里加攝瀾外海中，一島特立，舊爲萬州南山之界，亦名分界嶼。

木棉墩。在陵水縣東五里。大河分流，墩峙其中，爲縣水口之鎮。

象石。在昌化縣東南十里，高十餘丈如牛形，擊之其聲如磬。

仙槎石。在感恩縣東十五里。長百餘丈，濶數丈，横亘水面，望之若浮槎然。

石盤。在崖州南十三里。輿地紀勝：周圍數丈，面平如掌，不加磨琢。旁有澗水，可飲可濯。其北有亭曰清賞。

虞山石鼓。在感恩縣東北七十里，廢鎮州城東河中。鼓圓六尺，以小石擊之，聲如空甕，旁有五大石，有異人跡、馬跡痕。

黎峒。輿地紀勝引繫年録云：黎母山有諸蠻環居，號黎人，其去省地遠，不供賦役者，號生黎，耕作省地者，號熟黎。黎之外始是州縣，四郡各占島之一隅，四郡人多黎姓，蓋其裔族，而今黎族乃多姓王。明萬曆中，兵備黎如楚圖説：瓊島東西六百餘里，南北幾九百里，瓊州南五百里、崖州北三百里爲五指山，東出風門嶺爲萬州，東南出小五指爲陵水，西南出小五指爲崖州，爲感恩，西出峨顯、沙鍋諸嶺爲昌化，爲儋州，迤邐而北爲臨高，爲澄邁，爲瓊山，北出鐵砧、黎婺諸嶺爲定安，爲文昌，支分爲樂會、會同，環迴加崙、水蕉爲水會城。今十字路已下矣〔五〕，惟五指而南抵崖州一路未開，其中草聘、喃春、磨菜、草提、合嘮諸黎，雖新招納糧向化，而南凱、南嘮、磨草、磨贊、番銃、降文、磨嗽，與崖之凡陽諸岐峒，絡繹二百餘里，皆人力所不至之地。通志：黎爲蠻之別落，後漢謂之俚人，俗訛俚爲黎，其歷代難化者爲岐，即隋所謂龟也，俗訛爲岐，岐尤爲黎所懼。民皆服布如單被，穿中爲貫頭，男子種禾稻紵麻，女子蠶織，地無馬與虎，山多麞麖，各以所邇分隸四郡，時出與郡人互市。瓊山村峒凡一百二十有五，澄邁村峒凡一百三十有七，臨高村峒凡二百三十有九，定安村峒凡一百十二，文昌村峒凡三十五，樂會村峒凡五十三，儋州村峒凡二百有九，昌化村峒凡三十三，萬州村峒凡九十三，陵水村峒凡三十，崖州村峒凡九十二，感恩村峒凡四十一。按：黎人自唐、宋以來，叛服不常。元設黎兵萬户府，統十三翼，兼管民兵、黎峒，千百户俱以土人爲之。明永樂二年，崖州監生潘隆議設撫黎知府，招撫生黎村峒，授以土官。宣德四年，以黎人侵擾，革撫黎官。正統五年，併革諸土官，自是悉領於郡縣。萬曆三十一年，復設撫黎通判，四十三年革。本朝德威所至，黎人向化，雍正八年，瓊山、定安、陵水、崖州諸生黎二千九百四十六人，相率願入版圖，每丁歲納銀二分二釐以供賦役。總督郝玉麟等奏聞，奉旨將地丁銀兩減去一分二釐，止收一分，且令有司加意撫綏，務令得所，自是諸黎感戢，悉爲良民。

海。府境在海島中，瓊山縣北十里，澄邁縣北三里，臨高縣北三十里，文昌縣東北一百二十里，會同縣東三十里，樂會縣東十五里，儋州西三十五里。北四十里、西北五十里，昌化縣西十里，萬州東南二十五里，陵水縣東南三十里，崖州南二十里，感恩縣西十里，皆距海。水經注：珠崖、儋耳二郡在大海之中，從徐聞對渡，北風舉帆，一日一夜而至。寰宇記：瓊州北十五里極大海，儋州北至大海三十五里，西北至大海八十五里，西南至大海四十五里，萬州東至海三十里，南至海四十二里，新崖州南至大海二十七里，西南至大海十五里。輿地紀勝：江、浙之間，潮有定候，欽、廣則朔望大潮，其餘日止一潮，瓊海之潮，則半月東流，半月西流，潮之大小，隨長短星，不係月之盛衰。

澝渚江。在澄邁縣西南七十里。源自西黎都來，少東有澝瀆江，源自南黎都來，皆入新安江。

黎母江。源出定安縣西南五指山，東北流，經臨高縣東南八十里爲大江，又東北經澄邁縣南六十里爲新安江，一名龍安江，又東經定安縣北一里爲建江，又東北經瓊山縣南六十里爲白石河，又東南十里爲南渡江，又五里爲博沖河口，又北經縣東，由白沙港入海。

澄江。在澄邁縣南里許。有二源。一出瓊山縣之西石山，西流經澄邁縣東一里爲九曲水，過南門轉西門爲裏灘，謂之内澄江。一出瓊山縣虎村嶺，西流繞澄邁縣南，過西門爲外灘，謂之外澄江。二水合流，由東水港入海，其港在縣西北十里。舊志云：四時澄澈，隋以名縣。

文昌江。在文昌縣南一里。一名南橋水，有二源，一出邁南山，一出龍塘，各流至縣南，合白芒水，達清瀾港入海。港在縣東南三十里。

分水江。在文昌縣西北五十里。源出瓊山縣界，一水中分，左黑右白，流至縣西北十五里曰溢塘溪，至縣西十里曰白芒溪，繞縣北至縣東十里曰下場溪，又東南入文昌江。

東黎江。在臨高縣東南六十里。源出澄邁縣白石嶺，流經武隴等村，復出澄邁五鬬村入大江。

縣前江。在臨高縣南舊名抱甲江，源出背腰嶺，經縣東北合透灘水，又東北十里曰百仞灘，俗曰百人頭灘，又東北二十里至博鋪港入海。

新昌江。在儋州南十里，源出黎峒，流入新英港與倫江合。又徐浦江，在南二十里，源出落窑黎峒，流合新昌江。

倫江。在儋州北門外。寰宇記：義倫縣以義倫水爲名。九域志：宜倫縣有倫江。通志：倫水發源黎母山，續合諸水，來繞城北，西流十里爲大江，至新英浦，與新昌渡水合流，會潮成港，復經羊浦入海。

昌江。在昌化縣南。九域志：昌化縣有南崖江。舊志云：昌江在縣南十里，源自五指山流入縣界，合峨娘溪至縣東南，分爲南北二江，南江西南流，會潮成港，名南崖江，北江自舊縣轉北，出烏泥浦會潮成港入海，名北港。

南湘江。在感恩縣南三十里，源出黎母山，西南流入海。

延澄江。在感恩縣東北。輿地紀勝：在縣東北四十里。通志：源出黎母山，流經透道嶺下，其水澄澈，又名白沙江，流經白沙，會潮成港。

南龍江。在感恩縣。九域志：感恩縣有南龍江。舊志：源自小黎母山，西流至城西北五里曰感恩水，又名縣門港，西入於海。

思河。在定安縣南二百里。源出大五指山，一名多河江，東流逶迤數百里，復東南流出樂會縣萬泉河入海。

温泉河。在樂會縣南十五里。一名嘉廉小河，源自西黎山縱横峒，流達縣南，東流至金牛嶺合龍滚河，又東北出博敖港入海。

萬泉河。在樂會縣西北二十五里。源自定安思河、南閭諸水，東南流至縣西，分爲二支，繞縣治，至雷樸山復合，出博敖港入海。以其納文昌、會同衆水之流，故名萬泉。又昔人曾此飲馬，亦名飲馬河。其博敖港，在縣東十五里。

龍滚河。在萬州北八十里。源出六連山，東北流至樂會縣與温泉河合。

第一水。在瓊山縣西三里。自山澗繞流下田村，又西十里次一澗，謂之第二水，皆流入海。又有學前水，在縣南，源出西湖，流經縣學前，又東南入南渡江。

三江水。在文昌縣北一百二十里。有三源，合流六十餘里，西入鋪前港。

大塘水。在會同縣南。源出黎山，分流潴爲巨塘，大旱不涸。

黎盆水。在樂會縣西北偏嶺下。匯爲龍塘港，達萬泉河。縣志有龍掘水，在縣西北十五里，兩岸高峯，一水横穿，湧出深潭，即此。

透灘水。在臨高縣東南二十里。源自那盆山，流出美隴灘，入縣前江。其美隴灘，在縣東十里，水自石巔瀉下，高數尋，形如曳練，下爲深潭。

都封水。在萬州西南三十里。舊志：踼容河源出南萬嶺〔六〕，上流爲石龜河，東流至縣西南三十里，曰都封水，又至城西南十里，支分爲二，一自銅鼓嶺下，東徑城南七里曰大溪，又名東渡溪，又東合金仙水，一流徑小南山河，又東入小海港。又滴陵水，在州西南二十里，源出滴陵山，東北流入踼容河。

金仙水。一名金仙河，在萬州北。九域志：萬安軍西北至金仙水二十里。通志：金仙河在州北一里，源自高橋山澗來，勢平而緩，溉民田數百畝，東流歷平政橋，入周村港，港在州東十里，一名小海。又二十里爲港門港，又名連塘港，即小海港，總受周村諸水入海。舊志：金仙河，自黎山流至州城西北十里，曰陂塘溪，支分爲四，一由城北三里曰金仙河，一由城北十里曰石狗澗，又名馮吴溪，一由城北二十里曰白石溪，一由城北三十里曰蓮塘溪，又名小渡江，皆入周村港。

大河水。在陵水縣北一里。源自五指山，流經縣東二里博吉山下，一名博吉水，流至木棉墩，由水口港入海。港在縣南十五里。

陵枏水。在陵水縣北。九域志：陵水縣有陵拱水。輿地紀勝謂之陵枏水。明統志：又名陵柵水。舊志：陵枏水，在縣北十里，一名大寨溝，源自南邁嶺南明塘東流入海。

都籠水。在陵水縣東北五十里。源出縣北那亮都黎山，東流由烏石都入海。一名烏石澗。

臨川水。在崖州東。輿地紀勝：吉陽縣有臨川水。明統志：在崖州東一百三十里，唐以此水名縣。舊志：源出州東北黎峒，流逕三亞村，合三亞水入海。其三亞水，在縣東北一百六十里，源出白佛嶺，流逕三亞村合臨川水，其水口名三亞港，又名臨川港。

延德水。在崖州西。元和志：去延德縣一里。按：舊志有白沙水，在州西通遠巡司之側。又白沙鋪西南有黎白港，蓋即延德水也。

寧遠水〔七〕。在崖州北。元和志：去寧遠縣一里。明統志謂之大河水，源出五指山，流至州城北，分爲二派，環城而下，復合而入海。舊志：大河水在州北三里，流至城北分流，一由城東繞近南門，至州西南十五里保平港入海，一由城北繞至城西三里，曰抱漾水，又西二里至蕃坊港，合流入海。

藤橋水。在崖州東北二百里。源出黎峒，流經合口港入海。相近有高沙港，亦流合焉。

感恩水。在感恩縣東北。隋書地理志：感恩縣取感恩水爲名。通志：感恩浦在縣東北七十里，寬廣二十餘丈，在感勞山下。按：向以此水屬南龍江，考龍江出自小黎母山，在縣東二百里，而感勞山在縣東北七十里，水以此名，非即龍江明矣。

東湖。在瓊山縣東十五里。又西湖，一名頓崖潭，在縣西十五里，有玉龍泉，出自石竇，寒冽甘潔，匯而爲湖，溉田千頃。又南湖，在縣南五十里，溉田百餘頃。又有西南湖，在縣南五十里，亦謂之南湖，源出虎村嶺，瀦而爲湖，其流溢出，至縣東南入江，曰博沖河口。
銅銚溪。在瓊山縣東南八十里。源出那射山之陽，中有巨石，形如銅銚，水注其中，有聲如雷，西北流入南渡江。
滴渭溪。在瓊山縣南十六里。有二源，一出縣南十五里謝潭，一出縣南二十里𧉠潭，合流十餘里，東北入南渡江，其水如渭之清，土人呼水爲滴，故名。鄉人沿流築栅，置車升水灌田。
新田溪。在澄邁縣南六十里。源自文裔山北畔嶺來，又有南坑水，亦在縣南六十里，源出南莊山，俱流入新安江。
潭覽溪。在定安縣東南五里。一名巡崖溪，源出李家嶺，流經潭覽村，又北入建江。又有市場溪，在縣東一里，源出南曲。白沙溪，在縣東七里，源出白旗嶺。買抄溪，在縣東九里，源出白沙岡。俱入潭覽溪。
滴白溪。在定安縣西七里。一名滴白江，又名禄運河，源出南閭嶺，屈曲北流入建江。又東溪，在縣東十二里，一名東江，源出烏蓋嶺，亦北流入建江。
黄竹溪。在文昌縣南十里。又白延溪，在縣西南五十里，源出白檀嶺，達於縣南，俱流入文昌江。
漓盆溪。在會同縣北五里。源出定安縣烏蓋嶺，東南流至縣北，轉西南入樂會縣萬全河。又南瀚溪，一名嘉積溪，源自定安石塘嶺，東流至嘉積都，入樂會縣萬泉河。又縣西北十里有水頭溪，源出白鶴山。又五里有禮曹溪，源出石牛村，縣北二十五里有天塘溪，源出文昌縣天塘嶺，皆合漓盆溪，入萬泉河。
峨娘溪。在昌化縣東南。源出九峯山，西流入昌江。
神應港。在瓊山縣北十里。一名白沙口。輿地紀勝：瓊州白沙津，番舶所聚，海岸屈曲，不通大舟。建炎間，瓊帥王光祖欲直開一港，以便商旅，已開而沙復合。淳熙戊申，忽颶風作，自衝一港，尤徑於所開者，遂名神應港。
海口港。一名神應港，在瓊山縣北十里海口所北。舊便商舶，後漸淤淺。本朝乾隆九年修治，東西設有礮臺。

石𥗉港。在澄邁縣西二十里。其源有三，一曰稍陽水，在縣西南三十里，一曰沙地水，在縣西南四十里，一曰西峯水，在縣西南五十里，三水俱會此港入海，凡賈人巨艦多泊於此。

鋪前港。在文昌縣西北一百五十里。水自瓊山縣流來，與三江水合流入海，商帆海船多集於此，爲縣咽喉。又長岐港，在縣南五十里，潮長成港，退則沙坡，沿岸煮鹽。石欄港，一名木欄港，在縣北一百四十里，亂石障海，中有三門，甚險峻。抱陵港，在縣東北七十里，即銅鼓山水口。抱虎港，在縣東北一百里，爲抱虎山水口。赤水港，亦在縣東北一百里，爲東猛山水口。

歐村港。在會同縣東少北四十里。源自文昌白檀嶺，東南流至此入海。又調懶港，在縣東南三十里，山澗有水二派成港，潮長通舟，潮退沙可煮鹽。馮家港，在縣東北七十里，灘多險石，難以泊舟。

博頓港。在臨高縣西五十里，西岸爲儋州界。水自儋州來，至此入海。又硃碌港，一名硃碌灣，在縣東二十里。博述港，一名博白港，在縣西北二十五里。黄龍港，在縣西北四十里。烏石港，在縣北十五里。石牌港，舊名三家港，在縣東北四十里。馬裊港，在縣東北六十里，水自那虞都來，流入海。

田頭港。在儋州西南四十里。源出落賀黎山，流逕田頭驛入海。又大村港，在州西南八十里，源出黎母山，流徑七方洞至大村，分爲南北二港入海。大員港，在州西南一百二十里，接昌化縣界，源出禾白黎村，流至大員鋪入海。

禾田港。在儋州北四十五里。又黄沙港，在州西北四十里。相近曰南灘港。又峨蔓港，在州北四十里，中有三十六泉，潮長則巨浸瀰漫，潮退則清泉湧出。州志：州境凡有港十，而海寇侵掠禾田爲甚，蓋自臨高以下，惟此港可以汲水，且無石閘，去州治遠故也。

桐棲港。在陵水縣南三十里。一名鹹水港，又名南山港。府志：明萬曆十七年，海賊李茂黨掠陵水，由桐棲港入，兵備孫秉陽破之。

龍棲港。在崖州西五十里。中有龍棲灣，旋廣二里。舊志：自龍棲港西三十里爲羅馬港、抱水港、樂羅港，又西四十里爲望樓港，又州東一百里有畢潭港，東十里有淡水灣。

石排港。在感恩縣西南四十里海邊。下有巨石排列，灣環海水一里許，可以泊舟。舊志謂之板橋港。又小南港，在縣北三十里，大南港，在縣北七十里，今沙湧淤塞。

峻靈潭。在瓊山縣城東。周二百餘丈，魚味特美，蓋黎母水所匯也。

搏龍潭。在澄邁縣南十里。源出倘驛沙吉村，轉流過此，激瀦成潭，相傳明景泰、天順間有龍起此，其水北流入澄江。

鯉魚潭。在澄邁縣南五十里。山穴湧泉，瀦爲一潭，其水深碧，中有異魚如鯉，人取而烹之，則化爲水，其流溢出，達新安江。

龍潭。在臨高縣西三十里。明統志：常有白龍出其中，宋於潭側立壇祈雨，元范椁撰碑。舊志：一名龍塘水，溢流至博白港入海。又文昌縣西三十里、陵水縣北一里俱有龍潭。

石牛潭。在儋州東八里。水中有石如牛。又天角潭，在州東二十五里，水深山峻。明成化間，有龍起此。

加攝澗。在陵水縣東北三十里。又田頭澗，在縣東北四十里，相近有楊梅澗，皆源出黎山，東南入海。

龍灣。在文昌縣西八里。中有龍舌洲，今堙。又西十二里有黄棠灣，一作黄桐灣，遇旱網魚即雨。

棋子灣。在昌化縣西北。輿地紀勝：峻靈山側有棋子灣，石如棋子，人取之不得選擇，取畢視之，黑白相均。舊志：在縣西北三十里大陳山後海濱，有淡泉自沙中湧出，海舟常泊汲之。

玳瑁洲。在崖州。有大、小二洲，大洲在州東海中，小洲在州西海中。又有雙洲門，在州東八里，雙洲對峙，狀如兩扉。

五龍池。在瓊山縣西十二里。有泉五派湧出，清洌成池，流入海。又洗馬池，在縣南三里。

湯泉鹽水池。在文昌縣南五十里。周百餘步，冬夏長温，水浮草上，曬之成鹽，其水出長岐港入海。

城南池。在儋州城南。蘇軾有詩。輿地紀勝又有清水池，在城東，四時荷花不絶，臘月尤盛，有亭曰臨清。

惠通泉。在瓊山縣東五十里。味類惠山泉。宋元符三年蘇軾記。又縣西南十五里有玉龍泉，大旱不竭，郡中禱雨輒應。

雙泉。在瓊山縣東北。輿地紀勝：昔東坡寓此，鑿兩井，相去咫尺而異味，號雙泉。後紹興間，李光安置瓊州，復居此。舊志：一在北街田墩邊，一即金粟泉，又名浮粟井，在縣東北里許。府志又有清惠泉，在縣北五里，明萬曆間鑿。

水曲泉。在澄邁縣南一百里。四時常温。又有南艷温泉，在縣南一百餘里，隆冬可瀹雞豚。

滴滾泉。在澄邁縣西南三十里。田中一穴，泉湧若沸，其流爲稍陽水。又西有小水名那黎水，又有起龍泉，四時有聲，亦通稍陽水，旱可禱雨。又潭滂泉，在縣西十二里，石坎中流出，四時不竭，溉田二千餘畝，流合石礮港。

滔淪泉。在定安縣東南。灌田四頃。又大井泉，亦在縣東南，灌田三頃。

霖泉。在臨高縣南十里。俗名黑水，自石孔湧出，常有海蚌上浮，灌田千頃。又浄覽泉，一名湧泉，又名靈泉，在縣西一里，石泉三孔，湧出不竭。又澹菴泉，在縣西四十里，宋胡銓南謫時常飲此，後人因取其號以爲名。又冷熱泉，在縣西南七十里，發源黎峒中討倫嶺，水分冷熱。

水井泉。在儋州東七里，溉田八十餘頃。又德義泉，在州西北德義山下，溉田五十餘頃。

乳泉。在儋州城南。蘇軾乳泉賦：吾謫居儋耳，卜築城南，鄰於司命之宫，百井皆鹹，而醪醴湩乳，獨發於宫中，給吾飲食酒茗之用，蓋沛然而無窮。通志：乳泉井，在州東南朝天宫，即舊天慶觀。

相泉。在儋州西。輿地紀勝：趙丞相謫吉陽，過儋耳十五里，盛暑渴甚，鑿井數尺，得泉以濟。通志：在州西十五里瀕海，潮長則鹹，退則清甘。

有本泉。在萬州東十二里東山石壁下。元御史丘世傑題曰有本泉。

白馬泉。在崖州東一百里臨邁村，甃以石，謂之石井。

温泉。有五。一在樂會縣西三十里，泉如湯沸，鄉人壅以灌田。一在樂會縣西五十里。一在萬州西四十里，平地湧出，有五六處，惟西田埇者尤熱。一在陵水縣西北五十里。一在感恩縣北七十里，古鎮州之西。夏寒冬温，有瘋疥瘴氣，浴之即愈。感恩縣志又有温冷池，在縣東十一里，周三丈餘，中分兩派，一温一冷。

蓮塘井。在瓊山縣西南。輿地紀勝：環郡城百里絶無水，惟烈村有石井，諸村三五十里盡飲焉。每以葫蘆負水歸，其人經月不盥洗，每取草上露濡手拭面而已。遇雨則檳榔樹下溜水甕中，雖久不壞。明統志：蓮塘井在府治西南，其味甘洌，環城人皆汲之。新志謂之府門井。

清源井。在定安縣東南。石岸壁立，泉湧其下，灌田三頃。

魚爺井。在文昌縣西五十里。水極清洌，相傳泉與海相通，中有一大魚頭白，俗呼爲魚爺，即出。

滔泑井。在儋州西。寰宇記：儋州有滔泑井，與倫水通，有人以竹置井中，於倫水得之，俚人呼竹爲滔泑，因名。輿地紀勝：州有白馬井，唐咸通中，命辛、傅、李、趙四將部兵來滴灘，船過海，兵馬渴甚，有白馬以足跑沙，美泉湧出。明統志：白馬井在州西南三十里。通志：即滔泑井也。

校勘記

〔一〕下有博吉水　「博吉水」，原作「博吉山」，據乾隆志卷三五〇瓊州府山川（下同卷簡稱乾隆志）及讀史方輿紀要卷一〇五廣東六改。

〔二〕又清寧嶺　「寧」，原作「安」，據乾隆志及雍正廣東通志卷一三山川志改。按，本志避清宣宗諱改字。

〔三〕在會同縣東二十里　「二」，原作「一」，據乾隆志及雍正廣東通志卷一三山川志改。明一統志卷八二瓊州府山川謂在會同縣東北二十里。

〔四〕峯勢陡峻　「陡」，原作「陡」，乾隆志同，顯誤，據雍正廣東通志卷一三山川志改。

〔五〕今十字路已下矣　「下」，原作「丁」，據乾隆志改。下文人物莫宣贊小傳可參看。

〔六〕踢容河源出南萬嶺　「踢」，原作「踼」，據乾隆志及雍正廣東通志卷一三山川志改。下文同改。

〔七〕寧遠水　「寧」，原作「安」，據乾隆志及新唐書卷四三上地理志改。按，本志避清宣宗諱改字。

大清一統志卷四百五十三

瓊州府二

古蹟

舍城故城。在瓊山縣東南。元和志：隋大業六年置。唐書地理志：隋珠崖郡，武德四年平蕭銑置崖州，治舍城縣。新唐志：以舍城水爲名。寰宇記：開寶五年廢崖州，以舍城縣屬瓊州。本漢瞫都縣地。九域志：熙寧四年省入瓊山。輿地紀勝引圖經序云：去瓊州三十里，有古崖州城。又引瓊管志云：在今瓊州南之瞫都，土人猶呼爲舊崖州。府志：舊州在今縣南四十里，濱江築城，引小溪爲濠，遺址尚存。按：寰宇記云舊崖州在瓊州東北二百六十里，疑誤。

瓊山故城。在今瓊山縣南。元和志：本漢瑇瑁縣地。唐貞觀五年置瓊山縣，屬瓊州，以縣西六里瓊山得名。寰宇記：瓊州理瓊山縣。開寶四年平南越，割崖州之地屬瓊州。舊志：故縣在今縣南六十里。宋熙寧四年始移今治。按：漢瑇瑁縣無考。晉志合浦郡有毒質縣，疑即瑇瑁，蓋晉亦省珠崖入合浦也。

澄邁故城。寰宇記：在舊崖州西九十里。漢苟中縣地。隋置澄邁縣，以界内邁山爲名。輿地紀勝引圖經云：舊縣治在澄邁村，後移今治。明統志：在府城西六十里。按：九域志云縣在州西五十五里。縣志云澄水、邁山四面環繞，縣治宅焉，元燬於寇，明洪武三年仍相舊址建設。成化中丘濬以縣治海濱，欲議遷徙未果。輿地紀勝云後移今治，亦無確據。今縣治在府西六十里，與九域志所載相近，疑即今治。

定安故城。在今定安縣東南。明統志：在府城南八十里，本唐、宋瓊山縣地。通志：元至元三十年，元帥朱斌平黎巢，明年置縣，治在今縣東南南資都新寨嶺下。天曆二年，升南建州，移治瓊牙鄉，即今治。明洪武二年，故南建知州王官子廷金爲亂，尋勦平之，因廢州復爲縣。

文昌故城。在今文昌縣北。唐置。寰宇記：在舊崖州東南一百四十里。通志：故縣在今縣北何恭都潭步村。元至順二年移於北山都，即今治。

會同故城。在今會同縣西北。縣志：本樂會縣黎峒地。元至元二十八年，克呼濟蘇平黎，始割樂會西北境置縣，治在今縣西北永安都烏石硐。皇慶元年，爲土酋王高所燬，徙於端山，即今治。又有故址在縣東南太平都牛斗村。「克呼濟蘇」舊作「闊里吉思」，今譯改。

樂會故城。在今樂會縣北。宋史地理志：樂會縣，唐置，環以黎峒，寄治南管。九域志：在瓊州東南一百餘里。輿地紀勝引瓊管志云：黎人屢攻破縣，遷徙不一，今現治南管村。通志：唐縣治黎黑村，在今會同縣東。元至元二十四年徙調瀨村，在今會同縣東南。大德六年王文河之亂，又徙萬泉渡南，即今治。

臨機故城。在臨高縣東南。唐初置。開元初更名臨高。輿地紀勝：縣初治英丘。紹興初遷於莫村。府志有臨機村，在臨高縣東，那虞都海邊。

昌化故城。在今昌化縣東南。元和志：儋州昌化縣，本漢至來縣地。隋大業六年置。寰宇記：在儋州西南一百八十里。明統志：在州南一百九十里，有千户所，在縣北十里。洪武二十五年建。正統六年徙縣治千户所。通志：隋縣在今縣東南十五里舊縣村，石基猶存。宋移治今縣南十里南北二江間洲中。明初數罹水患，正統間移治千户所，即今治。其漢至來縣無考。

萬安故城。在萬州北。本漢紫貝縣地。唐置萬安縣爲萬安州治。宋熙寧時廢州爲軍。九域志：北至瓊州三百八十五里，西南至朱崖軍三百九十五里。輿地紀勝：大觀二年移軍於陵水洞，又移於容寮，後移今處。通志：唐治通化都在今州北，今名舊州，宋移今治。

陵水故城。在今陵水縣東北。隋置。九域志：在萬安軍西南一百十里。明統志：在萬州城南六十里。又有南山守禦千户所，在縣西南。通志：唐初縣治陵水峒博吉李村，在今縣東北。元初遷南山頭。皇慶間遷龍頭村海邊，後又遷港門。明洪武間築城。正統間燬，遷於南山所，即今治。

感恩故城。即今感恩縣治。元和志：本漢九龍縣。隋大業六年改名感恩，取感恩水爲名。寰宇記：縣東至儋州二百二十五里。九域志：在昌化軍西南二百七十九里。明統志：在崖州西北二百二十里。通志：故縣治中和鄉，萬曆九年以其地近海，多浮沙，移治縣東大雅坡。後以嵐瘴，復移還今治。

珠崖故郡。在瓊山縣東南。漢書地理志序：自徐聞南入海，得大洲方千里。元鼎六年略以爲珠崖、儋耳郡。應劭注：「郡在大海中，崖岸之間出真珠，故曰珠崖。」臣瓚注引茂陵書：「珠崖郡治瞫都，去長安七千三百二十四里。」元帝本紀：初元三年，珠崖山南縣反，省珠崖郡。賈捐之傳：珠崖、儋耳郡在南方海中，廣袤千里，合十六縣，其民自以阻絶，數犯吏禁，吏亦酷之，率數歲一反。帝用捐之言，遂罷郡。地理志：合浦郡領朱盧縣，爲都尉治，蓋即改故珠崖郡所置。後漢志無朱盧而有珠崖縣，仍屬合浦郡。晉書地理志：吴赤烏五年復置珠崖郡。平吴後省入合浦。其合浦所領有珠官縣。宋書州郡志：合浦領朱盧縣，吴立。朱盧即晉志之珠官也。齊因之。梁、陳時朱盧縣廢。隋移珠崖治義倫，而故郡廢。縣志：漢珠崖郡在縣東南三十里東潭都，即故瞫都縣。

儋耳故郡。在儋州西。山海經：離耳國在鬱水南。即儋耳也。漢書地理志序：元封元年置儋耳郡，昭帝初省。三國吴志：赤烏中陸凱除儋耳太守。蓋嘗復置尋廢也。水經注引楊氏南裔異物志曰：儋耳在珠崖，分爲東蕃。元和志：隋大業六年置儋耳郡。唐武德五年改儋州治義倫縣。章懷太子曰：「儋耳故城，今即儋州義倫縣。」寰宇記：儋州東至樂會縣界射狼山三百二十里，西至舊振州延德縣界白沙三百四十七里，東北至澄邁縣界合橋三百七十里。宋避太宗諱改縣曰宜倫。輿地紀勝：儋耳外城，楊僕築。子城，儋耳婆築。通志：故州治在今州西三十里高麻都滳灘浦。隋末徙高坡，即今治。按：儋耳，應劭曰：「其種大耳。渠率自謂王者，耳尤緩，下肩三寸。」張晏曰：「鏤其頰皮，上連耳匡，分爲數支，累累下垂。」顔師古曰：「儋字本作瞻，丁甘反。」輿地紀勝引平黎記載伏波收黎人，西至一處，有聃耳婦人出現，號其地爲聃，或訛而爲儋。

廢忠州。在定安縣西南。輿地紀勝：唐咸通中，辛、傅、趙、李四將進兵擒捉黎峒蔣璘等，於其地置忠州。舊志：廢忠州，在縣西南黎母山峒中。

廢鎮州。在感恩縣東北。宋史地理志：大觀元年置鎮州於黎母山心，倚郭縣曰鎮寧，賜静海軍額。政和元年州廢，以静海軍額歸瓊州。元南寧軍記：宋立鎮州，隸邑三，曰龍門、四達、感恩。隋廢入昌化。縣志：廢鎮州城，在縣東北七十里。有石城遺址，名楊文廣壩，今爲黎人雜處。

顔城廢縣。在瓊山縣東二十里。舊唐書地理志：武德四年崖州領顔盧縣〔一〕，貞觀元年改曰顔城。新唐志：開元後省入舍城。府志：有顔村，在今縣東二十里。有龍盧洞，即顔盧故址。

武德廢縣。在瓊山縣東南。隋書地理志：朱崖郡領武德縣。蓋梁、陳時廢朱盧後置。唐初省。

苟中廢縣。在澄邁縣南。寰宇記：漢縣。縣志：在縣南四十里那舍都。

曾口廢縣。在澄邁縣南。舊唐書地理志：貞觀十三年復置瓊州，領曾口縣。文獻通考：五代時省。縣志：在縣南七十里曾家東都，今其地名博羅村。

紫貝廢縣。在文昌縣南。元和志：文昌本漢紫貝縣地。通志：故縣在縣南紫貝山陽，今地名新衙。

容瓊廢縣。在會同縣西。舊唐書地理志：貞觀十三年瓊州領容瓊縣。貞元七年省入瓊山。寰宇記：廢縣在樂會縣界，其地有容瓊洞。府志：在舊瓊山縣東南一百五十里。應在今縣西界。

富羅廢縣。在臨高縣北。舊唐書地理志：儋州領富羅縣。本隋毗善縣，武德五年改名。寰宇記：廢富羅縣在儋州東北一百二十里。文獻通考：南漢時廢。舊志：富羅鄉在今縣北，有故縣址在東塘都那在村，即古富羅也。

洛場廢縣。在儋州東南。舊唐書地理志：儋州洛場縣，乾元後置。寰宇記：元縣在黎峒山心，今移入州城下。輿地紀勝：太宗時省入宜倫。州志：黎中落窰峒，古爲洛場縣地。

吉安廢縣。在昌化縣北。隋置，屬珠崖郡。唐初省入昌化。貞觀元年復置，屬儋州，尋省。縣志：今縣東北有舊縣，疑是。

富雲廢縣。在萬州西。舊唐書地理志〔二〕：貞觀五年，析文昌置富雲、博遼二縣〔三〕，屬瓊州。十三年隸崖州，後屬萬安州。寰宇記：二縣皆唐末廢。文獻通考：並南漢時省。

吉陽廢縣。在崖州東。元和志：貞觀二年析寧遠置。寰宇記：在崖州東北九十里。九域志：熙寧六年廢爲藤橋鎮。文獻通考：今吉陽軍城乃舊吉陽縣基。舊志：宋紹興六年復爲縣，元廢。

臨川廢縣。在崖州東。元和志：本漢臨振縣地，隋大業六年置，唐屬振州。宋屬崖州。寰宇記：在州東南八十里。文獻通考：南漢省。

落屯廢縣。在崖州東。元和志：振州落屯縣，永徽元年置，在落屯洞，因名。寰宇記：在崖州東北二百里。文獻通考：南漢省。州志：即今黎中落屯村，在州東北一百五十里。按：新唐志云天寶後置，與元和志異。

寧遠廢縣。在崖州南。隋置寧遠縣爲臨振郡治，唐改郡爲振州。寰宇記：開寶六年割舊崖州之地隸瓊州，却改振州爲崖州，東至陵水縣界一百六十里，東北至瓊州四百五十里，西北至儋州四百二十里，治寧遠縣，漢臨振縣地。九域志：熙寧六年廢州爲朱崖軍，廢縣爲寧遠鎮。輿地紀勝：政和七年，知軍吴況奏改軍爲吉陽軍，又併故吉陽、寧遠二縣地爲寧遠縣。舊志：明復改軍爲州，省寧遠縣。通志：有舊州址在今州南一里水南村。

延德廢縣。在崖州西北。隋書地理志：珠崖郡領延德縣。元和志：本漢臨振縣地，隋大業六年置，唐屬振州。宋屬崖州。寰宇記：在州西一百四十里。文獻通考：南漢時廢。舊志：廢縣在州西北一百五十里白沙鋪西南。按：宋史地理志有延德軍，崇寧五年置延德縣於朱崖軍黄流、白沙、側浪之間。大觀元年改爲軍，又置倚郭縣曰通遠。政和元年廢軍爲感恩縣，隸昌化軍，廢通遠縣爲通遠鎮，屬朱崖軍〔四〕。六年復置延德砦。蓋隋置舊縣在州西北，乃南漢已廢之延德。宋置延德縣，後復爲砦，疑即今感恩縣。

九龍廢縣。在感恩縣西北九龍山下。漢儋耳郡故縣。

朗勇城。在崖州東北八里，黎人出没之衝。明正德中，知州陳堯恩築城，募兵防守，今圮。

下田村。在瓊山縣西北一里。明丘濬故居。

買愁村。在臨高縣東南那盆嶺下。宋胡銓謫崖州，經此有詩。

白玉蟾故居。在澄邁縣東十里，地名香山。

王宏誨故居。在定安縣東南李家都龍梅村。

東坡故居。在儋州城南故天慶觀側。

雲海樓。在瓊山縣。輿地紀勝：在郡治。

海山樓。在瓊山縣城南。宋陳瓘有詩。

鑒空閣。在瓊山縣西五十里，俯瞰江流。宋蘇軾有詩。

通潮閣。在澄邁縣治西。宋蘇軾嘗憩其上，有詩。其後胡銓和之，李光書扁。

六瑞堂。在瓊山縣治南譙樓下。明統志：宋時嘗開雙蓮者三，郡守王光祖建堂，因名。又輿地紀勝有平理堂、燕喜堂，在郡治。節愛堂、超然堂，在倅廳。知樂堂，在放生池上。

尊賢堂。在儋州治東。明統志：蓋蘇軾所居，郡守韓景先建此以祀軾。

繼美堂。在儋州治東。宋知軍陳適建，以其父中孚亦嘗爲守，故名。又有堅白堂，亦陳適建，李光改爲無倦齋。

秀香堂。在儋州治北。輿地紀勝：乃陳氏北園，李泰發名之曰秀香。

載酒堂。在儋州城南。儋人黎子雲之居，東坡訪之，名其屋曰載酒堂。

愛民堂。在萬州治。又有觀德堂，在廳事後。皆見輿地紀勝。

盛德堂。在崖州治。輿地紀勝：河東裴聞義曾守昌化，居於吉陽，胡銓名其堂曰盛德，有銘。

洗兵堂。在崖州西過江二里。取杜甫詩「浄洗甲兵長不用」之意。

瑞蓮亭。在瓊山縣城南。有池，産瑞蓮。

洞酌亭。在瓊山縣東北雙泉上。宋蘇軾有詩。

湄丘草亭。在文昌縣東北五十里東崑溪北。丘狹而長，若隄然，延亘六七里，中藏一丘，隆然深秀。宋知軍邢夢璜世居於此，其裔孫宥自都御史致仕歸，乃作草亭其上。

湧月亭。在儋州城北，下臨大江。宋李光名之，取杜甫「月湧大江流」之句。

問漢亭。在儋州北大江橋上。胡澹庵命名，李泰發有詩。

凝香亭。在萬州治。見輿地紀勝。

鑑亭。在萬州城東，下瞰小江。又有魯亭在城北，元丘世傑建。

望闕亭。在崖州城南十里。唐李德裕爲司户時建。

江亭。在崖州西。元參政王士熙謫居時建。

風月臺。在瓊山縣治旁。宋建。

瓊臺。在瓊山縣譙樓下。明統志：在府治西。

東坡臺。在瓊山縣南。輿地紀勝：在開元寺東，東坡嘗寓其間。

熙春臺。在儋州治東。見輿地紀勝。又博望臺，在儋州東北重岡之上。

茉莉軒。在臨高縣治内。宋胡銓有詩。

松臺書屋。在儋州西二十里。明陳瓚建。

桄榔庵。在儋州城南，旁有桄榔林。宋蘇軾謫儋時，結庵其下，爲偃息之所，嘗摘葉書銘記之。

玳瑁欄。在崖州東南五十里海邊，有巨石數十丈如屋。宋陳明甫鑿石爲欄，以養玳瑁。

關隘

水尾巡司。在瓊山縣西南黎地水尾汛。本朝雍正八年置。又有石山巡司，在縣南七十里，明洪武中置，今裁。

澄邁巡司。在澄邁縣西六十里那脱都。明洪武中置。又有兔穎巡司，在縣南一百六十里。銅鼓巡司，在縣西南一百十里。皆明洪武中置，今裁。

太平汛巡司。在定安縣西南黎地。舊設青安巡司，在縣西馬羅市，本朝康熙二十三年移駐陸門市，雍正八年復移太平汛，改今名。又有寧村巡司〔五〕，在縣東南六十里，明洪武中置，今裁。

鋪前巡司。在文昌縣西北一百五十里。明洪武三年置，萬曆十七年添設參將鎮守。本朝裁參將，巡司如故。

青藍頭巡司。在文昌縣東北七十里。明洪武中置。

和舍巡司。在臨高縣南五十里。明洪武中置博鋪港巡司，本朝雍正十二年移駐和舍市，改今名。又有定安巡司，在縣東三十里，明洪武中置，正統中省。田碑巡司，在縣南十里，明洪武中置，今裁。

薄沙巡司。在儋州西南八十里。明洪武中置安海巡司，本朝雍正八年移駐薄沙汛，改今名。又有鎮南巡司，在州西南四十里，明洪武中置，今裁。

龍滚巡司。在萬州黎地寶停汛。本朝乾隆三年置。

寶停汛巡司。在陵水縣北寶停黎汛。本朝雍正八年置，屬萬州，乾隆三年改屬陵水。

樂安汛巡司。在崖州樂安所。舊設抱歲巡司，在州西七十里，本朝雍正八年移駐，改今名。

永寧巡司。在崖州永寧鄉藤橋市。舊設通遠巡司，在州西北一百三十里郎鳳嶺下，本朝乾隆五年移駐，改今名。

焚艘鎮。在文昌縣西北。九域志：縣有焚艘一鎮，蓋在焚艘山下，故名。

藤橋鎮。在崖州東二百二十里。宋置，屬吉陽軍。明初置巡司於此，今裁。

海南衛。在府治西。明洪武二十五年置。

海口所。在瓊山縣北十里。元置番營。明洪武中置守禦千户所，築城周五百五十丈，又置遞運、河泊二所。本朝設縣丞駐此。康熙二十三年置營，設都司防守。嘉慶十六年改設副將。

清瀾所。在文昌縣東南三十里。明初置守禦千户於縣東北青藍都。萬曆九年移此，築石城周三百五十丈，北至清瀾港十里。

萬州所。在萬州治西。明洪武二十年置。

崖州所。在崖州治西。明洪武十七年置，隸海南衛。

白沙營。在瓊山縣北十里白沙港口。元置水軍鎮。明初置營於此，與海口寨相爲唇齒。

豬母營。在樂會縣西一百五十里，乃縱横峒及定安思河、光螺咽喉之所。明初置營防守。

南定營。在臨高縣西南一百里。舊志：明萬曆十七年置於番豹山，復移居蹄村，更名南略營。本朝仍曰南定，撥把總防守。又博頓營，在縣西博頓港口。馬梟營，在縣東北馬梟港口。俱有官兵防守。

樂安營。在崖州西北一百五十里，地名爛紅溝。明萬曆四十二年置，築城周四百丈。又樂平、樂定、藤橋、小橋共五營，本朝撥千總駐樂安營，分防樂平營汛，又撥把總駐小橋營，分防藤橋諸汛。

水會寨。在瓊山縣西南三百里。明初置大坡立營，防守居碌、居林、沙灣三峒。萬曆二十八年置水會守禦千户所於水蕉村，築城，設參將鎮守，今圮。

西峯寨。在澄邁縣西五十里，西去臨高縣七里。宋政和間，瓊管帥乞於澄邁置西峯寨，臨高置定南寨，以阻阨黎人，由是道路無梗。

歸姜寨。在儋州東北四十里。明洪武初置巡司於此，尋廢。弘治中復置寨。又田頭寨，在州西南四十里，亦弘治中置。

感恩柵。在瓊山縣西北十里。九域志：瓊山縣有感恩、英田二柵。縣志：明洪武間設，今廢。

臨川鹽場。在崖州東八十里，即宋臨川鎮故址。又臨高縣東五十里有三村馬裊鹽場，文昌縣東五十里有陳村、樂會鹽場，儋州西八里有頓博、蘭馨鹽場，昌化縣南有馬嶺鹽場，萬州東南三十里有新安鹽場，俱明洪武中置，今裁。

瓊臺驛。在瓊山縣城西北隅。明置。

那拖市。在澄邁縣西南十里。元設那拖浦巡司。明萬曆中移於縣西六十里森山市，尋廢。

津梁

瑞雲橋。在瓊山縣南，宋建。舊名紅橋，長六十五丈。

洗馬橋。在瓊山縣西南二里，宋建。又名馭仙橋〔六〕。

塔橋。在澄邁縣西。宋建，今名博麻橋。其南又有博潭橋，元建。皆跨潭滂水。

利涉橋。在定安縣西南。本朝康熙十三年重建，改名三元橋。

便民橋。在文昌縣南。一名新安橋，又名下市橋。

白芒橋。在文昌縣北八里。明成化中建，名通津橋。崇禎中修，改今名。本朝康熙二十一年重修。

平政橋。在會同縣北黎盆溪。明弘治十一年建，後圮，往來苦之。本朝雍正十一年重建。

文瀾橋。在臨高縣東門外。舊名太平橋，又名臨江橋，元建。本朝康熙、乾隆間修，嘉慶二十二年改今名。
洗兵橋。在儋州東番洋村。明成化十一年，副使涂棐征落窰洞黎，屯兵於此建。
掇魁橋。在儋州東北二里，跨江。明萬曆十八年，知州陳節建，長三十六丈。
萬安橋。在萬州南。輿地紀勝：有屋三十一楹。今廢。
仙河橋。在萬州北三里。明統志：橋東石上有仙人跡。
義興橋。在崖州東。
抱集橋。在感恩縣南二十五里。水自安榮都流，經此入海。
海口渡。在瓊山縣北十里，北達徐聞縣踏磊驛，順風半日可至。府志：自縣北達徐聞，凡三渡，曰白沙、海口、烈樓。
北門渡。在定安縣城北，路通瓊山、澄邁，往來要津。
馬裊渡。在臨高縣東四十里。又博頓渡，在縣西四十里，俱有哨船防守。

隄堰

牛路楊梅隄。在文昌縣西南郭外。明萬曆四十五年築。
苦練隄。在會同縣東二十里。又縣西有西關隄、端趙隄，西北有牛浸水隄，北有黎毬隄、嘉會隄。
巖塘陂。在瓊山縣東南四十里高山間。巖塘源湧，宋端平間，鄉人於塘門築石砌陂爲隄堰，延袤二百餘丈，分流爲二派，灌田各數百頃。

梁陳陂。在瓊山縣西南六十里。元建，明洪武、正統間重修，水源不竭。又漳溪陂，在縣東三十里。按：縣志又有横心潭、羅潭溪、緑松、大潭、橋沖、那洋、南賴等陂。

送甲陂。在澄邁縣南六十里。水自南黎都流出，逕黄竹坑入此，堰水溉田五百餘頃。相近有南坑陂，水自南莊山流出，分引溉田千餘頃。

雄靈陂。在樂會縣東南十五里，溉田數十頃。相近有薄芓瀣陂，外捍海潮，内蓄水，灌田數百畝。又買甲陂，在縣南二十里，一名挑黎陂，水從龍塘溝來，明正統時修築瀦水，溉田數十頃。相近有密澤陂，一名蓮陂。

湳舟陂。在儋州東二十里。有水泛流通大江，明正統中築陂，溉田千餘頃。又橋頭陂，在州南二十里，水自沙鍋流接新昌，沿江築隄，灌田四百餘頃。

大江陂。在儋州東北。源自沙鍋，蜿蜒百餘里入海，沿流兩岸皆截流堰水，灌田四千餘頃。其北又有小江陂，大江分流至城東門外，復接大江，灌田百餘頃。

洪口陂。在萬州西南九里。元大德中，知軍賈魯導踢容溪，爲利甚遠。又艾索陂，在州東八里。普禮陂，在州西南三十里。石絡陂，在州西二十里。後朗陂，在州西北五里。蓮塘官陂，在州東北三十里。

柳根陂。在崖州東一百里。又相近有南略隄。

埋鶩陂。在崖州南一里，明宣德五年築，灌田百餘頃。又州東五里有高村陂，州西五里有石牙陂，五十里有抱里陂。

都陂。在崖州東北十餘里。水源自北黎山出，流至落機村，築陂灌田千餘頃。

度靈塘。在瓊山縣南。宋河渠志：開寶八年知瓊州李易上言，州南五里有度靈塘，開修渠堰，溉水田三百餘頃，居民賴之。

祥塘。在澄邁縣東十里。水自那夾村石澗流出，達東水港，宋時鄉人於此築隄，堰水溉田。又龍塘，在縣南七十里禄海村，相傳舊有龍現於此，水常青緑，里人引以溉田。

烏陂塘。在樂會縣南十里。水源自萬州界陵流山來，注而成塘，鄉人築隄爲堰，溉田千畝。相近有龍潢塘，周圍皆山，匯爲巨浸。又龍塘，在縣西北，周二百丈，旁有石窟，水泉溢出不竭。

熱水塘。在崖州北三里，周二十步，水四時常熱。

衍豐渠。在萬州南十里。元至正間，從小南山大溪之前引水東北，合大溪入海。

吴家溝。在萬州東南二里。導禄保扶溪水，入艾素溪溉田。又甜蜜溝，在州南三里，導南渡溪水灌田，流入山加溪。

南北溝。在崖州城南，接城北。明正德十四年，知州陳堯恩鑿二溝於南北溪上流，南溝延袤十五里，北溝延袤五里，旁通曲水，亢燥之地皆成沃壤。

桑茂圩岸。在瓊山縣東南八里。溉田八十餘頃，明屢修屢壞。本朝康熙五十一年築滚壩，啓三門，架橋於上，蓄洩兩利。

陵墓

宋

趙鼎墓。在昌化縣東南舊縣治東，俗以爲交趾王墓。

元

荆王子墓。在萬州東八里。明統志：元荆王薩敦之子，至元中謫萬安軍，卒葬於此。「薩敦」舊作「撒敦」，今譯改。

明

馮顒墓〔七〕。在瓊山縣東南蒙山。

唐胄墓。在瓊山縣東南陶公山下。

唐舟墓。在瓊山縣西雲亭山。

丘濬墓。在瓊山縣西五龍池。

海瑞墓。在瓊山縣西濱涯。

王宏誨墓。在定安縣西吉爽村。

邢宥墓。在文昌縣銅斗山。

祠廟

昭忠祠。在府城隍廟内西門，本朝嘉慶八年建。

海公祠。在瓊山縣中舊城隍廟，祀明海瑞。

靈山祠。在瓊山縣東南靈山。明統志：所祠之神有六，曰靈山，曰香山，曰瓊崖，曰通濟，曰定邊，曰班師。洪武中命有司歲以三月九日祭焉。

毘耶神祠。在臨高縣西北毘耶山，歲以八月十六日白牲致祭。

東坡祠。在儋州東二里，祀宋蘇軾。

五賢祠。在崖州西門外，祀唐李德裕、宋趙鼎、胡銓、元王士熙、明王倬。

伏波廟。有二，一在瓊山縣東龍岐村，一在澄邁縣東門外。輟耕録：瓊州一水南北，有兩伏波廟。嘗考之史記及後漢書，蓋漢元鼎五年，衛尉路博德爲伏波將軍，出桂林下匯水，不特馬援爲伏波將軍也。

南宫廟。在瓊山縣東南。輿地紀勝：在瓊州東南二里，祝融神也，瓊人祀之甚嚴，今俗呼火雷廟。

天妃廟。在瓊山縣北十里海口。

誠敬夫人廟。在儋州治南。夫人冼氏，隋高涼太守馮寶妻，有功嶺南。事詳高州府。

峻靈王廟。在昌化縣北峻靈山，宋蘇軾撰廟碑。

海口廟。在崖州南。輿地紀勝：去城五里，乃郡人陳縣丞革祠堂，因討黎人，爲流矢所中而死，屢有靈跡，商人繪像祀之。

寺觀

普明寺。在瓊山縣城南。元文宗未登極時，嘗居此，後建爲大興龍普明禪寺，學士虞集記。

永慶寺。在澄邁縣東，宋熙寧中建。

永興寺。在臨高縣西，宋元豐中建。

天寧寺〔八〕。有二，一在瓊山縣北一里。舊名天南寺，宋建，元初更名。一在萬州西，一在崖州城西，俗名銅佛寺。

三清觀。在瓊山縣北。宋名天瓊觀，元改今名。

三山庵。在瓊山縣東五十里。内有通惠泉。輿地紀勝：昔東坡經此，僧惟德以水餉焉，味類惠山，因名。

名宦

漢

孫豹。會稽人。父聿，珠崖太守，武帝末爲蠻所殺，豹合率善人攻蠻破之，討擊餘黨，連年乃平。詔即以豹爲太守，威政大行。

僮尹。丹陽人。舉孝廉爲郎。元鼎中拜儋耳太守。戒飭官吏，毋貪珍賂，勸諭其民，毋鏤面頰，以自別於雕題之俗，自是蠻風日變。

三國　吴

陸凱。吴人。赤烏中除儋耳太守，討朱崖，斬獲有功。

聶友。豫章人。初爲郡功曹，孫權將圖朱崖，諸葛恪薦爲太守，詔加將軍，與陸凱同往。既奏捷，留友治之。

唐

王義方。漣水人。貞觀中貶吉安丞。吉安介蠻夷，梗悍不馴，義方召首領，稍選生徒，爲開陳經書，行釋奠禮，清歌吹籥，登降雍容，蠻人悦順。

宋

李崇矩。上黨人。太平興國間，授瓊崖儋萬都巡檢。麾下軍士憚行，崇矩盡出己財數百萬分給之，衆皆感悦。時黎賊擾動，崇矩單騎抵峒撫慰，遂悉懷附。

周鄘。海陵人。淳熙間知吉陽軍。寬平御下，招諭生黎，歸化者五十餘峒。

顔戣。籍未詳。嘉定中出守瓊州。免役之法，獨不及海外，瓊民破家相望，崔與之巡朱崖，時議舉行未果。戣遂行之，民受其賜。

紀應炎。遂溪人。初試澄邁主簿，有置白金米中以饋者，立還之。塞海港，募民耕田，得千餘畝，收其粟，悉贍諸生。

明

劉仕貆。安福人。洪武中以按察司僉事分司瓊州。州俗獷悍，凡上官至，輒餽珍貨，受則喜，不受則懼禍，投毒蠱殺之，故官此者悉爲所污。仕貆廉正自持，有惠政，雖却其餽而人不忍害。

温祥卿。長興人。洪武中爲儋州知州，公廉不擾，專務以德化民，州人懷之。

李思迪。濟南人。洪武中以山西參政謫瓊山知縣。時方草創，諸凡規畫，舉皆中度，政聲大著。

王直。泰和人。建文初以薦知瓊州府。居數年，郡中大治，流民來歸者萬三千餘户。

徐鑑。宜興人。宣德中瓊州知府。廉静愛民，性極嚴毅，凡郡中所産，中使横索，鑑限有司弗與。或行部，輒遣騎從之，終不得肆，惠政大行。卒於官，郡人祀之。

趙謙。餘姚人。宣德初爲瓊山教諭。作瓊臺，布學範，蠻俗翕然向化。莆田朱紹、三山鄭尚賓、鳳陽孫仲岳、臨川吴均皆自遠從遊海南，由是人文日盛。

楊護。象州人。成化中知臨高縣。事至能燭，物無遁情，訟非大事，遣歸令更思，多感悔中止，獄無滯囚，吏不敢需民一錢。

梁儉。泰和人。成化中繼楊護知臨高縣，政略相倣。三年報政，渡海溺焉，百姓迎喪如失父母。

方向。桐城人。弘治中知瓊州府。歲旱徒步數十里，禱雨立應。珠池内官横索民財，向禁勿與。入覲不攜一物，登舟時，其僕私市一珠，索而投之海。

張峻。吉水人。嘉靖中知瓊州府。時征叛黎，數歲軍糧皆仰給於瓊，峻調度有法，民不知兵。

林邦達。福清人。隆慶中爲臨高典史。海賊許萬仔率倭寇攻城，邦達厲兵負土，填大橋障水灌之，賊乘夜登城，親投石殺其驍帥，賊潰走，斬獲百餘人，民賴保全。海瑞爲文敘之。

李多見。仙遊人。萬曆間知瓊州府。黎馬屎亂，討禽首惡，立水會所，設兵守禦。歸時圖書數篋，父老贈金不受，北渡至海安，篋中檢得沉香立焚之，士民爲建燬香亭。

賀沚。廬陵人。萬曆間知文昌縣。專尚德化。嘗倣古常平，儲穀以賑饑。開玉陽書院，與諸生講學。升蘇州同知去，士民泣送之。

李紹賢。清江人。萬曆初知萬州。居官廉静，斷獄多所平反，海瑞嘗稱之。

瞿罕。黄梅人。崇禎中以徵辟起知崖州。故例，崖黎月供官米三十石，罕曰國家禄糈何爲，具詳罷之。時閩人林八等結崖洞黎作亂，罕密授計於樂羅民邢廣裔襲殺之，賊平。

本朝

何澄。真定人。順治進士，十一年知瓊州府。時當兵燹，瘡痍未復，力爲休養，肯黎竊發，澄領兵進討，黎受約束。尋内擢兵科給事中，郡人思之，卒祀名宦。

李宏名。仁和舉人。順治十二年令定安。廉静慈惠，實心愛民，申請豁免荒蕪田糧，民甚德之，立祠祀焉。卒祀名宦。

劉承謨。沔陽人。順治中知臨高縣。海寇陷城，不屈死，贈廣東按察司僉事，賜祭葬。

梅欽。宣城人。順治十二年知崖州。康熙元年，請豁荒米、軍屯米各千餘石，流亡來歸。在任七年，咸多惠政。

張萬言。奉天監生。康熙二十六年知瓊州府。潔己愛民，尤善教養。歲旱發倉賑飢，民懷其惠。四十五年祀名宦。

賈棠。河間貢生。康熙三十七年知瓊州府。正己率屬，決訟如流。置義田以濟孤貧，修橋梁以便行旅。尋擢本省鹽法道，郡民思之，卒祀名宦。

林文英。侯官人。康熙進士，五十四年知瓊州府。革陋規，清夙弊。瓊隔海南，士子艱於應試，文英輒捐俸金買舟以濟，瓊士感之。卒祀名宦。

俞參陛。山陰人。康熙二十一年令澄邁。建學養士，聽訟和平，卒祀名宦。

陶元淳。常熟人。康熙三十三年令昌化。邑再罹兵燹，册籍燬，奸民隱佔，貧弱逃亡，元淳力行清丈，定爲科則，民復業者千餘家。卒於官。著有南崖集四卷，皆在官時爲民請命所作。

張光祖。歷城人。康熙三十八年知萬州。加意撫循，民鮮逋賦。萬多陂塘，洪口陂、深陂爲利最大，光祖疏濬潤田數千頃，歲凶無虞。卒祀名宦。

徐濬。漢軍正黄旗人。康熙五十一年知萬州。時當兵燹之後，多横徵濫派，濬悉革之。修橋梁以利民行，仿荒政以備災旱，民甚德之。卒祀名宦。

楊廷。潮州人。瓊鎮左營千總，隨征逆賊王之銑，力戰陣亡。

人物

宋

姜唐佐。字公弼，瓊山人。從蘇軾學，軾重其才。崇寧初以鄉薦，隨計過汝陽，蘇軾亦稱其氣和而言邁，有中州士人之風。

王霄。字霞舉，儋州人。年七十餘，始應貢辟雍。三年歸，遂不出。李光以宿學稱之。年至九十六，衆推爲鄉先生。

陳應元。字景仁，瓊山人。七歲能屬文，登紹定進士。初尉徐聞，歷宜倫令，尋改番禺。李昴英、徐清叟、童槐、李曾伯交章薦之。辟倅雷州，攝儋州，所至有聲，學行政事爲瓊士最。

謝明。瓊山人。宋末與謝富、冉安國、黄之傑並從安撫趙與珞，拒元兵於白沙口，被執不屈而死。

元

蔡徵。字希元。居萬寧，後遷瓊山。通經史，善文辭，先攝郡學，元末兵起，遂歸隱。纂瓊海方輿志。

明

莫宣寶。定安人。元末文昌賊陳子瑚猖獗，宣寶率鄉兵併力戰守，合境以全。洪武初詔書奬諭。八年，永嘉侯朱亮祖征五指山，宣寶建議開十字路，會黎賊突出，奮臂敵之，中流矢卒。太祖嘉之，敕祀鄉賢。

張騰鸞。崖州人。洪武初父爲海寇所擄，騰鸞率鄉勇奪之，手刃數賊，竟遇害。

唐誼方。名遜，以字行，瓊山人。篤學力行，元末累辟不就。洪武初舉經明行修，授郡訓導。永樂間請老歸，時年九十。門有祖植古榕，鄉里稱榕樹公。

林茂森。字良才，臨高人。少孤，事母孝，甘貧力學。永樂中以舉人選武宣教諭，勤於課士，後以母老辭歸。著有方輿儒林一覽行世。

唐舟。字汝濟，瓊山人。永樂進士，知新建縣，治尚簡易。洪熙中爲監察御史，疏論内侍陷黄本固等數事，風節凛然。舟心事光明，與人無纖毫畛域，敭歷中外，餘三十年，家無擔石儲。年八十二卒，鄉議高之。

邢宥。字克寬，文昌人。正統中進士，擢監察御史。景泰初治王振黨獄，督運通州糧以實宣府，有能聲。出按福建、遼東、河南，風裁皆震一時。歷台州、蘇州知府，當官廉介。後以僉都御史巡撫應天，兼理兩浙鹽政，考察屬吏，奏黜不職者七十餘人。居數歲，引疾歸。

棨瑄。瓊山人。天順初，與兄琇扶母避賊，將見獲，琇謂瑄曰：「並死無益，吾以死衛母，汝急去。」瑄從之，賊將殺其母，琇曰：「貰吾母，願相從。」遂陷賊中。後琇爲官軍所執，將刑，瑄趨至，曰：「兄以母故陷賊，今母老恃兄爲命，願代死。」遂見殺。

薛遠。字繼遠，瓊山人。正統中進士，以户部郎覈逋南畿，督儲大同，並著能聲。以工部侍郎塞開封決河，且行賑恤，改户部，督兩廣兵餉。成化中爲南京兵部尚書。汪直諷言官劾之，罷去。

王佐。字汝學，臨高人。正統中舉人，成化初授高州府同知，改邵武、臨江二府同知。所至清廉慈愛，始終如一。佐自少至老，手不釋卷，所著有雞肋集、經籍目略、原教篇、瓊臺外紀、庚申録、珠崖録。

丘濬。字仲深，瓊山人。景泰進士，授編修。時南海衛官軍苦遠調，天順七年，濬奏請專防海黎賊寇，帝嘉納之。成化二年晉侍講，與修英宗實録。或謂于謙誅死，當著其異謀，濬曰：「己巳之變，微少保國事不知所終，武臣挾怨誣之，安可徇也！」衆乃止。歷晉禮部侍郎，掌國子監祭酒。撰大學衍義補一百六十卷。孝宗立，表上之，晉禮部尚書。弘治四年，晉文淵閣大學士，參預機務，上疏請革弊政。年七十餘卒於官，贈太傅，謚文莊。濬博極羣書，尤熟典故，性剛直，與人論政，必反覆辨難。生平痛抑詭行之士，嘗論朱子家禮最得崇本敦實之意，作朱子學的二十篇。入仕四十餘年，家無贏餘。正德中賜祠於鄉。

陳實。字秀卿，瓊山人。弘治中進士。劉瑾用事，家居數年，瑾敗，起南京江西道御史，劾罷採珠内侍趙蘭，改北御史，出按徽寧諸郡，歷常州知府，所至有聲。

韓俊。字克彰，文昌人。弘治進士，爲刑部員外郎。以忤劉瑾歸，瑾誅起官，遷刑部郎中、河南副使，以廉能爲天下第一。

馮顒。字有孚，瓊山人。弘治中進士，授户部主事。官軍討符蚺蛇，久不克，顒歷陳致變之由，請用土官已廢者攻之，劉大夏奏行其策。正德中勘涇王莊地，清還二千七百餘頃。後改御史，以事忤劉瑾，爲所誣，自經死。

林士元。字舜卿，瓊山人。正德中進士，授行人。册封唐藩，却餽金六十鎰。擢南京户科給事中，劾光禄少卿史俊、都御史汪鋐，併内外不職者數十人，仕路一清。先後陳時務數十疏，皆極剴切。擢湖廣副使，轉廣西參政、浙江按察司。以憂歸，遂不起。

鍾芳。字仲實，崖州人，改籍瓊山。正德中進士，由編修謫寧國推官，遷漳州同知，有政績。歷部郎，爲浙江提學副使，崇尚名檢，士風爲之一變。轉廣西參政，諭降討叛，屢著軍功。再轉江西布政，擢南太常卿，晉兵部侍郎，改户部。會南都太廟災，疏請修省，多剴切語。俄請致仕，家居十餘年，有干以私者，謝曰：「吾豈晚而改節哉！」芳學至精極博，著有學易疑議、春秋集要、皇極經世圖贊、古今紀要、崖志略，及詩文二十卷。

唐冑。字平侯，瓊山人。弘治中進士，授户部主事，疏請罷蘇州織造内臣。歷官雲南副使，提督南贛，巡撫山東，所至有聲，進户部左侍郎。世宗欲討南安，胄極言用兵非計，其後卒撫定之。郭勛怙寵，爲其祖英請配享太廟，胄疏争不聽。世宗欲以興獻皇祀明堂配上帝，胄又力言不可，坐削籍歸。胄耿介有器識，立朝執義不撓〔九〕，海南推爲冠冕。子穆，嘉靖中進士，官禮部員外郎。

王宏誨。字紹傳，定安人。嘉靖進士，選庶吉士。海瑞以直諫被逮，宏誨極力調護。及張居正用事，宏誨作火樹篇、春雪歌諷之。累升至南京禮部尚書，上疏請建儲、朝講等六事。因病乞休致仕。

王盤。瓊山人。隆慶中其母爲賊所擄，盤多方丐資以贖，僅得免。賊繼至，責如前，盤無以應，願已死易母，賊怒兩殺之。

海瑞。字汝賢，瓊山人。生四歲而孤，母謝氏矢志教之。嘉靖己酉舉於鄉，計偕，伏闕上平黎策，授南平教諭。謁上官，以師儒禮抗見。遷知淳安縣，轉判興國，尋擢户部主事。時世宗久不視朝，瑞抗疏直陳數千言，世宗怒甚，擲其章於地，下獄論死。穆宗立，復官改兵部。旋晉大理丞，擢僉都御史，巡撫應天，豪强貪墨，望風戢翼。吴淞江暨白茆港河道久淤，瑞身乘小舟督畚鍤，剋日疏濬，不期月告成。賑活饑民數十萬户，清丈三吴田，悉奪豪右受獻者還之民，遂搆蜚語解官，里居十五年。至萬曆乙酉，起南僉都，晉右都御史，掌南院，議革諸司冗役冗費，以身矯物，百吏震肅。卒於任，贈太子少保，謚忠介。自號剛峯，天下稱剛峯先生。

梁雲龍。字會可，瓊山人。萬曆中進士，授兵部主事。歷任副使，兵備莊浪，中蜚語解職，尋敘前後邊功復官，進布政使，升湖廣巡撫，卒官。子思泰，天啓中副榜，爲貴陽同知。督餉征黔寇死難，謚忠烈。

本朝

林運鑑。文昌人。康熙舉人，任高安知縣。躬親勸稼，建文昌閣，集諸士誦讀，置田爲膏火，禁溺女，置義塚。卒於任，祀名宦。康熙五十四年復祀鄉賢。

王宗佑。樂會舉人。康熙二十四年令温江。旱則築江安堰，澇則浚楊柳渡，民飫其利。乞休後閉户著書，學者宗之。卒

雍正十二年旌，祀忠義祠。

鄭存禮。瓊山人。性至孝，母病篤，禱以身代。父老齒脱，嚼飯送咽。居喪廬墓三年。友愛兩兄，撫養孤姪。雍正十二年旌，祀忠義祠。

莫謩。定安舉人。知灤州，明於決獄，民無遁情，士風振興，奸宄斂跡。居家恤貧睦族，殁後灤州士民請祀名宦。祀鄉賢。

林朱密。瓊山人。少孤事母至孝，居鄉塾，得肉必歸奉母，居喪廬墓三年。乾隆中祀忠義祠。

吴位和。瓊山優貢。任博羅訓導。二歲喪母，哀毁過成人，及長侍父暨繼母疾，衣不解帶，居喪先後廬墓六年。歲飢，使子橐千金市穀，以備施賑。乾隆五十三年，以孝子旌。

張日珉。文昌人。乾隆進士，令宜良。政尚簡易，捐俸開張子溝於北屯四十餘里，灌溉陸涼、路南、宜良三州縣。調新平，治如宜良。告養歸，居父喪，廬墓一年卒。宜良、新平俱祀名宦。

王一聖。臨高人。少孤，事母至孝，與弟一賢相勵以善，祀孝弟祠。

林春榮。陵水人。孝事父母，自少至老不離膝。乾隆十七年舉孝子。

流寓

唐

李德裕。趙郡人。宣宗朝，白敏中排之，累貶崖州司户，次年卒。懿宗朝復贈左僕射。

宋

蘇軾。眉山人。紹聖間連貶瓊州别駕，居昌化軍，僦官房，有司不可，乃寓城東天慶觀，結屋以居，儋人運甓畚土助之。獨與幼子過著書爲樂，時時從父老遊，若將終身。

任伯雨。眉山人。徽宗朝居諫省，半歲所上一百八疏。黨禍作，屢徙昌化軍，三年釋歸。

曲端。鎮戎人。建炎中烏珠窺江、淮，張浚議出師，端曰「宜訓兵秣馬俟之」，浚不悦，罷端兵柄，再謫海州團練使，萬州安置。

「烏珠」舊作「兀术」，今改正。

趙鼎。聞喜人。以故相謫吉陽軍，三年潛居深處，門人故吏不敢通問，惟廣西帥張宗元時餽醪米。秦檜聞之，命本軍月具存亡狀，鼎乃自書墓中石，記鄉里及除拜歲月，又書銘旌云：「身騎箕尾歸天上，氣作山河壯本朝。」遂不食死。

李光。上虞人。紹興中以參知政事斥秦檜懷姦誤國，連謫瓊州安置。居八年，移昌化軍，怡然自適。年逾八十，精力不衰，亭臺扁詠，多出其手。

胡銓。廬陵人。紹興中以樞密院編修疏請斬秦檜、王倫，編管新州。後新州守張棣訐銓與客倡酬謗訕，再謫吉陽軍。二十六年，秦檜死，乃得歸。

列女

漢

珠崖二義。珠崖令後妻及前妻女也。女名初，年十三，繼母連大珠以爲繫臂。令死，送喪還，法内珠入關者死，繼母棄之，九歲兒取置鏡奩中，皆不知也。及關，候索得珠，問誰當坐，初曰：「初心惜之，夫人不知也。」母亦曰：「此珠妾之繫臂，妾當坐。」關吏執筆書不能就，乃曰：「母子有義如此，坐之不忍。」後乃知九歲兒内焉。

唐

符鳳妻。字玉英。鳳以罪徙儋州，至南海爲獠賊所殺，劫玉英，英乃紿賊請更衣，有頃，盛服立於舟，罵曰：「受賊辱不如死。」自沈於海。

元

林友仁母李氏。瓊山人。年二十五而寡守節，泰定中海北憲副阿喇表其門。「阿喇」舊作「阿剌」，今譯改。

唐柏壽女五妹。瓊山人。至正中陳之瑚亂，與其從妹俱被執，語妹曰：「我必不免於辱，汝幼尚可求生。」乃紿賊曰：「家破親亡何所歸，將焉用縛？」賊然之，釋其縶，即投江死，時年十八。

陳道安妻林氏。文昌人。至正十四年陳之瑚殺道安，林瘞其夫，遂噉土哽咽而絶。

韓良可二女。其先相州人，宋魏公琦之後，子孫有宦於瓊者爲文昌人。良可長女年十八，次女年十六，至正二十一年，賊攻韓氏寨，諸兄皆力戰死，母遇害，二女攜手投江而死。蔡徵爲之傳贊。

明

賈岳妻程氏。瓊山人。前所鎮撫凱之女。洪武中歸岳四年而岳病篤，程嚙指血誓以同死。及岳卒，程親視含殮，夜沐浴整衣自縊，年二十一。解縉爲作傳。

馮那有妻王氏。澄邁人。嘉靖四十四年，海寇至境，其夫與衆拒之，爲賊所殺，氏縊以殉。

林維翰妻陳氏。儋州人。嘉靖中維翰赴省試卒，氏聞晝夜號慟，比喪還自縊死，時年十九。同邑林任重妻范氏，夫亡守節，隆慶中爲叛兵劫去，奮罵不辱被殺。

謝應昇妻韓氏。瓊山人。年二十，爲海寇曾一本所擄，罵賊遇害。同邑許撝謙妻陶氏、陶舜卿女金孃，均於隆慶中，倭陷海口被掠不屈死。

林有原妻李氏。澄邁人。萬曆中爲海賊所擄，厲聲罵賊令速殺，竟被刃死。

陳瑛妻程氏。定安人。年二十喪夫，舉遺腹子，託乳保撫之，慨然曰：「夫有子矣，與其後死而失節，不如同穴之爲愈。」遂自縊死。

林繼統女淑温。文昌人。年十六受瓊山沈舫聘，舫死女易服守志。會海寇掠其家，挾至海，脅之不從，碎首而死。同邑王高賓妻華氏，萬曆二年與其女並爲海寇林鳳所執，堅不屈，母女俱被殺。又韓文濬妻吴氏，爲海寇許萬載所執，觸石而死，賊怒碎其屍。

黎天注妻邢氏。文昌人。天注兄天池負官租，府差潘六、符宗達持郡符行拘，值天池、天注皆他往，六等窺邢姿，拘之去，至東坑投宿，氏以衣易油，明燈達曙，六等不敢近。次日至宗達家，夜逼之，氏厲聲叱罵，六懼去，氏遂自縊。事聞旌表，置六等於法。同邑李七孃，許字瓊山黄氏，盜劫其家被執，義不受辱，齧舌求死，賊知不可犯散去，憤被賊執，遂自縊。又吴氏傑妻林氏，歸始三月夫死，父母以家貧，欲奪其志，氏自縊以殉。

彭裕妻馮氏。會同人。夫卒自縊以殉。

黎邦佐妻王氏。樂會人。夫溺死於流馬渡，氏往投水殉之。知縣劉叔鼇爲勒旌烈碑。

許希曾妻李氏。臨高人。擄於賊，抱柱大罵被殺。馮啓妻楊氏，爲賊所擄，楊方負幼子，賊先殺其子以脅之，卒不屈死。又謝某妻韓氏，歸母家遭寇劫，紿賊返其母與子，當相從，賊信之，母及子行後，自投於海。後其家蓼氏持繖行海畔，次日求之，果於破繖下獲屍，顔色如生。

温瀾妻陳氏。昌化人，百户榮女。符蚺蛇作亂，陳與三子一女俱被執，厲聲罵賊曰：「我名家婦女，豈受污犬豕。」奪刀先殺其女，遂自刎。時同邑張氏，與夫孫廣學俱被掠，賊欲置張他所，張正色曰：「即死吾夫婦惟一處死。」賊殺其夫，張罵不絶口，亦被殺。

張鵬翼妻史氏。萬州人。夫歿粤西，喪歸，氏自縊柩旁。同邑紀欽明妻陳氏，夫死自縊。鄉人哀而合葬之。

本朝

王紹寰妻黄氏。澄邁人。順治十一年爲黎寇所掠，不屈被戕。同邑吴奮洙妻李氏，年二十，黎寇執之，力拒遇害。李是楫妻吴氏，年二十二，被賊掠至陽橋，入河死。

王昌言妻陳氏。定安人。順治六年，昌言以廕生從師，擊賊陣亡，舉家爲擄，陳紿賊釋其姑及子，度已去遠，罵賊死。

邢光楊妻林氏。文昌人。年二十而寡，遺孤甫二歲，撫之成立。順治九年，潘賊行劫執之，殺其子，林罵賊遇害。

王家輪妻楊氏。會同人。夫亡守節。順治十六年旌。

蕭士彦妻慕容氏。崖州人。年十八夫死，截髮自誓，撫孤子成立。順治十四年旌。

吴蔭昌妻高氏。瓊山人。夫亡守節。同邑陳應熊妻李氏，並康熙年間旌。

邱紹蘭妻王氏。澄邁人。康熙十九年，海賊掠鄉被執，逼之不從，遇害。同時曾相國妻陳氏，亦遇賊抗節死。

莫伊妻王氏。定安人。夫亡守節。康熙六十一年旌。

程演妻韋氏。定安人。爲黎所擄，厲聲大罵遇害，屍暴三日，顔色如生。

林家珀妻張氏。文昌人。夫亡守節。康熙四十七年旌。同邑雲志颺妻陳氏，康熙五十八年旌。

許定斌妻雲氏。文昌人。康熙十二年，爲海賊所掠，投海死。

王家瑛聘妻陳氏。臨高人。家瑛殁，陳縞素往，持夫所遺衣不食死。

周國璽妻葉氏。瓊山人。夫亡守節。雍正七年旌。同邑馮兆英妻王氏、洪嘉素妻黄氏、周乘穹妻潘氏、陳今興妻吴氏、陳宏綽妻鄭氏、許世華妻馮氏，均雍正間旌。

莫斯始妻張氏。定安人。夫亡守節。雍正五年旌。同邑王琨妻蔡氏、莫昭斗妻陳氏、黄和鳴妻莫氏、莫沂妻劉氏、林挺松妻梁氏，均雍正年間旌。

陳天相妻邱氏。文昌人。夫亡守節。雍正元年旌。

符旺妻賴氏。文昌人。旺死，一慟而絶。

黄獻珪妻楊氏。樂會人。夫亡守節。同邑何龍焜妻陳氏，並雍正六年旌。

陳鴻謨妻符氏。瓊山人。夫亡守節。乾隆二年旌。同邑吴毓奎妻伍氏、陳㦏妻王氏、陳宏藝妻曾氏、馮偉運妻吴氏、吴有要妻陳氏、楊朝選妻劉氏。黄元先妻陳氏、陳邦祚妻劉氏、陳毓英妻周氏、羅輝斗妻黄氏、吴世卿妻蔡氏、梁啓學妻王氏、黄爲弼妻吴氏、黄瑞妻陸氏、馮潤妻陳氏、王君極妻陳氏、林茂妻唐氏、吴文淑妻陳氏、蒙維燦妻鄭氏、郭瓊泰妻林氏、杜鍾麟妻李氏、玉麟妻張氏、杜常輝妻游氏、梁萬邦妻王氏、王元輔妻潘氏，貞女周建賢聘妻盧氏，烈女林文學聘妻王氏，均乾隆年間旌。

李遇天妻蘇氏。澄邁人。夫亡守節。乾隆三年旌。同邑陸挺秀妻徐氏、王大猷妻某氏、王國勝妻姜氏、陳士輝妻邱氏、李遇妻王氏、李潤新妻蔡氏、李材俊妻陳氏、王之寶妻莫氏，均乾隆年間旌。

莫賢模妻周氏。定安人。夫亡守節。乾隆七年旌。同邑黄鑑妻吴氏、黄鏞妻王氏、黄鐍妻許氏、黄正基妻陳氏、莫豫魁妻王氏、王守正妻鄧氏、王霽妻程氏、莫令模妻邱氏、莫崇勳妻陳氏、張奇勳妻吴氏、吴運齊妻王氏、陳廷鈺妻莫氏、莫綬章妻邢氏、莫震元妻周氏、邱懋先妻方氏、洪綱妻王氏、莫阮妻周氏、黄鈜妻許氏，均乾隆年間旌。

陳志賢女。文昌人。年及笄未字，遇强暴不從，捐軀明志。乾隆四年旌。同邑節婦蔡宏俊妻符氏、林淮仁妻王氏、潘箕命妻葉氏、鄧昌林妻韓氏、張柄瑛妻邢氏、張洪祐妻許氏、何文偉妻馮氏、范京科妻林氏，貞女韓淑騰聘妻葉氏，均乾隆年間旌。

馮瑜妻王氏。會同人。夫亡守節。乾隆五年旌。同邑黎敷妻王氏、符業銘妻王氏、李楊源妻林氏、王嶲成妻李氏、王晉湴妻何氏、何嗣茨妻張氏、梁九華妻林氏、馮斯熌妻施氏，均乾隆年間旌。

翁琳妻蔡氏。樂會人。夫亡守節。乾隆十二年旌。同邑王宏才妻黎氏、王演妻何氏、王殿龍妻馮氏、陳宗舜妻黄氏，均乾隆年間旌。

馮廷選妻李氏。臨高人。夫亡守節。乾隆三年旌。同邑王峻極妻符氏，林耀峩妻王氏，吴廷甲妻陳氏，薛振龍妻李氏、子彦士妻王氏，均乾隆年間旌。

黄甲林妻羊氏。儋州人。夫亡守節。乾隆三十六年旌。同州薛國偉妻羊氏、梁國頤妻何氏、沈培妻胡氏、沈鏞妻王氏、邢登第妻蔡氏，均乾隆年間旌。

楊士紱聘妻陳氏。萬州人。未嫁夫亡守節。乾隆六十年旌。

顔德備妻陳氏。陵水人。夫亡守節。乾隆三十六年旌。

陳克書妻裴氏。崖州人。夫亡守節。乾隆二十一年旌。

王鈞妻鄭氏。瓊山人。夫亡守節。嘉慶三年旌。同邑王緯章妻符氏、馮潊妻雲氏、馮棟妻雲氏、馮枚妻韓氏、吴琮妾謝氏、吴典繼妻徐氏、許子恭妻吕氏、陳以安妻王氏、曾魁文妻郭氏，貞女林其文聘妻謝氏、鄺瀧功聘妻陳氏，均嘉慶年間旌。

王燮妻吴氏。澄邁人。夫亡守節。嘉慶元年旌。同邑曾楷妻辜氏、陳學藩繼妻鄭氏、王立中妻林氏、王德昭妻吴氏、羅元升妻馮氏、李巨材妻唐氏，烈婦陳某妻魏氏、邱某妻李氏，均嘉慶年間旌。

張元峻妻黄氏。定安人。夫亡守節。嘉慶五年旌。同邑莫紹宗妻葉氏，二十五年旌。

于炎妻邢氏。文昌人。夫亡守節。嘉慶十六年旌。同邑韓明中妻雲氏、林所堅妻雲氏，貞女符振鏘聘妻陳氏、黄仕珍聘妻吴氏，均嘉慶年間旌。

黄國棟妻王氏。會同人。夫亡守節。嘉慶十九年旌。

王廣運妻龍氏。樂會人。夫亡守節。嘉慶十三年旌。

李應垣聘妻楊氏。萬州人。未嫁夫亡守節。嘉慶七年旌。同州節婦卓儒珍妻許氏，十三年旌。

林氏女。名君黄，感恩人。年十六未字，遇强暴捐軀。嘉慶二十年旌。

仙釋

宋

白玉蟾。字如晦，本葛長庚，變姓名。世爲閩人，以祖任瓊州而生，自號海瓊子。好飲，不見其醉。博洽羣書，作文未嘗起草。善篆隸，妙寫梅竹。能入水不溺，竟莫知所終。所撰有羅浮山志並詩集行於世。

土産

金。唐書地理志：瓊州、崖州、振州、儋州、萬安州貢金。寰宇記：新崖州貢金。華金有華采者。

銀。唐書地理志：崖州、萬安州貢銀。

珠。唐書地理志：崖州貢珠。

玳瑁。唐書地理志：崖州貢玳瑁。明統志：崖州又出車渠。

蜜蠟。寰宇記：瓊州産。

布。唐書地理志：振州貢斑布。寰宇記：瓊州産吉貝布。

鹽。唐書地理志：瓊山、義倫、寧遠有鹽。

木。寰宇記：瓊州、儋州皆産蘇木，出黎峒。明統志：各州縣俱出土蘇木、紅豆木、黄楊木。又儋、萬、崖三州花黎木，萬州出烏木。

藤。唐書地理志：振州貢五色藤盤。寰宇記：瓊州産白藤，儋州産白藤花。明統志：崖州出藤。

檳榔。宋史地理志：瓊州貢。

椰子。輿地紀勝：樹似檳榔，葉如鳳尾，吉陽所産爲上。明統志：諸州縣皆出，文昌者爲上。

棋子。寰宇記：舊崖州出。

香。寰宇記：瓊州出煎沈、黄熟等香，儋州産煎沈香，出深峒。輿地紀勝：萬安軍出沈香，一兩之直與白金等。明統志：崖州、萬州及瓊山、定安、臨高等縣出沈香，又出黄速等香。

海漆。輿地紀勝：海南有野花如芍藥，土人目爲倒粘子，漬以爲膠，可代柿油，東坡名之曰海漆。明統志：瓊山縣出。

瓊枝。輿地紀勝：出樂會縣海岸。明統志：文昌、樂會、會同三縣出，一名石花菜。

波羅蜜果。輿地紀勝：瓊州出，大如斗，剖之若蜜，其香滿室。

藥。寰宇記：瓊州産高良薑、益智子、乾栀皮，儋州産高良薑、相思子，舊崖州産紫貝葉。

校勘記

〔一〕武德四年崖州領顔盧縣　「顔盧」，乾隆志卷三五〇瓊州府古蹟（下同卷簡稱乾隆志）同。按，舊唐書卷四一地理志作「顔羅」，隋書卷三一地理志及新唐書卷四三上地理志作「顔盧」。

〔二〕舊唐書地理志　乾隆志同。按，下引文字實出新唐書地理志，此「舊」當改「新」。

〔三〕析文昌置富雲博遼二縣　「二」，原作「三」，據乾隆志及新唐書卷四三上地理志改。

〔四〕政和元年廢軍爲感恩縣隸昌化軍廢通遠縣爲通遠鎮屬朱崖軍　乾隆志同。按，宋史卷九〇地理志所記與此略異：「政和元年廢延德軍爲感恩縣，昌化軍通遠縣爲通遠軍，隸朱崖軍。」

〔五〕又有寧村巡司　「寧」，原作「安」，據乾隆志及讀史方輿紀要卷一〇四廣東五改。按，本志乃避清宣宗諱改字。

〔六〕又名馭仙橋　「馭仙」，乾隆志作「馭馬」。

〔七〕馮顒墓　「顒」，原作「容」，據乾隆志及明史卷一八八許天錫傳改。按，本志乃避清仁宗諱改字。下文人物小傳亦同改。

〔八〕天寧寺　「寧」，原作「安」，據乾隆志改。按，本志乃避清宣宗諱改字。

〔九〕立朝執義不撓　「朝」，原作「廟」，據乾隆志及明史卷二〇三唐胄傳改。

南雄直隸州圖

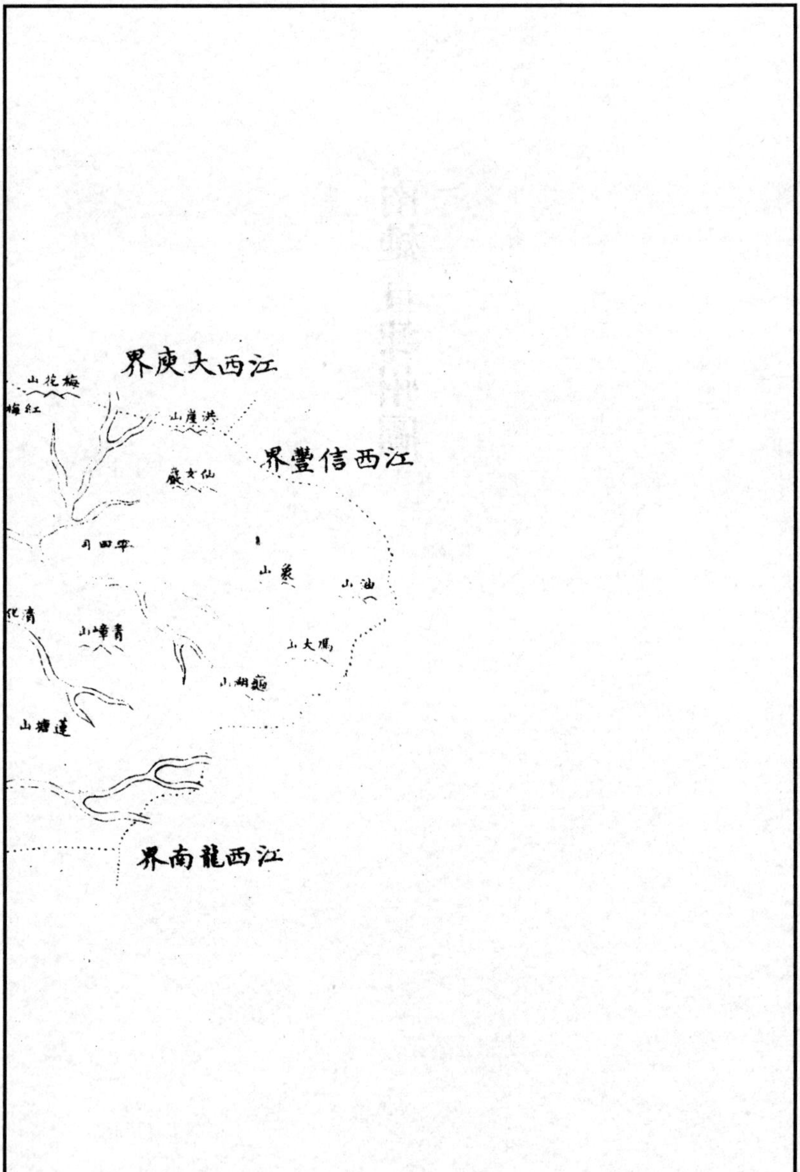
江西大庚界
江西信豐界
江西龍南界
梅花山
紅梅
洪崖山
仙女巖
象山
油山
清化
青嶂山
蓮塘山

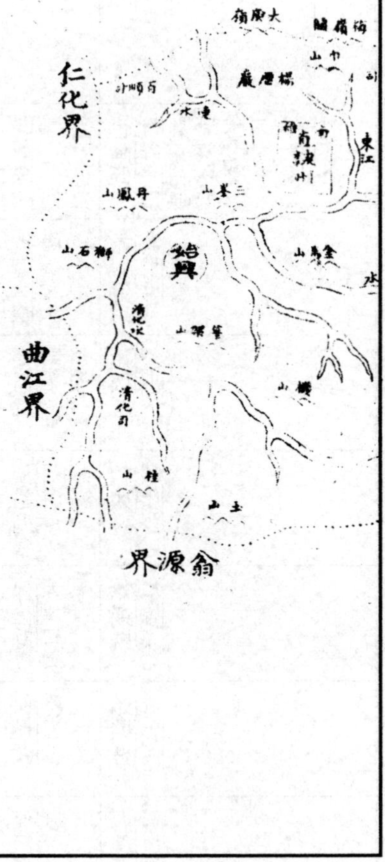
大庾嶺
梅嶺關
楊歷巖
仁化界
東江
二峯山
丹鳳山
獅石山
始興
清化水
清化司
曲江界
翁源界

南雄直隸州表

	南雄直隸州	始興縣
兩漢	豫章郡地。	南埜縣地。
三國	吴始興郡地。	始興縣 吴置，屬始興郡。
晉		始興縣
宋		始興縣
齊梁陳	梁置安遠郡。	正階縣 齊置令階縣，屬始興郡，尋改名。梁移始興縣來治。 始興縣 梁徙廢。
隋	改置大庾縣，尋廢入始興縣。	始興縣 屬南海郡。
唐	湞昌縣 嗣聖初置，屬韶州。	始興縣 屬韶州。
五代	雄州 南漢乾和四年置。 湞昌縣 州治。	始興縣 屬雄州。
宋	南雄州 保昌郡 開寶四年改州名，屬廣南東路。宣和二年改郡。 保昌縣 天聖初更名。	始興縣 屬南雄州。
元	南雄路 至元十五年升路，屬廣東道。 保昌縣 路治。	始興縣 屬南雄路。
明	南雄府 洪武元年改府，屬廣東布政司。 保昌縣 府治。	始興縣 屬南雄府。

大清一統志卷四百五十四

南雄直隸州

在廣東省治東北一千三百里。東西距三百二十里，南北距三百四十里。東至江西贛州府信豐、龍南兩縣夾界一百四十里，西至韶州府曲江、仁化兩縣夾界一百八十里，南至韶州府翁源縣界二百五十里，北至江西南安府大庾縣界九十里。東南至龍南縣界二百五十里，西南至翁源縣界二百二十里，東北至信豐縣界二百里，西北至大庾縣界二百里。本州境東西距二百三十里，南北距一百八十里。東至信豐縣界一百四十里，西至始興、仁化兩縣夾界一百六十里，南至始興縣界九十里，北至大庾縣界九十里。東南至龍南縣界二百五十里，西南至始興縣界四十里，東北至信豐縣界二百里，西北至大庾縣界二百里。自州治至京師七千三十五里。

分野

天文牛、女分野，星紀之次。

建置沿革

禹貢揚州之域。戰國屬楚。秦爲南海郡地。漢爲豫章郡南埜縣地。見舊唐書地理志。元和志以始興縣本漢南海地，誤。三國吴永安六年，分置始興縣，屬始興郡。晉及宋、齊因之。梁天監六年析始興置安遠郡。隋平陳，郡廢。大業三年屬南海郡。唐武德四年屬韶州。五代南漢乾和四年，分置雄州。宋開寶四年，曰南雄州，寰宇記：以河北路有雄州，故加「南」字。屬廣南東路。宣和二年改保昌郡。元至元十五年改南雄路，屬海北廣東道。明洪武元年改南雄府，屬廣東布政使司。

本朝因之。嘉慶十一年改爲南雄直隸州，十六年復陞爲府，十七年又改爲直隸州，領縣一。

始興縣。在州城西一百里。東西距一百五十里，南北距二百十里。東至本州界八十里，西至韶州府曲江縣界七十里，南至韶州府翁源縣界一百六十里，北至本州界五十里。東南至江西贛州府龍南縣界一百四十里，西南至翁源縣界一百十里，東北至本州界八十里，西北至仁化縣界九十里。漢豫章郡南埜縣地。三國吴分置始興縣，屬始興郡。晉及宋、齊因之。梁置安遠郡。隋平陳，郡廢，屬南海郡。唐屬韶州。宋開寶四年，改屬南雄州。元屬南雄路。明屬南雄府。本朝嘉慶十一年，改府爲州，屬南雄州。

形勢

控帶羣蠻，襟會百越，傑然峙於一隅。宋修城記。枕楚跨越，爲南北咽喉。通志。

風俗

俗雜夷夏。宋倅廳題名記。地雖褊小，無異珍之産，以來四方之民，而土性温厚，有膏沃之田，以爲家給之具。宋洪勳修學記。

城池

南雄州城。州治所曰斗城，宋皇祐初建，外爲顧城，元至正中建。皆爲故城，周七百二十七丈，門五，有池，保昌舊治在焉。明成化五年自小北門至牛軛潭，築土城三百餘丈，沿河固以木柵，謂之新城。嘉靖四十三年，沿河復築水城，今皆稱爲新城。廣一千一百三十一丈有奇，亦門五，無池。本朝順治十四年修，康熙二十四年，雍正七年，乾隆十三年重修。

始興縣城。周三百四十八丈，門三，池周東、南、西三面。明天順中土築，成化間甃甎。本朝順治十五年修，康熙二十一年、三十八年，乾隆十六年，嘉慶二十五年重修。

學校

南雄州學。在州城小東門外。宋慶曆中建州學。明洪武元年改府學。本朝康熙十年修，嘉慶十一年仍改州學，十三年重修。入學額數二十九名。

始興縣學。在縣治東。宋嘉定中建。元天曆中遷縣西。明萬曆十五年復建舊址。本朝康熙元年修，乾隆十二年重修。入學額數十二名。

道南書院。在州城西。舊有天峯書院，明成化中建。凌江書院，本朝康熙五十五年建，久圮。嘉慶二十年重建，併爲一，改今名。

文明書院。在始興縣城内。康熙五十九年建。

墨江書院。在始興縣治西。康熙三十八年建。按舊志載正學書院，在南雄府城義倉前，明嘉靖間建。孔林書院，在保昌縣東一百里，宋建隆七年建。今並廢，謹附記。

户口

原額人丁一萬七千六百有五，今滋生男婦大小共三十三萬二千一百六十一名口，又屯民男婦共八千五百七名口。

田賦

田地山塘共一萬七百四十五頃八十四畝二分有奇，額徵地丁正、雜銀三萬七千七十二兩六錢五分六釐，遇閏加徵銀九百一十七兩三錢四分九釐，米四千一百八十二石二斗八升七合二勺。屯田共一百四頃四十五畝四分有奇，額徵屯米二千二百五十九石二斗九升七合五勺。

山川

馬鞍山。在州東八十里。其高千仞，以形似名。

天峯山。在州東八十里。山形陡峻，高插霄漢，山半有洞曰真仙巖，其上有泉。

洪崖山。在州東九十里。高數千仞，周五十里，崖石平曠，有修竹茂林之勝。

油山。在州東一百二十里。山有小穴出油，居人取以爲利，後嫌穴小鑿之，油遂絶。上有龍潭，歲旱禱雨輒驗。相近有象山，後有羅漢山。

青嶂山。在州東南四十里。高約百丈，狀如展屏，松檜森蔚，瀑布潺湲。山半有古寺，唐時建。

蓮塘山。在州東南八十里。下有蓮池，今堙。

龜湖山。輿地紀勝：在州東南八十里，上有滴水，潴爲小湖，舊云有二龜游泳其中，故名。

馮大山。在州東南一百五十里。形勢高聳，山頂寬平，可容千人。

金馬山。在州南二里。狀如馬背，一名赤馬山，又名府案山。

三峯山。在州西南四十里，有文秀、瑞龍、瑞雲三峯。

巾山。寰宇通志：在州北三十里，端正如巾，凌江水繞其西麓。其東有威鳳崗，高八十餘丈，與大庾嶺相接。

九姑山。在始興縣東六十里。卓立如筆，自梅嶺分派至此，下有九姑廟。

機山。在始興縣南十里。一名玲瓏巖。方輿勝覽：石峯平地拔立，有石室虚曠，葛仙嘗煉丹於此。荆州記：機山東有兩巖，相向如鴟尾，石室數十，所經過皆聞有絲竹金石之聲。舊志：山勢盤鬱，巖洞甚多，下三巖，曰半月、天光、觀音，上三巖，曰獅象、玉龍、通天。又有草名琉璃，莖如香芹，食可止風。

筆架山。在始興縣南二十五里。三峯奇秀，中峯尤尖聳。

謝公山。在始興縣南三十里。峯巒秀拔，視諸山獨高。相近有白牛山，在筆架之西，爲邑前嶂，五峯突兀，亦名五魁山。腰有龍池，池上有石壇，産異竹。

玉山。在始興縣南一百里。昔有人嘗獲璞於此。

桂山。在始興縣西南一百里。陵阜屈曲，桂木叢發，人多以爲藥，故名。

獅石山。在始興縣西五里，爲縣水口第一山。其前爲球山。

天馬山。在始興縣西十五里。高三十餘丈。

九鳳山。在始興縣西。方輿勝覽：天柱峯在縣西二十里，峭秀奇拔，無支峯贅阜，屹然撑天。梁天監中，九鳳翔集，故又名九鳳山。

丹鳳山。在始興縣西北五里。輿地紀勝：梁天監中有九鳳飛，一鳳翔此，故名。

大庾嶺。在州北。漢書：元鼎中，越相吕嘉反，破將軍韓千秋於石門，函封送漢節於塞上。後漢書郡國志：南埜縣有臺嶺。輿地志：臺嶺，即塞上，今名大庾。水經注：連水出南康縣涼熱山，山即大庾嶺，五嶺之最東，故曰東嶠。唐張九齡開路記：初嶺東廢路，人苦峻極，開元四載，使左拾遺張九齡相其山谷之宜，革其攀險之故，歲巳農隙，人斯子來，役匪踰時，成者不日。轉輸不以告勞，高深爲之失險。元和志：大庾縣在始興縣東北一百七十二里，從此至水道所極，越之北疆也。嶺本名塞上，漢伐南越，有監軍姓庾，城於此地，故名。高一百三十丈。又曰：大庾嶺在湞昌縣北五十六里。白氏六帖：大庾多梅，南枝既落，北枝始開。輿地紀勝：大庾嶺去保昌縣八十里。又引劉嗣之南康記云：庾嶺多梅，亦曰梅嶺，高一千三百五十丈。唐張九齡奉詔開鑿，至嘉祐中，造甎甃砌成路。按：諸説則古之大庾嶺應在今縣西北，近江西崇義縣界，今所謂大庾嶺，即水經注東溪所出之石閣山，九齡所謂嶺東廢路也。其曰梅嶺，祇以多梅之故，或謂以梅鋗得名，殆未足據。又縣志有小庾嶺，在大庾嶺東南四十里。

塔嶺。在始興縣西十里，爲縣水口第二山。其北有犀牛嘴山，去縣二十里江口之所謂迴龍山也。

龍王巖。在州東一百餘里。

楊歷巖。在州西北二十里。山嶺方廣百餘丈，奇峯環繞，飛泉瀉空，相傳漢時樓船將軍楊僕經此，故名。

鐘鼓巖。在州東北八十五里。中有二石，叩之分作鐘鼓聲。

仙女巖。一名闞象山，在州東北一百里。輿地紀勝：中有二仙像，相傳秦時二女子於此得道飛仙。

珠龍巖。在始興縣東十五里。春夏瀑布，如垂玉龍。

南石巖。一名小武當山，在始興縣東七十里，巍然峭壁。半嶺有巖洞，廣可一畝，内有真武銅象。

官石巖。在始興縣西四十里。高七十餘丈，廣八里許。

石泉巖。在始興縣西北八里。上有瀑布。

碎珠崖。在州蓮溪一都。一峯尖鋭，插入雲表，迤東怪石巉巖，高可百尺，飛瀑如練，山腰則水石相激，如傾萬斛珠璣，輝映林谷，俗名跌碎水。

姮娥嶂。在州大庾嶺之東。相傳葛洪煉丹之地，産仙茅。

白猿洞。在州東北八十里梅嶺下，深百步許，舊有白猿居之。

倉石。在州西北三十里，高百餘丈，廣數十畝，輪囷如倉。

東江。一名始興水，在州東南。源出大庾嶺，流經靈潭烏源，至何村與昌水合，又至城西與凌水合，環抱郡邑如襟帶，西南流入始興縣北，又西入韶州府曲江縣界。荆州記：始興郡有東江，發源南康大庾嶠下，南流西轉，與北江合。水經注：東溪水出始興東南康縣界石閣山，西流與連水合。亦名東江，又名始興水。又西，邪階水注之，又西經始興縣南，又西入曲江縣。按：東江至曲江縣西注北江後，始有始興大江之名，所合者溱水，非湞水也。舊志以道元始興水之名，遂混於始興大江，且悉目爲湞水，今以道元本文正之。

墨江。在始興縣西一里。源出翁源縣界，下流二十里至江口，與東江合。舊傳水黑如墨，故名。

修仁水。在州南三十里。源出江西龍南縣界，西流一百三十里，至修仁都入東江。

横浦水。一名樓船水，亦名凌江水，在州西。源出大庾嶺，南流經始興縣西，合北江。史記南越列傳：元鼎五年，主爵都尉楊僕爲樓船將軍，出豫章，下横浦。鄧德明南康記：大庾嶺四十里至横浦。寰宇記：樓船水在縣北五十里，出庾嶺之西，傍嶺横流。輿地紀勝：凌江水在縣西北百步，湫濼交會，清泠瀰漫。宋天禧時有凌皓知保昌縣，興水利，農人感德，因號曰凌江。按：樓船水本以樓船將軍出此得名，相近有楊歷巖，亦以楊僕所歷爲名也。向以凌江爲樓船水，則凌江即横浦無疑。

連水。在州西。一名鏈水。水經注：連水出南康縣涼熱山連谿，南流注於東溪，庾仲初謂之大庾嶠水。寰宇記：鏈水源出上凌江，以春多鏈魚，因名。按：連水本合東江，而發源則異。寰宇記鏈水，似是俗傳之訛。

昌水。在州北六十里。源出江西信豐縣界，下流經延福、蓮溪二都，又四十餘里至州城西，與凌水合，入東江。

長圃水。在州東北四十里。源出梅嶺，南流入東江。

朔水。在始興縣東一百里。源出江西信豐縣界甜菜嶺，月朔即漲，晦即減，因名。又涼水，在縣東南二十七里，源出江西信豐縣界律竹嶺。皆西流入邪階水。省志：涼水在縣東南五十里，源出天柱山猺人洞，朔水在縣東南八十里，源出江西龍南縣界，蓋即水經注邪階之别源也。

邪階水。一名清化水，一名階水，在始興縣南。經縣西北，受朔水、涼水，入東江。水經注：邪階水，源出始興縣東南邪階山，水有别源曰巢頭，重嶺衿瀧，奔湍相屬，祖源雙注〔一〕，合爲一川，又西北注於東江。寰宇記：有邪渚、正渚二水，皆出始興郡。輿地紀勝：邪階水在縣南一百三十里，源出翁源縣東北丹桂嶺，流入縣西十五里，與保水合。通志：清化水在縣南一百五十里，源出翁源縣界，下流與朔水合，流至墨江。按：府志以邪階水源出謝公山，西北流十五里至羅陂，與官石水合。縣志以墨江即古邪階水，誤。

肥水。在始興縣西南十五里。源出曲江縣雲溪嶺，東北流入邪階水。

官石水。在始興縣西十五里。源出曲江縣界，由黄坑逆流二十五里，至塔岡與墨江合。

躍溪。在始興縣東八十里。源出江西龍南縣界，西北流七十里至杜安村，又名杜安水，與東江合。輿地紀勝：杜安水在縣東北三十八里，源出江西信豐縣深窖鐵子源，西流入保水。

九牛瀧。一名龍罩水，在州南五十里。下有深潭，水自山巔流注潭中，響應遠近。

五雲瀧。在州西南四十里。羣峯險峻，泉水飛流，高下成潭，深不可測。

龍鬚潭。在州東五十里。相近又有石鑊潭，二潭相望，其深不測，相傳有龍蟄其下。

滃源。在始興縣東南三十里。出謝公山，與墨江合。又陸源，在縣北五十里，合東江。

温泉。有四，一在州東南五十里，一在州南三十里，一在州西北十里，一在始興縣南一百六十里。

卓錫泉。一名霹靂泉，在州北大庾嶺東，自石穴湧出。相傳六祖過此渴甚，以杖點石，遂湧清泉。

鳳井泉。在始興縣東一里。梁天監中，鳳凰嘗集於此。

洗鉢泉。在始興縣東北三十八里連城寺。相傳傅大士洗鉢處。

古蹟

湞昌故城。在州城西南。元和志：湞昌縣西南至韶州陸路二百三十里。嗣聖元年，析始興北界置，北當驛路，南臨湞水。文獻通考：韶州領湞昌縣，後又改爲保昌縣。輿地紀勝引圖經云避宋仁宗名改。

正階故城。在始興縣西。蕭齊置。梁移始興縣來治，而故縣廢。元和志：縣西南至韶州一百九十四里。寰宇記：縣西七里有蕭齊正階故縣，城尚存。府志：宋淳熙丁巳，郡守黄邵遷治陳坊。嘉定丁丑，縣令趙彦偃遷許塘。紹定初燬於寇。端平甲午，縣令方遴重創。元元貞元年，移治陸源。後以舟楫不通，復還故治。縣志：陸元村在今縣東北四十里北岸都，有故縣址。按：南齊志始興郡有令階縣。梁書邵陵王綸子確，大同二年封正階侯。隋志「始興縣，齊曰正階，梁改名」，當是齊置令階，尋改爲正階，梁大同後移始興來治也。

始興故城。在今始興縣西北。三國吴置。梁大同後移治正階縣，因廢。

安遠廢郡。在始興縣北。梁置。隋書地理志：始興縣有梁置安遠郡。隋平陳，改郡置大庾縣。十六年廢大庾縣入始興。唐書地理志：大庾嶺東北有安遠鎮。元和志：安遠鎮在始興縣東北一百五十里。蓋即安遠故郡。

保昌廢縣。在州治故城中。漢豫章郡南埜縣地。三國吴以後爲始興縣地。唐嗣聖元年，析置湞昌縣，屬韶州。五代南漢時爲雄州治。宋天聖初改曰保昌，爲南雄州治。元爲南雄路治。明爲南雄府治。本朝初因之。嘉慶十七年改府爲州，縣省。

庾勝城。在州北。漢元鼎五年，樓船將軍楊僕出豫章擊南越，裨將庾勝城而戍之，故嶺一名大庾。其東四十里，勝弟所守，名小庾。

越王城。在州北。秦并六國，越復稱王，自皋鄉踰零陵至於南海，梅鋗從之，築城湞水上，奉王居之。湞水出梅嶺，築城當在嶺間，故梅嶺又稱越王山。

鼻墟。在始興縣南。王隱晉書：大泉陵縣，北部東五里有鼻墟，象所封。

叱馭樓。在州北大庾嶺上。宋余靖有詩。

瑞相堂。在州治内。宋守章得象入相時，有瑞蓮之異，故名。後郡守李著景慕郇公，改曰慕郇。稍東有静春堂，亦著建。

梁太子書堂。在始興縣南。相傳梁昭明太子往尋傅大士講經，居此。

種玉亭。在州治内。旁有小池，環植白蓮。又聽雨亭，一名八卦亭，在瑞相堂後，俱章得象建。

望遠亭。在州治西北。宋章得象建。外有凝紫、拄笏、捲雨三軒，郭祥正有詩。

通越亭。在州北大庾嶺。又來雁亭，亦在大庾嶺。宋余靖皆有詩。

三松臺。在州東。名勝志：宋嘉定時，吴人張震謫雄，寓光孝寺，見三松蒼翠偃蹇，因作臺登眺。

梅鋗故宅。在州北梅嶺。嶺有紅梅驛，驛有城，當嶺之路半，累石爲門，南北以此爲中。相傳鋗所家焉。

張九齡故宅。方輿勝覽：在始興縣南。山幽水秀，花木長春，几案户庭，皆石琢就。新志：在縣西南一百里桂山下。

關隘

太平關。在州南門外太平橋。明天順二年，巡撫葉盛置，以榷鹽税，亦名鹽關。後移置韶州府曲江縣。

秦關。在州西北，即横浦關。史記南越列傳：趙佗行南海尉事，移檄告横浦關曰：「盜兵且至，急絶道聚兵自守。」輿地紀勝引南康記云：庾嶺四十里至横浦，有秦時關，今懷化驛也。按：秦關當在今州西北界，而輿地紀勝獨云在縣東北四十里，府志又以梅關爲秦關，皆非。

梅關。在州北大庾嶺。宋史：嘉祐八年，廣東轉運使蔡抗兄挺提刑江西，因同平易嶺路，立關於嶺上，顔曰梅關，以分江、廣之界。寰宇記：梅關在保昌縣北八十里大庾嶺上，最高且險。府志又有小梅關，在保昌縣東北四十里小梅嶺上，山徑荒僻，路通三洲、五渡、信豐、龍南諸處。舊有土城，明嘉靖中改砌甎城。又中站遞運所，在縣北梅嶺東火徑村，去縣七十里，與江西南安府接界。嘉靖三十六年，因峝寇出没，與南安府共築城，設兵戍守。

平田凹隘。在州東一百二十里。相近有白石岡隘，州東又有楊婆嶺隘，臨江西信豐縣九渡水。

冬瓜隘。在州東南八十里。其地有犂壁山，近龍南。又東有上瀧頭隘，又東南十里有南畝隘。

芋頭隘。在州西五十里。又百順側隘，在州西北一百二十里。百順隘，在州西北一百五十里。縣北又有茶園隘，爲府境通道。又北有新茶園隘，極險峻。又北有紅梅隘。

桂丫山隘。在始興縣南一百二十里，接翁源縣界。寰宇記雄州南至翁源縣桂嶺，爲界一百七十五里，蓋即此。通志有猪子峽隘，在縣東六十里；沙田隘，在縣東八十里；花腰石隘，在縣東南五十里；涼口隘，在縣南五十里；河溪隘，在縣南一百二十里；楊子坑隘，在縣西二十里；上臺隘，在縣北五十里；黄田隘，在縣東北五十里；明時皆設隘夫防守。

平田巡司。在州東南一百里。明洪武二年置。

百順巡司。在州西北一百里。明洪武十年置。

紅梅巡司。在州東北九十里。明洪武十六年置於梅關下，後遷於此。

清化逕巡司。在始興縣南一百里。明洪武十五年置。

通濟鎮。在州東六十里。又漿田鎮，在州東八十里。圓田鎮，在州東南六十里。上朔鎮，在州東北八十里。

沙水鎮。在州東北三十里。宋嘉定中嘗置沙水驛。後又置沙角巡司於此。又烏逕路，在州東大黄里，路通江西信豐縣，明置土黄巡司於此。並久廢。

墨江鎮。在始興縣南四十里。

黄塘鎮。在始興縣東北五十里。明洪武二年，設黄塘巡司於縣東北四十里北岸都。十六年，徙於縣東北八十里黄塘江口。正統九年，又徙於此。今裁。

南雄所。在州治西。明洪武元年置。

東郭營。在始興縣東。又水哨營，在縣西墨江口。皆明崇禎四年置。通志又有界灘、斜潭、江口、江水四堡，皆明初置，防江。

修仁堡。在州西南。舊志又有古塘、塘角等堡，皆江防巡哨所。

凌江驛。在州南。宋置，曰寄梅驛。明初改名。又有懷化驛，在州北懷化鄉。宋嘉定中置，久廢。

黄塘驛。在始興縣北，水驛也。明洪武十四年，置於縣東北六十里黄塘江口。正統九年，遷於黄田鋪。隆慶五年，又遷於始興江口。又舊有階口驛，在縣西南十五里。今皆廢。

津梁

太平橋。在州治正南門外。宋初創浮橋，開禧中易以石，名曰平政，寶慶中更名萬春。明改曰太平。又崇濟橋，舊名水口橋，在州東五里，元建。長逕橋，在州東二十里，宋政和中建。又十里有駟馬橋，一名沙水橋，宋嘉定中建。

萬年橋。在州西二里淩江上。舊名清泰橋，宋建。又修仁橋，在州西南二十里，宋淳熙中建。

鳳凰橋。在州北三十里。宋景德中，有鳳凰集於溪岸，故名。

三博橋。在州東北十五里。宋知州黄歲建。又長圃橋，在州東北四十里，元至正中建。欄口橋，在州東北一百二十里，宋紹興中建。

興東橋。在始興縣東一里。宋建，曰青石橋。本朝順治中重修，改今名。

竹笪橋。在始興縣西南三十里。元泰定中建。

仙師橋〔二〕。在始興縣西北十五里。今名通濟。

老黄塘橋。在始興縣東北二十里。又二十里有都安橋，跨杜安水。相近有九獅石橋。

隄堰

連陂。在州西南二十里。宋知州連希覺築。又葉陂，在縣北，明洪武三年，知府葉景龍築。

凌陂。在州西北二十里。宋天禧中，保昌縣令凌皓築，溉田五千餘畝。

恒豐陂。在州城北三里。又泰豐陂，在城東四十里。安豐陂、和豐陂、均豐陂，俱在城北三十五里。俱本朝嘉慶年間修築。

斜潭塘。在始興縣東北十五里。又三口塘，在縣東北二十五里。都安塘，在縣東北四十里。塘角塘，在縣東北六十里，達州界。

添子地塘。在始興縣西十里。又五里有羅圍塘，又五里有江口塘，又十里有高基嶺塘，又十五里有羅碑塘，又五里有總鋪塘，達曲江縣界。

陵墓

隋

麥鐵杖墓。在州西北百順都。

宋

丘必明墓。在州東北蓮溪都園圃村。

明

陳德文墓。在州滿湖塘。

蕭守中墓。在州五里山。

蔡愈濟墓。在州城南百里揷禾塘〔三〕。

譚太初墓。在始興縣楊陂逕。

祠廟

昭忠祠。在州城隍廟後，本朝嘉慶八年建。

張文獻祠。一在州學講堂東，宋嘉定中建。一在梅嶺雲封寺前，元至正中建。祀唐張九齡。

四先生祠。在州東二里，宋寶慶中建，祀周子、二程子、朱子，真德秀作記。

梁侯祠。在州東一百里，地名黄團，祀宋嘉定中死事將梁滿。

忠孝祠。在保昌故縣治後，宋嘉定中建，祀知州趙善俁父子及參軍黄樞等八人。明正德中遷府學，嘉靖中又遷社學。

五忠侯廟。在州西北一里，宋紹定中建。府志：五侯謂周、劉、張及二鍾，亡其名，俱洪州人。嘉定中李原竊發，郡守趙善俁禱祠下，賊遂遁境，賴以安，賜額曰「孚應」。

嚴塘廟。在州北六里。明統志：後周時有陳將軍，亡其名，討南海賊戰死，人爲立廟。

寺觀

曉真寺。在州城内，唐咸通時建。相近有覺真寺，宋太平興國時建。

延祥寺。在州東二里，宋祥符時建，有浮屠九級。相近有仁壽寺，宋景定時建，前有古榕一株，陰覆數畝。

光孝寺。在州東三里，唐武德中建。相近有報本寺，舊名金相寺，唐咸通中建。

花林寺。有二，一在州城南十里石前都，一在上朔都。

梵雲寺。在州北，宋祥符時建。

雲封寺。在州北大庾嶺，唐建，名梅花院。宋祥符時賜今額，俗名挂角寺。

上封寺。在始興縣東南三里，唐貞觀四年敕建，後燬。宋景德四年重建，改名官石寺。明成化八年，又改今名。又崇惠寺，舊名龍江寺，唐建。又永興寺，在縣東北四十里。

鶴鳴觀。在州東九十里。宋元豐中有白鶴翔集，故名。又有天符宫，宋祥符時建。

元妙觀。在始興縣城東，宋治平初建。

二仙壇。在州北大庾嶺上。明統志：相傳劉、許二仙煉丹於此，今壇側有仙茅。

名宦

宋

張雍。安德人。太平興國初，以薦出知南雄州。涖事恭謹，人以清幹重之。

章得象。浦城人。大中祥符中，知南雄州。善持法，渾厚有容。

凌皓。籍未詳。天禧中，知保昌縣。爲民興利，伐石堰水，灌田五千餘畝，凌江之名蓋由皓始。

蕭渤。吉州人。皇祐間，以殿中丞知南雄州。精敏過人，不撓於劇。儂寇報至，亟築斗城備之，民得安堵。

連希覺。籍未詳。崇寧中知南雄州，伐石築陂，引水灌田，民感其惠，呼爲連陂云。

黄樞。南豐人。慶元中爲南雄司法參軍。峒寇犯州，樞督餽餉，因畫策破之。賊憤甚，率萬衆空巢至，官軍敗，樞罵賊死。事聞，贈通直郎。

趙善偰。籍未詳。嘉定中知南雄州。與其子汝振禦峒寇俱死。

程琳。臨川人。寶慶進士。性剛果，多智慮。調南雄州法曹。紹定中，盜鐵釐、猛虎倡亂。琳戎服與摧鋒將李繼協謀，鼓勇擒二酋。以功辟保昌令。卒，民肖像於忠孝祠。

曾逢龍。寧都人。景炎初爲新會令。趙溍遣就熊飛禦元軍於南雄，力戰師潰，乃正衣冠自縊死。

元

張搏霄。襄陽人。至順中，爲南雄路總管。廉介寬平，勸民務農。時榷鹽多攘利，卒不奉檄。議賦茶，亦不聽。官軍掠取民木，輒抑之。雄民建碑頌焉。

劉中孚。吉水人。至正十四年，爲南雄推官。嘗辨富民徐氏通盜之誣，釋三十人。湖寇圍城急，長官强之降，曰：「吾頭可斷，不可降也。」城卒賴以完。

明

葉景龍。麗水人。洪武初知南雄府。築陂河塘村，引淩水灌田五千餘畝，民號葉公陂。

鄭述。莆田人。正統中知南雄府。修淩陂，溉田五千餘畝，復業者三百餘家。憫庾關役夫久困，以榷鹽羨餘代民僱役，闔邑賴之。

劉實。安福人。天順間知南雄府，持廉秉公。有中貴出其地，銜實抗己，誣奏之。逮下詔獄，實上章自理。帝知其誣，將釋之，而實已死，郡人立祠祀之。

陳翰英。諸暨人。成化中南雄同知。韓雍論其破流賊功第一。攝郡，省一切夫役。梵始興盤坑紗帽石，伏莽之患頓息，流民聞風皆復業。

廖輕。崇仁人。嘉靖中知保昌縣。性剛介。霍韜起吏部侍郎，所至長吏跪迎，輕獨長揖。會南海令缺，尚書汪鋐難其人，韜曰：「無踰廖輕者。」遂調任，能不負所舉云。

本朝

鄭龍光。平湖人。順治六年知南雄府。以一僮二僕自隨，繩牀布被，多補綴痕。客入其室，無敢以私請者。嘗省荒，過五斗嶺，遇虎。衆欲還，龍光叱曰：「知府以民事入山，虎曷爲來！」驅之，虎果遁。

陸世楷。平湖人。順治十三年，知南雄府。捐俸建天峯書院，置田畝供俎豆，令諸生肄業其間，南雄人士至今猶思念之。

潘名世。仁和人。順治初知保昌縣。愛民如子，律己以廉。時軍需孔亟，李成棟檄民輸布千疋，名世抗辭力争，成棟怒，坐以他事戮之，籍其貲，無長物。百姓莫不流涕。

楊楙。武强人。康熙五十二年，知南雄府，有廉惠聲。建凌江書院，置膏火田，士之貧者給以錢米，一時文風丕振。去後，民立祠祀之。

人物

漢

梅鋗。越之後。越亡，更姓梅，至南海臺嶺家焉，民因呼爲梅嶺。秦末，鋗引衆歸吴芮。從沛公，攻降析、酈，入武關。以功多，封臺以南十萬户，爲臺侯。

南北朝 陳

譚瑱。始興人。陳初從侯安都破留異於桃枝嶺，拜假節雲旗將軍。異投陳寶應於閩，復帥舟師討之，俘寶應，并擒異送都。擢本郡太守。

隋

麥鐵杖。始興人。驍勇有膂力，日行五百里。開皇中除車騎將軍，從楊素北征突厥，每戰先登。進柱國。遼東之役，請爲前鋒，力戰死。時虎賁郎將錢士雄、孟金義並死之。鐵杖贈光禄大夫、宿國公，謚武烈。

麥孟才。字智棱，鐵杖子。果烈有父風。官虎賁郎將。江都之難，與虎牙郎錢傑糾合恩舊，欲於顯福宫邀擊宇文化及，事洩，爲化及所害。傑，士雄子也。

五代 南漢

楊洞潛。字昭元，始興人。劉隱薦試大理評事，清海、建武節度判官。因爲畫策取湖南、容管諸州。及劉巖繼立，表爲節度副使、御史中丞。巖建國，擢兵部侍郎、同平章事，一切制度，皆出其規畫。

宋

鄧酢。字賓禮，始興人。紹興初詣闕上書，召試授官。進攻守三略，上嘉納之。後知虔州虔化縣。夏秋二賦，自爲書與民，吏不及門而集。虔卒據城猖獗，諸邑洶洶，獨虔化有備。帥府以聞，詔攝郡事，即督兵攻城克之。歷官至廣西運判。劇賊凌鐵嘯聚，並海以西皆震。酢奉命討之，縛其二渠以獻，釋脅從者萬八千人。卒，贈奉直大夫、直秘閣。胡銓爲銘其墓。

梁滿。保昌人。嘉定二年，江西峝賊犯境，滿率鄉民禦於柯水坳，戰死。居民立祠祀之。

丘必明。保昌人。咸淳中進士，官韶州簽判。德祐二年，元兵逼梅嶺，熊飛戰敗，城陷。必明被執不屈，爲所殺。

元

麥文貴。保昌人。以博學薦歷集賢學士，與修宋、遼、金三史。

明

陳德文。字文石，保昌人。洪武十九年舉文學，歷按察使。使西域，居十二年，采風作詩。比歸，進之成祖，擢僉都御史。後修西域志，多據其言。又以隨征迤北功，進右僉都御史。

蔡愈濟。字汝忠，保昌人。永樂舉人，歷蒼梧、盱眙教諭。擢監察御史，按河南、陝西、甘肅，所至克振風紀，奸貪屏跡。嘗條陳鈔法諸事，皆見施行。奉命讞獄南都，推情訊鞫，多所平反，士論韙之。

馮學明。保昌人。宣德中以貢入太學，歷工部主事、禮部郎中。正統十四年扈征陣亂，六軍從臣皆南奔。有鄉人謀與同歸，謝曰：「君辱臣死，將安之乎！」遂陷於陣。

蕭守中。字必常，保昌人。永樂舉人，授户部主事。覈餉鳳陽，諸衛留守司餽百金，力拒之。歷南吏、刑二部郎中。景泰中，出守黎平。千户姜洪誣砦民通苗，守中力雪其冤，全活甚衆。

王文欽。字宗堯，保昌人。弘治舉人，授松陽知縣。時劉瑾當權，賄賂公行，文欽以質直忤上官罷歸。瑾復坐以他事，罰米三百石輸邊，貧不能辦，郡守王啓代輸之。

陳昇。字德輝，始興人。嘉靖初，督學魏校以行取士，甚重之，由庠貢於禮部。逮謁選，有姻宗託致書冢宰，辭以「三不可」。既爲長洲縣丞，以部運入京。宰相私人諷以州判可得，昇却之。比復任，移病竟歸。道陞石埭知縣，終不赴。

譚太初。字宗元，始興人。嘉靖進士，選工部主事。出爲江西副使，力振風紀。遷廣西右參政，有賑飢功。隆慶初，累官户部侍郎，督倉場。貴戚大臣侵民産，躬親按閱，多斥還之民。後拜南京户部尚書，引病歸。家居讀書，里人罕識其面。卒謚莊懿。

陳王政。保昌人。任貴州都司都事。天啓中，安邦彦之亂，困守危城，死於陣間。巡撫李檈奏贈通判。

本朝

葉增。保昌諸生。順治丙戌，流寇圍烏逕村。父逢焜爲賊所得，增入賊巢，求以身代，賊不允。遂抱父大哭，賊並殺之。逢焜門人黄自升，以救逢焜父子，亦被殺。

譚宗祥。保昌人。明季田荒糧虚，宗祥捐貲開墾。康熙丙戌、丁巳，流寇竊發，里人避居土圍。宗祥散給貲粟，户口賴以安全。遇穀貴輒平糶，貧乏者悉周之。人懷其德，肖像以祀。

劉理堯。南雄增生。弟理培，貢生。八世同居，一門八十餘人。理堯治家，衣食必均，理培教誨子弟，皆循謹孝友。嘉慶中旌。

流寓

唐

李處蒙。天寶間官廣東，得代，行至南雄，適禄山擾亂長安，因寓本州望梅鄉大衝村，尋卒。

宋

趙子崧。字伯山，燕懿王五世孫。崇寧進士，宣和間官宗正少卿，除徽猷閣直學士。靖康末，降單州團練副使，謫居南雄州。紹興二年，復集英殿修撰，而子崧已卒貶所。

朱敦儒。河南人。紹興中避亂客南雄州。張浚奏赴軍前計議，弗起。

列女

宋

李科妻謝氏。保昌人。紹興五年，虔盜入村，有欲犯之者，謝唾其面曰：「可碎萬段，不汝徇也。」盜怒殺之。

羅氏、李氏。保昌人。並逸其夫族。宋末，盜掠其村，二婦相約義不受辱，一投水，一赴火死。

明

鄒永泰妻謝氏。保昌人。生子忠，未幾永泰疾篤，語婦曰：「吾家貧，安可以老親幼子累汝？」謝泣曰：「養老撫幼，妾職也，忍見鄒氏兒爲人奴隸乎？」夫卒，蠶織以奉舅姑，喪葬盡禮，教其子爲儒。金華宋濂爲立傳。同邑李貴崇妻蕭氏，年十七，貴崇客死，撫孤守節，家貧無倚，晝夜紡績。子稍長，遣從師學。郡以事聞，詔旌其門。

鍾鼎妻鄧氏。始興人。天順中，廣西流賊掠其家，鄧紿賊曰：「我有白金藏他所，與爾共取。」賊信之，同至井旁，遽抱幼子投井，賊怒下石擊之。後七日出其屍，貌如生。同邑張綸妻羅氏，弟絃妻沈氏，羅年十七，沈年二十，歸夫家兩年而綸與絃相繼卒，俱無子。舅姑憐其少，欲嫁之，二婦以死誓，均守志不渝。羅年七十五、沈年六十七乃終。嘉靖中以狀聞，詔旌雙節。又楊某妻何氏，亡其夫名，年二十守節，至九十二卒。鄧成章妻梁氏，楊玉琮妻何氏，杜詩妻黄氏，徐學偉妻何氏，梁紅妻何氏、弟繪妻林氏，陳禹道妻何氏，何德高妻賴氏，均以節孝聞。

汪佺妻屈氏。保昌人。年二十六，佺卒，家貧子幼，奉孀姑蕭氏以孝聞。成化十一年旌，湛若水有詩紀其事。

黄錫妾鄧氏。始興人。年二十二，崇禎辛未流寇入城，被執，鄧紿賊曰：「汝既獲我，何相逼爲？」及暮托以浴，遂入室易衣自經。同時有袁大和妻何氏，城破墜井死。

黄金耀妻邱氏。始興人。崇禎中流賊肆掠，與其夫共攜子逃至南塘。賊追急，揮淚別夫曰：「君可抱兒疾走，妾終於此矣。」遂赴水死。

黄銘女。名超秀，始興人。崇禎末流賊入境，超秀年十五，與其嫂郭氏閤户自經死。

周茂才妻汪氏。保昌人。爲流賊所掠，厲聲罵賊，奪刀自剄。同邑歐陽應泮妻彭氏、彭睦妻林氏、汪溢妻李氏、裴文遜妻周氏、歐陽起瑚妻彭氏、李濬妻張氏、王應聖妻戴氏、何泮妻周氏、金建谿妻陳氏，均夫亡守節。

本朝

朱壽朋妻羅氏。保昌人。順治五年遭賊掠，與夫慟訣，行至凌江，赴水死。同時有廖招姐、甘起元妻蔡氏及女敬姐、譚沂妻温氏、尹勳猷妻陶氏、梁映霄妻温氏，均遇賊不屈自盡。

郭凌漢母盧氏、妻盧氏。始興人。流賊劫寨被圍，姑婦同聲罵賊，赴火自焚。

王四靈妻李氏。始興人。夫死不食，矢以身殉，家人防之稍懈，投繯死。

陳儀妻鄒氏。保昌人。夫亡守節。康熙四十二年旌。同邑何良璧妻歐氏，四十八年旌。

蔡子瑗妻邱氏。保昌人。夫亡守節。雍正七年旌。同邑葉炳然妻郭氏、鄧鏊妻劉氏、譚熙洽妻朱氏、郭鏗妻何氏、賴體元妻董氏，烈婦甘作棟妻張氏，均雍正年間旌。

陳自樹妻徐氏。始興人。夫亡守節，辟纑以事翁姑，壽七十五卒。同邑賴修妻朱氏，均雍正十二年旌。

陳日章妻蕭氏。始興人。夫亡守節。乾隆三十八年旌。同邑烈婦林觀養妻劉氏、陳士元妻李氏、鍾松養妻湯氏、范朝古妻劉氏、蕭良才妻謝氏，均乾隆年間旌。

郭有樹妻葉氏。南雄人。夫亡守節。嘉慶二十五年旌。

仙釋

晉

葛洪。句容人。嘗棲玲瓏巖煉丹，弟子黄野人隨之。洪既仙去，留丹柱石間，野人得一粒服之，爲地行仙。

謝公。始興人。不知何許人（四）。常在一山修行，丹成不知所去，人因呼此山爲謝公山。明舊志：謝公山，在縣南三十里，最高，根盤十餘里，與白牛山相對。昔有謝姓者辟穀其間，後仙去，故名。

宋

善清。保昌人。姓何，八歲出家，得法於黄龍草堂。建炎中，羣盜環繞山谷曰：「必見黄龍長老。」善清出，因與款語，隨機開諭，盜悔悟，釋所掠老幼數千人。

土産

絹。九域志：南雄州貢。

布。明統志：府出蒸紗布、蕉布。

單竹。寰宇記：南雄州土産，練爲蔴可以爲布。

嫩石。寰宇記：南雄州出嫩石，可爲鍋釜。

石墨。明統志：出始興縣南五里小溪中，長短巨細似墨。楊慎丹鉛録：始興縣小溪中産石墨，婦女取以畫眉，名畫眉石。

藥。明統志：南雄府産鍾乳石斛。

校勘記

〔一〕祖源雙注　「祖」，原作「徂」，乾隆志卷三四二南雄州山川(下同卷簡稱乾隆志)同，據水經注卷三八溱水改。

〔二〕仙師橋　乾隆志作「仙師宫橋」。

〔三〕在州城南百里插禾塘　「禾」，原作「水」，據乾隆志及雍正廣東通志卷五五塋墓志改。

〔四〕始興人不知何許人　乾隆志同。按，既云始興人，又云不知何許人，何自相矛盾如此。蓋謂謝公不知何籍，寓於始興也。

連州直隸州圖

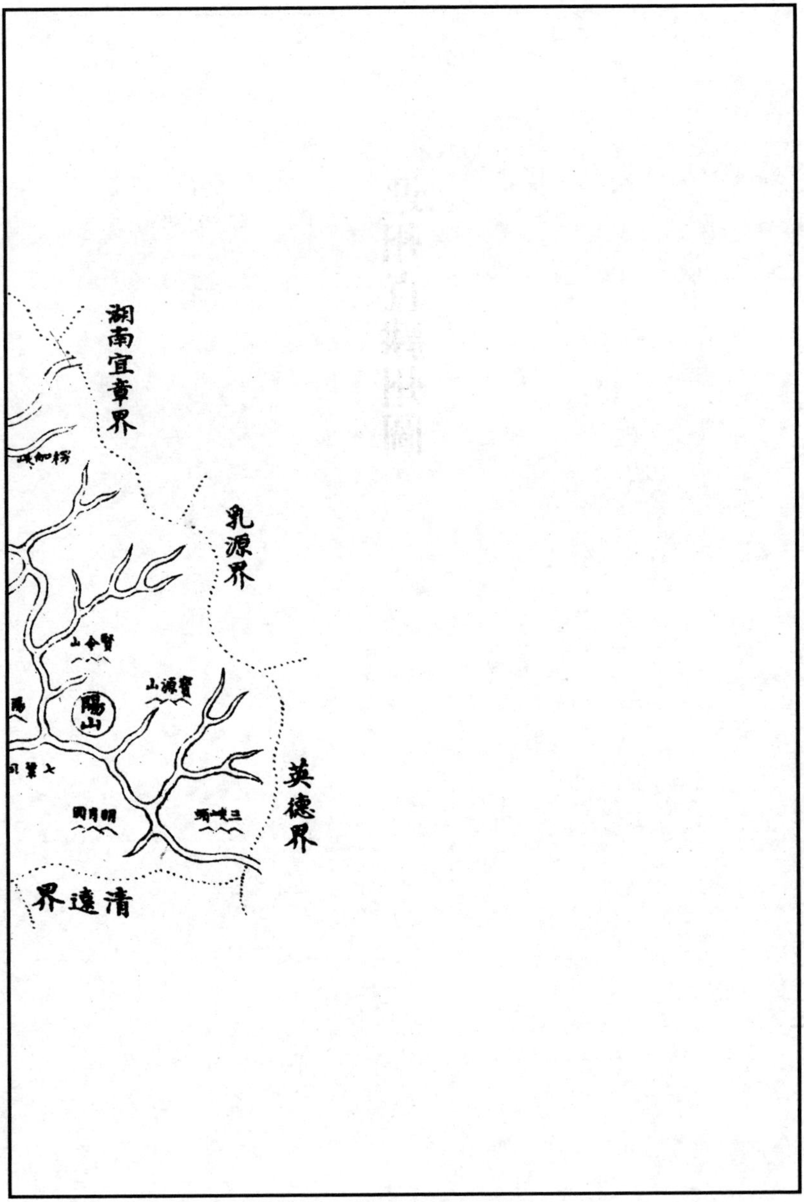
湖南宜章界
乳源界
英德界
清遠界
陽山
賢令山
寶源山
明月岡

湖南臨武界
湖南江華界
桂陽山
靜福山
白鶴山
梅花嶺
連州直隸州
貞女山
連山廳界
大東山
陽山關
馬丁山
銅沙山
廣西懷集界
廣寧界

連州直隸州表

	連州直隸州	
兩漢		桂陽縣屬桂陽郡。
三國		桂陽縣屬吳始興郡。
晉		桂陽縣
宋		桂陽縣泰始六年置宋安郡，並析置岡溪縣。泰豫初俱省，屬廣興郡。
齊梁陳	陽山郡梁置。	桂陽縣齊屬始興郡。梁爲陽山郡治。
隋	熙平郡開皇十年廢郡，置連州。大業初改郡。	桂陽縣郡治。
唐	連州連山郡武德四年復爲州。天寶元年改連山郡。乾元元年復爲州，屬嶺南道。	桂陽縣州治。
五代	連州初屬楚，後屬南漢。	桂陽縣
宋	連州連山郡屬廣南東路。	桂陽縣
元	連州至元十七年升路。十九年仍爲州，屬廣東道。	桂陽州至元十九年升縣爲州，屬湖南道，後屬廣東道。
明	連州洪武二年廢入連山縣。十四年復置，屬廣州府。	省。

陽山縣	
陽山縣 屬桂陽郡。後漢省入陰山。	陰山縣 屬桂陽郡。
陽山縣 吴復置，屬始興郡。	陰山縣 屬湘東郡。
陽山縣	陰山縣
陽山縣	陰山縣
陽山縣 梁屬陽山郡。	齊廢。
陽山縣 屬熙平郡。	
陽山縣 屬連州。	
陽山縣	
陽山縣	
陽山縣 至元十九年屬桂陽州。	
陽山縣 洪武初屬韶州府，十四年屬廣州府。	

大清一統志卷四百五十五

連州直隸州

在廣東省治北七百六十里。東西距二百九十里，南北距四百四十五里。東至韶州府乳源、英德兩縣夾界二百四十里，西至連山廳界五十里，南至廣州府清遠縣並肇慶府廣寧縣夾界三百二十里，北至湖南桂陽州臨武縣界一百二十五里。東南至英德縣界二百六十里，西南至連山廳界一百二十里，東北至湖南郴州宜章縣界一百十里，西北至湖南永州府江華縣界一百四十里。本州境東西距一百九十里，南北距一百二十五里。東至陽山縣界一百四十里，西至連山廳界五十里，南至陽山縣界二十五里，北至臨武縣界一百里。東南至陽山縣界四十里，西南至連山廳界一百二十里，東北至宜章縣界一百十里，西北至江華縣界九十里。自州治至京師七千四百二十五里。

分野

天文翼、軫分野，鶉尾之次。

建置沿革

禹貢荆州之域。春秋、戰國屬楚。秦爲長沙郡地。漢置桂陽縣，屬桂陽郡。後漢因之。三國吴甘露元年，分屬始興郡。晉因之。宋泰始六年置宋安郡。泰豫元年郡廢，屬廣興郡。齊屬始興郡。梁天監六年置陽山郡。隋平陳，罷郡爲連州。大業初，改州爲熙平郡。唐武德四年復曰連州。天寶元年改爲連山郡。乾元元年復曰連州，屬嶺南道。舊唐書地理志：屬江南西道。五代初屬楚，後屬南漢。宋亦曰連州連山郡，屬廣南東路。元至元十七年，升連州路總管府，屬湖南道，十九年仍爲連州，屬廣東道，又升桂陽縣爲州，屬湖南道，後隸廣東道。明洪武二年，併桂陽州入連州，尋廢，十四年，復置連州，屬廣州府。

本朝因之。雍正五年，升直隸州，領縣二。陽山、連山。嘉慶二十一年，升連山縣爲直隸廳，今領縣一。

陽山縣。在州東南二百里。東西距一百七十五里，南北距二百十里。東至韶州府英德縣界七十五里，西至連山廳界一百里，南至廣州府清遠、肇慶府廣寧兩縣夾界一百三十里，北至本州並韶州府乳源縣夾界八十里。東南至英德縣界六十里，西南至廣西梧州府懷集縣界一百三十里，東北至英德縣界八十里，西北至本州界六十里。秦南越陽山關地。漢置陽山、陰山二縣，屬桂陽郡。後漢省陽山入陰山。三國吴孫晧復置陽山縣，改屬始興郡。晉及宋、齊因之。梁屬陽山郡。隋屬熙平郡。唐屬連州，五代及宋因之。元至元十九年，割屬桂陽州。明洪武二年，改屬韶州府，十四年屬廣州府。本朝初因之。雍正五年，改連州爲直隸州，縣屬焉。

形勢

陸有丘陵之險，水有江流悍激，横波之石，廉利侔於劍戟。韓愈送區册序。山秀而宣，靈液滲漉；原鮮而膴，卉物柔澤。林富桂檜，土宜陶旊；石侔琅玕，水孕金碧。荒服之善部，炎裔之涼墟。劉禹錫刺史廳壁記。

風俗

溪山鍾美，風俗醇厚，南方佳部。朱葆石路記。

城池

連州城。内城周五百四十八丈，門三。劉宋元徽間土築。明洪武二十八年甃石。本朝順治十五年修，康熙二十四年、雍正十一年、乾隆六年重修。外城周五百七十三丈，門四，水門六，三面臨湟水，東北遶池。明天順中土築。本朝康熙四十年甃石，雍正十年、十一年、乾隆三十四年、嘉慶二十年重修。

陽山縣城。周四百丈，門四，池長三百二十丈。明天順七年建，嘉靖二十四年重建。本朝順治九年修，康熙十三年、四十二年重修。

學校

連州學。在州治南。宋端平元年建。明洪武二十一年重建。本朝順治十二年修，康熙十年、六十年、乾隆二十二年重修。入學額數十名。

陽山縣學。在縣治東岡。宋崇寧間建。元至元二年，遷於縣西四角塘。明洪武十四年復建舊所。本朝順治十一年重建，康熙二十年修，雍正二年、嘉慶二年、二十二年重修。入學額數八名。

南軒書院。在州城内。雍正五年建。

星江書院。在州峯圓堡。乾隆十七年建。

西溪書院。在州東坡觀。乾隆三十二年建。

桂香書院。在陽山縣東。舊名陽溪書院，康熙四十九年建，乾隆二十年更名培風書院，嘉慶九年改今名。按：舊志載天衢書院，在連州城北静福山，五代時，郡人黄損讀書處。丞相書院，在州城西，宋張浚嘗寓此。尊韓書院，在陽山縣東，祀唐韓愈。今並廢，謹附記。

户口

人丁無原額，雍正五年編審人丁二萬四千一百三十九，今滋生男婦大小共二十九萬八千五百名口，又屯民男婦三千一百九十六名口。

田賦

田地山塘共五千七百九十七頃七十二畝有奇，額徵地丁正、雜銀一萬二千五百六十九兩五錢五分七釐，遇閏加徵銀六百三兩七錢二分，米二千八百五十石六斗四升八合四勺。屯田共一百三十二頃六十六畝六分有奇，額徵屯米一千六百八十二石一升一合四勺。

山川

順山。在州東。唐劉禹錫記：邑東之望曰順山，由順山以降，無名而相依者以萬數，迴環鬱遶，疊高争秀。西北朝拱於九疑，乃州之第一山也。明統志：巾山在州東五里，一名翠巾峯，平地湧起，高百餘丈，崔嵬冠於羣峯，其木多楠柘之屬。舊志：巾山，即順山也。下有甘泉。

寶華山。在州東南四里。常生雲霞。又三里有南岡山，捍蔽水口。

白羅山。在州南四里。峭拔壁立，青白相間，一名挂榜山。又南有文筆山。

貞女山。在州南。水經注：匯水歷峽南，謂之貞女峽，峽西岸高巖，名貞女山，山下有石如人形，高七尺，狀如女子，故名貞女峽。古來相傳有數女取螺於此，遇風雨晝晦，忽化爲石。隋書地理志：桂陽縣有貞女山。輿地紀勝：貞女峽，在桂陽縣南十五里。通志：楞伽峽，在州東南十五里，雙崖壁立，垂石飛瀑，傾注深潭，下有貞女石，即貞女峽也。宋葉適有鑿楞伽峽記。

崑湖山。在州西十五里。輿地紀勝：在州西北二十五里，有水流出桂溪，入合江水。州志謂之天際嶺，高千丈，周百里，接連山縣界，蒼崖峭壁，森然羅列。下有二水，夾山而流，春夏暴漲，匯聚成湖，曰崑湖。

白鶴山。在州西四十里。高五十丈，石峯四面如掌。明統志：世傳有陳真人煉丹於此，後騎白鶴上昇，因名。

桂陽山。在州西北。唐書地理志：桂陽縣有桂林山，本靈山，天寶八載改名。九域志：桂陽縣有桂陽山。州志：在州西北五十里，北有石洞，廣三百二十步，狀如堂宇，藤蘿垂蔽若帷幕，奇石錯列如龜羊，內有神廟，鄉人禱祠輒應，山下有泉，東流入韶。

方山。在州西北。隋書地理志：桂陽縣有方山。輿地紀勝：與九疑山對，高下相類。舊志：在州西北九十五里，東南有水，流過盧峒，達湟水。

静福山。在州北。寰宇記：在桂陽縣北五十里，梁有廖沖者家於此山，先天二年飛昇，刺史蔣防仰慕高風，刻石爲碑。輿地紀勝又謂之静禪山。州志：三峯尖秀，高一百三十丈，峯巒環抱，松檜葱鬱，唐杜光庭以爲七十二福地之一，山後有虎跑泉。又北八里有廖仙巖，周二里，有梯級可上，巔有石穴，軒豁玲瓏，儼如臺閣。前有煉丹池，四時不竭。

芙蓉山。在州北六十里。五峯列峙，狀如芙蓉。相近有桃榔山，上多桃榔，故名。

鄧公山。在州北。輿地紀勝：在桂陽縣北七十里，昔太守鄧約葬子於此。舊志：在城西北四十里，其狀如蟹，一名騰空山，蓋别一山也。

北山。在州東北一里，怪石周遭。其陽有燕喜亭，唐韓愈有記。

寶源山。在陽山縣東三十里。産砷石、黑鉛，居民嘗採取之，明時禁不復採。

鍾唐山。在陽山縣東五十里。俗傳有鍾、唐二人學道於此，因名。

銅沙山。在陽山縣西南。輿地紀勝：在陽山縣西南七十里，産銅。

馬丁山。在陽山縣西南一百三十里，接懷集縣界。

陽巖山。在陽山縣西。九域志：陽山縣有陽巖山。輿地紀勝：在縣西十二里，日出先照此山，故名。舊志：兩峯上聳，亦名丫髻山。

大東山。在陽山縣西北五十里。當連州之東，故名。

賢令山。在陽山縣北二里。以唐韓愈得名，一名牧民山。岡巒橫列，中峯聳立，曰金峯。東有游息洞，又東有朝陽洞。

石崖山。在陽山縣東北二里。上有石壁如屏。

牽船嶺。在州南。輿地紀勝：在州南五十里，東有古路，長二里，上有白石一雙，鄉人呼爲雙女神。

梅花嶺。在州西二十里。其上舊多梅花。

黄蘗嶺。在州西北，接湖南藍山縣界。盧溪水出此。

合望峯。在州西南十五里。翹然高起，狀如老人，傴僂踞坐，左右數小峯，環而仰之，俗呼爲白面峯。

圭峯。在州西北十里。高百丈，衆山環遶，惟此峯端立，儼如執圭。

冠峯。在州北五十里。高聳冠於羣峯。其下有水，流三十餘里，爲蛟龍江。

軀峯。在陽山縣東二十五里。

香岡。在陽山縣東十里。上多蕙草。

明月岡。在陽山縣南六十五里。有白石圓如璧，月夜有光。其前爲七星岡，以七岡相連，故名。

秀巖。在州西五里。平地突兀，形如負黿，周二里許。上有懸石，如滴翠乳，一名大雲巖。

眼水巖。在州西北四十五里，可容數人。上有石竇，晴則日光透射，其下溪水出焉。

穿石巖。在州北五里。兩峯對峙，中有巖洞，可容數百人。相近有觀音巖，在水口，四面俱石，山腰爲巖。

仙人巖。在州東北里許，一名寒居洞。下有流杯池。

石龍巖。在陽山縣南十里。中有二石龍，儼然天成。

石鐘巖。在陽山縣西四十五里，一名龍巖。有東西二洞。

龍涎峽。在州南五里。有水泉，發源九陂，流二十里，忽隱不見，乃自峽面山腰吐一小乳，噴流而出。一名龍頭峽。

同官峽。在州南二十里，接陽山縣界。俗呼爲晾紗峽。轉一曲，爲同官口，口有洞曰玲然洞，洞中有廣厦數間，韓愈有遊同官峽詩。按：韓愈同官峽詩，今集中作同冠峽。

三峽。在陽山縣東少南七十里，接英德縣界。春水漲時，舟人待之，經旬不能上下。

鍾乳穴。在州境，及陽山縣境。通典：連州有乳穴三十二，陽山縣有乳穴十九。唐柳宗元記：石鍾乳，餌之最良者也，楚、越之山多産焉，於連者獨名於世。

匯水。一名桂水，又名盧水。源出州西北，東南流經陽山縣南，會湟水，又東南流入韶州府英德縣界。史記南越尉佗傳：元鼎五年秋，衛尉路博德爲伏波將軍，出桂陽，下匯水。徐廣曰：「匯，一作湟。」漢書地理志：桂陽匯水，南至四會入鬱林，過郡二，行九百里。水經注：匯水出桂陽縣西北上驛山盧聚，爲盧溪水，東南流經桂陽縣故城，謂之匯水，又東南流出桂陽南，歷峽南出，謂之貞女峽，又合洭水，又東南入陽山縣界。輿地紀勝：盧水北出黄蘗嶺。通志：盧溪在州西雙溪西北二十里，源出於藍山，流合朱岡水，又合高良水，歷楞伽峽南出，注於龍潭，是爲洭水。州志有蘗溪，在州西北八十里下盧村，亦曰盧溪，源出藍山縣界，繞州西而下曰湟水。

洭水。一名陽溪，自湖南郴州宜章縣流入州界，合匯水，東南流經陽山縣南，又東南入韶州府英德縣界。水經注：洭水又東南入陽山縣，右合漣水口，又東南流與斟水合，又東南左合翁水。陽山縣志：陽溪自州界龍湫潭，南合同官水，下龍宫灘，至縣治，繞城南而東，合通儒、青蓮二水，穿三峽而東，至含洸。其龍宫灘，在縣西十五里。

奉化水。一名湟水，亦名黄水，在州城北。寰宇記：桂陽縣有奉化水、輔國水、上下盧水、高良水、同官水〔一〕，五水合爲一江，從縣東北流至州城下。輿地紀勝：奉化水源自宜章黄莽山，輔國水源自藍山華陽龍岡坑界山〔二〕，合流南至州城。通志：湟水，出郴州南黄岑山，又名黄水，南流至連州合匯水。州志：奉化水，在城北六十里，即星子司水。又有潭源水，在州北八十里，源出猺山潭源洞。螺村水，在州北五十里，源出本州山泉。羊蹄水，在州北三十里，源出長合山。黄嶠水，在州東北五十里，源自浦下鄉。皆西入盧水。

九陂水。在州南三十里。源出文筆山，北流二十里而洑，至龍涎峽入匯水。

高良水。在州西。州志：源出連山縣上葉山，東徑辰溪爲大穫水。又長徑水，亦出上葉山，至採陂合流，又西入湟水。

牛峒水。在州西北九十里。又眼水，在州西北六十里，源自山泉。又石馬瀧水，源自西嶺。又保安水，在州西北四十五里，源自田萊丘。俱流入盧溪。

通儒水。在陽山縣南。源出馬丁、龍川諸山，東北流合魚水入湟，曰通儒水口，在縣東一十五里。

安樂水。在陽山縣西三十二里。源出安樂山，三處垂流，東流四十里入湟水。

斟水。在陽山縣北。水經注：斟水導源，近出東巖下，穴口若井，一日之中，十溢十竭，信若潮流而注湟水。輿地紀勝引湘水記云：斟溪西通江水，其穴若井，一名湘穴。通志：斟水在縣東二里，源出東巖，南流四里爲湘泉，俗亦謂之桃江。又有兩溪水，源出東北乳源縣，流至縣東北蓮塘，合斟水入湟。

海陽湖。在州東。文獻通考：桂陽有海陽湖。輿地紀勝：在縣東北二里，唐大曆初，道州刺史元結到此，修創林洞，通小舟遊泛。

五溪。在州西。寰宇記：在桂陽縣西，有滄浪水、崑湖水、横溪白水、葉腐溪水、相思白水，合爲一江。州志：在城西二十里，合方山眼水、崑湖水、上葉辰溪、稷水，爲一流，入盧水。

龍湫潭。在州南十五里。潭内有三穴，甚深而寒，水源出穴中，懸流飛瀑，經久不竭。又龍潭，在州西五里，上、下盧水交注於此。

雙女潭。在陽山縣南五十里。縣志：俗傳有二貞女溺此，每晴霽有雙鯉見則雨，雨久雙鯉見則晴，上有瀑布生焉。

温湯。有二。一在州南六十里，平地湧出，西入湟水。一在陽山縣西三十里湟溪之南，泉出穴中，四時皆熱，可以已疥。

潮泉。在州南十五里。輿地紀勝：在桂陽縣南，有山泉從山出，每二月以後至初秋，則每日丑時水湧，至申時止，八月以後至初春，從申時湧流，至丑時止。

濂泉。在州東北順山下。州志：宋周敦頤嘗遊此。又育德泉，源出邗峯山，西流至企嶺分爲二，一至舊桂陽治西，歷長街出天澤橋，一經嘉魚石，過唐王廟出通莊橋，皆入湟。

古蹟

桂陽故城。即今州治。漢置縣，屬桂陽郡。武帝本紀元鼎四年，討南越，伏波將軍路博德屯桂陽待使者，五年，遂出桂陽，下湟水，是也。三國吴改屬始興郡，以其舊屬桂陽，故謂之小桂。晉書：陶侃執劉沈於小桂。梁書：王琳自廣州入援江陵，將兵自小桂嶺北下。皆即此。隋大業初，爲熙平郡治。唐爲連州治，宋因之。元至元十九年，升縣爲州。明初省。

陽山故城。在今陽山縣東。漢置縣，爲侯國，屬桂陽郡。漢書王子侯表陽山侯宗，長沙孝王子，初元元年封，是也。宋書州郡志：陽山本漢舊縣。後漢曰陰山，屬桂陽。吴始興郡無此縣，當是晉後立。水經注：洭水南經陽山縣故城西，又經陽山縣南，故含洭縣之桃鄉。孫晧分立爲縣。與宋志異。唐屬連州。元和志：在州東南一百四十七里，本南越置關之邑。漢破南越以爲縣。後漢省。晉重置，在洭水南。神龍元年，移於洭水北，即今治。縣志：陽山鎮在縣南二里，即漢故鄉。按：水經注陰山縣東北有陽山故城，即長沙王子宗之邑。此是漢縣無疑。其在洭水南者，當是孫吴所立，晉因之不改。若元和志所云，移於洭水北者，定爲今理。蓋縣治凡三易矣。

岡溪廢縣。在州西北。宋書州郡志：泰始六年，立岡溪縣。泰豫元年省。

陰山廢縣。在陽山縣北。後漢置，屬桂陽郡。吴屬湘東郡。齊時廢。水經注：洣水又西北過陰山縣南，本陽山縣也。縣東北猶有陽山故城，即長沙孝王子宗之邑，言其勢王，故塹山堙谷，改曰陰山。

雙溪閣。在州西南雙溪上。宋紹興間，州守王大寶建，張浚有銘。

致一堂。在州東。宋歐陽獻可讀書之所，張栻有賦。

濯纓堂。在州西北舊湟川驛。宋張浚謫居，與子姪讀書處，有記。

列秀亭。在州學東南。宋張栻書額。

燕喜亭。在州北山下。唐王仲舒爲連州司户參軍時建，韓愈有記。

釣魚臺。在陽山縣東半里塔溪之右，有石磯。縣志：唐韓愈送區册序：與之蔭嘉木，坐石磯，投竿而釣，陶然以樂。宋嘉定初，簿尉始作臺磯上。

關隘

雞籠關。在州西石泉鋪西七里，路通連山廳。

湟谿關。在州西北。史記：尉佗檄告湟谿關，絶道自守。蓋在今州西北湟水上。唐書地理志陽山縣有故秦湟溪關，恐誤。

陽山關。在陽山縣西北。史記：尉佗檄陽山關曰：「盜兵且至，急絶道聚兵自守。」元和志：故關在縣西北四十里茂溪口，當騎田嶺路。通志：陽山關在縣北七十里。

朱岡巡司。在州西北一百里東坡觀。明洪武二年，置於州西北一百里朱岡。本朝雍正十一年，移駐仍舊名。

七星墟巡司。在陽山縣南。明洪武二年，置星子墟巡司，在州東北。本朝嘉慶二十一年，移駐此，改今名。

淇潭堡巡司。在陽山縣西北淇潭堡。明洪武二年，置西岸巡司，在州西北。正統四年，移駐陽山縣青蓮水口，仍舊名。

本朝雍正十年，改名青蓮。乾隆二十八年，復移駐此，改今名。

青龍鎮。在陽山縣東。九域志：縣有桐臺、青龍二鎮。縣志：青龍鎮在縣東三十五里，桐臺鎮在縣南十里。舊置桐臺驛於此，元末廢。

連州所。在州治西。明洪武二十八年建，隸清遠衛。

東營。在州東三里。又南營，在州南二里。其北爲中營。西營，在州西一里。北營，在州北七里。又石蔗營，在州南二十八里。馬嶺營，在州南三十里。沙坊營，在州西三十里。皆官營也。又流沙營，在州東十五里。界灘營，在州東三十里。竹水營，在州南五十里。金坑口營，在州西南十五里。唐沖營，在州西四十里。皆鄉民自置。

高灘營。在陽山縣西北六十里，接連山廳界，係八排三坑猺出入之路。明成化中置，後廢。本朝順治十五年復置。

三江城。在州境高良崗，周二百八十丈。本朝康熙四十三年建。

銀場。有二，一在州南同官峽，一在陽山縣西北。九域志：桂陽縣有同官一銀場，陽山縣有銅坑一銀場。陽山縣志有銀坑二，一在縣西北同官場大寶嶺，一在元魚場赤巖。宋元符、崇寧間，歲上貢銀六千八百餘兩，明永樂四年罷。

星子墟。在州東北六十里。明洪武二年置巡檢司。本朝嘉慶二十一年，移於陽山縣七鞏墟，以州判駐此。

津梁

通莊橋。在州城内大街。又通匯橋，在州城南門内。宋刺史鄧魯建。

湖光橋。在州城北。唐元結自春陵來遊，鑿湖豬水，作橋於其上，登橋一覽，湖光如練，因名。

武安橋。在陽山縣西南三十五里。又七拱橋，在縣西南通儒鄉。

隄堰

龍腹陂。在州龍口村。相傳東漢有袁氏兄弟三人築。

堰塘。在州三樂鄉。又力木陂，在朱岡上里洞，溉田千頃。

水障。在陽山縣通楚門外。明萬曆三年築，長百餘丈，以護城垣。本朝康熙中修。

陵墓

唐

劉瞻墓。在州東翠峯寺東。

南唐

孟賓于墓。在州北静福山虎頭腦。

南漢

黄損墓。在州西北高良梅花嶺。

宋

邵曄墓。在州東諫議灣。

明

曾象乾墓。在州東巾峯山下。

祠廟

昭忠祠。在州城東門。本朝嘉慶八年建。

五賢祠。在州學内。宋端平中，郡守劉元長建，祀唐韓愈、劉禹錫、宋朱子及張浚、張栻。

劉相祠。在州城東北，祀唐劉瞻。

韓文公祠。在陽山縣東釣臺上。

茨太守廟。在州城内育德泉南，祀南漢桂陽太守茨充。

郭將軍廟。在州城外後街北，祀漢偏將軍郭孚。孚曾從路博德征南越，後人於駐兵處立廟祀之。

寺觀

光孝寺。在州城内城隍廟西，劉宋時建。

連州寺。在州南二十里，唐建。

香積寺。在陽山縣北浦下鄉，宋紹興元年建。

延真觀。在州西白鶴山，陳真人煉丹處。唐永昌時建。

清虚觀。在州東北静福山，梁廖沖居此修煉，邦人因以爲觀。宋乾興中賜號靈祐真君，中有御書閣。

名宦

唐

韓愈。鄧州南陽人。德宗時，上疏極論宫市，貶陽山令。遺愛在民，民生子，多以其姓字之。

王仲舒。祁縣人。德宗時，由吏部郎貶連州司户。在官如在家，政暇闢地爲燕喜亭，昌黎韓愈爲記。

劉禹錫。中山人。元和中刺連州。先是，州人未有成進士者，禹錫在州日，以文章自適。後大中中劉瞻始登進士，文物漸盛，人以爲禹錫振起之力爲多。

蔣防。興州人。寶曆中刺連州，有惠政。嘗疏楞伽峽水，民甚便之。

宋

董樞。真定元氏人。開寶三年，大舉伐劉鋹，令知連州，兼行營招撫使。嶺南平，賜錢三百萬。

林概。福清人。知連州。康定初，上封事，請行唐府兵法，又請備蠻，籍士民爲兵，購猺人使守禦。

周敦頤。道州營道人。爲郴之桂陽令，治績大著。

王大寶。潮州人。建炎初，知連州。代還，言連、英、循、惠、新、恩六州居民纔數百，非懋遷之地，月輸免行錢宜蠲減。高宗善之，乃命廣西諸司具減疏聞。

李華。建安人。嘉定中爲連州司法。楞伽峽壅水逆行，爲患數歲，華力任疏鑿，三載功訖。去任日，聞有遷學之議，猶留錢五十萬助役。

明

侯禮。臨桂人。洪武中，以國子生拜江西僉事，左遷連州判官。會猺、獞劫掠經年，禮至賊巢諭以禍福，賊率衆向化，未幾復據高良鄉，禮再招徠之，悉爲編氓。秩滿，陞本州知州。

殷貴。無錫人。成化中知陽山縣。地窮僻少文，貴爲講律令，俾知趨避，大書「爲善最樂」四字，鏤板給之。有兄弟争田者，開諭之，感泣而去。獄中置響板，約曰：「冤未達者擊之。」多所平反。卒於官，民罷市巷哭。

陳九疇。曹州人。正德二年，以刑部主事出知陽山縣。勤於民事，嘗積穀至一萬五千石，以備賑貸，後值歲饑，存活者甚衆。

徐美。邵武人。隆慶二年知連州。一夕微行，有二婦張燈相謂曰：「是油如徐使君清。」明日召詰之，婦曰：「闔境皆爲此言也。」賊酋陳龍周肆掠，相戒不入連境。美曰：「皆吾赤子也。」往招之，賊遂服。

趙文禎。馬平人。隆慶中知陽山縣。時白芒、老鴉、稍佗三坑猺人爲患，文禎設方略平定之。又親往撫餘崗，猺皆感悟，願入民籍，名其地爲永化鄉。又以春夏水漲，湟水不能容，屢有潰溢，乃於城西築護城水障，民至今利之。

本朝

屠洪基。嘉興人。順治八年知陽山縣。馬寶難作，死之。

潘元音。華陽人。乾隆五十四年，知陽山縣。作養人材，嚴懲竊匪，當時有夜不閉户之謡。

陳九敘。福建人。乾隆五十九年，知陽山縣。清慎明決，振興學校，甫半載，調任去，士民感頌弗衰。

人物

南北朝　宋

鄧魯。字子約，世居桂陽詔陂里。性至孝，四歲，父戍邊，泣別如成人。元徽中舉秀才，爲郡小吏。以上民間藏書，遺至京師，詔補本郡太守，多政績。齊永明中贈司徒。

唐

區澤。字伯仁，連州人。少以學行重鄉閭。州近荆、衡，民多流徙。澤招集至門，擇智勇者與貲經商，編爲什伍，鄉里藉以捍衛。隋大業中，改州爲熙平郡，拜澤爲郡守。高祖代隋，澤舉郡歸附，荆、粤得免於兵。天下既定，閉户謝事，不受官爵，士論高之。

李玉珪。連州人。少以義勇聞。天寶之末，與何昌期同應募赴義，後爲郭子儀部將。子儀愛其膽力，嘗置左右。平安、史，復兩京，與有力焉。

劉瞻。字幾之，桂陽人。舉進士，累遷至中書舍人。出爲河東節度使。咸通十一年，以中書侍郎同中書門下平章事。同昌公主薨，懿宗捕太醫韓宗紹等送詔獄。瞻上疏固争，帝大怒，路巖、韋保衡復譖之，貶驩州司户參軍。天下謂瞻鯁直，特爲讒擠，舉以爲冤。僖宗立，復中書侍郎、平章事。瞻爲人廉約，所得俸以餘濟親舊之窶困者，家不留儲，無第舍，四方獻饋不及門，行己始終完潔。

五代　南唐

孟賓于。字國儀，連州人。少聰慧，力學不倦。晉天福九年進士，能詩。李若虚觀察沅湘，大見稱賞。陳堯佐亦謂五代以來詩人所不逮云。

楚

石文德。連州人。好學博覽，嘗讀後漢書，摘其瑕疵數百條，爲之辨駮，識者謂史通不能過也。素不善草隸詩律，一日得晉帖及殷璠詩選，摹倣久之，遂迥出儔輩。楚王名其鄉曰儒林。

南漢

黄損。字益之，連州人。梁龍德進士。仕南漢，官至尚書左僕射。有桂香集行世。與宋齊丘、桑惟翰善，每論天下事，二人自以爲不及。

宋

邵曄。字日華，桂陽人。七歲能詩。太平興國進士，累官諫議大夫。知廣州，有惠政，以循吏稱。

歐陽獻可。字晉叔，連州人。領鄉薦。嘗作見山臺記，張浚亟稱之。州苦上供銀額，上書州郡乞奏蠲除，人咸頌之。

蔡齊基。字夢得，連州人。著周易述解。嘉定八年爲瓊州司録。時吕祖謙門人趙善譚進其書於樓鑰，由是知名。

明

李邦義。字直之，連州人。嘉靖進士。知上虞縣，有異政。歷户科都給事中，條陳時務，指摘奸邪，人多其直。歷官太常少卿。

馬象乾。本姓曾，字體艮，連州人。萬曆進士。由庶吉士歷官都察院僉都御史。時東廠擅權，象乾抗疏論之，竟伏罪，天下稱快。後致仕卒。

本朝

莫之倣。字節之，陽山人。順治八年，馬寶之難，之倣出穀助兵食，城賴以全。九年九月，象寇復攻城，之倣率義勇登陴助守。城陷巷戰，力竭被執不屈，觸石死。

流寓

宋

張浚。綿竹人。紹興十六年，彗星出西方，浚極論時事，秦檜大怒，令臺諫論浚，以特進提舉江州太平興國宫，居連州二十年。

列女

宋

周渭妻莫氏。名荃，連州人。州隸長沙馬氏，與南漢相持。渭爲南漢俘獲，後脱身北走。荃年二十餘，家貧二子幼，父母欲嫁之，荃泣不從，紡績碓舂以給朝夕，二子皆畢婚。後渭官侍御，累遷廣東西路計度轉運使，因訪舊室復相見，人皆異之。

明

邵守琪妻楊氏。連州人。年十九夫死，竭力養舅姑，撫子誠中永樂庚子鄉試，有司以聞，旌之。同州陳才惠妻嚴氏，年十六，夫死，遺腹生一子，父欲奪其志，誓不從。鄧曰惠妻黎氏，年十七，夫死，守節終身。又歐氏錦桂，許字賈繼保，未婚夫死，即奔柩前，誓守終身。鄰婦勸之，輒翦髮斷指以拒，紡績絲枲自給，年八十卒。

鄧惟明妻熊氏。連州人。嘉靖辛酉冬，流賊寇境，熊氏隨妯娌同舟避之，舟爲賊獲，諸人皆就執，熊抱其幼女赴水死。又同州鄧氏，夫姓名亡考，隆慶辛未，大龍水賊寇境，被擄不受辱，投水死。

陳張科妻鄧氏。陽山人。年二十七而寡，食貧守子三鳳成立，娶婦唐氏方五月而三鳳死，唐年十七，姑婦苦節終身。

本朝

陳子晉妻莫氏。連州人。夫亡守節，事祖姑及姑盡孝。順治四年，土寇將臨城，父母以舟迎之遠避，莫抱幼子付其弟曰：「此陳氏一綫也，弟善保之，吾有二老姑在，義不容去。」城破投井死。同時有劉烜妻江氏，投井死。莫矜妻李氏，名子秀，不屈被殺。陳步卿妻李氏〔三〕，名蘭玉，爲賊所執，自沈於海。

嚴聖訓妻鄧氏。連州人。順治八年，土寇掠鄉，鄧誓不受辱，攜二女潛匿山中，忍飢不出而死。

廖錫封妻邱氏。連州人。夫亡守節。雍正九年旌。同州何潤龍妻黄氏、歐志泰妻何氏，均雍正年間旌。

陳友韓妻黄氏。陽山人。夫亡守節。雍正十年旌。同邑唐德墉妻李氏、歐陽衍修妻唐氏，均雍正年間旌。

葉常茂妻吴氏。連州人。夫亡守節。乾隆二年旌。同州吴秉諤妻馬氏、黄如鉉妻石氏、梁慷妻曾氏、廖永吉妻張氏、李茂清妻唐氏、吴武中妻石氏、鄧林松妻唐氏，均乾隆年間旌。

仙釋

唐

元慧。嘗居連州寺。韓愈重其戒操，贈之以詩。時吏部員外郎王仲舒貶連州司户參軍，甚愛敬之，日與之遊，稱爲慧師。

土産

銀。唐書地理志：桂陽有銀。明統志：連州出。

銅。宋史地理志：陽山有銅坑。

鐵。唐書地理志：桂陽陽山有鐵。明統志：連州出。

丹砂。唐書地理志：連州土貢。

布。唐書地理志：連州土貢，白紵細布。

藥。宋史地理志：連州土貢官桂、鍾乳。

校勘記

〔一〕同官水　乾隆志卷三五三連州山水（下同卷簡稱乾隆志）同，太平寰宇記卷一一七江南西道連州作「銅官水」。

〔二〕輔國水源自藍山華陽龍岡坑界山　乾隆志同。按，輿地紀勝卷九二廣南東路連州輔國水條云：「源自華陰陽龍岡坑界山小溪水。」華陰，山名，在藍山縣與臨武縣交界。疑此「華」下脱「陰」字。

〔三〕陳步卿妻李氏　「卿」，原作「鄉」，據乾隆志及雍正廣東通志卷五〇列女志改。

嘉應直隸州圖

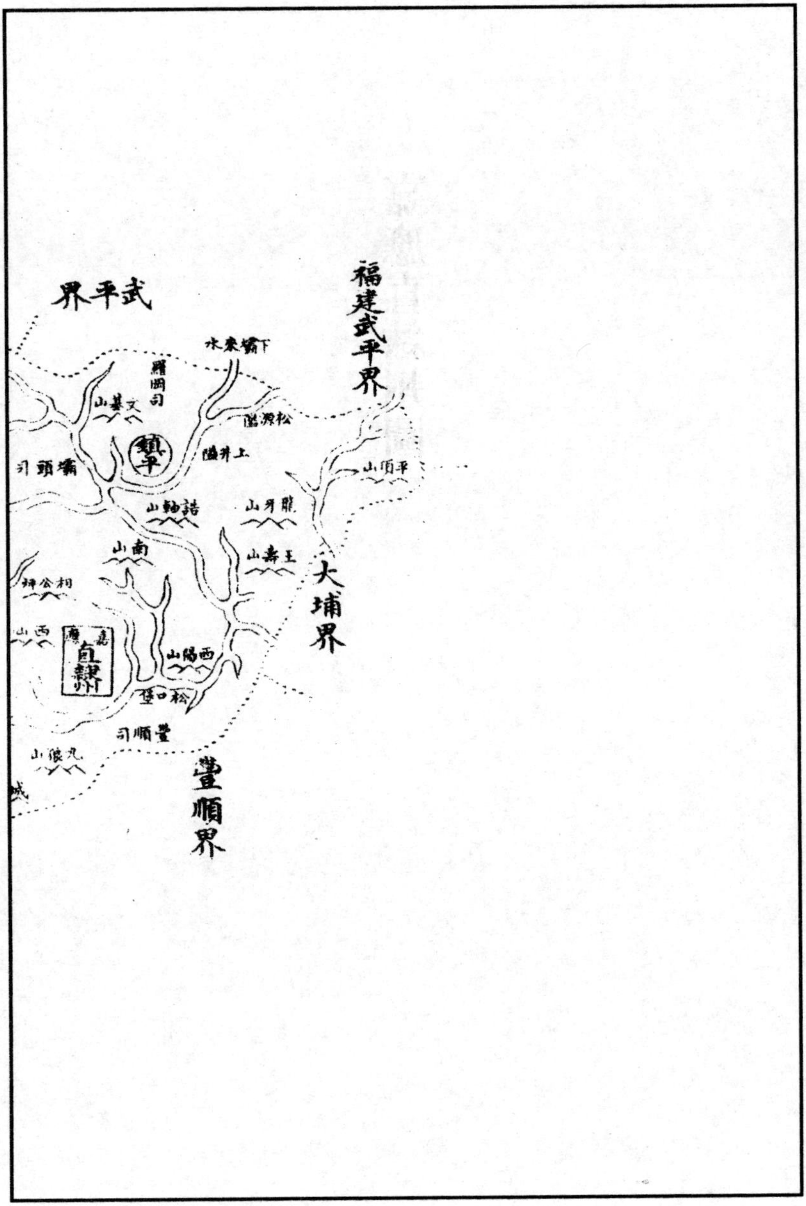
武平界
福建武平界
羅岡司
鎮平
松源隘
上井隘
平頂山
龍牙山
南山
王壽山
大埔界
嘉應直隸州
西陽山
松口堡
豐順司
豐順界

江西長寧界
龍川界
寶珠山
平遠
石鎮山
大信
興寧
長樂
白石巖
九龍岡
十二都司
大梧山
天柱山
永安界
揭陽界

嘉應直隸州表

	嘉應直隸州	興寧縣
兩漢	揭陽縣地。	龍川縣地。
三國		
晉	海陽縣地。	興寧縣東晉置，屬東官郡。
宋		興寧縣
齊梁陳	程鄉縣齊置，屬義安郡。	興寧縣 齊昌縣齊置，屬東官郡。梁廢。
隋	程鄉縣開皇十年省，尋復置。	興寧縣屬龍川郡。
唐	程鄉縣屬潮州。	興寧縣屬循州。 武德五年復置齊昌縣，屬循州。貞觀初省。
五代	敬州南漢乾和三年置。 程鄉縣州治。	齊昌府南漢乾亨元年升府，徙縣治。
宋	梅州義安郡開寶四年改州名，屬廣南東路。宣和二年改郡。 程鄉縣	興寧縣復爲縣，屬循州。
元	梅州至元十六年升梅州路，尋改州，屬廣東道。 程鄉縣	興寧縣
明	洪武二年廢。 程鄉縣屬潮州府。	興寧縣屬惠州府。

續表

長樂縣	平遠縣	鎮平縣
龍川縣地。	揭陽縣地。	揭陽縣地。
興寧縣地。	海陽縣地。	海陽縣地。
	程鄉縣地。	程鄉縣地。
興寧縣南漢移來治，屬齊昌府。		
長樂縣天禧二年徙興寧還故縣，廢爲長樂鎮。熙寧四年改置，屬循州。		
長樂縣		
長樂縣初移治，屬惠州府。	平遠縣嘉靖四十二年置，屬潮州府。	鎮平縣崇禎六年置，屬潮州府。

大清一統志卷四百五十六

嘉應直隸州

在廣東省治東七百里。東西距四百一十五里，南北距二百里。東至潮州府大埔縣界一百四十五里，西至惠州府龍川縣界二百七十里，南至潮州府豐順縣界八十里，北至福建汀州府武平縣界一百二十里。東南至豐順縣界九十里，西南至惠州府永安縣界二百四十里，東北至福建汀州府上杭縣界一百二十五里，西北至江西贛州府長寧縣界一百六十里。本州境東西距一百九十五里，南北距一百二十里。東至潮州府大埔縣界一百四十五里，西至興寧縣界五十里，南至潮州府豐順縣界八十里，北至鎮平縣界四十里。東南至豐順縣界一百里，西南至興寧縣界八十里，東北至鎮平縣界五十五里，西北至平遠縣界六十里。自州治至京師八千七百六十三里。

分野

天文牛、女分野，星紀之次。

建置沿革

禹貢揚州南境。春秋、戰國爲百越地。秦爲南海郡地。漢爲南海郡揭陽縣地。東晉後爲義安郡海陽縣地。齊分置程鄉縣，屬義安郡。至隋因之。唐屬潮州。五代南漢乾和三年，於縣置敬州。宋開寶四年，改曰梅州，屬廣南東路。熙寧六年廢州，元豐五年復置。宣和二年改義安郡。紹興六年廢州，十四年復置。元至元十六年升爲梅州路，二十三年仍降爲散州，屬廣東道。明洪武二年廢州，縣屬潮州府。

本朝初因之。雍正十一年，升爲直隸嘉應州，領縣四。嘉慶十一年，升嘉應府，復置程鄉縣。十六年仍改爲直隸州，省程鄉縣，領縣四。

興寧縣。在州西七十里。東西距一百二十里，南北距二百里。東至本州界七十里，西至長樂縣並惠州府龍川縣夾界五十里，南至長樂縣界九十里，北至平遠縣並江西長寧縣夾界一百里。東南至本州界七十里，西南至長樂縣界二十里，東北至平遠縣界一百八十里，西北至江西長寧、龍川兩縣夾界九十里。漢南海郡龍川縣地。東晉分置興寧縣，屬東官郡。宋、齊以後因之。隋改屬龍川郡。唐屬循州。南漢乾亨初升爲齊昌府，徙縣治。宋天禧二年復爲縣，仍屬循州，元因之。明屬惠州府，本朝初因之。雍正十一年，改屬嘉應州。

長樂縣。在州西一百一十里。東西距一百六十里，南北距二百十五里。東至興寧縣並潮州府揭陽縣夾界九十里，西至惠州府龍川、河源兩縣夾界七十里，南至惠州府陸豐縣界一百七十五里，北至興寧縣界四十里。東南至潮州府揭陽縣界一百里，西南至惠州府永安縣界一百里，東北至興寧縣界十五里，西北至惠州府龍川縣界六十里。漢南海郡龍川縣地。東晉以後爲東官郡興寧縣地。五代南漢時移興寧縣來治。宋天禧二年，興寧還故縣，以其地爲長樂鎮。熙寧四年，改置長樂縣，屬循州，元因之。明屬惠州府，本朝初因之。雍正十一年，改屬嘉應州。

平遠縣。在州西北七十里。東西距一百里，南北距一百二十里。東至鎮平縣界五十里，西至江西贛州府長寧縣界五十里，南至本州界九十里，北至長寧縣界三十里。東南至本州界七十里，西南至興寧縣界一百里，東北至福建汀州府武平縣界四十里，西北至長寧縣界三十里。漢揭陽縣地。東晉爲海陽縣地。齊以後爲程鄉縣地。明嘉靖四十二年，分程鄉及惠州府興寧縣地置平遠縣，屬潮州府。本朝初因之。雍正十一年，改屬嘉應州。

鎮平縣。在州西北六十里。東西距一百十里，南北距八十里。東至本州界六十里，西至平遠縣界五十里，南至本州界四十五里，北至福建汀州府武平縣界三十五里。東南至本州界八十里，西南至平遠縣界五十里，東北至福建汀州府上杭縣界七十五里，西北至武平縣界五十里。漢揭陽縣地。東晉爲海陽縣地。齊以後爲程鄉縣地。明嘉靖以後爲平遠縣地。崇禎六年，分平遠及程鄉縣置鎮平縣，屬潮州府。本朝初因之。雍正十一年，改屬嘉應州。

形勢

北連章、貢，東控閩、汀。圖經。萬山北拱，四水東流，天然勝麗。舊程鄉縣志。

風俗

民性質實，尚勤儉，重本薄末。舊程鄉縣志。地狹民瘠，尚氣輕生。興寧縣志。君子質木，小人悍蔽。長樂縣志。俗稱謹愿，婚姻以檳榔、雞酒爲禮，病惟鍼灸。平遠縣志。其民敦樸力田，終歲勞苦以食力，酷信風水，屢葬屢遷。鎮平縣志。

城池

嘉應州城。周九百八十五丈，門五，南臨河，東、北轉西，池長五百八十丈。明洪武十八年，因程鄉縣址建。本朝康熙十二年修。

興寧縣城。周六百二十六丈，門四，池廣二丈。明成化三年建。本朝順治三年修，康熙二十五年、六十年、乾隆三年重修。

長樂縣城。周一千五十九丈，門四，池周一千九十五丈。明洪武二十年建，嘉靖元年增建。本朝順治三年修，十八年、康熙二十五年重修。

平遠縣城。周五百二十丈，門四，東、西、南三面臨溪，北倚山無池。明嘉靖中建。本朝順治二年修，康熙二十五年重修。

鎮平縣城。周八百丈，門四，西、北倚山，東、南池長五百丈。明崇禎六年建。本朝康熙十一年修，二十九年、乾隆八年重修。

學校

嘉應州學。在州治南。舊爲程鄉縣學，明洪武三年建，本朝雍正十一年改爲州學。乾隆十年修，嘉慶十二年復爲程鄉縣學，十六年仍爲州學。入學原額二十四名。嘉慶十八年加八名。
興寧縣學。在縣城東南。明成化十八年建。本朝康熙二十五年重建，雍正十二年修。入學額數十五名。
長樂縣學。在縣城東紫金山。明成化四年建。本朝順治十八年修，康熙二十五年、雍正五年重修。入學額數十五名。
平遠縣學。在縣治東。明嘉靖四十二年建。本朝順治十二年修，康熙四十年、雍正五年、嘉慶六年重修。入學額數十五名。
鎮平縣學。在縣治西。明崇禎六年建。本朝順治十三年修，康熙二年、雍正五年重修。入學額數十五名。
培風書院。在嘉應州城内東北隅。康熙二十二年建，雍正十一年更名程江書院，乾隆十五年重建，復故名。
先賢書院。在嘉應州攀桂坊。順治中建。
東山書院。在嘉應州攀桂坊。乾隆十一年建。
立誠書院。在嘉應州松口。順治中建。
鳳山書院。在平遠縣城内。乾隆三年建。
桂嶺書院。在鎮平縣桂嶺。乾隆四十五年建。
培風義學。在嘉應州城内東北〔一〕。康熙二十五年建。　按：舊志載錦江書院，在嘉應州城東半里；周溪書院，在嘉應州城東四里。今並廢，謹附記。

户口

原額人丁五萬二千一百八十，今滋生男婦大小共一百三十一萬四千五十名口，又屯民男婦共一萬九千一百七十名口。

田賦

田地山塘共一萬一千八百一十一頃八十八畝七分有奇，額徵地丁正、雜銀三萬一千二百七十一兩二錢四分四釐，遇閏加徵銀八百三十五兩六錢八分八釐，米九千九百五石九斗一升八合八勺。屯田共二百二十五頃三十四畝九分有奇，額徵屯米四千四百八十石九斗七升八合。

山川

金山。在州治後四十步。

百花山。在州東十二里。形勢起伏，相連如城堞。與百花洲相應，故名。

明山。在州東南。輿地紀勝：在程鄉縣東三十里，山巔有古池，池有五色荷花。舊志：在縣東南四十里，高九百餘丈，周三百里，下有龍潭，禱雨輒應。西麓爲仙花峯，西洋之水出焉。州志：明山仙花嶂，鄉人或見花開其巔，計其數以占科名，並視其色以卜歲。潛確類書：仙花嶂，花開如蓮，大約丈餘，其色白則人安，紅則人災。

西陽山。在州東南。元和志：在程鄉縣東南四十五里。舊志名西洋山，峯巒周匝，一名九峯山。

陰那山。在州東南八十里。後有五指峯，接大埔縣界，其下有湖。

銅鼓山。在州東南八十里。高九百餘丈，周一百餘里，與海陽、大埔二縣接界。亦曰銅鼓嶂。

九狼山。在州南四十里。九峯錯出，亦名九狼峯。又南十里爲城堞山，形如雉堞，故名。

天馬山。在州南六十里。

西山。在州西十四里。山址周回分爲八重，峯巒尖聳，其頂平衍，居民嘗築寨避寇於此。按：州志李洋山，鄉民呼迷娘寨，又呼宜洋寨，西山蓋統名也。

王壽山。在州東北一百二十里，接福建上杭界。高八百九十丈，周二百餘里，形如殿閣。上有仙牛嶺，山水幽奇。又有龍牙筆山，在州東北一百四十里，山勢峭拔，其形如筆。又平頂山，在州東北，接福建上杭縣界，形如展蓋而頂平，産鐵礦。

跌馬砦山。在興寧縣東三十里。黄陂水出此。

雞靈山。在興寧縣東四十里。有水流爲添坑溪。

錦洞山。在興寧縣東南二十里。篤陂水出此。

神光山。在興寧縣西南十里。形如展旗。輿地紀勝：神光山，在興寧縣，嘗騰焰燭天。舊志：宋邑人羅孟郊讀書山下，有洗硯池，一名墨池。又十里有貴人峯，下有曾子湖，孟郊於此取魚餉母，因名。

蝴蝶山。在興寧縣西南二十里。形如蝶翅，聳峙學前，一名鼓角嶂。又黄峒山，在縣西南三十里。皆有水出。

翔鳳山。在興寧縣西十里，有洋塘寨。迤西爲竹山，一名天燭山。

吉湖山。在興寧縣西北二十里。一名獅子巖，有温泉。迤西南爲麻嶺，爲洛峒山。又西爲羊陂山，去縣四十里。

烏池山。在興寧縣西北二十里。雙溪合流於此。

大坪山。在興寧縣西北五十里。又北爲金坑山、顏峯山，又北即龍母嶂。

合水山。在興寧縣北三十里。羅崗、龍歸之水合於山麓，故名。

潭坑徑山。在興寧縣北四十里。有國泰巖，大坪水自西北大塘來合於此。又北二十里爲黄渡山，有金坑水合於此。又十里有上、下藍山，一名甘村山，下有石灰潭，羅崗水至此略通小舟，吴田溪合於此。

羅岡山。在興寧縣北八十里。大望、溪尾、楊梅、顏峯四水合流於此，是爲羅岡水。又北十里爲大信山，大望之西支也。迤西南爲楊梅砦山。

牛池頭山。在興寧縣北少東三十里。崆溪水出此。又北爲岡背山，有大坪湖、蚌湖。

和山。在興寧縣東北二十里。狀若旋螺。其陽有麻石巖，深廣數丈，山雲時封，石乳日滴，巖中清冷如浸。

寶山。在興寧縣東北六十里，雞靈之北，勢若樹屏。相傳元末陳友定採礦於此。旁有黄牛嶺，宋李綱徙萬安，道嘗出此，有詩云「深入循梅瘴癘鄉」是也。

寶龍山。在興寧縣東北七十里，近平遠縣界，西北去龍絲障十里許。

大望山。在興寧縣東北九十里，東近本州，北界長寧，爲惠、潮二郡諸山之祖。一名大帽山。有水下瀦爲蓮塘湖，即羅崗水源也。

東山。在長樂縣東一里，環繞縣城。

七都山。在長樂縣東五十里。又東十里有紫阜山〔一〕，臨河。

天堂山。在長樂縣東一百里，高數百丈。

牛巖山。在長樂縣東南五十里。有坪二級，可容數百人。又十里有鵞公嶂。

嵩螺山。在長樂縣南九十里。高千餘丈，峯巒連屬，起歸善、海豐，迄於潮州，爲一方巨鎮。其山出石煮鐵，韌可爲線，冠於粤、閩。

天柱山。在長樂縣南九十里。高數百丈，其勢高聳，險道傾仄，絶頂可容千餘家，有寨。

瀛山。在長樂縣西南二里。

貴人山。在長樂縣西南三十里。上有井泉常溢。一名蒲石髻山。又十里有巫峯，怪石嵯峨，上凌霄漢。

錫坪山。在長樂縣西南五十里，南近琴口。産錫。

玳瑁山。在長樂縣西南五十里。一名羅徑山。又金魚山，在縣西少南九十里，一名丫髻山，俱接龍川縣界。

大梧山。在長樂縣西南一百里，地接永安縣界。

董源山。在長樂縣西北十里。董源水出此，南入清溪。

迎龍山。在長樂縣東北二里。迤南爲紫金山，縣治扆之。下有鹿坑水。自紫金西出爲五華山，在城西北一里。

壽春山。在長樂縣東北十餘里。又中道山，在縣東北十五里，爲往興寧適中之地，新河源出此。

尖筆山。在平遠縣東三里，峙學宫之東南。

卓筆山。在平遠縣東南三十里，下有鐵礦。又鐵礦山，在縣東南四十里，亦産鐵，有爐。

石龍山。在平遠縣東南七十五里。麓阜巉削，岡脊平衍，可容萬人。有萬斛泉。

石鎮山。在平遠縣東南七十里。四面壁立，中通一徑，躋巔平衍，有泉及巖洞數處。一名白雲山，舊志謂之南臺石。

鳳山。在平遠縣南三里。舊名鶩山。

麟石山。在平遠縣西一里。又名硯石山。又西三里曰寶珠山，産土珠。

頂山。在平遠縣北三十里，地接江西長寧縣。山多白雲，天霽不散。産葛，土人採以爲布。

五子石山。在平遠縣東北三十里。石峯壁立，其最勝者爲寶鼎、寶蓋諸峯，合掌、擊磬、睡佛諸洞。

大峯山。在鎮平縣東二十里〔三〕。尖峯卓絶，四面懸崖壁立，惟有羊腸小徑二道可造其巔，上則四面寬平，約二十餘里，山峙水流，恍同村落，有洗馬潭，飛泉瀑布，及仙人橋。

龍鬬山。在鎮平縣南十五里。兩山對峙，勢如龍鬬。少南爲天馬山，形勢雄昂，狀如天馬。

誥軸山。在鎮平縣南二十里，爲縣學朝山。其右爲九子嶺，踞縣水口。

鐵山。在鎮平縣南二十五里。形如寶蓋，色若皁染。亦曰鐵山嶂。

南山。在鎮平縣南四十里。遥望如雙筆，爲縣外關水口。亦名南山嶂。

翀天鳳山。在鎮平縣西南十里。三峯鼎立，形如筆架。又西山，在縣西南二十五里水口，一名西山嶂。路俱通平遠縣。

楊子殿山。在鎮平縣西北十里。

燕尾山。在鎮平縣西北十五里，接平遠縣界。

三台山。在鎮平縣北半里。三峯員秀，環繞縣治。

文基山。在鎮平縣北二十里。舊名牛子嵊，又名員子山。中有徑道，長四十餘里，路通武平、安遠，明置石窟巡司於此。

章坑筆山。在鎮平縣東北五里。諸峯簇秀，形如雙筆架。

天字嶺。在州北三十里，四山夾峙。又有相公坪，在州西北三十里，形勢平坦，相傳唐張九齡微時過憩於此，因名。

黄土嶺。在興寧縣西南十五里，接長樂縣界，東西通道。曾坑水出此。

丞相嶺。在興寧縣西四十里。寰宇記：循、廣二州分水嶺也。唐大曆中，宰相常衮除潮州，途經此嶺，土人因以爲名。新志有岐嶺，在長樂縣西五十里，接龍川縣界。按：宋初興寧治長樂縣，蓋丞相嶺即岐嶺也。

天雲嶺。在長樂縣西南六十里。枕江帶谷，常有雲煙出没其上。

排嶺。在長樂縣西南六十里。層巒疊嶂，環列如堵，其中沃野彌望。

梯雲嶺。在平遠縣東南五里。兩山夾峙，中通徑路，雲級峻峭，若梯階然，爲縣東南要區。

三段嶺。在平遠縣東南二十里。崇岡巍嶂，夾路崎嶇，歷陟凡紆迴三折，故名。

桂嶺。在鎮平縣城内北隅。舊名蕉嶺，縣城高跨其上。

九曲嶺。在鎮平縣東少南十里。屈曲險峻，迥異諸嶺。

馬鞍嶺。在鎮平縣南五里石窟溪東岸。又有神岡，在溪西岸，與嶺對峙，爲縣内水口。

雙筆峯。在州東南三十里。兩峯並立，峭直如筆。

聳翠峯。在州南。輿地紀勝：在梅州南五里。舊志有聳秀峯，在程鄉縣南二十里，形如寶蓋而秀麗。

梅峯。在州西二里。平地突起，形如覆鐘，其峯有五。又名馬蹄峯，今爲民居。

九龍岡。在長樂縣東少南五十里。南宋時縣治在其下。

塔岡。在長樂縣南二里，西南臨清溪，西北臨清河。宋時建浮圖於其上，故名。

東巖。在州東。輿地紀勝：在梅州東五里，亦名東安巖。又西巖，在州西七里，中有蘭若曰靈境，依山爲宇，景態萬狀。

白石巖。在興寧縣東南十里。夜常有光燭天。

游曦巖。在鎮平縣東南三十里，西南去本州七十里。

黄沙嶂。在州東南十五里。其北面曰清涼山。又長樂縣東二十里亦有黄沙嶂，有水南流入大溪。

黄茅嶂。在興寧縣西北四十里。山頂天然湖，四時不涸，俗名野猪湖。

龍母嶂。在興寧縣西北八十里。舊志：龍母嶂北有楊梅磜，有角山，有高坑，皆冶鐵。

螺坑嶂。在興寧縣東北二十里。山峯相連，勢如飛動。南十里爲洋子嶺。又南二里爲走馬嶺，西南去縣八里，涼溪水出此。

鐵山嶂。在興寧縣東北六十里，西去寶龍山十里，五峯奇峭。舊有鐵冶。有水南流，經官田至香爐寨，入石馬水嶂之東，爲藍坑凹，接本州界。

龍絲嶂。在興寧縣東北八十里，大望山東南，有水出。

漆木嶂。在長樂縣西四十里。高千丈，重峯聳列，上有漆樹。

石馬嶂。在長樂縣西九十里，接永安縣界。峯巒高峻，草木繁茂。

荷嶺嶂。在平遠縣東南六十里，挺峙天半，狀類芙蓉。又東南有仙湖山，蒼巒層出，山半有湖。

角山嶂。在平遠縣西南五十五里。峻峙凌霄，與鳳頭及長寧之雪山，三峯並峙。中有靈泉。

鳳頭嶂。在平遠縣西北三十里，接長寧縣界。又名碇頭嶂。嶂外即長寧丹竹樓。

羊稠嶂。在鎮平縣東南十里。山勢層疊，狀如樓臺。

龍藏嶂。在鎮平縣南二十里。峯巒疊聳，勢若騰龍。

香爐嶂。在鎮平縣南三十里。縣志：香爐峯，三峯分峙，形如香爐，常有煙雲覆其上。

南田石洞。在州西北。輿地紀勝：在梅州西北六十里，有奇葩異果，人不知名，採山者間遇之，其美可茹，懷歸則迷路不得返。

龍歸洞。在興寧縣北六十里。

石馬洞。在興寧縣東北六十里寶山西北。有巨石類馬，因名。外險而中衍。明嘉靖中，賊常據此。迤西即螺坑嶂。

石窟洞。在鎮平縣東北。輿地紀勝：距程鄉縣城八十里，在擢鋒駐劄寨旁，穴竇深二十丈許，中有石鼓、石柱、石天窓之屬，又有小溪潺潺。新志：在縣東北十五里印石山前，今塞。

仙人石。在長樂縣北十里，高二百餘丈。又馬牙石，在縣北十五里，高四百餘丈。

程江。在州西。寰宇記：程鄉縣在程江之口。輿地紀勝：江在梅州西北七十里，自義化滌源浮於石坑，達於程源，歷安仁歸城南，而會寧昌、長樂二溪以赴海〔四〕。江蓋因程旼而名〔五〕，邦人仰程之風，故名其所生之里曰程源，所憩之橋曰程橋，於此江亦云程江。通志：程江東會梅溪，旁爲百花洲，周迴數百步，形勝甲於一方。舊志：程江源出長寧縣界。

興寧江。自惠州府龍川縣流入長樂縣南，又東經興寧縣南，又東經州南曰梅溪，又東入潮州府大埔縣界。元和志：江去興寧縣南一百八十里，即左別溪也。寰宇記：興寧縣有左別溪，在縣西北，從龍川縣界來。又梅州有惡水，即州前大江，東流至潮州出海。其水險惡，多損舟船，江水泛漲時，常有鰐魚隨水至州前。輿地紀勝：興寧江在興寧縣東南三十七里白石馬村，流下丹陽水口，合寧昌渡，下流入梅州。長樂縣志：水自崎嶺來，源出丫髻，東流爲羅經水，至清溪稍深廣，又東至塔岡，又東南爲練溪，又東會興寧之水，是爲興寧江。程鄉縣舊志：梅溪，在縣南五十步，有三源，自子郊水口合流入縣界，過百花洲經縣南，又東合周溪，又十里合西洋溪，又東合松源溪，又東奔赴於蓬辣灘，入大埔縣界。按州志，梅溪自長樂兩支來，一爲崎嶺河，一爲龍村河，龍村水至琴口受華陽之水，至七都河而崎嶺水來會，又與興寧水會，至老鴉嘴入州境，受本境諸水，上則有小密、大密、剪刀鉸三灘，下則有萊子〔六〕、八字、陂桑洲、西洋、晒禾、銅盤、烏流七灘，皆石激波生，水勢迅急，然無大險阻，至蓬辣則怪石錯立，洪波泙湇，行者怵心，自是逆折而西，與大埔水會。

琴江。在長樂縣南八十里。有南北二派。北琴江，一名華陽水，源出永安之上鎮，東流達冰潭，又東至琴口，又東爲蕎溪，折而東北爲池溪，又東北入清溪。南琴江，一名龍村水，源出永安縣之龍窩，東北流爲小陽溪，又東北至琴口合流。

杜田河。在興寧縣北。源出惠州府長寧縣尋鄔堡，西南流入縣界，經十三都司北，又爲西赤石渡，又西南入龍川縣界北，與江西定南廳水合，即龍江之上源也。

潭坑水。在興寧縣西北。源出大坪山横岡口，可通舟楫，東流至潭坑山，入西河。

李田水。在興寧縣西北。有二源，一出黄茅嶂，一出龍川縣界上黄坑，至縣西北烏池山合流，曰雙溪水，又東至李田入西河。少南有洋步溪，源出縣西北四十里羊陂山，東流入西河。又麻嶺水源出苦竹徑，竹山溪源出竹山，曾坑水源出黄土嶺，皆在縣西北，俱東流入西河。

龍歸水。在興寧縣北。有二源，一出寶龍山，曰温公溪，一出龍絲嶂，曰白沙溪，西南流至龍歸洞合流，又西南至合水山，與羅岡水合。又有崆溪，源出牛池頭山，亦至合水山合羅岡水。

洋田水。在長樂縣西北。源出惠州府龍川縣霍山，東南流入縣界，至鐵場東合葛州之水，又南至合水入清溪。又新河水，在縣東，源出中道山，南流入清溪。又黄埔水，在縣南三里，源出永安縣界分水凹，東北流入清溪。

壩頭水。在平遠縣東南。源出三段嶺，東流入石窟溪。又河頭溪，源出縣西南九鄉堡，入石窟溪。

大柘水。在平遠縣東南。源出陽峒，東流徑關上，合河頭溪。又長田水，源出大塘山，東流入横梁溪，下黄竹峯，通本州大江。

蒿窟湖。在州西南七里，地名梅塘。周二里，深七尺，中多蒿草，故名。舊名蛟湖。水南注於梅溪。州志：蓮花湖，原名蒿湖，水利甚溥。本朝康熙中鄉人占墾，經官勘復，雍正九年，定以湖下三十六圳溉下鄉田，湖西三圳溉湖西上鄉田。

蚌湖。輿地紀勝：在興寧縣東北四十里，中有老蚌，大數尺，嘗夜吐光，亘數里。

綠水湖。在鎮平縣北三十五里。淵深莫測，與縣西北長潭潛通，清濁相應。

周溪。在州東四里。源出百花山，形如腰帶，旋繞周迴，南流入梅溪。舊志又有大乍溪，在程鄉縣南十五里，源出小乍村。大密溪，在縣南二十五里，源出九狼峯。鯉坑溪，亦在縣南二十五里，源出河田村。羅衣溪，在縣南三十里，源出城堞山。紫桑溪，在縣南四十里，源出蓮花山。皆北流入梅溪。

松源溪。在州東六十里。源出福建武平縣象洞，南流入梅溪。舊志又有雁洋溪，源出石寮等山，流三十里入梅溪。黄沙溪，源出陰那山，流二十里入梅溪。

西陽溪。在州東南四十里。源出明山，流繞仙花嶂之麓，西北入梅溪。

洋湖溪。在興寧縣東。源出寶山，西南流過窖前、和山、陂子角等處，支流數派，其經流南徑洋湖橋，又南至長壩入西河，縣東諸水惟此爲大。又黄陂水源出跌馬寨山，篤陂水源出錦洞山，蓮塘水源出蓮塘山，添坑溪源出雞靈山，諸水皆在縣東，俱西南流入西河。

遠安溪。在興寧縣南。源出縣西南十里梅子山，東流入西河。又横湖溪，在縣南七里，上承打石坑、墨池等水。鴨湖隴水，在縣南二十里鼓角嶂。湯湖水，在縣南二十餘里湯湖山下。又南有黄竹水，源出縣南三十里黄洞山。以上諸水，皆在縣西南，俱東入西河。

右别溪。在興寧縣西。寰宇記：與左别溪合流，至潮州入海。輿地紀勝謂之寧昌溪，在縣西三十里，上有三源，一自本縣隆歸里蚌湖神潭，一自漁産橋，一自太平村雁池，合流出梅、潮二州。縣志謂之西河，又名通海河，源出大望山蓮湖，西南流至羅岡，與楊梅官莊顔輋水合，是謂羅岡水。又南徑上下藍山、潭坑山、合水山，又南環繞城下，是爲西河，又東南至水口，合長樂大河。

石馬溪。在興寧縣東北。出石馬洞，有二源，西南流至曲塘，入西河，曰石馬溪口。又蓮陂水，源出縣東北大龍田。涼溪水，源出縣東北麻竹頂。金帶水，係寶山水支流，以其圍繞縣城如帶，故名。以上諸水，皆在縣北，俱西流入西河。

縣前溪。在平遠縣南。源出頂山，南流徑鄒坊社，縈繞城西南，又東達鎮平縣界，入石窟溪。

石窟溪。在鎮平縣西里許。源出福建武平縣界，南流徑縣西，爲縣巨浸。又南經本州東三十里，一名小溪，又南入梅溪，曰鎮平水口。

徐溪。在鎮平縣西二十五里。源出平遠縣壩頭，流入縣界，徑蓼陂，至金沙，入石窟溪。又横梁溪，在縣西南三十五里，源出平遠縣大柘樹，流入縣界，至蓼陂，合徐溪。

差干溪。在鎮平縣西北。上流即平遠縣之縣前溪，東北流入石窟溪。

寶山靈潭。在州東六里。歲旱禱雨輒應。

米潭。在長樂縣西南一百里華陽水北，接永安縣界。潭旁多石，舊傳石中出米，故名。

黄竹塘。在州南十里。源出黄河嶂，諸水會流，周十五里，春冬不涸，人稱小西湖。

雁池。輿地紀勝：興寧縣雁池，一視彌望。新志：在縣西北三十里，今湮。

温泉。有九。在長樂縣者六，一在縣東南三十里鷂子嶂，一在縣東南五十里橫陂，一在縣東南六十里丁埠，一在縣東南七十里排嶺，一在縣東南一百里大渡，一在縣西二十里嵩口。在興寧縣者二，一在縣南湯湖山下泥沙中，亦曰湯湖，一在縣西吉湖山下，亦曰吉湖。在平遠縣者一，在縣東南五十里熱水村。

冷泉。在長樂縣南四十里。甘潔可灌田百畝。

曾井。在州西一里。輿地紀勝：曾姓者所鑿，泉甘而冷，人苦瘴癘，一飲輒愈。明統志：相傳南漢曾芳令是邑，以藥置井中，病者飲之即愈，後人思之，故名。

冷水井。在興寧縣北十餘里。其水極冽，灌田百頃。

古蹟

程鄉故城。在州西。齊書地理志：義安郡領程鄉縣。元和志：本漢揭陽縣地。齊分海陽縣置。隋開皇十年省，十一年復置。寰宇記：縣在程鄉之口，以江爲名。開寶四年以避國諱，改梅州，南至潮州三百里，西至循州二百三十九里。舊志：縣故址在今西城外曾井之東。

興寧故城。在今興寧縣東北。宋書州郡志：東官郡領興寧縣，江左立。陳永定元年，封荀朗爲興寧侯，即此。隋屬龍川郡。唐屬循州。元和志：縣西南至循州七百里，本漢龍川縣地。晉於今縣西三里置縣。寰宇記：晉元興中置興寧縣，治平原。南漢劉龑移於舊縣西六十里，地名長樂，即今長樂縣也。宋天禧二年，移還故縣。九域志：縣在循州東北一百三十五里，即今治。

新志有大龍田、盤石圍，在縣東北二十里，其地有九十九墩，舊嘗議建縣於此。今有墟市，唐時故址蓋在側近。

長樂故城。在今長樂縣東北。本興寧縣地，五代時爲興寧縣治。寰宇記：興寧縣，在循州東一百里。南漢劉龑移於舊縣西六十里，地名長樂，即今理是也。王存九域志：熙寧四年，析興寧縣地置長樂縣，在循州東北一百里。輿地紀勝：長樂本興寧舊縣治，五代爲齊昌。天禧中移還興寧置鎮，後爲縣。紹興六年，又廢爲鎮，十九年復爲縣。新志：縣治有三，一在今縣東北二里紫金山之北，宋熙寧故縣也。一在今縣東南五十里九龍岡下，宋紹興中所改置也。元至元二十九年，復還故治。元末毀。明洪武初，徙治紫金山之右麓，即今治。

程鄉廢縣。即今州治。南齊置。本朝雍正十一年升嘉應州。嘉慶十一年升州爲府，復置縣，十六年省。

齊昌廢縣。在興寧縣北。齊志：東官郡領齊昌縣。梁、陳時廢。唐武德五年復置，屬循州。貞觀元年，省入興寧。輿地紀勝引舊經云：齊昌在興寧縣東一百五十里。縣志：南漢置齊昌府，在今縣東北五里洪塘坪，土名楓林塘。

石窟司。今鎮平縣治。明初建巡司，治蕉嶺，屬程鄉縣，南去縣一百里。嘉靖中改屬平遠縣。崇禎初，劇賊蘇俊、鍾凌秀等流劫江、閩，多發難於石窟，居人因乞遷平遠縣治於此。六年，巡按錢守廉疏請以移縣不如增置，乃割平遠之石窟二圖及程鄉之龜漿、松源各二圖，改巡司置縣，曰鎮平，即今治也。

武婆城。輿地紀勝：在興寧縣西二里，可容千人。當五代擾攘，寇盜猖獗，有武婆者，糾合村落之衆，屯堡自衛，故基猶存。

林子營。今平遠縣治。本舊程鄉縣之豪居都地，界接江、閩，羣盜出没。明初置豐順巡司。嘉靖三十八年，築土城於林子營，設通判府官鎮守〔七〕。四十一年，割江西之安遠、福建之武平、上杭及惠州府興寧縣地置縣，以壤接武平、安遠，因名曰平遠，屬江西贛州府。四十三年，從里人議，還江、閩三縣地，惟分程鄉之義化、長田、石鎮、石窟四都及興寧之大信一里，附義田都，合爲縣，改屬潮州府。

愁亭。在州城東。輿地紀勝：在東城之上，銜遠山，呑長江，爲一城登覽之勝。一名東亭。

錦江亭。在州東。元至正中建，舊名濟川亭。

長樂臺。在長樂縣西北五華山下。一名尉陀臺。

程旼故宅。在平遠縣東義化都。輿地紀勝：邦人仰程旼之名，名其所居之鄉曰義化。

關隘

上井隘。在州東北一百五十里，循界溪而入，路通福建上杭縣，岡嶺峻絶。又松源隘，在州東北二百里，松源水所經，山徑崎嶇，亦通上杭。

羅岡隘。在興寧縣北九十里，接江西長寧縣界。明萬曆中設營於此，今有墟。

榕樹隘。在長樂縣東七都，上通梅林、赤竹諸徑，東通本州。

石鎮隘。在平遠縣西南一百里。有石鎮營，與興寧大帽山相接。其路險巇，可以固守，其上平坦，可以屯兵，其原野寬衍，可以耕種。

腰古隘。在平遠縣北四十餘里。丹崖若壁，長三十餘里，路通江西長寧縣。

豐順鄉巡司。在州東南六十里。明初置，在州西北一百二十里。嘉靖中分置平遠縣，因移於松口，兼管松口驛事。

太平鄉巡司。在州西北一百里石鎮村傍。明洪武三年置，在州西十餘里，二十三年，以地非衝要，移於此。

水口巡司。在興寧縣東四十里，長樂、興寧二縣水合流於此，亦曰水口隘。明洪武八年置，後廢。成化十二年，更置於下岸。正德中，遷於上岸水東。

十三都巡司。在興寧縣北一百二十里，與江西長寧縣丹竹樓接界。明洪武四年置，正德六年移於白水砦。嘉靖六年還駐故地，築城周三百七十八丈有奇，門三。

十二都巡司。在長樂縣南八十里橫流渡。明洪武五年置，在今永安縣界，嘉靖中移治於此。

壩頭巡司。在平遠縣南六十里，本朝雍正十一年置。

羅岡巡司。在鎮平縣北三十里。明崇禎中置縣，移石窟巡檢司於此，名石藍坊司。本朝順治中廢，乾隆元年復置，改今名。

梅口鎮。在州東北，接福建汀州府界。南漢劉巖乾亨中用術者言，幸梅口鎮以避災。閩將王延美遣兵襲之，巖僅以身免。九域志：程鄉縣有李坑、梅口、雙派、樂口四鎮。

清溪鎮。在長樂縣西三十里。明洪武五年置巡司。萬曆六年廢。

程鄉所。在州西北隅。明洪武十五年置，自潮州衛分守。

長樂所。在長樂縣治東。明洪武二十四年置，隸惠州衛。

和山寨。在興寧縣東北二十里。又劉塘寨，在縣西十五里，有水周環之。

高明寨。在長樂縣南五十里。又天柱寨，在縣南九十里。

松口堡。在州東南六十里。乾隆四年設州同駐此，後遷長岡嶺。

大密徑。在鎮平縣北三十里。上下皆崇岡峻嶺，中有一徑，長十五里，有兵駐防。

銀場。在州境。九域志：程鄉縣有一銀場，石坑一鉛場，龍坑一鐵場。舊志：故銀場在縣東北，石坑都在縣西北六十里。又興寧縣有夜明銀場。

錫場。在長樂縣境。九域志：長樂縣有羅翊、洋頭、大佐、瀨湖四錫場。舊志：錫平山産錫。又有錫坑鋪，在縣南六十里。明天啓末，縣境隅谷石澗多出礦沙，煮之成錫，堅白甲於他處。而錫坪、龍窩、中湖、柏洋爲最，貧民採取，賴以資生者甚衆。

程江驛。在州城外東隅。又松口驛，在州東南松口市。攬潭驛，在州西南五十里萬安都。皆明洪武三年置。

武寧驛。在州南萬安二都徑。明初置，在惠來縣，崇禎初移置於此。

周塘驛。在興寧縣東南六十里，爲惠、潮二府往來之道。

七都驛。在長樂縣東五十里。又興寧驛，在縣西南一里濱河。

橋梁

嘉應橋。在州東一里，北門濠水經此。宋淳熙時建。元、明屢修。本朝雍正十一年升程鄉爲直隸州，欽定州名，橋若先兆。

登瀛橋。在州東一里。元建。

梯雲橋。在州南。宋建。

濟川橋。在州南門外梅溪。元泰定中造舟四十二以爲浮梁，長六十丈，廣三丈。又百花橋，在州西南百花洲。宋慶元中造輿梁十二間，今皆廢。

西河橋。在興寧縣西二里。明嘉靖二年置浮橋，名曰利涉，十八年創爲石渠，改曰興濟。本朝康熙九年，復造浮橋，名曰西河，舟二十五，貫以鐵索，兩岸皆砌以石。

金帶橋。在興寧縣城西。初寶山溪水繞城東南，明萬曆十八年，知縣傅道唯築隄，自城東北引其流繞城西北，自西濠合於大河，若腰帶回繞，故名。

青雲橋。在平遠縣東門外，跨江，長二十丈。

隄堰

馬路隄。在興寧縣。明崇禎八年築。本朝順治三年、康熙二十五年、乾隆三年修。

新菴塘。在州莆心鄉，築隄作圳，分溉莆心、楊古狀、白土三鄉田，其塘周一千一百五十丈。又五官塘，在州之畬坑堡，明正德中鄉人共築，溉東南沿山田三千餘畝。本朝康熙三十三年修。

周瑄圳。在長樂縣南五十里，縣人周瑄所鑿。泉流三十里，灌田萬餘畝，其利最溥。

安流閘。在鎮平縣西，自縣東入城，出城西，灌陂角田九百餘畝。又泉源閘，在縣東三里藍坊河口。

陵墓

南北朝　齊

程旼墓。在州西北八十里。

宋

羅孟郊墓。在興寧縣東南六里，長陂羅塘尾。

明

王天與墓。在興寧縣東北半里湖背佛子嶺，有顯忠亭。

顏容端墓。在長樂縣東五里。

九烈墓。在長樂縣北北山寺旁。明末貴州石阡衛舉人陳良言寓居長樂，丁亥賊至，良言妻羅氏、妾徐氏、俞氏及三女、良言弟將仕郎皆縊死，僕永禄、婢福妹隨之。邑人哀而葬之於此。

祠廟

昭忠祠。在州城南關外。本朝嘉慶八年建。

王公祠。在平遠縣北門内，祀明知縣王化。又貞烈祠，在城隍廟後，祀化妻許氏。

俞公祠。在平遠縣烏石岡，祀明都督俞大猷。

寺觀

靈光寺。在州東南陰那山，唐釋了拳道場，有手植柏尚存。

名宦

五代　南漢

曾芳。籍未詳，爲程鄉令。囊藥置井中，令民汲飲以祛瘴，人因名爲曾井。宋仁宗時，詔封芳忠孝公，井爲忠孝泉，用飛白御書。

宋

柯宋英。泉州人。紹興中令程鄉。慕程旼，因闢齋曰景旼。民從其化，任滿無一死囚。

劉安雅。籍未詳。紹興間知梅州。虔賊圍城，命取鉤吻草，研汁投酒中，散於民居。賊遣人索金，磔之。其黨入民居縱飲，死者百數。賊疑懼遁去，圍遂解。

顔公衮。龍溪人。紹定間，知興寧縣。寇至，出諭之，被執，駡賊死。詔贈朝奉郎，官其一子。

徐千能。莆田人。興寧主簿，任未一月，與顔公衮同死於寇。

元

程願學。休寧人。至順中知長樂縣。民有死非命者，其妻訴不願理，叱曰：「此即殺人賊也。」一訊而服。

明

鄭懋中。晉江人。洪武中知程鄉縣。首除大猾，訟者委曲開諭，不施鞭扑。民爲謡曰：「安所得，公長者，禁令不煩徭役寡。昔無羊，今有馬。」後卒，民與曾芳合祀之。

夏則中。武昌人。洪武二十二年，知興寧縣。時官田賦重，無肯承籍者。因奏請減之，與民産同賦，公私便焉。

陳堅。臨湘人。洪武二十年知長樂縣。以縣去郡五百里，卒有變不及應。乃築城鑿池，請置千户所守禦。民慶有衛，祠祀之。

黄瑜。香山人。成化五年知長樂縣。瑜曰：「我鄉人治鄉人，當以教先政。」改建儒學，日與諸生講於其中。召劇盜盧公林，諭以改行。去之日，公林父子肩其輿過黄土嶺。

張澄。安福人。弘治初，以歸善主簿攝長樂縣事。不俟報，發粟賑饑。期月而卒，邑人奠以牲醴。其女年甫及笄，卻之曰：「父在未曾受餽，今必不享。」自取所藝蔬瓜，朝夕哭奠焉。

張欽。南昌人。正德七年，程鄉盜李四仔起。欽自清遠知縣奉調至，悉罷兵衛，從吏卒數人抵賊壘，諭以禍福。衆心動，有泣者。賊首盛陳珍玩值千金爲壽，欽悉取碎之，而還其金，曰：「此可以買牛贳田器，爲衣食資。」賊相顧驚喜，棄刃於地，讙動山谷。欽爲留一月，夷其保障，籍其丁力，散遣老幼婦女四千人，皆耕田築室，號曰新民。

祝允明。長洲人。正德十年，知興寧縣。性廉潔，所得俸錢，輒召所善客分與持去，不留一錢。

徐甫宰。山陰人。嘉靖中，由武平調知程鄉。山峒賊起，甫宰嚴設守備，遣主簿梁維棟解散賊黨。追賊首林朝曦，獲之於陰那山。超擢添注僉事。復擒大盜温鑑、梁道暉，餘黨悉平。程鄉人立祠祀之。

陳交。常熟人。嘉靖中知興寧縣。猺、獞爲患，單騎撫之。渠魁十餘人，率其黨歸命。歲旱步禱，雨隨降，他邑皆無，時呼爲「陳侯雨」。

王化。馬平人。嘉靖中知平遠縣。時縣因新平賊巢開置，吏民多狃故習。化開誠撫諭，讋以威信，遂皆馴服。遮擊程鄉賊於擅嶺，走之。賊梁國相已降復叛，追擒於石子嶺。已復搗仙花洞，擒賊首。遷潮州同知，仍署縣事。以功超擢廣東副使。妻計氏，隨化之任。初擊賊時，訛傳化死，磨笄自殺。事聞，詔所在春秋奉祀。

金一鰲。睢寧人。崇禎初知平遠縣。時流寇肆虐，與典史莆田人陳應秋設計解散之。上道府未決，賊已薄城。日夕禦之，斬姦胥之内應者，賊挫去。會招撫議下，乃遣人抵巢，諭下蘇峻等，率之以討他叛。後峻復叛，一鰲以計授應秋，以次擒戮之，一時帖息。

胡會賓。昆明人。崇禎中知鎮平縣。縣始開置，百務未舉。會賓增置學田、義倉、社學，凡所經理，纖悉無遺。卒祀名宦。

本朝

王時熙。聞縣人。順治四年，知長樂縣。未莅任，流寇陷城，邑多流亡。熙至，招集難民，修城浚隍，人恃爲固。

薛世望。江陵人。順治八年，知鎮平縣。時隣寇恣擾，多方防備，民賴安堵。卒祀名宦。

劉駿名。漢軍鑲黄旗人。康熙二年，知平遠縣。清夙弊，多惠政。十一年升汝州，平遠民立生祠祀之。

李鄴。榆次人。乾隆進士。二十七年知平遠縣。設義學，勤考課，聽訟明察，民無冤抑。尋升曹州府同知，平遠人爲建生祠。

人物

南北朝　齊

程旼。程鄉人。性嗜書，不慕榮達。里人服其行誼，有不平，不之官府而之旼，或望其廬即悔過。旼生於南齊，至隋義寧初始卒。子二，長松，以孝聞，不受薦辟；次杉，仁壽中以學術徵，歷弘農郡守，壽百餘歲。

宋

羅孟郊。興寧人。少孤，及長讀書羅浮，從游者甚衆。天聖八年，舉進士第三。累官諫議大夫、翰林院學士、掌制誥，乞歸養母。冬月母思鱠，乃解衣入池取魚以供，人目其池爲「曾子湖」。卒，立祠祀之。

藍奎。字秉文，程鄉人。家貧，借書而讀，過目成誦，越宿即歸之。第進士，官博士，受詔校文於福州。

古革。字逢時，程鄉人。紹定元年進士，教授瓊州，峒蠻多遣子弟受學。黎人叛，郡檄往諭，遂率服。狀聞，擢守潮州。

蔡蒙古。程鄉人。十二歲應童子科，授韶州司户兼司法，未赴。元兵至，湯執中檄權梅州總督。德祐二年，元招討使易正陷梅州。被執，使麾下陳一元守之，駡曰：「吾死國耳，安肯從人奴乞活耶！」遂被害，暴尸三日不變，一元瘞之。明年文天祥復梅州，祭以文，具棺殮，還葬於鄉。

明

葉文保。程鄉人。痛父死於賊，殲之殆盡。洪武十四年，平三饒賊饒龍海。二十年，勦安遠賊周三。民被掠者，力辯釋之。

魏鈺。長樂人。兄理誤殺人，官捕之急。鈺以理無子匿之，自陳曰：「殺人者鈺也。」鞫之不易款，斃於獄。

張微。興寧諸生。天順五年，邑中賊起。從指揮張通禦之。至程鄉，與寇戰，殲其渠魁。日暮擣其巢，被執，不屈而死。又同邑羅澄，里長也。從知縣舒韶出禦賊。韶敗墜馬，賊逐之。衆散盡，澄獨飛馳至韶所，翼韶上馬去，自徒步，被執，極口駡賊，賊解其體而焚之。

巫子秀。興寧人。家居羅岡，近賊巢。弘治十六年，賊起，獨能保其鄉。又設奇致賊百五十人斬之，獻馘於官，且請官兵勦之幾盡。賊憾甚，一夕圍其家。夫婦被執，先殺其婦以示之，逼令跪，厲聲曰：「死即死耳，安能爲賊屈膝。」遂被害。

王天與。字性之，興寧人。正德進士。知江西寧都縣，爲政廉明。從都御史王守仁討三浰賊有功。宸濠之變，冒暑卒於軍，詔卹其家。

王元賓。興寧諸生。嘉靖四十四年，流賊攻安明砦急。元賓父以弟在砦，命往援其叔。因與賊戰，自辰至未，力竭遇害。子名世，痛父死非命，終身不飲酒茹葷，事母以孝聞。

鍾道。長樂人。嘉靖舉人。歷官户部員外郎，監北津關稅。有黄門以數十艘自隨，匿不估算。道曰：「黄門貴人，乃與商賈爭什一之利，又不算賈，其謂我何？」悉算如法。受代贏二千餘金，盡輸大農。進户部郎中，竟爲黄門所傾，免官歸。

黄讓。長樂人。賊縛其兄，讓罄己囊贖之歸。後賊盡發其父母家取骨，責贖千金。讓無所得，乃自步賊壘爲質，以骨授從人急歸。二子啓愚、啓魯，百計不能營貲。啓魯遂詣賊曰：「吾家僅田宅，必家長書券乃售。願以身易父。」賊從之。讓行，又爲他賊所獲。啓愚晝夜哭不絕，諸壘賊哀之，釋其父與弟。隆慶中官兵討賊，讓與二子從之，累著奇績。二子前後戰死，旌讓冠帶，不受，老於家。

李槐。長樂人。隆慶中，賊起。槐聚衆衛其所居之玉茶鄉。賊屠長樂諸鄉凡七十九〔八〕，不敢入玉茶。後從副使王化擊蘇繼春於泉砂埔，後繼不至，賊圍之數重，力殺數賊，創重死。

朱鳳。興寧人。充十三都巡司弓兵。崇禎三年，流賊攻破司城，被執。巡檢匐伏求免，鳳罵之，縛一晝夜，復問從否，曰：「從官不從賊。」賊遂磔之。

曾紹宗。平遠人。爲縣吏。崇禎中賊起，戰禦有功，授石鎮把總。勦壩頭、鐵山嶂賊，生擒全汝器等。又斬九蓮山賊謝九功，生擒謝一善等。升守備。後與流賊戰，馬蹶，徒步力戰死。

本朝

李恒㒟。程鄉監生。内行醇謹，好善樂施。順治七八年間，勦逆兵興，恒㒟傾囊以助軍需。卒祀鄉賢。

謝天慶。程鄉人。質性醇厚，常集古人善惡行事，規戒里黨。歲饑，力爲勸賑，鄉人德之。康熙五年祀鄉賢。

李其昌。字遜伯，程鄉人。順治中，積軍功至隰州都司。康熙十二年告病回。次年劉進忠叛，賊黨聞風嚮應，脅之從逆。其昌奮駡之，賊遂焚其室，殺一家十人，縛其昌掘坑生埋之。子以猷後獲賊，剖以祭父。

李焜。程鄉人。順治間以功授都司。性孝友，樂施與。康熙十三年，劉進忠叛，焜築碁枰寨固守。亂平，請於當事，免其鄉傜役之半。卒祀忠孝祠。

何亮。程鄉人。官千總。劉進忠叛，檄將士赴郡。亮隨都司白虎至郡始覺，遂與虎計，密請援師恢復。事洩，進忠縛亮叱之，亮曰：「爾背義賊臣，我當上訴天帝，待爾對質。」遂遇害，一家死者九人。同邑千總鄧材，亦以不附賊被害。事聞，均廕其子千總。

陳瀾。程鄉廩生。善事繼母。康熙十三年，閩寇之變，傾貲捍禦。四十八年祀鄉賢。

周南。長樂人。幼孤，事母孝。母殁，廬墓終身。卒祀孝子祠。

姚建安。平遠人。事母孝，敦行樂施。二子俱知名。卒祀鄉賢。

李坤。鎮平人。以守備斬賊林青袍於石正。續征河婆、五指石、瓦子寨，俱有功。調赴廣西，署總兵，禦吴逆兵於籐縣。賊潰復合，馬陷失足。其子容縣都司國柱，追援不及，并亡於陣。事聞，賜坤謚忠烈。

陳公泓。興寧貢生。性至孝，侍母病，衣不解帶。及殁，廬墓三年。雍正十一年，祀孝弟祠。

李喬基。嘉應人。隨父客臺灣。乾隆五十一年，林逆反。喬基倡粤民從官軍禦賊，斬馘無算。明年偕子舉柏，率健士數十人，詣鹿仔港請火藥，爲賊所偵，皆戰死青埔。三子端柏，亦於是年十月陣亡。事聞，贈知縣銜。

梁槐。程鄉諸生。父卒，哀毁盡禮。幼弟爲土寇所掠，槐詣寇，願以身代弟，賊感而釋之。同邑諸生梁汝楫，敦孝友，崇實學。俱乾隆九年祀孝義祠。

蕭東日。興寧人。事親孝。母死，哀毁骨立，既葬，廬墓三年。乾隆十年祀孝弟祠。

劉希燾。長樂監生。任陽穀縣丞。乾隆三十九年，王倫之亂，力戰被害。贈鑾儀衛經歷，祀昭忠祠。

温模。長樂人。任通渭縣典史。乾隆四十九年，教匪犯城，自經死。祀昭忠祠。嘉慶七年，奉旨廕子。

鍾燕超。長樂人。任諸羅縣典史。乾隆五十一年，林逆破城，死之。祀昭忠祠。

余建勳。平遠人。乾隆六十年，隨征湖北陣亡。嘉慶七年，祀昭忠祠。

楊堂。嘉慶人。蒼溪縣典史。嘉慶三年，川匪擾亂，被害於永興塲糧臺。祀昭忠祠。

梁崇。嘉應人。咸寧縣典史。嘉慶四年，隨征教匪陣亡。祀昭忠祠。

李培秀。嘉應人。四川試用典史。教匪之亂，護糧被害。祀昭忠祠。

李象斌。嘉應武舉，官千總。嘉慶七年，出海遇賊戰死。祀昭忠祠。同邑陳得貴，嘉慶二年隨征銅楚陣亡。黎英，嘉慶六年，出師湖北陣亡。俱祀昭忠祠。

李淳。長樂人。貴陽府經歷。嘉慶二年，苗匪滋事，陣亡。祀昭忠祠。

李正勇。長樂人。由侍衛升授臨武營參將。嘉慶四年，征楚、陝教匪陣亡。賜祭葬，廕子。

劉誠纘。長樂監生。性至孝，母病目患瘵，誠纘舐母目，經二十年而瘵病愈。喪母，廬墓三年。父殁，哀毁盡禮。嘉慶四年旌。

蕭水清。平遠人。任湖北保康縣尉。嘉慶元年，楚匪倡亂，攻保康城。水清率衆固守，城陷死之，合家皆自刎。贈縣丞，祀昭忠祠。妻林氏、媳韓氏、孫女瀛仙，並入節烈祠。子其馨、其芳，姪祚超，妻弟林良鳳，並入昭忠祠。

利振紀。鎮平人。由侍衛官守備。嘉慶二年，隨征陝西教匪，陣亡。四年，奉旨廕子。

黄衮。鎮平人。署白河縣知縣。嘉慶七年勦賊陣亡，賜卹廕子。

流寓

宋

劉安世。魏人。以元祐黨謫居英州。同文館獄起，蔡京乞誅滅安世等家，讒雖不行，猶徙梅州。京因使者入海島，諷令過安世，脅使自裁。又擢一土豪爲轉運判官，使殺之。梅守勸安世自爲計，安世色不動，對客飲酒談笑，徐書數紙付其僕，皆經紀同貶當死者之家。判官疾馳，未至二十里嘔血死，乃免。

列女

明

張經妻詹氏。興寧人。天順五年，山賊攻陷興寧，詹氏被擄大駡，延頸待刃，賊殺之，年二十三歲。

黄萬全妻賴氏。興寧人。年二十五，夫死守節。弘治末，流賊劫其鄉，被執，紿曰：「汝解刀即從汝。」遂奪刀斫賊，賊怒，支解之。

古玉安妻黄氏。程鄉人。年二十而寡，孝事舅姑，克守節操。正德間爲賊首李四仔所掠，駡曰：「我守節多年，肯爲賊污耶！」遂遇害。

李尚猷妻葉氏。程鄉人。年十八而寡，爲木窖賊所掠，欲犯之，瞋目大駡，遂遇害。

古氏女。程鄉人。許字葉鳳起，未婚，葉遘危疾，往奉湯藥，月餘葉死，即入室自縊，家人破門救之。後葉既葬，往省其墓，因覓毒藥服之，遽歸而死，家人更營大壙而合葬焉。

林日照妻李氏。平遠人。夫病革，囑以撫孤，及卒，李欲殉，家人以遺言慰之，乃强進飲食。及孤宸補邑弟子員，李歎曰：「林氏有託，吾事畢矣。」遂不食而死。

本朝

張氏女。名招叔，程鄉人，張斗衡孫女。父母早逝，祖母徐撫之，年十四未字。順治三年三月，隨祖母避寇於馬頭寨，被賊執，不從乞死，賊彊之，招叔大罵，賊怒加數刃，猶縛之去，將近南蛇岡，見傷重始棄之。祖母追視，猶開目泣曰：「無復報恩也。」乞水一咽而絶，其地不生青草者約二丈餘。同邑蔡聲遠妻高氏，城陷，謂夫曰：「急營自脱，妾死不受辱。」遂扃户自刎，其姒伍氏亦投水死。

陳某妻黄氏。興寧人。嫁兩月而寡，遺腹生一女，守節十餘年。順治十八年，寇掠其鄉，牽之使行，罵曰：「吾守節半生，不料爲賊汚手，願速死。」賊怒，戳其指，割其耳，罵愈厲，遂殺之。越三日顔色如生。

孔王惠妻張氏。長樂人。順治三年，爲賊帥鄒羊牯所執，捽之跪不屈，將殺之，張紿賊同發所窖銀，賊信之，行至河邊，躍入水死。同邑馬最良妻某氏，亦被掠自刎死。

潘氏女。長樂人。年十六，爲賊所執，欲犯之不從，脅以刃，女益奮罵，奪刀自刎。同邑黄鼎甲妻某氏，恐被賊辱，負幼子幼女赴池死。黄應運妻顔氏，賊將殺其姑，泣訴願以身代，臨受刃，妾曾氏奔號曰：「我其妾也，當代死，顔尚無出，乞釋之。」賊爲感動，得并全焉。

藍可望妻陳氏。平遠人。被賊掠，遇道傍樹，堅抱不行，且詈且泣，賊怒斫其頸，未殞，猶罵賊，逾時乃死。同邑張士統妻某氏，順治十七年避亂，懼辱投水死。馬駱妻張氏，避亂山寨，寨將破，以子授夫，自縊死。

陳應詔妻李氏。程鄉人。夫亡守節。康熙三十八年旌。子文典妻鍾氏，貞女王嵊聘妻徐氏，均康熙年間旌。

鄒永福妻鍾氏。程鄉人。貧甚，紡績爲事。有屠者窺其姿，伺其夫出，詐爲買猪，挑之，氏厲言閉户以拒。次日復至，曰：「不從，則殺汝猶一猪耳。」氏罵且拒，遂死。報縣官詣尸所驗之，則猶坐床不仆，狀儼若生。

彭仲壘妻温氏。興寧人。康熙十六年，寇掠黄嶼，仲壘被殺，輿尸歸，氏爲洗血更衣，殮畢自縊死，其家人合葬之。同邑曾仕朝妻凌氏，夫死，爲治殮畢，自縊死。又吴鳳生妻周氏，鳳生貿易廣州，聞父病，倍道趨歸，父已先歿，遂日夜嘔血至死，氏仰藥殉之。

邱毓傑妻鍾氏。鎮平人。夫亡守節。康熙三十八年旌。同邑邱贊康妻張氏、徐匪懈妻林氏，均康熙年間旌。

鍾意浩妻謝氏。鎮平人。夫死，富室以多金謀娶，夫弟利之，氏聞，自回母家，涉河，水幾没頂，比至而父母兄弟皆勸其嫁，氏失據，潛採毒藥歸，娶者已在門矣。母亦隨至，乃殺一雞奉姑曰：「本欲奉以終身，今夜爲此一别。」姑亦不覺有異，食未畢，氏已服毒死。

温文洲妻劉氏。程鄉人。夫亡守節。雍正五年旌。同邑黄桂妻林氏、李鴻揚妻黄氏，均雍正年間旌。

周右乃妻潘氏。興寧人。夫亡守節。雍正四年旌。同邑王家松妻陳氏、王應文妻潘氏，均雍正年間旌。

温懿馨妻孔氏。長樂人。夫亡守節。雍正五年旌。同邑饒宏謀妻曾氏、巫璥妻曾氏、曾元旋妻魏氏、鍾樞妻張氏、萬嶽祝妻周氏、鍾潛妻魏氏、曾維藩妻李氏、李庭伯妻魏氏、劉澧妻李氏，均雍正年間旌。

謝振猷妻余氏。平遠人。夫亡守節。同邑蕭漢昭妻韓氏，均雍正年間旌。

陳明華妻王氏。嘉應人。夫亡守節。乾隆四年旌。同州張懿木妻梁氏、劉曜徽妻蔡氏、黄善福妻鍾氏、林洪尹妻葉氏、蕭焕若妻張氏、蕭燕仰妻楊氏、李鳳臣妻邱氏、廖克紹妻賴氏、廖克相妻温氏、張仲生妻林氏、曾元虬妻賴氏、張朝俊妻李氏、李殿揚妻林氏、陳爲舟妻潘氏、梁克標妻楊氏、陳紹成妻余氏、葉允蕃妻李氏、李倬生妻陳氏、羅晉侯妻陳氏、陳宦南妻黄氏、羅玿妻陳氏、黄以禧妻葉氏、黄金生妻張氏、黄亮夫妻饒氏、王應衷妻曾氏、廖如獻妻鍾氏、李崙妻黎氏、古奕翰妻范氏、李淑度妻余氏、黎京俊繼妻陳氏、黎長康繼妻黄氏、葉玉英妻梁氏、葉廷著妻陳氏、梁年慶妻饒氏、温子明妻陳氏、黄國瑞妻李氏、廖子久妻李氏、梁肇慶妻謝氏、李康槐妻林氏、王雲會妻吴氏、王若璧妻黄氏、葉文秩妻朱氏、梁文贊妻李氏、李景梁妻王氏、饒某妻沈氏、李來瞻妻蕭氏、饒檩妻沈氏，烈婦羅天一妻謝氏、梁尹佐妻楊氏、梁延英妻曾氏、梁時敬妻沈氏、林遠生妻謝氏、陳元文妻鍾氏，貞女宋鳳振聘妻何氏、蔡纘光聘妻葉氏，烈女葉滿姑，均乾隆年間旌。

陳山妻葉氏。嘉應人。夫外出，姑老，目失明，侍起居甚敬。一日侍食畢，撤器出，火延燒及門，氏趨入救姑，焰熾不得出，俱死。火滅，衆視灰燼中，猶以一臂抱姑也。

烈婦温某妻何氏、何采卿妻陳氏、黃亮采妻楊氏，均乾隆年間旌。

劉珍如妻曾氏。興寧人。夫亡守節。乾隆十八年旌。同邑羅曠妻黃氏、陳良訓妻羅氏、陳文沛妻揭氏、陳淑唐妻曾氏，

周東昇妻藍氏。長樂人。夫亡守節。乾隆元年旌。同邑周南潮妻魏氏、李君樹妻魏氏、田什紫妻鄒氏、田倫紫妻廖氏、陳堯妻吉氏、何嘉謨妻魏氏、羅體彩妻劉氏、楊果任妻陳氏、衛王彭妻李氏、張祝多妻廖氏、楊元溶妻吉氏、魏基勳妻胡氏、魏循政妻鍾氏、魏基熙妻馮氏、魏依徵妻李氏、陳其亮妻戴氏、劉庭材妻魏氏、鍾秉琳妻魏氏、葉豫立妻張氏、鄒華鵬妻曾氏、劉廷彬妻鄭氏、陳裕生妻劉氏、黃繼善妻李氏、鍾秉京妻曾氏、李展才妻魏氏、何莊度妻魏氏，貞女黃端瑾聘妻卓氏，烈女張登鳳聘妻李氏，均乾隆年間旌。

藍志芹妻林氏。平遠人。守正捐軀。乾隆十九年旌。同邑烈婦蕭思敬妻韓氏，二十年旌。

邱及豪妻梁氏。鎮平人。夫亡守節。乾隆五年旌。同邑邱永樹妻劉氏、黃景先妻梁氏、賴開玫妻郭氏、吴以淵妻利氏、賴君恩妻李氏、劉伯萬妻鄧氏、林永芹妻鄧氏、邱永續妻黃氏、何成章妻劉氏、邱自任妻黃氏、邱繡妻徐氏、陳立萬妻林氏、邱君采妻劉氏、邱登取妻涂氏、邱華若妻鍾氏、黃桂芳妻鍾氏、林文聰妻賴氏、利祥鈉妻黃氏、何昌元妻劉氏、賴開慶妻黃氏、賴元永妻黃氏，烈婦王超元妻古氏、邱存灝妻古氏、徐盛三妻賴氏，均乾隆年間旌。

張桂玉妻朱氏。嘉應人。夫亡守節。嘉慶三年旌。同州李巖安妻曾氏、徐朝宗妻梁氏、陳俊儒妻葉氏、陳慶來妻羅氏、藍蔚妻黃氏、藍樹棠妻鍾氏、楊掄元妻鍾氏、李爲鐸妻張氏，烈婦鄒某妻羅氏，貞女梁焕祖聘妻侯氏，均嘉慶年間旌。

曾維泗妻陳氏。長樂人。守正捐軀。嘉慶九年旌。

古秀香妻黄氏。鎮平人。夫亡殉節。嘉慶十六年旌。同邑節婦林昭芳妻徐氏、邱輝鳳妻徐氏，均嘉慶年間旌。

土産

銀。唐書地理志：程鄉縣有銀場。九域志：興寧縣有銀場。

錫。唐書地理志：程鄉縣有鉛場、鐵場。九域志：長樂縣有錫場。

校勘記

〔一〕在嘉應州城内東北　「東北」下，乾隆志卷三五三嘉應州學校（下同卷簡稱乾隆志）有「隅」字。按，據文例當有「隅」字，此蓋脱。

〔二〕又東十里有紫阜山　「紫」，乾隆志作「梓」。

〔三〕在鎮平縣東二十里　「二」，乾隆志作「三」。

〔四〕而會寧昌長樂二溪以赴海　「寧」，原作「安」，據乾隆志及輿地紀勝卷一〇二廣南東路梅州程江條改。按，本志避清宣宗諱改字。本卷下文同改。

〔五〕江蓋因程旼而名 「旼」，原作「珉」，據乾隆志及輿地紀勝卷一〇二廣南東路梅州程江條改。按，本志避清宣宗諱改字。本卷下文同改。

〔六〕下則有萊子 「萊」，乾隆志作「菜」，未知孰是。

〔七〕設通判府官鎮守 「官」，原作「館」，據乾隆志改。

〔八〕賊屠長樂諸鄉凡七十九 「諸」，原作「居」，據乾隆志改。蓋音近而誤。

羅定直隸州圖

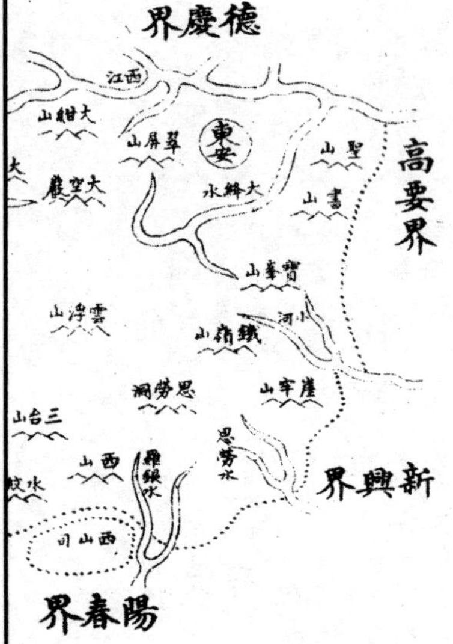
德慶界
西江
大紺山
翠屏山
東安
高要界
聖山
大空巖
大絳水
書山
寶峯山
雲浮山
小河
鐵嶺山
思勞峒
崖牢山
三台山
思勞水
羅鏡水
西山
新興界
西山司
陽春界

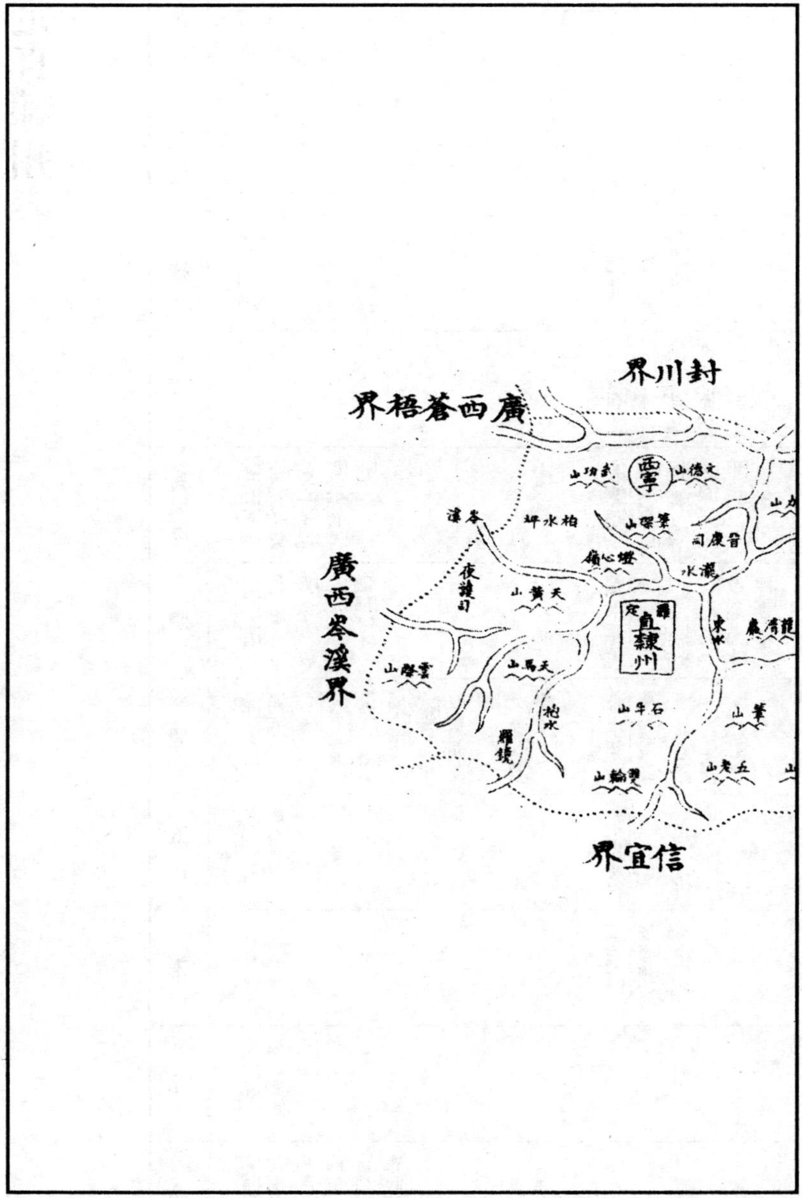
封川界
廣西蒼梧界
廣西岑溪界
信宜界
西寧
武功山
文德山
柏水坪
天黃山
天馬山
羅定直隸州
石牛山
五老山
晉康司
瀧水
東水

羅定直隸州表

朝代	羅定直隸州	
兩漢	蒼梧郡端谿縣地。	
三國		
晉	晉康郡地。	龍鄉縣晉末置，屬晉康郡。
宋		初爲晉康郡治。元嘉中省入端溪縣。
齊梁陳	廣熙郡齊置。梁改置平原郡，兼置瀧州。	龍鄉縣齊復置，廣熙郡治。梁爲平原郡治。
隋	永熙郡初廢郡。大業初改瀧州，置永熙郡。	瀧水縣開皇十年改名平原，十八年又改名，爲永熙郡治。
唐	瀧州開陽郡武德四年廢永熙郡，復置瀧州，屬嶺南道。天寶元年改爲開陽郡。乾元元年復爲州。	瀧水縣瀧州治。
五代	瀧州屬南漢。	瀧水縣
宋	開寶六年廢。	瀧水縣屬康州，後屬德慶府。
元	瀧水縣屬德慶路。大德八年移治。	
明	羅定州初屬德慶州。萬曆四年改置，直隸廣東布政使司。	

東安縣	
端溪縣地。	
晉康郡地。	夫阮縣晉末置，屬晉康郡。
	夫阮縣
	永熙縣屬廣熙郡。 夫阮縣梁廢。 梁置開陽郡開陽縣。
	永熙縣屬永熙郡。 舊置安南縣。大業初廢入永熙縣。 初廢郡，大業初廢縣。
	建水縣武德五年更名永寧，屬瀧州。天寶初又改名。 鎮南縣武德四年復置安南縣，屬藥州，尋屬瀧州。至德二載更名。 開陽縣武德四年復置，屬瀧州。
	建水縣 鎮南縣 開陽縣
南宋爲德慶府地。	開寶六年省入瀧水。 開寶六年省入瀧水。 開寶六年省入瀧水。
德慶路地。	
東安縣萬曆五年析德慶州及新興縣地置，屬羅定州。	

續表

安遂縣元嘉中置，屬晉康郡。		
安遂縣齊屬廣熙郡。梁置建州，尋廢。		
安遂縣屬永熙郡。		
晉康縣武德四年復置南建州。貞觀八年改藥州。十八年州廢，屬康州。至德初改縣名。	永順縣武德四年置，屬新州。	富林縣武德四年置，屬勤州，尋屬春州。開元十八年又置勤州治此。乾元初州徙縣屬。
晉康縣	永順縣	富林縣
開寶五年省入端溪。	開寶五年省入新興。	開寶六年省入銅陵。

續表

西寧縣

端溪縣地。				
	都城縣 晉置，屬晉康郡。			晉化縣 東晉置，屬晉康郡。
	都城縣			晉化縣
梁置羅陽郡。	都城縣	晉康郡 齊移治。梁復治端溪縣。	威城縣 郡治。梁、陳屬晉康郡。	晉化縣
初廢郡爲縣。開皇十八年更名正義。大業初省入瀧水。	都城縣 屬蒼梧郡。		開皇十二年省入都城。	開皇十二年省。
武德四年復置正義縣，後又省入瀧水。	都城縣 屬康州。			
	都城縣			
	開寶五年省入端溪。			
西寧縣 萬曆五年置，屬羅定州。				

大清一統志卷四百五十七

羅定直隸州

在廣東省治西南六百五十里。東西距三百五十里，南北距三百三十里。東至肇慶府高要縣界一百八十里，西至廣西梧州府岑溪縣界一百七十里，南至高州府茂名縣界一百八十里，北至肇慶府封川縣界一百五十里。東南至肇慶府新興縣界一百六十五里，西南至高州府信宜縣界一百八十里，東北至肇慶府德慶州、高要縣夾界一百四十五里，西北至廣西梧州府蒼梧縣界二百里。本州境東西距八十五里，南北距八十六里。東至東安縣界三十五里，西至西寧縣界五十里，南至信宜縣界八十五里，北至西寧縣界一里。東南至東安縣界六十里，西南至西寧縣界一百二十里，東北至東安縣界五十里，西北至西寧縣界二里。自州治至京師七千八百六十里。

分野

天文牛、女分野，星紀之次。

建置沿革

漢蒼梧郡端溪縣地。晉爲晉康郡地。齊置廣熙郡，治龍鄉縣。梁改郡曰平原，兼置瀧州。按陳歐陽頠傳：梁末爲廣州刺史，督十九州，中有雙州。舊唐志：梁置建州，又分建州之雙頭洞置雙州。雙、瀧音同，疑即瀧州也。隋平陳，郡廢，改龍鄉縣曰平原。開皇十八年，又改曰瀧水。大業初，改州置永熙郡。唐武德四年，復置瀧州。天寶初，改曰開陽郡。乾元初，復曰瀧州，屬嶺南道。五代屬南漢。宋開寶六年廢州，以瀧水縣屬康州。輿地紀勝：尋復置瀧州，治平六年廢。南宋屬德慶府。元屬德慶路。明初屬德慶州。萬曆四年，改縣置羅定州，直隸廣東布政使司。

本朝因之，屬廣東省，領縣二。

東安縣。在州東一百六十里。東西距二百八十里，南北距一百七十里。東至肇慶府高要縣界六十里，西至本州界二百二十里，南至肇慶府新興縣界一百二十里，北至肇慶府德慶州界五十里。東南至肇慶府新興縣界六十里，西南至肇慶府陽春縣界一百八十里，東北至德慶州、高要縣夾界七十里，西北至西寧縣界一百三十里。漢蒼梧郡端溪縣地。晉爲晉康郡地。宋元嘉中，分置安遂縣，屬晉康郡。齊屬廣熙郡。梁置建州平原郡，州尋廢。隋大業初郡廢，屬永熙郡。唐武德四年，復置南建州。貞觀八年，改曰藥州，十八年，州廢屬康州。至德元載，改縣曰晉康。五代因之。宋開寶五年，省入端溪。南宋爲德慶府地。元爲德慶路地。明初爲德慶州地。萬曆五年，分德慶州及新興縣地置東安縣，屬羅定州。本朝因之。

西寧縣。在州西北一百二十里。東西距一百二十里，南北距六十五里。東至東安縣界六十里，西至廣西梧州府岑溪縣界六十里，南至本州界三十五里，北至肇慶府封川縣界三十里。東南至東安縣界一百二十里，西南至高州府信宜縣界一百九十里，東北至肇慶府封川縣界十五里，西北至廣西梧州府蒼梧縣界八十里。漢蒼梧郡端溪縣地。晉置都城縣〔一〕，屬晉康郡。宋、齊因之。梁置羅陽郡。隋平陳，廢郡爲羅陽縣，屬瀧州。開皇十八年，改曰正義。大業初，省入瀧水縣。唐武德四年，復置正義縣，後又省入瀧水。明萬曆五年，分置西寧縣，屬羅定州。本朝因之。

形勢

五嶺西南一重鎮，環阻溪洞，當東西兩山之衝。明知州趙士際修城記。

風俗

夷獠相雜。寰宇記。牛羊山谿，耒耜原野〔二〕，東西水陸晝夜行，不復知爲羅旁。明龐尚鵬碑。

城池

羅定州城。周六百六十丈有奇，門三，東、北臨溪，西、南濬池，長三百八十丈。明正統十三年土築，景泰四年甃石，萬曆二十九年增建。本朝順治十年修，康熙五年、二十三年、雍正三年、乾隆八年重修。

東安縣城。周三百八十四丈，門三，池周三百九十丈。明萬曆元年建。本朝順治十七年修，康熙元年、雍正八年重修。

西寧縣城。周三百八十二丈，門三，北面倚山，東、西、南因塘爲池。明萬曆五年建。本朝康熙六年修，二十三年、雍正八年重修。

學校

羅定州學。在州城南三里。元大德中建。明景泰、正德間屢遷，嘉靖三十六年復建舊址。本朝順治四年重建，十五年修，康熙十二年、五十五年重修。入學額數十二名。

東安縣學。在縣治東。明萬曆六年建。本朝乾隆五年修，二十五年、嘉慶五年重修。入學額數十二名。

西寧縣學。在縣治右。明萬曆六年建。本朝順治十六年修，康熙元年、雍正元年、乾隆四十四年、嘉慶二十二年重修。入學額數十二名。

典學書院。在西寧縣東門外。明崇禎九年建。本朝康熙五十九年重建。按：舊志載文昌書院，在羅定州雄鎮墟尾，康熙十九年建。文明書院，在羅定州南門内，康熙十七年建。今並廢，謹附記。

户口

原額人丁二萬二千五百六十八，今滋生男婦大小共六十七萬四千八百一十六名口，又屯民男婦共七千有八名口。

田賦

田地山塘共八千五百九十三頃八畝有奇，額徵地丁正、雜銀二萬六千三百六十七兩一錢五分九釐，遇閏加徵銀一千三十三兩六錢七分四釐，米八千八百二十三石八斗四升八合八勺。屯田共一百十一頃六十六畝五分有奇，額徵屯米一千四百九十四石六斗九升七合八勺。

山川

筆山。在州東南五十里。一峯尖秀。又十里有五老山，五峯聳峙。

上烏山。在州東南六十里。一名三台山，有三峯，中峯特峭。烏水所出。又二十里有水紋山，有泉沸湧而出，或謂之羅旁山。

石牛山。在州南二十里，以形似名。又十里有雲貴山，四山迴旋，一峯獨峻。

徑山。在州南四十里徑口村。羣峯森列，横亘州南，中有徑通開陽、順仁二鄉。

雙輪山。在州南七十里。兩峯對峙，形若雙輪。

思賀山。在州南七十里，跨官陂、浪溝諸山。産竹、木、籐、漆。又南二里爲花樓頂山。

天馬山。在州西南二十里，與石牛山相對。又雲致山，在州西南四十里。

雲際山。在州西南一百二十里，接西寧縣界。聳拔爲諸山最，四時常有雲霧蒙其上。一名雲霧山，下有温泉。

天黄山。在州西五十里。坎底水出此。其左有鳳凰山，四峯並列，若鳳飛翔，又名四鳳岡。

龍腦山。在州北隔河一里，接西寧縣界。山勢盤旋，若迴龍然。

聖山。在東安縣東五十里。中有流泉，禱雨輒應，因名。又有苟徑山，在縣東，接高要縣界。

書山。在東安縣東六十里。高千仞，周五十餘里，鄉人嚴穆創書齋其上，故名。

寶峯山。在東安縣東南五十里。峯巒秀麗。

鐵嶺山。在東安縣東南六十里。石壁峭峙，色黑如鐵。又東有崖牢山，形勢岌嶪，有飛崖狀如欲墜。二山皆接新興縣界。

天馬山。在東安縣南五里許，爲縣治屏拱。

雲浮山。在東安縣西南五十里，極高峻，接肇慶府陽春縣界。四時雲霧不散，亦名雲霧山。

西山。在東安縣西南，接肇慶府陽春縣界。分上下二山，徑路崎嶇，峒落之民恒守禦於此。内有銅窩、鐵頂、十二雞頭諸峯，半山有石泉，熱可烹鮮。

伏犀山。在東安縣西一里，横伏如犀。相隔半里許有大牛石，斜峙相對，峭壁如削，中有巖竅，呼之響答，如人應聲。

翠屏山。在東安縣西一里許。方正如屏，積翠層疊，一如蓮瓣。旁數峯或如筆，或如鳥獸，皆天然點綴。一名芙蓉屏。

大紺山。在東安縣西北十五里。舊志：一名甘山。産金橘、籬笋。上有龍頭潭，懸流如瀑布。

大臺山。在東安縣東北二十里。又五里有鐵山，産鐵鑛，剖之皆有竹笴、樹葉之形，舊嘗置爐於此。

靈陽山。在東安縣東北六十里。俗訛爲雲洋山。又青旗山，亦在縣東北六十里，林木青葱，人不敢伐，對岸即德慶州之靈陵水口。

文德山。在西寧縣東一里。峯巒秀麗，爲邑左輔。

大力山。在西寧縣東二十六里。山勢雄偉，多産竹木、赤籐、南漆。其南爲下城洞。

文筆山。在西寧縣東南六里。孤峯峭拔。

筆架山。在西寧縣南四里。三峯卓立，爲學宫案山。

白馬山。在西寧縣西南一百九十里。其地有雷公嶺，相連有大水山、雲卓山，俱猺人所居。

武功山。在西寧縣西一里。

玉枕山。在西寧縣北半里，爲縣主山。

錦石山。在西寧縣東北二十里羅旁水口，接德慶州及封川縣界。上有石柱，高插雲表，名華表石，又名羅鏡石。

石鏡嶺。在州東南二十里。一名八片嶺。上有圓石大數尺，中有小水流過石面，水暎石光，遠望若鏡然。一名八片巖泉。又南嶺，在州東南三十里，形如半月。

石人嶺。在州南五十里。平岡漫陂。上有二石對峙，儼若人形，一名二童山。

菁嶺。在州南八十五里。山皆石，一名石嶺，高出諸山之上，多産蒲竹。山半有池，廣四畝餘，水清魚泳，人不能捕。又有獨石嶺，石山突起，巔有燈盞池。

雞骨嶺。在西寧縣東南。舊志：在大力山東十五里，東北去德慶州十里，産雞骨香。舊志有書案山，在縣東南十里，即雞骨嶺也。

燈心嶺。在西寧縣南五十里。嶺半有甘泉井。

黄坡嶺。在西寧縣西南一百六十里。又十里爲貴子嶺，又十里爲窖杯嶺。

天柱峯。在東安縣城東北。突起平疇，屹立如柱，因名。又有錦鯉峯，一名麒麟石，在縣東半里，蹲踞平地之上，頭角鱗鬣趾足皆具，上盤危磴，下環清沼。相近又有梅花巖、藕心井。

雙龍岡。在州南十里。兩岡對峙，狀如雙龍。前有大石横亘，有瀑泉自上瀉下，響振如雷，名曰黄㭊喉，最爲奇險。

尖岡。在州南二十里。有一巨石，崔嵬險固，可容數百人，居民有警，嘗登石避之，名曰防虞石。

龍龕巖。在州東南五十里。中有石筍百餘。輿地紀勝有龍龕山，在瀧水縣東北七十里，即此。

洞清巖。在州東少南五十里。旁有小徑，曲邃通幽，游者用火引入，每數丈一曲，有一石孔，流光開豁。竟日探尋，無有底止，爲一州之絶勝。又相去八里有龍清巖。又舊志有通巖，在州東九十里，巖前有泉，自東來至巖下，注而成潭，又從巖底暗度而西，以泉水通過，故名。

石龍巖。在州西南羅鏡所前。内石外土，巖口濶二丈許，巖前有一水。隔水十里，又有一巖曰龍巖，昔有人持火窮探石龍穴，徑在水底通過，從龍巖而出。

碧虚巖。在東安縣東南五里。一竅透光如星，右旁緣壁，上通石室。

甘通巖。在東安縣東南三十里，幽敞如室。有石池，水清不竭，名曰甘峯泉。

大空巖。在東安縣西十里，幽深宏敞。左爲羅石，右爲硼石，俱高四十餘丈。

虎巖。在東安縣西北七十里，接西寧縣界，地屬連灘。石室高邃，背山面河，如虎蹲踞，爲連灘砥柱。又龍巖，在虎巖之西，隔河對岸。内有清泉，源出粤西萬山中，水道蜿蜒，至龍喉吐出。

九星巖。在東安縣東北。羣峯森列，獨西南一峯有石室，穹窿高八九丈，寬可容數十人。一石有竅，吹之聲振山谷，相傳猺蠻吹以號衆者。左偏有石門，深窈幽邃，名曰觀音洞。北爲下巖，諸水匯出其下，引流溉田。

魁巖。在東安縣東北二十五里，甚峻峭。前有疏林曲沼，勝敵九星。又五里有白雲洞。

思勞洞。在東安縣東南。寰宇記：廢建水縣有思勞洞，思勞水出焉。

古蓬洞。在東安縣西北一百十里。又西北去德慶州十五里，亦曰古蓬山。

西江。自肇慶府封川縣流入，經西寧縣東北五十里，與德慶州分界。又東經東安縣北六十里，又東入肇慶府高要縣界。

元和志：鬱水逕都城縣西，去縣一里。

小河。在東安縣東南六十里。源出芙蓉都，東流入肇慶府新興縣界爲客朗水，下合盧溪，可通舟楫，蓋即寰宇記之思勞水也。

上烏水。在州東南六十里。源出三台山，東北流逕州東曰東水，又北入瀧，曰東水口。

素瀧水。在州西南。有二源，東源出尖岡，西源出石牛山，合流西入瀧水。

抱水。源出西寧縣大水山，東流經州西南一百五十里，又東十餘里逕抱洞村，合順仁鄉水，又北入瀧水。又雲際水，源出州西南雲際山，西流合抱水入瀧。

瀧水。源出西寧縣西南，一名雙林水，經縣東南，又東北流入州西，謂之建水，又東北經東安縣西北七十里，又北經古蓬洞，又北入江。一名晉康水，又名南江。通志：源出雲卓諸山，東流會平賓水、新榕水。又五里許有石屏，高二丈許，峭削如壁横亘，水道因之屈曲，瀑流飛下，若咽喉然，名曰瀧喉，最爲峻嶮。過此水勢稍平，漫流過州治西，宛轉而東北，會烏水入江，曰南江口。

坎底水。在州西。源出天黄山，東南流逕雲致山，名曰連州河，又東入瀧水。

大絳水。在東安縣南二里。一名南山河，有二源，一出大紺山，一出蒲竹徑，東流遶縣南，又北入西江。水口有大石，土人呼爲大紺山。

羅銀水。在東安縣西南八十里。源出富霖所，南流入肇慶府陽春縣界。

躭峒水。在東安縣西北六十里。源出歌村、伏峒等處，合州境水達南江口。

蓬遠水。在東安縣東北三十里。源出大臺諸山，東北流入西江。又有大灣水，在縣東北，源出苟逕山，東北流逕肇慶府高要縣西南界入西江。

文昌水。在西寧縣東一里。源出廣西梧州府岑溪縣界，東流入縣境，逕封門所南，又東北逕縣城南，又東北至羅旁口入江，即古羅水也。羅陽縣以此名。九域志瀧水縣有羅田水，即此。

武倉水。在西寧縣東十里。源出大力山南下城洞，一名下城水，西北流入文昌水。又桂河，在縣北十里，源出廣西梧州府岑溪縣，東北流入縣界，又東入文昌水。

熱水池。在西寧縣西南柏水坪。熱如沸鼎，人不敢濯。

龍池。在西寧縣北都城鄉。水深二丈。

大泉。在州南五十里大陸岡。從地湧出，溉田數頃。

温泉。在州西南雲際山下，冬夏可浴。

古蹟

建水廢縣。在州東。齊廣熙郡，領永熙縣。隋屬永熙郡。唐屬瀧州。武德五年，改曰永寧。天寶元年，又改曰建水，以有建水在西也。寰宇記：開寶六年，省入瀧水，在縣東北六十里，今爲建水鎮。

開陽廢縣。在州東南。梁置開陽郡開陽縣。隋平陳，郡廢。大業初，又廢縣入瀧水。唐武德四年復置，屬瀧州。寰宇記：開寶六年，省入瀧水，在縣東三十五里。州志：在今州東南五十里，今爲開陽鄉，基址尚存，俗呼爲舊縣。

瀧水廢縣。在州南。本漢端溪縣地。晉末置龍鄉縣。宋元嘉中，省入端溪。齊復置。隋初改名平原，開皇十八年復改曰瀧水，爲永熙郡治。唐爲瀧州治。宋初廢州，以縣屬康州。寰宇記：縣東北至州一百八十里。九域志：縣在州南二百六十八里，有瀧水鎮。舊志：廢瀧州，在今州南一百里順仁鄉，城隍廟現存。元大德八年，縣尹陳澤徙治於建水鄉羊禄坪，即今治。州志：羅旁東界新興，西抵岑溪，南連陽春，北盡長江，與德慶、封川僅隔一水，延環千里，萬山聯絡，皆猺人盤據其間。明萬曆四年升瀧水縣爲州，又分東西二山爲二縣以屬之。

鎮南廢縣。在州西。隋書地理志：永熙縣有舊安南縣，大業初併入。蓋梁、陳時所置也。舊唐書地理志：武德四年，藥州復領安南縣，後屬瀧州。至德二載，改曰鎮南。寰宇記：開寶六年，省入瀧水，今爲鎮南鄉。

夫阮廢縣。在州境。晉末置，屬晉康郡。宋、齊因之，後廢。沈懷遠南越志云：晉康郡夫振縣〔三〕，民夷曰獠，其俗栅居，實惟俚之城落〔四〕。即此。

永順廢縣。在東安縣東。唐武德四年，析新興縣置，屬新州。寰宇記：在州西北四十五里，開寶五年併入新興。新志：

在今縣東南五十里芙蓉都，遺址尚存。

富林廢縣。在東安縣西南。本漢合浦郡高凉縣地。隋爲銅陵縣地。唐武德四年，分銅陵置富林縣，屬勤州。五年，州廢，屬春州，後廢。開元十八年平春、瀧等州，廣州都督耿仁忠復奏置勤州，治富林洞。天寶初曰雲浮郡。乾元初復曰勤州，徙治銅陵，以富林縣屬之。寰宇記：開寶六年，省入銅陵，在縣北九十里。新志：在今縣西南八十里，近陽春縣界。

晉康廢縣。在東安縣西北。漢端溪縣地。劉宋置安遂縣。唐改曰晉康，屬康州。元和志：縣東北至州七十一里，建水在縣東五十步。寰宇記：開寶五年，省入端溪。舊志：明初置晉康巡司於此。萬曆五年，割德慶州之晉康鄉，高要縣之楊柳、都騎、思勞、思辨四都〔五〕，新興縣之芙蓉都一二圖，置東安縣，即今治。

羅陽廢縣。在西寧縣西。梁、陳時羅陽郡。隋廢爲羅陽縣，尋改曰正義，後省入瀧水。明萬曆五年，督臣凌雲翼平羅旁賊，因分瀧水及德慶州之都城鄉、封川縣之都樂鄉置縣。

都城廢縣。在西寧縣北。晉置，屬晉康郡。隋屬蒼梧郡。唐屬康州。元和志：縣東北至州四十五里，本漢端溪縣地。寰宇記：開寶五年，省入端溪，今爲都城鎮。舊志：去縣五十里，隔河與封川縣接界。又宋志：晉康郡領晉化縣，晉末立。齊志：晉康郡治威城縣，領晉化。隋志：開皇十二年，省威城、晉化二縣入都城。

關隘

李陂關。在州西。又有古城關，明時皆爲戍守之地。

晉康鄉巡司。在州東北連灘。明洪武十八年置，屬德慶州，在州南一百餘里，成化十五年始設城守。萬曆中割屬本州。

又建水巡司，在州東南古漠村〔六〕，明初置，今裁。

西山巡司。在東安縣西南。本朝雍正八年，移羅苛巡司駐此，改今名。

夜護巡司。在西寧縣西南八十里。本朝雍正十一年置，有城，明萬曆十七年築。

羅苛鎮。在東安縣東南六十里芙蓉都〔七〕。明洪武元年置巡檢司，屬新興縣，在縣北四十里，弘治八年築城。萬曆中割屬本縣。本朝雍正八年，移巡司駐西山。

都城鎮。在西寧縣北，即古都城縣。明洪武十年置巡檢司，屬德慶州，在州西七十里。成化十九年築城，周三百十丈。萬曆中割屬本縣，今裁。

羅鏡所。在州西南七十里。明萬曆中，自西寧縣移函口千户所於此，亦曰新函口所。城周三百六十餘丈，今廢，設汛兵防守。乾隆五年，設州判駐此。又掘峒城，在州西南，接西寧縣界。明萬曆五年，設中路守備於此。十七年改令春夏駐州城，秋冬駐掘峒。四十三年，調中路於欽州，改立標營於東西二山。

南鄉所。在東安縣東北三十里黄姜峒。又富霖所，在縣西南八十里，即富林廢縣。俱明萬曆六年置守禦千户所，築城，今皆廢。

封門所。在西寧縣西南五十里，文昌水北界，達岑溪縣七山隘口，路通本州，爲往來孔道。明萬曆五年，建守禦千户所，築城周二百九十五丈。十六年遷所入縣城，而城如故。又函口所，在縣西南封門所西南一百二十里。明萬曆五年，建守禦千户所，築城周二百八十四丈，設參將駐守。十六年移在州界㽇溝驛，而城如故，因稱爲舊函口城。

連灘營。在西寧縣東南八十里，與本州接界。

白梅堡。在東安縣西四十里，周六十八丈。又歌村堡，在縣西五十里，周六十五丈。皆明萬曆中平羅旁後置，安插狼兵耕守於此，今廢。

蒲竹徑。在東安縣西。縣志：自西北徑口達東南徑口，延袤二十餘里，兩崖峻峭，茂林蔽天，猺賊盤據其中，人跡斷絶，爲東山第一畏途。萬曆十六年，兵備陳文衡始改闢道路，自縣抵西寧，共治路二百二十八里，自是賊險盡奪，商民往來無阻。

瀧水驛。在州東南小南門外，本新興縣新昌驛。又掘峒驛，在州南，本電白縣立石驛。𦳝溝驛，在州西南，本恩平縣恩平驛。平竇驛，在州西南，本陽江縣平西驛。晉康驛，在州北，本新會縣東亭驛。俱明萬曆六年改置。

橋梁

古模橋。在州東南二十里。

德政橋。在州南。

四鳳橋。在州西十里。

大通橋。在東安縣東北三十里。

太平橋。在西寧縣東十六里，跨下城水，爲羅旁孔道。

黄村渡。在東安縣東南九十里，接新興縣界，河面闊八十餘丈。

隄堰

龍岡陂。在州城外，溉田九百五十畝。又盧埇陂、鳳凰陂、雙輪陂、焦木陂、餘村陂，俱在州境。

羅花陂。在東安縣晉康都。

都塘。在州譚圈岃。又廟蓮塘，在深垀岃。上幼塘，在三都。沙帽塘、琴棋塘，俱在建水鄉。

東圳、西圳。俱在西寧縣。明萬曆十四年，知縣林致禮築，溉田百餘頃。

陵墓

宋

李熙載墓。在西寧縣北都城司北。

明

陳璘墓。在東安縣北六都蓮塘圍。

祠廟

昭忠祠。在州城東。本朝嘉慶八年建。

寺觀

龍龕寺。在州南九都村。山石生成，宛如佛龕，廣容數百人。唐陳集原有銘。

開元寺。在州雄鎮。明天啓五年，由瀧水所遷建。本朝康熙二年修。

長春寺。在東安縣城東。

華嚴寺。在西寧縣懷鄉城外。

名宦

明

翟觀。臨桂人。弘治二年知瀧水縣。民獠感悦，既去，民思之。以總督劉大夏、潘蕃言，再晉秩至肇慶府同知，仍涖縣事。

凡建五十九寨，置東西兩營，墾田九百頃，鑿水圳四十八所。

廖軫。崇陽人。正德十年，知瀧水縣。廉明寛恕，民愛之如父母，考最去，泣送者不絶。

馬夢箕。尋甸人。萬曆四十四年，知羅定州，聽斷如流，民無冤滯，取受不苟，吏莫敢欺。

蕭元岡。泰和人。萬曆五年，由龍門知縣調知東安縣，築城立社，墾田編里，備極周詳，以卓異去。崇禎八年，入祀名宦。

朱寛。桂林人。萬曆五年，由三水知縣調知西寧縣。時始建邑，上下川原，身經險阻，擘畫精詳。擢户部主事，未去，以瘴卒，百姓無不悲泣。

林致禮。上思州人。萬曆十四年，知西寧縣。築圮城。鑿山通圳，遶郭東西數十里，緣畝導流，灌田數百餘頃。開西山等處林莽成周行，改封門所，就近以便接應。

包爾庚。上海人。崇禎十三年，知羅定州。雞鳴視事，五載不倦，事有不便於民者，去之必力，未嘗取不義之財。去之日，童叟垂涕，立祠祀之。

本朝

慎俶仞。歸安人。順治七年，知羅定州。十年，賊吴子聖犯城，誓衆堅守，適城守陳一明、冷時乘棄城宵遁，城遂陷。被執不屈，賊與士庶同加拷訊，曰：「城守吾事也，可殺吾，勿及衆。」援兵至，賊挾至連灘遇害。州同金芳，義烏人，城陷時被執，乃紿賊入衙，引至火藥房，陰擲火，與賊共焚死。衙内有井，家屬並死之。吏目陳炳新，亦赴連灘死。同祀名宦。

王鉞。諸城人。康熙八年知西寧縣。役有以金結閹人者，立行杖斃。山産柴炭，爲藩府勢商蟠擾，具文請撤不聽，面謁力説罷之。屬民有以非罪逮者，自赴上司代爲伸雪，至於叩頭流血，並得矜全。雍正五年祀名宦。

人物

唐

陳集原。開陽人。祖佛智，爲嶺表渠率，能以孝義訓誨蠻俗。父龍樹仕唐，歷瀧、扶、建、萬、普、南施六州刺史，所至善俗戢奸。集原官左豹韜衛將軍，累遷冠軍大將軍。有孝行，父喪嘔血，廬墓三年，家産悉讓兄弟。子仁謙，仕都知兵馬使，有能聲。四世俱祀鄉賢。

宋

陳讜。瀧水人。少讀《易》，以學行聞，中特科，仕有能聲。歷韶、潮二州參軍，監司廉其有守，屢旌之。

明

黎民望。羅定人。萬曆中，以歲貢爲司訓，升義寧令。開社學，鑿陂圳，政聲著聞。遷鎮寧州守，乞歸卒，祀鄉賢。

周興。字士賓，西寧人。萬曆舉人，知湯溪縣。持大體，緩催科，以廉能稱。乞養母歸，居喪哀毀，孝聞於鄉。

倫應祥。西寧人。萬曆舉人，知萬載縣。勸課息訟，民風翕然。擢知蘄州，力却陋規，民尸祝之。

本朝

羅文舉。東安人。由軍功授守備。康熙十四年，隨征廣西賊匪陣亡，贈遊擊銜，賜祭葬。

謝得功。西寧人。羅定協把總。康熙十七年，隨征吴逆陣亡。奉旨卹廕。

吴邦憲。字翰伯，西寧人。少孤，事母阮至孝，或有勸求禄養者，曰：「禄養未可必，而已違晨昏之奉，不忍也。」康熙甲寅山寇發，負母匿下城埇境坑，地故多虎患，自是絶跡。母卒，哀毁骨立，服終，未嘗言笑，越數載以思慕致疾卒。雍正四年旌。

吴紹玠。羅定人。爲本協外委。乾隆中隨征臺匪，遇賊戰死。同州胡鳳韶，嘉慶初以把總從征川匪，胡殿韶、梁志光以外委從征楚匪，皆先後陣亡。俱奉旨卹廕。

流寓

唐

張柬之。襄陽人。爲武三思搆陷，流瀧州卒。又桓彦範，丹陽人，貶瀧州司馬。

列女

明

嚴璋妻何老妹。羅定人。年二十三璋卒，一子甫三歲，守志撫立，年踰七十卒。嘉靖中，巡撫潘季馴粟帛獎之。同州潘爵妻譚氏，適爵七月爵死，矢以身殉，時有遺孕三月，祖姑以後嗣勸之，得不死。生子斌，與祖姑同寢食，敬事繼姑，力持數喪，食貧恬如。兵備道張國維旌其廬曰「歲寒貞操」。

趙大勳妻楊氏。西寧人。大勳任連州參將陣亡，楊迎喪至水口，投江，以救免。虞祭日，夜半被命婦服赴水死。

本朝

張弘女二山。羅定人。年十八，順治十年，遇流賊入室劫之，女戟手叱罵，賊强拽之出，堅抱門根不移，遇害。

楊朱受妻岑氏。羅定人。康熙十四年僞將郭義之亂，被掠，行至山險，捽賊墜巖，骨肉盡碎，人皆駭其壯烈。

汪起瀾妻鄧氏。西寧人。起瀾溺於河，鄧聞，投水者三，皆以救免。及殮畢，鄧沿河招魂，行至天車渠側，猝投渠中，水勢迅急，碓車旋轉，鄧隨流衝激，頃刻糜爛，見者皆爲慘泣。康熙五十七年，鄉人立祠祀之。

黎文吉妻陳氏。羅定人。夫亡守節。同州彭士宗妻陳氏，均雍正五年旌。

楊蕃妻丁氏。西寧人。夫亡守節。雍正五年旌。

賴贊乾妻沈氏。羅定人。夫亡守節。乾隆二年旌。同州譚光裕妻陳氏、陳侯妻祝氏、黄君佑妻張氏、張奕長妻冼氏、鄧人彦妻何氏、鄧人傑妻黄氏、彭士旦妾馮氏、陳諦權妻彭氏、彭灝妻葉氏、莫名顯妻林氏，烈婦謝有德妻張氏，均乾隆年間旌。

陳友科妻朱氏。東安人。夫亡守節。乾隆六年旌。同邑葉元會妻羅氏、賴岳瑞妻梁氏、李榮生妻周氏，貞女葉應庚聘妻麥氏，均乾隆年間旌。

李上錦妻張氏。西寧人。夫亡守節。乾隆二年旌。同邑羅國祚妻汪氏、梁鳳妻袁氏、蔡之貞妻鍾氏、李茂桂妻梅氏、藍碧瑞妻區氏、顏爲邦妻阮氏、鍾曉東妻劉氏、譚獻廷妻林氏、盧文芳妻陳氏、鍾學開妻傅氏、鍾明高妻譚氏、岑亭妻劉氏，貞女康萬年聘妻黎氏、羅國聘妻謝氏，均乾隆年間旌。

潘洤岳妻陳氏。羅定人。夫亡守節。嘉慶十三年旌。同州潘舉廷妻陳氏，烈婦周某妻黄氏，均嘉慶年間旌。

馮中璧妻吴氏。西寧人。夫亡守節。嘉慶七年旌。

土産

鐵。通志：廣鐵出陽春、陽江及新興，今新興産鐵諸山割入東安，商販從羅定江運集佛山，以羅定爲良。

果下馬。虞衡志：瀧水産小駟馬，高不踰三尺，駿者有兩脊骨，健而善行。

沙棠果。寰宇記：瀧州産，味如李而無核，食之使人不溺。

藥。寰宇記：瀧州貢石斛，又出禹餘糧。

校勘記

〔一〕晉置都城縣　乾隆志卷三五一羅定州建置沿革(下同卷簡稱乾隆志)同(乾隆志「都」訛作「郡」)。考元和郡縣圖志卷三四嶺南道廣州載:都城縣,本漢端溪縣地,宋於此分置都城縣,屬晉康郡。則以都城縣爲南朝宋置,與此不同。

〔二〕牛羊山谿耒耜原野　乾隆志同,雍正廣東通志卷六〇藝文志載龐尚鵬建羅定兵備道碑作「牛羊横山谿,耒耜徧原野」。

〔三〕晉康郡夫振縣　「夫振」,乾隆志同,太平御覽卷七八五四夷部俚及太平寰宇記卷一六四嶺南道康州引南越志作「䢃」,注「音純」。此「振」蓋「䢃」之訛。

〔四〕實惟俚之城落　「城」,原作「域」,據乾隆志及太平御覽卷七八五四夷部俚引南越志改。按,太平寰宇記卷一六四嶺南道康州引南越志作「㞦」。

〔五〕高要縣之楊柳都騎思勞思辨四都　「思辨」,雍正廣東通志卷一八坊都志同,乾隆志作「思辦」。

〔六〕在州東南古漠村　「古漠村」,乾隆志及明史卷四五地理志作「古模村」。

〔七〕在東安縣東南六十里芙蓉都　「六十里」,乾隆志作「七十里」。

佛岡直隸廳圖

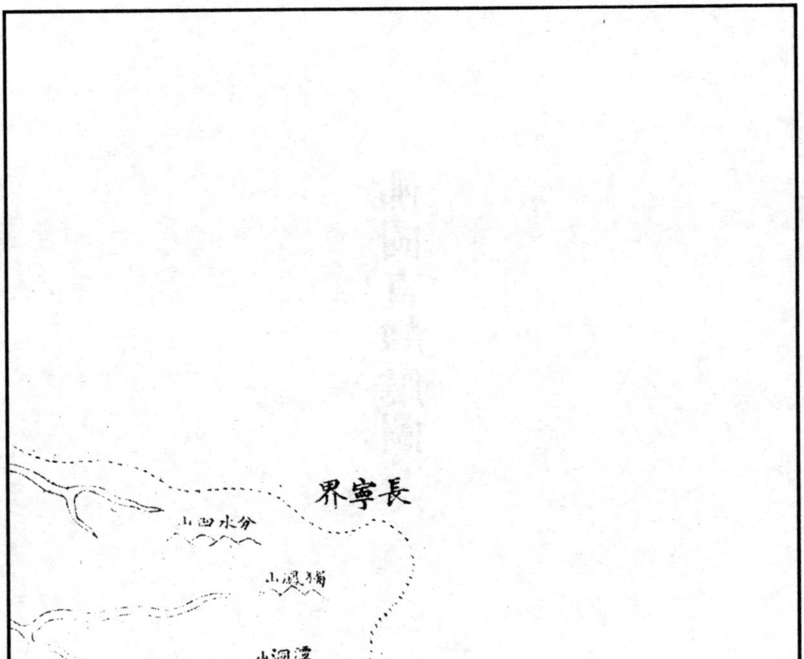
長寧界
分水凹山
獨鳳山
潭洞山
從化界

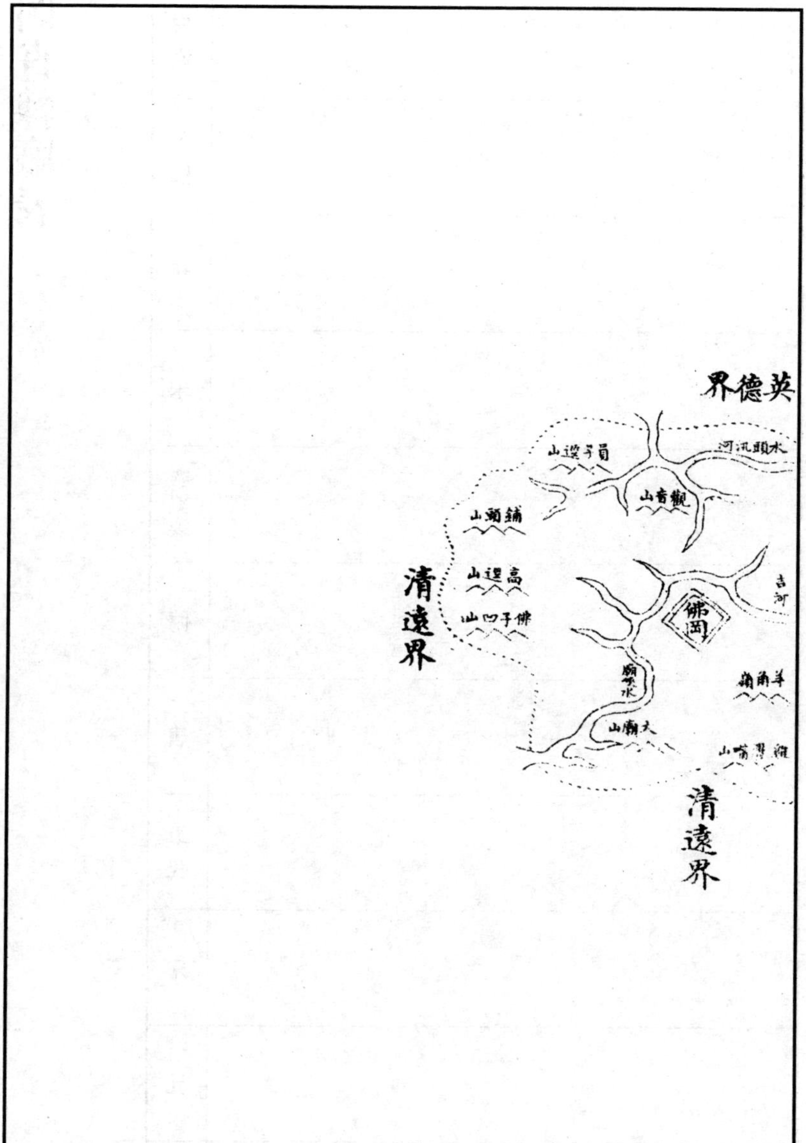
英德界
水頭汛河
員子逕山
觀音山
鋪頭山
高逕山
佛子凹山
清遠界
佛岡
吉河
羊角嶺
大廟山
清遠界

佛岡直隸廳表

佛岡直隸廳	
兩漢	
三國	
晉	
宋	
齊梁陳	
隋	
唐	
五代	
宋	
元	
明	廣州、韶州二府交界，地名大埔坪。

大清一統志卷四百五十八

佛岡直隸廳

在廣東省治北四百四十里。東西距八十里，南北距九十五里。東至廣州府從化縣界五十五里，西至廣州府清遠縣界二十五里，南至清遠縣界二十五里，北至韶州府英德縣界七十里。東南至從化縣界四十里，西南至清遠縣界三十二里，東北至惠州府長寧縣界一百八十里，西北至英德縣界七十里。自廳治至京師八千一百里。

分野

天文牛、女分野，星紀之次。

建置沿革

明爲廣州、韶州二府交界地，舊名大埔坪。

本朝雍正四年，設捕盜同知駐治，隸廣州府，專司清遠、英德、從化、花縣、廣寧、長寧六縣捕務。乾隆七年裁。嘉慶十六年復置，北析英德，南析清遠，並割從化、花縣、廣寧、長寧、陽山五縣附近村莊以益之，爲佛岡直隸廳。

形勢

萬山重疊，地勢險要。廳册。

風俗

俗尚儉樸，風氣安靜，多蠻。廳册。

城池

佛岡廳城。周三百六十丈，門四，無池。本朝雍正九年建，嘉慶十七年修。

學校

未設。生童歸清遠、英德二縣考試。

户口

人丁無原額，今男婦大小共五萬二千二百九十九名口。

田賦

田地山塘共九百一十二頃七十三畝五分有奇，額徵地丁正、雜銀二千九百四十四兩五錢四分七釐，米二百一十六石九斗七升五合。屯田共三十二頃九十一畝有奇，額徵屯米四百二十七石二斗八升四合八勺。

山川

獨鳳山。在廳東四十五里。高出特秀，爲吉河鄉衆山之祖，吉河水所由發源。

十二屈山。在廳東南。

潭洞山。在廳東南。

雞鷹嘴山。在廳南。

鋪頭山。在廳西二十五里。

佛子凹山。在廳西二十五里。相近有高逕山。

觀音山。在廳北三十里。輿地紀勝：觀音山周袤百里，峯巒秀疊。英德縣志：在縣東一百五十里，高出諸山，石室虚敞，中有天成佛像。

員子逕山。在廳北七十里。

分水凹山。在廳東北。

羊角嶺。在廳東南二十里。中有尖峯特聳，諸峯環抱，狀若羊角，故名。

大廟峽。一名大廟山，在廳西南十五里。水勢湍急，舟過必禱。

鯇魚坑。在廳東南十里。獨産鯇魚，鱗色斑黑，文采豔麗，今水涸。

仙人石。在廳西北二十里。上有仙人卧立足跡。

水頭汛河。在廳東，西北流入英德縣界。

吉河。在廳東。發源獨鳳山，南流入清遠縣滙江。

廟峽水。在廳南，爲吉河下流。

達溪。在廳東十五里。設有防汛。

津梁

廳册：境内俱用小艇往來，並無建設橋梁。

祠廟

大廟。在廳西南十五里，神最顯著，行舟經過無不瞻拜。峽中通一河，兩山夾峙，即廟峽水也。

桓侯廟。在廳西門外，祀漢張飛。本朝嘉慶二十二年建。

寺觀

紫霞宫。在廳西門外。本朝嘉慶二十二年建。

連山直隸廳圖

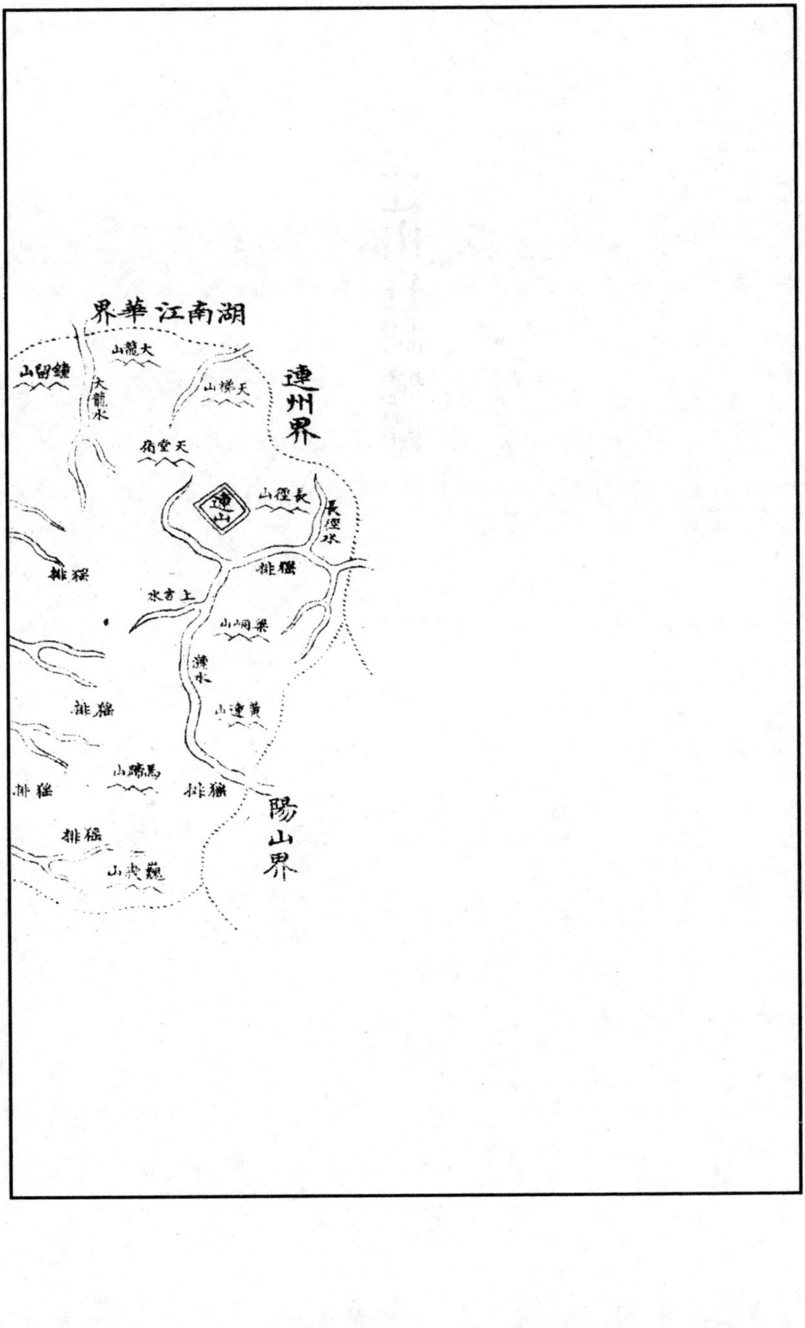
湖南江華界
大龍山
鍾留山
大龍水
天梯山
連州界
天堂嶺
連山
長徑山
長徑水
排猺
上吉水
黃連山
馬蹄山
排猺
排猺
排猺
排猺
陽山界

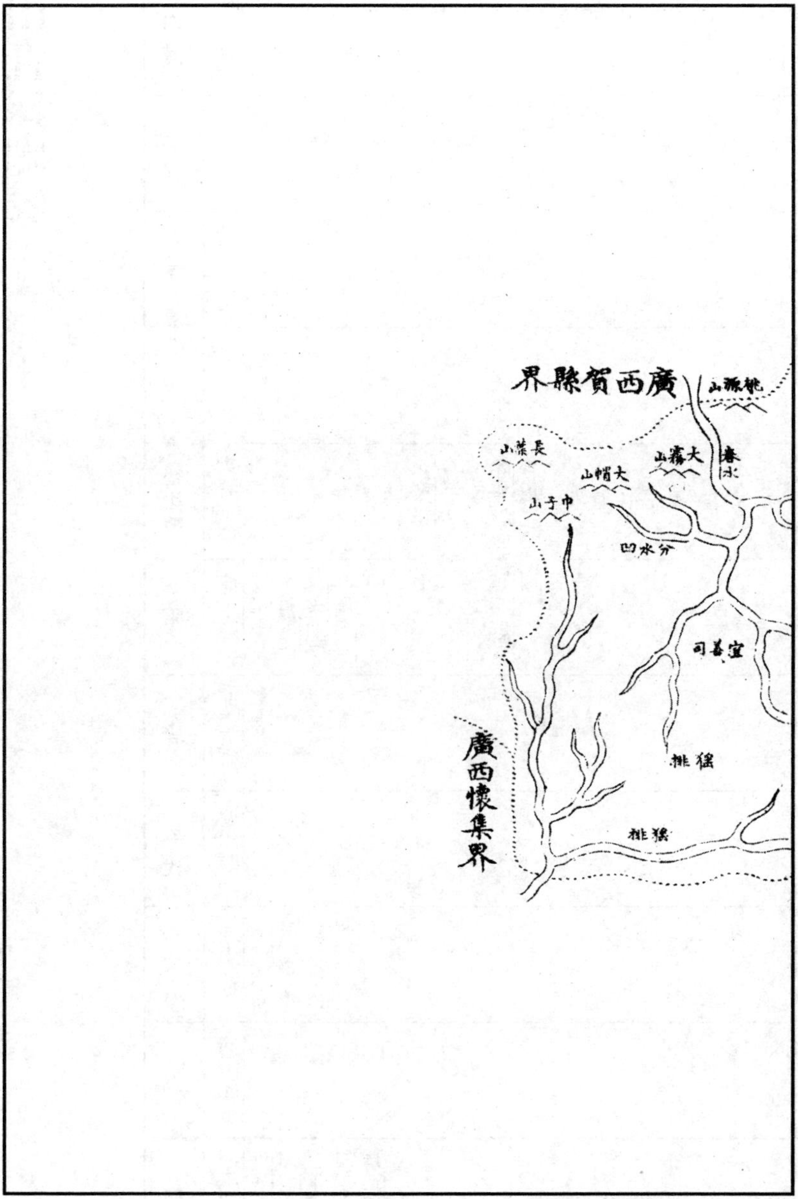
廣西賀縣界
桃源山
長蒙山
大霧山
春水
大帽山
中子山
分水凹
宜善司
猺排
猺排
廣西懷集界

連山直隸廳表

	連山直隸廳
兩漢	桂陽縣地。
三國	
晉	
宋	
齊梁陳	梁置廣德縣。 齊樂郡齊置。 希平縣郡治。
隋	連山縣開皇十年改名廣澤。仁壽初又改屬熙平郡。 廢。 熙平縣開皇十年更名，屬熙平郡。
唐	連山縣屬連州。
五代	連山縣
宋	連山縣紹興六年廢，後復置，仍屬連州。
元	連山縣
明	連山縣洪武二年屬韶州府，十三年省，十四年復置，屬連州。

大清一統志卷四百五十九

連山直隸廳

在省治北八百七十里。東西距一百八十里,南北距二百十里。東至連州並陽山縣夾界八十里,西至廣西平樂府賀縣界一百里,南至廣西梧州府懷集縣界九十里,北至湖南永州府江華縣並廣西賀縣夾界一百二十里。東南至陽山縣界六十五里,西南至懷集縣界一百里,東北至連州界一百四十里,西北至賀縣界一百里。自廳治至京師七千五百一十里。

分野

天文翼、軫分野,鶉尾之次。

建置沿革

禹貢荆州之域。漢桂陽郡地。梁分置廣德縣,屬陽山郡。隋開皇十年,改曰廣澤。仁壽元年,改曰連山,屬熙平郡。唐天寶元年,升連山郡。乾元元年,復爲連山縣,屬連州。五代因之。

宋紹興六年廢爲鎮，十八年復置，仍屬連州。元因之。明洪武二年改屬韶州府，三年省入陽山縣，十四年復置，仍屬連州，隷廣州府。本朝初因之。雍正五年，改連州爲直隷州，縣屬焉。嘉慶二十一年，改連山縣爲直隷廳。以舊駐三江口之理猺同知改爲綏猺同知，移駐於此。

形勢

萬山矗疊，曲澗盤旋。舊縣志。

風俗

性多質樸，不事商賈，專力稼穡。舊縣志。人物富庶，商賈阜通，有小梁州之號。陳若冲連山縣記。

城池

連山廳城。周四百丈，門二，池周四百八十丈。明洪武初建，天順中增建。本朝嘉慶二十二年修。

學校

連山廳學。在廳治東。舊爲連山縣學，宋淳熙八年建。本朝康熙五年遷於西門外，十八年遷東門外，雍正五年復建舊所，嘉慶二十一年改爲廳學。入學額數八名。

連山書院。在廳城西。康熙四十七年建。

户口

人丁無原額，今男婦大小共五萬四千五百一十二名口。

田賦

田地山塘共四百五十五頃九十四畝二分有奇，額徵地丁正、雜銀二千一百五十五兩三錢五分九釐，遇閏加徵銀八十五兩七錢五分三釐，米三百七石五斗七升七合四勺。

山川

文筆山。在廳城内。其峯峭拔，以形似名。

長徑山。在廳東四里。高數百丈，周二十里，脈自連州東巾山來，山勢中斷，若蜂腰然。有徑西通懷、賀，北抵錦田，縣民出入必由此，徑多石壁懸崖，可徒行，不容車騎。下有長徑水，東流入湟川。

梁峒山。在廳南十二里。

黄連山。在廳南。隋書地理志：連山縣有黄連山。元和志：黄連嶺，在桂陽縣西南一百五十里。舊志：黄連山，在縣南四十里，産黄連。

馬蹄山。在廳西南。輿地紀勝：在縣東南四十里，有石痕如馬蹄，故名。

巍峩山。在廳西南。輿地紀勝：在縣南四十九里。

鐘留山。在廳西北四十里。其狀如鐘，舊縣治在此。

大霧山。在廳西北七十里。高凌霄漢，常有霧氣，故名。

大帽山。在廳西北八十里。相近有巾子山，皆高數百丈，周百餘里。

長葉山。在廳西北一百里。一名上葉山。巖洞盤鬱，猺、獞居之。下有長葉水。

天梯山。在廳北五十里。高數百丈，周百里，山勢高險，無草木，行者艱若登天，故名。

大龍山。在廳北八十里。高數百丈，岡巒迴蟠，其狀如龍，有猺居之。大龍水出此。

天堂嶺。在廳西北三十里，路通和睦、大富、上草三峒。

漣水。一名滑水，一名黄連水，一名同官水，或作洞管水。在廳南。源出廳界山溪，流經陽山縣西北，又經連州南至同官峽入洭。水經注：漣口水源出陽山縣西北一百一十里石塘村。水側有豫章木，本徑可二丈，其株根猶存，伐之積載，斧跡若新。水東南流注於洭。元和志：連山縣有滑水，今爲黄連水。輿地紀勝：有同官水，源自連山縣界山溪，合爲一江，至州南津。廣州府志：洞管水，源出黄連水，東流至陽山縣同官峽入湟。按洞管，即同官也。

上吉水。在廳南，長徑水分流也。西流合梁峒水，又西徑故縣，合駝村水至黄南，出賀州入大安江。廣州府志：梁峒水，在梁山縣東南十九里。又南六里曰横水。又駝村水，在縣南二十二里，西北達故縣神渡橋，入上吉水。

春水。在廳西北。輿地紀勝：在縣北三十七里，源出岡山，流過春峒里，因名。南流六十九里，合上吉水入賀州桂嶺縣界。

大龍水。在廳北十六里。舊志：大龍水、小龍水，皆在廳西九十里，源自湖廣江華縣，合青、梅二水，至廳北爲詔陂水，又東南經長逕合上吉水。

冷石瀧。在廳北。輿地紀勝：在連山縣北六十里，出冷石。

古蹟

連山故城。在廳西北。九域志：在連州西一百六十里。舊志：舊縣治在縣西北鍾山下。明洪武二十六年，猺賊唐宗祥作亂，縣治荒廢。永樂元年，改置縣於程山下，在今廳西一百二十里。天順六年，知縣孔鏞以縣在萬山中，道途險遠，且多瘴癘，乃相度雞籠關内，象山之陰，地名小水坪，土地平衍，東西適中，申請建縣於此，即今廳治。

熙平廢縣。在廳西北。齊置希平縣，爲齊樂郡治。隋平陳，廢郡，改名熙平。唐省。按：宋書州郡志又有熙平令，在廣西陽朔縣，非此。

關隘

鵞鷹關。在廳西北一百二十里故縣西北。又有火夾關，在故縣北。臺子關，在故縣東臺子岡，即長徑山隘。

宜善巡司。在廳西一百里宜善鄉。明萬曆十一年置。

白沙營。在廳東，地名茅鋪岡，防雞籠關、臺子岡諸要隘。又黄南營，在廳南，防沙田岡、黄南、梅水界等處。大眼營，在廳西，地名上草崗，防草崗、大小眼及賀縣上下均崗、鹹石等處。拳石營，在廳西北，地名三水崗，防大沖倒水及湖南界蕉花、石角等處。

津梁

邪度橋。在廳東，跨長遥水。又通靈橋，在廳東北諸鶯鄉，俱宋建。

隄堰

觀陂。在廳西北四十里鋪前。宋嘉定三年築，後圮。明永樂元年復築，溉田二百餘畝。

官陂。在廳北七十里沙坊村。元至治二年築，後圮。明洪武元年復築，溉田百餘畝。

祠廟

忠義孝弟祠。在廳城西關外大塘上。

鄧太守廟。在舊縣。祀明太守鄧阿魯。

名宦

明

孔鏞。長洲人。景泰中，知連山縣。時縣爲猺賊所據，民皆流徙，鏞至，依州而居，召耆老詢問疾苦，招撫流離，賑以官廩，墾廢田，給耕具。天順六年，大軍征蠻，鏞率義兵爲鄉導破賊巢，大軍繼之，始復縣境，遂遷縣於象山，城而守焉。尋創公署、學校及祠壇、鋪舍，規制大備。以功擢知連州。

本朝

吴道岸。江都人。順治七年知連山縣。八年秋，死馬寶之難。

人物

唐

何昌期。連山人。天寶中，安禄山叛，應募赴義，乘賊帥高秀巖未陣，擊敗之。功上，累遷金牛衛上將軍。

本朝

彭鳳堯。連山人。乾隆五十七年，任湖南永綏廳同知。六十年，苗匪滋事，率兵征勦陣亡。奉旨卹廕。

列女

本朝

蕭魁蓮妻黎氏。連山人。早寡，其鄰人失火，黎因翁柩在室，痛哭不去，竟焚死。

羅瑞梓妻曹氏。連山人。瑞梓死於兵，曹聞之自縊。又區仁謙妻吴氏，嫁甫二載，夫亡，遂不食而死。

彭鎧二女。連山人。康熙五年，土賊肆刼，二女被執，均不辱，駡賊死。

土産

銅。唐書地理志：連山有銅。

鐵。唐書地理志：連山有鐵。

黄連。連山縣志：黄連山産黄連。